Klassiker der Parapsychologie

Das persönliche Überleben des Todes

Eine Darstellung der Erfahrungsbeweise

von

Dr. Emil Mattiesen

Zweiter Band

1987

Walter de Gruyter · Berlin · New York

Unveränderter photomechanischer Nachdruck der Ausgabe 1936/1939

CIP-Kurztitelaufnahme der Deutschen Bibliothek

Mattiesen, Emil:
Das persönliche Überleben des Todes: e. Darst. d.
Erfahrungsbeweise / von Emil Mattiesen. —
Unveränd. photomechan. Nachdr. d. Ausg. 1936—1939.
— Berlin; New York: de Gruyter
ISBN 3-11-011334-1
Bd. 2 (1987).

© 1936/1939/1987 by Walter de Gruyter & Co., Berlin.
Printed in Germany
Alle Rechte des Nachdrucks, der photomechanischen Wiedergabe,
der Übersetzung, der Herstellung von Photokopien — auch auszugsweise —
vorbehalten.

Einbandgestaltung: Rudolf Hübler, Berlin
Druck: Bosch-Druck, Landshut
Bindearbeiten: Lüderitz & Bauer, Berlin

INHALT

Band II Seite

Vierter Abschnitt. Argumente aus formalen Verhältnissen der Kundgebung 1
  1. Argumente aus dem Mehrheitsspiel des Transdramas 1
  2. Das Argument aus der Entsprechung von Kundgebungen an mehr als einer Stelle 49
    a. Entsprechungen zwischen Aussage und Aussage 50
    b. Entsprechungen zwischen Aussendung und Aussage . . . 70
    c. Entsprechungen zwischen Aussage und Beeinflussung . . 79
    d. Entsprechungen zwischen Aussage und Erscheinung . . . 85
    e. Entsprechungen zwischen Aussagen und objektiven Phänomenen 96
  3. Die experimentellen Entsprechungen der Ges. f. psych. Forschung ('Kreuzkorrespondenzen') 104
    a. Tatsachenschau 108
    b. Die Regie der Kreuzkorrespondenzen 128
    c. Die animistische Theorie der Kreuzkorrespondenzen . . . 156
    d. Die spiritistische Theorie der Kreuzkorrespondenzen . . . 174
  4. Argumente aus der technischen Sonderung der Kommunikatoren 190

Fünfter Abschnitt. Einwände gegen die spiritistische Deutung von Kundgebungen 227
  1. Der Einwand aus dem Auftreten Lebender im Medientrans . . 227
  2. Der Einwand aus dem subjektiven Anteil der Transäußerungen 244
  3. Der Einwand aus der rechtzeitigen Anwesenheit des Kommunikators 277

Sechster Abschnitt. Das Argument aus der Vorwegnahme des Sterbens 296
  1. Austritt des Ich mit Wahrnehmung des eignen Leibes 296
  2. Der Austritt des Ich von außen wahrgenommen 348
  3. Der Austritt des Ich in objektiver Selbstbezeugung 362
  4. Besondere Merkmale des Ich-Austritts 375
  5. Der Austritt des Ich als spiritistisches Argument 384
  6. Anhang: Ein eigenes Erlebnis und eine letzte Abwehr . . . 393

Schlußwort 411

Erklärung der Titelabkürzungen 415

Namenverzeichnis 425

Sachverzeichnis 433

Vierter Abschnitt
Argumente aus formalen Verhältnissen der Kundgebung

1. Argumente aus dem Mehrheitsspiel des Transdramas

Soviel von Hinweisen auf die Aktivität eines bestimmten Abgeschiedenen in der Kundgebung, die sich auf deren besonderen Inhalt und Sinn gründen. Indessen sind dies bei weitem nicht die einzigen, die über die übliche Identifizierung-durch-Wissen hinausführen und die blasse Abstraktheit animistischer Theorien durchbrechen. Das demnächst auszuführende Argument könnte man als das pluralistische bezeichnen. Es stützt sich nämlich auf den Nachweis, daß an der Inhaltskundgebung durch ein Medium eine Mehrheit selbständiger Persönlichkeiten beteiligt ist, von denen glaubhaft zu machen wäre, daß sie nicht alle innerhalb des seelischen Getriebes des Mediums Raum finden. Sobald aber auch nur eine davon aus diesen Grenzen hinauszuverlegen wäre, ergäbe sich ein mittelbarer Beweis für die Beteiligung eines unabhängigen Ich, das nach Lage der Dinge nur das des Abgeschiedenen sein könnte. — Mit diesem Beweisverfahren verlassen wir endgültig die Erwägung von Inhalten der Kundgebung und wenden uns der formalen Analyse des Kundgebungsdramas zu.

Es ist von vorherein klar, daß die ins kleinste dringenden Untersuchungen, wie sie hier allein noch in Frage kommen, blos möglich sind, soweit uns der Ablauf der Transvorgänge nicht nur — wie meist geschieht und früher ausschließlich geschah — in groben Umrissen und rein inhaltlich beschrieben wird, sondern in soz. phonographischer, man könnte fast sagen: kinematographischer Nachbildung, also unter Aufzeichnung jedes geäußerten Wortes aller Persönlichkeiten des Transdramas, jeder Färbung ihrer Rede, jeder beobachteten Gebärde. Transurkunden dieser Art sind uns erst durch die Veröffentlichungen der engl. Ges. f. ps. Forsch. beschert worden, und es ist ein Nebenerfolg ihrer strengen Methodik, daß wir nunmehr die Beweisführung auf Gebiete vortragen können, die zur Zeit der älteren, nur auf Kundgebungsinhalte achtenden Berichterstattung überhaupt nicht betretbar waren. Soweit die angebliche Mitteilung aus dem Jenseits durch 'automatische' Schrift des mehr oder minder wachen Mediums erfolgt, vereinfacht sich natürlich die genaue Beurkundung beträchtlich. Solche Niederschriften erfolgen meist in leidlich leserlicher Hand, und außer ihrem unmittelbaren Inhalt braucht kaum etwas anderes festgestellt zu werden, als gelegentliche subjektive Empfindungen des Mediums an bestimmten Punkten der Schrift: Anwesenheitsgefühle, besondere Erschöpfung, 'Eindrücke' betr. des Sinnes des Geschriebenen, die über seinen unmittelbaren Inhalt hinausgehn, u. a. m. Bei Transschriften können natürlich nur solche Nebenumstände in die automatische Urkunde eingefügt werden, die unter die Beobachtung eines wachen Anwesenden fallen (denn das Medium selbst hat ja nach dem Erwachen keine Erinnerung an die Transvorgänge): also etwa besondere Erregungen des schreibenden Arms oder Körpers, wechselnde Arten, den Bleistift zu halten, Stöhnen, Seufzen u. dgl. Bei Transreden verwickelt sich die Sache bedeutend. Man muß nicht nur ihrem oft raschen Ablauf mit Schrift oder Kurzschrift folgen, sondern auch undeutlich ausgesprochene Worte soz. lautlich entziffern und überdies Tonfall und Mundart bestimmter Abschnitte der Rede vermerken. Allen diesen Aufgaben hat sich die Forschung mit größter Sorgfalt unterzogen. — Ich werde meine Untersuchung im wesentlichen auf die Vorgänge im eigentlichen Schreib- und Sprechtrans der Medien stützen, hier und da aber auch wach-automatisch Geschriebenes heranziehen. Die Auffassung von Transbühne und automatischem Ursprungsgebiet als 'psychologischer Äquivalente' liegt ja nahe genug. —

Als eine erste Form des pluralistischen Anscheins führe ich die selten zu beobachtende Tatsache an, daß ein Kommunikator Dinge anführt, die er aus eigener Erinnerung nicht wissen kann, aber **von einem andern, ihm nahestehenden Abgeschiedenen** erfahren zu haben behauptet, für den es natürlich erscheint, daß er sie weiß und ihre Erwähnung für wichtig hält.

So sprach z. B. Prof. Hyslops 'Bruder Charles' von einem gewissen Schornstein und fragte, was damit nach seinem Tode geschehen sei. 'Wurde er nicht abgebrochen? Ich hörte Vater vor einiger Zeit davon zu Mutter sprechen.' — 'Wir hatten', bemerkt dazu Prof. Hyslop, 'einen besonders hohen und unschönen Schornstein auf der Küche unsres alten Heims in Ohio, der gebaut werden mußte, um das Niederschlagen des Rauchs in die Küche durch den übers Dach hin wehenden Wind zu verhindern. Der Schornstein wurde i. J. 1861 gebaut, drei Jahre vor dem Tode meines Bruders. Er wurde durch einen Wirbelsturm i. J. 1884 umgeworfen, 20 Jahre nach meines Bruders Tode [aber noch zu Lebzeiten seines Vaters], sodaß es das denkbar natürlichste ist, wenn jener als Quelle seines Wissens angibt, 'er habe Vater davon sprechen gehört.'[1]

Vorgänge dieser Art — vor allem, wenn sie häufiger wären — müßten sehr zum Nachdenken reizen. Alle animistischen Begriffe lassen erwarten, daß jede Personation mit allem Wissen, das zu ihr 'gehört', als festgeschlossenes Ganzes auftreten, daß also jeder scheinbare Kommunikator äußern werde, was zu seinen 'Erinnerungen', also zu seinem Bilde als Persönlichkeit gehört. Erscheint es schon sehr unwahrscheinlich, daß das Medium den einen äußern lassen werde, was der andre äußern müßte, — um wieviel unwahrscheinlicher muß es erscheinen, daß ein Kommunikator in die Rolle des andern hineinpfuschen und überdies behaupten werde, er habe, was er äußert, von diesem übernommen! Ein solcher Austausch ist unter wirklich mehreren durchaus möglich und natürlich; daß aber das Traumbewußtsein des Mediums auf ihn als spiritistisch anmutende Schauspielerei verfallen werde, möchte man für gänzlich undenkbar halten; und gerade die Seltenheit des fraglichen Vorgangs dürfte diese Undenkbarkeit noch unterstreichen: denn läge ein solcher Trick nur irgendwie nahe, so würde er häufiger angewandt werden. — Der folgende Fall ist dem vorigen offenbar verwandt.

Mrs. Leonard selbst erzählt, daß i. J. 1916 Mrs. Kelway-Bamber durch sie beweiskräftige Mitteilungen von ihrem in Frankreich als Flieger gefallenen Sohn erhielt, der eines Tages als 'schlechthin wasserdichten' Beweis und als 'noch niemandem auf Erden' bekannte Tatsache ihr mitteilte, ein besonderer Schulfreund von ihm, den sie 'little Willie' genannt hätten und den er genau identifizierte, sei soeben in Frankreich mit seinem Flugzeug abgeschossen worden. 'Sein Körper liegt an einem Fleck, wo er einige Zeit hindurch nicht gefunden werden dürfte. Ich habe seiner Seele geholfen, sich vom Körper ... zu lösen, weil es ein starker Schock für ihn sein wird, wenn er erwacht und merkt, was geschehen ist. Niemand weiß, daß er getötet ist, keine lebende Seele in diesem Augenblick, weil sie ihn noch nicht zurückerwarten. Er ist eben erst getötet worden, und ich freue mich, daß ich diese Sitzung mit dir habe, so daß ich dir die Mitteilung machen kann, ehe jemand von der Sache weiß.' Sofortige Nachfragen der Dame beim Kriegsministerium ergaben die Auskunft, der betreffende Offizier sei wohlauf. Einige Tage später wurde er als 'vermißt' gemeldet, aber 'erst ein Jahr darauf wurde bewiesen, daß er gefallen war. Es ergab sich dabei, daß er abgeschossen worden war an eben jenem Tage kurz vor der Sitzung.'[2]

---

1) Hyslop, Science 229; vgl. das. 263, und Gurney, Fall Nr. 153.   2) Leonard 61 f. (der Bericht ist natürlich '2. Hand').

Argumente aus formalen Verhältnissen der Kundgebung

Vorausgesetzt die Richtigkeit aller dieser Angaben, würde allerdings eine spiritistische Deutung näher liegen als jede andre, weil der als gefallen Gemeldete dem angeblichen Kommunikator offenbar weit näher gestanden hatte, als der Sitzerin (die sich jenes zwar erinnerte, als er ihr beschrieben wurde, aber wohl nur als eines Jugendbekannten ihres Sohnes). Mrs. Leonard, die unter animistischen Voraussetzungen ganz von dem Geschäft der Transmitteilungen im Namen des Sohnes eingenommen war, hatte gewiß keinen Anreiz, den eben erfolgten Tod des ihr Unbekannten hellsichtig zu schauen. Die Mutter mag — 'unbewußt' hellsichtig oder telepathisch — von ihm erfahren haben; müßte dann aber dies erst an Feda (ohne selbst etwas davon zu ahnen) weitergegeben haben, die es in seiner Bedeutung als 'Beweis' durchschaut und zu der betreffenden Mitteilung zurechtgestutzt hätte, — eine reichlich künstliche und unwahrscheinlich verwickelte Annahme; während die Todesmeldung durch einen Dritten an sich schon sehr natürlich erscheint: denn beide Verstorbene standen einander nahe, beide befanden sich jetzt 'in der gleichen Welt', und der eben Gefallene konnte sich nicht selber 'melden' (wie er nach animistischen Grundsätzen wohl hätte tun müssen!), weil er, nach Angabe jenes Dritten, noch bewußtlos war. Dies ist zwar wieder nur eine Behauptung, aber eine, wie wir sie hundertfach 'von drüben her' über den Zustand erschütternd Gestorbener erhalten. — Solche Todesmeldungen durch natürlich-interessierte Dritte sind auch nicht einmal ganz selten.[1] Mrs. Travers Smith, eine vorzügliche Zeugin, wie wir schon wissen, berichtet gleichfalls eine.

'Ein Mann, der viele Jahre hindurch mein Freund gewesen, dem ich aber seit langem entfremdet war, ... starb ganz plötzlich an akuter Blinddarmentzündung. Am Abend seines Todes hielt ich zufällig eine Sitzung ab. Eine gemeinsame (verstorbene) Freundin gab sich durch das Brett kund und fragte mich, ob ich wüßte, daß Mr. V. gestorben sei. Ich verneinte, und sie schlug vor, ich solle die Privatklinik anrufen, in der er liege. Ich tat es und erfuhr, daß er vor etwa einer halben Stunde gestorben war. Ich kehrte ans Brett zurück, und die gleiche Kommunikatorin sagte mir, daß jener während der nächsten Sitzung zu mir sprechen werde. Er kam in der Woche darauf und 6 Wochen lang immer wieder ... Er erschien ängstlich bestrebt, die sehr verwickelten Umstände aufzuklären, die mich zum Abbruch unsrer Bekanntschaft veranlaßt hatten, und zwar tat er es auf eine Art und Weise, an die mir, wie ich gestehn muß, nie ein Gedanke gekommen wäre.'[2]

Der eben besprochene Tatbestand greift im Grunde halbwegs zurück auf die oben behandelten Indizien aus der 'Selektivität', indem der Schluß auf eine Mehrheit an der Aussage Beteiligter sich hier ja

---

1) Vgl. z. B. Hyslop, Science 227.　　2) Travers Smith 32. Vgl. Appleyard 106 ff.

doch auf die natürliche Zugehörigkeit von Wissensinhalten stützt. Die nunmehr zu erwägenden Mehrheitshinweise schöpfen ihre Kraft aus einer Betrachtung des **lebendigen Spieles auf der Transbühne** selbst: sie setzen den 'Kommunikator' in Beziehung zur 'Kontrolle' und zum Sitzer und lassen aus seinem Verhalten in diesen Beziehungen ein Licht auf seine Selbständigkeit und Unabhängigkeit fallen. Steht nämlich hinter den Wahrnehmungen und Mitteilungen des 'Spielleiters' ein unabhängiger Unterredner, so ist z. B. zu erwarten, daß er auf den **Verlauf und das wechselnde Gelingen des von ihm bezweckten Kundgebungsvorgangs in einer persönlich sinnvollen Weise reagieren** werde. Tatsächlich stellt die Kontrolle sehr häufig ein solches Reagieren ihres Gegenüber fest.

Gelingt die Mitteilung, faßt die Kontrolle gut auf, geht der Sitzer auf den Sinn des Dargebotenen ein, so bezeugt die Kontrolle z. B.: 'A. V. B. ist hochbefriedigt. Sie lacht.'[1] — Oder: 'Sie lächelt. Sie freut sich so sehr, daß sie das durchkriegen kann.'[2] — In andern Fällen wird die Zustimmung durch ein 'Nicken' des Kommunikators ausgedrückt. Feda will einmal, unter der Eingebung des 'Dr. Allison', anscheinend ein *'monogram watch fob'* beschreiben, das dieser viel gebraucht und aus dem seine Witwe eine Brosche hatte anfertigen lassen. 'Es ist nicht ein Ring, sagt er, etwas ganz andres. Es ist etwas ... hier (dabei klopft sie an die Brust des Mediums, genau da, wo die Brosche getragen worden war). Er nickt mit dem Kopf und sagt, das ist ganz richtig, Sie tragen es hier. (Klopft an dieselbe Stelle.)'[3] — Umgekehrt verläuft die Reaktion, wenn die Kontrolle auf Irrwege gerät; dann folgt ein nachdrückliches 'Nein, nein!'[4] — Besonders hübsch ist ein kleiner Vorgang in einer Sitzung der Frau Dr. Allison mit Mrs. Leonard, während 'Prof. Hyslop' als Kommunikator auftritt. Feda glaubt seiner Meinung über das Verhältnis des Mr. Dingwall ('Eric') und der Sekretärin Miss Tubby ('Gertrud') nahezukommen, indem sie sagt: 'Gertrud interessiert sich vielleicht ein wenig für Eric, aber nicht schrecklich stark. (Leise:) Liebt sie ihn? (Sehr scharf:) Nein! Ich wollte bloß wissen, ob sie ihn liebt. Aber er richtete sich auf und sah so aus (sie macht ein strenges Gesicht). Nein! Er sagte es in einer schrecklichen Art von Scherzhaftigkeit. Nein! Er sagte: Nein! Dann konnte ich sehn, als lachte er in sich hinein.'[5] — Ja Lady Troubridge gibt an (leider ohne Anführung von Beispielen), daß bei gewissen seltsamen und offenbar verworrenen Angaben Fedas eine Erregung des Unterredners sich geäußert habe, und daß diese Erregung entweder Feda völlig verwirrt gemacht habe oder von ihr so aufgefaßt worden sei, als sollte die sinnlose oder verworrene Angabe durchaus bestätigt und als richtig hingestellt werden.[6] Also eine Reaktion des Unterredners auf die

---

1) Pr XXX 367. Vgl. Walker 116; Swaffer 247.   2) XXX 419; vgl. 444; Thomas, Life 28. 29. 87; Allison 309.   3) Allison 91; vgl. Thomas, J. F., Stud. 100 u.   4) XXX 426; vgl. 356; XXXII 126 ('Schütteln des Kopfes' seitens des Komm.); das. 76.   5) Allison 89 f.   6) XXXII 376.

Leistung der Kontrolle, auf welche Reaktion die Kontrolle wiederum reagiert, und zwar in mißverständlicher Weise!

Eine andersartige Reaktion der Kontrolle auf das Tun des Kommunikators belegt die Thompson-Sitzung vom 1. Jan. 1901. Hier trat eine Persönlichkeit auf — 'Geoffrey Scott' —, die sich schon früher identifiziert hatte, und 'Nelly' sagte: 'Geben Sie ihm einen Bleistift und lassen Sie ihn schreiben. Ich könnte Ihnen die Dinge sagen, aber er wünscht selbst zu schreiben.' Wer es sei? 'Der junge Mann, der zu diesem Halstuch gehört. Er scheint kein Fremder zu sein (er war schon früher aufgetreten, wurde aber diesmal seltsamerweise von 'Nelly' nicht erkannt). Es scheint, er wünscht zu schreiben. Er will schreiben und ich will sprechen.' Das Medium schrieb nunmehr eine von 'Geoffrey Scott' ausgehende Mitteilung, worauf dieselbe Persönlichkeit auch noch sprach, unmittelbar gefolgt von 'Nelly', die einigermaßen ärgerlich über sein Eindringen zu sein schien.[1] — Ich führe den Auftritt an als Beleg nicht nur für eine Ärger-Reaktion der Kontrolle, sondern auch für das natürliche Ineinanderspiel mehrerer Transpersönlichkeiten. Und diese Natürlichkeit wird fraglos erhöht durch das anfängliche Nichterkennen, das Erkennen erst nach Eintritt einer neuen Art des Kontrollierens.

Ein einzigartig natürlich anmutendes Reagieren des Kommunikators auf die Vorgänge des Dramas wird von der Kontrolle 'Mrs. Cartwright' während der Thompson-Sitzung vom 16. Juli 1900 in Myers' Gegenwart berichtet.

Der junge 'Sohn' des Ehepaars Percival hatte Mitteilungen gemacht und war in treffender Weise beschrieben worden. 'Mrs. Cartwright' hatte darauf andre Dinge berührt und sich dann entfernt, um eine ihr vorgelegte Frage gewissen Unsichtbaren zu unterbreiten. Bei ihrer Rückkehr unterbrach sie eine Unterhaltung zwischen Myers und den Percivals, entschuldigte sich deswegen und sagte: 'Ich kann das verworrene Gemurmel von Stimmen hören. Ich unterbreche. Ich habe Mr. D. gefragt. Er meint' usw. Dann, 'als hätte ihre Rückkehr in die Umwelt des Sitzungszimmers sie daran erinnert, was vor ihrem Fortgang vor sich gegangen war', bemerkte sie: 'Der Junge [d. i. E. H. Percival] ist ein munterer kleiner Kerl. Er kann nicht verstehen, warum er [immerzu] von sich selber reden soll. Mutter und Tantchen, sagt er, wissen doch viel mehr von mir, als ich selber.'[2] — Ein unausdenklich lebenswahrer Kleinzug, wenn man sich klarmacht, daß dem kindlichen Gemüte nichts ferner liegen mochte, als Begriff und Wichtigkeit von 'Identitätserweisen'. — Die gleiche lebensvolle Natürlichkeit zeigt ein andrer Fall von Reagieren des Kommunikators auf die bloße Tatsache des Befragtwerdens durch den Sitzer, in diesem Falle Prof. Newbold. Von diesem nämlich verlangte seine sich kundgebende 'Tante Sallie', daß er sich identifiziere, dadurch daß er die Bedeutung 'von zwei Heiraten in [einem gewissen] Falle — Mutter und Tante-Großmutter —

---

1) XVIII 244. Vgl. XXIV 67.   2) XVIII 146.

erkläre. 'Die Tatsachen, sagt Prof. Newbold, waren mir bekannt und hätten auf telepathischem Wege von mir erlangt werden können. Aber warum ist die Traumpersönlichkeit der einzigen Kommunikatorin, die in meiner Kindheit starb, auch die einzige, die mich zu identifizieren sucht?'[1] — Hatte die Verstorbene den Sitzer nur als Kind gekannt, so mochte sie einer solchen Versicherung wohl bedürfen in dem Augenblick, da er ihr als fragender Forscher gegenübertrat, während er dem Medium natürlich wohlvertraut war.

In einem andern ähnlichen Falle wird zwar das Reagieren des Kommunikators auch nur durch die Kontrolle berichtet, aber die ihm zugeschriebene Äußerung ist wiederum so natürlich, daß man geneigt ist, sie zu glauben.

Mrs. M. — 'eine ungewöhnlich gute Zeugin', wie Dr. Hodgson sagt — hatte im April 1894 einige Sitzungen mit Mrs. Piper. In der ersten, worin sich ihr Bruder Richard kundgab, wurde mehrfach der Name Susy erwähnt, der aber der Sitzerin bedeutungslos erschien; dagegen dachte sie immerzu an eine gewisse Ruth, mit der ihr Bruder verlobt gewesen war; und erst auf dem Heimwege kam ihr blitzartig die Erinnerung, daß Susy der Name einer um zwei Jahre älteren Schwester gewesen, die vor Richards Geburt gestorben war. Als also Phinuit in der zweiten Sitzung wieder behauptete: 'Richard sagt Susy', stellte sie die Frage: 'Meinte er Susy, als ich ihm gestern Ruth nahelegte?' Worauf Phinuit: 'Ja, es handelt sich um Susy. Er sagte es Ihnen neulich vierzigmal, aber Sie wollten nicht verstehen. Er sagte: 'Wenn das meine Schwester ist, so muß sie verstehn, wer Susy ist.' Sie ist hier mit ihm zusammen...'[2]

Hierbei kann ich im Vorübergehen erwähnen, daß wir zuweilen auch die Versicherung erhalten: der Kommunikator zeige sich erstaunt über die Möglichkeit, sich kundzugeben.[3] Solche Behauptungen beweisen natürlich nichts; sie könnten ja leicht als spiritistische Vorspiegelung des Mediums aufgefaßt werden. Doch kann ich mir nicht versagen, wenigstens einen wesensverwandten Fall zu berichten, — man wird sogleich begreifen, um welcher seltsamen Natürlichkeit willen.

Im Rahmen eines sog. Büchertestes bezog sich ein Kommunikator dem Rev. Thomas gegenüber auf ein Buch, worin, wie man später entdeckte, die Möglichkeit spiritistischer Kundgebungen lächerlich gemacht wird, und tat es natürlich eben in der Absicht, durch solches Sich-beziehen sein Dasein als 'Geist' zu beweisen. In der Tat, eine sonderbare und leidlich pikante Verwicklung! Sie wurde aber auch 'vollauf gewürdigt; Feda unterbrach nämlich mehrmals ihre Aussagen, um zu versichern, wie sehr belustigt der Kommunikator sei'.[4]

Als eine Steigerung und zugleich Verallgemeinerung des 'Reagierens'

---

1) XIV 9; vgl. 34 und den hübschen Fall XVII 175.   2) XIII 343.   3) Hill, Invest. 157; Allison 210.   4) Thomas, New Evid. 53.

der einzelnen Spieler aufeinander kann man es auffassen, wenn sie zuweilen eine äußerst 'kritische' Einstellung gegeneinander offenbaren, wie z. B. 'George Pelham' dem 'guten alten Phinuit' gegenüber.

Jener schrieb am 14. Jan. 1894: 'Ich glaube nicht, daß es klug von dir [Hodgson] ist, Phinuit jetzt viel zu fragen; er neigt dazu, mitunter zu viel zu unternehmen, und glaubt Dinge zu hören, wenn sie ihm nicht nahe genug sind. Er ist ein ganz prächtiger Kerl, übertreibt aber zuweilen ein wenig, wenn er matt und stumpf ist. Es ist aber besser, du sagst ihm nichts von diesem meinem Urteil.'[1] — Ein andrer Kommunikator äußerte sich noch feinfühliger über diesen Spielleiter gegenüber Sir Oliver Lodge, der ihn um seine Meinung befragt hatte. 'Dr. Phinuit ist eine eigenartige 'Type'. Er geht beständig umher und trifft alle Welt. Er ist verdreht und wunderlich, aber gutmütig. Ich würde um keinen Preis tun, was er tut. Er erniedrigt sich selbst zuweilen — es ist wirklich ein Jammer. Seine Vorstellungen von Dingen und Leuten sind sehr sonderbar; er erhält ein gut Teil Auskünfte über die Leute von ihnen selbst. Und er erwischt dabei Ausdrücke und Redensarten, die man nicht gerne hört, vulgäre Redensarten liest er auf, wenn er unheimlichen Leuten durch das Medium begegnet. Diese Dinge kitzeln ihn, und er geht umher und wiederholt sie ... Ein hochstehender Mensch könnte nicht seine Arbeit verrichten. Aber er ist ein gutherziger alter Knabe. Leb wohl, Lodge, hier kommt der Doktor.'[2] — Und bei andrer Gelegenheit fügt derselbe Kommunikator — nachdem er bezeichnenderweise einige dieser Sätze über Phinuit fast wörtlich wiederholt hat! — noch folgendes über dessen Leistungsfähigkeit als Spielleiter hinzu: 'Er ist nicht im geringsten unfehlbar. Er bringt die Dinge mitunter fürchterlich durcheinander. Aber er tut, was er kann. Er ist ein guter alter Mann; aber er wird verwirrt, und wenn er nicht deutlich hören kann, hilft er selber nach. Er erfindet zuweilen allerhand, — gewiß, das tut er ...'[3]

Eine seltsame Entdeckung — nicht wahr? —, das Medium in einer gelegentlichen 'Maske' sich selbst in seiner Hauptmaske herabsetzen zu sehen, zumal doch feststeht, daß es in dieser Hauptmaske, also als 'Dr. Phinuit', ständig Allwissenheit vorzuspiegeln bestrebt ist und oft genug zu diesem Zweck 'erfindet' und 'auffüllt'. Also Selbstbloßstellung des Mediums vermittelst einer seiner vielen Gelegenheitsrollen? — Nun mag man einwenden, daß Phinuit als selbständige Persönlichkeit zu bündig widerlegt sei, als daß man eine Beschreibung ernst nehmen könnte, die ihn doch anscheinend als solche voraussetzt. Ich komme auf die Gründe dieser 'Widerlegung' noch zu sprechen. Indessen, mögen sie noch so durchschlagend sein: wir wissen so wenig über die psychologische, geschweige metapsychologische Daseinsart solcher 'zweiter' Persönlichkeiten, daß wir leicht glauben können, eine solche erscheine wirklich unabhängigen Dritten, also den Kommuni-

---

1) XIII 369 Anm.   2) VI 517.   3) VI 553.

katoren, als selbständiges Wesen mit eignem Charakter, ja werde von ihnen genau so gut 'geschaut', wie ja auch sie selbst, die 'Kontrolle', jene Kommunikatoren in mancherlei sinnlichen Formen 'wahrnimmt'.[1] Ich finde keinerlei Beschwer selbst in dem Gedanken, daß das übernormale 'Suchen' der Kontrolle nach allerhand Wissen den Abgeschiedenen so erscheine, daß sie davon etwa sagen können: 'Er geht beständig umher und trifft alle Welt.' Wir brauchen also tatsächlich gar nicht die Selbständigkeit des Kritisierten anzunehmen, um zu behaupten: daß Äußerungen wie die obigen die Selbständigkeit des Kritikers beweisen, auf Grund der Unwahrscheinlichkeit, daß ein Medium, dessen ganzes Lebenswerk darin gipfelt, unfehlbar allwissend dazustehn, sich selbst in dieser Weise um seine Ehre bringe. — Übrigens rächt sich Phinuit mindestens 'George Pelham' gegenüber gelegentlich in leidlich gleicher Münze.

In einer Sitzung war Mrs. Piper, nachdem sie als 'G. P.' gesprochen hatte, wach geworden, fühlte sich aber unbehaglich und verfiel nach wenigen Minuten von neuem in Trans. Phinuit, der jetzt sogleich auftrat, erschien ein wenig erregt: 'Das lasse ich mir nicht gefallen. George Pelham ist ein gescheiter Kerl, aber ich will Ihnen sagen: er kam an mir vorüber, und wissen Sie, was er tat? Er ließ das Medium los, ohne mir überhaupt ein Zeichen zu geben; er tat es versehentlich; er sagte es mir darauf, und darum kam ich zurück, um es Ihnen zu sagen...'[2]

In dieser Gruppe — 'kritisches Verhalten' — möchte ich einen eigenartigen Vorgang erwähnen, der ein verwandtes Verhältnis zwischen dem Medium selbst und seinen Kontrollen zu enthüllen scheint.

Im April 1902 hatte Mrs. Piper an 'nervösen Verdauungsstörungen' gelitten (wie der Arzt feststellte), und an den nachfolgenden Sitzungstagen blieb der Trans überhaupt aus. Am 28. April, als er wieder eingetreten war, behauptete die Kontrolle 'Rector', das 'Licht' (als ein solches erscheint angeblich den Jenseitigen ein Medium) sei stark umwölkt gewesen, sodaß er und die Seinen in dieses nicht hätten eingehn können. Es folgten ärztliche Vorschriften und dann, auf eine Anregung Dr. Hodgsons, nachstehende Äußerungen: 'Wir wünschen genau zu erfahren, was ihre (des Mediums) Stimmung uns gegenüber ist. Was sie in Wahrheit von uns und unsrer Arbeit denkt. Was ihre Wünsche und Gedanken bezüglich Geldgewinnes... sind. Wir wollen wissen, was sie über unsren Gebrauch ihres Leibes denkt. Unbedingt... Wünscht sie, daß wir überhaupt nicht wiederkommen, fürchtet sie, daß wir sie erschöpfen, ist sie enttäuscht bez. des Geldes? Wir wollen die Wahrheit wissen... Es wäre das beste, sofort mit ihr zu sprechen und es uns mitzuteilen, damit wir ein für allemal die wahren Tatsachen verstehen, damit nie wieder, solange wir hierher geschickt werden, irgendein Mißverständnis oder Unzufriedenheit bestehen kann... Stelle alle Fragen an sie,

---

1) Vgl. Mattiesen 771.   2) XIII 416.

die dir einfallen, während du mit ihr sprichst, und schreibe die Antworten nieder und lege sie uns vor... Wir haben längst gefühlt, daß irgendeine Ursache für die Finsternis vorliegen müsse, die uns zuweilen in unsrer Arbeit umgibt...' — Der Wunsch der Kontrollen wurde noch am gleichen Tage erfüllt, und Hodgson teilte ihnen während der nächsten Sitzung mit, das Medium vertrete die Meinung, die Kontrollen seien allzu streng mit ihr, verstünden nicht ihre Sorgen als Weib und Mutter, usw. Worauf 'Rector': 'Vielleicht ist etwas wahres daran;... es ist nicht unsre Sache, streng zu sein.'[1]

In nicht-spiritoiden Fällen von Ich-Spaltung zeigt die Beobachtung bekanntlich meist, daß die 'tiefere' Persönlichkeit über das Denken der Wachpersönlichkeit genau unterrichtet ist (was hier sehr 'natürlich' in Abrede gestellt wird); der Vorgang verträgt sich also mindestens sehr schön mit einer Auffassung der Kontrollen als wirklich abgesonderter Personen. —

Zuweilen nimmt dies kritische Verhalten-zu-einander ziemlich heftige Formen an, Gegensätze scheinen aufeinander zu platzen, Streitigkeiten ausgetragen zu werden, von denen gelegentlich ein unwillkürlich-motorisches Echo — in seiner Unwillkürlichkeit um so überzeugender — zu uns durchdringt.

Im Piper-Trans vom 16. Dez. 1892 z. B. spricht 'G. P.' über seine augenblickliche Aufgabe als Kontrolle, die er für besonders schwierig erklärt: 'Sei also so gütig und geduldig wie möglich (bittet er Dr. Hodgson)... Anfangs batest du mich, Phinuit auszuholen.' Bei welchen Worten ihm dieser unwirsch dazwischenfährt: 'Über mich halten Sie lieber den Mund...' Mrs. Howard, die der Sitzung beiwohnt, händigt darauf Phinuit einige Gegenstände als psychometrische Hilfen ein und führt die Unterhaltung mit ihm durch den **Mund des Mediums** fort, während gleichzeitig die **Hand** in 'Pelhams' Namen sich über den Gegner weiter ausläßt: 'Seih eigentlicher Name ist John Pt [?] Scliville, nur P—, gar kein Phinuit überhaupt.' Dies scheint den Doktor von neuem zu reizen. Es gibt einen **Kampf mit der Hand**, während 'Pelham' mit Schreiben fortzufahren sucht. Zwei oder drei unleserliche Worte werden geschrieben und das Papier zerrissen, worauf die kräftig unterstrichenen Worte folgen: 'Dies ist eine *tabula rasa*.' 'Wer hat die Hand, Doktor?' fragt Mrs. Howard und erhält, anscheinend von 'Pelham', die Antwort: 'George, ich gehe jetzt in den Kopf...', worauf die Unterhaltung in geregelten Bahnen weitergeht.[2]

Von solchen Auftritten urteilt Mrs. Sidgwick in ihrer umfassenden Untersuchung des Piper-Trans: 'Beide Rollen [in dem Streit] könnten von einem Wesen gespielt werden... Ich glaube aber nicht, daß wir es mit Schauspielerei von seiten der Transpersönlichkeiten zu tun

---

1) XXVIII 614 ff.   2) XIII 429 f.; vgl. das. 575.

haben, oder wenigstens zu tun haben müssen, selbst wo diese Möglichkeit nicht ausgeschlossen ist durch wirklich gleichzeitiges Schreiben und Sprechen über verschiedene Dinge.'¹ Ist diese Auslegung überzeugend, oder auch nur glaubhaft? Es erscheint mir zunächst richtiger zu sagen: wenn beide Rollen solcher Auftritte wirklich in eine Persönlichkeit — die Transpersönlichkeit des Mediums — fallen, so müssen wir durchaus von 'Schauspielerei' sprechen, gerade wie wir davon bei einem Kinde sprächen, das sich im Spiel einen Streit zwischen zweien seiner Puppen vormacht. Eine solche Art des Streits aber scheint mir hier nicht vorzuliegen. Dagegen spricht schon das ungewollte und natürliche Übergreifen auf das körperliche Gebaren: der 'Kampf (in oder) mit der Hand', indes der Wortstreit, wenigstens für den Sitzer, fast ganz verstummt. Eine wirkliche Zweiheit-hinter-dem-Vorhang scheint also mindestens gegeben. Sollen wir sie deuten entsprechend den Gegensätzen, die wir in Fällen krassester Persönlichkeitsspaltung zuweilen beobachten? Auch 'Sally Beauchamp' mischte sich ja mit selbständigen Bewegungen in das Tun der unglücklichen 'B II', quälte und foppte sie zu Zeiten in koboldhafter Weise. Wir werden diesen letzten Ausweg des Animisten später genauer zu prüfen haben; es wäre aber gut, der Leser hielte ihn sich schon während der folgenden Darlegungen dauernd vor Augen, zugleich mit der schon angedeuteten Frage, worin sich so tief geschiedene Spaltpersönlichkeiten denn ihrer Daseinsart nach noch unterscheiden von wirklichen Geist-Persönlichkeiten, — eine Frage, die bald eine fruchtbare Ratlosigkeit zur Folge haben dürfte. —

Fahren wir indessen in unsrer Tatsachenschau fort. Die Beobachtung von sinngemäßen Reaktionen der einzelnen Transpersönlichkeiten aufeinander steigerte sich bis zu offenbarem Streit. Von hier aus gelangen wir, durch Abschwächung in etwas abweichender Richtung, zu einer weiteren Feststellung von ziemlich verbreiteter Geltung: ich meine die Tatsache, daß zwischen Kommunikatoren und Kontrollen überhaupt Verschiedenheiten der Meinung, des Denkens über gewisse Dinge möglich sind. Mrs. Leonards 'Feda' z. B. beurteilt häufig die Äußerungen ihrer jenseitigen Kunden durchaus selbständig; sie versteht den Kommunikator vollkommen, aber sie glaubt ihm nicht.

Einmal, bei der Beschreibung eines Hauses, scheint 'A. V. B.' ihrer Dolmetscherin sinnlos zu reden. 'Jetzt glaubt Feda, sie — A. V. B. — macht Spaß. Man kann doch dort nicht auf dem Dache stehn, nicht wahr?' Die andre beharrt aber offenbar, und Feda hat zu melden: 'Sie wird ungeduldig.'² — Oder ein andermal: 'Feda glaubt, sie irrt sich; aber sie sagt, es seien

---

1) XXVIII 41.   2) XXX 367.

dort Kleider aufbewahrt worden...' (nämlich in einem feuchten, muffigen Zimmer, von dem die Rede gewesen war).[1] — Oder wiederum: 'Sie sagt, daß sie viel auf Berge gestiegen ist. Feda kann sich das garnicht vorstellen. Feda glaubt nicht, daß sie Gefallen daran finden kann. Wo sind Sie denn auf Berge gestiegen?' wendet sie sich an 'A. V. B.'[2] — Umgekehrt beklagt sich letztere bei direkter Kontrolle, daß Feda sie stets als zu alt aussehend beschreibe![3] Sie hatte offenbar erfaßt, was diese hierüber sagte, es aber sehr von ihrer Selbsteinschätzung abweichend gefunden.

Zu Beginn von 'Raymond Lodges' Mitteilungen über das oben erwähnte 'Sandsegelboot', das er und sein Bruder sich gebaut hatten, fragte der Vater, ob die zuvor erwähnte 'Yacht mit Segeln' auf dem Wasser gefahren sei, worauf Feda sofort, offenbar unter der Eingebung des Kommunikators, mit 'Nein' antwortete. Aber dann kam ihr diese Antwort sinnlos vor — denn alle 'Yachten' fahren doch auf dem Wasser! —, und sie sagte leise zu ihrem unsichtbaren Gegenüber: 'O, Raymond, rede doch keine Dummheiten', mußte aber wiederholen: 'Er sagt: nein.' Dann wieder zu ihm: 'Sie muß es doch getan haben!' Aber — 'er zeigt mir etwas wie ein Ding auf dem Lande, ja, ein Landding. Es steht aufrecht, soz. hochkant. Ein schmales Ding. Nein, das ist nicht Wasser, aber es hat hübsche weiße Segel.'[4]

Die anscheinend häufigste Form, die der Tatbestand der Meinungsverschiedenheit annimmt, besteht darin, daß die Kontrolle die Mitteilungen, welche ihr in irgendeiner Fassung vom Kommunikator zukommen, entweder überhaupt nicht versteht oder aber mißversteht. In solchen Fällen gelingt also die Mitteilung an sich, in ihrem soz. wörtlichen (wenn auch bildlichen) Bestande, wird aber ihrem inneren Sinne nach nicht begriffen; eine Tatsache, die auch den Kommunikatoren selber völlig klar bewußt ist[5] und offenbar wieder für eine persönliche Sonderung der beiden Wesen, für eine wirkliche Zweiheit innerhalb des Dramas spricht. — Einige Beispiele werden diese abstrakten Formeln Leben gewinnen lassen.

Am 23. Mai 1917, während mittelbaren Redens von 'A. V. B.', beschreibt Feda in ungefährer Weise offenbar ein Fernrohr, das an einer bestimmten Stelle des Hotels Quisisana auf den Kanarischen Inseln gestanden, worin die Sitzerin eine Zeitlang gemeinsam mit der Verstorbenen gewohnt hatte. Durch dieses Fernrohr pflegten die Kurgäste nach den unregelmäßig eintreffenden Dampfern auszuspähen, auf denen sie die Rückreise anzutreten hofften, die aber nur so kurz auf der Reede verweilten, daß es schwierig war, Personen und Gepäck rechtzeitig im Boot hinauszuschaffen. Feda beschreibt den Dreifuß, auf dem das Fernglas befestigt war, die runde Form des oberen Teils u. a., und fährt dann fort: 'Feda kann das nicht recht herausbringen, sie

---

1) XXX 371.   2) XXX 391.   3) XXX 354. Vgl. XXXVI 194 u. und ein Thompson-Beispiel XVIII 171.   4) Lodge, Raymond 148. Vgl. Allison 107.   5) XXXVIII 53: 'Thomas sen.': 'Wenn ich komme, um zu sprechen, ist Feda häufig im Unklaren über den Sinn meiner Worte und faßt ihn weder rasch noch genau auf.'

[A. V. B.] spricht, als wenn man da etwas drauflegte, so (dabei macht sie mit der Hand eine klapsende Bewegung). **Feda weiß nicht, was sie meinen könnte, aber sie wiederholt diese Bewegung immerzu, so...** Sie weiß ganz genau, was das Ding ist,... und es ist etwas dabei, was sie belustigt, Feda glaubt, es ist etwas daran, was ein bischen komisch ist. (Leise: Wollten immer etwas erwischen oder erreichen? Erreichen, erreichen, erwischen?) O, **Feda weiß nicht, was sie sagen will, aber es hat auch mit diesem Orte zu tun...**' — Diese Angaben sind trotz ihrer Unvollständigkeit sehr treffend. Das oft tagelange Lauern der Gäste und des Hauswarts durch besagtes Fernrohr war Gegenstand endloser Neckerei in jenem Hotel.[1] A. V. B.s Belustigung bei der Erwähnung des Fernrohrs und den Worten über 'Erreichen, erwischen'[2] ist also dem Eingeweihten durchaus verständlich; nur ist eben Feda hier **nicht** eingeweiht; sie beobachtet das Reagieren der Kommunikatorin auf den Gegenstand der Mitteilung, vermag sich aber keinen Vers darauf zu machen. Sie dient eben lediglich als **Übermittlerin**, ist also der eigentlichen Quelle der Mitteilung gegenüber durchaus eine Zweite und Unabhängige.

Eng verwandt ist folgende Äußerung Fedas in einer Sitzung vom 7. Febr. 1918: Es ist die Rede von einem Lichtbild gewesen, und Feda scheint einen dazugehörigen Behälter oder Rahmen beschreiben zu wollen. Dabei sagt sie: 'Feda versteht nicht, was er [der Komm.] tut, er öffnet und schließt immerzu die Hände. (Leise für sich: Er schien das **zwischen** etwas zu legen.) Dieser Behälter besteht aus drei verschiedenen Arten von Stoff, **nehmen Sie das buchstäblich**, sagt er; er wundert sich, daß Sie nicht begreifen, was er meint.'[3] — Dies begreift aber Feda offenbar ebensowenig wie der Sitzer; sie steht also wieder völlig außerhalb der Dinge, die sie übermittelt, und muß dazu noch den Ausdruck der Verwunderung **über** dies Nichtbegreifen berichten, die den befällt, der zunächst allein weiß, wovon die Rede ist: den Kommunikator.

Genau so erging es ihr in einer Sitzung vom 31. Jan. 1917: Sie beschrieb unmißverständlich den Raum, worin die Sitzerinnen, Lady Troubridge und Miss Radclyffe-Hall, die Aufzeichnungen ihrer Sitzungen bearbeiteten und ins Reine schreiben ließen; dazu alles, was mit dieser Arbeit zusammenhing; aber ohne selbst im mindesten zu begreifen, wovon sie redete: nämlich von der Erforschung ihrer eignen Leistungen und der etwaigen Mitwirkung einer Verstorbenen dabei! Gleichwohl gab sie an, A. V. B. habe das Gefühl, sie dürfe nicht lächeln, weil es sich doch 'um eine Arbeit der Liebe handle'! Und diese Bemerkung erschien den beiden Forscherinnen äußerst kennzeichnend für den gütigen Humor, den A. V. B. im Leben besessen hatte.[4] — In der Tat, die Sachlage fordert ihn heraus: die Verstorbene merkt, daß ihr Fortleben 'bearbeitet' wird, und mag doch nicht lächeln, weil Freundschaft

---

1) XXX 406 f. 414. 2) catch. 3) XXXII 121. 4) XXX 467. 471. Vgl. ferner Thomas, J. F., Stud. 40 u.; Allison 89. 122; Hill, Invest. 65; Thomas, New Evid. 176; Pr XXII 380; XXIII 114. 262.

diese Forschung inspiriert! Und Feda gibt auch diese Reaktion der Kommunikatorin pflichtschuldig weiter, ohne im mindesten ihren Sinn zu ahnen!

Ein hübsches Beispiel solchen Nicht-Verstehens berichtet auch Sir Oliver Lodge aus den Kundgebungen seines Sohnes Raymond. — Im Juli 1916 forderte dieser die ganze Familie Lodge auf, ihm ins Dachgeschoß des Hauses zu 'folgen', wo er ein Bild vermisse, mit einem 'langen Stock' darauf. (Ein solches Bild hatte Lady Lodge im Dachgeschoßschlafraum aus dem Rahmen entfernt und durch ein andres ersetzt, ohne zu ahnen, daß der gefallene Raymond es persönlich gekauft und aufgehängt hatte.) Feda suchte dann nach dem Worte *Dormitory*[1] (über *'Dawnatry, Daw, daw, daw something, Dormouse'* weg) und behauptete, es bedeute eine junge *dormouse* — Schlafmaus![2] Als die ganze Familie darüber lachte, meinte sie: 'Er neckt Feda. Er sagt, daß wenn die junge Maus ganz oben ist, man sie eine *upper-class one* nennt, — eine zur obersten Klasse gehörige. Das ist ein Rätsel.' — Das Dachgeschoßzimmer, worin Raymond und zwei seiner Brüder geschlafen hatten, war stets als *'Upper dormitory'* bezeichnet worden, ein Name allerdings, den nicht lange vorher die Brüder 'Raymond' gegenüber erwähnt hatten. 'Er sagt, fuhr Feda fort, die *dormouse* [also das *dormitory*] ist ein Zwischendeck-Fahrgast. Er neckt mich,' fügte sie wieder hinzu, da sie die Sinnlosigkeit des Unverstandenen selbst empfinden mußte. Auch die Lodges durchschauten dies neue 'Rätsel' zunächst nicht, bis Lady L. — 'später' — darauf verfiel, daß ein angrenzender Teil des Dachgeschosses stets als 'das Schiff' bezeichnet worden war, weil ein gewisser Gang daselbst den Korridoren auf Dampfern ähnelte. Danach hätte man sehr wohl das *dormitory* selbst als 'Vorderteil' des Schiffes, also als *steerage* bezeichnen können.

Einige Tage später kam Raymond auf das *dormitory* — die *'dormouse'* — zurück und beschrieb etwas, 'was in die Runde geht, aber nicht immer in der gleichen Richtung. (Und auf die Frage, was es sei:) Die *dormouse* kann es sehn. Die *dormouse* ergötzt ihre Augen dran und singt ihm ein Lied: 'O Winde, die ihr von Süden blast'. Wenn sie von Norden blasen, blickt die *dormouse* nach der andern Richtung.' Wozu Feda wieder, vor sich hin, bemerken mußte: 'Das ist ja Unsinn.' Aber die Familie beruhigte sie: man verstehe sehr wohl. Feda: 'Wirklich? Das überrascht mich. Er macht mit den Armen so [vermutlich eine Drehbewegung]... Das muß eine komische *dormouse* sein.' — Des Rätsels Lösung: Aus zwei Fenstern des *dormitory* in der Nähe sichtbar ist die Wetterfahne auf dem Stallgebäude. Mrs. Leonard war nie dort oben gewesen.[3]

In beiden Fällen also ist Feda die einzige Anwesende, die nicht versteht, wovon der Kommunikator — völlig verständlich — zu den Sitzern spricht. Ja sie muß sogar berichten: Raymond sagt, Sie wissen sehr wohl, was es ist!

Ein Fall verwandter Art erfordert etwas breitere Darstellung und

---

1) Schlafraum.   2) Baerwald übersetzt sehr geschickt: Mausarde (zu Mansarde, Dachgeschoß).   3) Lodge, Raymond 163 ff.

macht sie lohnend vor allem wegen einer sehr eigenartigen Verwicklung, mit der er auf die Fragen der 'Selektivität' von Kundgebungen zurückgreift, — der Ausdruck im Sinne von Gestaltung-einer-Aussage verstanden.

Mrs. Daisy Armstrong (pseud.), eine Dame von Stand und Bildung, hatte ihren Gatten im Kriege verloren. Zu Beginn des Jahres 1917 bat sie Miss Radclyffe-Hall brieflich um den Versuch, durch Mrs. Leonard Nachrichten von dem Gefallenen zu erlangen. Am 14. Feb. fragte daher jene zunächst die Kommunikatorin A. V. B., ob sie sich jener Daisy erinnere, 'die bei uns auf dem Lande gewohnt hatte, während A. V. B. krank war.' Die Frage wurde bejaht und Daisys Familienname zweimal richtig genannt; aber Daisy, hieß es, sei nicht 'bei ihr', d. h. nicht im Jenseits. Auf die Frage, ob sie jemand drüben getroffen habe, der mit Daisy zusammenhänge, wurde (außer einer Dame) ein Herr erwähnt, den A. V. B. auch auf Erden gekannt habe und den sie versuchen wolle zu treffen, 'weil jemand anders gerade so sehr bestrebt sei, eine Botschaft an Daisy durchzubringen, wie Daisy an ihn.' Dies erste Ergebnis wurde nicht an Mrs. Armstrong berichtet, um ihre Gedanken möglichst wenig mit der Angelegenheit zu befassen.

Miss Radclyffe-Halls nächste Sitzung fand am 21. Feb. statt, und in ihr wurde, eigentlich gegen Erwarten der Sitzerin, die Sache wieder aufgegriffen. 'A. V. B.' sprach jetzt von zwei Personen männlichen Geschlechts, die Daisy verloren habe, den einen vor nicht langem, den andern vor 2 oder 3 Jahren, und von diesen behauptete Feda, den einen 'sehen' zu können: er sei 'hier'. Sie beschrieb nunmehr einen Herrn nach Aussehn und Gewohnheiten sehr genau. Alles über ihn und sein Leben Ausgesagte traf, wie später durch Nachfragen bei Mrs. Armstrong festgestellt wurde, fast ausnahmslos auf ihren verstorbenen Vater, Mr. Benson zu, also nicht auf diejenige Person, deren Auftreten die Sitzerin eigentlich erwartet hatte. Der Kommunikator drückte ferner seine Zufriedenheit aus mit allem, was Daisy, der es schwer genug ergangen sei, nach seinem Tode getan [sie hatte sich bald danach verlobt und verheiratet], sein Bedauern dagegen über eine finanzielle Fessel, die er ihr auferlegt hatte und die er jetzt als einen Irrtum erkenne, da 'dadurch nichts zu gewinnen war'. (Sehr zutreffend.) Schließlich sagte er, auf die Frage, ob er sonst noch jemand für Daisy herbeibringen könne:[1] er hoffe es; er habe den andern gesehn, und sie hätten beschlossen, daß er (der Vater) zuerst kommen solle, da er (wohl als der früher Verstorbene) sich unter den obwaltenden Bedingungen besser zurechtfinde; der andere sei viel jünger und auf ganz andre Art ums Leben gekommen, als er. 'Ich dachte mir, Daisy werde wissen, daß ich ihn treffen würde.' (Was natürlich alles auf den Gatten paßte.)

Inmitten dieser zahlreichen richtigen Aussagen und durch sie ins rechte

---

1) Diese Frage der Sitzerin war offenbar dadurch angeregt, daß sie inzwischen in dem Kommunikator Daisys Vater erraten hatte, den sie vor 15 Jahren mehrmals flüchtig getroffen hatte. Doch waren ihr mehrere wichtige Einzelheiten obiger Aussagen völlig fremd.

16 Argumente aus formalen Verhältnissen der Kundgebung

Licht gesetzt, erfolgte nun auch diejenige Verwicklung, um deren willen ich den Fall hier einfüge. Als nämlich die Sitzerin ausdrücklich nach dem verwandtschaftlichen Verhältnis des Kommunikators zu Daisy fragte, erhielt sie folgende Antwort der Kontrolle: 'Er will es nicht angeben, es sei denn, er könne es mit Gewißheit tun. Feda weiß nicht, was das bedeutet, aber er sagt: Es waren unser zwei, die in demselben Verhältnis zu Daisy standen, aber auf etwas verschiedene Weise. Er sagt, das bedeutet etwas, und er hofft, es wird nicht mißverstanden werden.' 'Wenn er es nicht klarkriegen kann,' warf Miss R.-H. ein, 'so lassen wir dies.' 'Aber,' erwiderte Feda, 'er sagt, jene Worte sind ganz klar, Sie können sie völlig wörtlich nehmen. Er sagt: Unser zwei standen im gleichen Verhältnis zu Daisy, mit einem geringen Unterschied. Er fürchtet, sie werde nicht verstehn, warum er es so ausdrückt. Er sagt: Können Sie mir folgen?'

Zunächst ist klar, daß Fedas Eindruck, es bestehe beim Kommunikator Ungewißheit bezüglich seines Verhältnisses zu Daisy, auf einem Mißverständnis beruht. Der Kommunikator drückt sich etwas dunkel aus; aber er tut es auf Grund vollkommner eigner Klarheit; während Feda diese gewollte Dunkelheit des Ausdrucks mit Unklarheit des Wissens beim Kommunikator verwechselt. Auch der Sitzerin erschienen alle diese Äußerungen völlig unverständlich und verwirrend; und erst Anfragen bei Daisy Armstrong erbrachten die Lösung des Rätsels. Mr. Benson besaß einen vertrauten Freund, den Rev. Wilson (pseud.), der im Feb. 1917 etwa 70 Jahre alt war und den beiden Schwestern Benson seit langem sehr nahegestanden hatte. Nach Mr. Bensons Tode hatte er zu Daisy gesagt,[1] 'er wünsche bei ihr Vaterstelle zu vertreten, und ich nannte ihn [schreibt sie] daher immer 'Papa' — Daddy —, und wir waren einander mehr, als viele Väter und Töchter.' Sie habe am Tage vor Absendung des Briefes, worin sie diese Auskunft gab, gehört, daß Rev. Wilson gestorben sei, wisse aber nicht den Tag, es dürfte etwa zwei Wochen her sein.[2]

Das Problem, das ich oben als eins der 'Selektivität' bezeichnete und das auch die Berichterstatterin mit großer Schärfe heraushebt, entsteht durch den Gebrauch der 'vergangenen' Form des Zeitworts in der Äußerung: 'Es waren unser zwei, die in demselben Verhältnis zu Daisy standen.' Wie nämlich durch Anfrage beim Vikar des Rev. Wilson festgestellt wurde, war dieser am 18. Feb. 1917, 9.15 abds., gestorben, also drei Tage vor der Sitzung, in welcher jene Äußerung fiel; von diesem Tode aber erhielt die z. Zt. im Orient lebende Daisy erst mehr als 3 Wochen später die erste, bezüglich des Datums noch unbestimmte Nachricht; während Miss Radclyffe-Hall zur Zeit der Sitzung nicht einmal vom Dasein des Rev. Wilson wußte, viel weniger von seinem väterlichen Verhältnis zu Daisy Armstrong. Die Frage entsteht nun: ob der Ausdruck 'es waren unser zwei...' beweise, daß

---

1) S. deren Brief vom 10. 3. 1917, a. a. O. 539. 2) Pr XXX 521—46.

'Mr. Benson' von dem inzwischen erfolgten Tode seines Freundes wußte. Miss Radclyffe-Hall glaubt sie bejahen zu müssen, und um noch sicherer zu gehn, legte sie sechs besonders urteilsfähigen Personen (die sie aufzählt) die Frage vor (ohne anzudeuten, welche Antwort besonders 'willkommen' sein würde): ob die Form der Aussage andeute, daß beide Männer am 21. Feb. schon tot sein sollten, oder nur der eine. Sämtliche Antworten entschieden sich fast vorbehaltlos für das erstere. Unter der Voraussetzung also, daß 'Mr. Benson' ausdrücklich auch den 'zweiten Vater' als zur Zeit bereits gestorben habe bezeichnen wollen, schließt Miss R.-H. aus der dunklen Form seiner Aussage, er habe, nachdem er seinen alten Freund 'drüben' getroffen, mit seiner Antwort auf die Frage der Sitzerin soz. zwei Fliegen mit einer Klappe schlagen wollen: nämlich 'seiner Tochter Daisy sein Verwandtschaftsverhältnis zu ihr auf eine Weise anzeigen, welche die Deutung durch Gedankenlesen in der Sitzerin ausschlösse und zugleich Feda keinen Anhaltspunkt bezüglich dieses Verhältnisses gäbe; um so bei dieser jeden Versuch zu unterbinden, auf eigene Faust Aussagen zu bilden.'[1] Angesichts Fedas tatsächlich völligen Nichtverstehens erscheint mir diese Auffassung nahezu zwingend. Was die andere Frage anlangt, ob 'Mr. Benson' durch die Vergangenheitsform des 'waren' wirklich habe andeuten wollen, daß er wisse, Rev. Wilson sei bereits tot und soz. bei ihm, so erscheint mir dieser Schluß weit weniger überzeugend. Wir erfahren von Mrs. Armstrong, daß Rev. Wilson sich nie zu Lebzeiten des Mr. Benson als ihren 'zweiten Vater' bezeichnet habe, sondern erst nach dessen Tode. Angenommen, der verstorbene Mr. Benson habe in den 10 seit seinem Tode verflossenen Jahren davon 'erfahren', so konnte er doch wohl sagen: 'es waren da (d. h. es gab vor heute) zwei, die im gleichen Verhältnis zu Daisy standen...', ohne damit ein Wissen zu bekunden, daß auch Wilsons 'Vaterschaft' nunmehr der Vergangenheit angehörte. Doch mag der Leser sich seine eigene Meinung bilden. —

Aber nun weiter. Ein hübsches Beispiel des Mißverstehens der Kontrolle lieferte die Thompson-Sitzung vom 18. Dez. 1899.

Mr. Piddington, der Sitzer, fragte 'Nelly' über eine gewisse 'Dorothy' aus, die schon in einer vorausgegangenen Sitzung als lebend erwähnt worden war. 'O, sagte Nelly, lassen Sie mich mit Dorothy in Ruhe; sie ist eine sehr unwichtige Person; nur eine Art Dienstbote.' — Warum sie dann eine diese unwichtige Person betreffende Botschaft erhalten habe? — 'Weil sie, antwortete Nelly sofort, einen kleinen verstorbenen Bruder hat, der eine Botschaft senden wollte. Wir nennen ihn Bob — Bobby. Es fehlt ihm etwas am Nacken und Ohr, und er dreht seinen Kopf ein wenig zur Seite.' Eine Anfrage

---

[1] to elaborate statements off her own bat.

bei der Piddington bekannten 'Schwester Dorothy', einer Pflegerin, ergab nunmehr, daß sie zwar keinen (verstorbenen) Bruder Bobby gehabt hatte, sich aber eines kleinen Knaben dieses Namens in ihrem Hospital erinnerte, der einen erkrankten Halsknochen gehabt hatte und ihr Pflegeliebling gewesen war. Der Hals war zwischen Sandsäcken gebettet worden, und dies hatte mit der Zeit seine Ohren wund gemacht.[1] — Das einzige Unrichtige an 'Nellys' Angaben, daß Bobby der 'Bruder' Dorothys gewesen sei, erklärt sich also — wie auch Piddington bemerkt — ganz ungezwungen durch die Annahme, daß 'Nelly' den Geist Bobby habe 'sagen' hören, 'Schwester Dorothy' sei gegenwärtig im Hause des Sitzers, oder etwas dgl. (tatsächlich war sie z. Zt. in Piddingtons Hause tätig), und daß 'Nelly' aus dieser Angabe mißverständlich geschlossen habe, Bobby sei der 'Bruder' der Dorothy.

Das folgende Beispiel zeigt uns nicht nur ein Mißverstehen des 'Gesehenen' oder 'Gezeigten' durch die Kontrolle, sondern auch ein Berichtigen dieses Mißverstehens durch die Kommunikatorin; es verbindet also das eben belegte Formelement mit dem des persönlichen Reagierens der Ursprungsinstanz auf den Verlauf der Weitergabe ihrer Aussagen.

In einer Sitzung mit dem Rev. W. S. Irving am 27. Jan. 1921 sagte Feda bezüglich eines gewissen Zimmers: 'Sie haben ein Ding wie eine Schlange, — Sie haben häßliche Dinge in Ihrem Zimmer, — es sieht mir wie eine Schlange aus, aber Dora [die verstorbene Mrs. Irving] sagt, es ist ganz was hübsches, also denkt Feda, es wird schon in Ordnung sein.' — Zwei Schlangen befanden sich an einer Vase aus grünem Stein, von denen aber nur eine zur Zeit gesehen werden konnte, von ziemlich schreckenerregendem Aussehn und fast einen Zoll dick an der breitesten Stelle.[2]

Während in den bisherigen Fällen die Kontrolle das Mitgeteilte wenigstens in seinem äußeren und Wort-Sinn, aber nicht in seiner inneren Bedeutung auffaßt, stehen wir in gewissen seltenen Auftritten der Piper-Akten der eigentümlichen und gewiß nicht zu erfindenden Tatsache gegenüber, daß — unter bestimmten, schwer durchschaubaren Bedingungen — der Spielleiter, während er zwischen Sitzer und Kommunikator vermittelt, anscheinend auch den groben Sinn des zwischen beiden geführten Gespräches nicht auffaßt, seine Vermittlung also gewissermaßen völlig 'mechanisch' ausübt. Dies kann etwa an den Tag kommen, wenn die Kontrolle unerwartet in die verhandelte Angelegenheit hineingezogen wird, wie z. B. im folgenden sonderbaren Vorgang des Trans vom 12. April 1897.

Dr. Hodgson hatte zu 'George Pelham' über ein eigenartiges Erlebnis des in England weilenden Fr. Myers gesprochen, welches 'G. P.' indessen nicht zu

---

1) XVIII 216. Vgl. Allison 95. 192; Walker 102; Lodge, Raymond 123. 125. 2) JSPR XX 161 f.

Hodgsons Zufriedenheit erklärte. Darauf sagt Hodgson, er wolle einmal 'Rector' selber fragen, ob er etwas über das Ereignis wisse, von welchem Myers geschrieben (die Einzelheiten gehen uns hier nicht an), und 'G. P.' stimmt zu. 'Also was wissen Sie davon?' wendet sich Hodgson nunmehr an 'Rector'. 'Sie wünschen zu mir zu sprechen?' fragt dieser zurück. 'Ja', sagt Hodgson, 'ich wünsche Sie zu fragen, was ich soeben George gefragt habe, und ich wünsche, daß auch er Ihre Antwort anhört.' Rector: 'Bitte sehr, wiederholen Sie die Frage. Wenn ich für einen andern spreche [also, wie vorhin, die Übermittlung ausübe], kann ich nicht...' 'dem Sinn genau folgen,' ergänzt Hodgson laut, und die Hand 'stimmt zu'. Die Sache wird also nun nochmals 'Rector' gegenüber erklärt, und er versichert, er wisse nichts davon.[1]

Wodurch hier das Nicht-folgen der Mittelsperson zu erklären sei, ist für uns im Augenblick nicht wichtig, sondern: ob ein solcher Vorgang bloß durchtriebene Schauspielerei des Trans-Ich bedeute. Mir scheint: gerade je schwerer eine Erklärung für jenes Ausgeschlossensein zu finden ist; je weniger es in andern Fällen vorzuliegen scheint; je weniger also das Medium (als Transpersönlichkeit) zu glauben braucht, dem Sitzer mit solchen Szenen etwas besonders Eindrucksvolles, auf seine spiritistische Bedeutung hin sogleich zu Durchschauendes aufzutischen, — um so weniger haben wir auch Grund, diese Selbstdarstellung des Dramas für Täuschung zu erklären.

Der nachstehende Fall, mit dem ich diese engere Gruppe beschließe, ist einzig in seiner Art, indem er die Tatsache des Nicht-Verstehens der Kontrolle auf überraschende Weise mit einer Voraussagung des Kommunikators verwebt.

In einer Leonard-Sitzung vom 6. Juni 1928 sagte Feda bald nach Beginn zu Mrs. Allison, ihr 'Gatte' habe 'den starken Eindruck, daß Sie irgend wohin gehen werden, Sie werden veranlaßt werden, sich ein Standbild anzusehn; und er sagt: 'Ich habe das Gefühl, als ob dies Standbild nicht an sich so wichtig sein wird, sondern während du es ansiehst, wirst du ganz nahe etwas erblicken, was dich an unser gemeinsames Leben erinnern wird...' Er will nicht, daß Sie nun umhergehn und sich nach Standbildern umsehn. Er fühlt, sagt er, Sie werden einfach irgendwohin gehen, ohne es zu erwarten, und dann herausbekommen, was er im Sinn hat...'

Hierzu macht Mrs. Allison folgende Bemerkungen: 'Am Nachmittag desselben Tages nahm Mr. Frederick Bligh Bond in einem Klub den Tee mit mir ein. Nach dem Tee, als wir hinausgingen, bot ich ihm an, ihn auf dem Wege zu meinem Hotel bei seiner Stadtbahnhaltestelle abzusetzen. Der Wagenführer lenkte in den Hydepark ein. Plötzlich erwähnte Mr. Bond ein neues Bildwerk im Park, das er mir gerne zeigen würde und das beträchtliche Aufmerksamkeit erregt hatte. Es war Epsteins 'Rima', ein Denkmal für

[1] XXVIII 167.

20   Argumente aus formalen Verhältnissen der Kundgebung

Hudson [einen bekannten Ornithologen und Vogelfreund]. Die Presse hatte viele erregte Besprechungen gebracht, aber ich war erst vor 2 Tagen [aus Amerika] in London angekommen und hatte zufällig noch nicht davon gehört. Mrs. Leonard hatte ohne Zweifel von dem Standbild gehört, aber inwiefern dieses meinen Kommunikator interessieren könnte, hätte sie auf keine Weise wissen können. Ich schlug Mr. Bond vor, das Denkmal anzusehn, denn Fedas Bemerkung fiel mir ein, und meine Anteilnahme war lebhaft geweckt worden. Ich sagte nichts von Fedas Voraussagung zu Mr. Bond. Wir machten den erforderlichen Umweg, während dessen Mr. Bond das Standbild beschrieb, wobei er sagte, daß es ein Wahrzeichen für die 'Vögel im Park' sei. Dieser Ausdruck rief mir sofort eine Zeit in Paris in die Erinnerung, während welcher mein Mann und ich fast täglich den berühmten Vogel-Mann in den Champs-Elysées zu beobachten gingen... Ein Vogel-Schutzgebiet im Hydepark grenzt an das Epsteinsche Standbild und Feda hatte gesagt, 'es sei nicht das Standbild, sondern etwas in seiner Nähe', was mich an unser gemeinsames Leben erinnern würde... Beim Standbild angelangt, fanden wir 'Rima' umgeben von steingemeißelten Vögeln und auch von lebenden, die in dem Vogelbade plätscherten, das einen Teil der Umfassung des Denkmals bildet...'[1]

Die Aussage Fedas enthält offenbar eine Vorschau (an sich nicht weiter bemerkenswert, wie der Belesene weiß), und soweit nur diese in Betracht gezogen wird, hat eine spiritistische Deutung nicht den Vorrang vor einer animistischen: was der verstorbene Dr. Allison voraussieht, könnte natürlich auch Feda voraussehen und in ihre Personation verweben. Indessen, die Aussage knüpft Bemerkungen daran über die **Wirkung** des vorausgesagten Erlebnisses auf die Sitzerin und verrät damit eine intime Kenntnis gewisser beiden Gatten gemeinsamer Erinnerungen, die in Mrs. Allisons Sitzungen noch nie erwähnt worden waren. Falls also auch der zweite Teil der Aussage von der gedankenlesenden Feda ausgegangen wäre, so müßte sie ihn soeben erst, als etwas zu ihrer Voraussagung 'passendes', aus Mrs. Allisons Erinnerungen herausgefischt haben. Dann aber wäre höchst seltsam, daß sie nichts von dem Pariser Vogel-Mann und den Champs-Elysées verlauten ließ, sondern bloß — ganz allgemein — die Gewißheit äußerte, Mrs. Allison werde durch etwas nahe dem fraglichen Standbild an ihr 'gemeinsames Leben' mit dem Gatten erinnert werden. Es ist also ohne weiteres klar, daß wir Feda, falls sie das Ganze zusammengebraut haben soll, eine Rolle von sonderbarster Künstelei zuschieben müssen: sie soll — man weiß nicht, warum — ein nahe bevorstehendes Erlebnis ihrer Kundin voraussehen, ihr dann sogleich sinnverwandte Erinnerungen 'abzapfen', diese aber verschweigen (oder gar nicht in ihr Be-

---

[1] Allison 118 f. Ein übereinstimmendes Zeugnis des Mr. Bligh Bond ist beigefügt.

wußtsein heben) und nur deren allgemeine Bedeutung im gegebenen Zusammenhang betonen, und zwar sehr geschickt so, als ginge auch diese 'Betonung' von dem Verstorbenen aus, — den sie doch fraglos vor sich sieht und dessen 'Äußerungen' sie übermittelt! — Eine zweite animistische Deutung würde die Vorschau und alles weitere von Mrs. Allison ausgehn lassen, die aber nichts davon in ihr Bewußtsein höbe, sondern alles auf Feda übertrüge und sich von dieser auftischen ließe. Diese Deutung fällt wohl noch rascher in sich zusammen; denn Feda ist nun einmal durch übernormale Gaben weltberühmt geworden, von Mrs. Allison aber hören wir nichts dergleichen. Schreiben wir demnach die Vorschauleistung der Transpersönlichkeit des Mediums zu, so lohnt es sich nicht mehr, die Deutung noch weiter zu verwickeln, indem man die Sache sich mit verteilten Rollen abspielen läßt. Das weitaus einfachste also bleibt es, dem Kommunikator eine gelegentliche Vorschau zuzuschieben und alles weitere als natürliche Vorstellungsverknüpfung mit dem vorgeschauten Erlebnis aufzufassen. Dann aber erweist es sich, daß Feda wieder einmal etwas weitergegeben hat, was sie nicht im geringsten verstand, während ihr jenseitiger Schützling genau wußte, worauf er abzielte, und ihre Sitzerin es begriff, sobald die Vorschau sich zu verwirklichen begann. —

Eine Abart des eben belegten Tatbestands kann man darin erblicken, daß die Kontrolle nicht selten das ihr vom Kommunikator 'Gesagte' in offenbar klanglich-lautlicher Weise mißversteht, sich also im eigentlichsten Sinn des Wortes verhört.

In einer Sitzung mit Mr. W. L. Parker gab Phinuit die beiden ersten Worte des Satzes 'You've been boddered — du bist belästigt worden' zunächst durch 'Reuben' wieder,[1] dessen englische Aussprache — ein Mittelding zwischen Rjubin und Ruben — leicht für 'juw bin' 'verhört' werden kann. — Ein andermal wurde das fraglos vom Kommunikator bezweckte Wort 'Iliad' (das ja im Englischen den Ton auf der ersten Silbe hat) vorübergehend mit 'Elliot' zusammengeworfen.[2]

Eine seltsame Abwandlung dieses Vorgangs liefert Mrs. Pipers Sitzung vom 11. März 1907; denn hier spricht der Sitzer, aber der mittelbare Unterredner im Jenseits verhört seine Worte, während die unmittelbare Kontrolle sie richtig erfaßt. Mr. Piddington hat soeben die Worte *Giant and dwarf* (Riese und Zwerg) als Stichworte eines Experiments dem sich kundgebenden 'Myers' gegeben. Dieser bittet: 'Könnten Sie wohl das erste Wort ein wenig erklären? Ich bin seiner nicht sicher.' Piddington wiederholt 'Giant'. Myers: 'O, Giant, jawohl, ja.' Piddington: 'Ja — und dwarf!' Myers: 'Danke. Ich verstehe. Wharf (das Englische für Werft).' Auf dieses Mißverständnis hin macht die Hand eine Gebärde der Verneinung, während

---

[1] XIII 450. [2] XXII 133. Vgl. XXVIII 362; XXX 350 f.; JSPR XX 161 f.

22 Argumente aus formalen Verhältnissen der Kundgebung

Mr. Piddington abwartend schweigt; woraufhin dann die Schrift in großen Buchstaben fortfährt: 'Nein: DWARF.' Piddington bestätigt jetzt, und Rector schließt den Zwischenfall ab: 'Ja, ich verstehe. Giant and dwarf. R.'[1] — R. ist stets Rectors abgekürzte Namenszeichnung, man könnte also geradezu lesen: 'Jawohl, ich verstehe' und in 'Rector' den durchweg Begreifenden erblicken, während 'Myers' sich offenbar von Anfang an nicht recht in 'Hörweite' befindet. Diese Auffassung der dreieckigen Szene würde nur voraussetzen, daß, trotzdem Rector der augenblickliche Vermittler ist, 'Myers'' Fehlauffassung 'wharf' doch gleich soz. in den Apparat geglitten sei, noch ehe Rector mit seiner verneinenden Handbewegung sich einmischen konnte; oder daß Rector durch die Gesetze des Dramas zu einer 'mechanischen' Weitergabe auch des Falschen gezwungen gewesen sei, ungeachtet seines gleichzeitigen Besserwissens als Beobachter. Für beide Annahmen haben wir unabhängige Belege.[2]

Einzig in seiner Art ist wohl folgender Fall, der aber am ehesten auch in diesem Zusammenhang mitgeteilt werden kann, weil er die **Kontrolle als Opfer eines Mißverständnisses** zeigt, dem der **Kommunikator wieder nicht unterworfen ist**; nur liegt hier der Gegenstand des Mißverstehens ganz außerhalb der Kundgebungsinhalte.

Vor einer Thompson-Sitzung hatte der Leiter, Mr. Piddington, die Sitzerin, Mrs. Scott, gebeten, ihren Eintritt ins **Nachbarzimmer** mit einem bei ihr ganz ungewohnten lauten Schritt und Türschließen zu vollziehen, um das Medium auf den falschen Gedanken zu bringen, daß die Sitzerin eine gewisse Mrs. Taylor (pseud.) sein werde, für die solche Lautheit bezeichnend war und die um jene Zeit ebenfalls Sitzungen mit Mrs. Thompson abhielt. 'Nelly' wurde anscheinend wirklich getäuscht, denn sie sagte, noch ehe Mrs. Scott eintrat, sie wünsche für Mrs. Taylor zu schreiben. Aber unmittelbar nach diesen Worten begann eine andre Kontrolle zu reden, die von Piddington sofort als der 'Sohn' der Mrs. Scott erkannt wurde. Beide wechselten zunächst auch weiterhin ab, und wenn Nelly an der Reihe war, übergab sie Mitteilungen sowohl für Mrs. Taylor als auch für Mrs. Scott. Als das Medium halbwegs zu sich kam, verließen Mrs. Scott und Piddington sogleich das Zimmer, und als letzterer zurückkehrte, fand er das Medium folgenden Satz schreibend: 'Ich bin meiner Mutter Sohn. Ich bin Geoffrey Hamilton Scott. Sie ist fortgegangen. Ich kenne meine [offenbar: Mutter].' Mrs. Scott zeigte sich nunmehr Nelly ohne den vorher dazwischengestellten Schirm, Nelly erkannte sie an der Stimme und behauptete, sie habe durch **Geoffreys Medaillon** (in Mrs. Thompsons Hand!) doch schon vorher gewußt (oder vermutet?), daß Mrs. Scott anwesend sei. Sie schob dies Wissen oder Vermuten also auf einen psychometrischen Gegenstand, und in der Tat hatte sie offenbar die Geoffrey Scott-Kontrolle nicht gleich als solche erkannt, selbst

---

1) XXII 88. Vgl. XX 244 und das. 29 das Beisammen von asherbal und azure bell! Solches auditives 'Herantasten' ließe sich massenhaft belegen.   2) Vgl. das soeben S. 18 f. Besprochene.

als diese sprach,[1] und obgleich sie schon früher mehrmals aufgetreten war, — sondern erst, als der volle Name 'Geoff. Ham. Scott' nach der Unterbrechung des Trans geschrieben wurde.[2]

Auch Piddington erblickt in diesem Vorgang einen Beweis dafür, 'daß [die verschiedenen Transpersönlichkeiten] in irgendeinem Sinn gesonderte Wesen[3] sind, ob nun Geschöpfe des Hirns des Mediums, oder unabhängige Geistwesen.' Nelly wurde getäuscht entweder durch Mrs. Thompsons Erwartung, daß die Sitzung für Mrs. Taylor bestimmt sein werde; oder durch die angenommene Lautheit der Mrs. Scott, oder durch beides. Aber die 'Geoffrey Scott'-Kontrolle wurde nicht getäuscht. 'Unter spiritistischen Voraussetzungen wäre es sehr erklärlich, wenn ein Geist jemandes Anwesenheit nicht erfaßte, mit dem ihn keinerlei Gefühle verbinden, dagegen der Geist eines verstorbenen Sohnes die Anwesenheit oder Nähe seiner Mutter leichter entdeckte.' —

In einer weiteren Gruppe von Formen des Transdramas kommt die persönliche Selbständigkeit und Unabhängigkeit der Beteiligten in einer Fülle kleiner Zwischenspiele von dramatischer Realistik zum Ausdruck. Es handelt sich dabei um verstreute Kulissenbemerkungen der Kontrollen oder vorüberhuschende Verwicklungen, die in ihrer verblüffenden Natürlichkeit und zufälligen 'Nebenherigkeit' völlig außerhalb aller schauspielerischen Berechnung liegen und ebenso wenig in den Verlauf eines passiv-dramatischen 'Traumes' zu gehören scheinen. Die bisher besprochenen Formen gehn, wie man finden wird, gelegentlich als Teilstücke in diese Auftritte ein, verschlingen sich aber darin mit andern Elementen zu so eigenartigen Gebilden, daß die Abgrenzung einer neuen Gruppe sich wohl rechtfertigt.

Überaus zahlreich sind zunächst Abläufe, in denen eine wirkliche Mehrheit selbständiger Kontrollen (also abgesehen von Kommunikatoren) sich ganz natürlich verrät. Daß viele Transmedien mehr als einen 'Führer' haben, ist bekannt. Treten diese völlig geschieden nacheinander auf, oder behauptet nur der eine die Existenz des andern, so brauchen wir im Grunde doch nur einen abnormen Zustand des Mediums anzunehmen, worin es sich bald in der einen, bald in der andern Rolle gefällt. Anders in Szenen, wo anscheinend ein wirklicher dramatischer Verkehr zwischen zwei Kontrollen vor sich geht. Hier kann man ehrlich an ein rasches 'Alternieren' verschiedener Transpersönlichkeiten nicht mehr glauben: es besteht offenbar wirklich eine Gleichzeitigkeit der 'Bewußtseine' und des seelischen Tuns; wobei dann wieder die Frage entsteht, ob eine solche Mehrheit persönlich-bewußt miteinander verkehrender Iche noch 'ins' Medium verlegt

---

[1] Sie hatte z. B. geäußert: 'Jemand sagt ...' usw.   [2] XVIII 164 ff.   [3] entities.

werden dürfe, und falls ja, ob sie noch als hirn-gebunden gedacht werden können, oder nicht vielmehr schon körperlosen 'Geistern' gleichen — zumal wir ja in diesen Szenen fast immer noch außerdem mit der unabhängigen 'Anwesenheit' eines Kommunikators zu rechnen haben!

Ein Auftritt dieser Art ereignete sich z. B. im Thompson-Trans vom 1. Mai 1900. Die Sitzerin war Mrs. Benson, Gattin des verstorbenen Erzbischofs von Canterbury gleichen Namens. Dieser Geistliche hatte sich schon früher mehrfach kundgegeben, seine 'Nähe' — wenigstens seine unmittelbare Nähe — wurde aber diesmal von 'Nelly' bestritten. Er 'ist nicht ein bißchen hier', sagte sie, mußte aber doch hinzufügen: 'Ich sehe eine lichte Farbe, obschon undeutlich.' 'Mrs. Cartwright', die andre Kontrolle, scheint indessen bezüglich des Bischofs besser dran gewesen zu sein. Sie hatte schon früher seine Identität erkannt (Nelly hatte sich auf die äußere Beschreibung seiner Person und einige weitere richtige Angaben beschränkt), sowie auch daß er — als Bischof — im Adelshandbuch verzeichnet sei. Dies brachte Nelly erst in dieser Sitzung vom 1. Mai heraus (und zwar durch Mrs. Cartwright), und es verursachte ihr großen Schmerz und Erregung (weil damit die 'Beweiskraft' mancher ihrer richtigen Angaben natürlich verloren ging; denn Nelly war stets durchdrungen von der Wichtigkeit von 'Beweisen'). — Erweist schon dies die seelische Sonderung der beiden Kontrollen, so kam sie in einem sogleich sich anschließenden Zwischenspiel auch noch dramatisch zum Ausdruck. 'Was ist das?' ruft Nelly aus, 'er wünscht zu sagen — Mrs. Cartwright spricht es schon laut aus. Sie kann es nicht laut sagen. [Man beachte hier den für Nelly offenbar selbstverständlichen Doppelsinn 'lauten Sagens': 1. innerhalb des unwahrnehmbaren Transdramas, und 2. durch das Medium. Mrs. C. 'spricht es aus', aber Nelly bemerkt, daß es nicht durch das Medium geäußert wird; sie fährt darum, an Mrs. Cartwright sich wendend, fort:] Schreiben Sie es.' Das Medium ergreift darauf Bleistift und Papier und schreibt, anscheinend in ziemlicher Erregung, in Mrs. Cartwrights unverkennbarer Ausdrucksweise: 'Es ist sein Wunsch, daß ich Ihnen seine Absicht übermittle, Ihnen über sein persönliches Leben, gesondert von seinem öffentlichen, Bericht zu geben. Wenn möglich allein, am 30. Mai.' Darauf Nelly zu Myers, dem Sitzungsleiter: 'Er will nicht, daß Sie es hören, oder sonst jemand; er ist sehr bestimmt darin. Mrs. Cartwright holte ihn her. Er will nicht, daß irgend jemand da ist. Mrs. Cartwright ließ ihn das versprechen. Sehr wichtig. 30. Mai...'[1]

Auf die Beziehungen zwischen Nelly und Mrs. Cartwright wirft auch folgende kleine Szene Licht, die in der Sitzung vom 1. Feb. 1900 vorfiel. — 'Nelly hatte gesprochen, als plötzlich eine fremde Persönlichkeit hereinplatzte, ein Dutzend Worte sprach und gleich wieder der Kontrolle Platz machte. (Beiläufig: solche kleine Zwischenspiele deuten auch weit stärker

---

1) XVIII 141 f. 212.

eine Unterbrechung durch einen wirklich selbständigen 'Einfluß' an, als irgendwelche Seitensprünge des 'träumenden' Mediums.) Nelly erklärte sofort, daß Mrs. Cartwright kommen würde, um die Einmischung des Fremden zu erklären. Von da ab bis zum Schluß der Sitzung sprachen Nelly und Mrs. C. abwechselnd, und eine sehr belustigende Szene spielte sich ab, indem Mrs. C. sich über Nellys Art der Führung von Transgeschäften beklagte und Nelly ihrerseits herein- und wieder hinausschnellte, um Mrs. C.s pomphafte und platte Art und Ausdrucksweise nachzuäffen und sich über ihr machthaberisches Auftreten zu beklagen. Dabei behielt sie, wie meist, das letzte Wort: 'Mrs. Cartwright denkt, ich bin ungebildet.' 'Sie hielt das Leben stets für nicht lebenswert, wenn man nicht Gehorsam findet.' [Die lebende Mrs. C. war Schulvorsteherin gewesen!] Mrs. C. sagt, ich soll kommen, ehe ich 'albernen Unsinn' rede. Ihre Artigkeiten hageln nur so.'[1]

Nicht selten sind ferner Transabläufe, in denen die gegenseitige Unabhängigkeit von **Hauptkontrollen** und **Kommunikatoren** durch kleine vorübergleitende Zwischenspiele innerhalb der Äußerungen sich verrät, — ein Vorgang, der selbst unter spiritistischen Voraussetzungen sich nie zu verwirklichen **brauchte**, indem die Übergabe der Mitteilungen vom Kommunikator an die Kontrolle und ihre Weitergabe durch das Medium sich ja auch völlig reibungslos, soz. immer in **einer** Richtung vollziehen könnte.

In den ersten jener bedeutsamen Piper-Sitzungen, in denen der junge 'Bennie Junot' sich seinen Eltern gegenüber kundgab, war gelegentlich von einer photographischen Aufnahme die Rede. 'Bennie Junot' fragt: 'Erinnerst du dich dessen? Und ich sehe...' 'Ja freilich, erwidert der Vater, wir haben eine Unmenge deiner Aufnahmen, Liebling.' Worauf der Kommunikator nochmals anhebt: 'Erinnerst du dich...', aber von folgenden, gleichfalls niedergeschriebenen Worten unterbrochen wird: 'Ja ja er sagte ja... ja', — Worte offenbar, die an den Kommunikator vom Spielleiter Rector gerichtet sind, der besser als jener die Bejahung des Sitzers erfaßt hat.[2]

Noch reichlicher ausgesponnen erscheint die folgende Kulissenszene des Piper-Trans vom 29. April 1907, die anscheinend z. T. unwillkürlich niedergeschrieben wird: Mrs. Verrall, die Sitzerin, hatte 'Myers' eine Frage bez. einer bestimmten Ode des Horaz vorgelegt. 'Myers' schreibt nun im Verlauf seiner Äußerungen: 'Sie meinen meine Erwähnung des Horaz.' Hier mischt sich Rector ein, indem er abweisend die Hand schüttelt und bemerkt: 'Verwirrung bezüglich Ihrer Frage ... Geben Sie ihm einen Augenblick Zeit, damit er das Wort 'Verfasser' verstehen kann [welches vorher nicht aufgefaßt worden war] ...' Die Hand erhebt sich fragend zum 'Geiste' und schreibt dann: 'Verfasser — warten Sie einen Augenblick, dann wird er antworten.' Aber schon die nächsten Worte kommen offenbar von 'Myers' selbst und sind an Rector gerichtet: 'Sie brachten die lateinische Botschaft sehr klar heraus und ich bin durchaus befriedigt; die andre Ant-

[1] XVIII 173.   [2] XXIV 359. Vgl. XXVIII 439.

wort müssen Sie jetzt beschaffen, so daß [die Sitzerin] mich versteht.' Worauf offenbar Rector erwidert: 'Jawohl, ich will es versuchen', und dann, zu Mrs. Verrall gewendet, hinzufügt: 'Er möchte wissen, ob er auf die Horaz-Frage am Mittwoch antworten kann' usw.[1]

So realistisch-natürlich solche Unterredungen-hinterm-Vorhang in ihrem unwillkürlichen Niederschlag durch den Äußerungsapparat auch erscheinen, ihre Überzeugungskraft im Sinn einer Mehrheit selbständiger Teilnehmer am Drama erhöht sich noch, wenn dieser Niederschlag ein **unvollständiger** ist, wenn also innerhalb des Geäußerten sich Bemerkungen finden, die nur verstanden werden können unter der Voraussetzung **nicht zur Äußerung gelangter** Bemerkungen **eines andern Teilnehmers**; denn hier entschwindet uns die letzte Wahrscheinlichkeit, ja Möglichkeit, daß ein irgendwie einheitliches Trans-Ich des Mediums sich und uns ein dramatisches Zwiegespräch 'vorspiele', — das dann doch wohl fraglos als Ganzes durch den Apparat zutage treten würde.

In der zweiten jener Junot-Piper-Sitzungen waren der Vater und Dr. Hodgson die Sitzer, und der Kommunikator hatte eben von einer gewissen Kette auf einem Boote gesprochen, über die er sich völlig klar zu sein behauptete, während der Sitzer anscheinend nicht recht folgen konnte, — als 'Bennie' sich plötzlich unterbrach mit den Worten: 'Wer sind Sie überhaupt? Sie sind doch gar nicht mein Vater, was?' Aber ehe der Vater ein Wort gesagt hatte, fuhr die Hand zu schreiben fort: 'So, ist er's? O ja. Ich verstehe. Schon gut. Fahr fort. Ja, mir ist's recht.'[2]

Diese Worte lassen sich nur verstehn als Antwort an den Spielleiter ('Rector'), der dem Kommunikator die Versicherung gegeben hat, sein Argwohn sei unbegründet.[3] Aber auch der ausgesprochene Zweifel an der Identität des Sitzers ist ein (im spiritistischen Sinn) höchst realistischer Zug, denn nach animistischer Auffassung **weiß** ja das Trans-Ich des Mediums, so gut wie dessen waches Ich, genau, wen es vor sich hat; indem doch gerade dies in den Trans fortwirkende Wissen die 'Suggestion' zur Personation des Kommunikators liefern soll. (Läge auch dieser vorübergehende 'Zweifel' als ein Zug durchtriebenen Komödiespiels in den Grenzen medialer Traumerfindung, so würde man ihn häufiger zu finden erwarten. In Wahrheit ist er von äußerster Seltenheit und tritt m. W. stets nur aus verständlichem und natürlichem Anlaß auf.) — Ich gebe noch einige Beispiele solcher einseitig geäußerter Zwiegespräche.

---

1) XXII 159. Solche Kulissenszenen finden sich übrigens auch in 'Stimmen'-Sitzungen; z. B. Bradley, Wisdom 172; Duncan 58.   2) XXIV 368.   3) Das abwechselnde Siezen und Duzen gehört natürlich nur der Übersetzung an. Die Zweideutigkeit des you macht besonders bez. des 'Fahr fort' ungewiß, an wen es gerichtet ist.

Am 2. Juni 1907 schreibt der Piper-Myers durch Rector die Worte: *in order to make it still more de finite* ('um es noch eindeutiger zu machen'). Daß das letzte Wort irrtümlich in zwei Hälften getrennt geschrieben worden ist, bemerkt nun offenbar der Kommunikator selbst und fordert die Kontrolle — ungehört von uns — zu einer Verbesserung auf. Jedenfalls lauten Rectors nächste Worte völlig unvermittelt: 'All right, das will ich. Ich bedaure. Rector', nach welcher an 'Myers' gerichteten Bemerkung er wieder für diesen fortfährt: 'Jawohl, definite' usw.¹

Hier ist ein verwandter Auftritt, wo nur zwei Worte uns Einblick in den Hergang im Unsichtbaren gewähren. — Miss Johnson saß am 30. April 1907 mit Mrs. Piper, und 'Myers' hatte durch Rector das zur Beantwortung einer von Mrs. Verrall ausgegangenen Frage äußerst wichtige Stichwort 'Homers Iliade' (Homers Illiard) geliefert. Kurz darauf fragt Miss Johnson, ob sie nun gehen und Mrs. Verrall hereinrufen solle, und die Kontrolle gibt ihre Zustimmung. Mrs. Verrall wird geholt, begrüßt sich mit der Kontrolle Rector, und dieser erklärt nun, an Mrs. Verrall sich wendend, das Vorgegangene. 'Ich habe Mr. Myers gesehen, und er gab mir seine Antwort auf Ihre griechischen Worte, und ich gab sie der andern Dame, ehe Sie erschienen. Sagen Sie ihr, sie solle sie aussprechen. (Darauf:) All right. Homers Illiard' usw.² — Dieses *'All right'* — etwa 'ja schön' — erscheint mir unverkennbar an den 'anwesenden' Myers gerichtet, welcher Rector offenbar aufgefordert hat, die Worte doch selbst noch einmal zum besten der Neuanwesenden auszusprechen.

In andrer, aber ebenfalls wortloser Weise verrät sich der zweite hinterm Vorhang Beteiligte im nachstehenden Falle, dessen Auslegung als Komödiespiel völlig willkürlich und sinnlos wäre. — Der Piper-Trans vom 7. Jan. 1907 mit Miss Warner als Sitzerin und 'Mr. Hart' als Kommunikator enthält folgende kleine Szene inmitten der Äußerungen: 'Hart' (durch Phinuit schreibend und seine Erinnerungen mitteilend): 'Wir gingen hinaus zum Hotel, und fragen Sie ihn, ob er sich entsinnt, wie wir lachten, nachdem wir unser Zimmer betreten, ... weil es da so schmutzig war usw. ... sehr amüsant. Er ist nicht recht wohl gewesen, aber er wird es wieder sein. [Hier gibt es eine Unruhe in der Hand, worauf die Schrift fortfährt:] Nur immer fort, mein Bester, ich kann nicht hören, wenn Sie mich in dieser Weise anpacken. [Dann geht es weiter:] Hatten Sie je ein Fieber?' usw.³

Daß dieser Auftritt völlig 'unwillkürlich' und ungeplant sich zwischen zwei unabhängigen Persönlichkeiten abspielt, erscheint unleugbar, so wenig wir darüber Klarheit haben, welche Veränderung der Äußerungsbedingungen die Kontrolle als 'anpacken' empfindet und bezeichnet. — Um auch ein andres Medium zu Worte kommen zu lassen, führe ich noch folgende kleine Szene aus einem Leonard-Trans an:

Inmitten mündlicher Äußerungen unterbricht sich hier Feda plötzlich mit den leiser gesprochenen Worten: 'Frage sie, ob sie sich erinnert. (Worauf

---

1) XXIII 254. Vgl. XIII 380. 2) XXII 132. 3) XIII 356.

sie laut fortfährt:) Er will wissen, ob Sie sich des alten Herrn erinnern', usw.¹ —

Hier scheint der Frage der Kontrolle an den Sitzer eine entsprechende Aufforderung des Kommunikators an die Kontrolle vorausgegangen zu sein, eine Aufforderung, die entweder von dieser unwillkürlich — und darum leise! — nachgesprochen wird, oder sonstwie ungewollt in den Apparat hineinsickert. Beide Vorgänge sind möglich und nicht unwahrscheinlich, der zweite sogar den Jenseitigen als Entgleisung bekannt; jedenfalls äußert 'Rector' gelegentlich selbst, daß die Kontrollen sich vor diesem Mitaufzeichnen von Nebenunterhaltungen hüten müssen; dies sei eine schwierige Aufgabe, 'da wir häufig nicht blos das hören, was die Kommunikatoren sagen, sondern auch die Unterhaltung Andrer in der Entfernung.'² Und Nelly sagt einmal im Verlauf eines spiritistisch sehr eindrucksvollen Vorgangs: 'Mr. Sidgwick hat geschrieben. Er sprach zu mir und schrieb gleichzeitig, und sagte: Warum sagen Sie immerzu, Myers sei nicht hier? Und er konnte nicht verhindern, daß er es niederschrieb — *he couldn't help writing it.*'³

Die beiden bisher betrachteten Reihen von Kleinszenen verbürgten uns einerseits eine wirkliche Mehrheit selbständiger Kontrollen, anderseits eine echte Sonderung von Kontrollen und Kommunikatoren. Es finden sich aber auch ähnliche Vorgänge, aus denen in anscheinend völlig ungewollter Weise sich ein Beweis für eine wirkliche **Mehrheit selbständiger Kommunikatoren** (neben allen Kontrollen) ergiebt.

Im Piper-Trans vom 8. Feb. 1905 ereignete sich folgendes. 'Mrs. H.', die Kommunikatorin, schrieb durch Rector: 'Alles steht gut mit mir. Ich hoffe, viel Klarheit geben zu können betreffs Phinuit.' 'Während dies geschrieben wird (berichtet Hodgson), bewegt sich Mrs. Pipers Kopf, als ob sie zu sprechen anfangen will, und ich höre undeutlich einige Laute. Ich begebe mich auf die andre Seite [des nach links gewandten, auf Kissen ruhenden Kopfes]; anscheinend versucht jemand die Stimme zu benutzen, aber ich kann die Worte nicht verstehen. Unterdessen hat die Hand 'Ich' geschrieben und dann aufgehört, wie ich bei meiner Rückkehr [auf die rechte Seite] entdecke. Hodgson: 'Was ist los, Rector?' Die Hand schreibt: 'Bitten Sie Mrs. C. zu warten, bis Mrs. H. geendet hat.' Ich begebe mich wiederum auf Mrs. Pipers linke Seite und spreche ins linke Ohr: 'Warten Sie freundlichst einen Augenblick, bis Mrs. H. gesagt hat, was sie sagen will. Ich werde mich dann freuen, von Ihnen zu hören.' Durch den Mund des Mediums: 'Ich wünsche mit Ihnen zu sprechen.' Hodgson: 'Gewiß, ich werde mich sehr freuen.' Ich kehre zur Hand zurück. Die Hand schreibt: 'Ich will sie fortnehmen, falls du es wünschest. Rector.' Hodgson: 'Ja bitte, Rector, . . .'

1) XXXII 33.   2) XXVIII 527.   3) XVIII 240.

[Eine Pause. Die Hand ist erhoben, es wird zum Geiste gesprochen. Die Pause dauert etwa eine Minute.] Die Hand schreibt: 'Sie ist fort. Sie glaubte gleichzeitig sprechen zu können, aber wir haben es ihr erklärt [daß das nicht anginge].'[1]

Erscheint es wahrscheinlich, daß dies Komödiespiel des träumenden Mediums sei? Ich glaube es an sich verneinen zu dürfen, ganz abgesehen wieder davon, daß ein solcher Trick, einmal entdeckt, gewiß häufiger angewandt worden wäre, — und ich entsinne mich keiner weiteren Fälle genau dieser Bauart in den doch äußerst umfangreichen Piper-Urkunden. Dagegen findet sich ähnliches oft genug bei andern Medien, erscheint also als etwas für die **Kundgebungsleistung als solche**, aber nicht für ein bestimmtes Unterbewußtsein Typisches.

Richter Dahl z. B. berichtet von einer weit eindrucksvolleren Doppelszene dieser Art. Ein Fremder (ein Schriftleiter) hatte durch Ingeborg Dahl eine 'fast dreistündige intime Unterredung mit seinem Vater, der vor 9 Jahren gestorben war. Schriftlich, und nur ihm selbst sichtbar, richtete er eine Reihe Fragen an den Vater und erhielt sie, eine nach der andern, beantwortet.' Während dessen nun meldete sich eine junge Frau durch die Kontrolle 'Ludwig' und bat, Namen und Adresse der Person, für die ihre Mitteilung bestimmt sei, niederschreiben zu dürfen. Sie tat es durch Ingeborgs Hand und lieferte dann durch deren Mund die Botschaft. Sie bezeichnete ein Datum, an dem die Botschaft überliefert werden sollte, dankte und empfahl sich mit Entschuldigungen wegen der Unterbrechung. Die Mitteilung wurde an die angegebene Adresse abgeschickt und es erwies sich, daß sie von dem jung verstorbenen Weibe des Adressaten stammte und daß das bezeichnete Datum ihr Todestag war. (Dies alles war allen Anwesenden 'völlig unbekannt'.) Die Botschaft 'war von großem Interesse und Wert' für den Adressaten.[2]

Eine neue, selbständige 'Knospung' innerhalb der Seele des Mediums erscheint als die mindeste Voraussetzung zur Deutung solcher Vorgänge. Der Leser empfindet aber (wie vorgreifend bemerkt sei) auch gleich, inwiefern solche Beobachtungen darüber hinaus zu spiritistischen Annahmen forttreiben. Hier ist anscheinend **keinerlei suggestiver Anlaß** zur neuen Knospung gegeben; sie **unterbricht eine andere**, glatt verlaufende Kundgebung. Und solche Unterbrechung erklärt sich am natürlichsten, wenn wir die unterbrechende 'Persönlichkeit' schon **vor** ihrem Auftreten gleichsam als Spannungszentrum 'außerhalb' des Mediums bestehen lassen. Ich kann nicht angeben, ob z. B. 'Mrs. C.' in dem obigen Piper-Falle sich nachmals noch weiter geäußert hat, da Mrs. Sidgwick uns nur das angeführte Bruchstück

---

1) XXVIII 37 f. (Rector gebraucht stets die altertümliche Du-Form). Vgl. das. 443.
2) Dahl 207 f. Vgl. auch die Unterbrechung in dem o. I 306 mitgeteilten Falle Beadon und den sehr realistischen Vorgang XVIII 146 Abs. 3.

mitteilt; hätte es bei der beschriebenen Unterbrechung sein Bewenden gehabt, so dürfte das eine weitere Erschwerung der animistischen Auslegung bedeuten. Denn welchen Grund könnte das dramatisierende Traum-Ich des Mediums haben, seine gelingende Leistung in dieser aus nichts beginnenden und in nichts verlaufenden Weise zu stören? —

Alle vorstehenden Beispiele dramatischer Zwischenspiele entstammten vollentwickelten Transvorgängen. Ich sagte aber schon oben, daß ich gelegentlich auch in das psychologisch wesensverwandte Gebiet 'automatischer' Äußerungen (bei mehr oder minder erhaltenem Wachbewußtsein) übergreifen würde. In der Tat lassen sich ähnliche Verwicklungen auch auf diesem Gebiet anscheinend spiritistischer Kundgebungen nachweisen. Das gilt z. B. für die automatischen Schriften der Mrs. Verrall, bekanntlich einer der Hauptbeteiligten an den bald zu besprechenden 'Kreuzkorrespondenz'-Experimenten. Sie befand sich während des Schreibens anscheinend bei vollem Bewußtsein,[1] aber die Ursprungsinstanz — *the scribe,* wie sie diese bezeichnet — redete das Medium stets mit *you,* sagen wir also: mit 'Sie' an,[2] wobei sie sich ihm und dem Schreibvorgang gegenüber durchweg in die Rolle eines selbständig lenkenden, beobachtenden und kritisierenden Ich versetzte, als wäre sie gewohnt, mit der Einmischung von Vorstellungen des Mediums, also mit Störungen und Entstellungen zu rechnen.

Also etwa: 'Sie bekommen dies noch nicht richtig heraus, aber einiges hiervon ist wahr';[3] oder: 'Es handelt sich um ein Bild, können Sie es nicht sehen? mit ausgebreiteten Flügeln, ... die himmlischen Scharen ... nein, ich kann es garnicht kriegen. Lassen Sie es heute.'[4] Und die automatischen Schriften der andern an jenen Experimenten beteiligten Medien wimmeln von Äußerungen gleicher Form und Bedeutung. Als z. B. Mrs. Salter zögert, ein Zitat aufzuzeichnen, schreibt ihre Hand die Ermahnung nieder: 'Es macht nichts, wenn Sie den Zusammenhang nicht verstehen — schreiben Sie alles nieder. Sie lassen sich zuweilen durch Ihren literarischen Geschmack hemmen.'[5] Oder Mrs. King:[6] 'Du hast noch nicht im geringsten erfaßt, was ich will, versuch noch einmal... Nicht ganz richtig, aber die Vorstellung ist schon da... Du glaubst, dies sei eine ziemlich traurige Schrift, aber das ist durchaus nicht der Fall, ganz im Gegenteil.' 'Ich bin dir ganz nahe und habe dir etwas zu sagen. Ich will es irgendwie [in deine Schrift] hineingleiten lassen, du mußt dich nicht zu sehr anstrengen, sei ganz gelockert und unkritisch... Hier ist Alfred,[7] Liebling, ich bin ganz nahe...'[8]

---

1) XX 8 f. 2) Das engl. you kann ja auch 'Du' bedeuten, so daß jede Übersetzung hier wieder theoretisch Partei ergreifen muß. 3) XXII 47; vgl. 145. 4) XXII 228; vgl. XXXIII 540; XX 347. 5) XXXIII 456. 6) Pseud. für die Hon. Mrs. Alfred Lyttelton. 7) Name des verstorb. Gatten, dessen 'Anwesenheit' die Schreiberin auch empfindet. 8) XXXII 461. 478. 482. 490. 495 u. sonst.

Soweit ist uns offenbar nur eine Zweiheit der 'Instanzen' gegeben, und ob die eine von ihnen spiritistisch zu deuten sei, steht vorläufig noch dahin. Aber der Inhalt der Schriften setzt in zahlreichen Äußerungen mit gleicher Natürlichkeit auch die Beteiligung mehrerer, mindestens zweier Persönlichkeiten außer dem *scribe* voraus.[1] Und in vielen von diesen Fällen unterscheidet sich dieser ausdrücklich von dem eigentlich aktiv Experimentierenden (was ja immerhin für den *scribe* noch verschiedene Deutungen zuläßt).

So schreibt z. B. Mrs. Verrall am 6. Feb. 1907: 'Ich kann nicht begreifen, was alles dies bedeutet, aber ich habe den Auftrag,[2] es Ihnen zu sagen. Apollos Lorbeer Zweig. Auch 'die Bibliothek' hat einige Bedeutung...'[3] — Oder am 20. März: 'Koralle und eines Fischers Leine — Mischabel — nicht das Hornli — das war ein Versehen. Mischabel. Hörner wollte er sagen. Hat das für Sie nicht Erinnerungswert?...' (Die erwähnten Schweizer Bergnamen waren wesentliche Bestandteile eines gelungenen Experiments.)[4] — Auch hier steht ein 'er' noch hinter der schreibenden Persönlichkeit, also zum mindesten außerhalb des 'Unterbewußtseins' der Schreibenden.

Kann aber solchen Fällen gegenüber noch eingewendet werden, daß die Mehrheit der Teilnehmer doch nur eine behauptete sei, so tritt uns diese in andren Szenen als ausgeführtes Zwiegespräch selbst vor Augen. Das merkwürdigste Beispiel solchen Niederschlags einer ganzen im Unsichtbaren zwischen Experimentierenden und *scribe* geführten Unterhaltung lieferte Mrs. Verralls Schrift vom 5. Dez. 1904, die überdies in zwei verschiedenen Handschriften geschrieben war.

'Dann ist da eine Verszeile zu erinnern   Heaven lies about us in our infancy — dies hat eine besondere, eine ganz besondere Bedeutung   Wiederholen Sie die Zeile noch einmal   Sie ist niedergeschrieben. geh zum nächsten Versuch über   Cecilia war ein Name der gewünscht wurde   Ich kann dies nicht klar machen   Die Anweisungen sind woanders gekommen.   sie sollten befolgt werden. warten Sie also auf die Ergebnisse. Ich kann dies nicht leicht hervorbringen   Sie geben nicht auf die Verhaltungsmaßregeln acht   Ich kann nicht hören was sie sagen, oder verstehen was sie tun. Sagen Sie Donnerstag war gemeint   Donnerstag war gemeint.'[5]

Es erscheint mir völlig unglaubhaft, daß ein solches Gespräch noch als 'Komödie' aufgefaßt werden könne: eine Mehrheit von Beteiligten ist offenbar wirklich gegeben. Alle diese wissen, daß ein Versuch im Gange ist. Aber — und dies bringt die Natürlichkeit auf den Gipfel — einer von ihnen steht der Schreibleistung des Mediums näher als die anderen; nicht so, daß seine Gedanken allein geschrieben würden (denn auch die eines andern werden niedergeschrieben), sondern so,

---

1) z. B. XX 367 f.; XXII 81.   2) I am told.   3) XXII 47 f.; vgl. 83.   4) XXII 182. Vgl. XX 70 f. 356; XXVII 93; XXXIII 475.   5) XX 73.

32 Argumente aus formalen Verhältnissen der Kundgebung

daß er wahrnehmen kann, was geschrieben ist und was nicht, — was dem oder den andern offenbar nicht möglich ist. Ist aber der eine Schreiber die Transpersönlichkeit des Mediums, müssen wir dann nicht die andern außerhalb des Mediums suchen, wo sie nach der Selbstbezeugung der Versuche ohnehin zu suchen sein sollen? Wir werden diese Frage am Schluß des Kapitels genau erwägen. Jedenfalls dürfen wir annehmen, daß der Gesprächsanteil der Einzelnen in verschiedener Art zur Äußerung kommt: im einen Fall durch gewolltes Schreiben, im andern durch unwillkürliches Hineinsickern in den Schreibapparat. — Ein verwandtes Beispiel liefert folgende Schrift der Mrs. Verrall vom 15. März 1903.

Σ ist der erste zu erkennende   aber es sind andere da   Schreiben Sie jetzt selbst   Otranto   [das folgende lateinisch:] mit Pech [?] warum nicht auch das übrige?   weil diese unsere... es nicht erfaßt   sorgen Sie dafür daß sie still hält   jenes Zeichen ist gut aber es ist nicht das Ganze.[1]

Auch hier ist eine wirkliche Mehrheit Beteiligter unverkennbar, und zwar zum mindesten noch eine Zweiheit außer dem *scribe,* der *illa nostra,* 'diese unsre'. Von jenen zweien fordert der eine den andern auf, in unmittelbarerer Weise als zuvor zu schreiben — 'schreiben Sie jetzt selbst' —, was aber zu dürftigen Ergebnissen führt — den schwerverständlichen Worten '*Otranto pice*' —, so daß der Auffordernde, der ein Stocken der Übermittlung bemerkt, nach dem Grunde der Störung fragt, als den der eben noch Schreibende das 'Nicht-auffassen' des Mediums bezeichnet. Damit könnte er eine Störung durch dessen seelische Eigentätigkeit meinen; jedenfalls glaubt dies der Urheber jener Aufforderung, denn er verlangt nunmehr die Herstellung von Ruhe, also eine passivere Einstellung des Mediums. — Nicht unähnlich heißt es in der Schrift vom 23. Okt. 1903, nach verschiedenen einem Experimente angehörenden Sätzen: 'Nein, dies ist nicht richtig. Halten Sie ein, es ist zu schwierig — lassen Sie sie schreiben.'[2] Womit uns offenbar wieder mindestens eine Zweiheit außer dem Trans-Ich des Mediums gegeben ist, indem ein Zwiegespräch von diesem in der dritten Person spricht.

Es ist also nicht so sehr das Erscheinen eines Zwiegesprächs an sich, was uns in solchen Auftritten die wirkliche Beteiligung einer Mehrheit beweist, als vielmehr die Art dieser Unterredungen: nämlich einerseits ihr völlig überraschendes Auftreten und Wiederverschwinden, anderseits ihr Inhalt als solcher, der keineswegs den Eindruck einer auf lebendigere Darstellung des Kundgebungsvorgangs berechneten Komö-

---

1) XX 71.   2) XX 422; vgl. 420; XXII 198 f., und verwandte Beispiele aus Mrs. Willetts Schriften: XXIX 208. 217. 222.

die machen kann, vielmehr nur den eines wirklichen Geschehens 'hinterm Vorhang'. Und gerade die teilweise Undurchschaubarkeit des technischen Sinnes der einzelnen Äußerungen macht die Annahme einer 'Erfindung' solcher Unterredungen durch das Medium völlig ungereimt und erhöht im gleichen Maße den Eindruck ihrer spiritistischen Natürlichkeit und Selbständigkeit. —

Ein besonders ergiebiger Boden für dies unwillkürliche Durchsickern von Gesprächen, wie sie das Transdrama hinterm Vorhang voraussetzt, ist auch die (besonders an Mrs. Piper gründlich erforschte) Phase des Erwachens, die *waking stage*, d. i. jener Schlußabschnitt des Trans, da das Medium gewissermaßen das Bewußtsein zweier Welten hat: einerseits schon soweit 'zurückgekehrt' und 'bei sich' ist, daß es die Außenwelt verworren wahrzunehmen beginnt, anderseits aber noch so weit 'im Jenseits' weilt, daß es die Personen des eben abgelaufenen Dramas nun 'selber' sieht, sie zu einander und zu ihm reden hört und selbst Bemerkungen an sie richtet.[1] Diese Gespräche in ihrer Gesamtheit nun haben wieder die Neigung, durch den Sprechapparat des Mediums zur Äußerung zu gelangen. Was aber diese scheinbar verworrenen Äußerungen so eindrucksvoll im Sinne der Wahrheit des Transdramas macht, ist die vollkommene und offenbar auch völlig ungespielte, ungewollte und unbewußte Übereinstimmung der hier zu unterscheidenden 'Rollen' mit denen des vorausgegangenen Transdramas. Und zu diesem Eindruck trägt wieder nicht wenig bei die oft zu beobachtende Bruchstückhaftigkeit der Äußerungen in der Phase-des-Erwachens, indem wir also Teile eines Gesprächs erhalten, dessen 'andre Seite' ungehört bleibt, aber im Sinne des Dramas leicht ergänzt werden kann. Denn wie ich schon sagte, ist es an sich sehr wahrscheinlich, daß von einem blos 'geträumten' Gespräch durchgehends beide Seiten, oder aber durchgehends nur die eine Seite durch den Mund des Mediums zur Äußerung kommen würden; während, wenn wir auch unabhängige Wesenheiten als Unterredner annehmen, das Durchsickern oder Nichtdurchsickern ihres Gesprächsanteils von den sehr wechselnden 'Beziehungen' des Mediums zu seinen verschiedenen Kommunikatoren abhängen dürfte. Freilich mag zuweilen dies Durchsickern auch zustandekommen, weil das Medium die Äußerungen der Geschauten 'hört' (wie die Kontrolle sie während des Trans 'hört') und soz. in eigner Person wiederholt; zeigt doch Mrs. Piper während der *waking stage* gelegentlich auch für die Äußerungen der Sitzer sog. Echolalie, d. h. unwillkürliches Nachsprechen.[2] — Unter den angedeuteten Gesichtspunkten betrachte man

---

1) Vgl. XIII 400 f.; XXVIII 21 ff.   2) XXVIII 234. 612 f.

nun die folgenden Ausschnitte aus den mit größter Sorgfalt aufgezeichneten (oft nur gemurmelten!) Reden der Mrs. Piper in den Abschlußphasen verschiedener Sitzungen.

Am 12. Feb. 1907 sagte sie während des Zusichkommens u. a.: 'Sie müssen Geduld mit mir haben, weil ich erst jetzt gelernt habe, wie — — Was sagten Sie mir betreffs Aushändigen —? Schön, ich gehe. Ich will zu Mrs. Verrall gehen.'[1]

Die Zuteilung der ersten Zeile ist hier offenbar mehrdeutig; die zweite stellt unstreitig eine Frage des Mediums an den geschauten 'Geist' dar, der ihm einen nicht voll erfaßten **Auftrag** im Sinn eines **Experiments** gegeben hat.[2] Dann aber scheint eine Lücke zu bestehn, worin wir wohl die **nicht durchgesickerte** Aufforderung eines Unsichtbaren an einen andern vorauszusetzen haben, etwa: er möge den Versuch aufgeben, sich jetzt Mrs. Piper verständlich zu machen, und statt dessen die betreffenden Experimentalvorstellungen Mrs. Verrall übergeben.

Nach dem Trans vom 8. Mai 1908 wurden von Mrs. Piper u. a. folgende Worte gesprochen: 'Unser sind sieben.   Ich sagte: Uhr! Tick, tick, tick! Treppe.   Ich sagte: Werde alt mit mir.   Sie schrieb es, Mrs. Verrall schrieb es.   Ernst Saul — David.   St. Paul   Licht — Leben — Engelschar! ... Fassen Sie es rasch!   O Gott, Sie sind so langsam!   Was hat Browning damit zu tun?'[3]

Alle dem Leser hier unverständlichen Worte sind geladen mit Bedeutung innerhalb der besagten Experimente. Mit ihnen habe ich es aber nicht zu tun, sondern nur mit den dramatischen Bestandteilen dieser Äußerungen. Zwei jener sinnschweren Zeilen werden eingeleitet mit den Worten 'Ich sagte'. Diese dem **Medium** zuzuschreiben, wäre natürlich sinnlos: Mrs. Piper 'sagte' diese Worte nicht, — sie sagt sie vielmehr erst jetzt. Nur im Munde des 'Experimentators' sind sie natürlich; etwa wenn Mrs. Piper seine Mitteilung zunächst nicht auffaßt und soz. eine fragende Haltung einnimmt: 'Bitte, was sagten Sie?', in welchem Fall jene Worte seine Antwort einleiten würden; oder wenn er damit Vorstellungen bezeichnen will, die er einem **andern** Medium zu Zwecken des Versuchs übergeben hat. Vollends dem Versuchsleiter zuzuschreiben sind die beiden ersten Sätze des Schlusses: 'Rasch... Sie sind so langsam!' Er fühlt das Medium ihm in die 'Wirklichkeit' entgleiten und will noch schnell etwas 'durchbringen'. Aber Mrs. Piper ist schon völlig außerhalb des Spiels; nur ein Nachhall des Vernommenen klingt noch in ihr: 'Was hat Browning damit zu tun?' Die Worte 'werde alt mit mir' sind nämlich ein Zitat aus Robert

---

1) XXII 174.   2) Es handelt sich wieder um die sog. Kreuzkorrespondenzversuche, auf die ich weiter unten zu sprechen komme.   3) XXIV 223.

Browning. Mrs. Piper, die diesen wenig gelesenen, 'dunklen' Dichter sicherlich nicht näher kannte, scheint gerade noch die Absicht des Versuchsleiters erhascht zu haben, ihr 'etwas Browningsches' zu sagen; jedenfalls gehören diese letzten verständnislosen Worte wohl völlig ihr selber an.

Sehr lehrreich in unsrem Sinn sind auch gewisse Äußerungen während Mrs. Pipers Zusichkommen am 8. April 1907, die folgendermaßen lauten: 'Sie sagten Eliot. Dort ist Mr. Myers und [er sagt?] Eliot. *Iliad.* Ich freue mich. Versuchen Sie es nochmals. Entmutigen geben Sie mich nicht auf. Versuchen Sie es nochmals. Licht im Westen. Ich will Ihnen mehr sagen. Falls ich über die Schranke langen kann, will ich diesen Buchstaben [1] wiederholen. *Tout ensemble.*' [2]

Hier hat die Deutung davon auszugehen, daß das Wort '*Iliad*' die höchst belangreiche Antwort auf eine an den verstorbenen Myers gerichtete Frage darstellt, die das klassisch ungebildete Medium in dieser Weise nie hätte beantworten können. Es ist also nicht nur klar, daß die Mitteilung ('sie sagten') der Vorstellung *Iliad* vom Kommunikator 'Myers' ausgeht, sondern auch, daß Mrs. Piper diese Mitteilung zunächst nur unzureichend auffaßt und weitergibt. (Eliot = Iliad!)[3] Als es ihr endlich besser gelingt, drückt darum 'Myers' seine Genugtuung aus: 'Ich freue mich'! Eben darum aber erscheint das nun Folgende zweideutig: 'Versuchen Sie es nochmals' usw. Sucht hier ein Kommunikator den andern zu einem **weiteren Versuche** anzuspornen? Die englischen Worte '*try again*' könnten dies wohl bedeuten; tatsächlich gehören die folgenden: 'Licht im Westen' wiederum einem Experiment an, die Worte 'ich will Ihnen mehr sagen' scheinen ebenfalls den Willen zu einem solchen zu bekunden, und das Schlußwort '*tout ensemble*' bezeichnet, wie wir sehen werden, geradezu Sinn und Methode dieser Versuche. — **Oder aber:** hat eine der beteiligten Transpersönlichkeiten das 'Durchbringen' von '*Iliad*' nicht bemerkt oder nicht erfassen können und sucht nun den 'erfreuten' Myers zu einer Wiederholung des Versuchs zu drängen?! — Mehrdeutig auch, aber jedenfalls sehr eindrucksvoll im Sinn eines wirklichen, in Spannungen und Lösungen verlaufenden Dramas sind endlich die Worte 'Entmutigen geben Sie mich nicht auf', zu denen vielleicht auch noch die unmittelbar folgenden — 'versuchen Sie es nochmals' — gehören. Man könnte sie der Beflissenheit des Mediums zuschreiben, aber auch — und vielleicht besser — dem Mitteilungsdrang der jenseitigen Versuchsleiter, deren Klagen über die außerordentlichen Schwierigkeiten ihres Unternehmens ja unablässig wiederkehren.

---

1) this letter; vielleicht verhört anstatt this later = dies später?   2) XXII 133.   3) Vgl. o. S. 21 f.

Argumente aus formalen Verhältnissen der Kundgebung

In der Ausgangsphase der Sitzung vom 6. April 1908 lauteten die von Mrs. Piper gesprochenen Worte wie folgt: 'Discobolus, Discus verletzte mich. *Bitten Sie ihn, es für mich zu erläutern... Amor. Elysische — glücklich, sagen Sie... Dei amor (Unhörbares) und steigt auf... Er sagt immer etwas von Cyx.   Facilis [Beginn des Zitats 'facilis descensus Averni']   Das ist alles... Unschuld. Glaube. Er hat einen Vogel auf seiner Hand. Sie kriegen garnichts klar. Mr. Myers hat Pygmalion   Vögel Paradies. *Fragen Sie ihn, ob er die bruchstückhafte Art versteht, in der ich den Geist [des Mediums] veranlasse, meine Meinung zu erläutern... Es waren zwei Tauben über der Tür. 'Klopfend kam er, kam an meine Kammertür.' Der jungfräulichen Kammer. Fort mit Ihnen. Mr. Myers schrie auf und sagte — gab 'Kammertür' ein...[1]

Die beiden mit einem * bezeichneten Sätze dieser faszinierenden Szene sind offenbar von einem Kommunikator an Mrs. Piper gerichtet und enthalten Aufforderungen, Mr. Piddington, den Erforscher dieser Experimente, zu bestimmten Deutungen heranzuziehn. Dieselbe Auffassung dürfte der Satz 'Sie kriegen gar nichts klar' erfordern. Dagegen bietet der Schluß ein nicht so leicht und sicher zu entwirrendes Gemisch. Als die richtige Deutung möchte ich folgende vermuten: Die Vorstellung, die der Kommunikator ('Myers') dem Medium einprägen will, ist anscheinend — die Tür zur Cella des Parthenon, zur 'Kammer der jungfräulichen' Göttin.[2] Die Vorstellung 'Kammer' läßt aber das Medium, das gewiß nie von jener Cella gehört hatte, in eine ihr sicherlich sehr vertraute Vorstellungsreihe 'ausgleiten': 'klopfend kam er usw.', bekanntlich ein Satz aus E. A. Poe's 'Raben', dem berühmtesten Gedicht des amerikanischen klassischen Schrifttums. Damit könnte man es erklären, daß — allerdings nachdem Mrs. Piper noch rasch die eigentlich beabsichtigte Vorstellung ausgesprochen — wahrscheinlich der mitanwesende 'Hodgson', der die Entgleisung bemerkt hat, ihr zuruft: 'Fort mit Ihnen,' als wollte er sagen: Sie sind ja doch zu nichts zu gebrauchen und verderben alles. Auf diesen Schreck hin rückt das Medium nun noch näher an die Wirklichkeit heran und erzählt dem Sitzer: 'Mr. Myers schrie auf und sagte —'. Hier aber gehen fraglos wieder einige Worte verloren; denn Myers 'sagte' nicht 'Kammertür', noch weniger 'gab' er dies 'ein'; vielmehr müßte es heißen: 'Myers sagte: Kammer (des Parthenon), und das 'gab' mir 'ein': Kammertür, nebst der berühmten Zeile von Poe.' — Ich hoffe, diese Deutung wird dem Leser so überzeugend erscheinen, wie mir selber, und ihn empfinden lassen, ein wie natürlich-dramatisches Zusammenspiel Mehrerer

---

1) suggested. — XXIV 106 f. Vgl. ferner XXVIII 582. 605 ff.; XXIV 49.   2) Dies ergibt sich aus dem Vergleich mit Äußerungen andrer Medien. Alle scheinbar zusammenhanglosen Vorstellungen in den Belegen dieses Kapitels gehören 'Experimenten von drüben her' an, über deren Wesen, wie gesagt, bald genauer zu sprechen sein wird.

das oft zunächst rätselhafte Gemurmel der Erwachensphase offenbart, wenn man sich bemüht, vermittelst seiner ins Unsichtbare hinauszulauschen. —

Gehen wir nunmehr zu einigen **theoretischen Erwägungen** über. — Die vorstehenden Anführungen und kurzen Erläuterungen sollten zunächst beweisen, daß die Formen des Transdramas die Beteiligung einer wirklichen Mehrheit selbständiger und voneinander unabhängiger Persönlichkeiten erkennen lassen; dies aber sollte die Frage vorbereiten, ob diese Mehrheit **durchweg ins Medium selbst** verlegt werden könne; eine Frage, deren bündige Verneinung ja einem Beweise des Spiritismus gleichkommen würde. Um jene Selbständigkeit und Unabhängigkeit zu erweisen, gab ich Belege für mannigfaltige vorstellungs- oder gefühlsmäßige Reaktionen der einzelnen Transpersonen auf die Betätigung andrer innerhalb des Dramas; für ihre kritische Einstellung gegeneinander; für die unter ihnen vorfallenden Meinungsverschiedenheiten und Mißverständnisse; für die unnachahmliche und unerfindbare Natürlichkeit ihrer Unterredungen, zumal soweit diese nur einseitig oder bruchstückweise durch das Medium geäußert werden. Dies alles seiner problembegründenden Natur zu entkleiden, indem man es für feinberechnete Schauspielerei des träumenden Mediums erklärt,[1] ist m. E. ein hoffnungsloses Unterfangen. Ich habe diesen möglichen Versuch in meinen Erläuterungen schon mehrfach berücksichtigt, aber nur um seine Undenkbarkeit an den Einzelheiten des betreffenden Beispiels fühlbar zu machen. Und dem wünsche ich hier nichts hinzuzufügen. Wer die wirkliche **Unwillkürlichkeit** und unerfindbare **Echtheit** der meisten aufgewiesenen Mehrheitsauftritte nicht 'fühlt', mit dessen Art von Tatsachensinn bin ich außerstande mich auseinanderzusetzen. Auch hat der gründlichere Animist sich nie mit dieser billigen Ausflucht begnügt. Selbst Baerwald, der sie gelegentlich benutzt, fügt doch hinzu: 'Wir haben viele Fälle von Bewußtseinsteilungen, in denen die verschiedenen Sektionen, in die die ursprünglich einheitliche Persönlichkeit zerfallen ist, nicht nur ihre individuellen Kenntnisse und Gedankenläufe besitzen, sondern auch recht feindselig gegeneinander gestimmt sind. Warum sollte also [z. B.] von den beiden Spaltungsprodukten im Unterbewußtsein der Frau Leonard, die sich die Namen Feda und Raymond zugelegt haben, nicht das eine seine überlegenen Kenntnisse ausnützen, um das andre zum besten zu haben!' Es ist diese **spaltungspsychologische Auslegung**, die auch ich gelegentlich schon als die allein in Frage kommende Alter-

---

[1] Wie Baerwald (Phän. 352) bez. Fedas 'Mißverstehen' im Falle 'dormitory-dormouse', o. S. 14. Baerwald spricht von 'noch andern Deutungsmöglichkeiten', verrät sie aber leider nicht.

native zur spiritistischen bezeichnet habe. Unsere entscheidende Frage läßt sich also so fassen: sind die Möglichkeiten der Psychologie der Ich-Spaltungen der Deutung auch der gesteigerten pluralistischen Natürlichkeit innerhalb des Transdramas gewachsen?

In dieser Fragestellung ist schon angedeutet, daß die einfache Ansetzung einer Mehrheit hypnotischer 'Phasen', Schichten oder 'Zentren' der klassisch-anerkannten Art zur Lösung unsres Problems nicht genügt. Der Begriff der verschiedenen 'Tiefenlage' hypnotischer Zustände müßte zwar der Wissenschaft geläufig sein, und es lohnt sich, zu seiner Stützung auf die schönen Versuche Gurneys hinzuweisen, der seine Versuchsperson durch 'Striche' verschiedener Richtung auf einer Stufenfolge hypnotischer Zustände 'auf- und niederschrauben' konnte, wobei das jeweilige Wiedererreichen einer schon einmal erreichten 'Höhenlage' auch die zuvor auf dieser dargebotenen Vorstellungen als Erinnerungen auftauchen ließ, also etwa eine vorher auf eben dieser Höhenlage geführte Unterhaltung fortzuführen erlaubte.[1] Aber diesen Anzeichen des inneren Zusammenhangs verschiedener 'Aufenthalte' auf einer Höhenlage entsprachen ebenso deutliche Anzeichen der völligen Getrenntheit verschiedener Höhenlagen voneinander; so daß z. B., wenn der Versuchsleiter zum Subjekt auf der Höhenlage A aus der Vorstellungswelt der Höhenlage B heraus sprach, er einfach nicht verstanden und ihm aus der Vorstellungswelt A heraus geantwortet wurde. Diese völlige Trennung der einzelnen Höhenlagen nun eben macht den Begriff mehrfacher hypnotischer Schichten für unsre augenblickliche Frage unfruchtbar. Zwischen verschiedenen hypnotischen Phasen, wie ja auch zwischen hypnotischen Phasen überhaupt und dem Wachen, besteht normalerweise die Schranke der Erinnerungslosigkeit. Viel weniger aber noch bieten die Beobachtungen der klassischen Hypnotik irgendwelche Vergleiche für den lebhaften Vorstellungsverkehr in Rede und Bild, der zwischen den einzelnen Persönlichkeiten der Transbühne ja doch die Regel ist. Allerdings zeigten Gurneys Zustände verschiedener Höhenlage zuweilen die Neigung, nach einiger Zeit von selbst zu verschmelzen.[2] Aber dies 'Zusammenlaufen' ist wieder etwas gänzlich andres als ein Verkehr-unter-einander selbständig verharrender Zustände, wie ihn die Transbühne zeigt, auf der ja anderseits auch nie ein Verschmelzen der einzelnen Personen stattfindet, die vielmehr ihr Eigenleben oft jahrelang fortführen und zuletzt zwar für immer abtreten, aber nicht mit andern Mitspielern 'zusammenlaufen'. Auch die große Zahl der bei einem Medium oft zu beobachtenden Spieler

---

1) Pr IV 515 ff.   2) a. a. O. 529.

Mehrheitsspiel des Transdramas

widerstreitet durchaus der geringen Zahl der von Gurney beobachteten und in der Hypnotik überhaupt möglichen 'Höhenlagen'. Die Annahme aber, daß je eine von diesen nach und nach mehrere Rollen übernehme, ist natürlich schon deshalb unmöglich, weil dies ein Durcheinandersickern von Erinnerungen der Einzelnen bedingen würde; wovon in der Erfahrung nichts zu finden ist. Kurzum: die beiden Tatsachenreihen sind völlig verschieden voneinander. Mrs. Piper scheint zwar 'gleichsam durch eine wechselnde Zahl von Bewußtseinsschichten hindurch' aus dem Trans zu sich kommen,[1] aber das ganze Transdrama hat ja völlig 'unter' — oder wohl besser: außerhalb! — aller dieser 'Schichten' gelegen! Endlich scheitert die fragliche Vergleichung auch an der Tatsache, daß ein so typisches Transmedium wie Mrs. Piper sich offenbar kaum hypnotisieren ließ, zu einer Zeit, da ihre Transzustände längst in voller Blüte standen! Dr. Hodgson machte den Versuch einmal, aber ohne jeden Erfolg; Prof. James mehrmals, davon die beiden ersten Male ebenfalls ohne jeden Erfolg.

'Zwischen dem zweiten und dritten Mal suggerierte ich ihrer 'Kontrolle' im medialen Trans, daß sie aus Mrs. Piper ein hypnotisches[2] Subjekt für mich machen solle. Sie stimmte zu. (Eine Suggestion dieser Art, falls vom Hypnotiseur in einem hypnotischen Zustande gegeben, würde wahrscheinlich einige Wirkung auf den nachfolgenden haben.) Mrs. Piper wurde beim dritten Versuch teilweise hypnotisch; aber die Wirkung war so geringfügig, daß ich sie weit eher der Wiederholung als der ausgeübten Suggestion zuschreibe. Beim fünften Versuch war sie ein leidlich gutes hypnotisches Subjekt geworden, soweit Muskelphänomene und automatische Nachahmung von Worten und Gebärden in Frage kamen; aber ihr Bewußtsein konnte ich nicht beeinflussen oder sonstwie über diesen Punkt hinausgelangen. Ihr Zustand in dieser Halbhypnose ist sehr verschieden von ihrem medialen Trans. Der letztere ist gekennzeichnet durch große Muskelunruhe... Aber in der Hypnose sind ihre Muskelerschlaffung und -schwäche im höchsten Grade ausgeprägt... Suggestionen an den Kontrollgeist, daß er sie nach dem Trans erinnern lasse, was sie in diesem gesagt hatte, wurden entgegengenommen, hatten aber keinerlei Wirkung. Im hypnotischen Trans läßt eine solche Suggestion die Versuchsperson alles Vorgegangene erinnern.'[3] — Auch Dr. Hodgson führte Phinuit soz. in Versuchung durch posthypnotische Suggestionen, welche Mrs. Piper im Wachen ausführen sollte; aber ebenfalls ohne jeden Erfolg. Desgleichen versagte jeder Versuch, während Mrs. Pipers Wachsein irgendwelches Lebenszeichen Phinuits, durch Rede, Geste oder automatisches Schreiben, hervorzulocken, oder während des Trans irgendwelche Lebenszeichen der Mrs. Piper.[4]

Diese Tatsachen erscheinen mir geeignet, die Hoffnung auf eine Angleichung von Trans und Hypnose im Keim zu ersticken. War Mrs.

---

1) Mrs. Sidgwick: Pr XXVIII 228.   2) mesmeric.   3) VI 633 f.   4) VIII 56.

Pipers Trans eine 'aktive' Hypnose-mit-Personation, so hätte der geringste Versuch, sie zu hypnotisieren, unfehlbar Erfolg haben, und zwar einen Phinuit- oder Pelham-Trans herbeiführen müssen. Die Beobachtung widerspricht dieser Erwartung aufs entschiedenste: Mrs. Piper, voraussetzungsgemäß ein wahres Wunder hypnotischer Eingespieltheit, erwies sich soz. als unhypnotisierbar. Und sicherlich dürfen wir dies als bestimmend auch für die Masse ihrer Berufsgenossen betrachten.

Unser Problem muß also so rasch wie möglich vom Gebiet der eigentlichen Hypnotik auf das der Psychologie der Ich-Spaltungen hinübergeführt und zwischen beiden ein möglichst großer Unterschied gefordert werden. Hier könnte dann die bekannte und schon berührte Tatsache einige Hoffnung wecken, daß in Fällen von Zerfall der Persönlichkeit die einzelnen Ich-Kerne, sofern sie gleichzeitig in Tätigkeit sind, nicht nur beträchtliche Selbständigkeit einander gegenüber beweisen, sondern auch in Verkehr miteinander treten können. Ja dieser Verkehr kann bekanntlich die Form von aufgezwungenen Halluzinationen annehmen, und Widerstände und Mißverständnisse unter ihnen könnten ohne theoretische Schwierigkeit angenommen werden.[1] In der Tat hat selbst die scharfsinnigste Vertreterin der hypnotistischen Deutung des Transgeschehens, Mrs. Sidgwick, ihre Anschauung durch Rückgriffe auf die Psychologie der seelischen Spaltungen mindestens ergänzen zu müssen geglaubt.

Als die am besten den Tatsachen entsprechende Grundanschauung erscheint ihr allerdings die, daß 'das hypnotische Ich, oder ein Teil desselben, nacheinander eine Anzahl verschiedener Rollen 'personiere' — Phinuit, George Pelham, Stainton Moses, Rector, George Eliot usw.', nicht aber, daß ein 'abgetrennter Teil der Mrs. Piper die Rolle, sagen wir: Rectors annehme und dauernd beibehalte, also eine zweite Persönlichkeit bilde.' Rector habe nicht mehr dauerndes Dasein, als Hamlet; beide hören auf zu bestehen, wenn sie von der Bühne abtreten. 'Derjenige Teil von Mrs. Pipers Geist, welcher bei der Darstellung Rectors benutzt wird, kann die Rolle einer andern Kontrolle durchführen, wenn Rectors Rolle endet, und tut irgendetwas andres, wenn der Trans vorüber ist.'[2] — Dies ist offenbar die gröbste Form der hypnotistischen Transdeutung und unterliegt den bereits ausgeführten Bedenken. Mrs. Sidgwick hat auch so weit nur von einem sukzessiven Durchführen der aufgezählten Rollen gesprochen und nicht genügend in Betracht gezogen, daß häufig mehrere dieser Persönlichkeiten in lebendigem Zusammenspiel gleichzeitig auf der Transbühne sind; wie sie überhaupt die Tatsache der pluralistischen Natürlichkeit des Transdramas bei weitem nicht ausreichend erwogen hat.[3] Indessen spürt sie nun doch

---

1) Vgl. Mattiesen 56 ff.   2) XXVIII 324.   Ähnlich R. Lambert: ZP 1927 197.
3) Prof. L. P. Jacks führt (JSPR XVII 178 ff.) Träume mit anscheinend völliger personhafter Selbständigkeit der Handelnden ins Feld, hält aber solche Gegenspieler des Träumenden anscheinend — für wirklich.

die unhaltbare Einseitigkeit jener ersten Begriffsfassung. Sie warnt vor einer Übertreibung des Begriffs der Schauspielerei, der mit dem Hamlet-Vergleich gegeben war: gewisse Beobachtungen stellten sich dem entschieden in den Weg. Sie denkt dabei an Fälle der gleichzeitigen Äußerung zweier Kontrollen durch Schrift und Rede, sowie an jene häufigen Szenen, in denen die Kontrolle den Kommunikator außer sich erblickt. Diese beiden Tatsachen zwängen uns anzunehmen, daß 'das Trans-Ich sich zuweilen in zwei Bewußtseinskerne spalte, die mehr oder minder unabhängig handeln..., **und eine solche Spaltung kann, soweit wir wissen, nicht durch die bewußte [Willens]tat irgendeines zur Zeit herrschenden Bewußtseinskerns zustandegebracht werden.**'[1]

Dieser letzte Zusatz, dessen Richtigkeit nicht bestritten werden soll, müßte nun aber doch sehr zu denken geben; denn wenn die Schaffung der nötigen Gestalten und die Zuteilung ihrer Rollen nicht einmal von einer einheitlichen Spielleitung geregelt würde, woher wohl sollten wir den Anstoß zu all diesem erwarten, nachdem uns der Rückgriff auf außenstehende, selbständige Spieler verboten ist?! Überlassen wir aber die Beantwortung dieser Frage dem Animisten und folgen wir unsrer Kritikerin noch einen Augenblick weiter. Das teilweise Bestehen einer Persönlichkeitsspaltung 'von wechselnden Graden der Vollständigkeit und Verwicklung' also zugestanden, sieht sie doch Gründe, diese besondere Teilung **nur während der Zeit des Trans** bestehen zu lassen. Erstens, meint sie, wäre eine Ich-Spaltung, die eine leidlich andauernde Trennung ebenso vieler Bewußtseinskerne in sich schlösse, als uns Kontrollen gegeben sind, wobei noch beständig neue auftauchten und doch jede sich neben der normalen Mrs. Piper für eine gesonderte Persönlichkeit hielte und dazu bestimmt wäre, abwechselnd die herrschende Stellung einzunehmen, — **eine solche Ich-Spaltung wäre ohne Seitenstück in aller bisherigen Erfahrung.** — Das ist unstreitig richtig; aber findet denn die Annahme einer so massenhaft auftretenden Ich-Spaltung **bloß während eines kurz vorübergehenden abnormen Zustands — des Trans — ein Vorbild in bisheriger Erfahrung? Die Frage muß mit gleicher Entschiedenheit verneint werden.** Die Annahme wirklicher 'Spaltung' während des Trans allein wäre etwas ebenso völlig Neues und mit nichts bisher Beobachtetem Vergleichbares, wie die Spaltung überhaupt in solchen Ausmaßen, wie die großen Medien sie zeigen. Sie wäre aber auch, nach aller gegebenen Erfahrung, etwas völlig Unglaubhaftes, insofern schon eine mäßige Spaltung (im echten Sinne) stets mit schwer krankhafter Gestaltung der Gesamtpersönlichkeit einhergeht. So außerordentliche Zerfallserscheinungen, wie sie voraussetzungsgemäß der Trans offenbart, würden demnach einen an

---

1) XXVIII 325.

Irresein grenzenden Zustand des Mediums erwarten lassen. Dem widerspricht aber durchaus die hervorragende Ordnung, Zielstrebigkeit und Sinnfülle, welche die Transvorgänge fast immer offenbaren, die überdies eine Klarheit, Stärke und Fülle der Gedächtnisleistung voraussetzen, die den mit normalen Maßstäben rechnenden Psychologen staunen lassen.[1] Dem widerspricht aber auch die Beobachtung, daß gerade die großen Transmedien, mit deren Leistungen wir es hier zu tun haben, auch geistig durchaus gesunde, wohlausgeglichene Persönlichkeiten sind. Das könnten sie fraglos nicht sein bei einer so übermäßigen Neigung zum Zerfall, wie die animistische Theorie sie bei ihnen voraussetzen muß; wohl aber unter der spiritistischen Annahme, daß sie auf Grund besonderer Bauart einen gewissen Zustand in sich herzustellen vermögen, in welchem die Äußerung beliebig vieler fremder Persönlichkeiten durch ihren Körper möglich wird.

Der Vergleich mit den beobachteten Spaltungsfällen versagt aber noch in einer andern wesentlichen Hinsicht. Soweit meine Kenntnis reicht, ist nie ein gegenseitiger 'aktiver' Verkehr zwischen zwei gleichzeitigen Teilpersönlichkeiten beobachtet worden, wie ihn der Medientrans als gewöhnlichste Tatsache zeigt. Es ist dort stets die eine, 'unterbewußte' oder verdrängte Persönlichkeit, die vermittelst Bewegungs- oder Sinnes-'Automatismen' in die jeweils 'bewußte' Persönlichkeit hineinwirkt, während diese sich passiv diesen Einmischungen preisgegeben sieht. Nie auch ist bisher ein solcher Verkehr zwischen einer verdrängten Teilpersönlichkeit und einer hypnotischen Schicht — also einer selbst schon abnormen seelischen Einstellung — nachgewiesen worden, wie wir ihn angesichts der Beobachtungen in Randphasen des Trans anzunehmen hätten; die Spaltungstheorie des Animisten aber müßte einen solchen Verkehr zwischen beliebig vielen 'Zentren' in äußerstem Umfang und höchster Geläufigkeit annehmen. Nie ferner ist ein völlig jenseits der jeweils 'bewußten' Persönlichkeit fallender Verkehr zwischen zwei verdrängten, 'unterbewußten' Ich-Kernen beobachtet worden, und auch diesen würden manche der oben angeführten 'Unterhaltungen im Unsichtbaren' und sonstige Zwischenspiele gegenseitigen Reagierens anzunehmen nötigen. Endlich aber versagen die gangbaren Beobachtungen völlig vor der sonderbaren Tatsache, daß innerhalb des medialen 'Spaltungsdramas' es jeweils immer eine der auftretenden Persönlichkeiten ist, welche den gesamten Ertrag des Trans an übernormalem Wissen für sich beansprucht und zum Zwecke der Selbstidentifizierung auszuschütten vorgibt, ja auch das ganze Spiel der 'Selektivität', der Vertretung des Standpunkts eines

---

[1] Vgl. W. James: VI 655.

Mehrheitsspiel des Transdramas

bestimmten Abgeschiedenen und anderer Natürlichkeiten der Person-Darstellung allein beherrscht. Für diese eigenartige Grundtatsache des Trans ist unter spaltungspsychologischen Voraussetzungen nicht der Schatten einer Erklärung zu geben, indem doch übernormal erlangtes Wissen in jede der (voneinander getrennten!) Persönlichkeiten hineinsickern könnte und im Durchschnitt auch müßte; denn übernormal erworbenes Vorstellungsgut tritt erfahrungsgemäß nicht nur in jeder hypnotischen 'Schicht', sondern selbst im Wachen oft genug und zuweilen hemmungslos auf. Unter der Voraussetzung spiritistischer Mehrheit dagegen muß eben jene 'eigenartige Tatsache' als das einzig Natürliche erscheinen.

Wir sehen also, daß die Einwände des Animisten gegen den spiritistischen Anschein des Transdramas reichlich leichtfertig erhoben werden, nämlich in jener schattenhaften Abstraktheit, die jeder genauen Nachprüfung an den Einzelheiten der Beobachtung aus dem Wege geht. Bei näherem Zusehn zeigt sich, daß die Tatsachen derjenigen 'Ich-Spaltung', die jenen überwältigenden Anschein erzeugt, sich von der sonst beobachteten Ich-Spaltung in vielen Hauptbeziehungen von Grund auf unterscheiden. Auch steht es dem Animisten gewiß nicht frei zu sagen: daß gerade die 'spiritoiden' Medien, auf Grund einer rätselhaften besonderen Anlage, zu ganz bestimmten Abarten seelischen Zerfallens neigten, deren Gesetze und Auswirkungen mit allen sonst bei seelischem Zerfallen festgestellten völlig unvergleichbar seien. Mit solcher Behauptung — um einer vorgefaßten Meinung willen aus der Luft gegriffen — würde jedenfalls alle Methodik wissenschaftlichen Denkens gründlich am Ende sein, und ihre Willkürlichkeit stände in peinlichstem Gegensatz zur ungezwungenen Natürlichkeit, womit sämtliche Erscheinungsformen pluralistischer Dramatik sich aus spiritistischen Voraussetzungen ableiten lassen. — —

Es wird dem Leser nicht unlieb sein, wenn ich nach Darlegung aller dieser kritischen Gesichtspunkte noch ein letztes Beispiel von einiger Verwickeltheit ihm vorlege, an dem er sie noch einmal nachprüfen und zu größter Anschaulichkeit erheben kann. Dies Beispiel, das etwas grob unter die Belege für 'Nicht-verstehen der Kontrolle' eingereiht werden könnte, entnehme ich Miss Walkers schönem, bisher bloß erwähntem Buch über die Kundgebungen des verstorbenen Mr. Gwyther White. Diese hatten ein theoretisch merkwürdiges Nachspiel, nachdem am 12. Juli 1924 auch seine Gattin einer Krankheit erlegen war.

Am 12. Sept. hatte Miss Walker ihre erste Leonard-Sitzung nach diesem Ereignis, und zwar nicht zum Besten der Whites, sondern anderer Personen! Gleichwohl trat gegen Schluß der Sitzung, als die 'Kraft' beinahe aufgezehrt war, in sehr eigenartiger Weise der Kommunikator 'White' auf, — oder 'B', wie er in dem Buche genannt wird. Feda, die nichts von dem inzwischen eingetretenen Tode der Witwe wußte, sagte dabei: 'Er sieht mich so sonderbar an. Er sagt: 'Glücklicher, als ich das letzte Mal war. Biddy. Biddy [der Kosename der Mrs. White]. Ich bin viel glücklicher mit Biddy [zusammen]. Mit Biddy. Näher, näher jetzt.' Er tut, als strecke er seine Arme aus und halte etwas dicht an sich [gedrückt]. Warten Sie einen Augenblick. Ich kann nichts weiter sehen, ist es nicht ärgerlich?...' Als Miss Walker ihm Grüße schickte, sagte Feda, offenbar in seinem Namen: 'Sie brauchen sich ihretwegen keine Sorge zu machen, noch meinetwegen. Und er sagt: Gott segne Sie für alles, was Sie für uns getan haben.' Miss W. verriet sich in keiner Weise und sagte nur 'Ja'. Aber obgleich mit dem Vorausgegangenen eigentlich klar ausgedrückt war, daß B. nunmehr Biddy bei sich habe, so erfaßte doch Feda offenbar nicht im mindesten, was jener sagen wollte; offenbar hatte sie die vor zwei Monaten Verstorbene eben noch nicht 'gesehn', im Unterschiede von B. Und zwar nicht nur in dieser Sitzung, sondern auch in der nächstfolgenden, am 1. November, zu der 'B.' ausdrücklich 'eingeladen' worden war! In dieser zweiten Sitzung nach Mrs. Whites Tode gab 'B.' an, daß er und Biddy der Sitzerin helfen und durch sie die Arbeit fortführen würden, alle beide. — 'Welche beide?' fragt die ratlose Feda, und erhält die Antwort (die sie natürlich an Miss Walker weitergibt): 'Er meint Biddy!... (Zu 'B.':) Sie sagen aber wirklich heute so sonderbare Dinge, B.! (Worauf er:) 'Es ist alles ganz sinnvoll. Feda soll nicht denken, daß ich sonderbar rede.' — Ich verstehe nicht, B.!...' — Alle Jenseitigen verstanden und sprachen lebhaft von der Fortführung der Arbeit, teilweiser Umarbeitung usw., wobei auch noch Andere außer dem wiedervereinigten Ehepaar ihren Anteil zu nehmen behaupteten; Feda allein verstand von alledem nichts: 'Er sagt immerzu: Große Freude ist ihr Teil!... Er sagt, sie ist strahlend... B. ist schrecklich glücklich ihretwegen. Er ist so glücklich!... O du meine... ('augenscheinlich ganz irre geworden', schreibt die Sitzerin)... Sie können sich nicht vorstellen, welch' eine Krönung es ist für alles, was ich erhofft habe... Er scheint heute schrecklich glücklich zu sein. (Fedas Worte klingen noch immer verwundert, verwirrt!)... Sie kommt zu mir (sagt B.). Sie ist bei mir. (Feda:) Ich bin nicht dumm, B.!... Auf der andern Seite ist Biddy bei mir, ist bei mir, ist bei mir. Er sagt das immerzu! Er meint, Biddy sei bei ihm! Bei ihm auf der andern Seite!' (Das sagt Feda wie eine, die man zum Narren hat.[1]) Miss Walker wundert sich auch, denn sie hat vor allem Mrs. Whites persönliches Auftreten erwartet, und fragt geradezu, ob Feda sie nicht sehen könne; was diese verneint. Miss W. fragt nun den Kommunikator, ob er seine Gattin nicht bei sich habe. 'Ja, erwidert dieser, aber sie ist nicht hier.' — 'Was soll nun das heißen?' wirft Feda ein; worauf 'B.': 'Sie ist nahe, aber sie ist nicht hier.'[2] Darauf erklärt Feda dies, so gut sie kann: es sei um Sitzerin und Medium 'wie ein kleiner Kreis von Kraft, in den die Leute her-

---

1) Feda sounded completely bamboozled.   2) in here.

ein kommen müssen, um sich Feda zu zeigen.' Was B. meine, sei also: die Verstorbene sei zwar nahe, aber nicht in diesem Kreise. Schließlich aber scheint sie diesen doch zu betreten, denn nun 'sieht' auch Feda sie und — ist erstaunt über ihr verändertes Aussehn! 'Ist sie das? Sie ist es! Und nach einer Weile: Sie sagt, sie kann jetzt für sich selber sprechen...', und wirklich tritt eine erste kleine direkte Kontrolle der 'Mrs. White' ein... [1]

Diese kurzen Auszüge bedürfen eigentlich keiner Erläuterung. Es ist klar, daß Feda hier die einzige ist, die nicht begreifen kann, was alle übrigen entweder leicht verständlich aussprechen oder normalerweise wissen. Sie glaubt offenbar, daß Mrs. White lebe, gerade weil Miss Walker immer wieder gekommen ist, um Mitteilungen des Gatten für die Lebende entgegenzunehmen, und dieser irrige Glaube zwingt sie in die sonderbare Rolle hinein, die deutlichsten Anspielungen auf die veränderte Sachlage völlig unverstanden hinzunehmen und weiterzugeben. Es scheint sogar zu Äußerungen der Verwunderung (hinterm Vorhang) von seiten 'Gwyther Whites' über Fedas Verständnislosigkeit zu kommen: 'Ich bin nicht dumm, B.', ruft diese aus, aber die Worte, auf welche dies die Antwort ist, hat sie uns unterschlagen! Sie fühlt sich angegriffen, einer Bloßstellung nahe. Aber je mehr sie bedrängt wird, desto fester versteift sich ihr Nichtbegreifen. Selbst so eindeutige Aussagen 'B.s', wie daß die Gattin 'bei ihm auf der andern Seite' sei, wiederholt sie im Tone 'äußerster Verwirrtheit'. Vielleicht weil sie meint: wenn die Gattin drüben wäre, müßte sie (Feda) sie doch 'sehen', und — 'ich sehe sie nicht!' Wie unglaublich ist dies nach der Theorie der übermäßigen 'Suggestibilität' des Transzustandes; wie natürlich unter der Annahme einer allmählichen Anpassung der Abgeschiedenen an die Bedingungen der Kundgebung, an den Eintritt in den 'Kreis von Kraft', der Medium und Sitzer umgibt!

Ich bezweifle, daß die spiritistische Natürlichkeit von Pluralitätsmerkmalen noch einen höheren Grad erreichen könne. Hier sieht sich der Animist — soweit dies im Rahmen einer einzigen Tatsachengruppe möglich ist — auf letzte Sprünge verzweifelter Verteidigung zurückgeworfen. Das abgespaltene 'Zentrum', das um den Tod der Witwe weiß, müßte zu allem andern auch noch so tun, als ob es 'strahlend glücklich' wäre; es müßte die Sitzerin 'für alles segnen', wodurch sie den nunmehr beendeten medialen Schein-Verkehr der Gatten unterstützt hatte; es müßte leugnen, daß es 'sonderbar rede' (wie Feda es ganz natürlich nennt), usw. Auch müßte ihm dann alsbald ein weiteres 'Zentrum' — ein 'Zentrum der Witwe' — an die Seite treten, das zunächst dem Feda-Zentrum eine offenbar lebenswahre, aber unerwartet

---

1) Walker 261 ff.

gestaltete Vision aufdrängt, es dann beiseite schiebt und unmittelbar durch das Medium redet. Mag solchen psychopathologischen Unsinn glauben, wer will; auf Erfahrungen kann er sich jedenfalls nicht berufen. Aber die hat unser großer 'Empiriker' ja längst gegen die Willkürherrschaft der Voraussetzung und Behauptung eingetauscht. —

Hier könnte ich das Kapitel schließen. Doch lockt es mich, noch einen letzten Hinweis auf das wirkliche Vorhandensein eines vom Medium unabhängigen Kommunikators zu besprechen; einen Hinweis, den man als den unmittelbarsten bezeichnen könnte, wenn er ganz eindeutig wäre. Dieser seltsame Hinweis besteht darin, daß in gewissen Fällen die Äußerungen des Kommunikators nicht bloß (wie uns ja stets versichert wird) von der Kontrolle gehört werden, sondern auch vom Sitzer, etwa gleichzeitig mit seiner Entgegennahme der Übermittlung durch die Kontrolle, so daß der Sitzer, wenn dieser sonderbare Vorgang eintritt, zwei gleichsinnige Äußerungen vernimmt. Ein Beispiel wird dies am besten klarmachen.

Am 12. Okt. 1924 hatten Mr. D. H. Bradley und Mr. H. Swaffer eine Sitzung mit Mrs. Leonard, und Feda behauptete die Anwesenheit 'Lord Northcliffes', dessen Kundgebungen sie in der üblichen Weise an die Sitzer weitergab. 'Die Mehrzahl dieser Mitteilungen (schreibt Bradley) wurde in der Ich-Form wiedergegeben, und während reichlich eines Viertels dieser Zeit hörte ich Lord Northcliffes Stimme, wie aus dem Fernsprecher,[1] etwa einen Fuß vom Kopfe des Mediums entfernt. Ein großer Teil der Unterhaltung wurde von mir niedergeschrieben nach der direkten Stimme von Lord Northcliffes in der ersten Person redendem Geiste, ehe die Äußerung von Feda durch den Mund des Mediums wiederholt wurde.' Diese Mitteilungen waren, nebenbei bemerkt, nach Inhalt und Art in hohem Grade identifizierend.[2]

Swaffer selbst beschreibt den gleichen Vorgang nach einer andern Leonard-Sitzung in folgenden Worten:

'Einmal glaubten wir Northcliffes Stimme in einiger Entfernung von Mrs. Leonards Kopfe sprechen zu hören, sodaß Bradley fragte: War das nicht seine eigene Stimme? Feda erwiderte sofort: 'Nein, ihr irrt euch, das war sie nicht.' Aber bald darauf hörten wir sie wirklich, unabhängig in der Luft redend; und dieses mal gab Feda zu, daß es Lord Northcliffes echte Stimme sei.'[3]

Rev. Ch. D. Thomas, der ja über sehr ausgedehnte Feda-Erfahrung verfügt, stellt überdies den in solchen Fällen besonders engen Zusammenhang zwischen den 'direkt' gehörten Aussagen und ihrer Weitergabe durch die Kontrolle fest.

---

1) as on a wire.   2) Bradley, Wisdom 56 f. Vgl. 174.   3) Swaffer 249. Dies will Sw. drei- oder viermal beobachtet haben: a. a. O. 128.

'Es ist eine bemerkenswerte Tatsache,' schreibt er, 'daß zeitweilig — selten länger als 20 Minuten in einer Sitzung — Feda redet, als würde ihr vorgesprochen. Währenddessen kann ich häufig jeden leise geflüsterten Satz mit dem Ohr auffangen, ehe er in Fedas klarer Stimme wiederholt wird. Dieses Verfahren des Diktierens erzielt stets einen hohen Grad von Genauigkeit, und ich bin mir dann bewußt, daß ich nicht nur die Gedanken des Kommunikators, sondern auch seine bezeichnende Ausdrucksweise zu hören bekomme.'[1]

Andere Leonard-Sitzer haben den gleichen Vorgang bezeugt, nur mit dem Unterschiede, daß die 'unabhängige' Stimme in einer Unterhaltung mit der Kontrolle begriffen schien, also nicht bloß dieser den Inhalt ihrer Mitteilungen vorsprechend; — was offenbar mehreren der oben belegten Arten von Mehrheitsspiel entsprechen würde.

'In jeder der beiden eigenen Sitzungen mit Mrs. Leonard hörten sowohl Mr. John F. Thomas[2] als auch die Sekretärin deutlich in der Luft gesprochene Worte. Das Licht war völlig ausreichend, und Mr. T. ist gewiß, daß die deutliche Flüsterstimme nicht von Mrs. Leonard ausging. Sie schien soz. in der Luft zu sein, mehrere Fuß von Mrs. Leonard entfernt, und erweckte den Eindruck einer mit der Kontrolle geführten Unterredung, die eben vorübergehend laut genug wurde, um vom Sitzer und von der Sekretärin gehört zu werden.'[3]

Um die gröbste Deutung vorwegzunehmen: Bauchrednerei des Mediums, — denn auffallenderweise handelt es sich ja um eine Sondererscheinung des Leonard-Trans. An groben Betrug brauchte man dabei nicht einmal zu denken, — und wird auch niemand denken, der nur ein wenig über dies Medium unterrichtet ist; aber 'Betrug des Unterbewußtseins' ist ja ein Lieblingsbegriff des Animisten. Ich möchte allerdings auch an diesen hier keineswegs glauben; trotzdem Mrs. White, einer anscheinend ähnlichen Beobachtung gegenüber, sogar bemerkt: die Stimme des unsichtbaren Unterredners habe 'durch Mrs. Leonard zu kommen geschienen' und 'an Bauchrednerei erinnert';[4] womit sie aber offenbar nur die Klangart der Stimme bezeichnen will. Die Stimme spielte übrigens auch in diesem Fall eine soz. pluralistisch sehr bedeutsame Rolle, denn sie beruhigte Feda darüber, daß die Sitzerin, deren erste Leonard-Sitzung es war, allen anwesenden Kommunikatoren wohlbekannt sei, während Feda durch ihr Erscheinen 'verwirrt' worden zu sein schien! Ich möchte also eher vermuten, daß Mrs. White bei dieser Gelegenheit die Stimme falsch lokalisiert habe.

Jedenfalls spielt die 'unabhängige' Stimme in jeder Hinsicht, nur eben auch dem Sitzer hörbar, die Rolle, die der Animist jenem 'abgespal-

---

1) Pr XXXVIII 52.   2) Der Verf. schreibt von sich durchweg in der 3. Person.
3) Thomas, J. F., Stud. 107.   4) Walker 155.

tenen Zentrum' zuschreiben muß, welches den Abgeschiedenen — oder einen von mehreren Teilnehmern am Transdrama — mit allen seinen Kenntnissen und seinem Standpunkt innerhalb des Dramas 'personiert'. Die Frage ist also, ob dieses Hörbar-werden zugunsten der echten Selbständigkeit des solcher Art Redenden spricht.

Mir scheint die größere Einfachheit und Natürlichkeit durchaus bei dieser, also der spiritistischen Auffassung der Stimme zu liegen. Diese besitzt eine kaum verkennbare Verwandtschaft (wenn nicht Identität) mit der sehr viel öfter beobachteten 'direkten Stimme', die ich schon früher erwähnt habe[1] und mit der ein Kommunikator, 'Thomas sen.', die hier fragliche Erscheinung ziemlich ausdrücklich gleichsetzt, indem er sagt: 'Das Aussprechen einiger Worte in dieser Art käme dadurch zustande, daß auf kurze Zeit die [medialen] Ausströmungen sich hinreichend verdichten, um eine [materialisierende] Überdeckung der Stimmwerkzeuge [des Kommunikators] zu ermöglichen.'[2] Die objektive Natur der üblichen 'direkten Stimmen' ist ja aber überhaupt nicht zu bezweifeln, denn sie erklingen auch während das Medium mit dem Munde spricht, und werden von jedem Unbeteiligten gehört, der sich zufällig dem Sitzungsraum nähert. Bei Mrs. Leonard sind diese greifbareren direkten Stimmen — außer in den bezeichneten Fällen — nie gehört worden. Wir müßten also annehmen, falls wir die animistische Deutung retten wollen, Mrs. Leonard habe bei solchen seltenen Gelegenheiten das eine ihrer 'Spaltungszentren', außer mit der Darbietung 'seiner' Kundgebungsinhalte, auch noch mit der Erzeugung einer Art von direkter Stimme belastet, die aber nur in einem Teil ihrer Äußerungen zur Hörbarkeit gediehen wäre;[3] und das hieße, eine seltsame Laune und einen sonderbaren Zufall behaupten. Weit einfacher ist die Annahme, daß — aus undurchschaubaren Gründen — dem Sitzer vorübergehend jenes 'Reden' hörbar wird, das die Kontrolle ständig hört und entweder wörtlich weitergibt oder in ihre Aussagen ummünzt. Ja das oben angeführte zusammenfassende Zeugnis des Rev. Thomas scheint anzudeuten, daß jene gelegentliche Verstärkung der Äußerungen des Kommunikators, die ihn für den Sitzer hörbar werden läßt, auch die Kontrolle so viel kräftiger beeindruckt, daß sie von bloßem Referieren zum wörtlichen Wiederholen, zum 'Diktat-Sprechen' übergeht. — Wollte man einwenden, der Sitzer könnte ja doch die Aussagen, die irgendein 'Spaltzentrum' des Mediums formt, rein telepathisch erfassen und gehörsmäßig halluzinieren, so wäre darauf hinzuweisen,

---

1) z. B. I 261 ff. 285 f. 303. 'direkter' Stimmleistungen.
2) Pr XXXVIII 96. Dies ist nämlich eine der Deutungen
3) In einem von Thomas' Fällen sogar nur in einzelnen Worten: 'is waiting'; in einem von Swaffers: 'pretty fuss, isn't it, pretty fuss'.

daß, wie wir sahen, gelegentlich zwei Sitzer die Stimme hörten (was ihre Objektivität nahelegt), und daß beide jeweils nur einzelne Worte erfaßten (was gleichfalls gegen eine telepathische Deutung spricht).

Ist also auch ein strenger Beweis dem seltenen und seltsamen Vorgang schwerlich abzugewinnen, so fügt er sich doch der Annahme echter Personenmehrheit überraschend natürlich ein, für die das Vorausgegangene m. E. zwingende Beweise geliefert hat.

2. Das Argument aus der Entsprechung von Kundgebungen an mehr als einer Stelle

Alle bisher besprochenen Pluralitätshinweise bezogen sich auf die Vorgänge auf der Transbühne eines einzelnen Mediums. Es ist aber von vornherein klar, daß wenn wir einmal selbständige Personen Abgeschiedener annehmen, ihre Kundgebung durch mehrere Medien und an verschiedenen Orten nicht nur denkbar und selbst wahrscheinlich wird, sondern auch ganz neuartige Indizien der Wirklichkeit solcher Personen verspricht, sofern es nämlich diesen gelingt, gewisse deutliche und ausdrückliche Einheitsbeziehungen zwischen ihren verschiedenen Kundgebungen herzustellen. Und auf dieser 'Ausdrücklichkeit' läge offenbar der Nachdruck. Erhält nämlich ein Beobachter gewisse Mitteilungen aus den Erinnerungen eines Verstorbenen nicht nur durch ein, sondern durch zwei oder mehrere Medien, so bringt dies an sich noch keine neue Problemlage zustande; denn was etwa im Einzelfall die Kundgebung animistisch erklären kann, das könnte sie natürlich auch in mehreren ähnlichen Fällen erklären. Die bloße Vermehrung der Tatsache hätte uns logisch nicht von der Stelle gerückt. Die Sachlage würde sich erst ändern, wenn die eine Kundgebung **ausdrücklich auf die andere** Bezug nähme; wenn also z. B. der angebliche Kommunikator bei der einen Aussage hinzufügte, er werde sie auch noch durch jemand andres machen; oder bei der zweiten, er habe dies schon wo anders getan. Hier kommt kein neuer Kundgebungsinhalt als Mittel der Identifizierung hinzu; wohl aber eine **formale Beziehung**, nämlich eine ausdrücklich betonte **Entsprechung** zwischen zwei ähnlichen Inhalten, und es entsteht die Frage, ob solches anscheinend bewußte, ja bezweckte Doppelspiel einen neuen Hinweis auf das **Handeln einer von beiden Medien unabhängigen Persönlichkeit** liefere. Die Erwägung dieser Frage erfolgt am besten wieder im Anschluß nicht an allgemeine Möglichkeiten, sondern an greifbare Fälle; denn die Tatsachen gehen, wie sich zeigen wird, selbst über den hier aufgezeigten Grundriß beträchtlich hinaus. Es handelt sich auch bei diesen Vorgängen keineswegs immer nur um Äußerungen der angeblich gleichen Persönlichkeit an zwei Stellen, nebst der Angabe, daß diese Äußerungen in irgendwelcher Beziehung zueinander ständen. Vielmehr begegnen wir einer großen **Mannigfaltigkeit** von 'Entsprechungen' an sich schon spiritistisch anmutenden Geschehens an verschiedenen Stellen mit ausdrücklicher Aufeinanderbezogenheit; zuweilen vermehrt sich die Zahl der Schauplätze, und in seltenen Fällen auch die Zahl der Zuordnungen verschiedenartigen Geschehens. Dies alles will ich also an Musterbeispielen anschaulich machen, die ich teils laufend, teils zusammenfassend mit Erläuterungen versehe, die ihre Bedeutung für unsere Fragestellung zu klären suchen.

a. Entsprechungen zwischen Aussage und Aussage

Eine der gewöhnlichsten Grundformen solcher Entsprechungen wird durch das obige formelhafte Beispiel bezeichnet: wobei also Aussagen **eines** Kommunikators nacheinander durch zwei Medien an verschiedenen Orten erfolgen, aber unter ausdrücklicher Beziehung aufeinander. Die häufigste Ausgestaltung dieses Vorgangs ist gegeben, wenn die Äußerungen zweier Medien durch Rede oder Schrift — im Trans oder durch Automatismus — aufeinander Bezug nehmen. Den Beispielen dieser Art schicke ich aber einleitungsweise einige Fälle voraus, in welchen die eine Kundgebung in der Form eines 'Traumes' bzw. eines 'Eindrucks' erfolgte, Abläufe, deren psychologische Verwandtschaft mit Trans und Automatismus ja auf der Hand liegt.

Der erste Fall, den Hr. Florizel v. Reuter während einer Reise in Island persönlich erlebte, ereignete sich im Hause eines Arztes, der 'etwa 30 Minuten von Reykjavik entfernt lebt. Wir [d. h. v. R. und seine Mutter] waren im Auto in der Gesellschaft von Bekannten hingefahren, ohne den Namen der Leute, die wir besuchen sollten, überhaupt zu kennen. Es wurde in aller Eile eine kleine Sitzung improvisiert [offenbar mit Frau v. Reuter als Medium]. Unter verschiedenen sich kundgebenden Intelligenzen, die sofort identifiziert wurden, meldete sich ein gewisser 'Magnus', der behauptete, dem Hausherrn für etwas danken zu wollen. Der Kontrollgeist, der vermittelte, gab an, daß es sich um einen Arzt handle, doch könnte[1] etwas Näheres nicht erfahren werden. Dr. E. [der Hausherr] sagte schließlich: 'Es wird sich vielleicht um einen gestorbenen Arzt — Freund von mir, dessen Vater Magnus hieß, handeln.'[2] Darauf wurde abgebrochen, und wir verließen bald das Haus. Unbekannt war es uns, daß das Ehepaar E. ein Waisenkind angenommen hatte. **Das junge Mädchen war an jenem Nachmittag in Reykjavik gewesen, und man erzählte ihr beim Heimkommen nichts über unseren Besuch.** Am

---

[1] konnte?   [2] In Island ersetzen bekanntlich Patronyma die Familiennamen, so daß der Vorname des Vaters ganz natürlich in der Bezeichnung einer Person erscheinen würde.

nächsten Morgen kam das Fräulein zum Frühstück und erzählte sofort von einem seltsamen Traum, den sie gehabt hatte. Sie habe geträumt, daß ihr Vater zu ihr gekommen wäre und gesagt habe: 'Ich versuchte gestern, dich zu erreichen durch die Vermittlung einer fremden Dame, die ins Haus kam. Ich wollte mich auch beim Hausherrn bedanken für seine Güte gegen mein einsames Kind.' Erst jetzt fiel es Herrn Dr. E. ein, daß der Vater des Fräuleins Magnus hieß und daß er auch Arzt gewesen war.'[1]

Es ist zu bedauern, daß die zweite Hälfte dieses Berichts die Tatsachen nur aus zweiter, vielleicht sogar dritter Hand wiedergibt und daß Hr. v. Reuter nicht mitteilt, wie lange nach der Sitzung er Hrn. E. bezw. dessen Pflegetochter gesprochen oder schriftliche Mitteilungen von ihnen erhalten habe. Immerhin erscheint es bei der geringen Entfernung ihrer Behausung von der Hauptstadt wahrscheinlich, daß eine so merkwürdige Entwicklung dem berühmten Gaste sehr bald mitgeteilt worden sei, dessen Erscheinen in dem abgelegenen Lande doch wohl 'ein Ereignis' gewesen sein muß. — Nehmen wir aber auch an, daß alles sich genau, wie beschrieben, abgespielt und daß tatsächlich — woran man am ehesten zweifeln möchte — das Fräulein nichts von der Sitzung erfahren habe, die doch erst recht ein Ereignis in dem einsamen Hause bedeutet haben muß, so läßt sich natürlich immer noch leicht eine animistische Deutung erdenken. Daß der Vater der Pflegetochter Magnus genannt und Arzt gewesen war, muß dem Dr. E. vertraut gewesen sein, und sein anfängliches Raten auf einen Andern des Namens erscheint beinahe seltsam. Zum mindesten unterbewußt dürfte die Vorstellung des Vaters bei Dr. E. durch die Sitzung leidlich stark 'aufgerührt' worden sein, und eine telepathische Übertragung auf das Fräulein könnte deren Traum wohl erklären. Gewisse Einzelheiten desselben erscheinen zwar sehr persönlich-natürlich vom Standpunkt des Verstorbenen aus: das geäußerte Bewußtsein des 'Versuchens' und 'Wollens'; aber gerade diese Einzelheiten werden uns ja nicht aus erster Hand berichtet, und ein Zeugnis des Fräuleins selbst würde sich schließlich nur auf einen Traum beziehen, dessen genaue Wiedergabe gleichfalls der Bezweiflung unterläge.[2]

Von den weiteren Belegen, welche gewisse 'Eindrücke' enthalten sollten, entnehme ich die ersten den wertvollen Urkunden des Falles White, aus denen schon oben etwas mitgeteilt wurde.

Der Witwe jenes Mr. Gwyther White 'kamen' zuweilen, meist in halb oder ganz dichterischer Form, Kundgebungen 'zu', die von ihrem Gatten auszugehen vorgaben und irgendwelche Lebenswahrheiten oder gemeinsame Er-

---

[1]) ZP 1930 360.   [2]) Ich verweise in diesem Zusammenhang auf die bemerkenswerten Entsprechungen zwischen äußerst 'klaren' Träumen und Transäußerungen, von denen Dr. van Eeden berichtet: Pr XVII 112 ff.

fahrungen in sinnbildlicher Einkleidung aussprachen. Die **Verursachung** dieser 'Eindrücke' nahm der Verstorbene nicht selten nachträglich durch ein Medium ausdrücklich für sich in Anspruch. In Mrs. Whites Leonard-Sitzung vom 20. Mai 1922 z. B. fragte 'Gwyther' durch Feda: 'Sahst du die große Harfe von Rosen, die ich dir brachte? (Feda, an den Kommunikator sich wendend: Eine Harfe, **worauf man spielt**? — Dann zur Sitzerin:) Es sollte ein Sinnbild des Zusammenklangs unserer Liebe sein, weil ich immer meine, in einer Harfe sei solch schöner Wohlklang...' — Hierzu schreibt Mrs. White: 'Am Ostersonntag desselben Jahres, während eines frühen Gottesdienstes in der St. Nicholaskirche, hatte ich den Eindruck einer aus Rosen bestehenden Harfe, rosa am Boden; und daß dies Gwythers Ostergeschenk für mich sei. Ich schrieb dies damals nieder...'[1]

Die Frage nach der metaphysischen Artung jener 'Harfe' scheidet hier natürlich völlig aus: mag es sich 'im Geisterreich' um eine 'vorgestellte' Harfe gehandelt haben, die der Witwe denn auch als bloße Vorstellung übergeben wurde; uns geht nur die Übereinstimmung an zwischen dem Erlebnis der Lebenden und der angeblichen Behauptung des Verstorbenen, daß er dies Erlebnis bewirkt habe. Wird man hier die Ausflucht suchen, die Lebende habe das Erlebnis selbst erzeugt und dann das Medium telepathisch angeregt, ihr dies Erlebnis wiederzuberichten? Die Denkbarkeit dieser Deutung sei unbestritten; aber ihre Glaublichkeit wird fast vernichtet durch den Umstand, daß das Erlebnis der Sitzerin ja garnicht **berichtet**, sondern daß sie **gefragt** wird, ob sie es überhaupt gehabt habe. Eine solche Frage erscheint **natürlich** im Fall eines wirklichen Dritten, der sich des Erfolges seiner Bemühung nicht sicher sein kann; aber keineswegs natürlich im Fall eines Mediums, das ein Erlebnis als ein **gehabtes** im 'Unterbewußtsein' seiner Kundin 'liest', oder dem dies Erlebnis — offenbar doch wieder als gehabtes — von dieser Kundin telepathisch mitgeteilt wird. Überdies finden wir in den White-Urkunden andere völlig gleichartige Beispiele, wo auf ein zurückliegendes Erlebnis ähnlicher Art nicht in Gegenwart der Erlebenden, sondern in Gegenwart einer Dritten als Sitzerin Bezug genommen wird, und zwar wieder in Form einer Anfrage, und nicht in Form einer Behauptung!

In Miss Walkers Leonard-Sitzung vom 2. Sept. 1922 nämlich sagte Feda u. a.: '**Wollen Sie sie fragen, ob sie wußte, daß** [ihre Unsichtbaren die Veilchen] **zum Fenster hereinbrachten** — weil sie gewohnt sind, die Blumen durch das Fenster zu ihr zu bringen? Und George [der verstorbene Bruder] brachte seine Veilchen ganz naß herein. Und er versuchte ihr bemerklich zu machen, daß sie **tauig, tauig waren. Und er glaubte, sie bemerkte es**...' Hierzu bemerkt Mrs. White nachträglich: 'Die Fenster [neben mei-

[1]) Walker 199. 203; vgl. 196.

Entsprechung von Kundgebungen an mehr als einer Stelle

nem Krankenlager] sind Tag und Nacht offen. Eines Nachts während meiner Krankheit roch ich sehr stark nasse Veilchen...'[1] — Eine 'Halluzination' — natürlich; aber Halluzinationen werden erweislich in tausend Fällen durch Andere auf übernormalem Wege angeregt, und hier behaupten diese Anderen einer Dritten gegenüber, es versucht zu haben, und fragen nach dem Erfolge, dessen sie jedenfalls nicht sicher sind, während Mrs. White ihres Erlebnisses natürlich vollkommen sicher war.

Ein noch reicher ausgesponnenes Erlebnis der gleichen Art hatte der uns als sorgfältiger Forscher wohlbekannte Mr. John F. Thomas. Auch hier war Mrs. Leonard an der weitverzweigten Entsprechung beteiligt. Aber die Mitwirkung mehrerer andrer Medien widersetzt sich sogleich dem Verdacht, als wäre diese Art von Vorgängen ein besonders beliebtes 'telepathisches Spiel' des berühmten englischen Mediums (oder ihrer 'Feda') gewesen. Ebenso gut könnte man ja vermuten, daß Feda mehr als einen ihrer jenseitigen Kunden zu Experimenten dieser Art veranlaßt habe.

Am 26. April 1927 sagte Feda (für 'Mrs. Thomas'): 'Und dann sagt sie dies: Wissen Sie, daß sie zuweilen Blumen gebracht hat? Und sie hofft sehr, daß Sie den Geruch von solchen ohne ein Medium wahrnehmen werden, ohne irgend jemand; vielmehr werden Sie das wahrnehmen, wenn Sie allein sind. Sie ist nicht ganz sicher, daß sie imstande sein wird, es zu tun, aber sie wird den Versuch machen, und sie versucht alles zu tun, um Sie wissen zu lassen, daß sie bei Ihnen ist.'

Zwei Tage später, in einer Sitzung mit Mrs. Barkel, sagte deren Kontrolle: 'Sie gibt mir die Vorstellung Veilchen, weil sie sagt: das wird für Sie Bedeutung haben.'

In der Nacht des 1. Mai 1927, etwa um Mitternacht, während Mr. Thomas infolge des Genusses von starkem Kaffee nicht einschlafen konnte, roch er plötzlich und ganz unerwartet mehrere Male so starken Veilchenduft, daß er aufstand und nach einer möglichen Quelle suchte, ohne aber irgendeine zu finden. Nach einer sofort und einer zweiten am Tage darauf gemachten Aufzeichnung trat dieser Veilchenduft viermal, jeweils auf längere Zeit auf, schwach, aber unverkennbar und mit einer gewissen 'Kühle', ohne daß Mr. Thomas vorher im mindesten an Blumen gedacht hatte.

Soweit könnte man natürlich an eine unterbewußt ausgelöste Erwartungshalluzination denken, begünstigt etwa durch das Coffeïn und die nächtliche Stille, vielleicht auch durch zeitweilige Annäherung an den Schlaf. Allerdings wiederholte sich Mr. Th.s Erfahrung während der nächsten Tage noch 'mehrere Male', und zwar 'unter verschiedenen Umständen', also wohl auch ohne Kaffee, nächtliche Stille und Halb-

---

[1] Das. 224. Vgl. 103 und Travers Smith 99 f. (wo freilich die 'ausdrückliche Bezugnahme' fehlt).

schlummer. Immerhin: daß es sich nicht um Riechen wirklicher Veilchen (auch nicht 'apportierter' unsichtbarer) gehandelt habe, sondern um irgendwie eingegebene sinnliche Vorstellungen, braucht auch der Spiritist nicht zu bestreiten. Nur lautet seine Frage: ob es nicht denkbar sei, daß jene Eingebung von 'Mrs. Thomas' ausgegangen war. Dies wurde nämlich — und damit beginnt das Seltsame des Falles — auch in nachfolgenden Sitzungen von dieser behauptet.

Die ersten Anspielungen dieser Art waren so gehalten, daß ein Unbeteiligter sie nicht verstanden hätte. Bestimmtere folgten am 11. Mai durch Mrs. Elliott, also ein drittes bzw. viertes (!) Medium, die zu Mr. Thomas sagte: 'Sie glaubten einmal, ihre Lieblingsblumen zu riechen, während sie gar nicht da waren, aber sie [die Verstorbene] brachte einige.' Am Ende dieser Sitzung roch Mr. Th. den Wohlgeruch wieder so stark, daß er Medium und Stenographin fragte, ob sie ihn auch bemerkten; was aber beide verneinten.

Durch Mrs. Leonard erfolgte ferner am 12. Mai die Aussage: 'Ihre Dame liebt Blumen... und sie sagt: Ja, aber ich bringe sie absichtlich wegen etwas, was ich ganz vor kurzem wieder mit Blumen tat... Es ist wirklich letzthin zweierlei mit Blumen vorgefallen...' Weitere Anspielungen auf den Veilchengeruch erfolgten dann nach Mr. Th.s Rückkehr nach Amerika in Bostoner Sitzungen vom 8. und 21. Juli: 'Veilchen von Ihrer Frau — sie liebt sie als Blume — **denkt Veilchen** — falls sie etwas anderes genügend stark denken könnte, so könnte sie es Ihnen [ebenso als Erfahrung] verschaffen.'

Diese vielfachen rückschauenden Anspielungen auf das Erlebnis verstärken offenbar beträchtlich den Anschein, daß die in solcher Art davon Redende wirklich aktiv an seiner Erzeugung beteiligt gewesen war. Aber auch damit ist noch nicht alles gesagt. Ich habe eben erst ausgeführt, wie sehr dieser Anschein sich verstärkt, wenn vor einer Kundgebung garnicht, nach ihr aber auch in Form einer Frage an der zweiten Stelle darauf angespielt wird. Auch diese bedeutsamere Form der Entsprechung wurde Mr. Thomas zuteil.

Am 12. Juli 1928 nämlich hatte er eine ähnliche Geruchswahrnehmung (die er sofort niederschrieb), und eine Woche darauf, nach mancherlei Äußerungen über sein Forschen, kamen durch Mrs. Soule die Worte: 'O übrigens, erreichte dich der Geruch? Ich versuchte ihn so stark zu machen, daß du nicht zweifeln würdest, und ich hörte dich zu dir selber sagen: 'Ich glaube, ich rieche den Geruch, und wünsche, ich könnte ihn ein wenig deutlicher wahrnehmen.' Und ich schrie vor Entzücken, und dann warst du sicher, daß du ihn wahrnahmst, und dies sage ich, damit du weißt, daß ich es absichtlich tat. Es war nicht Zufall oder Einbildung...'[1]

---

1) Thomas, J. F., Stud. 104 ff.

Entsprechung von Kundgebungen an mehr als einer Stelle

Ich gehe nunmehr zu reinen Beispielen unsrer ersten Grundform über, also zu Fällen, in denen die Entsprechung zwischen Aussagen des gleichen Kommunikators durch zwei von einander unabhängige Medien statt hat. Und zwar stelle ich zunächst einige Berichte zusammen, zu denen ich dann zusammenfassend erläuternde Bemerkungen mache. — Der erste Fall greift auf einen Vorgang in Mr. John F. Thomas' Beobachtungen zurück, den ich schon einmal erwähnt habe.

Während einer Sitzung seines Sohnes Jerome in London (am 2. Sept. 1926) wurden angeblich von seiner verstorbenen Mutter Aussagen über ihren Verlobungsring gemacht, der einer Schwester der Verstorbenen übergeben sein sollte, von der Mr. Thomas dann erfuhr, daß die Verstorbene den Stein für ihre Schwiegertochter Florence neu hatte fassen lassen, den Ring selbst aber jener genau beschriebenen Schwester Ruth übergeben hatte.

Etwa 5 Monate danach, am 25. Jan. 1927, sagte die gleiche Kommunikatorin durch Mrs. Soule in Amerika zu ihrem Gatten und Sohn: 'Jetzt wünsche ich ein Wort zu sagen über einige der Beweise, die ich an anderen Stellen zu senden oder geben versuchte, — jenseits des Wassers [in Europa] war eine kleine Angelegenheit, die mir recht gut erschien ... RING. Ja, der Verlobungsring. Es war, was man eine Entsprechung nennen kann ...' — 'Kein anderer Ring, schreibt Mr. Thomas, war 'jenseits des Wassers' erwähnt worden, und niemand außerhalb meiner Familie wußte von den Erwähnungen des Rings in London.'[1]

Auch der zweite Fall entstammt einer mehrfach benutzten, ausgezeichneten Forschungsreihe.

In einer Leonard-Sitzung am 6. Juni 1924 wurde Mrs. Allison von Feda gefragt: 'Wußten Sie, daß er [der verstorbene Prof. Hyslop] etwas durch S. zu sagen suchte? Nicht hier [in London, sondern] in Amerika. Ich habe versucht, mich kundzugeben durch S. [sagt er], Soul. Soul. Soul. Ich bin zu ihr gekommen. Ich habe durch sie gesprochen. Ich weiß [sagte Feda nun weiter], wen er meint. Eine Dame. [Offenbar das Medium Mrs. Soule.] Sie hat ein kleines Mädchen wie Feda, ihr sehr ähnlich in vielem. ['Sunbeam', eine Kontrolle der Mrs. Soule, Feda ähnelnd in mancher Hinsicht.] Eine, die Sie besucht haben, nicht ein oder zweimal, sondern häufig. [Dies war richtig; Mrs. Allison hatte ja viele Sitzungen mit Mrs. Soule gehabt.] Er kennt Sie und hat durch jene Frau versucht, etwas über Eric zu sagen [den schon zuvor in dieser Sitzung erwähnten und unverkennbar bezeichneten damaligen Forschungsbeamten der S.P.R. Eric Dingwall]. Er hat zu jener Frau über Eric gesprochen. Er gibt dies als eine Art von Beweis ... Eric nahm etwas mit sich fort, was diesem Herrn [Hyslop] gehörte. Er hatte vollkommen ein Recht, es mit sich fortzunehmen, und er hat es dorthin genommen, wo er jetzt ist. Etwas, was diesem Herrn gehörte und von ihm gehandhabt wurde, als er auf Erden war ... Er ist ein-

---

1) Thomas, J. F., Stud. 32. Vgl. Bd. I 392f.

verstanden, daß Eric es hat. Er wollte ihm nur zu wissen geben, daß er [Hyslop] weiß, daß er [Dingwall] es hat ... Dies ist ein wichtiger Punkt.'

In der Tat hatte Mr. Dingwall zwar selbst nie eine Sitzung mit Mrs. Soule gehabt, war aber von dem Kommunikator 'Hyslop' anderen Sitzern dieses Mediums gegenüber erwähnt worden. Was aus Hyslops früherem Besitz es war, was Mr. Dingwall besitzen sollte, vermochte dieser zunächst nicht zu sagen. Erst mehr als 7 Wochen später erfuhr er von Miss G. Tubby, der Sekretärin der amerikanischen Ges. f. ps. F., daß gewisse Vordrucke, die zu Versuchszwecken dienten und in seine Hand gekommen waren, nicht, wie er geglaubt, der amerikanischen Gesellschaft gehörten, sondern aus Hyslops Besitz stammten.[1]

Einen ähnlichen Fall will ich nur in Umrissen anführen, ohne die Umständlichkeit wörtlicher Zitate aus den stenographierten Äußerungen der beteiligten Medien.

Mrs. Prince, die Gattin des mehrfach erwähnten ausgezeichneten Forschers, hatte 3 Tage vor ihrem Tode die uns bekannte Erfahrung des Schauens abgeschiedener Verwandter beschrieben. Nach ihrer Darstellung der Pflegetochter gegenüber 'kamen' ihre Mutter, ihr Bruder und zwei Schwestern zu ihr, nahmen sich ihrer an (besonders die Mutter) und rückten ihr angeblich das Kissen zurecht. Über dieses Erlebnis (oder mehrere Erlebnisse, denn die Pflegetochter glaubte sie dahin zu verstehen, daß es sich um wiederholte 'Besuche' gehandelt habe) äußerte sich 'Mrs. Prince' in größtenteils gut übereinstimmender Weise durch zwei Medien: am 5. Aug. 1925 durch Mrs. Soule, und am 14. Okt. 1927 durch Mrs. Leonard. Mrs. Soule's Kontrolle erwähnte 'eine Menge' Erschienener,[2] Feda zunächst 'einen Mann und eine Frau', was sich ja auf die eine der Erfahrungen beziehen kann. Mrs. Soules Kontrolle sprach von der 'Hilfe' und 'Güte' der Erscheinenden, Feda sagte sogar, sie hätten die Kranke 'beinahe aufgerichtet'[3] (beim 'Zurechtrücken des Kissens'?). Und alle übrigen Äußerungen durch die beiden Medien stimmten noch besser überein. — Nun aber: Feda behauptete außerdem: 'Ihre Dame sagt, 'Ich sprach davon zu jemand, ... ich gab einen Bericht hierüber durch Soule ... Ich war sehr befriedigt, weil ich es ganz deutlich kundgab ... Ich gab es freiwillig' (d. h. ungefragt: I volunteered it). Feda sagte ferner, daß Mrs. Prince nach ihrem Erlebnis 'zu einer anderen Frau auf Erden darüber gesprochen habe ... bald danach', und endlich, daß sie bei ihren Erlebnissen wach gewesen sei, was Mrs. Princes mündlichem Bericht der Pflegetochter gegenüber entsprach. — Mrs. Soule hatte von den eigenen Transäußerungen über diese Dinge nie etwas erfahren.[4]

Der nächste Fall hat das Besondere und wirklich sehr Bemerkens-

---

1) Allison 88 f.   2) 'a lot' kann durchaus vier bezeichnen.   3) almost like lifting her up.
4) Allison 229 f. 232 ff. Vgl. Pr XXXIX 34 f.; Holms 125 (aus IPG Juni 1921).

werte, daß die eine der Aussagen durch ein Medium erfolgt, welches dem eigentlichen 'Adressaten' derselben völlig unbekannt und durch gewaltige Entfernungen räumlich von ihm getrennt ist: so daß der Überlebende und Sitzer als mögliches Verbindungsglied zwischen beiden Medien vollkommen ausfällt.

Prof. Max Seiling, dessen Darstellung ich das folgende entnehme,[1] kannte jenen Adressaten persönlich und erhielt von ihm eine ausdrückliche Bestätigung des Sachverhalts. 'Es ist der als scharfsinniger Denker bekannte Sozialreformer Michael Flürscheim, der Begründer des Bundes der deutschen Bodenreformer.'

'Dem Medium, der in Berlin wohnenden Frau M. Wehler, deren Zuverlässigkeit und Ehrlichkeit mir auch von anderer Seite bestätigt wurde, ... zeigte sich im Juli 1890 längere Zeit hindurch des Nachts eine weibliche Gestalt, die dem Aussehen nach an einer Unterleibskrankheit gestorben sein mußte.[2] Gleichzeitig wurde Frau W. auf eine Weise, die sie nicht näher beschreiben kann, sich der folgenden Angaben bewußt: 'Michael Flürscheim — 10. Oktober. 25. bis 26. Oktober 1895. Neujahrsnacht 95—96.' Da ihr sowohl die Erscheinung als der Name Flürscheim gänzlich fremd waren, erkundigte sie sich bei dem ihr bekannten Herrn Th. v. Wächter ... Dieser wußte ihr zu sagen, daß Briefe an Flürscheim nach Lugano zu richten seien, von wo sie ihm nachgeschickt würden. Darauf beschrieb Frau W. in einem Briefe an Flürscheim das Aussehen der erschienenen Gestalt und teilte die ihr zu Bewußtsein gebrachten Angaben mit. Als Ende Oktober noch keine Antwort eingetroffen war, zeigte sich die nächtliche Erscheinung wieder und gab die Nachricht: 'Antwort kommt, dauert lange, nicht aufgeben.' Flürscheim war nämlich inzwischen nach Wellington auf Neu-Seeland übergesiedelt, von wo eine Antwort frühestens nach 3 Monaten eintreffen konnte. Diese kam dann endlich Mitte Dezember und lautete im wesentlichen wie folgt: 'Wellington, den 21. Okt. 98. Geehrte Frau Wehler! Ihr wertes Schreiben würde mich sehr aufgeregt haben, wenn ich nicht schon längst überzeugter Spiritualist wäre, denn **alles trifft wunderbar zu**. Sie haben meine selige Frau haarscharf beschrieben; am 10. Okt. 1895 wurde sie in Straßburg operiert (Gebärmutter- und Eierstockexstirpation). In der Nacht vom 25. bis 26. Oktober des gleichen Jahres starb sie infolge der Operation... Was die 'Neujahrsnacht' [95—96] betrifft, so machten mein Sohn, ein mediumistisch beanlagter Freund desselben und ich [in dieser Nacht] Experimente und erhielten auf meine geistig gestellte Frage Mitteilungen meiner Frau [bezüglich ihrer Hinterlassenschaft] ...' — Weitere Korrespondenz bezog sich auf 'diskrete Familienangelegenheiten', über die Flürscheim durch Vermittlung der Frau W. mit seiner verstorbenen Frau 'verhandelte'.

Ich schließe zwei Beispiele an — beide den Akten des jung gefallenen Raymond Lodge entstammend —, die sich dadurch auszeichnen,

1) RB 1926 236 f., Frau M. Wehlers Bericht in Psyche, Mai 1879.   2) Seiling erwähnt nichts genaueres über die Grundlagen dieser Diagnose, so daß nachträgliche Deutung denkbar ist.

daß eine der sich entsprechenden Kundgebungen durch 'direkte Stimme' erfolgte.

Am 23. Januar beteiligten sich Lady Lodge und ihre Tochter Honor anonym an einer Sitzung mit Mrs. Roberts Johnson im Hause eines Birminghamer Arztes. Das Medium 'sah' einen jungen Mann in Khaki vor den Damen Lodge stehen, und diese hörten, durchweg sehr leise, seinen Namen ausgesprochen: 'Raym'nd', sowie die Worte 'Ich bin hier', 'Sagt Vater, ich war hier' und einiges mehr, — wobei beide Damen 'den Ton von Raymonds Stimme vollkommen erkannt' haben wollen.

Drei Wochen später, am 12. Febr., sagte Feda in einer Leonard-Sitzung zu Sir Oliver und Lady Lodge: 'Er sagt, er hat versucht, zu Ihnen zu sprechen, nicht durch einen Tisch, nicht buchstabierend, sondern richtig zu Ihnen zu sprechen.' Er sei ein wenig enttäuscht gewesen, weil er die Kraft nicht recht habe 'fassen' können. Es sei nicht im Lodgeschen Hause gewesen, und mehrere Personen seien dagewesen (man muß nicht vergessen, daß dies für Raymond die Ausnahme war), nicht sein Vater, sondern seine Mutter und eine andere Dame, die er als eine der Schwestern zu 'fühlen' glaubte, aber nicht sehen konnte. Er fragte, ob die Stimme der seinen ähnlich geklungen habe, was Lady Lodge bejahte. Aber das merkwürdigste war, daß Feda von ihm behauptete: 'Jemand auf der andern Seite [d. h. also der irdischen] versuchte ihm [allzu sehr] zu helfen. Sie suchten ihn zu veranlassen, seine Stimme zu erheben, und als er das tat, brachte er einen komischen Ton hervor, etwas, was er nicht anerkennen konnte. Und das enttäuschte ihn einigermaßen. Er meinte, es gelang ihm besser, wenn er leiser sprach.' Im Bericht über die Johnson-Sitzung nun sagt tatsächlich Miss Lodge: 1. daß Mrs. Johnson während des Ertönens der 'Stimme' immerzu gesagt habe: 'Nur zu, Freund' — das 'Helfenwollen' auf der 'andern Seite' —, und daß 2. die Lodgeschen Damen einmal, als sie ein Wort nicht recht verstanden hatten, um Wiederholung des Satzes baten, 'die dann in einem Schrei herauskam, der die Wirkung der Stimme völlig verdarb, da die Vibration des Sprachrohrs sich dazumischte,' worüber Lady Lodge sich erregt hatte. (Auch ein gewisses taktmäßiges Aufschlagen des Sprachrohrs vor den Damen Lodge wurde durch Feda sehr treffend geschildert.)[1]

Am 3. März 1916 um 11.30 vorm. hatte Sir Oliver Lodge eine sog. anonyme Sitzung mit Mrs. Clegg im Hause der Mrs. Kennedy, einer Bekannten. Das Medium behauptete, noch ehe es in Trans fiel, das Zimmer sei 'voller Leute', hörte jemand sagen 'Sir Oliver Lodge' und fragte: 'Wer ist Raymond, Raymond, Raymond?' [Die erste Ausgabe von 'Raymond' erschien erst am 2. Nov. 1916.] Im Trans schien es dann die letzten Augenblicke eines Schwerverwundeten darzustellen, d. h. Mrs. Clegg verkrampfte sich, versuchte zu sprechen, rang nach Atem, rief schließlich: 'Helft mir, wo ist der Arzt?' und fiel von einer Seite des Stuhls nach der andern.[2] Das Sprechen klang äußerst

---

1) Lodge, Raymond 171 ff. Vgl. Thomas, J. F., Stud. 110.   2) flopping over to one side or the other.

angestrengt. Schließlich schickte sie 'Grüße' an Eltern und 'alle'. — Am Abend des gleichen Tages (von 9.15 ab) saß Lodge mit Mrs. Leonard in deren Hause. Feda berichtete sofort, daß 'Raymond' in Pauls Hause gewesen sei — Paul war der verstorbene Sohn der Mrs. Kennedy, der zuweilen durch deren Hand sich äußerte — und versucht habe, 'ein ältliches Medium zu kontrollieren', das für ihn 'neu' gewesen sei. 'Er wollte durch sie sprechen, fand es aber schwer.' Es sei ihm fast gelungen, 'durchzukommen', und er wolle es nochmals versuchen. Er fühle sich nicht 'er selbst' (d. h. anscheinend: wenn er die volle Kontrolle auszuüben suche), 'es war wie in einem Nebel'. Er hatte das Gefühl, die Dame zu fassen zu kriegen, aber er wußte nicht recht, wo er war. 'Wozu schlackert sie so herum, Vater? Ich will das nicht; es belästigte mich... Ich wünsche, sie täte es nicht... Wenn sie sich nur still verhielte und mich ruhig kommen ließe, wäre es viel leichter...' usw.[1]

Blicken wir zusammenfassend zurück auf die eben vorgeführten Tatsachen. — Es versteht sich von selbst, daß die üblichen Annahmen des Animisten über eine umfassende telepathische Verbindung zwischen allen Lebenden und vollends zwischen Medien die Begriffsmittel darbieten, um auch inhaltliche Entsprechungen zwischen mehreren Kundgebungen über den gleichen Toten — oder 'im Namen' desselben! — abzuleiten. Doch wird man offenbar den Beobachtungen nicht im entferntesten gerecht, wenn man den schon betonten Umstand übersieht oder unterschätzt, daß diese inhaltlichen Entsprechungen nicht rein als solche, sondern in einer soz. aktivistischen Formung auftreten. Das heißt: sie müssen nicht so sehr vom lebenden Beobachter aufgesucht werden, verweisen vielmehr ausdrücklich auf sich selbst. Ja mehr als das. Der Kommunikator sagt am 'zweiten Ort' nicht etwa nur: er habe schon dort und damals von dieser Sache gesprochen. Vielmehr erblickt er in solcher Erwähnung einer Sache an zwei verschiedenen Orten ein bezwecktes Argument, soz. einen Kunstgriff der Beweisführung, eine besondere Leistung innerhalb seiner Bemühungen, Hinterbliebene von seinem Fortleben zu überzeugen. 'Mrs. Thomas' z. B. behauptet, sie habe 'jenseits des Wassers' gewisse 'Beweise zu liefern versucht', die ihr 'recht gut erschienen seien' und auf die sie jetzt hier — in Amerika — zurückkomme, um 'eine Entsprechung' zustande zu bringen. Hat sie zu Lebzeiten gewußt, welche Rolle gewisse Entsprechungen bereits in der Forschung zu spielen begonnen hatten? Oder ist sie darüber von ihrem Medium oder von dessen Kontrolle oder von anderen Jenseitigen belehrt worden? Oder schließlich: ist diese Bemerkung ein Einschiebsel der Kontrolle? Ich kann es nicht

---

1) Lodge, a. a. O. 142 f. — Vgl. noch den bemerkenswerten Fall: Sagendorph 20 f. (Anm.); Keene 13; Bates 255 ff.; Duncan 47 ff.; Perty, Spir. 188 f.

sagen. Jedenfalls spricht 'Mrs. Thomas' im ganzen 8 mal in London und 3 mal in Boston von 'Ringen'. — Auch von 'Prof. Hyslop' behauptet Feda der Mrs. Allison gegenüber, er liefere, nachdem er von den fraglichen Vordrucken schon bei Mrs. Soule gesprochen, mit deren neuerlicher Erwähnung durch Mrs. Leonard 'eine Art von Beweis': 'Dies ist ein wichtiger Punkt'. Worauf dieser Beweis sich beziehe, versteht zunächst niemand; erst nachträglich führt eine Mitteilung der Miss Tubby an Mr. Dingwall zur Aufklärung. Sicherlich also ist es nicht sein Wissen, was die beiden Medien unterrichtet. Und auch hier will 'Hyslop' zunächst nur 'versucht' haben, durch das andere Medium fern in Amerika zu sprechen. Man achte auf dieses so häufig betonte 'versuchen', das ja auch 'Mrs. Thomas' und der 'isländische Arzt' erwähnten. Würde das 'zweite' Medium telepathisch erfahren, was durch das erste tatsächlich gesagt worden ist, so würde es doch sicherlich von einer Mitteilung oder Aussage sprechen, und nicht bloß von dem Versuch einer solchen. Aber vom Standpunkt des Kommunikators aus ist es viel natürlicher, von einem Versuch zu reden: denn er braucht ja nicht zu wissen, was seine Vermittlerin wirklich geäußert hat; er experimentiert; er sucht sich als lebend zu erweisen, indem er am zweiten Ort die am ersten getanen Äußerungen halbwegs wiederholt; und dies Bewußtsein des Experimentierens äußert sich völlig natürlich, indem die Absicht, der Versuch betont wird, und nicht das Erreichte. (Weiß dagegen der Kommunikator zufällig, daß seine Mitteilung am ersten Ort geglückt ist, so wird er es am zweiten auch wohl ausdrücklich hervorheben; wie z. B. 'Mrs. Prince', in einem anderen Beispiel, sich durch Feda 'sehr befriedigt' äußert: 'weil ich es ganz deutlich kundgab'.) 'Gwyther White' geht, wie ich schon hervorhob, in zweien der eingangs mitgeteilten Versuche sogar noch weiter und fragt bloß, ob der von ihm bezweckte Eindruck seine Witwe erreicht habe; und im Rahmen eines anderen Versuches hebt er die experimentelle Absicht heraus durch die ausdrückliche Bitte: 'Bewahre diese Dinge auf. Etwas wird damit geschehen, sie sind zu veröffentlichen.'

Ganz besonders lebendig-glaubhaft vom Standpunkt des angeblichen Kommunikators sind dessen Äußerungen am zweiten Ort über sein Beginnen am ersten im Falle 'Raymond Lodges'. Auch hier deuten jene Äußerungen viel natürlicher auf die Erinnerungen eines selbständigen Experimentators an sein Erleben einem fremdartigen Medium gegenüber, als auf das telepathisch oder hellsichtig erlangte Wissen eines Mediums bezüglich der wirklich erzielten Leistungen eines anderen. 'Raymond' habe zunächst wieder 'versucht', zu 'sprechen', und zwar erstmalig 'richtig zu sprechen', d. h. mit direkter Stimme; er sei 'enttäuscht' gewesen, weil er 'die Kraft nicht recht habe fassen können'. Und auch im zweiten Falle habe er es 'schwer gefunden', weil ihm das Medium 'neu' war und er direkte Kontrolle als Besitzergreifung versucht habe, wobei er nicht recht 'er selbst geblieben' und 'wie in einem Nebel' gewesen sei. Das alles sind lebenswahre Äußerungen eines Wesens, das sich eines wirklich unternommenen schwierigen Versuches erinnert; sie durch das übernormale Erfahren des einen Mediums bezüglich Vorgänge bei einem andern zu deuten, würde sehr verwickelte Voraussetzungen erfordern. Daß die entschlossene Phantasie des Animisten sie liefern könnte, sei zugegeben. Er könnte z. B. behaupten, ein 'Zentrum' des ersten Mediums versuche die 'Stimme' oder die Besitzergreifung und melde seinen teilweisen Mißerfolg einem verwandten Zentrum des zweiten Mediums, das dann in diesem Sinne sich äußere. Warum jenem Zentrum nicht gelinge, was einem anderen Zentrum desselben Mediums (seiner 'Kontrolle') gelingt, wird zwar nicht abgeleitet; aber mit Willkürlichkeiten muß man sich bei den Argumenten des Animisten ein für allemal abfinden. Und auf alle anderen Beispiele könnten natürlich ähnliche Überlegungen angewandt werden.

Die vier Beobachtungen, mit denen ich diese Gruppe fortführe und die ich jeweils mit einigen Erläuterungen begleite, haben jede noch etwas Besonderes an sich, wodurch sie gegenüber den bisher berichteten als Steigerung erscheinen. In der ersten scheint mir dies die andeutungsvoll-verschleierte Form zu sein, worin auf die Entsprechung verwiesen und wodurch dem Sitzer soz. eine tätigere Rolle bei ihrer Feststellung zugeschoben wird.

Am 24. Jan. 1923 hatte der Rev. W. S. Irving mit dem Medium Mrs. Brittain eine Sitzung, während welcher 'Belle', deren Hauptkontrolle, mit Bezug auf die Kommunikatorin, die verstorbene Mrs. Dora G. Irving, äußerte: 'Hatte sie Angst vor Spinnen? Sie zeigt mir einen lieblichen Garten mit Sträuchern und Blumen, alle mit Sommerfäden bedeckt ... Wie hübsche Spinneweben, — Garten, spinnewebige Dinger. Wie Spinnewebenspitzen, und von diesem Garten versucht sie mir etwas mitzuteilen ... Ich glaube, es ist etwas Sinnbildliches, was Sie erst später begreifen sollen.' — Was die Kommunikatorin mit diesen Sinnbildern hatte andeuten und 'später' deutlich machen wollen, kam in Mr. Irvings Sitzung mit Mrs. Leonard am Tage drauf ans Licht. In dieser Sitzung sprach Feda u. a. von einem 'Käfig' oder etwas, was wie ein Käfig aussehe und das sie so beschrieb, daß der Sitzer auf den Fliegenschrank für Fleisch riet, worauf Feda erwiderte: 'Dora sagt: es war der Fliegenschrank und nichts darin. Die Spinnen konnten drankommen; nicht gut aufgestellt.' Später in der gleichen Sitzung sprach 'Dora' unmittelbar und sagte u. a.: 'Hörtest du vor kurzem [d. i. soeben] eine Bemerkung Fedas über Spinnen? Es war etwas, wovon ich glaubte, daß du es erinnern würdest. Es bezog sich nicht gerade auf den Fleischschrank. Ich versuchte dich an etwas zu erinnern. Willy, ich mochte [Spinnen] gar nicht, während ich hier [auf Erden] war. Ich dachte dabei nicht an etwas in meinem Erdenleben. Es war sehr wichtig, daß ich zu Feda 'Spinnen' sagte... Feda wußte nicht, weshalb ich Spinnen erwähnte. Sie wußte es ganz und gar nicht. Ich glaube, sie dachte, daß ich Spinnen im Fleischschrank meinte.[1] Du verstehst doch, daß ich es erwähnte wegen etwas, was jüngst vorgefallen ist? Weißt du, ich möchte ein Wort sagen, das mit B anfängt und damit verknüpft ist... Du weißt, ich rede nicht häufig von Spinnen, nicht wahr?'[2]

Daß die angeführten Äußerungen der beiden Medien sich aufeinander beziehen, ist wohl unleugbar. Aber damit ist das Wenigste gesagt. Was hier den Eindruck eines gleichmäßig hinter beiden Äußerungen stehenden, planenden und lenkenden Wesens erweckt, das ist, wie gesagt, die geheimtuerische Art, in der das Entdecken der Entsprechung beider Äußerungen dem Sitzer zwar nur nahegelegt, im Grunde aber doch eben ihm überlassen wird. Die 'Spinnen' erscheinen in der ersten Äußerung deutlich genug, aber in absichtlich 'symbolischer' Verpackung; in der zweiten werden sie mit den 'Spinnen' des anderen Mediums in Beziehung gesetzt, doch wird von dessen Namen ebenso absichtlich nur der Anfangsbuchstabe — B — genannt. Dabei wird anscheinend betont, daß die zweite Äußerung innerhalb der Aussagen der Kontrolle sinn- und zusammenhanglos dastehe, dagegen durch die Beziehung auf das andere Medium Sinn erhalte. Ja es wird sogar angedeutet, daß die Kontrolle des zweiten Mediums etwas zu dem Stichwort hinzugefügt habe, was zwar an sich, wie wir sehen werden, durchaus richtig war, worauf die Kommunikatorin aber gar kein Gewicht zu legen versichert: nicht auf den Fleischschrank komme es ihr an, nur 'Spinne' sei 'sehr wichtig', weil sich das auf etwas 'jüngst Vorgefallenes' beziehe, nicht auf etwas 'in meinem Erdenleben', also vielmehr auf eine Leistung der Kommunikatorin als 'Geist' im Zusammenhang mit jener B. Es ist, als ob sie ein metapsychisches Experiment sowohl klar entwickeln, als auch vor dem Verdachte der Telepathie bewahren wollte, der sich eben auf allzu große Klarheit gründen könnte. — Was waren nun die äußeren Tatsachen, auf welche beide Aussagen, mindestens aber diejenigen 'Fedas', anspielten? Das Haus des Rev. Irving ist reich an Spinnen. Der Fleischschrank steht in der Speisekammer, und Spinnen haben an sich Zutritt zu ihm. Doch standen die Vorstellungen 'Fleischschrank', 'Speisekammer' und 'Spinnen' für den Sitzer in keinerlei Verknüpfung, auch waren Spinnen nie zuvor in Mr. Irvings Sitzungen mit beiden Medien erwähnt worden, und keins derselben wußte etwas von Irvings Sitzung mit dem anderen.

---

1) Man beachte die Behauptung einer Meinungsverschiedenheit zwischen Kontrolle und Kommunikatorin.   2) JSPR XXI 104 ff.

Entsprechung von Kundgebungen an mehr als einer Stelle

Auch das zweite und dritte Beispiel zeigen deutlich den **Willen-zum-Experiment** auf Seiten des eigentlichen Kommunikators. Aber das 'Besondere', was hier hinzutritt, ist im ersten die Aufforderung, den Zeitpunkt der einen Äußerung genau zu notieren, um dadurch die Entsprechung zwischen ihr und der anderen über jeden Zweifel zu erheben; im zweiten der **Nachdruck, der auf die zeitliche Entsprechung gelegt wird**. Als Kommunikator einer 'Entsprechung' tritt uns hier zum ersten Mal der verstorbene Frederic Myers entgegen, also ein Fachmann, dem die Bedeutung solcher Versuche im höchsten Grade klar sein mußte, über dessen Leistungen in diesem Felde ich denn auch bald sehr viel mehr zu berichten haben werde.

Am 8. Mai 1901, zwischen 10 und 10.30 Uhr abends, schrieb die Professorin Verrall in Cambridge das Folgende, zum Teil in lateinischer und griechischer Sprache (weshalb ich in der Übersetzung die leicht irreführende Du-Form gebrauche): 'Ich weiß nicht, was sich zwischen deinen und meinen Geist einschiebt. In einem Spiegel ist Wahrheit — umgekehrt. Lies und dann suche. **Irrtum ist niemals fern** [Der letzte Satz in einer von dem übrigen abweichenden Schrift.] Was willst du von mir? Ich kann nicht. Höre auf... Wenn der Tag zu Ende ist, lausche [?]. Uhr und Zeit. F. W. H. Myers. Keine Kraft — [wir] taten [oder tun] etwas anderes heute Abend. Vermerke die Stunde...' In diesem Augenblick 'sah' die Schreibende ein Zifferblatt vor sich, welches 10.25 zeigte. — An demselben Tage, abends, speiste Mrs. **Thompson**, von deren Aufenthalt in Birmingham Mrs. Verrall nichts wußte, mit Sir Oliver Lodge und seiner Gattin. Unerwartet und völlig von selbst verfiel sie zwischen 9 und 10.30 in Trans und wurde, nicht wie gewöhnlich von 'Nelly', sondern von 'F. W. H. Myers' kontrolliert. Im Verlauf dieser Sitzung äußerte dieser die Worte '**Irrtum schleicht sich ein**' und sagte ferner, daß jemand ihn 'wo anders hin rufe'. Ganz am Schluß der Sitzung, also kurz vor 10.30, wiederholte Nelly, daß jemand in diesem Augenblick Myers rufe.[1]

Der innere Zusammenhang der beiden medialen Äußerungen bedarf keiner Unterstreichung; hebt doch die Schrift auf der einen Seite selbst das Hauptstück der Entsprechung ganz eindeutig aus der Gesamtäußerung heraus. Aber die pluralistische Natürlichkeit des Vorgangs erstreckt sich bis in Einzelheiten hinein. Nach einer Äußerung Myers' und einer entsprechenden Nellys durch Mrs. Thompson möchte man annehmen, daß deren Anteil an dem Versuch als der zeitlich und ursächlich frühere zu betrachten sei. Dem widerspricht auch nichts in Mrs. Verralls Schrift, denn die Angabe 'wir taten [oder tun] etwas anderes heute Abend' ist im englischen Wortlaut gekürzt und darum mehrdeutig gefaßt: *doing something else to-night* läßt sich im Grunde zu einer Aussage ebenso gut über Vergangenes, wie über Gegenwärtiges oder Künftiges ergänzen: *we were, we are, we shall be doing...*

[1] Pr XX 207 ff.

Argumente aus formalen Verhältnissen der Kundgebung

Unter dieser Voraussetzung aber erklären sich am Ende auch die dunklen Worte 'In einem Spiegel ist Wahrheit — umgekehrt — lies und dann suche' in Mrs. Verralls Schrift, die auf eine bereits vollendete Leistung als Gegenstück der augenblicklichen anzuspielen scheinen, worin sich diese spiegeln und dadurch erläutern solle. Ja vielleicht findet sogar die Angabe im Thompson-Trans, daß Myers nicht bloß woandershin 'gegangen', sondern dorthin 'gerufen', also wohl in Begleitung eines Zweiten 'gegangen' sei, ihre Bestätigung in dem seltsamen Halb-Dialog, der sich in Mrs. Verralls Schrift hineinschiebt: 'Was willst du von mir? Ich kann nicht. Höre auf...' Diese Sätze sind lateinisch geschrieben, wie sonst in dem mitgeteilten Schrift-Stück (außer der Aufforderung zu 'lauschen') nur noch der erste Satz: 'Ich weiß nicht, was sich zwischen deinen und meinen Geist einschiebt.' Dieser Satz ist sicherlich 'Myers' zuzuschreiben, als dem tätig andrängenden Partner des Versuchs. Schreiben wir dann aber auch die übrigen lateinischen Sätze ihm zu, so müssen wir gestehen, daß sie sinnlos erscheinen, falls wir sie an das Medium gerichtet sein lassen, das sich ja doch völlig passiv verhält, nichts von der Kontrolle 'will' und erst recht nicht 'aufhören' oder 'ablassen',[1] sondern im Gegenteil nach Möglichkeit fortfahren soll. An einen zweiten anwesenden 'Geist' gerichtet, fallen sie dagegen sogleich in eine Reihe mit Zwiegesprächen 'hinter dem Vorhang', wie wir sie bereits im Früheren kennen gelernt haben, in denen die gegenseitigen Störungen und Spannungen der Kommunikatoren zum Ausdruck gelangen. — Die Bedeutsamkeit des Vorgangs wird übrigens noch durch zweierlei gesichert und erhöht: Erstens ist festzustellen, daß Mrs. Verrall 'in keiner Weise Mrs. Thompson mit den Äußerungen [ihrer] Schrift vom 8. Mai in Verbindung brachte', die ja tatsächlich auch weder Orts- noch Personennamen enthält. Sodann hatte das Experiment noch ein eigenartiges Nachspiel. Am 11. Mai (also drei Tage später) schrieb Mrs. Verrall automatisch u. a. diese Worte: 'Vor dem 17. warten Sie. Rosa Thompson wird sprechen — Lodge wird [es] Ihnen sagen. Warten Sie. Eilen Sie nicht, datieren Sie dies.' In der Tat hörte Mrs. Verrall bereits vor dem 17., nämlich durch einen am 14. erhaltenen Brief von Mr. Piddington, daß Mrs. Thompson kürzlich bei Lodge gewesen sei; während sie am 17. in London Lodges Niederschrift der Sitzung vom 8. eingehändigt erhielt. —

Der andere Fall zeigt uns Mrs. Verrall in Zusammenarbeit mit Mrs. Forbes, einem nicht beruflichen Medium, von dem wir später noch hören werden.

Am 11. Dez. 1903 verreisten Prof. Verrall-Cambridge und seine Gattin nach Algier; der briefliche Verkehr mit Mrs. Forbes ruhte, und Mrs. Verralls Schrift erwähnte sie längere Zeit nicht. Am 27. Dez. aber enthielt die Schrift die Aufforderung, nach '5, 6 und 2 Tagen' zu 'lauschen und erinnern'. Am 9. Jan. 1904 versuchte daher Mrs. V. zu schreiben und erhielt (auf lateinisch) u. a. folgendes: 'Nichtsdestoweniger wird die Tröstung für denselben Schmerz

---

1) desinere.

Entsprechung von Kundgebungen an mehr als einer Stelle

weder mich noch dich berühren[1] — von Andern mußt du es empfangen: Nach dem siebenten Tage kannst du alles verstehen. Schreibe am 17. Tage.' Am 7. Tage, also am 16. Jan., um Mittag erhielt Mrs. Verrall einen Brief von Mrs. Forbes: sie habe den Auftrag erhalten, Mrs. V. um deren Schrift von voriger Woche zu bitten; ihre Schrift habe nämlich wie folgt gelautet: 'F. W. H. M. schrieb die Botschaft der letzten Woche, damit sie Ihnen geschickt werde — bitten Sie Mrs. Verrall, sie zu schicken. M[yers] schrieb die Botschaft am (undeutlich) für die Freundin in Cambridge, sehen Sie zu, ob es wahr ist, schreiben Sie und bitten Sie sie um die Schrift von letzter Woche.' — Die einzige Verrall-Schrift, auf die sich dies beziehen konnte, war eben die vom 9. Jan. (die letzte davor war am 1. Jan. erfolgt). Mrs. V. sandte also jene an Mrs. Forbes und erhielt am 27. Jan. eine Antwort: Am 6. Januar sei der Todestag ihres Sohnes Talbot gewesen (was Mrs. V. nicht wußte); sie selbst (Mrs. Forbes) habe am 5. Jan. eine Schrift erhalten, welche eine Verbindung zwischen ihr und Mrs. V. angedeutet habe, gefolgt von dieser Anspielung auf den Tod ihres Sohnes: 'Werde sein mit Ihrem Verlust Ihres einzigen Sohnes, einer von würdigen Eltern, einer, der sich verdient gemacht hat... wohlbelohnt. Verfolgen Sie dies... Es ist Mrs. Verrall, die die Antwort schickt, die sich darum bekümmert... Dieser Beweis ist wert... Edmund [Gurney] schreibt: Melden Sie diese Botschaft. Schreiben Sie an die Cambridger Freunde, Sie sind die... Talbots Freunde, schicken Sie diesen Brief, seien Sie sorgsam, er wird verlorengehen, falls Sie —' Am 12. Jan. erfolgte die Aufforderung, Mrs. Verrall, die eine Botschaft für Mrs. Forbes erhalten habe, um ihre Schrift von der letzten Woche zu bitten.[2]

Wie man sieht, begann Mrs. Forbes' Schrift vom 5. Jan. mit einer unvollendet gelassenen Botschaft des Trostes an sie, stellte eine Antwort von Mrs. Verrall in Aussicht und sagte einen Verlust voraus, falls nicht an diese geschrieben würde. Mrs. F. schrieb nicht sogleich an Mrs. V. und wurde am 12. aufgefordert, um eine bestimmte Schrift zu bitten. Diese Schrift enthielt eine Botschaft des Trostes, die Mrs. V. nicht verstehen konnte, die ihr aber, wie in der Schrift angesagt, nach 7 Tagen gedeutet wurde. Mrs. V. hätte natürlich nicht einmal gewußt, für wen ihr 'Trost' bestimmt war, wenn Mrs. F. nicht aufgefordert worden wäre, sie um eben diese Schrift zu bitten.

Der letzte Fall zeichnet sich durch zwei Besonderheiten aus: einmal wird hier von vornherein ein Lebender bewußt-aktiv in die Durchführung des Versuches einbezogen, der im übrigen wieder 'von drüben' ausgeht; und zweitens verbindet er sich mit einem Tatbestande, der an sich unter spiritistischen Beweismitteln einen hohen Rang einnimmt: der Xenoglossie.

In der Sitzung vom 24. März 1928 bat 'Walter Stinson', der verstorbene

---

1) Oder: angehn? (attinget).   2) Pr XX 264 ff. Vgl. den ebenso ausdrücklichen Fall das. 233 ff., und den langwierig-verwickelten APS VI 537 ff. ref.

Bruder und 'Führer' der berühmten Mrs. Crandon, den Untersuchungsbeamten der amerikanischen Ges. f. ps. F., Mr. J. Malcolm Bird, einen Satz zu wählen, der durch das Medium Hardwicke des in Niagara Falls sitzenden Zirkels in chinesischer Sprache wiedergegeben werden sollte. Mr. Bird wählte den Satz 'Ein rollender Stein setzt kein Moos an', und nach einiger Zeit sagte 'Walter': 'Ich habe John (der 'Kontrolle' Hardwickes) gesagt, er solle Hardwicke an Sie drahten lassen. Er hat chinesisch geschrieben. Die [mit uns verbündeten unsichtbaren] Chinesen sagen mir, daß sie den Satz so übersetzt haben, daß er lautet: 'Steine, die rollen, setzen kein Moos in ihren Vertiefungen an.' Während der Sitzung verließ niemand das Zimmer oder verkehrte mit irgendjemand außerhalb desselben. 'Als die Sitzung um 10.08 abds. endete, begaben wir uns hinab und fanden, daß die telephonische Bestellung eines Telegramms versucht worden war, kurz bevor wir das Sitzungszimmer verließen. Das Telegraphenamt wurde angerufen und übergab nun das bestätigende Telegramm, von welchem 'Walter' gesprochen hatte...' Es war punkt 10 Uhr eingetroffen und lautete: 'Schriftzeichen Punkt. Zeichnung Punkt. Ich schreibe [weiteres].' Um 10.17 begann Margery bei vollem Bewußtsein und bei hellem Licht [automatisch?] zu schreiben und brachte folgendes hervor: Die Zeichnung eines Malteserkreuzes (ein solches hatte Mr. Bird während der Dunkelsitzung aus einem Packen mitgebrachter Bilder 'gezogen', ohne zu wissen, was auf der Karte war) u. a. m., was uns hier nicht angeht.

Die durch die Post übersandten Urkunden der Niagara Falls-Sitzung zeigten auf dem Originalbogen gleichfalls ein Malteserkreuz sowie 14 chinesische Zeichen, deren Hauptinhalt folgender war: 'Reisende Lehrer (oder: Weise) sammeln kein Gold. Kleiner Berg. Vogel.'[1] Der erste Satz ist eine fraglos geistreiche Abwandlung des 'Walter' übergebenen Sprichworts. Nach Irmgard Grimm-Peking wäre das Geschriebene dem Sinne nach zu übersetzen: 'Gelehrte, die umherreisen und Weisheit predigen, werden kaum Gold sammeln.' Diese Umschreibung findet sie 'entzückend und ganz chinesisch',[2] und darin wird man ihr wohl beipflichten. Allerdings fällt dann auf, daß 'die Chinesen' der Kontrolle 'Walter' eine fast wörtliche Übersetzung des aufgegebenen Satzes als niedergeschrieben zurückmeldeten. Aber bei ihrer anscheinenden Mehrheit braucht es nicht wunderzunehmen, wenn — wie man annehmen möchte — einer von ihnen den Satz erst 'echt chinesisch' umwandelte, ehe er ihn durch Hardwicke niederschrieb; im Gegenteil scheint mir diese Pointe den gelungenen Versuch noch sehr zu bereichern. — Was die chinesischen Schlußworte 'kleiner Berg' und 'Vogel' anlangt, so spielen sie fraglos auf zwei der Hauptteilnehmer an der gleichzeitigen Crandon-Sitzung an: Richter Hill ('Hügel') und Mr. Malcolm Bird ('Vogel').

Es ist klar, daß dieses Beispiel selbst die verzweifeltsten Deutungskünste des Animisten bis zum Versagen anspannt. Denn hier beteiligte sich nicht nur ein Lebender am Versuch einer Entsprechung — Mr.

---

1) PsSc VII 149 f.; VIII 48 f. (hier zusammengearb.). Vgl. ZP 1929, Abb. 27. 2) ZP 1929 338.

Bird wählte ja den zu übermittelnden Satz aus —, sondern ihre Zustandebringung setzt auch deutlich die Beteiligung von mehr als **einem** unsichtbaren Experimentator voraus: denn der zunächst gegebene 'Walter' versteht die Fremdsprache nicht, in der die 'entsprechende' Äußerung erfolgt: Chinesisch, und diese Entsprechung kommt in der Form einer freien Umschreibung durch, die eine modelnde Weitergabe voraussetzt und von einer Kennerin fernöstlichen Denkens als 'ganz chinesisch' bezeichnet wird. Dies schlägt die telepathistische Deutung vollends aus dem Felde, die natürlich mit dem Wissen und Können der beiden Medien rechnen muß, und das überwältigende xenoglossische Argument wirft sein Gewicht in die Waagschale, die schon durch die besondere Gestaltung des formalen Ablaufs der Entsprechung tief zu Boden gedrückt ist. —

In Bezug auf Umfang und innere Reichhaltigkeit sind die bedeutendsten Inhaltskundgebungen durch zwei Medien, von denen ich Kenntnis habe,[1] diejenigen des verstorbenen Dr. Ochorowicz (bekanntlich selbst eines namhaften Forschers auf unsrem Gebiete), über die der polnische Metapsychologe Dr. Habdank berichtet.

Dieser hatte durch Frau Domanska, die ehemalige Hausdame und Sekretärin Dr. Ochorowicz's, Kundgebungen desselben empfangen, nachdem dieser offenbar zunächst bei ihr als Lärm- und Bewegungsspuk aufgetreten war. 'Ochorowicz' lieferte bemerkenswerte persönliche Mitteilungen (die uns aber hier nicht angehen) und machte sich dann durch Vermittlung des Mediums an eine 'Fortsetzung seiner unterbrochenen Arbeiten'; wobei er u. a. eine Arbeit über Hypnose 'diktierte'. Hierin wurde er durch die Abreise der erkrankten Frau Domanska unterbrochen. Während ihrer Abwesenheit begann Dr. Habdank Sitzungen mit einer in Paris erzogenen und vorübergehend in Warschau anwesenden Landsmännin, Frau Czernigiewicz. 'Schon in den ersten Sitzungen manifestierte sich ganz unerwartet Ochorowicz.' Als Dr. H. darauf gelegentlich 'im Bekanntenkreise' sein Bedauern über die Unterbrechung des Hypnose-Aufsatzes äußerte, erschien schon in 'der nächsten stattgefundenen Sitzung mit Frau Cz. wieder 'Ochorowicz' und diktierte zur größten Überraschung des Versuchsleiters die Fortsetzung des vor ungefähr 6 Monaten durch Frau Domanska begonnenen Aufsatzes, und zwar genau von derselben Stelle an, wo er unterbrochen wurde. Nach drei folgenden Sitzungen war der Aufsatz beendet.' Dr. Habdank versichert, 'daß Frau Cz. von der Existenz dieses angefangenen Aufsatzes nicht die leiseste Ahnung hatte und daß Ochorowicz ihr nur dem Namen nach als hervorragender Forscher bekannt war; doch hatte sie niemals seine Schriften gelesen, noch weniger sich mit denselben beschäftigt. Trotz alledem ist in der Fortsetzung der Stil und die ganze Form des durch Frau Domanska angefangenen bzw. empfangenen Aufsatzes unverändert geblieben. — Als Frau D. dann gleich

---

1) Abgesehn nur von den später zu behandelnden literar. 'Cross-correspondences der S. P. R.'

nach ihrer Rückkunft die Sitzungen wieder aufnahm, meldete sich gleich in der ersten Ochorowicz mit den Worten: 'Gestatte mir, meinen Aufsatz über 'Die Quadratur des Kreises' fortzusetzen, den ich der Anderen (Frau Cz.) zu diktieren angefangen habe.' Und wieder schrieb Frau D. die Fortsetzung eines von Frau Cz. angefangenen, ihr ganz unbekannt gebliebenen Aufsatzes.' — Ähnliches habe sich noch mehrmals wiederholt, obgleich mit Rücksicht auf diese Versuche 'das persönliche Bekanntwerden dieser beiden Medien miteinander absichtlich verhindert wurde.'[1]

Der Vorgang des angeblichen Diktats einer literarischen Arbeit aus dem Jenseits wird auch sonst berichtet,[2] und wir hätten hier nur die Annahme seiner Verteilung auf zwei Medien hinzuzufügen. Ich bin freilich außerstande zu einem Urteil darüber, wie genau die jeweiligen Hälften der Aufsätze wirklich zueinander gepaßt haben; ob jede (auch telepathische!) Andeutung über das unvollendete Thema dem jeweils zweiten Medium gegenüber vermieden wurde, und wieweit etwa das Geschriebene an sich Begabung und Wissen der Damen überstiegen habe: lauter Fragen, die genau zu beantworten wären, ehe der Wert der Beobachtung sich bestimmen ließe.

Ich beschließe diese Gruppe mit einem merkwürdigen Beispiel,[3] worin die Entsprechung ebenfalls auf Äußerungen zweier Medien sich bezieht. Aber sein Besonderes liegt darin, daß in diesen Äußerungen (die sich an beiden Stellen über eine längere Zeit erstrecken) die **erste Entwicklung eines eben Verstorbenen im Jenseits** in übereinstimmender Weise sich spiegelt, — ein Vorgang, den an sich zu vermuten wir mancherlei Gründe haben.

Im Sommer 1900 war Prof. Henry Sidgwick gestorben, bekanntlich einer der Gründer der S. P. R. und ein Mann, dessen wissenschaftliche Arbeiten zu Lebzeiten ihn wohl antreiben mußten, sein etwaiges Fortleben nach dem Tode irgendwie zu bekunden. Aber obgleich seine Schwester, Mrs. Benson, durch ihre Teilnahme an Sitzungen mit Mrs. Thompson im Dez. 1900 solche Kundgebungen in entschiedenster Weise herausforderte, kam, wenigstens bei Mrs. Thompson, zunächst nicht das Geringste zutage, entgegen allem natürlichen Erwarten unter animistischen Voraussetzungen.

Erst am 11. Januar 1901 meldete sich ganz unerwartet (und zwar zuerst während einer Sitzung der Eheleute Percival, die nichts mit dem Verstorbenen zu tun hatten) eine Sidgwick-Kontrolle — indirekt und direkt — unter besonderen Begleiterscheinungen, die unter spiritistischen Voraussetzungen höchst bedeutsam sind, aber erst in einem späteren Zusammenhang besprochen werden können.

Knapp 3 Wochen vorher, am 22. Dez. 1900, war durch ein anderes Medium,

---

1) PS 1925 615 f.   2) Ich denke an den bekannten alten Fall der Vollendung von Dickens' Romanbruchstück 'Edwin Drood' durch einen ungebildeten Handwerker, — von Flournoy nicht recht überzeugend kritisiert.   3) Pr XVIII 295 ff. Vgl. Prof. Rossis Fall: V 550 f.

Entsprechung von Kundgebungen an mehr als einer Stelle

Miss Rawson (pseud.) in Südfrankreich, von einer anderen Kontrolle gesagt worden: 'Er [Sidgwick] weiß, daß seine Frau ein Buch zu seinem Gedächtnis vorbereitet.' Diese Behauptung nun wurde am 11. Jan. 1901 durch Mrs. Thompson in London wiederholt, im Anschluß an jene erwähnte erste direkte Kundgebung 'Sidgwicks', und dieser fügte — durch Vermittlung eines 'Mr. D.' — den persönlich bezeichnenden Wunsch hinzu, seine Frau möchte ihn nicht zu einer 'erhabenen Persönlichkeit' stempeln. — Am gleichen Tage nun aber erfolgte auch durch Miss Rawson zum erstenmal eine direkte Äußerung 'Sidgwicks'. Nachdem nämlich eine der gewöhnlichen Kontrollen dieses Mediums geäußert: 'Der Geist eines ältlichen Mannes ist hier, der dringend zu sprechen wünscht', sagte 'Sidgwick' in eigener Person: 'Bitten Sie meinen Freund Myers, daß er meiner Frau sagt, sie solle nicht das Ganze der letzten Kapitel des Buches veröffentlichen, das sie eben abschließt. Sie wird wissen, bezüglich welcher Abschnitte sie im Zweifel ist. Sagen Sie ihm, daß ich es wirklich bin, der hier ist.'

Wir hätten hier also — ganz abgesehen vom identifizierenden Inhalt der Äußerung — den bemerkenswerten Tatbestand, daß nach etwa einem halben Jahr des Schweigens der abgeschiedene 'Sidgwick' bei zwei voneinander völlig unabhängigen Medien **gleichzeitig die Fähigkeit** erlangt, sich direkt und nicht nur durch Vermittlung einer 'Kontrolle' zu äußern. — Aber dieser **Parallelismus der Zustände** erwies sich alsbald noch an einer zweiten Persönlichkeit.

Am 17. Jan. 1901 starb Fred. Myers, der langjährige Freund und Mitstreiter Henry Sidgwicks, und sogleich setzten, wiederum bei **beiden** erwähnten Medien, Äußerungen des ihm Vorausgegangenen in auffälliger Entsprechung ein. Am 21. sagte 'Sidgwick' — direkt und 'in tiefer Erregung' — durch Mrs. Thompson: '[Myers] ist nicht bei mir. Er ist überhaupt nicht in erreichbarer Nähe.'[1] Und diese Behauptung wurde noch zweimal am gleichen Tage durch Trans- und automatische Schrift wiederholt: 'Ich glaube nicht, daß Myers hier ist, sonst würden wir ihn vor dem 8. sehen, da E. G. [Edmund Gurney] mir sagte, [Mr. D.] erwarte ihn.' Sodann: 'Myers ist, glaube ich, wo anders. Sollte ich ihn hier finden, will ich am Donnerstag Nachmittag auftreten.'

Schon dies erscheint seltsam. Mrs. Thompson, die in steter Verbindung mit der Ges. f. ps. F. lebte, wußte natürlich von Myers' Tode; und 'Nelly', ihre Kontrolle, schien schon vorher angedeutet zu haben, daß Myers 'nicht fern' sei. Was wäre für den Animisten natürlicher, als zu erwarten, daß das Medium auch diese 'Suggestion' weiterspinnen und die Sidgwick-Personation von dem Glück der Wiedervereinigung mit dem Forscherfreunde reden lassen werde! Statt dessen jene 'tief erregten' Worte der Enttäuschung über die Unmöglichkeit, mit ihm zusammenzukommen. 'Nelly' mag ihn irgendwie 'gespürt', vielleicht 'in der Ferne' geschaut haben; aber 'Sidgwick', der Neuling im Jenseits, kann keine Fühlung mit dem eben Verstorbenen finden und widerspricht — ganz ahnungslos, aber um so **natürlicher**

---

[1] not within range at all.

— der Transpersönlichkeit des Mediums, — die doch auch ihn erschaffen haben soll! — Aber weiter.

Nur zwei Tage nach diesen Äußerungen, am 23. Jan. 1901, sagt 'Sidgwick' nun auch durch Miss Rawson: 'Ich habe meinen lieben Freund Myers noch nicht gesehen, aber ich bin dankbarer, als ich sagen kann, daß er hierher gekommen ist.' — Drei Tage danach behauptet eine mündliche Kontrolle durch Miss Rawson, Myers habe durch Mrs. Thompson eine Botschaft geschickt, sei aber hierher — d. i. zu Miss Rawson —'selbst gekommen' (tatsächlich war kurz vorher eine Myers-Kontrolle aufgetreten); er sei also jedenfalls jetzt 'hier' und tätig geworden. Tatsächlich nun äußert auch 'Sidgwick' nur 3 Tage später durch Mrs. Thompsons Hand: 'Fred weiß und hilft', woran sich ein Zwiegespräch zwischen 'Nelly' und 'Sidgwick' schließt, der jener den Vorwurf macht, sie habe Myers als nicht anwesend bezeichnet; worauf Nelly bemerkt: Prof. Sidgwick behaupte, Myers gesehen zu haben, sie aber habe ihn wirklich 'nicht gesehen'. — Schließlich ist bei allem Gesagten wohl zu beachten, daß die erwähnten Sitzungen die einzigen waren, welche die beiden Medien während der ganzen fraglichen Zeit — vom 11. bis 30. Januar — überhaupt abhielten, und daß die Sidgwick-Kontrolle der Miss Rawson vom 11. Jan. die erste je bei ihr aufgetretene und, dem Urteil eines der besten Sachkenner nach, 'außerordentlich lebensvoll' war.

Man kann also zusammenfassend feststellen, daß zwei räumlich weit voneinander entfernte Medien unabhängig voneinander — nachdem sie während vier Monaten seit dem Tode Sidgwicks übereinstimmend nur Botschaften über ihn — oder von ihm durch Dritte — gebracht haben an dem gleichen Tage ihn zur unmittelbaren Äußerung gelangen lassen; während sie nur 9 bzw. 13 Tage nach dem Tode Myers' verstreichen lassen, ehe sie diesen als direkt sich äußernd darstellen (wie verschieden müssen, je nach Veranlagung, die Schicksale der Menschen im Jenseits gedacht werden!). Wir stellen ferner die seltsame Tatsache fest, daß beide Medien unabhängig und übereinstimmend bis zu einem bestimmten Tage es so darstellen, als habe der eine der beiden Verstorbnen den andern drüben noch nicht getroffen, während danach Miss Rawson den einen von ihnen unmittelbar sprechen läßt, während Mrs. Thompson ihn direkt schreiben und behaupten läßt, der andere habe ihn 'getroffen'. Diese Entsprechungen erscheinen höchst natürlich unter spiritistischen Voraussetzungen, während nur die willkürlichsten und künstlichsten Gedankenbauten eine telepathistische Deutung ermöglichen würden.

b. Entsprechungen zwischen Aussendung und Aussage

In allen bisherigen Arten von Entsprechungen lag augenscheinlich die Anbahnung bei einem Bewohner des Jenseits, und im großen und

Entsprechung von Kundgebungen an mehr als einer Stelle

ganzen wird man hierin wohl eine Verstärkung des spiritistischen Anscheins erblicken dürfen. In den demnächst zu berichtenden Fällen, die es auch noch mit der Entsprechung von 'Aussagen' durch zwei Medien zu tun haben, liegt der experimentelle Anstoß ausschließlich bei einem Lebenden, der den Kommunikator nach der zweiten Stelle soz. aussendet, damit er etwas überbringe; und in voll ausgebildeten Beispielen dieses Vorgangs kehrt der Entsandte nicht nur zurück, sondern überbringt auch eine 'Antwort' von der zweiten Stelle her. — Einen Beleg für jenen einfacheren Vorgang liefert z. B. ein Bericht des Mr. W. West in Philadelphia vom 6. Sept. 1855 an Prof. R. Hare.

In einer New Yorker Sitzung von etwa 12 Personen 'von hoher Achtbarkeit' am Mittwoch, d. 22. Juni 1855, mit Mrs. Long als Schreibmedium bat West seine sich kundgebende Gattin, eine Botschaft an seinen gewöhnlichen und z. Zt. in Philadelphia versammelten Zirkel zu übermitteln, und sie versprach 'es zu versuchen'. Nach 17 Minuten war sie zurück und behauptete, den Auftrag ausgeführt zu haben. Am nächsten Mittwoch erfuhr West von den Mitgliedern seines Zirkels in Philadelphia, daß seine Botschaft richtig eingetroffen sei. 'Man sagte mir, ein anderer Geist sei gerade dabei gewesen, sich kundzugeben, als eine Unterbrechung stattfand, worauf meine Gattin ihren Namen angab und im wesentlichen die [aufgetragene] Botschaft durch die Hand des Mr. Gordon mitteilte.'[1] Da diese Mitteilung, abgesehn von einem 'Gruß', nur von erfreulichen spiritistischen Fortschritten handelte, so möchte man allerdings wissen, wie groß die Übereinstimmung 'im wesentlichen' gewesen sei.

Wörtliche Ablieferung einer solchen aufgetragenen Botschaft am Orte des Empfangs behauptete Mr. B. McFarland in Lowell, Mass., in einem Briefe an S. B. Brittan: Mrs. McFarland habe ihre verstorbene Tochter Luise aufgefordert, sich zu der lebenden, 1000 englische Meilen weit verreisten Schwester Susanna zu begeben und bei ihr zu verweilen, 'um während ihres Fernseins jene vor Schaden zu bewahren'. Dieser Satz soll wörtlich in einer Sitzung am gleichen Abend in Atalanta, Georgia, wo sich Susanna zur Zeit aufhielt, in deren Gegenwart von 'Luise' hervorgeklopft worden sein.[2]

Die reichere Gestaltung, wonach der Ausgesandte nicht nur 'zurückkehrt', sondern auch noch die Antwort auf eine Frage mitbringt, die er am zweiten Ort hatte stellen sollen, verwirklichte sich z. B. in folgendem, gleichfalls von Prof. Hare, und zwar diesmal aus eigener Beobachtung, mitgeteilten Falle.

Am 3. Juli 1855 um 1 Uhr nachmittags zu Cape May Island ersuchte er einen 'Geist', der sich in der Rolle eines Schutzgeistes dauernd in seiner Nähe gehalten haben soll, zu seiner Freundin Mrs. Gourlay in Philadelphia sich zu begeben und durch sie ihren Gatten, Dr. Gourlay, aufzufordern, sich

---

1) Hare (engl.) 294 f.   2) Brittan 289 (Aksakow 538 f.).

72 *Argumente aus formalen Verhältnissen der Kundgebung*

auf der Bank von Philadelphia nach dem Fälligkeitstag eines gewissen Wechsels zu erkundigen; die Antwort würde er, so lautete die Verabredung, durch sein Medium um $1/_24$ Uhr nachmittags am selben Tage in Empfang nehmen. Diese Antwort entsprach genau dem Bescheide, den Dr. Gourlay auf der Bank erhalten hatte, aber nicht den Erinnerungen des Fragenden. Es stellte sich nämlich nach Hares Rückkehr in die Stadt heraus, daß am Nachmittag des 3. Juli Mrs. Gourlay in einer medialen Unterhaltung mit ihrer verstorbenen Mutter begriffen war, als Hares Sendbote sie unterbrach und sich seines Auftrags entledigte. Dr. G. und sein Schwager hatten sich darauf zur Bank begeben und den ihnen erteilten Bescheid auf demselben Wege in umgekehrter Richtung an Hare zurückgelangen lassen. Von seinem Erfahrungsanteil an diesen Vorgängen machte Hare den übrigen Beteiligten erst Mitteilung bei ihrem ersten Zusammentreffen, nachdem er in allgemeiner Weise nach etwaigen 'Botschaften' in der Zwischenzeit gefragt hatte. — Die Entfernung zwischen Cape May Island und Philadelphia beträgt nahezu 150 km.[1]

Solche Vorgänge sind fraglos merkwürdig genug, um im gegenwärtigen Zusammenhang Erwähnung zu verdienen. Freilich muß man zugeben, daß ihre Grundform dem Animisten nicht die gleichen Schwierigkeiten bereitet, wie die der spontanen und dramatisch verfeinerten Vorgänge der vorigen Gruppe. Diese leichtere Deutbarkeit beruht offenbar darauf, daß uns hier innerhalb eines Lebenden ein Vorgang gegeben ist, von dem eine telepathische Beeinflussung der 'zweiten Stelle' ausgehend gedacht werden kann. Der Auftrag an die Kontrolle, also nach animistischer Auffassung an die Traumpersönlichkeit des 'ersten' Mediums: sich zu einem zweiten zu begeben und dort etwas auszusagen, könnte sich entweder unmittelbar auf letzteres übertragen (handelt es sich doch um Vorstellungen von ausgesprochenem Wunschgepräge, also von 'telepathischer Spannung'); oder er könnte das vermutlich telepathisch noch 'begabtere' erste Medium veranlassen, seinerseits dem Auftrag entsprechend das zweite zu einer Transdarstellung des gewünschten Vorgangs anzuregen. Dies ist in seiner Art so glaubhaft, daß der Animist vermutlich sogar bereit sein wird, die Möglichkeit betrügerischer Verabredung, also 'fabrizierter' Entsprechungen, außer Betracht zu lassen, obwohl sie an sich ja in solchen Fällen logisch gegeben ist.

Nun muß man allerdings sagen, daß jene dem Animisten so bequeme Deutung sich nicht in allen Fällen dieser Gruppe völlig glatt anwenden läßt. Vielmehr erweitert sich unser Vorgang zuweilen um irgendwelche Zutaten, die seinen spiritistischen Anschein fraglos verstärken. Im Falle Hare-Gourlay lag diese Erweiterung darin, daß der Aus-

---

[1] Hare (engl.) 247; (deutsch) 28. Vgl. Bates 68 f.

Entsprechung von Kundgebungen an mehr als einer Stelle

geschickte am zweiten Orte nicht mit einer bloßen Aussage auftrat, sondern dort auftragsgemäß Erkundigungen einzog, die er dann an den Auftraggeber zurückbrachte. Wir müßten also hier zum mindesten telepathische Eingespieltheit und Betätigung von gleicher Vollkommenheit in zwei Richtungen annehmen. Aber dies, wenn es auch die Sache verwickelt, ist dennoch nicht von der Hand zu weisen. — In anderem Sinne eigenartig entwickelte sich der Ablauf in einem Falle, den Aksakow aus eigener Beobachtung mitteilt.

Er hatte in London am 29. Okt. 1873 die Bekanntschaft einer der regelmäßigen Kontrollen der Mrs. Olive gemacht, die sich für einen verstorbenen Neger namens Hambo ausgab. 'Hambo' versprach ihm (vermutlich auf Aksakows Bitte), ihn später in St. Petersburg durch Frau Aksakow zu besuchen, und der Abend des 5. Dienstags vom Tage der Sitzung ab, der 2. Dez., wurde für dieses Auftreten 'verabredet'. Aksakow teilte von dieser Abmachung niemandem etwas mit, wartete aber, als er sich mit seiner Frau am 2. Dez. zu seiner gewohnten häuslichen Dienstagssitzung anschickte, mit begreiflicher Spannung auf das Auftreten des Negers. Nichts dergleichen geschah, obgleich die Sitzung an anderweitigen Ergebnissen nicht arm war. — Am folgenden Dienstag, als außer dem Ehepaar Aksakow noch Prof. Butlerow zugegen war, wurde durch Tischklopfen folgendes hervorbuchstabiert: g a m h e r e a n e w a s l a s t t e m e w t h y o u, und nach einer kurzen Unterbrechung: as I promised, but I cannot yet take entirely control of her. Hambo. Frau Aksakow war die ganze Zeit über in Trans. Die ersten 27 Buchstaben ergeben offenbar nach einigen naheliegenden Verbesserungen die Worte: I am here and was last time with you; die zweite Hälfte der Botschaft wird uns von Aksakow nur in bereits verbesserter Fassung mitgeteilt. Die Übersetzung des Ganzen ergibt mithin einen verständlichen Sinn: Ich bin hier und war [auch] das letzte Mal bei euch, wie ich versprach, aber ich kann mich noch nicht völlig ihrer bemächtigen. Hambo. Aksakow versichert uns, daß er nach dem Fehlschlag der ersten Sitzung von der trügerischen Natur des Kontrollgeistes Hambo überzeugt gewesen war und niemandem von dem Mißerfolg des Versuchs etwas gesagt hatte.[1]

Wenn auch ein unterbewußtes Spiel von telepathischen Auseinandersetzungen zwischen Aksakow und seiner Gattin sich hier wohl zurechtlegen ließe, so muß doch anerkannt werden, daß sein anfängliches Versagen zwischen den voraussetzungsgemäß doch sicherlich telepathisch glänzend 'eingespielten' Eheleuten viel weniger natürlich erscheint, als das anfängliche Versagen eines wirklichen Unsichtbaren gegenüber einer ihm völlig fremden Lebenden.

Andrer Art waren die Ursachen, die ein zeitweiliges oder teilweises

---

[1] Aksakow 454 ff.

Argumente aus formalen Verhältnissen der Kundgebung

Mißlingen solcher Aufträge bewirkten im Rahmen der Versuche, die Mr. F. J. Crawley, Polizeipräsident von Newcastle-on-Tyne, und seine medial veranlagte Gattin unternahmen, während sie örtlich voneinander getrennt waren; wobei auf seiten Mrs. Crawley's eine Freundin der Familie, Mrs. Low, als 'sehendes' und Ouija-Medium wirkte.

Die erste Übermittlung mißlang, aber aus einem sehr bezeichnenden Grunde: 'Luther', der verstorbene Schwager der Mrs. Crawley, rechtfertigte sich nämlich, indem er sagte, er habe ihren Auftrag nicht ausführen können, weil er den Geist 'Frank' damit beschäftigt angetroffen habe, Mrs. Low eine längere Botschaft für Mr. Crawley zu diktieren. Eine solche Botschaft war in der Tat zur betreffenden Zeit, von 'Frank' ausgehend, erhalten worden. Weitere Aufträge in der Folgezeit wurden in überzeugender Weise ausgeführt, doch fällt dabei auf, daß die zu übermittelnden Botschaften meist eine geringe Veränderung oder Vereinfachung durchmachten, was die beteiligten Unsichtbaren selbst ausdrücklich auf Schwierigkeiten, namentlich der Erinnerung, zurückführten. Zwei der ausführlich mitgeteilten Versuche seien hier kurz wiedergegeben: Am 5. Oktober, um 6,30 abends, fragt Mr. Crawley in Sunderland 'Luther': Möchtest du versuchen, meiner Frau eine Botschaft zu übermitteln? Luther: Das ist ziemlich schwierig; aber ich werde es versuchen. Crawley: Hier ist die Botschaft: Die Photographie Luthers steht auf dem Tische vor Fred. Luther wiederholt: Meine Photographie ist auf dem Versuchstische. Am nächsten Tage um 8 Uhr abends giebt sich Luther bei Mrs. Crawley kund und diktiert: Ich hatte dir etwas mitzuteilen, aber ich habe es völlig vergessen. Am 11. giebt er sich wiederum kund und wird von Mrs. Crawley gefragt, ob er sich der Botschaft jetzt entsinne. Luther: Meine liebe Emmi, ... ich werde versuchen, mich zu erinnern... Ich glaube, es ist dies: Melde Emmi, daß ich eine Photographie Luthers habe. — Dieser Vorgang, bemerkt Bozzano, spricht stark gegen die telepathische Deutung dieser Vorgänge überhaupt; denn warum wohl hätte das 'Unterbewußtsein', nachdem es die telepathische Botschaft vermerkt hatte, diese nicht gleich bei der ersten Gelegenheit dem Medium 'auftischen' können, wohl dagegen 5 Tage später? Mehr noch: warum sollte der latent gebliebene telepathische Eindruck beim ersten Mal zur Äußerung führen: 'Ich hatte dir etwas mitzuteilen, habe es aber vergessen'? 'Es ist klar, daß eine telepathische Botschaft entweder anlangt oder nicht, sich aber nicht entschuldigt, daß sie nicht angelangt sei.' Eine zeitlich und im Grade wechselnde Erinnerungslosigkeit für das Aufgetragene dagegen erkläre fast alle Arten der Beeinträchtigung dieser Botschaften.

Aber noch andere Einzelumstände bewirken zuweilen den spiritistischen Anschein solcher Aussendungen. Sehr merkwürdig ist folgender Fall zunächst dadurch, daß die vermeintliche Aussendung — oder doch Anregung zur Kundgebung wo anders — anscheinend nicht eigentlich

---

1) RS 1927 536 ff.; 1928 7 ff. (nach einem Privatdruck).

Entsprechung von Kundgebungen an mehr als einer Stelle 75

durch ein Medium, sondern soz. unmittelbar erfolgte; vor allem aber dadurch, daß diese 'Anregung' — auf einem Mißverständnis seitens des 'Geistes' beruhte. Der Bericht wurde in Form eines Sitzungsprotokolls von 'einer Gruppe ernster Forscher' an Prof. Hyslop geschickt, dem wir die Gewähr für die Genauigkeit der Darstellung aufbürden müssen.

Eines Abends empfing der Zirkel durch das Medium Anna Stockinger die folgende Kundgebung: 'Ich bin Myrtie Minger. Ich komme euch mitzuteilen, daß meine Mutter nicht mehr an den Sitzungen eures Zirkels teilnehmen will... Und wenn Mutter nicht kommen will, kann auch ich nicht mehr mit euch verkehren...' Myrtie Minger war die 13 Jahre zuvor zwölfjährig verstorbene Tochter einer Mrs. Minger, die als 'Seele des Zirkels' galt. Man war daher über ihr angeblich beabsichtigtes Ausscheiden bestürzt und hielt die Kundgebung für falsch. [Aber dann brauchte man nicht bestürzt zu sein!] Als Mrs. Minger zur nächsten Sitzung wieder erschien, sagte ihr das Medium, es habe 'geträumt', daß sie auszuscheiden beabsichtige; was Mrs. Minger schroff in Abrede stellte: sie sei mehr denn je interessiert. Als man ihr dann die volle Wahrheit mitteilte, berichtete sie folgendes: Vor 3 Tagen habe ihre lebende und hellseherisch veranlagte Tochter Esther ihre Schwester Myrtie 'anwesend' gesehen, worauf sie (Mrs. Minger) sich an Myrtie mit den Worten gewandt habe: 'Wenn du mir nicht beweisest, daß du imstande bist, eine Botschaft durch Anna Stockinger zu liefern, gehe ich nicht mehr zu den Sitzungen, denn ich kann nicht mehr glauben, daß etwas Spiritistisches an der Sache ist.'[1]

Soweit der Bericht. Das Mißverständnis, das hier offenbar waltet, hat beinahe etwas Komisches: denn 'Myrtie Minger', indem sie das künftige Fortbleiben der Mutter ankündigt, erfüllt ja eben die Bedingung, an deren Nichterfüllung allein die Mutter ihre Drohung geknüpft hatte.

Besonders eigenartig ist schließlich der folgende Vorgang, den man mit einiger Freiheit wohl auch unter den Begriff der Aussendung einreihen darf, die sich aber hier in seltsam pluralistischen Formen auswirkt. Im Journal der S. P. R.[2] berichtet der Rev. Ch. D. Thomas über zutreffende Mitteilungen, die er durch Mrs. Leonard's 'Feda' erhielt und die einen ihm unbekannten Verstorbenen und ihm völlig unbekannte Tatsachen betrafen.

Ein junger Oxforder Student, Ralph Peter (pseud.), war von einer Motorradlerin zu Tode gefahren worden. Von seiner Mutter, einer gänzlich Fremden, um Rat und Hilfe angegangen, hatte Mr. Thomas (einem schon früher empfangenen Rate seines verstorbenen Vaters folgend) mehrere Male den Verunglückten laut aufgefordert, er solle zu ihm kommen und seinen

---
1) Aus JAmSPR 1916 in LO März 1930 (ref. ZmpF 1930 213). Vgl. Pr XXXVIII 20 f.
2) XXIV, Feb. 1928.

('Thomas') 'Vater' und 'Schwester', die er 'bei ihm' finden werde, bitten, ihm zu sagen, auf welche Weise er Botschaften für seine Eltern vorbereiten könne, und ihn zu der nächsten Leonard-Sitzung 'mitzunehmen'. Als sich Thomas zu dieser begab, hatte er die Sache ziemlich vergessen, dachte jedenfalls nicht bewußt an sie. Nach anderweitigen Aussagen fragte Feda: 'Sind Sie gebeten worden, einem jungen Manne zu helfen? Es ist einer hier; er hatte es eilig, zu kommen — *he was in a rush to come*...' Es folgten darauf etwa ein Dutzend Angaben im Namen des Verunglückten, auf die hier nicht im einzelnen eingegangen werden soll, die aber in ihrer Gesamtheit eine außergewöhnlich gute Identifizierung darstellten. (In einem Falle zeigte sich der Kommunikator besonders besorgt um die richtige Wiedergabe. In einem andern scheint die Aussage Dinge betroffen zu haben, welche zur Zeit der Sitzung auch der Mutter des Verstorbenen noch nicht bekannt waren. Fast alle Tatsachen waren dem Sitzer, Thomas, unbekannt; die ihm bekannten, z. B. der Name des Kommunikators, wurden von Feda **nicht** erwähnt.) Später in der Sitzung fragte Thomas seinen (nunmehr wieder kontrollierenden) 'Vater', wie er mit dem jungen Mann in Berührung gekommen wäre. Jener erwiderte: 'Wir trafen ihn in deinem Arbeitszimmer. Wir wußten erst nicht, was er da wollte, begriffen es aber schließlich.'

Die außerordentliche spiritistische Natürlichkeit des Vorgangs springt in die Augen. Die Aussendung — oder doch Anregung zur Kundgebung —, verbunden mit dem technischen Ratschlag, die Hilfe erfahrener Kommunikatoren in Anspruch zu nehmen, erfolgt, während der Sitzer allein ist, also nicht durch ein Medium; die Auswirkung dieser Anregung erfolgt dann durch ein Medium in Gegenwart des Beraters selbst und wird gefolgt von der Aussage eines zweiten Kommunikators, die von der (unsichtbaren) Befolgung des technischen Ratschlags berichtet, welcher sich auf eben diesen zweiten Kommunikator bezogen hatte. Der Animist könnte nun sagen: Thomas habe während der Sitzung die unbewußte Erinnerung an seinen Ratschlag auf das Medium übertragen und von diesem dann in dramatisierter Form wieder aufgetischt erhalten. Aber die Äußerungen des 'Beratenen' stammen zum Teil **sicherlich nicht vom Sitzer**; ja z. T. nicht einmal von der besonders beteiligten Überlebenden. Wir hätten also — animistisch — eine Verquickung von Bestandteilen **ganz verschiedener Herkunft** in 'Fedas' Aussagen anzunehmen: hellsichtig irgend woher erlangter und telepathisch durch den Sitzer übertragener. Ist dies schon die vergleichsweise verwickeltere Deutung, so müssen wir auf der andern Seite auch Anzeichen von **persönlicher Aktivität** in Anschlag bringen (der Kommunikator zeigt sich 'besonders besorgt' um die richtige Wiedergabe einer bestimmten Aussage), sowie die seltsame Natürlichkeit der Behauptung von 'Thomas sen.', er habe erst allmählich begriffen, was denn der Fremde in der Wohnung des Sohnes wolle (wohin ihn letzterer ja tatsächlich 'bestellt' hatte).

Das menschliche Experiment hat aber auch — wenn ich so sagen soll — in umgekehrter Richtung in solche Vorgänge eingegriffen, in rück- anstatt vorschauender, und damit — wie mir scheint — eine weitere sehr merkwürdige Erschütterung der Glattheit animistischer Deutungen geliefert. In den vorstehenden Fällen sollte erst ein Auftrag jene Doppelseitigkeit der Kundgebungen bewirken, die den spiritistischen Anschein begründet. Wie wäre es nun, wenn in Fällen, wo die Doppelseitigkeit an sich vorliegt, aber nicht als solche im Rahmen der beiderseitigen Aussagen betont worden ist, an der 'zweiten' Stelle Rechenschaft darüber gefordert würde, was an der 'ersten' gesagt worden sei, und diese Rechenschaft tatsächlich geliefert würde? Hier wäre offenbar keinerlei besonderer Grund gegeben (wie in den vorschauend experimentellen Fällen), eine telepathische Übermittlung des an der ersten Stelle Gesagten an die zweite anzunehmen. Die Frage an der zweiten Stelle nach dem an der ersten Gesagten müßte also, wenn sie richtig beantwortet werden soll, sofortiges rückschauendes Gedankenlesen in einem Entfernten zur Folge haben, — offenbar eine sehr viel weniger glaubhafte Annahme, als die einer telepathischen Leistung im Anschluß an tatsächliche und soz. 'gespannte' Gedanken. Anderseits wäre wieder unter spiritistischen Voraussetzungen die sofortige richtige Beantwortung der Frage das Natürlichste von der Welt; würde diese sich doch an die gleiche Persönlichkeit richten, die an der ersten Stelle sich wirklich geäußert hätte.[1] — Einen Fall dieser Art finden wir in den Urkunden des mehrfach berührten Falles White.

In der Sitzung, die Miss Nea Walker am 22. Aug. 1925 (also mehr als ein Jahr nach dem Tode auch der Witwe) mit Mrs. Leonard abhielt, fragte die Sitzerin u. a.: 'Kann Mrs. Bleaching (so nannte Feda die Witwe) mir irgend etwas nennen, was sie Mrs. Reece [einer Freundin] gegenüber in einer Sitzung mit 'V. O.' im Juni erwähnt hat. [Am 26. Juni 1925 hatten Mrs. Reece und Miss Y., zwei Freundinnen der Verstorbenen, eine anonyme Sitzung mit dem Medium Mrs. Warren Elliott gehabt, von Feda stets nach ihrem Mädchennamen, Violet Ortner, als 'V. O.' bezeichnet.] Ich weiß nichts von den Ergebnissen [jener Sitzung], Sie werden also den feineren Sinn meiner Frage verstehen.' 'Ich verstehe vollkommen', sagte Feda, 'belustigt in sich hineinlachend'. 'Also, sie sagt, es ist sehr sonderbar, weil ich eben erst von Stoffen gesprochen habe — ich erwähnte tatsächlich [damals] etwas [zwar] von anderer Art, aber es war [auch] ein Stück Stoff; es war kein einfaches glattes Stück, [es war] ein Stück mit einem Muster darauf.' (Hierzu bemerkt

1) Vgl. d. verwandte Argument o. S. 52.

Mrs. Reece: 'Dies ist richtig; sie sagte, ich hätte 'irgend einen neuen Stoff' auf einem Stuhl in meinem Hause. Nichts wurde in der Elliott-Sitzung im Juni davon gesagt, daß der Stoff 'ein Muster darauf' habe; aber tatsächlich hat er eins.' Dieser Möbelstoff war ebenfalls erwähnt worden in einer Sitzung, welche Miss Walker im März mit Mrs. Warren Elliott gehabt hatte.) Feda fuhr fort: 'Ich gab mir [ferner] einige Mühe dort, eine Vorstellung nicht so sehr von meiner Erscheinung — Gesicht, Nase, Augen —, sondern von meinem Temperament zu geben...' (Auch dies traf zu, und mehrfache Belege werden uns gegeben.) Noch einige belanglose Kleinigkeiten wurden genannt, die man wohl als 'richtig' bezeichnen darf, und schließlich: 'Nun, sie kann mir dies nicht ganz übermitteln, und Sie könnten es nicht wissen. Aber sie versuchte dort etwas von Füßen oder Schuhen zu sagen. Sie zeigt immerzu auf ihre Füße. Ich wünsche, daß Sie dies besonders aufschreiben — die Erwähnung kam [dort] an einer recht überraschenden Stelle zum Vorschein, aber ich [d. h. wohl: Mrs. White] hatte sie einzuschieben, wo ich nur konnte. Weil [ich] etwas von Füßen zu sagen wünschte; aber es fügte sich nicht sehr passend ein...' Was waren die Tatsachen, auf die sich diese letztere Behauptung bezog? Ganz am Ende jener Sitzung hatte 'Topsy', die Kontrolle der Mrs. Elliott, plötzlich gesagt: 'Hatte die Dame einen schlimmen Fuß oder Knöchel in der letzten Zeit?' Mrs. Reece: 'Ich weiß nicht, ich will nachfragen.' Topsy: 'Sie hat einen schlimmen Fuß oder Knöchel vor nicht langem gehabt, jetzt [ist er] besser.' Die 'Dame' war Damaris Walker, und sie hatte tatsächlich ein kleines Fußübel gehabt; aber selbst die Tatsache wußte nicht einmal Miss N. Walker, als sie von Feda die obige Behauptung empfing.[1] Die inhaltliche Entsprechung zwischen der Tatsache und der Aussage in der Elliott-Sitzung erscheint nicht ganz genau; aber auf diese kommt es ja nicht an (die verstorbene Mrs. White mochte sich teilweise irren), sondern auf die inhaltliche Entsprechung der Aussagen in der Elliott- und in der späteren Leonard-Sitzung, und diese ist eine völlig genaue. Ich brauche kaum noch einmal hervorzuheben, worin die spiritistische Natürlichkeit dieses Vorgangs besteht. Die Elliott-Sitzung vom 26. Juni liegt hier als etwas abgeschlossenes in der Vergangenheit; weder das Medium der Sitzung vom 28. August (Mrs. Leonard) noch die Sitzerin derselben (Nea Walker) wissen irgend etwas Einzelnes über sie, Miss Walker offenbar nur, daß sie stattgefunden hat. Die verstorbene 'Mrs. White', welche die Inhalte jener Sitzung angeblich geliefert hat, behauptet auch in dieser zweiten Sitzung, zugegen zu sein. Kein triftiger Anlaß scheint gegeben, warum die Inhalte der früheren Sitzung dem Medium der zweiten vor dieser hätten übernormal bekannt werden sollen. Noch weniger dürfen wir normale Übermittlung annehmen. Mrs. Leonard kannte vermutlich Mrs. Elliott gar nicht, so wenig wie die Sitzerinnen der früheren Sitzung: Mrs. Reece und Miss Y. Ebenso hatte Nea Walker seit 1918 keine Sitzung mehr mit Mrs. Elliott gehabt, und diese wußte nichts von Miss W.s Versuchen im Falle White. Kannten sich aber auch die Medien, so mußte die Erinnerungslosig-

---

1) Walker 281. 296.

keit nach Transsitzungen normale Mitteilungen an die Kollegin unterbinden. Es wird auch freiwillig in der zweiten Sitzung nichts über den Verlauf der früheren mitgeteilt, wie es in andern verwandten Fällen geschehen war und eigentlich — nach animistischer Anschauung — auch hier hätte geschehen müssen, wenn das Medium etwas derartiges mitzuteilen gehabt hätte; weil jedem Medium doch daran gelegen sein muß, alles von sich zu geben, was es an übernormal erworbenen Vorstellungen besitzt, sofern damit der spiritistische Schein seiner Leistung verstärkt werden kann. Hätte also 'Feda' solche Kunde von dem bei Mrs. Elliott Gesagten besessen, — kein Zweifel, daß sie damit bei der ersten besten Gelegenheit 'losgeprotzt' hätte. Sie sagt nichts davon, offenbar, weil sie nichts weiß. Aber — man fragt sie, und alsbald gibt sie eine Fülle richtiger Angaben zum besten. Hat sie also, durch die Frage angeregt, sofort in den Erinnerungen der drei an der früheren Sitzung Beteiligten rückschauend 'gelesen'? Mit der logischen 'Denkbarkeit' dieser Annahme mag sich begnügen, wer lieber an einem Knochen eigener Wahl die Zähne übt, anstatt an frischem Fleisch, das ihm der Gegner reicht, seinen Hunger zu stillen. Die natürlichere Annahme ist es jedenfalls, daß die 'Mrs. White' der zweiten Sitzung zunächst von ihren Äußerungen in der ersten nichts verlauten ließ, weil sie genug anderes zu sagen und ungefragt tatsächlich keinen Grund hatte, von dieser zu sprechen; daß sie aber auf die einmal gestellte Frage zu antworten vermochte, weil sie sich des früher Gesagten erinnerte.

c. Entsprechungen zwischen Aussage und Beeinflussung

In den zunächst folgenden Beispielen besteht nur noch das eine Glied der Entsprechung in einer Aussage durch ein Medium, während das andere die Form der Willensbeeinflussung eines zweiten Lebenden annimmt; eines Einflusses, der im Sinne jener Aussage erfolgt und von demselben Abgeschiedenen auszugehen vorgibt, von dem auch die Aussage stammte. — Das erste dieser Beispiele fasse ich nur kurz zusammen.

Lilian Whiting, eine bekannte amerikanische Schriftstellerin, hatte im Herbst 1899, nach Verabredung mit Dr. Hodgson, einige Sitzungen mit Mrs. Piper. Gleich zu Beginn des ersten Trans wurde sie von der Hand des Mediums geliebkost, die darauf schrieb: 'Ich bin Katie Field', mit einem dieser Verstorbenen ehemals eigenen Schwung der Schrift. Die dann geäußerten Einzelheiten, die Ausdrucksmimik des Mediums und gewisse Redewendungen der Kundgebung sollen für die Verstorbene, eine sehr nahe Freundin der Sitzerin, bezeichnend gewesen sein. L. Whiting, vollauf überzeugt, fragte 'Katie Field' nach den Gründen, aus denen sie einem der Sitzerin unbekannten Mr. T. Sanford Beaty den größten Teil ihres Vermögens vermacht hätte. 'Katie Field' beschrieb eingehend gewisse Verhandlungen, die an einem genau angegebenen Tage in einem Zimmer des Hotels Victoria in

New York stattgefunden und sich auf die Herausgabe einer Zeitschrift, 'Kate Fields Washington', bezogen hätten. Dann äußerte sie den Wunsch, daß Lilian Whiting und T. S. Beaty sich kennen lernen möchten, und fügte hinzu: 'Ich werde ihn dir schicken.' Wenige Tage später erhielt L. Whiting den Besuch des Mr. Beaty, der ihr erklärte, er hätte wohl zunächst schreiben sollen, um die Erlaubnis zu seinem Besuch zu erbitten; doch habe er einen 'seltsamen, unwiderstehlichen Antrieb verspürt, der ihn drängte, seine Geschäfte zu unterbrechen' und L. W. aufzusuchen. Im Lauf der Unterredung gab er (offenbar ungefragt) eine Darstellung der Beweggründe der Verstorbenen zu ihrem Testament, die aufs genaueste mit den von 'Katie Field' gelieferten übereinstimmte und L. W. von der Berechtigung dieser Verfügungen überzeugte.[1]

Wir kennen natürlich zahllose Fälle, in denen der 'Antrieb', einen Entfernten, selbst einen Unbekannten aufzusuchen, mit großer Natürlichkeit auf den telepathischen Einfluß eines Lebenden zurückzuführen ist, und nichts würde uns hindern, das durch ein Medium geäußerte Versprechen: 'Ich werde X zu dir schicken' als Quelle einer telepathischen Beeinflussung des X durch die Empfängerin des Versprechens — also die 'Erwartende' —, wenn nicht gar durch das Medium selber aufzufassen. Im vorliegenden Fall aber dürfen wir auch das Drum-und-Dran des Vorgangs nicht übersehen. Das Versprechen ist eingebettet in einen Zusammenhang von Mitteilungen, von denen manche weder dem Medium noch der Sitzerin bekannt waren — die Verhandlungen im Hotel Victoria —, andere wenigstens dem Medium sicherlich unbekannt. Sie waren weiter verknüpft mit charakteristischen und für die Sitzerin überzeugenden Formen der Äußerung, der Handschrift und des Mienenspiels. Innerhalb dieses Ganzen gewinnt die Übereinstimmung zwischen Versprechen des Schickens und empfundenem 'Drang' des Geschickten, daneben die Übereinstimmung zwischen den geschäftlichen Darlegungen der Abgeschiedenen und des Lebenden unstreitig das Aussehn spiritistischer Natürlichkeit.

Der zweite Fall schließt sich gattungsmäßig unmittelbar an; doch greift (wie man sehn wird) angesichts verschiedener Einzelheiten seine Bedeutung noch über die des vorigen hinaus. Berichtet wurde er von Mr. Stuart Armour, Mitglied der amer. Ges. f. ps. F., dem Prof. J. Hyslop, der ihn persönlich kannte.

Einige Jahre früher hatte Armour im Verlauf seiner Forschungen das Medium Mrs. Sarah Seal in San Francisco kennen gelernt, 'eine ausgezeichnete Dame von etwa 65 Jahren, mit Recht geschätzt wegen der einwandfreien Ehrlichkeit ihrer Lebensführung...' Eines Tages mit Armour über seine

---

1) Bozzano, Casi 103 ff. (aus Lt 1899 464). Vgl. d. Fall Kersting bei Perty, Blicke 112, u. Brofferio 308 f.

Bergwerksunternehmungen in Nevada sprechend, behauptete sie plötzlich, eine Stimme in irischem Tonfall zu hören, deren Urheber sich sehr für jene Pläne interessiere, seine Reden aber ständig mit unpassenden und gemeinen Ausdrücken untermische. Auf die Frage, wer er sei und weshalb er an jenen Plänen Anteil nehme, erwiderte die Stimme: 'Ich heiße Phil Longford' und erklärte, daß er zu Lebzeiten jahrelang die Ausbeutung eben jenes Bergwerksbezirks empfohlen habe. Weder Mr. Armour noch Mrs. Seal hatten diesen Namen je gehört (und Mr. A. begründet dies für sich ausführlich). Die fragliche Gegend liegt 525 km von San Francisco entfernt und gehörte damals zu den wüsten und fast unbewohnten Strichen Nevadas; die beiden am nächsten wohnenden Menschen waren zwei alte Bergleute, 16 km von jenem Orte ansässig, die nie ihren Wohnort verlassen hatten; davon einer, James Say, aus Cornwall gebürtig. Mrs. Seal war Engländerin, hatte stets in Kansas und Kalifornien gelebt und Nevada nie mit ihrem Fuße betreten. Auf eine Frage Armours gab 'Phil Longford', durch Mrs. Seal redend, zu, den alten James Say gekannt zu haben, 'aber damals war er ein junger Mann', und sagte auf eine weitere Frage: 'Freilich müsse Say sich seiner erinnern; falls nicht, solle man ihn daran erinnern, daß er (Phil Longford) als der stärkste Esser und größte Flucher der ganzen Gegend gegolten habe. Auf eine briefliche Anfrage berichtete Say denn auch umgehend, daß er Phil Longford gut gekannt habe, der übrigens schon vor mehreren Jahren gestorben sei und einen Sohn hinterlassen habe, der noch in Reno (Nevada) lebe.

'Phil' trat noch mehrfach auf, und stets in der gleichen Eigenart, wobei er sein Fluchen damit entschuldigte, daß der Wiedereintritt in irdische Bedingungen die alten Gewohnheiten unwiderstehlich hervortreten lasse. (Mrs. Seal verstand manche seiner irischen Ausdrücke nicht!) Er warf Mr. Armour Mangel an Tatkraft in der Ausbeutung der Gegend vor, an die er sich 'gebunden' erklärte, solange ihre Bodenschätze nicht ausgenützt würden. Er habe vergeblich lange Jahre gewartet, bis endlich Armour aufgetreten wäre. 'Dann habe er mich aus der Nähe besehn und die Überzeugung gewonnen, daß ich gerade jene Mischung von Unternehmungsgeist und halber Verrücktheit besäße, die für diesen Versuch erforderlich sei.' Armour fragte, ob er an Longfords Sohn schreiben solle, um über seinen Verkehr mit dem Vater zu berichten. Aber die Antwort lautete: Nein, das wäre vergebens; 'mein Sohn würde dir nicht glauben... Du wirst ihm begegnen und dann verstehen, welchem Laster der Vater zu Lebzeiten frönte.'

Etwa einen Monat darauf befand sich Mr. Armour in einer Schankwirtschaft in Reno (Nevada), auf seinen Zug wartend, als er einen völlig Betrunkenen eintreten sah, der geradewegs auf ihn zukam, trotzdem A. in einer entfernten Ecke des menschenerfüllten Raumes saß. Er behauptete, A. zu kennen, und forderte ihn in landesüblicher Weise zu einem *drink* auf. A. erwiderte ihm, daß er sich in der Person irre, mußte aber schließlich dem Drängen des Trunkenen nachgeben und erfuhr an der Bar, daß er Longford heiße. — Während der nächsten Sitzung mit Mrs. Seal trat 'Phil' sofort auf und sagte: 'Jetzt, da du meinen Sohn getroffen hast, wirst du wissen, welches das Laster des Vaters war. Ich war ein Trinker, darum fühle ich mich an eure Welt gebunden... Aus geheimnisvollem Grunde, den ich nicht erklären kann, scheint mein fernerer geistiger Fortschritt verknüpft zu sein mit der künftigen Ausbeutung der Minen, die ich in meinem Leben durchforscht habe...'[1]

Wir haben also hier zunächst die Kundgebung einer Persönlichkeit, die — wie wir annehmen dürfen — dem Medium und Sitzer unbekannt ist und sowohl durch ihre Mundart (dem Medium teilweise unverständlich), als auch durch nachträglich bestätigte Aussagen sich identifiziert. Aber nicht das ist uns hier wichtig, sondern wiederum die Entsprechung zwischen einer Aussage und einer offenbaren Einwirkung auf einen zweiten Lebenden. Es liegt ja doch mehr als nahe, die Voraussage einer Begegnung zwischen Armour und Longford jun. nicht als Vorschau-Leistung zu betrachten, sondern als Ausdruck der Absicht des 'Vaters', jene Begegnung selbst herbeizuführen.[2] In der Tat benimmt sich Longford jun. in der Kneipe so, als folge er einer ihm selber unverständlichen 'Führung': er 'kennt' Mr. Armour und kennt ihn zugleich auch nicht; der Fremde ist ihm irgendwie 'bezeichnet' worden, und seine Schritte werden auf ihn zugelenkt durch einen Zwang, wie er so häufig aus einer halb- oder unbewußt bleibenden übernormalen Beeindruckung entspringt. Daß diese auf 'Phil Longford' zurückgeht, wird überdies dadurch wahrscheinlich, daß er bei nächster Gelegenheit ein Wissen um die Begegnung bekundet. Diese spiritistische Deutung ist von durchaus einheitlicher Natürlichkeit, und wir können sie umgehen wieder nur unter Behauptung eines ganzen Netzwerks von telepathischen, gedankenleserischen, hellseherischen und vorschauenden Leistungen der sichtbar Beteiligten. Zu alledem aber kommt, daß die Gründe, welche Longford sen. für sein Auftreten überhaupt und seine Anteilnahme an Armour insbesondere angibt, durchaus übereinstimmen mit den Gründen für 'Erdgebundenheit' und Kundgebungsbedürfnis Abgeschiedener, wie wir sie früher ganz andern Beobachtungen entnehmen konnten. Es ist auch hier wieder diese einheitliche Richtung verschiedenster Indizien, was schließlich die Kraft spiritistischer Beweise unwiderstehlich macht.

In den folgenden Fällen nimmt der Antrieb — als der eine Bestandteil der Entsprechung — eine noch wesentlich verwickeltere Form an, nämlich die der Eingebung einer künstlerischen Leistung von nur übernormal ableitbarem Inhalt.

Während einer Sitzung im Hause der bekannten spiritistischen Schriftstellerin Rufina Noeggerath in Paris (am 22. April 1904) in Gegenwart des schwedischen Heilmediums Iza Frizk und einer Reihe bedeutender Persön-

---

1) PrAm 1923 552 ff.; Bozzano, A prop. 81 ff.   2) So auch Bozzano.

lichkeiten (u. a. des Malers Hugo d'Alesi, des Literaten Alexander Hepp, des früheren Abgeordneten Jules Gaillard, Sekr. der Franz. Ges. f. Schiedsgerichtsbarkeit und des Psychologen Paul Roux Delille) bat der erwähnte Maler d'Alesi seinen 'Führer', ihm eine sinnbildliche Darstellung der 'Liebe' zu liefern, die er dem schwedischen Gaste verehren wolle. Als seine Hand sich nach einigem Warten in Bewegung setzte, 'war er erstaunt und enttäuscht, als er auf dem Papier das Bildnis eines ihm völlig unbekannten alten Herrn erscheinen sah. Kaum aber hatten Frl. Frizk und Frau Noeggerath es gesehen, als sie einen Ruf der Überraschung ausstießen, da sie in der Zeichnung das Bild eines berühmten finnischen Dichters, Verfassers der finländischen Volkshymne, erkannten, den sie zu seinen Lebzeiten gekannt hatten und dessen Tod ihnen unter folgenden seltsamen Umständen angezeigt worden war: Eines Abends, als Frl. Frizk in Stockholm die gewohnte wöchentliche Sitzung [zur Heilung Bedürftiger] abhielt, gab sich der Geist des erwähnten Dichters kund und sagte: 'Vor 24 Stunden habe ich die Erde verlassen, und ich komme, dir zu danken für alle Liebenswürdigkeiten, die du mir im Leben erwiesen. Ich werde dir ein Andenken zukommen lassen.' [Diese Todankündigung wurde zur Zeit für unglaubwürdig gehalten, aber noch am gleichen Tage durch eine Zeitungsnachricht aus Italien bestätigt.] [1]

Der letztere Umstand nimmt der Todankündigung natürlich jeden Wert, da zur Zeit der Sitzung das Ableben des Dichters ja doch schon mehreren in Stockholm bekannt sein mußte. Anders verhält es sich mit dem gleichzeitig erfolgten Versprechen eines 'Andenkens'. Vorausgesetzt, daß wir diesem uns nur aus zweiter Hand berichteten Umstand vertrauen dürfen, entsteht die Frage, ob es denkbar sei, daß die Anwesenheit des Frl. Frizk, der Empfängerin jenes Versprechens, ein Zeichenmedium instand gesetzt habe, nicht nur von jenem Versprechen, bzw. der Erwartung seiner Erfüllung, übernormale Kenntnis zu erlangen, sondern auch das dem Zeichner offenbar unbekannte Bild des Verstorbenen so deutlich zu 'übernehmen', daß seine automatische Wiedergabe möglich wurde. Bei der Entscheidung dieser Frage ist allerdings zu bedenken, daß wir das gleiche Übernehmen wohl auch voraussetzen müssen, wenn wir eine Bildübertragung seitens des Abgeschiedenen selbst zur Quelle des Bildes machen; es sei denn, wir halten den Dichter ohne weiteres auch noch für einen Zeichner und machen d'Alesi zu einem völlig passiven Werkzeug. Diese Ungewißheiten haben zur Folge, daß der spiritistische Anschein des Falles nicht zur Eindeutigkeit zu erheben ist. Immerhin scheint es eine animistische Deutung zu erschweren, daß Frl. Frizk einen Antrieb übermittelt haben müßte, zu dem die eigentliche Anregung doch schon einige Zeit zurücklag, während für die Weitergabe dieser Anregung an d'Alesi uns keinerlei

---

1) Bozzano, Casi 234.

Argumente aus formalen Verhältnissen der Kundgebung

Gründe geliefert werden. Man muß auch bedenken, daß das Versprechen des Verstorbenen, jemandem 'ein Andenken zukommen' zu lassen, an sich ein ziemlich ungewöhnliches ist. Die unterbewußte 'Erfindung' dieses Versprechens durch Frl. Frizk hätte nahegelegen, wenn diese selbst ein Zeichenmedium gewesen wäre, also soz. zur Zeit des 'Versprechens' bereits die unterbewußte Absicht gehabt hätte, es auch selbst medial zu 'erfüllen'. Diese Möglichkeit lag aber offenbar nicht vor; vielmehr war Frl. Frizk zum Zwecke dieser Erfüllung auf einen Dritten angewiesen (von dem sie z. Zt. vielleicht nicht einmal wußte); das Versprechen schloß also ein 'Wagnis' ein, und eben dies macht seinen rein unterbewußten Ursprung zweifelhaft. Die Erzeugung der Zeichnung durch den Verstorbenen liegt also eigentlich näher, und es versteht sich schließlich von selbst, daß unter spiritistischen Voraussetzungen die Übertragung eines Bildes auf ein Zeichenmedium nicht schwieriger erscheint, als unter animistischen; vielmehr doch — seien wir ehrlich! — eher leichter.

Weniger auf Entsprechung von Einzelheiten, als auf der natürlichen Verquickung mannigfacher Arten der Kundgebung beruht der Eindruck des verwandten Falles der 'Frau Larsen', von dem das hauptsächlich beteiligte Medium, die Fürstin Karadja-Stockholm, in ihrer Lebensbeschreibung berichtet. Ihrer nur zusammenfassenden Darstellung entsprechend, begnüge auch ich mich mit einer knappen Umrißzeichnung.

Die Fürstin hatte bereits durch ihre Schrift 'Spiritistische Phänomene' einiges Aufsehen erregt, als sie eines Tages, unter vielen anderen, einen Brief des ihr völlig unbekannten Herrn Georg Larsen aus Kopenhagen erhielt, der einige Monate zuvor seine Frau verloren hatte und nun, trotz seines bisherigen Materialismus, auf der Suche nach einem Medium war. In einer Sitzung am Abend des gleichen Tages behauptete der verstorbene 'Gatte' der Fürstin, Frau Larsen sei zugegen; sie selber habe ihren Gatten zu seinem Brief an die Fürstin angetrieben und wünsche nun, daß er diese persönlich aufsuche. In diesem Sinne schrieb denn auch die Fürstin an Herrn Larsen nach Kopenhagen, welcher der Einladung alsbald folgte. Am Tage seiner Ankunft, aber kurz vor dieser, hatte die Fürstin das mediale Bleistiftbildnis einer sehr schönen Frau gezeichnet, das sie 'intuitiv' für das einer Abgeschiedenen hielt und in welchem der eintreffende Herr Larsen mit einem 'Schrei der Überraschung und Freude' seine eigene Frau erkannte. Ein sogleich von ihm aus der Tasche gezogenes Lichtbild der Verstorbenen gestattete eine Vergleichung, und es liegt ein Schriftstück des Herrn Larsen vor, worin er bezeugt, daß er die Fürstin K. bis dahin nicht gekannt, daß sie seine Frau bisher weder je gesehen noch von ihr sprechen gehört hatte, daß sie und er keine gemeinsamen Bekannten hatten und in verschiedenen Städten lebten, daß das von der Fürstin gezeichnete Bildnis seine Frau darstellte, 'wie sie in den letzten Stunden ihres Lebens ausgesehen hatte, und den Ausdruck ihres sterbenden Blickes wiedergab', sowie daß sein Schwiegervater und mehrere Freunde sie gleich ihm augenblicklich in dem Bilde wiedererkannten. Er bestätigt in diesem Zeugnis in der Hauptsache, was die Fürstin des weiteren berichtet: nämlich daß in der anschließend veranstalteten Sitzung die Verstorbene ihren Taufnamen mitgeteilt habe, der allen Teilnehmern außer dem Witwer unbekannt war; daß sie dem Gatten 'mehrere Einzelheiten aus ihrem Privatleben' angab; daß sie durch die Mediumschaft des Frl. Iza Frizk auf einer Mandoline eine seiner Lieblingsweisen erklingen ließ und darauf ihren Gatten bat, ein adressemäßig bezeichnetes Haus in Kopenhagen aufzusuchen, das allen Anwesenden unbekannt war, wo er eine Frau namens Christine finden werde, welcher ein Unrecht geschehen sei, das sie (die Gattin) abzustellen bat. Von dieser Christine hatte Herr Larsen niemals sprechen gehört.[1]

Man wird nicht leugnen können, daß hier das Ineinandergreifen verschiedenartiger Kundgebungen bei mehr als einem Medium dem spiritistischen Anschein außergewöhnliche Überzeugungskraft verleiht und daß man, um diesen Anschein zu widerlegen, übernormale Vorgänge verschiedener Art in durchaus willkürlicher Weise verkoppeln müßte. Daß die Zeichnung die Sterbende darstellte, könnte natürlich am ehesten eine Beteiligung des Witwers nahelegen, dem eben dieser Anblick seiner Frau sich eingeprägt haben mußte. Aber eine solche Deutung wäre keineswegs zwingend: wir werden in späterem Zusammenhang überwältigenden Beweisen dafür begegnen, daß ein dem Leibe soeben Entrückter das Aussehn dieses Leibes sehr genau wahrnehmen, also die Erinnerung daran bewahren und folglich gegebenenfalls durch ein Zeichenmedium darstellen kann. Die Sendung des Gatten zu der ihm unbekannten Christine müßte der Animist mit der angenommenen telepathischen Rolle des Hrn. Larsen ganz willkürlich und äußerlich verknüpfen: nämlich auf ein unbegründetes Hellwissen der Fürstin zurückführen, wenn nicht gar — noch willkürlicher — auf telepathisch übermittelte Wunschgedanken der Christine selbst. Demgegenüber ist die Persönlichkeit der verstorbenen Frau Larsen die einzige, bei der auf natürliche Weise alle Fäden der mannigfachen Kundgebungen zusammenlaufend gedacht werden können und die überdies für gewisse unter ihnen ein persönlich glaubhaftes Motiv hatte: nämlich den Wunsch nach Wiedergutmachung eines Unrechts.

d. Entsprechungen zwischen Aussage und Erscheinung

In der folgenden umfangreichen Gruppe verschiebt sich das Bild der Vorgänge beträchtlich. Ich fasse in ihr solche Entsprechungen zu-

---

[1] aaO. 235 ff.

sammen, deren eines Glied von der Art einer Erscheinung ist; leite aber zu voll entwickelten Fällen dieser Gattung über durch Beispiele, in denen es noch nicht zur Wahrnehmung eines Phantoms kommt, sondern diese gleichsam andeutungsweise vertreten wird durch Vorstufen einer solchen, vor allem durch Sinneseindrücke gestaltloser, eng umschriebener Art. — Als eine solche Vorstufe können wir auch das bekannte Gefühl einer 'unsichtbaren Anwesenheit' betrachten. Wir finden dies als Glied einer Entsprechung z. B. in den Aufzeichnungen, die Dr. Hodgson von Mrs. M., 'einer ungewöhnlich guten Zeugin', im April 1896 über ihre Erfahrungen mit Mrs. Piper erhielt.

Es war u. a. verabredet worden, daß Mrs. M. versuchen solle, durch ihren verstorbenen Gatten dem Forscher aus beträchtlicher Entfernung Nachrichten zu 'senden', die ihm während seiner Sitzung mit Mrs. Piper auszurichten wären. Einzelne dieser Versuche mißlangen; unter den erfolgreichsten ist der folgende: 'Einige Tage vor dem 31. Mai 1894 (berichtet Mrs. M.) hatte ich einige wilde Veilchen auf meines Gatten Grab gepflanzt. Ich hatte den Gärtner nach Wasser fortgeschickt und war ganz allein. Ich hatte das Gefühl, mein Gatte sei ganz nahe. Ich blickte von meiner Arbeit auf und sagte, als spräche ich zu jemand, der neben mir stand: 'Roland, falls du mich sehen kannst, wünsche ich, daß du zu Mr. Hodgson gehst und es ihm mitteilst', aber ich dachte gar nicht daran, daß die Botschaft wirklich überbracht werden würde [wegen eines vorausgegangenen Mißerfolges... Am 31. Mai nun erhielt Hodgson durch Mrs. Piper folgende Botschaft:] 'Sie trug mir auf, mein Herr, Ihnen zu sagen, daß sie einige Blumen auf das Grab tat,[1] und fragte mich, ob ich sie dabei sehe. Falls so, sollte ich kommen und es Ihnen sagen.'[2]

Einen verwandten Fall finden wir in den White-Urkunden. Während einer Sitzung, welche Nea Walker am 2. Sept. 1922 mit Mrs. Leonard hatte, meldete Feda u. a.: '[Gwyther] sagt, Biddie [seine Witwe] weiß, daß ich bei ihr gewesen bin. Und er sagt: Ich meine nicht, daß sie es weiß in der gewöhnlichen Weise — des Fühlens, des Beeindruckens —, es ist mehr als das. Es ist Anwesenheit. Anwesenheit.[3] Sie weiß, daß ich jetzt wirklich bei ihr bin...' Hierzu bemerkt Mrs. White: 'Während ich den Brief an Gwyther schrieb, den Miss Walker ihm nachher vorlas, war ich mir seiner Anwesenheit sehr stark bewußt... Es schien fast, als diktierte er den Brief und spräche tatsächlich die Worte zu mir...'[4]

Der erste dieser Fälle bietet der telepathischen Verdächtigung offenbar die größere Angriffsfläche: wir brauchen nur vorauszusetzen, daß Mrs. M. und Mrs. Piper durch die gemeinsame Arbeit und die vorausgegangenen Versuche in einen gewissen 'Rapport' geraten waren. (Allerdings wäre nicht zu übersehen, daß sich der 'Gatte M.' auch

---

1) put; nicht ausdrücklich 'pflanzte'.   2) Pr XIII 345.   3) presence.   4) Walker 220. Vgl. Hill, Invest. 165.

sonst vielfach in eindrucksvoller Weise identifiziert hat.) — Im Falle White dagegen fällt ins Gewicht, daß der Kommunikator der erste ist, der auf das Erlebnis seiner Frau zu sprechen kommt, so daß die Aktivität bei ihm zu liegen scheint. Er müßte freilich die Art des Eindrucks, den er bei seiner Frau bewirkt hatte (falls er ihn nicht von sich aus einschätzen konnte), von dieser telepathisch erfahren haben. Aber zwischen den Ehegatten White scheint ja durchweg auch nach dem Tode des Gatten die innigste Seelengemeinschaft bestanden zu haben.

Ich schließe nun ein Beispiel an, das uns als das eine Glied der Entsprechung einen 'Sinneseindruck gestaltloser, eng umschriebener Art' zeigt, zugleich aber den höchst bemerkenswerten Umstand, daß die Erwähnung dieses Eindrucks am zweiten Ort nicht vor der Perzipientin des Eindrucks geschieht, sondern vor einer Dritten, gänzlich Unbeteiligten, von der jene erst nachträglich die Auslegung ihres Erlebnisses erfährt.

Am 17. Okt. 1906 hatte eine Mrs. M. eine Sitzung mit Mrs. Piper, in deren Verlauf sie den sich kundgebenden 'Hodgson' fragte, ob er noch irgendwelche Botschaften zu senden habe; worauf dieser antwortete: 'Nicht für [N. N.]; aber sagen Sie Margaret [Bancroft, einer Freundin Hodgsons zu dessen Lebzeiten, die selbst gewisse mediale Gaben besaß], daß ich es war, der jenes Licht erzeugte, das sie kürzlich nachts gesehen hat.' Mrs. M. schrieb sofort an Miss Bancroft, deren Bekanntschaft sie erst kürzlich gemacht hatte, und fragte sie (ohne etwas von 'Hodgsons' Botschaft zu erwähnen), ob sie in letzter Zeit irgendwelche besondere Erfahrungen gemacht habe. Miss B. erwiderte: 'Ich hatte eine sehr seltsame Erfahrung in der Frühe des 14. Um 4 Uhr wurde ich aus tiefem Schlaf erweckt und konnte deutlich die Anwesenheit von drei Personen im Zimmer fühlen. Ich setzte mich aufrecht hin und war so gespannt aufmerksam, daß ich kaum atmete. Etwa 9′ vom Fußboden erschienen von Zeit zu Zeit sonderbare Lichter, sehr ähnlich denen von Scheinwerfern, aber weniger hell, und ich glaubte den deutlichen Umriß einer Gestalt zu sehen... Dies hielt wahrscheinlich 15 bis 20 Minuten an..., worauf ich in festen Schlummer fiel.'[1]

Berücksichtigt man, daß 'Lichter' mannigfacher Art ein häufiges Vorkommnis in Sitzungen, zumal Materialisationssitzungen sind und daß hier die Wahrnehmung von Lichtern mit dem Gefühle 'unsichtbarer Anwesenheit' (in der Mehrzahl?) sich verknüpft, sowie mit Andeutungen wenigstens einer gesehenen 'Gestalt', während drei Tage später ein stark identifizierter Kommunikator den Anspruch erhebt, für alles dies verantwortlich zu sein, und zwar vor jemand, der nichts von dem Erlebten ahnt, — so wird man den spiritistischen Anschein des Falles

---

1) Pr XXIII 52 Anm. Vgl. die bedeutsamen Fälle XXXI 272 ff.

88 Argumente aus formalen Verhältnissen der Kundgebung

richtig einzuschätzen wissen. — Im übrigen leiten einige seiner Bestandteile schon über zu dem voll entwickelten Tatbestande dieser Gruppe, der auf der einen Seite der Entsprechung eine echte 'Erscheinung' des Kommunikators zeigt. — Die erste hier anzuführende Beobachtung berichtet Mr. Richard Wilkinson, ein s. Zt. in seiner Heimat sehr bekannter Geschäftsmann und überdies von Hause aus eingefleischter Zweifler.

'Während meine Frau in Brighton war, um ihren erkrankten Vater zu pflegen, sah sie eines Morgens gegen 8 Uhr bei hellem Tageslicht ihr zur Seite die Erscheinung ihres [verstorbenen] Sohnes. Keine wissenschaftliche Erklärung, keine Theorie könnte sie je dahin bringen, zuzugeben, daß es sich um Autosuggestion oder Halluzination gehandelt habe. Sie ist ganz sicher, daß ihr Sohn sich ihr zur Seite befand.

Einige Tage darauf kehrte sie nach London zurück. Sie hatte den Vorfall niemandem erzählt, in der Erwartung, mich am Bahnhof zu treffen und ihn dann mir mitzuteilen. Am Abend des gleichen Tages begaben wir uns zusammen zu dem Medium Mrs. Annie Brittain, und sobald die Sitzung eröffnet war, waren die ersten Worte, die diese aussprach, folgende: 'Ihr Sohn läßt seine Mutter wissen, daß es keineswegs ein Traum war, sondern daß es ihm wirklich gestattet war, für einen Augenblick den Schleier zu lüften, der uns trennt.' Darauf fügte das Medium hinzu: 'Jane hat ihn auch gesehen.' Jane ist eine vertraute Freundin von uns und hatte meiner Frau erzählt, daß sie die Erscheinung unsres Sohnes gesehen habe unter Umständen, die jede Möglichkeit eines Traumes völlig ausschlossen. Unnötig hinzuzufügen, daß Mrs. Brittain nie von dieser Jane hatte reden hören.' [1]

Das mag wohl sein. Immerhin hätte der Fall weit mehr Gewicht, wenn diese Jane nicht ihre Vision schon vor der Sitzung der Eheleute diesen erzählt gehabt hätte. Denn damit war für Mrs. Brittain die Möglichkeit gegeben, alles, was sie über die Erscheinung des Verstorbenen sagte, in Bausch und Bogen aus dem Wissen ihrer Sitzer 'abzulesen'.

Mein zweites Beispiel erweitert den einfachen Grundriß des vorigen um zwei Besonderheiten: die nachträgliche Bezugnahme auf die stattgehabte Erscheinung geschieht auf dem eindrucksvolleren Wege der 'direkten Stimme', und die Erscheinung selbst stellt sich als Erfüllung eines vor dem Tode gegebenen Versprechens dar. Über die Stimmen-Sitzung mit den Schwestern Moore als Medien liegt ein wörtliches Protokoll des Rev. V. G. Duncan vor, das ich aber größtenteils in eine zusammenfassende Darstellung umgieße, zumal die schottische Mundart des 'Führers' ('Andrew Wallace') sich ohnehin nicht wiedergeben läßt.

1) Aus The London Mag. bei Bozzano, Phén. 77 f. Vgl. Bates 43; Keene 34 f.; Leonard 74; Coates 99 (Sehen durch einen Dritten).

Entsprechung von Kundgebungen an mehr als einer Stelle

Während dieser Sitzung (am 28. Mai 1930), an der außer Duncan u. a. auch ein Dr. Barker aus Edinburgh teilnahm, kündigte 'Andrew' die Anwesenheit eines 'Geistes' an, der nach 'Duncan' frage; doch wurde dem Rev. Duncan alsbald bedeutet, daß nicht er der Gesuchte sei. Nunmehr meldete sich Dr. Barker, indem er zu Duncans Überraschung angab, daß sein zweiter Vorname Duncan sei. 'Andrew' bestätigte darauf, daß ihn die Anwesende zu sprechen wünsche, welche behaupte, in seiner Behandlung gewesen zu sein und mit ihm über 'diese Dinge' gesprochen und Bücher darüber von ihm entliehen zu haben, wofür sie ihm jetzt sehr dankbar sei. Dr. Barker begriff anscheinend noch garnichts. 'Sie sagt mir, fuhr 'Andrew' fort, daß sie vor einigen Tagen in der Frühe versucht habe, sich Ihnen zu zeigen, an der Wand Ihres Zimmers. Sie glaubte, von lhnen gesehen zu werden. Stimmt das?' Dr. Barker (rasch): 'Nun, das ist wirklich merkwürdig. Ich habe tatsächlich ein Gesicht gehabt. Es schien mir eine jüngst verstorbene Patientin darzustellen, an der Wand meines Zimmers. Ich habe zu niemandem davon gesprochen, damit man mich nicht der Sinnestäuschung verdächtige.' 'Sie lächelt, sagte 'Andrew', sie freut sich sehr, daß Sie sie sahen. Sie entfernte sich durch die Wand Ihres Zimmers.' Und auf Dr. Barkers Frage nach ihrem Namen: 'Sie zeigt mir ein großes S. Sie ruft 'Sally, Sally'.' Kurz darauf gelang es 'Sally', mit eigener Stimme zu sprechen, wobei sie nochmals ihre Freude über das gelungene Erscheinen äußerte und sich die Versicherung wiederholen ließ, daß sie gesehen worden sei. 'Ich hatte die Absicht, mich kundzugeben, wenn ich irgend könnte; das sagte ich Ihnen doch.' Dr. Barker: 'Ich glaubte, es sei eine Sinnestäuschung.' Sally: 'Nicht im geringsten; ich war es selbst.' — Nachdem sie sich entfernt, erklärte Dr. Barker, daß Sally an einer hoffnungslosen Krankheit gelitten und er ihr deshalb Bücher über metapsychologische Fragen geliehen habe, um sie auf das Unvermeidliche vorzubereiten. Er bestätigte nochmals, daß sie ihm versprochen habe, wenn es ihr möglich wäre, ihm 'ihre Anwesenheit' kundzugeben, und daß niemand außer ihnen beiden darum gewußt habe.[1]

Auch hier ist es natürlich logisch zulässig, die Vision für eine 'zufällige' oder für eine Wirkung von Erwartungen auf Grund des Versprechens zu erklären, die Ereignisse der Sitzung aber auf ein 'Lesen' des Mediums in den Erinnerungen des Sitzers zurückzuführen. Die Unterhaltung läßt sogar ein gewisses menschlich-nahes Verhältnis zwischen Arzt und Patientin vermuten.[2] Der Vorurteilslose wird freilich auch hier empfinden, daß das logisch Denkbare und das psychologisch Wahrscheinliche sehr verschiedene Dinge sind. Jenes erscheint auch hier 'zurechtgelegt', dieses völlig natürlich, vollends wenn man Einzelheiten der Unterhaltung würdigt, die hier der Kürze halber freilich fortfallen mußten. — Im übrigen fehlt es nicht an Beobachtungen, die einer solchen Deutung durch ein Ineinander von Erwartungsvorstellungen

---

1) Duncan 94 ff. Vgl. Nielsson 35 ff. und Oberst E.s Fall: PsSc VI 55.   2) 'Oh, Sally dear, is it really you?'.

Argumente aus formalen Verhältnissen der Kundgebung

und telepathischem Verkehr zwischen Medium und Sitzer weit unmittelbarer widersprechen, als alles Abwägen von Künstlichkeit und Natürlichkeit es vermöchte.

Prof. H. Nielsson-Reykjavik berichtet, daß er vor einer Reise nach England von den Kontrollen des Mediums Indridason die Zusicherung erhalten hatte, eine gewisse 'Sigrid' werde ihn ungesehen dorthin begleiten. Er 'erwartete' daher 'gespannt', daß namentlich diese sich ihm in England kundgeben werde, und war im höchsten Grade verwundert, daß dieses in keiner der Sitzungen, die er mit 7 Medien abhielt, je der Fall war. Dagegen bekundete sich bei vieren von diesen Medien eine seiner Nichten, die vor $^3/_4$ Jahren gestorben und mit Indridason verlobt gewesen war. 'Als ich Mitte September nach Island zurückkehrte, war ich sehr enttäuscht über den völligen Fehlschlag des Versuchs mit Sigrid. Gleich bei meiner Ankunft traf ich Indridason, der nach Reykjavik gekommen war. Nachdem wir einander begrüßt, aber noch ehe wir uns gesetzt hatten, rief er aus: 'Es wurde eine große Änderung in dem Beschluß betr. Sigrid vorgenommen. In einer Nacht [um die Zeit deiner Abreise] kam R. G. [I.s Hauptkontrolle] zu mir und sagte: 'Wir haben die Bestimmung darüber, wer mit Pastor Nielsson nach England gehen soll, abgeändert. Wir sehen ein, daß der Beweis viel stärker sein würde, wenn er nicht ahnt, wer aus der Gruppe es sein soll, sondern nur, daß es einer von uns sein wird. Damit du Zeuge sein kannst, sage ich dir also, daß wir nicht Sigrid, sondern seine Nichte, deine Braut, mit ihm gehen lassen wollen.'[1]

Natürlich — eine rettende 'Konstruktion' bleibt schließlich auch hier dem Gegner: Indridasons 'Unterbewußtsein' hat den hübschen spiritistischen 'Beweis' erdacht und dem Medium in der üblichen dramatischen Vermummung mitgeteilt; dieses — oder jenes — hat den veränderten Plan auf den Abreisenden übertragen, in welchem sich das bewußt nicht geahnte Wissen als Hemmung einer Übertragung seiner Erwartungen auf die englischen Medien auswirkte, — falls diese nicht schon unmittelbar durch das mitverschworene Unterbewußtsein Indridasons vor einem 'Schöpfen' des Komplexes 'Sigrid' aus ihrem isländischen Sitzer 'gewarnt' worden waren. Die Möglichkeiten eines solchen Versteckspiels auf Grund 'dreieckiger Telepathie'[2] sind schlechthin unabsehbar und wohl geeignet, die Unerschütterbarkeit 'wissenschaftlicher' Denkart auf unsrem Gebiet ins rechte Licht zu rücken.

Die folgenden Fälle, welche enger zusammengehören, führen weitere Verwicklungen ins Spiel, die sehr zum Nachdenken reizen.

'Am 16. Jan. 1917', schreibt der uns wohlbekannte Rev. Ch. Tweedale, 'bekundete sich meiner Frau und mir [und offenbar durch Mrs. Tweedale] eine Persönlichkeit, die den Namen meiner vor 17 Jahren verstorbenen Tante

---

1) Nielsson 37 f.   2) Der Ausdruck bei Baerwald, Okk. 259.

Esther angab, und teilte uns mit, daß ihr Gatte Josua bald hinübergehen und sie dann beide zusammen im Jenseits sein würden. Diese Persönlichkeit hatte uns nie zuvor aufgesucht. Ich schrieb sofort einen Bericht hierüber in einem Kartenbrief nieder, den ich versiegelte und mit Marke und Adresse auf dem Briefpapier selbst versah, damit er das dienstliche Datum der Postaufgabe trage, und schickte ihn mit einem Begleitbrief an meine Kusine, wobei ich ihr auftrug, den versiegelten Brief nicht zu öffnen, ehe ich ihr Erlaubnis gäbe. Drei Wochen danach (am 6. Febr.) erhielt ich [von ihr] eine eilige Postkarte mit der Nachricht, daß mein Onkel, ihr Vater, ernstlich erkrankt sei. Ich schrieb mit nächster Post, sie solle den versiegelten Brief öffnen. In ihrer Antwort teilte sie mir mit, daß sie es getan und den Inhalt zur Kenntnis genommen, ihrem Vater aber nichts davon gesagt habe, da der Arzt ihm jede Erregung verboten hatte. Sie teilte ferner mit, daß etwas Außergewöhnliches am Nachmittag ihres Schreibens sich ereignet habe. Während sie am Fuße seines Bettes stand, rief er plötzlich aus, daß er seine Frau sehe, und beschrieb ihr Aussehen, wie es vor 20 Jahren gewesen war. Er machte meine Kusine auf die Erscheinung aufmerksam und fragte, ob sie sie nicht auch sehen könne. Sie sah aber nichts. Am 24. Febr. gab sich Tante Esther wiederum uns beiden kund und sagte: 'Freitag ist der Tag.' Ich übersandte auch diese Botschaft in einem Kartenbriefe mit Marke und Dienststempel auf der Rückseite. Am folgenden Freitag trat Wassersucht ein, und Onkel begann rasch zu verfallen; er starb in der Nacht des folgenden Freitag...'[1]

Hier müßte eine animistische Deutung wohl annehmen, daß Mrs. Tweedale — offenbar die medial Begabteste von allen Beteiligten — den Todesfall, zunächst im allgemeinen, sodann 'auf den Tag' vorausgesehen und im Namen einer Pseudopersonation bekanntgegeben habe. Daß diese eine ihr völlig ungewohnte, erstmalige war, braucht nicht einmal Schwierigkeiten zu bereiten; stellte sie doch die nächste Angehörige des Onkels dar. Die 'Halluzination' des Kranken wäre entweder eine völlig selbsterzeugte und subjektive, oder telepathisch seitens des Neffen bzw. seiner Gattin angeregte, nachdem einmal diese ihr Vorwissen um den Tod mit eben dieser Verstorbnen in Verbindung gebracht hatten. — Das wäre wieder die 'logisch zulässige Konstruktion' des nie verlegenen Animisten. Wer einen weiteren Zusammenhang von Tatsachen überschaut, dem mag freilich ihre geschickte Glätte wenig behagen. Wir wissen aus Früherem, daß Erscheinungen Verstorbener an Sterbebetten ein typisches Geschehen bilden, dem wahrscheinlich eine Bedeutung innewohnt, die sie als Autophanien aufzufassen empfiehlt. Wir wissen ferner, daß 'Ansagen' eines Todesfalls 'durch' einen abgeschiednen Nächsten gleichfalls etwas Typisches sind und als solches genau die gleiche Anteilnahme an Hinterbliebenen

---

[1] Tweedale 203. Alle fragl. Urkunden sind vorhanden, nebst einem schriftl. Zeugnis der Kusine.

verraten, wie die Sterbebett-Visionen, nämlich ein Wissen um die bevorstehende Wiedervereinigung. Von hier aus aber fällt ein Anschein der Natürlichkeit auf die Tatsache, daß der Tod von Tweedales Onkel auf beiderlei Wegen vorverkündigt wird, und das Fehlen jeder ausdrücklichen Bezugnahme erscheint beinahe als Ausdruck harmloser Unbekümmertheit der Erscheinenden, die an nichts anderes denkt, als an die Wiedervereinigung mit ihrem Gatten, und dies auf jedem Wege, der sich ihr offen zeigt, auch zu erkennen gibt.

Da wir aber hiermit auf Sterbebett-Gesichte zu sprechen gekommen sind, möchte ich den Leser daran erinnern, daß bei der Erörterung dieser Tatsache auch schon zwei Fälle angeführt wurden, in denen die Erscheinung den Gegenstand von Aussagen an anderer Stelle bildete.[1] In dem ersten derselben wurden durch Mrs. Piper sogar die Worte angegeben, welche die Kommunikatorin zum Sterbenden gesprochen haben sollte; und eben diese Worte hatte letzterer vor seinem Tode als Äußerungen der Geschauten berichtet. — Im zweiten jener Fälle war nicht nur (wie oben) der Tod einer Kranken als nahe bevorstehend vorausgesagt, sondern es war auch die Erscheinung der Voraussagenden selbst am Bette der Kranken, ja sogar das 'Mitbringen' einer andern Verstorbnen versprochen worden, die dann auch beide zur angegebenen Zeit — innerhalb dreier Tage — von der Kranken gesehen wurden. Endlich war eine zweite Erscheinung angesagt worden, welche dem Sterben der Kranken unmittelbar vorausgehn sollte, und auch diese Angabe verwirklichte sich aufs genaueste. Ich versage mir gern, auch hier die animistischen Begriffe durchzusprechen, die solchen Vorgängen gerecht werden könnten; der Leser spürt sogleich, daß sie sich gegen die früheren noch weiter verwickeln müßten. Käme man doch im letzten Falle schwerlich ohne die verzweifelt geschraubte Annahme aus, das ferne Medium habe den wirklich 'tödlichen' Zustand der Kranken hellsichtig durchschaut, ehe es das unmittelbar todkündende Gesicht telepathisch bewirkte; wobei noch erschwerend ins Gewicht fällt, daß — wie aus dem Bericht hervorgeht — Medium und Sterbende einander völlig fremd waren.[2]

In den nächsten beiden Beobachtungen verwickelt sich unser Vorgang noch weiter und verstärkt sich in gleichem Maße die spiritistisch-pluralistische Natürlichkeit. Beide zeigen uns Zusammenhänge von im ganzen drei Kundgebungen. Im ersten Falle handelt es sich um drei Erscheinungen, und bei zweien von diesen findet eine ausdrückliche Bezugnahme auf die jeweils vorausgegangene statt. Im zweiten Falle steht eine Erscheinung zwischen zwei 'Äußerungen' am zweiten Ort, die

---

1) Bd. I S. 98 f.   2) Vgl. auch noch Wedel 74; JAmSPR 1907 49; Lt 1912 452.

sich beide ausdrücklich auf jene Erscheinung beziehen, indem die erste sie ankündigt, die zweite sie als stattgehabt berichtet.

Den ersten Fall berichtet Cromwell Varley, der jedem Spiritisten bekannte namhafte Elektroingenieur. Während eines Aufenthalts in Beckenham im Winter 1864/5 erblickte er eines Nachts, durch Klopflaute aufmerksam gemacht, ein Phantom in soldatischer Kleidung, das sich als der dem Perzipienten unbekannte Bruder eines Mitarbeiters Varleys zu erkennen gab, den dieser z. Zt. in Birmingham zurückgelassen hatte. Der Erscheinende behauptete dann durch Mrs. Varley als Medium, seinen Bruder besucht zu haben, der aber seine bezweckte Mitteilung nicht verstanden habe. Diese bat er Varley nunmehr brieflich an den Bruder gelangen zu lassen, was Varley dann auch tat. In der Antwort des Mitarbeiters aus Birmingham hieß es: 'Ja, ich weiß, daß mein Bruder Sie besucht hat, denn er kam [nochmals] zu mir und war imstande, mir wenigstens dies zu berichten.' 'Der Geist,' fügt Varley hinzu, 'hatte mir mitgeteilt, daß er in Frankreich, wo er die Schule besuchte, erstochen worden sei, was aber nur seinem überlebenden Bruder und seiner Mutter bekannt, dem kränklichen Vater aber verheimlicht worden sei. Als ich dies dem Überlebenden erzählte, erbleichte er und bestätigte es.'[1]

Hier müßte der Animist zunächst annehmen, daß das Unterbewußtsein des 'Mitarbeiters' außerstande gewesen sei, sich dessen eigenem 'Bewußtsein' verständlich zu machen, während ihm dies der fernen Fremden (Mrs. Varley) gegenüber ohne weiteres gelang; ohne Frage eine sehr gewaltsame Annahme gegen alle psychologische Wahrscheinlichkeit. Diese Mitteilung an die Entfernte wäre sonderbarerweise zusammengefallen mit dem Schauen ihres angeblichen Urhebers — eines Unbekannten! — seitens eines Dritten, vielleicht gar mit einer kollektiven Schauung gleicher Art! Und bei alledem wäre noch übersehen, daß es bei der mißlungenen Verständigung zwischen Unter- und Oberbewußtsein des Herrn in Birmingham sich um eine Mitteilung handelte, die anscheinend Sinn hatte als Botschaft eben des Verstorbenen an seinen Bruder. Wir erfahren ihren Inhalt leider nicht. Aber der Kommunikator scheint versucht zu haben, ihr Nachdruck zu geben durch Mitteilung eines Familiengeheimnisses, dessen Preisgabe durch das Unterbewußtsein des Mitarbeiters an einen Fremden wiederum höchst seltsam erscheinen müßte (denn als das 'Oberbewußtsein' davon erfuhr, 'erbleichte' der oberbewußte Herr). Will also der Animist behaupten, dieser Herr habe sich selbst etwas 'mitteilen' wollen, es sei ihm mißlungen, und er habe darauf durch das Ehepaar Varley — auf zwei Sinneswegen — zu sich selbst gesprochen?

Der zweite Fall, auf den ich schon früher kurz angespielt habe, führt

---

1) Aus Ber. Dial. Ges. bei Perty, Spir. 302.

94 *Argumente aus formalen Verhältnissen der Kundgebung*

außer der bezeichneten Umrahmung einer Erscheinung durch zwei 'Äußerungen' — noch eine besondere Verwicklung mit sich: er rollt nämlich das Problem eines 'Führers' auf (das hier ja keineswegs besprochen werden kann). Doch scheue ich mich nicht zu bekennen, daß mir die zu berichtenden Tatsachen weit eher ein weiteres Argument zugunsten der Rehabilitierung 'Phinuits' zu liefern scheinen (denn dieser ist hier das Subjekt der Entsprechung), als — umgekehrt — ein Argument zugunsten der animistischen Deutung anderer ähnlicher Vorgänge.

Mr. M. N. berichtet am 5. April 1889 von zwei Voraussagungen Phinuits Ende März 1888 in Amerika bezüglich des bevorstehenden Todes seines Vaters 'innerhalb etwa 6 Wochen', was zu M. N.s geldlichem Vorteil gereichen werde. Mr. N. sen. 'starb plötzlich Mitte Mai in London an Herzschwäche während der Besserung nach einer leichten Bronchitis, am gleichen Tage, an dem der Arzt jede Gefahr für beseitigt erklärt hatte. Vorher hatte mir Mrs. Piper (als Dr. Phinuit) gesagt, daß sie versuchen werde, meinen Vater vor seinem Ableben bezüglich gewisser letztwilliger Angelegenheiten zu beeinflussen. Zwei Tage, nachdem ich die Kabelnachricht von seinem Tode erhalten hatte, besuchten meine Frau und ich Mrs. Piper und [Phinuit] sprach von meines Vaters Anwesenheit und plötzlicher Ankunft in der Geisterwelt und sagte, daß er (Dr. Phinuit) versucht habe, meinen Vater während seiner Krankheit in jenen Angelegenheiten zu überreden. Dr. Phinuit schilderte mir das Testament, beschrieb den Testamentsvollstrecker und sagte, daß dieser eine gewisse Verfügung zu meinen Gunsten treffen werde..., wenn ich nach London käme. Drei Wochen später traf ich in London ein und erkannte in dem Hauptvollstrecker den Mann, den Dr. Phinuit beschrieben hatte. Das Testament lautete im wesentlichen so, wie er behauptet hatte. Jene Verfügung zu meinen Gunsten wurde getroffen, und meine Schwester, die am meisten während der letzten Lebenstage meines Vaters an seinem Krankenbett gewesen war, sagte mir, daß er sich wiederholt über die Anwesenheit eines alten Mannes am Fußende seines Bettes beklagt habe, der ihn belästige, indem er seine persönlichen Angelegenheiten erörtere.[1]

Es ist zu bedauern, daß wir über das wirkliche Ausmaß dieser Gehörseindrücke des Sterbenden keine genügende Auskunft erhalten, wie denn auch der Umstand, daß das 'belästigende Wesen' weder genau beschrieben wurde,[2] noch auch natürlich mit dem Aussehn eines wirklichen Dr. Phinuit verglichen werden kann, uns schließlich noch im Zweifel läßt, ob jener 'alte Mann' am Sterbebett auch nur mit 'Dr. Phinuit' identisch gewesen sei, und nicht eine subjektive Verbildlichung von Erblasser-Bedenken, zu denen der Sterbende anscheinend Veranlassung hatte. Lassen wir aber nicht 'Dr. Phinuit' als Urheber sowohl der beiden medialen Äußerungen, als auch der Sterbebett-Erschei-

---

1) Pr VIII 120 f.   2) an old man.

Entsprechung von Kundgebungen an mehr als einer Stelle

nungen gelten, so kommen wir nicht um die verzweifelte Annahme herum, Mrs. Pipers Transpersönlichkeit habe jene Erscheinungen (nebst 'überredenden' Worten!) zunächst geplant, den Versuch ihrer Bewirkung versprochen, sie dann in England tatsächlich bewirkt, ihren Erfolg beobachtet, und schließlich von diesem in Amerika berichtet.

Ich beschließe diese Gruppe mit einem Beispiel, das noch eine letzte natürliche Besonderheit unsrem Grundriß einfügt: nämlich eine Entsprechung zwischen der Erscheinung selbst und dem gleichzeitigen angeblichen 'Sichfortbegeben' des Erscheinenden von einem andern Orte, als dem der Erscheinung.

'Am 27. Nov. 1887, während eines Aufenthalts in der Nähe von Melbourne (Australien), machte Miss E. K. Bates die Bekanntschaft einer Dame, Miss L. T., welche die Fähigkeit besaß, mit der Planchette zu schreiben. Eine durch sie gelieferte und mit dem Namen der bekannten Schriftstellerin George Eliot gezeichnete Schrift behauptete, daß 'vor Ablauf eines weiteren Jahres Miss B. eine gewisse Gabe geistiger Kraft erlangen würde'. Miss B. reiste später nach Otago und wurde am Abend des 31. Dez. 1887 von Freunden, bei denen sie wohnte, überredet, Versuche mit dem kippenden Tisch zu machen. Miss B., der die durch Miss T.s Planchette gemachte Voraussagung einfiel, wünschte der Sache weiter nachzugehen, und da der Tisch 'George Eliots' Anwesenheit behauptete, fragte sie, wann und in welcher Form sie die 'Gabe' erlangen würde. Der Tisch erwiderte, daß George Eliot imstande sein werde, sich noch in der gleichen Nacht Miss B. sichtbar zu machen.[1] Dies war um 10 Uhr abends. Miss B. gibt an, daß [die Antwort des Tisches] keinerlei Eindruck auf sie machte und daß sie zu Bett ging und einschlief, ohne daran zu denken. Mitten in der Nacht wurde sie plötzlich und vollkommen wach, mit einem seltsamen Gefühl, das sie als 'innerliches Schaudern' beschriebt; das Zimmer war ganz dunkel, und sie erblickte eine hohe weiße, weibliche Gestalt mit auf sie zugestreckten Armen zwischen der Wand und ihrem Bett. Sie wandte sich ab und sah das gleiche, als sie sich zurückkehrte; dann schien es langsam in den Fußboden hinein zu verschwinden. Nach einigen Minuten blickte sie auf ihre Uhr und las 2,25 ab. Am Morgen erzählte sie alles ihrer Gastgeberin, die ihren Bericht bestätigt.

Sechs Wochen danach hörte Miss B. von Miss L. T., daß diese mit einer Freundin in Melbourne am 31. Dez. 1887 [also am Abend der obigen Geschehnisse] Planchette geschrieben habe. 'George Eliot' hatte sich kundgegeben, aber um 12,30 gesagt, daß sie [einem Versprechen gemäß] zu Miss B. 'gehen müsse'. Diese Zeit in Melbourne entspricht etwa 2,15 in Otago, der Zeit, zu der Miss B. die Erscheinung sah.' — Miss L. T. lieferte am

---

[1] Nach Miss Bates' ausführlicherer Darstellung wurde zwar jetzt 'clairvoyance' als die 'Gabe' angesagt, aber nicht für die folgende Nacht. Diese Schlußfolgerung zog nur ein Mitanwesender.

7. Juli 1889 einen Bericht über ihr Planchetteschreiben, der Miss B.s Angaben bestätigt.[1]

Hier entsprechen der Erscheinung 'George Eliots' im ganzen wohl drei, zum mindesten aber zwei Äußerungen derselben Persönlichkeit. Die mittlere derselben: die Ankündigung der nächtlichen Erscheinung durch das ungenannte Medium in Otago, wären wir ohne weiteres berechtigt, als suggestiven Anlaß der Erscheinung, die letztere also als Erwartungshalluzination zu deuten (unbeschadet Miss Bates' Versicherung, daß die Ankündigung keinen Eindruck auf sie gemacht habe), — falls diese Versicherung allein stände. Sie verwickelt sich aber — und damit die Erscheinung selbst — mit der kurz vor dieser erfolgten Angabe 'George Eliots' am dritten Ort: sie müsse jetzt zu Miss B. gehen; und zwischen dieser Angabe und der unmittelbar folgenden Erscheinung besteht offenbar ein natürlicher Zusammenhang, den wir nicht als Zufall beiseiteschieben können. Sollen wir versuchen, diesen natürlichen Zusammenhang als einen bloß telepathischen zwischen zwei Lebenden aufzufassen, Miss T. in Melbourne und Miss B. in Otago? Dagegen streitet der Umstand, daß die Erscheinung ja auch in Otago selbst — einige Stunden vor der Angabe in Melbourne — vorausgesagt worden war. Wir müßten also mindestens noch annehmen, daß diese zeitlich erste Voraussagung in Otago den Zirkel in Melbourne telepathisch zur Angabe veranlaßt habe: jetzt gehe 'George Eliots' zu Miss B.; woraus dann die Halluzination gefolgt sei, die also jeden direkten Zusammenhang mit der Voraussagung in Otago verlieren würde, da ein solcher ja nicht das zeitliche Zusammentreffen der Angabe in Melbourne und der Erscheinung in Otago erklären könnte. Das im November empfangene Versprechen einer 'Gabe geistiger Kraft' könnte man dann als weitere Vorstufe der Voraussagung in Otago ansehen; oder man könnte es als mehrdeutig bezeichnen und jeden Zusammenhang desselben mit den Vorgängen vom 31. Dezember bestreiten. — Damit hätten wir wieder einen jener wunderbaren Gedankenbauten unsres Gegners, vergleichbar den verzwickten 'Epizyklen', mit deren Hilfe vor-kopernikanische Himmelsforscher — einer großen neuen Erkenntnis auswichen.

e. Entsprechungen zwischen Aussagen und objektiven Phänomenen

In den abschließenden Gruppen verändert sich die Problemlage nicht unbeträchtlich. Denn hier wird das eine Glied der Entsprechung durch 'objektive Phänomene' gebildet — entweder sog. metaphysikalische

---

[1] Pr X 175 und Bates 55 ff. (In Pr X erscheint 'G. Elliot' als 'M. N.'.)

Entsprechung von Kundgebungen an mehr als einer Stelle

Leistungen, oder aber Materialisationen; also Tatsachen, bei denen wir weder mit der vergleichsweise billigen Berufung auf telepathische und ähnliche Vorgänge ausreichen, noch auch ohne weiteres eine entsprechende Leistungsfähigkeit des zweiten Perzipienten voraussetzen dürfen. Das Gewicht dieser abstrakt gefaßten Bedenken werden uns die Beispiele sogleich erkennen lassen. Freilich muß der Leser bereit sein, die darin enthaltenen Phänomene an sich 'einstweilen' als möglich hinzunehmen. Ich sagte schon, daß ich ihre Beglaubigung erst in einem späteren Bande nachliefern kann.

Der erste Fall zeigt die fragliche Entsprechung eingebettet in ein Gewebe anderwärtiger Kundgebungen der gleichen Abgeschiedenen, und da dies Ineinander den spiritistischen Eindruck nicht wenig verstärkt, berücksichtige ich es zum Teil bei der folgenden kurzen Wiedergabe.

Dr. H. Draper Speakman hatte in Pau in Frankreich, wo er sich mit seiner Gattin aufhielt, die Bekanntschaft zweier medial veranlagter englischer Damen, Miss Dobson und Miss McCance, gemacht, mit denen er am 8. April 1905 eine erste Planchette-Sitzung veranstaltete. Dr. Speakman legte dabei auf den Tisch einen im Umschlag steckenden Brief eines 120 km entfernt lebenden Freundes, abgeschickt am 3. April, d. i. einen Tag vor dem Tode der Gattin dieses Freundes, welche selbst am Schluß des Briefes mit Bleistift die Worte beigefügt hatte: 'Auf Wiedersehen. Sara Lancy.' Diese äußerte sich nun selbst durch die Planchette und begann eine Unterhaltung mit der anwesenden Mrs. Speakman, worin sie Einzelheiten einflocht, die nur ihr und ihrem Gatten bekannt waren.

In einer weiteren Sitzung am 15. April gab 'Sara Lancy' u. a. an, eine in Aussicht gestellte Reise ihres Gatten zu den Freunden in Pau werde durch Streitigkeiten mit seinem Notar in Familienangelegenheiten wider Erwarten sich verzögern. Auf die Frage, ob er ihre Nähe verspürt habe, sagte sie: 'Ich habe mich ihm zweimal bemerklich gemacht, aber er vermochte sich selbst nicht zu glauben. Das eine Mal war er mit dem Kinde und meiner Mutter zusammen. [Das andere Mal] war er allein in seinem Zimmer, und das geschah vor mehr als einer Woche.' Hierzu schrieb Mr. Lancy, als diese Aussagen ihm mitgeteilt wurden: 'Sie schien mir ihre Gegenwart mehrere Male anzuzeigen, und etwa eine Woche nach ihrem Tode erzeugten sich Klopftöne in meinem Zimmer, die, wie ich annehme, von ihr verursacht wurden; fragen Sie sie gefälligst, an welcher genauen Stelle diese erzeugt wurden.' Die Voraussagung bezüglich der Streitigkeiten mit dem Notar erklärte er für einen Irrtum, dergleichen habe er nicht zu befürchten.

Zwei Tage nach Empfang dieses Briefes wurde die Frage bez. der Klopftöne an 'Sara Lancy' gestellt. Ihre Antwort lautete: '[Ich erzeugte sie] zu wiederholten Malen am Bette.' (An welchem Teil desselben?) 'Am Kopfende, und zwar oben.' (Ob immer an der gleichen Stelle?) 'Ja, beinahe. Binnen kurzem werde ich mich ihm noch häufiger kundgeben.' Auf Vorhaltungen betr. der Angelegenheit des Notars verharrte 'Sara L.' bei ihrer

Aussage: der Notar befasse sich bereits mit der Sache; sie sehe weiter als ihr Mann.

Am 3. Juni trat 'S. L.' wiederum auf, machte verschiedene Angaben über das gleichzeitige Tun und Lassen ihrer Mutter und ihres Gatten, die z. T. unwahrscheinlich klangen, sich aber nachträglich bestätigten, und erwiderte auf die Frage, ob sie außer am Bette noch anderswo Klopftöne erzeugt habe: 'Fragt ihn, ob er mich am Schreibtisch klopfen gehört hat.' — Hierzu bemerkte Mr. Lancy unterm 8. Juni: 'Klopftöne am Schreibtisch habe ich nicht beobachtet... Die, welche ich wahrnahm, erklangen am Kopfende des Bettes und waren deutlich, stark und zahlreich.' Gleichzeitig berichtete er von völlig unerwarteten Schwierigkeiten, die 'dieser Trottel von Notar' wegen der Hinterlassenschaft seiner Frau zu machen beginne und die ihn von der Reise zu den Freunden einstweilen abhielten. Doch brauchen Einzelheiten hier nicht mitgeteilt zu werden.[1]

Hier scheint mir die Übereinstimmung zwischen den Aussagen der Kommunikatorin bez. der Klopftöne und den entsprechenden Wahrnehmungen des Witwers durch den geringen Widerspruch zwischen ihnen eher unterstrichen als eingeschränkt zu werden. Nehmen wir an, der Witwer selbst sei der Urheber des doch tatsächlich gehörten Klopfens gewesen, und die Aussagen der Planchette darüber seien durch Hellsehn oder telepathische Belehrung der Medien zu erklären, so hätten wir, wie mir scheint, mehr Grund, eine genaue Übereinstimmung zu erwarten, als wenn wir die Erzeugung einem Wesen zuschreiben, das in seinem veränderten Zustand sehr leicht im Unklaren darüber sein konnte, ob sein Versuch, sich durch 'Töne' bemerkbar zu machen, nach der objektiven wie nach der subjektiven Seite hin gelungen sei. Freilich könnte der Animist behaupten, die Frage der Kommunikatorin, ob der Witwer auch die Töne am Schreibtisch gehört habe, sei ein bloßer 'Schuß ins Blaue', veranlaßt durch die Frage der Sitzer an 'Sara Lancy', ob sie auch wo anders, als am Bette, geklopft habe. Doch müßte sich der Animist auch dann noch mit der Schwierigkeit abfinden, daß der Witwer, der schwerlich mediale Gaben besaß (da er sonst wohl selbst 'gesessen' hätte), bei dieser einzigen Gelegenheit sich als 'Klopfmedium' betätigt haben sollte. Einem 'Geiste' glaubt man die übernormale Leistung von vornherein doch eher zuschreiben zu dürfen.

Die folgende Beobachtung fügt sich hier unmittelbar ein; auch in diesem Fall erfolgten die Aussagen über die verrichtete objektive Leistung am zweiten Ort gegenüber vollkommen Unbeteiligten.

Während einer Leonard-Sitzung der Miss N. Walker am 13. Juni 1921 behauptete 'Gwyther White' durch Feda, daß er 'vor eins, zwei, drei Aben-

---

1) Bozzano, Casi 113 ff.; ASP XIX 330. Vgl. ZpF 1928 96; Thomas, New Evid. 15 f.

Entsprechung von Kundgebungen an mehr als einer Stelle 99

den ganz besonders bei jemand auf der Erde gewesen sei, bei der Dame, die er liebt. Freitag Abend. Und er glaubt, sie wußte, daß er da war. Aber vorher hatte sie nach etwas gesucht, das sie — meint er — lesen wollte..., etwas Besonderes... Und während sie suchte, hatte er einen Ton erzeugt, den sie hörte, wie er glaubt. Nun, es ist nicht gerade ein Klopfton,[1] was er Feda hören zu lassen sucht; dazu ist es zu scharf. Es ist fast mehr ein Klopfen auf etwas, das einen Krach oder Knall[2] von sich gibt. Etwas zu dünn und scharf, als daß man es mit jenen hübschen dumpfen Klopftönen vergleichen könnte...'

Beide Angaben konnten durch Gwyther Whites Witwe bestätigt werden. Unterm 10. Juni, also 'drei Abende' vor der Sitzung am 'Freitag', wo der Kommunikator 'ganz besonders bei' ihr gewesen sein wollte, bezeugt sie 'eine Vision', die voller Bezug auf ihren Gatten ist; und bezüglich des Donnerstag, also 'vorher', schreibt sie: 'Ich suchte nach etwas, was ich in dem Briefe an Gwyther sagen könnte, den Miss Walker ihm in der Sitzung vorlesen sollte... Während dessen... ertönten deutlich zwei laute Krache,[3] die anscheinend von einem Schreibpult herkamen, in dessen Nähe ich saß. Ich beachtete sie nicht weiter, wunderte mich nur über die Schärfe des Tons und brachte sie in keiner Weise mit Gwyther in Verbindung.'[4]

Dieser letzte Umstand ist offenbar nicht bedeutungslos: je tiefer der Eindruck der 'Krache' auf Mrs. White gewesen wäre, je bestimmter diese sie auf ihren Gatten bezogen hätte, desto wahrscheinlicher wäre auch eine Übertragung des Erlebnisses auf Mrs. Leonards Transpersönlichkeit gewesen. Während aber die Witwe jene Töne kaum beachtet, liefert ihr 'Gatte' eine sehr genaue Beschreibung derselben und gibt sich offenbar die größte Mühe, um Feda zu möglichst treffenden Aussagen über das zu bewegen, was er am fernen Ort als Ergebnis seines Versuchs einer Kundgebung beobachtet hat. So von innen betrachtet, besitzt der ganze Vorgang große sachliche Geschlossenheit und dramatische Natürlichkeit, die sich ins Gegenteil verkehren, sobald der Animist sein künstliches Gewebe von Hilfsannahmen zu spinnen beginnt.

Im folgenden älteren Falle verwickelt sich unser Tatbestand noch insofern, als ein negativer Hinweis in seltsamer Weise die positiven der Entsprechung ergänzt.

'Am 14. Juni 1852 verlangte das Medium Miss Mary Banning im Hause des Mr. Moore in Winchester, Conn., nach dem Geiste ihres Bruders Josiah Banning, aber entgegen seiner sonstigen Gewohnheit stellte er sich nicht ein. Die Aufforderung wurde während des Abends wiederholt, aber wieder ohne Erfolg. Endlich zu später Stunde, als die Ver-

---
1) rap.   2) crack.   3) cracks.   4) Walker 112. Vgl. Home's Fall bei Perty, Spir. 103, und den besonders verwickelten: Bates 255 ff.

sammelten im Begriff waren, auseinanderzugehen, wurde unerwartet 'Josiah Bannings' Anwesenheit angekündigt. Als Grund für sein Ausbleiben während der ersten Stunden des Abends gab er an, er 'sei den ganzen Tag über bei seiner Schwester Edith' gewesen. Diese befand sich z. Zt. in Hartland, Conn., etwa 24 km entfernt, wo sie unterrichtete. Sehr bald danach erhielt Miss Mary Banning von Edith einen Brief, der am Morgen nach der Sitzung in Mr. Moores Hause geschrieben war und worin Edith mitteilte, daß 'Josiah' den ganzen vorausgegangenen Tag über bei ihr gewesen sei und sie sogar während der Nacht durch seine Gegenwart wachgehalten habe. Seine Kundgebungen in Hartland waren durch [Klopf]töne erfolgt, die an und rings um die Person der Miss [Edith] Banning zu hören gewesen waren.'[3]

Ich möchte diesem Bericht auch im einzelnen Vertrauen schenken, denn er ist, wie ein Vergleich des Datums der Sitzung mit dem der Herausgabe des Brittan'schen Buches beweist, mindestens leidlich frisch aufgezeichnet worden, und die beschriebenen Tatsachen sind durchweg grobschlächtiger Natur; ihre Pointe beruht nicht auf leicht zu entstellenden Kleinigkeiten. Im übrigen brauche ich die besondre Natürlichkeit dieser im Grunde dreigliedrigen Entsprechung kaum hervorzuheben. 'Josiah B.' wird 'gerufen', und zwar von dem Medium, bei welchem er gewohnheitsmäßig auftritt; er wird wiederholt gerufen — und kommt nicht. Dies ist an sich schon ein Vorgang, der unter animistischen Voraussetzungen verwundern muß. Der Gerufene tritt aber nachträglich auf, als er nicht mehr erwartet wird, und gibt jetzt einen Grund für sein vorheriges Versagen an. Dieser Angabe entspricht die offenbar von selbst und nicht auf Anfrage erfolgte Aussage einer dritten Person in ansehnlicher Entfernung; und gerade diese Aussage läßt das anfängliche Nicht-Auftreten am ersten Orte natürlich erscheinen unter der Annahme eines unabhängigen und unsichtbaren Wesens. Um diese spiritistische Deutung zu umgehen, müßte man zunächst annehmen, daß Edith B. die durch selbsterzeugtes Klopfen vorgetäuschte 'Anwesenheit' ihres verstorbenen Bruders der Schwester telepathisch zu wissen gegeben habe; diese hätte dann trotzdem den Bruder 'aufgerufen' — wenn nicht gerade deshalb: nämlich um ihn trotzdem nicht auftreten zu lassen und damit einen spiritistischen Beweis zurecht zu zimmern! Denn wer will bezweifeln, daß wenigstens die 'Unterbewußtseine' schon in jenen frühen Zeiten sich über den Wert von 'Entsprechungen' klar gewesen seien?

In den Bereich etwas gröberer 'physikalischer Phänomene' führt uns ein Bericht, der in Bradley's Niederschrift seiner ersten Sitzung mit Mrs. Leonard (am 28. Aug. 1923) enthalten ist.

---

3) Aksakow 453 (aus Brittan).

Entsprechung von Kundgebungen an mehr als einer Stelle

Der Kommunikator 'A. W.' (ein aus Familienrücksichten namenlos gelassener naher Verwandter der Mrs. Bradley) hatte bereits eine Anzahl identifizierender Angaben gemacht, als er von seinen wiederholten Versuchen zu sprechen begann, sich nach seinem Tode durch Klopftöne und Türenöffnen bemerklich zu machen. 'Bei einer Gelegenheit versuchte ich Mabel [Mrs. Bradley] dadurch zu wecken, daß ich die Tür des Zimmers, in welchem sie schlief, öffnete; aber dann kam mir der Gedanke, wie töricht ich gewesen war, weil sie mich für einen Einbrecher hätte halten können.' — Hierzu bemerkt Bradley: 'Kurz nach A. W.s Tode schlief meine Frau neben dem Zimmer, in welchem sein Leichnam aufgebahrt lag. Mitten in der Nacht sprang die Tür ihres Zimmers plötzlich auf.[1] Sie erhob sich und schloß sie sorgfältig. Bald danach sprang die Tür ein zweites Mal auf. Meine Frau schloß sie wieder, rüttelte an ihr, um sich zu vergewissern, daß der Klinkhaken eingeschnappt war, und ließ, da sie nervös geworden war, die Lichter brennen. Aber die Tür sprang wieder auf, diesmal bei hellem Licht. Nur mit Mühe brachte meine Frau den Mut auf, die Tür ein drittes Mal zu schließen.'[2]

Da hier verschiedene Einzelheiten die Beweislast tragen, bedauert man, nur einen späten Bericht aus zweiter Hand zu erhalten. Auch ist nicht zu übersehen, daß Mrs. Bradley anscheinend selbst medial veranlagt war, also schließlich von sich aus das Phänomen verursacht und seine spätere Beschreibung eingegeben haben — 'könnte'.

Der gipfelnde Tatbestand dieser letzten Gruppe wäre natürlich dann gegeben, wenn eine identifizierbare Materialisation an einer zweiten Stelle nachträglich als stattgehabt, oder gar vorher als beabsichtigt bezeichnet würde. Dabei wäre offenbar das letztere Verhältnis das bedeutsamere; denn es ist an sich leichter, einem Medium ein vergangenes Geschehen lediglich übernormal bekanntzugeben, als das Versprechen einer der seltensten und gewaltigsten übernormalen Leistungen zur Erfüllung zu bringen. — Das erstere Verhältnis belegt ein Bericht des norwegischen Richters Dahl über eine Sitzung mit dem Materialisationsmedium Einar Nielsen im Hause des Hrn. H. E. Bonne nahe Kopenhagen.

'Ohne daß sich der Vorhang [des Kabinetts] irgendwo öffnete, sickerte eine dunstige, selbstleuchtende weiße Masse aus diesem hervor, die sich zusammenballte und vom Fußboden aufstieg, eine Art von Nebelsäule bildend. Diese nahm allmählich schärfere Umrisse an, bis sie ein halbmenschenähnliches Phantom wurde, das sich auf einen der Anwesenden zu bewegte, der mit dem Phantom eine Unterhaltung führte. Ich konnte selbst nicht verstehen, was gesagt wurde, aber es war klar, daß das Phantom von dem Betreffenden als eine verstorbene Verwandte erkannt wurde. Dann löste

---

[1] burst open.   [2] Bradley, Stars 53; vgl. Wisdom 325, APS III 52; Harrison 202 f. und Lombroso 330.

es sich auf und verschwand, und ein neues nahm in derselben Weise Form an. So in etwa zehn Fällen. Aber meine Söhne erschienen nicht [!]. Aus dem Kabinett, wo das Medium in tiefem Trans lag, ließ sich während der Materialisationen das Sprechen der 'Kontrolle' vernehmen. Unter anderem wurde gesagt, daß zwei Söhne des norwegischen Gastes [also des Berichterstatters] anwesend seien, an diesem Abend aber nicht imstande sein würden, zu erscheinen. Dagegen bildete sich vor mir eine deutlich geformte weibliche Gestalt, die mich grüßte, ohne einen Laut von sich zu geben. Es wurde mir sogleich klar, daß da meine 1919 verstorbene Schwester vor mir stand. Doch äußerte ich diese Annahme weder meinem Gastgeber noch brieflich meiner Frau gegenüber. Von ihr aber wurde mir mitgeteilt, daß 'die Jungen' in einer Sitzung zu Hause in Frederiksstad eine Mitteilung gemacht hatten, wonach sie [während der Nielsen-Sitzung] anwesend gewesen wären, ohne sichtbar zu erscheinen, daß dagegen Tante Honoria sich mir gezeigt hatte. Sie hätte sehr gerne gesprochen, aber alle ihre Kraft aufwenden müssen, um ihre Gestalt zu erhalten. — Mein Gastgeber ... hielt drei Tage später eine neue Sitzung ab ... [In dieser] nahmen meine beiden Söhne gleichzeitig Gestalt an und nannten ihre Namen. Besonders Ludvig war sehr gut erkennbar in Gestalt, Haltung und Bewegungen ... Ich hätte ihn unter Hunderten erkannt ... Jemand im Zirkel rief aus: 'Sehen Sie doch, da ist jemand, der 'Ragnar' sagt.' Da bemerkte auch ich ihn, die Erscheinung beugte sich über mich und umarmte mich ... Ich sah ihre Umarmung mehr, als daß ich sie fühlte ... Am selben Abend, etwa eine Stunde später, erhielt [meine Tochter] Ingeborg zu Hause in Frederiksstad in Gegenwart meiner Frau Mitteilungen von ihren beiden Brüdern. Diese brachten einen Gruß von Papa und Ludvig sagte: 'Wir beide haben ihn heute abend getroffen' [womit offenbar auf die deutlicheren Materialisationen der soeben in Dänemark abgehaltenen Sitzung angespielt wurde, wie zuvor noch ausdrücklicher auf die mißlungenen Versuche in der ersten Sitzung].[1]

Über die Verwirklichung einer zuvor versprochenen Materialisation berichtete Lombroso nach einer Sitzung mit Eusapia Palladino in Mailand (am 26. Nov. 1906) vor der *Società di Studi psichici,* an der neben ihm u. a. auch Prof. Massaro von der Universität Palermo teilnahm.

Dieser hatte einige Zeit vorher durch den 'Tisch' von seinem kürzlich verstorbenen Sohn 'das Versprechen einer Materialisation in Mailand erhalten'. In jener Sitzung nun sagte die Palladino, 'sie sehe einen Jüngling von ferne kommen' — 'aus Palermo' —, und fügte hinzu: 'Ein lebendes in der Sonne gemachtes Bild.' Bei diesen Worten erinnerte sich Massaro, daß er in seiner Brieftasche eine auf freiem Felde gemachte Aufnahme seines Sohnes bei sich hatte. 'Gleichzeitig fühlte er ein lebhaftes Klopfen gerade an der Stelle der Brust, wo er das Bildnis trug, und fühlte sich zweimal durch den Vorhang hindurch auf die rechte Backe geküßt.' Nach weiteren

---

1) Dahl 213 f.

Liebkosungen nahm er die Berührung einer Hand wahr, 'die sachte, aber unter lebhaften Bewegungen in seine innere Rocktasche eindrang... Die Brieftasche wurde geöffnet, so daß das Bild zum Vorschein kam... Schließlich kam die Erscheinung mit dem Kopf aus dem Vorhang hervor... und Massaro erkannte seinen Sohn.'[1]

Die vorstehende Beispielsammlung, die sich ohne Mühe sehr erweitern ließe, gibt einen ungefähren Begriff von Umfang und Mannigfaltigkeit des Tatbestands der Entsprechung, der in diesen schlichten Formen von der Forschung noch lange nicht genügend im Zusammenhang gewürdigt worden ist. Schon im allgemeinen Grundriß betrachtet, ordnen sich diese Tatsachen mit großer Natürlichkeit der spiritistischen Hypothese unter; wenn es auch, wie laufend gezeigt wurde, dem Animisten nicht an Begriffen fehlt, diese Grundrisse nach seinem Gefallen zu deuten. Aber — und dies zu zeigen, war der Zweck der beigefügten Erwägungen — der Tatbestand hält sich fast nie in den Grenzen allgemeiner Grundrisse, wie sie dem Denken des Animisten vor allem teuer sind. Vielmehr beruht die spiritistische Natürlichkeit der beobachteten Abläufe fast immer auf Einzelheiten und Verwicklungen, die über die nackten Formen hinausführen: Anzeichen einer persönlich gearteten Wirksamkeit hinter dem Doppelvorgang, eines Versuchens und Planens, ja eines Willens zum Experiment, mit der Absicht der Lieferung von 'Beweisen', oder mit Anzeichen einer genauen Beobachtung des Maßes und der Art erzielten Erfolges, oder einer ebenso natürlichen Ungewißheit darüber (man fragt nach dem Gelingen). Auch wenn der Doppelkommunikator das Vorliegen eines Auftrags richtig behauptet, diesen selbst aber vergessen hat;[2] oder wenn er auf die überraschende Frage eines Lebenden sofort über die eigne Leistung am andern Orte Bescheid weiß;[3] oder wenn die Kundgebungen an zwei Stellen in überraschendem Parallelismus eine jenseitige Entwicklung erkennen lassen[4] — stehen wir vor Tatsachen, die auf spiritistischem Boden eine selbstverständliche Natürlichkeit besitzen, vom Animisten aber nur vermittelst gequälter Hilfsannahmen gedeutet werden können. In andern Fällen ist es die Verquickung mit sonstigen Indizien — einer Motivierung der Kundgebungen vom Standpunkt eines Verstorbenen aus,[5] oder der jenseitigen Anteilnahme an einem bevorstehenden Ableben, oder der Beherrschung einer dem Medium unbekannten Sprache —, was den spiritistischen Anschein der Entsprechung bis zur Unabweisbarkeit verstärkt. Der Fall Varley zeigte uns, zu welchen psychologischen Unwahrscheinlichkeiten der animistische Erklärer sich unter Um-

---

1) Lombroso 90 f.   2) Fall Crawley.   3) Fall White u. a.   4) Fall Sidgwick.
5) Fall Longford.

ständen gezwungen sieht, während endlich die Entsprechungsfälle mit Einschluß objektiver Phänomene uns vor die Schwierigkeit stellten, den Ursprung solcher seltenen Leistungen in Personen zu suchen, die sonst nie die Fähigkeit dazu verraten haben. — Wir finden also auch hier den Satz bestätigt, daß die Auseinandersetzung der gegnerischen Standpunkte auf unsrem Gebiet erst dann fruchtbar wird, wenn die abstraktformale Erörterung überschritten und die lebendige Durchbildung der Tatsachen im einzelnen berücksichtigt wird.

3. Die experimentellen Entsprechungen der Ges. f. psych. Forschung ('Kreuzkorrespondenzen') [1]

Diesen Satz werden wir noch schlagender bestätigt finden, wenn wir uns nunmehr jenen Entsprechungen zuwenden, die für die Mehrzahl der Fachleute den eigentlichen Geltungsbereich dieses Begriffes bilden: nämlich den sog. 'Kreuzkorrespondenzen', auf welche die engl. Ges. f. ps. Forsch. Jahre eindringender Arbeit und mehrere Bände ihrer Veröffentlichungen verwendet hat. Von den bisher betrachteten Entsprechungen unterscheiden sich die *cross-correspondences* durch mancherlei Besonderheiten. Inhaltlich befassen sie sich fast durchweg mit literarischen Anspielungen, Zitaten und Titeln; quantitativ wachsen sie in ihrer oft kaum übersehbaren Verwickeltheit weit über die schlichten Maße der bisher beschriebenen Einzelentsprechungen hinaus. Ferner tritt die bislang nur gelegentlich festgestellte experimentelle Planung zu besonderem Zweck nunmehr die unbeschränkte Herrschaft an: diese 'klassischen' Kreuzkorrespondenzen entspringen angeblich durchweg und bis in alle Einzelheiten hinein einer verwickelten und langausgesponnenen Anstrengung bestimmter jenseitiger Persönlichkeiten, die dadurch ihren Wunsch nach Erweisung des Fortlebens und ihr Verständnis für die logischen Bedingungen solcher Erweisung bekunden. Diese Persönlichkeiten behaupteten, ehemalige führende Mitglieder der genannten Forschungsgesellschaft zu sein und mit ihrer Unternehmung bessere Beweise für das Fortwirken Verstorbener liefern zu können, als sie bis dahin vorlagen. In diesem Sinne bestand das wichtigste Unterscheidungsmerkmal der klassischen Kreuzkorrespondenzen in einem besonderen formalen Aufbau, nämlich der sog. Komplementarität der durch verschiedene Medien erfolgenden Äußerungen, — worüber bald Genaueres zu sagen sein wird.

1) Eine wenig glückliche Übersetzung des engl. cross-correspondences; denn cross dürfte hier Eigenschaftswort ('quer', 'wechselseitig') sein. Ich zöge an sich 'Querentsprechung' vor; doch ist 'Kreuzkorrespondenz' sehr gebräuchlich geworden. Vgl. meine 'Vorbemerkung' ZpF 1928 257.

Das Schicksal der Kreuzkorrespondenzen (Kk.) gleicht in einem Punkte dem gewisser Klassiker der schönen Literatur: sie sind berühmt, aber beinahe unbekannt; man kennt den Namen, aber man liest sie nicht. Und doch hat für jene, wie für diese Lessings berühmte Mahnung ihre Berechtigung: 'Wir wollen fleißiger gelesen und weniger erhoben sein.' — Diese Unbekanntheit hat ihre guten Gründe. Bei uns in Deutschland stammt sie zunächst daher, daß alle bisher beschriebenen Kk.en einer fremdsprachigen, der englischen Fachliteratur angehören. Aber das reicht nicht aus zur Erklärung; denn zahllose Beobachtungen metapsychischer Natur aus fremdem Schrifttum sind heute dem deutschen Leser wohlvertraut. Von den Kk.en dagegen kann man sagen, daß sie von allen Arten metapsychischen Geschehens wohl auch in ihrem Ursprungslande vergleichsweise am wenigsten genau gekannt sind. Die Erklärung hierfür liegt darin, daß keine andre Gattung übernormaler Vorgänge so verwickelt und darum auch in der Darstellung so schwerverständlich ist, wie diese Kk.en. Selbst ein Kenner der Metapsychik vom Range Richets mußte sich von einem Ebenbürtigen — Sir Oliver Lodge — sagen lassen, daß er das Wesen der Kk.en 'vollständig mißverstanden' habe(!), und der Kritiker durfte hinzufügen, daß 'andere hervorragende Personen außerhalb Englands' es ebenfalls nicht erkannt hätten.[1] Wenn aber das am grünen Holz geschieht, was dürfen wir vom dürren erwarten? Werden selbst Fachleute durch das Wirrsalhafte dieser Vorgänge abgeschreckt oder ermüdet, wie soll man hoffen, dem Außenstehenden Geschmack an ihrer bezwingenden Problematik abzugewinnen?

Ich werde in einem Werk, das auch sonst durchweg sehr große Ansprüche an die Mitarbeit des Lesers stellt, wenigstens in der Darbietung der Tatsachen nur wenig über die üblichen knappen Maße hinausgehn können. In einer Aufsatzreihe der Ztschr. f. psych. Forsch. habe ich vor Jahren einer theoretischen Erörterung der Kk.en — fünfzehn Beispiele sehr verschiedenen Umfangs vorausgeschickt. Hier darf ich nur eine Auslese des dort Gebotenen geben und muß den gründlicher Kenntnisbegierigen an jene Quelle verweisen. Dagegen wird die Theorie auch hier eine leidlich eingehende Behandlung fordern. Ehe ich aber beginne, muß ich den Leser bitten, sich mit Geduld und gutem Willen zu wappnen. Er möge bedenken, daß jedes Mundgerechtmachen schließlich seine Grenzen findet und daß es hier um eine Aufgabe geht, vor deren Schwierigkeiten sich schon erlauchtere Geister einfach 'gedrückt' haben.[2] Es ist das mühsamste Kapitel dieses Buchs, an das wir jetzt herangehn, aber auch eins der merkwürdigsten und wichtigsten. —

1) Pr XXXIV 84 f.   2) S. z. B. Richet 136.

Mit einer genaueren Begriffsbestimmung der Kk.en brauche ich mich nach allem schon Gesagten nicht lange aufzuhalten. **Mehrere Medien äußern** — durch Transrede, Trans- oder automatische Schrift — **gewisse meist 'literarische' Inhalte, zwischen denen sich nachträglich eine innere Bezogenheit feststellen läßt**; und zwar handelt es sich dabei selten um teilweise, noch seltener um völlige Identität der Inhalte; weit häufiger spielen, wie schon angedeutet, die Äußerungen in einander ergänzender Weise um eine gemeinsame Hauptvorstellung oder Gruppe von solchen herum, auf die sie alle abzuzielen scheinen. Was wir in solchen Fällen erhalten, ist also 'eine bruchstückweise Äußerung in der einen Schrift, die keine besondere Pointe oder Bedeutung zu haben scheint, und eine andre bruchstückhafte Äußerung von gleicher Sinnlosigkeit in der andern; fügen wir aber die zwei zusammen, so sehen wir, daß sie einander ergänzen und daß beiden ein Vorstellungszusammenhang zugrunde liegt, der nur teilweise in jeder einzelnen zum Ausdruck kommt.'[1] Man unterscheidet hiernach **einfache und komplementäre Kk.en**, wobei offenbar die ersteren am ehesten als Ergebnis einer unmittelbaren Vorstellungsübertragung zwischen den einzelnen Medien aufgefaßt werden könnten; während die letzteren einen gewissen **Plan der Anlage und Verteilung** vorauszusetzen scheinen, von welchem sich doch im Bewußtsein der Beteiligten keine Spur entdecken läßt. Bekanntlich aber wird ein solcher Plan auch **innerhalb der Schriften selbst** behauptet, und als seine Erfinder und Betreiber treten, wiederum in den Schriften selbst, gewisse verstorbene Mitglieder der Ges. f. ps. F. auf, die, wie gesagt, mit diesen Kk.en angeblich einen besonders starken Beweis ihres Fortlebens und -wirkens zu liefern suchen. Das Recht dieser Behauptungen zu prüfen, wird natürlich die eigentliche Aufgabe sein, deren Lösung wir hier zusteuern. —

Um übrigens zunächst den Begriff der Komplementarität an sich zu veranschaulichen, schicke ich ein Beispiel voraus, das nicht den englischen literarischen Kk.en entnommen ist, vielmehr wahrscheinlich eine Nachahmung des hier berühmt gewordenen Grundrisses mit wesentlich einfachern Mitteln darstellt. Es ist jedenfalls eigenartig genug, um seine Einschaltung hier zu verdienen.

Am 3. März 1928, während das uns bekannte Medium Margery[2] sich in der Chestnut-Str. Nr. 70 in Boston befand, traten in der Lime-Str. Nr. 10 daselbst fünf Herren und eine Dame zu einer Sitzung zusammen. Capt. X. hatte eine Anzahl Karten mitgebracht, auf deren jede von verschiedenen (nicht anwesenden) Personen je eine Zeitungsanzeige geklebt worden war, worauf alle Karten von einer weiteren Person unbetrachtet in einen

---

1) Al. Johnson in Pr XXI 375.   2) Frau Dr. Crandon-Boston.

Experimentelle Entsprechungen der Ges. f. psych. Forschung 107

Kasten verschlossen worden waren. Kein Mensch in der Welt kannte also mehr als eine Karte, und die einzelnen Wissenden waren weitentfernte Unbeteiligte, die von dem Sinn und Zweck des Versuchs keine Ahnung hatten. Nachdem der Zirkel im Dunkeln Handkette gebildet hatte (man fühlte alsbald den bekannten kalten Lufthauch), mischte der anwesende Mr. Brown nochmals die Karten in dem verschlossenen Kasten durch Schütteln, entfernte den Deckel, zog eine Karte und übergab sie nach einigen Sekunden einem anderen Herrn (A. R. Crawford von der Chicago-Universität), der sie, mit der Kante nach oben, über die Mitte des Tisches hielt, wobei er seine Hand 'eisig kalt' und sich selbst leicht schwindlig werden fühlte. Etwa um 9.15 hörten alle Anwesenden fünf Klopftöne in dem leeren Kabinett,[1] mit einem kleinen Zögern zwischen dem dritten und vierten. Mr. Crawford steckte darauf die Karte in die Innentasche seines Rockes. — Um die gleiche Zeit saß Margery in der Chestnut-Str. Nr. 70 (ohne Trans) in Gesellschaft von 13 Herren und Damen. Um 9.37 zeichnete sie (wohl unter innerem 'Antrieb') ein Bild von drei rauchenden Zigaretten, vier unangezündeten Zigaretten, sowie eine rechteckige Figur (genau in der Größe einer gewissen Art von Zigarettenpackungen). Darunter schrieb sie: 'Ha ha, der Scherz ist gegen den Capt. [X]. Einer der Buchstaben ist vom Worte abgefallen.' Auf einem zweiten Blatte: 'El. El. Und ich habe gefunden, worum ich marschierte. El.' Dann auf drei weiteren Blättern: 'John berichtet, des Richters Fuß sei wieder in Ordnung. [Richter Gray hatte Tags zuvor seinen Fuß verstaucht.] Fragen Sie Ihre Freunde, warum sie die Tiere durcheinandermischen. Eine Rose, wie immer benannt, würde ebenso süß duften, Capt. Ha ha. W[alter] S[tinson].[2] 5 Klopftöne — 5 Klopftöne. — Es ist, wie er sagte: der Navy-Gummi ist schlecht — Hallo und adieu — Sie werden den fehlenden Buchstaben im Kasten finden. W. S. S. Atta Boy.' — In der Tat war, wie man fand, auf die von Mr. Brown gewählte Karte eine farbige Anzeige geklebt, welche ein Paket der (in Amerika anscheinend viel gerauchten) Camel-[Kameel-]Zigaretten abbildete, aus welchem oben drei Zigaretten hervorstachen. Oben darübergeklebt war ein anderer Zeitschriftausschnitt mit dem Bilde einer kleinen Katze, unter dem Kameel-Bilde dagegen ein Papierstück mit den beiden Buchstaben C.A. Zwischen diesen beiden war offenbar ein angeklebt gewesener Buchstabe abgefallen, und in dem Kasten, der die übrigen Karten enthielt, fand sich in der Tat ein einzelner Buchstabe (T). — Ebenfalls um die gleiche Zeit saß G. Valiantine, das bekannte Medium, in New York (375 km von Boston entfernt) und zeichnete ein Zigaretten-Paket mit zwei daraus hervorstechenden Zigaretten, worüber er schrieb: 'C. A.' sowie 'Ich bin marschiert C. A.' — Endlich saß, auch etwa gleichzeitig, in Niagara-Falls (675 km entfernt) Dr. Hardwicke in Trans, von dem (aufgegeben um 9.52) die drahtliche Mitteilung einlief: 'M Punkt Camel Eindruck.' Es betätigte sich mithin in diesem vierteiligen Experiment ein Wesen, welches nicht nur auf übernormale Weise die von Mr.

---

1) einem abgeschlossenen Kastenraum im Rücken des Mediums.   2) Der verstorb. Bruder des Mediums Margery.

Brown gezogene Karte in Erfahrung brachte (einschließlich des abgefallenen Buchstabens, um den nicht einmal der Verfertiger der Karte wußte), sondern auch ein Bewußtsein davon in komplementärer Form durch die drei räumlich entfernten Medien bekundete. Das Stichwort 'Camel' verteilte es, indem es durch Valiantine CA, durch Hardwicke M, und durch Margery EL zur Äußerung brachte. Außerdem verteilte es auf Margery und Valiantine den Satz 'Ich bin marschiert / und ich habe gefunden, worum ich marschierte', einen Satz, der offenbar Bezug nimmt auf die in Amerika bekannte Reklamezeile 'Ich würde eine Meile marschieren um eine Camel-Zigarette'. Was die Frage nach der Identität jenes Wesens betrifft, so ist zu bedenken, daß Margery, wohl das 'stärkste' der beteiligten Medien, zur Zeit des Versuches wach war und in einer größeren Gesellschaft sich heiter plaudernd unterhielt. In der Lime-Str. war ein anerkanntes Medium überhaupt nicht anwesend, es sei denn, man berufe sich darauf, daß Walter häufig eine 'psychische' Veranlagung des am dortigen Zirkel teilnehmenden Mr. Dudley behauptet hatte. 'John', der über des Richters Gray Wiederherstellung berichtete, hatte, wie wir erfahren, in Niagara-Falls den Verletzten, der mit Dr. Hardwicke 'saß', selbst nach seinem Befinden gefragt; doch wird er anscheinend von 'Walter' in der dritten Person als Bote eingeführt. Dr. Richardson ist der Meinung, daß in solchen Versuchen sich Walter wirkungsmäßig von allen medial Beteiligten hinreichend absondere, um als selbständige Persönlichkeit aufgefaßt werden zu können.[1] Dagegen macht Barnard gegenüber einem verwandten Fall der Margery-Valiantine-Experimente geltend, daß die unbeschränkte Ausübung hellseherischer und telepathischer Fähigkeiten der beteiligten Medien zur Deutung genüge.[2] Ehe ich zu diesem Streit der Meinungen das Wort ergreife, will ich nunmehr zunächst einige Proben der 'klassischen' oder 'literarischen' Kk.en vorlegen, in denen, wie man sehen wird, die Komplementarität sehr viel verwickeltere Formen annimmt, als in diesem schlichten Zusammensetzspiel von $Ca + M + El = Camel$.

a. Tatsachenschau
1.

Ein hübsches Beispiel einer inhaltlich und zeitlich sehr knapp gefügten und dabei doch offenbar komplementären Kk. zu Dreien ist das folgende.[3]

Am 6. Oktober 1906 schrieb Miss Helen Verrall automatisch (in Bashley, Grafschaft Hants, also nicht im Hause ihrer Mutter, der Professorin Verrall):

Die Stimme eines Rufers... Behalten Sie das Wort und das Datum im Gedächtnis. Karthäusermönche je zwei und zwei   die langen schwarzen Kutten und die Kerzen und die [heiligen] Bilder   die strahlende Sonne

---

1) PsSc VII 142 ff. (auch ZP 1929 8 ff.)   2) Barnard 232 f. — Eine Erörterung dieser Versuche unter dem Gesichtspunkt der Konstruierbarkeit groben Betrugs s. Pr XXXVIII 399 ff. (Th. Besterman!).   3) Pr XXIV 211 ff.

und die gaffende Menge   sie wird sich erinnern, [griech.:] aber wenige sind die Eingeweihten.

Am 10. Oktober, nachdem Miss Verrall nach Cambridge zurückgekehrt war, aber ehe irgend jemand diese Schrift gesehen, schrieb ihre Mutter:

> Sehen Sie Savonarola ganz in schwarz gehüllt   zu je dreien kamen sie herein, bis der Platz erfüllt war.

Am 11. Oktober zeigte Miss V. ihre Schrift vom 6. der Mutter, welche sogleich eine Verknüpfung zwischen den beiden automatischen Äußerungen zu sehen vermeinte und dies ausführlich niederschrieb: beide Schriften bezögen sich ihrer Auffassung nach auf Savonarola, den 'einsamen Rufer', sowie auf die bekannte Prozession, die unter seiner Führerschaft am Weihnachtstag des Jahres 1497 den großen Platz in Florenz betrat und umkreiste. Die 'Karthäuser' tragen weiße Kutten; Helen V.s Schrift würde hiernach mit der Erwähnung 'schwarzer Kutten' noch andere Mönche außer den Karthäusern als Teilnehmer an der Prozession bezeichnen. Diese Prozession wird u. a. in dem bekannten George Eliotschen Romane 'Romola' beschrieben: ein Florentinischer Jüngling mit dem Bilde des Heilands eröffnet sie; dann folgen, in weißen Kutten, die reformierten Benediktiner (wahrscheinlich Karthäuser); dann die Franziskaner in grau; darauf, in schwarz, die Augustiner von San Spirito; ferner die Karmeliter und Dominikaner; schließlich, wieder in schwarz, die Serviten. Hinter den Orden schreitet, in abgetragenerem Mantel, Savonarola, und den Schluß des Aufzugs macht ein Bild der Madonna.

Unterdessen hatte, zeitlich zwischen diesen beiden Schriften, nämlich am 8. Oktober, Mrs. Holland folgendes geschrieben:

> Fragen Sie seine Tochter nach dem Traum — graue Mönche einer längstvergangenen Zeit —

'Seine Tochter' bedeutet bei Mrs. Holland, die sich sehr häufig auf Dr. und Mrs. Verrall bezieht, unzweifelhaft Miss Helen Verrall. Dieser Satz deutet also ein Bewußtsein davon an, daß eine Kk. im Gange sei, und dem entspricht in Miss V.s Schrift der Satz: 'Behalten Sie das Wort und das Datum im Gedächtnis.' Von Mrs. Verrall wird uns kein ähnlicher Ausdruck berichtet; aber ihre Schrift ist die zeitlich letzte der drei. Im übrigen liegt eine gewisse komplementäre Eigenart dieser Zug um Zug innerhalb 5 Tagen abgelaufenen Kk. auf der Hand. Alle drei Schriften spielen auf die Savonarola-Prozession, sehr möglicherweise auf ihre Beschreibung in einem bekannten englischen Roman an; aber jede von ihnen hebt andere Einzelheiten derselben heraus: Nr. 1

— Karthäuser in Paaren und andere Mönche in schwarz, Kerzen und Bilder, die Zuschauer, das Wetter; Nr. 2 — die grauen Mönche; Nr. 3 — die Dreierreihen der Prozession sowie ihre Hauptgestalt: den berühmten Prediger und Propheten von S. Markus.

2.[1]

Drei Medien waren an dieser Kk. beteiligt, und ihr Ablauf fiel in die vergleichsweise kurze Zeit von drei — man könnte sogar sagen: zwei Wochen (wenn man nämlich von einer nachträglichen Erwähnung des Stichworts durch Mrs. Piper absieht). Ich gebe diesmal die Anteile der drei Beteiligten gesondert und gleich mit den nötigen Erläuterungen versehen wieder, ohne Rücksicht auf ihr zeitliches Ineinandergreifen.

Zunächst Mrs. Piper. Diese äußerte am 17. April 1907 während des Zusichkommens[2] u. a. folgende, offenbar größtenteils an den von ihr 'gesehenen' Kommunikator gerichteten Worte:

Sprechen Sie sehr langsam. Hallo, ich freue mich, Sie zu sehen. Was ist es [was Sie mir sagen wollen]? ... Ich weiß nicht [was das bedeutet]. Sanatos. Sehen Sie — S T [Dies deutet wohl auf eine empfangene Belehrung: nicht S sondern T sei der richtige Anfangsbuchstabe. In der Tat sagt Mrs. Piper nunmehr:] Tanatos. Ich sage es [schon], danke Ihnen [für die Belehrung] Mr. — — Gewiß — — ... Rector, Myers, wovon reden sie? ...

'Thanatos' ist das Griechische für 'Tod', von Engländern mit einer Annäherung an das scharfe S im Anfangsbuchstaben ausgesprochen; daher die anfängliche falsche Wiedergabe. Wir ersehen daraus, daß das Wort dem halbwachen Medium in klanglicher Form übergeben wird. — Am 23. April, ebenfalls in der Phase des Erwachens, äußerte Mrs. Piper u. a. folgende Worte:

Das ist Mr. Hodgson — — Ja, ich will es weitergeben — — addio. Davis (?) [vielleicht auch schon eine Annäherung an 'Thanatos'?] — — ist all right. Darf ich — — Oh! Mr. Myers. Darf — — — Ich komme wieder — — addio Buch Thanatos — Es wird dunkel [d. h. der Zustand nähert sich der 'Wirklichkeit'] Ich mag es nicht. Ich will nicht hierher kommen.

Am 30. April, im gleichen Zustande:

Erfreut, daß jemand da ist. Thanatos, Thanatos. Freue mich, daß ich — Thanatos ...

Am 7. März, ebenso:

Ich wünsche zu sagen — — Thanatos. [Hier war die Beziehung auf 'Myers' offenkundig.]

Soweit das amerikanische Medium, das sich zur Zeit in London aufhielt. Nun zu Mrs. Holland, zu jener Zeit, wie meist, in Indien

---

1) XXII 295 ff.   2) Vgl. o. S. 33.

Experimentelle Entsprechungen der Ges.f.psych.Forschung

lebend. Am 16. April 1907, also einen Tag vor der ersten Äußerung von 'Thanatos' durch Mrs. Piper, schrieb jene u. a. folgendes:

> Maurice [sprich Moris] Morris. Mors. Und damit fiel der Schatten des Todes auf ihn und seine Seele entfloh aus seinen Gliedern. Die angenehmste Empfindung, deren ich mir zuerst [offenbar: nach dem Tode] bewußt wurde, war, daß ich nicht mehr taub war.

'Mors' ist das lateinische Wort für Tod. Wie 'Thanatos' wird es als Einzelwort dargeboten, und wie dieses scheint es dem Medium auf dem Wege über klangliche Verwandtschaften bewußt zu werden: hier Maurice — Morris — Mors, dort Sanatos — Tanatos — Thanatos. Mrs. Hollands Schrift war am Schluß gezeichnet mit den Initialen 'eines Verstorbenen, den sie nur dem Rufe nach gekannt hatte'. Wer es war, wird uns nicht gesagt; ich schließe daher auf Prof. Henry Sidgwick, der, wie ich zu wissen glaube, im Leben schwerhörig gewesen war und häufig als Kommunikator der Hollandschen Schrift auftrat.

Das dritte beteiligte Medium war Mrs. Verrall, und ihre hierhergehörige, sehr merkwürdige Schrift fiel auf den 29. April. An diesem Tage, also einen Tag vor der vorletzten Erwähnung von 'Thanatos' durch Mrs. Piper, schrieb Mrs. Verrall, die übrigens bei jener Sitzung vom 30. September (nicht aber bei den vorausgegangenen) zugegen war, u. a. folgendes:

> Wärmte beide Hände am Feuer des Lebens. Es verlischt und ich bin bereit zu gehen. (Zeichnung eines ruhenden Dreiecks oder griechischen Delta.) [Latein.:] Gebt Lilien mit vollen Händen. (Wahrscheinlich Zeichnung eines Treff-As.) [Engl.:] Zeichen — Der Fluß Nil (Kleines Dreieck, △) Daisy. Komm hinweg komm hinweg [Latein.:] Der bleiche Tod [*] mit gleichem Fuß die Hütten der Armen und die Türme der Reichen   Fügen Sie ein   schlägt (*pulsat*) [offenbar bei [*]   Ein andermal will [oder: wird] helfen   Leben Sie wohl. Aber Sie haben das Wort überall deutlich geschrieben in Ihrer eigenen Schrift. Blicken Sie zurück.

Diese Schrift wurde von Mrs. Verrall selbst sogleich als Ausdruck des Begriffes 'Tod' aufgefaßt. Die ersten beiden Zeilen sind ein Zitat aus Walter Savage Landor und drücken Todesbereitschaft aus. In dem 'Dreieck' oder 'Delta' erblickte Mrs. Verrall ein Todessymbol insofern, als sie es (gemäß einer früheren, wahrscheinlich irrigen Belehrung) als Wiedergabe der Inschrift auf den zum Tode verurteilenden Abstimmungstäfelchen der Griechen auffaßte. 'Nil' wäre dann wohl eine bloße Gedankenverknüpfung (des Unterbewußtseins?) zu 'Delta'. Die Worte betreffs 'Lilien' stammen aus dem 6. Buch der 'Aeneis' des Vergil: an jener Stelle sagt Anchises den frühen Tod des Marcellus, Neffen des Augustus, voraus und fordert Lilien und lichte Blumen zum

Bestreuen der Leiche. Das Treff-As ist wahrscheinlich eine Anspielung auf R. L. Stevensons 'Selbstmörder-Klub', in welchem der Mann, der Pique-As zog — das 'Zeichen des Todes' (vgl. o. 'Zeichen') — von dem, der das Treff-As zog, getötet werden mußte. — Was 'Daisy' anlangt, so vermutet Piddington feinsinnig, daß der Vergilsche Marcellus den Marcellus im 'Hamlet' aufgerufen habe, damit aber das Bild der sterbenden Ophelia, die sich .u. a. mit *daisies* — Maßliebchen — schmückt, damals auch 'Totenfinger' genannt. Auf alle Fälle sind die nächsten Worte 'Komm hinweg, komm hinweg [Tod]' ein bekanntes Shakespeare-Zitat aus einem Gedicht, dessen zweite Strophe ebenfalls vom Streuen von Blumen auf einen schwarzen Sarg redet. Das nachfolgende Latein ist ein bekanntes Zitat aus der 4. Ode im 1. Buche des Horaz. (Von den Bestandteilen dieser Schrift waren übrigens das Zitat aus der Aeneis und das △ höchstwahrscheinlich (sinnverwandte!) Zutaten des Mediums selbst: das erstere hatte sie einen Tag zuvor in der Danteschen Übersetzung (Purgatorio XXX) gelesen.) Auffällig ist, daß das Wort 'Tod' in dem sehr bekannten Shakespeare-Zitat **ausgelassen** und — anscheinend — eben dadurch besonders **betont** wird.

Zusammenfassend läßt sich also sagen: Am 16. April, um 1,30 Greenwicher Zeit, schreibt Mrs. Holland in Kalkutta '*Mors*' und zwei Sätze, die mit 'Tod' zu tun haben; am Tage darauf beginnen die Äußerungen von 'Thanatos' durch Mrs. Piper; am 29. kreist Mrs. Verralls Schrift ausgiebig um die Vorstellung 'Tod', und am Tage darauf wiederholt Mrs. Piper nochmals 'Thanatos'. Ein gewisses komplementäres Element ist auch hier kaum zu verkennen: Mrs. Piper, gänzlich ohne Kenntnis des Griechischen, empfängt das griechische 'Thanatos'; Mrs. Holland, welche kein Latein kennt, das lateinische 'Mors', — beide auf dem Wege über klangliche Annäherungsformen. Mrs. Verrall deutet die gleiche Vorstellung fast nur auf dem Umweg über Zitate und sonstige Assoziationen an; schreibt zwar das Wort *mors* in einem Horaz-Zitat nieder, vermeidet aber das englische *death* wie absichtlich in einem der vertrautesten dieses Wort enthaltenden Shakespeare-Zitate.[1] Mrs. Piper setzt den Schlußstrich darunter durch nochmalige Wiederholung des griechischen Stichwortes.

3.[2]

Die folgende Kk. zeigt deutlich komplementäre Eigenart, insofern sie die Strophen eines kurzen Gedichts auf die beteiligten Medien verteilt, und zwar die eine wörtlich anführt, die andere nur dem Sinne nach umschreibt. — Am 16. März 1908 schrieb Miss Helen Verrall:

---

1) Vgl. G. Balfour: XXV 52 f.   2) XXIV 297 ff.

> *La vie est brève*
> *un peu d'espoir*
> *un peu de rêve*
> *et puis bonsoir*

['Kurz ist das Leben — ein wenig Hoffnung — ein wenig Traum — und dann: gutnacht.' — Dies ist die zweite Strophe eines zweistrophigen Gedichts von Victor Hugo.] Das Ende der Geschichte. Wie eine hochrotblättrige Rose die Rose von Saron

Als der Beweis gesucht wurde, sagte er ihnen, daß das einzige Mittel, ihn zu erlangen, darin läge: in dem Versuch auszuharren, die Verknüpfung zu erweisen. — Gautier und Hugo diese zusammen Bilder die verglichen werden müssen. — Falls es nicht möglich ist, diese zwei Seite an Seite zu setzen, wird keine Gelegenheit gegeben sein...

(Zeichnung einer Blume) beachten Sie diese Blume.

Hiermit soll ein Teil der Schrift der Miss 'Mac' und ihrer Genossen vom 27. Juli 1908 verglichen werden. Diese Schrift bestand offenbar aus mehreren Teilen, deren jeder sich als Bestandstück von Kk.en erwiesen hat, und jeder dieser Teile begann mit dem Namen 'Sidgwick' — d. h. dem des angeblichen Erzeugers zahlreicher Mac-Schriften. Der uns hier angehende Teil lautet:

Sidgwick. Eitelkeit der Eitelkeiten alles ist eitel. Ein wenig Liebe und dann welkt die Freude und die Rose wird zerknittert und verschrumpft — *fane* [auf die Frage der Schreibenden, was dies Wort bedeute, kam die Antwort:] französisch [und ein Akzent wurde über das e gesetzt: *fané* = verwelkt.] Blutende Herzen können nicht gestillt werden und die Stimme des Todes erschallt durch das Hirn mit widriger Eintönigkeit — Sidgwick — hohl und tödlich eitel ist das Leben ohne Sinn.

Als Mrs. Verrall diese Schrift zu Gesicht bekam, wurde sie sogleich an die erste Strophe jenes kleinen Hugoschen Gedichts erinnert, von dem die zweite vier Monate zuvor in der automatischen Schrift ihrer Tochter erschienen war. Jene erste lautet nämlich:

> *La vie est vaine,*
> *un peu d'amour,*
> *un peu de haine*
> *et puis bonjour!*

(Das Leben ist eitel, — ein wenig Liebe, — ein wenig Haß — und dann lebwohl.)

Die Anspielungen hierauf in der Mac-Schrift liegen allerdings auf der Hand. 'Ein wenig Liebe' übersetzt die zweite Zeile wörtlich, 'eitel ist das Leben' — die erste; außerdem geben in den englischen Schriften die Worte *fane* und *brain* den einen der beiden Reime des Gedichts an. — Nun war das Hugosche Gedicht sowohl Miss Verrall als auch den

Macs bekannt; daß es in ihren Schriften erschien, wäre also an sich nicht erstaunlich. Das bemerkenswerte liegt aber darin, daß, wie gesagt, die eine Schrift die erste, die andre die zweite Strophe anführt bzw. umschreibt; sodann, daß in der einen Schrift die Worte 'das Ende der Geschichte' andeuten, die zweite, abschließende Strophe sei absichtlich gewählt worden. Überdies wurde deutlich darauf hingewiesen, daß eine Kk. beabsichtigt sei: denn falls es nicht gelänge, 'diese zwei Seite an Seite zu setzen', würde eine 'Gelegenheit' verpaßt. Auch die Worte 'Als der Beweis gesucht wurde usw.' in der Helen-Verrall-Schrift deuten auf die gleiche Absicht hin: es gilt offenbar, eine 'Verknüpfung zu erweisen'. Endlich wird wohl der Gedanke an zufällige Übereinstimmung dadurch ausgeschlossen, daß beide Schriften — und zwar die erste mit Betonung — den Begriff 'Rose' (bzw. 'Blume') einfügen, der an sich keine Verknüpfung mit dem Gedichte hat.

Es könnte vielleicht bedenklich erscheinen, daß der zeitliche Abstand zwischen den beiden als zusammengehörig bezeichneten Schriften mehr als vier Monate betrug. Indessen lehrt uns genauere Bekanntschaft mit dem Ablauf von Kk.en immer wieder, daß wir 'irdische' Zeitmaße nicht allzu streng auf sie anwenden dürfen. Und zwar entnehmen wir das Recht auf Weitherzigkeit in ihrer Anwendung nicht etwa dem Umstande, daß nur dann sich Verwandtschaften unter Schriften (künstlich!) herstellen lassen, sondern der Selbstdarstellung dessen, was wir als die 'Regie' oder 'Leitung' der Schriften immer besser kennen lernen werden; und ich will diesen Punkt hier ein für allemal klarstellen, um Einwendungen auf Grund der Tatsache größerer Zeitabstände auszuschließen. So schreibt z. B. Mrs. Holland am 2. März 1910 den an sie selbst gerichteten Vorwurf zweier ihrer Kommunikatoren nieder: 'Haben Sie acht, daß Sie den Versuch, Latein zu schreiben, nicht mißverstehen — aber Sie kommen immer zu spät [und] haben es [dann] mit den Rückständen von Monaten zu tun — beide Mitwirkende senden dies — F. W. H. M[yers] R. H[odgson].'[1] — Und was die 'Leitung' zu wissen vorgibt, das zeigt auch die Beobachtung von außen als Tatsache. Ein Beispiel: Mrs. Hollands Beiträge zur folgenden Kk. — 'Sesam und Lilien' — traten zutage, nachdem sie längere Zeit, vom 11. März bis zum 25. November 1908, fast garnicht, nämlich nur ein einziges Mal (am 23. Juli) geschrieben hatte. Nach dem 25. November schrieb sie wieder durchschnittlich einmal in der Woche und erzeugte bis zum 14. April 1909 insgesamt 20 Schriften, worin Kk.en mit Piper-Äußerungen aus den Monaten März bis Mai 1908 entdeckt wurden. 'Es sieht so aus', sagt Miss Johnson, 'als ob Mrs. Holland,

---

1) XXV 243.

als sie ihr Schreiben wieder aufnahm, die Stoffe aufzulesen begann, die einige Monate zuvor von den andern Medien behandelt (aber natürlich damals noch nicht veröffentlicht) worden waren; denn die Verknüpfungen, die darauf zutage traten, erscheinen zu zahlreich, um auf Rechnung des Zufalls gesetzt zu werden.'[1] Die Tatsache des verspäteten sinnlichen oder motorischen Abreagierens einer übernormalen Beeindruckung ist wohlbekannt und genügt augenscheinlich, um — unter jeder denkbaren Theorie — die Eigenart jener zeitlichen Verhältnisse zu erklären. —

4.[2]

Unter den Kreuzkorrespondenzen etwas größeren Umfangs zeichnen sich wenige in solchem Maße durch Klarheit und Knappheit der inhaltlichen und zeitlichen Beziehungen aus, wie die unter dem Stichwort 'Sesam und Lilien' veröffentlichte. Vier Medien — falls wir die 'Mac'-Gruppe als Einheit fassen — waren an ihr beteiligt, von denen nur eins (Mrs. Holland) aus den eben dargelegten Gründen zeitlich beträchtlich nachhinkte; während die übrigen ihre Zusammengehörigkeit nicht nur inhaltlich zu erkennen gaben, sondern — in besonders dramatischer Weise — durch den in der Mac-Schrift enthaltenen **Auftrag** ihrer **Übersendung** an die andere Hauptbeteiligte bis zu einem festgesetzten **Tage**, der sich für die Erkennung der Kk. als besonders bedeutungsvoll erwies.[3]

Am 27. Juli 1908 lieferte die Mac-Gruppe eine Schrift, in der die uns hier angehenden Worte kurz folgendermaßen lauteten:

Sidgwick. Sesam und Lilien.

Dies nun ist der Titel eines in England sehr bekannten Buches des Moral- und Kunstphilosophen John Ruskin, über welche beide zunächst einige Worte gesagt werden müssen. — Im Jahre 1864 hielt Ruskin in Manchester zwei Vorträge, die er unter dem genannten Titel in braunem Leinenband herausgab. Der erste Vortrag war überschrieben: 'Sesam. Von Schatzkammern der Könige', der zweite: 'Lilien. Von Gärten der Königinnen,' und jeder von ihnen trug ein Motto in griechischer Sprache. Das erstere dieser Mottos bestand aus Teilen des 5. und 6. Verses des 28. Kap. des Buches Hiob, nämlich: 'Aus derselben [der Erde] kommt Brod ... und Goldstaub', das zweite entstammte dem Hohenlied Salomonis (2, 2): 'Wie eine Rose unter Dornen, so ist meine Freundin ...' Im Jahre 1871 erschien eine zweite Ausgabe der beiden Vorträge in blauem Ledereinband mit blinder Pres-

---

1) XXIV 319.   2) XXIV 270 ff. 317 f. 319 ff.   3) XXIV 267 f.

sung auf dem Deckel und goldenem Titeldruck auf dem Rücken. In dieser Ausgabe war der Inhalt um einen weiteren Vortrag vermehrt und die griechischen Mottos aus der Bibel waren durch zwei andere in **englischer** Sprache ersetzt; von diesen stammte das erste aus Lukians 'Fischer' und lautete: 'Ihr sollt ein jeder einen Kuchen aus Sesam haben — und zehn Pfund'; das zweite aus Jesaja (35, 1): 'Aber die Wüste und Einöde wird lustig sein, und das dürre Land wird fröhlich stehen, und wird blühen wie die Lilien ...' Alle späteren Ausgaben behielten diese englischen Mottos bei, ausgenommen diejenige in der billigen 'Jedermanns Bücherei' (vom Jahre 1907), welche zu den früheren griechischen Mottos zurückkehrte; doch ist diese natürlich nicht in blaues Leder gebunden.

Hält man sich diese Angaben über die einzelnen Ausgaben des Buches vor Augen, so entdeckt man Anspielungen auf dasselbe in noch zwei weiteren Mac-Schriften, die derjenigen mit der Nennung des Titels **vorausgingen**. Am 19. Juli 1908 nämlich schrieb die Mac-Gruppe:

> Wo ist die kleine blaue Vase mit den Lilien die bei Sarons tauiger Rose wachsen ... Forschet in der Schrift, so wird sich der Staub in feines Gold wandeln.

Am 26. Juli:
> Ein blaues Buch in blauem Leder mit Vorsatzpapier und goldener Pressung.

Genaueste Erwägung ergibt, daß der Schlußsatz der ersten dieser Schriften mit keinem Bibelvers soviel Wortverwandtschaft zeigt, wie eben mit Hiob 28,6 (zumal in der englischen Übersetzung), d. i. mit dem (griechischen) Motto des ersten Ruskinschen Vortrags. Aber auch die Worte 'Forschet in der Schrift' passen besonders gut auf den ersten der beiden Vorträge; denn in ihm dringt Ruskin immer wieder auf genaues Erwägen[1] des geschriebnen und gedruckten Wortes beim Lesen und erläutert diese Vorschrift mit Beispielen aus 'der Schrift', d. i. der Bibel: nur so könne Lesen Vorteil bringen, nur so 'ein Korn des Metalls' gewonnen werden. Man kann Ruskins ersten Vortrag geradezu in die Worte der Mac-Schrift zusammenfassen: Forschet in der Schrift, so wird sich der Staub in feines Gold wandeln. — Was aber den **ersten Teil** der Mac-Schrift vom 19. Juli anlangt, so spielt er augenscheinlich auf den ersten Vers des 2. Kap. des Hohenliedes an: 'Ich bin die Rose zu Saron und die Lilie im Tal', den Vers also, der dem **zweiten Motto** des Ruskinschen Buches **unmittelbar vorausgeht**. Die Eingangsworte 'Wo ist die kleine blaue Vase' sind damit noch unerklärt: man hält sie am besten mit der zweiten **Mac-Schrift** (vom 26. Juli)

---

1) **examination**.

zusammen. In dieser wird eine Buchausstattung mit vorwiegendem Blau geschildert, die — trotz geringfügiger Abweichung — sehr wohl auf die zweite, in blaues Leder gebundene Ausgabe von Ruskins 'Sesam und Lilien' zutrifft. Offenbar aber können wir dann die 'blaue Vase', welche die 'Lilien' enthält, durchaus als Umschreibung des blauen Buches mit dem 'Lilien' betitelten Vortrag deuten. Was aber jene 'geringfügige Abweichung' der Buchbeschreibung in der zweiten Mac-Schrift von dem wirklichen Aussehn der zweiten 'Sesam'-Ausgabe betrifft, so ist es jedenfalls seltsam, daß sogleich nach jener Buchbeschreibung, als die Macs den Kommunikator fragten, welches Buch denn gemeint sei, die Worte kamen: 'Blind, blind, blind, warum sind eure Augen gebunden[1] mit Schwachheit; jedermann hat die seinen...' Ist es zu weit hergeholt, hier ein Bewußtsein der Tatsache angedeutet zu sehen, daß die Pressung des blau 'gebundenen' Buches keine 'goldene', sondern eine 'blinde' war, sowie eine Anspielung auf die letzte Ausgabe desselben Buches in 'Jedermanns Bücherei'? — Bei alledem aber ist noch zu bedenken, daß die Macs die blaugebundene Ausgabe von 'Sesam und Lilien' nicht kannten, sondern eine spätere Ausgabe in grünem Leinen besaßen, welche überdies die englischen Mottos enthält, also nicht diejenigen, auf welche ihre Schrift so deutlich Bezug nimmt. Sie brachten denn auch in keiner Weise ihre Schriften vom 19. und 26. Juli mit Ruskins Buch in Verbindung, da sie von der Verwendung anderer Mottos in anderen Ausgaben ebenfalls nichts wußten. Es gibt auch überhaupt keine Ausgabe des Buches, die blauen Einband und griechische Mottos vereinigt, die beiden Umstände, die doch in den Anspielungen der Mac-Schrift auf das Buch vereinigt worden waren.

Dies alles ist seltsam genug, bildet aber natürlich noch nicht eine Kreuzkorrespondenz. Zu dieser fand sich der wichtigste andere Anteil in den leidlich gleichzeitigen Schriften der Damen Verrall, und die Bedeutsamkeit der Tatsache, daß gerade diese die wesentlichsten ergänzenden Bestandteile lieferten, ergibt sich aus dem Umstande (auf den schon angespielt wurde), daß die Mac-Schrift selbst ihre Einsendung an die Verralls forderte, wobei der 26. September als spätester Tag für ihr Eintreffen bei diesen festgelegt wurde. Wir werden den Sinn dieser Forderung begreifen, wenn wir uns nunmehr dem Anteil der beiden Cambridger Medien zuwenden.

Nach längerer Unterbrechung ihres automatischen Schreibens hatten es Mrs. und Miss Verrall im August 1908 wieder aufgenommen und den 1. September als den Tag bestimmt, an welchem sie zum ersten-

---
[1] bound.

mal ihre beiderseitigen Schriften vergleichen wollten; bei dieser Vergleichung (also 3½ Wochen, ehe sie die Mac-Schriften vom Juli erhielten) glaubten sie zu entdecken, daß ihrer beider Schriften vom 19. August sowie Miss Helen Verralls Schriften vom 12. und 22. August offenbar auf den Titel von Ruskins 'Sesam und Lilien' abzielten. Mrs. Verralls Schrift vom 19. August nämlich lautet:

'... Es ist eine literarische Anspielung, die heute kommen sollte. Denken Sie an die Worte Liliastrum   Paradies — Liliago   nein, nicht das   Lilien von Eden — Lilith nein. Evas Lilien alle in einem Garten schön. Versuchen Sie nochmals.

> Lilien im Winde sich wiegend
> unter der Gartenwand
> Lilien, die Bienen erwarten
> Lilien, lieblich und hoch

Dann außer den Lilien ist da noch ein anderes Wort für Sie und für sie — Lilien und ein anderes Wort — sodaß Lilien das Stichwort ist welches zeigt welche Worte zusammenzufügen sind. Und Ihr zweites Wort ist Gold. Denken Sie an die goldenen Lilien von Frankreich. Sie werden einige Zeit auf das Ende dieser Geschichte warten müssen, auf die Lösung dieses Rätsels — aber ich glaube an seinem endlichen Erfolg ist kein Zweifel Der Ihrige [= 'Myers'].

Zur Deutung dieser Schrift, deren Zusammenhang mit den Mac-Schriften sich bereits aufdrängt, sei noch folgendes bemerkt: *Paradisia liliastrum* ist der botanische Name einer Lilienart, ebenso *Liliago*. Von dieser ersten Festlegung des Begriffes 'Lilien' gelangt die Schrift über die Mittelvorstellung 'Paradies' zu 'Lilith' und 'schöner Garten'. 'Lilien. Von Gärten der Königinnen' aber hieß (wie wir wissen) der Titel von Ruskins zweitem Vortrag. Wie die erste Hälfte der Verrall-Schrift sodann auf mannigfache Weise noch weiter 'Lilien' unterstreicht, so betont die zweite deutlich die Absicht einer Kk., die auf 'Lilien' in Verbindung mit einem 'andern Wort' beruhen soll. Dies zweite Wort in der M. Verrall-Schrift ist 'Gold', wobei eine Verknüpfung der beiden Worte 'Lilien' und 'Gold' auch durch die Erwähnung des französischen Königswappens angedeutet wird: 'die goldenen Lilien von Frankreich'. 'Gold' aber war, wie wir wissen, der Hauptbegriff im Motto des ersten Ruskin-Vortrages.

An dem gleichen Tage nun, dem 19. August, schrieb Miss Helen Verrall:

Blau und gold waren die Farben   Goldene Sterne auf blauem Grund wie ein Nachthimmel...

womit wieder das alte französische Wappen angedeutet ist, indem die goldenen Fleurs-de-lys nicht unähnlich Sternen sind. Wir wissen aber aus vielen Beispielen, daß in Kk.en ein Stichwort nicht selten gerade dadurch hervorgehoben — für den nachträglichen Entdecker der Kk. hervorgehoben — wird, daß es innerhalb eines wohlbekannten Zusammenhangs unerwartet durch ein anderes ersetzt wird; wie hier 'Lilien' durch 'Sterne', welch ersteres die lebenden Ausleger erwarten mochten, nachdem Mrs. Verrall das französische Wappen ausdrücklich erwähnt und ihre Tochter gleichzeitig deutlich darauf angespielt hatte. Daß hier Grund zum Stutzen war, schienen aber auch die Kommunikatoren zu wissen; jedenfalls führten sie in der nächsten Helen Verrall-Schrift nicht nur 'Lilien' in andrer Umgebung und Fassung ein, sondern deuteten auch an, daß etwas Wichtiges an der im Gang befindlichen Kk. noch nicht ganz erfaßt sei. Diese H.V.-Schrift vom 22. August lautet nämlich:

Unto this last das war die mitzuteilende Botschaft. Es war auf dem Friedhof wo die Lilien wachsen — ein Ausblick über die Hügel — blaue Hügel — verliebt in den Tod [ein Halb-Zitat aus Keats] Beachten Sie daß die Worte ein Schlüssel [zur Lösung] sind. Aber Sie haben das Wichtigste von allem noch nicht geschrieben. Aber beeilen Sie sich nicht lassen Sie es von selbst kommen. F. W. H. M[yers].

Das Bewußtsein des Kommunikators, daß der Versuch fortschreite, aber das Letzte, Ausschlaggebende noch fehle, ist hier klar ausgesprochen. '*Unto this last*' ist der Titel eines andern Ruskinschen Buches. Dies, in Verbindung mit der Erwähnung von *Praeterita,* einem weiteren Ruskin-Titel, in der (hier übergangenen) Helen-Verrall-Schrift vom 12. August und mit deutlichen Hinweisen auf 'Lilien und' noch etwas, sowie auf das Bezwecken einer 'literarischen Anspielung' in Mrs. Verralls Schrift vom 19. August, führte letztere unwiderstehlich auf Ruskins 'Sesam und Lilien' als eigentlichen Zielbegriff der Kk., an der ihre und ihrer Tochter Schriften zu arbeiten behaupteten, womit sie ja, angesichts der später von ihr empfangenen Mac-Schriften, vollkommen im Recht war.

Wie passend aber die Erwähnung der beiden andern Ruskinschen Werke in den Verrall-Schriften war, erwies sich erst, als Mrs. Verrall, während einer jetzt erst vorgenommenen Beschäftigung mit den verschiedenen Ausgaben von "Sesam und Lilien', in der Vorrede der Ausgabe v. J. 1882 die Worte fand, daß 'Sesam und Lilien', in Verbindung mit '*Unto this last*' gelesen, die hauptsächlichen Wahrheiten enthalte, die ich [Ruskin] während meines ganzen vergangenen Lebens [*praeterita!*] zu entwickeln versucht habe.' Dieser Satz in 'Sesam und Lilien' vereinigt also die drei im Laufe der Kk. erwähnten Titel Ruskinscher Werke, und 'es ist (sagt Mrs. Verrall) so sicher, wie etwas überhaupt sicher sein kann, daß weder ich noch meine Tochter irgendeinen Grund kannten, [gerade] diese Titel zu verknüpfen.' Und hier mag noch erwähnt werden, welcherlei normale Kenntnis von den genannten Ruskin-Werken die Damen Verrall überhaupt besaßen. Miss V. hatte niemals 'Sesam und Lilien', *Praeterita* oder *Unto this last* gelesen, kannte aber den Titel 'Sesam und Lilien'. Mrs. Verrall hatte als Kind (zwischen ihrem 9. und 13. Jahre) 'Sesam und Lilien' in der Ausgabe v. J. 1865 gelesen, welche also die griechischen Mottos aus Hiob und Hohemlied enthält, die sie aber natürlich damals nicht verstehen konnte. Die spätere, in blaues Leder gebundene Ausgabe kannte sie von Ansehn. Von *Praeterita* kannte sie einen Teil, *Unto this last* hatte sie nie gelesen, noch auch, wie gesagt, die Vorrede zu 'Sesam und Lilien' in der Ausgabe v. J. 1882 — bis zur Zeit der Kk. Von dem Inhalt der beiden Vorträge hatte sie nur eine 'leidlich gute allgemeine Erinnerung' ohne alle Einzelheiten. Dagegen mag gleich hier noch erwähnt werden, daß Frederic Myers, der angeblich treibende Geist dieser Kk., ein großer Bewunderer und persönlicher Freund Ruskins gewesen war und fraglos eine sehr genaue Kenntnis aller seiner Schriften besaß.

Als die Damen Verrall am 1. Sept. ihre Schriften verglichen, erschien es ihnen also klar, daß die gemeinsame Zielvorstellung derselben 'Sesam und Lilien' sei, die aber in gewissem Sinne verfehlt worden wäre. Am 23. September schloß denn auch Miss Verralls Schrift mit den Worten:

'Beachten Sie die literarischen Anspielungen, etwas sollte aus ihnen gewonnen werden dadurch, daß sie miteinander verknüpft werden. Der Schlüssel ist da, doch sind verschiedene Einzelheiten verfehlt worden; aber versuchen Sie wieder ...'; und die Schrift erwähnte abermals 'das Aussäen von Samen' [Sesam ist ja ein Same], 'die Sternblumen und auch die Lilien', und forderte sie auf: 'Blicken Sie zurück — die offene Tür' [keine üble Anspielung auf 'Sesam, öffne dich'!]

Auf den 22. Sept. war die nächste Vergleichung der Verrall-Schriften unter einander angesetzt worden, weil die beiden Damen sich am 28. auf längere Zeit zu trennen beabsichtigten. Wir begreifen demnach die Bedeutsamkeit des Umstandes, daß (wie erwähnt) die Mac-Schrift ihre eigene Übersendung an die Damen Verrall bis spätestens zum 26. Sept. forderte; denn in dieser mußten sie die ausdrückliche Festlegung des Kernbegriffs der Kk. finden — 'Sesam und Lilien' —, auf welchen ihre eigenen Schriften in Umschreibungen hingewiesen hatten, wenn auch mit genügender Deutlichkeit, um sie schon vor Empfang der Mac-Schriften auf diese eigentliche Zielvorstellung hinzuführen.

Nachdem Mrs. Verrall die Mac-Schrift erhalten hatte, durchforschte sie (am 5. Okt.) auf der Cambridger Universitätsbibliothek sämtliche Ruskin-Ausgaben und suchte auch zu Hause nach der alten Blau-Leder-Ausgabe von 'Sesam und Lilien', die sie um 1871 von ihrer Mutter geschenkt bekommen hatte. Zwei Tage darauf (am 7. Oktober) enthielt die Mac-Schrift u. a. folgendes:

Der entscheidende Beweis ist [besteht] in dem verlorenen Buch verloren verloren verloren (folgt die zweimalige Zeichnung eines Buches) ... Ihre Augen sind noch immer erdgebunden[1] [vgl. die ähnlichen Worte in der Mac-Schrift vom 26. Juli] V[errall] hat eine Ahnung von dem Sinn.

Damit war wiederum klar ausgedrückt, daß 'Sesam und Lilien' die Zielvorstellung dieser Kk. war.

Soviel über den Anteil der genannten drei Damen an ihr. Es sei aber schließlich erwähnt, daß auch in Mrs. Hollands Schriften sich Bestandteile derselben gefunden haben. Diese traten zwar beträchtlich später zutage, nämlich erst im Dezember 1908; doch hatte Mrs. Holland (wie schon erwähnt) während einiger Monate dieses Jahres, bis zum 25. November, überhaupt nicht geschrieben; sie benutzte also doch die erste, oder eine der ersten Gelegenheiten, um soz. 'das Versäumte nachzuholen'. In ihren Dezember-Schriften nun finden sich die Vorstellungen 'Sterne', 'Gold', 'Königinnen', 'König' in Verbindung mit 'Schätzen', 'Eden' u. a. m., die uns alle aus dem Vorstehenden vertraut sind. Doch sind sie (nebst 'Coniston', Ruskins Heimat!) nach Mrs. Hollands Gewohnheit so üppig mit dichterischen Zitaten verwoben, daß ihre verständliche Darlegung für den deutschen Leser allzu weit führen würde.

5.[2]

Die letzte hier wiederzugebende Kreuzkorrespondenz umschließt schriftliche und mündliche Äußerungen von sechs Medien: Mrs. Holland, Mrs. Verrall, Miss Verrall, Mrs. Piper, Mrs. Willett sowie Miss E. und Mrs. A. 'Mac' (die auch hier als Einheit gerechnet werden); sie erstreckte sich über die Zeit etwa vom November 1906 bis zum Juli 1910. Die endgültige Entdeckung der Zusammengehörigkeit der einzelnen Teile geschah auch in diesem Falle erst beträchtlich später, nämlich im Juli 1912. Als eigentlicher Gegenstand dieser Kk. wurden die **Mediceergräber in der Neuen Sakristei der Kirche S. Lorenzo in Florenz** festgestellt, insbesondere das des Alexander mit dem Beinamen *il Moro*, d. i. der Mohr,[3] wovon sich der Leser erst im Verlaufe der Darstellung überzeugen wird, weshalb ich die sogleich einsetzende Erläuterung von Einzelheiten zunächst geduldig hinzunehmen bitte. — Ich gebe im folgenden das Wichtigste aus den einzelnen Schriften und Äußerungen in zeitlicher Reihenfolge wieder.

---

1) clay bound. 2) XXVII 56 ff. 3) Alexander v. Medici war der Sohn des Papstes Clemens VII. und einer Mulattensklavin.

1. Mrs. Hollands Schrift vom 9. November 1906.

Der Schatten ist sehr klar und dunkel und erscheint fast so gewichtig wie das Stoffliche... Schattengestalten — hat Margaret [Mrs. Verrall] in ihrem prüfenden Geiste die Verknüpfung zurückverfolgt?

2. Mrs. Holland: 13. November 1906.

... In einer Stimme, die sie kennen wird   Margaret [Dies ist ein Zitat aus Matthew Arnolds Gedichten] ... Ein Gewinde von verdienten Lorbeeren [Zitat aus einem Gedichte George Herberts, wobei aber das letzte Wort *praise* durch *bays* = Lorbeeren ersetzt ist, was auch hier einer besondern Hervorhebung des fortgelassenen Begriffes gleichkommt; Lorbeeren aber waren ein Abzeichen der Mediceer seit Lorenzo dem Prächtigen, dem Großonkel Alessandro Moros: — wobei Lorenzo (Laurentius) wortspielerisch von Laurus = Lorbeer abgeleitet wurde.] Da das Leben bleicher als der Tod geworden war, Wachen mehr gestillt als Schlaf [Worte, welche anklingen an Symonds' und Wordsworths Übertragung eines Sonetts des Michelangelo, das an die berühmte 'Nacht'-Gestalt der von ihm geschaffenen Mediceergräber anknüpft] ...

3. Mrs. Holland: 21. November 1906.

Ein Schlummer verschloß meine Seele... Laurence [die Verszeile ist der Anfang eines Wordsworthschen Gedichts, das wieder stark an die genannte Dichtung Michelangelos anklingt. Das nachfolgende 'Lorenzo' (in englischer Form) bestätigt die vermutete Beziehung.]

4. Mrs. Holland: 28. November 1906.

... Die Finsternis war nicht beängstigend — aber sonderbar geformte Schatten erschreckten sie... *Fin de nuit*[1] — ein Namensanagramm oder vielmehr ein symbolischer Name — Morgendämmerung sozusagen. Ende der Nacht... ['Finsternis' und 'Schatten' knüpfen wiederum an die 'Nacht' des Michelangelo an. 'Morgendämmerung' bezieht sich vermutlich auf die gleichnamige Gestalt seiner Mediceergräber. Diese drei Worte sind die einzigen in der Schrift unterstrichen! Die Umschreibung des letzten Wortes durch das französische *fin de nuit* wird von der Schrift selbst als Anagramm oder 'symbolisch' bezeichnet: sie soll ohne Frage auf Mrs. Pipers berühmte Kontrolle 'Phinuit' anspielen und damit dies Medium als an der Kk. beteiligt bezeichnen.]

5. Mrs. Holland: 12. Dezember 1906.

Der Schatten und der Schlaf —   Der Traum und das Erwachen ... [Das Marmorbild 'Dämmerung' der Mediceergräber wird meist als 'Erwachen' aus unruhigen Träumen beschrieben.]

6. Mrs. Verralls Schrift vom 24. Dezember 1906.

Er sprach: es werde Licht, und es ward Licht, und aus Abend und

---

1) Franz.: Ende der Nacht.

Morgen ward der erste Tag [1. Mos. 1, 3.5. — 'Abend' und 'Morgen' — Anspielung auf die gleichnamigen Gräbergestalten.] Die Verweisung[2] ist schon früher gegeben worden, aber, glaube ich, nicht verstanden. [Dies ist sinnvoll, wenn diese Schrift im Zusammenhang mit den obigen Holland-Schriften gedeutet wird.] [Lat.:] Lichterfüllte Gestade   Das westliche Licht, das den ganzen Raum durchflutete   So Sie, nicht für Sie. Er benutzt eine fremde Stimme, nicht seine eigene   Ich habe [dies] getan   den ihr als Rector den Leitenden kennt. Ajax betete um Licht [Ilias XVII 647. — Die gesamte Schrift betont, als Ergänzung der früheren, den Begriff 'Licht' oder 'Tag', — 'Tag' aber heißt ja ein anderes der vier berühmten Bildwerke. Zu beachten sind die abschließenden 'Regiebemerkungen' in lateinischer Sprache: die Äußerung erfolge durch Mrs. Verrall, sei aber nicht für sie — d. h. sie allein — bestimmt, sondern eben für die, welche das Ganze des Versuchs überblicken werden. Seltsam und fast einzigartig ist die Behauptung der Beihilfe Rectors, der berühmten Piper-Kontrolle, bei Mrs. Verrall; wobei sich der angebliche 'Rector' ausdrücklich von dem eigentlichen Leiter des Experiments absondert: dem 'er', der 'eine fremde Stimme benützt'.]

7. Mrs. Verralls Schrift vom 6. Februar 1907.

Laura und eine andere... die große Bibliothek... Der Zweig, der völlig grade wachsen sollte [Zitat aus Marlowe's 'Doctor Faustus'] Apollos Lorbeerzweig   Sie machen es nicht richtig, aber einiges hiervon ist wahr... Apollos Lorbeerzweig   Auch die Bibliothek hat einige Bedeutung   Stellen Sie die Bibliothek und den Zweig zusammen   *Laureatus* [lorbeergeschmückt] ein Lorbeerkranz (daneben die Zeichnung eines solchen) vielleicht nur dies *corona laureata* [Lorbeerkrone] hat hier einigen Sinn   Mit einem Lorbeerkranz ward seine heitere Stirn gekränzt   Nichts weiter heute   erwarten Sie die besseren Nachrichten, welche Gewißheit bringen mit einer Lorbeerkrone [Laura — eigentlich *laurea* — ist natürlich = Lorbeer, auf den sich auch sonst noch zahlreiche Bestandteile dieser Schrift ausdrücklich beziehen. Die 'Bibliothek', die mit dem 'Lorbeerzweig' 'zusammengestellt' werden soll, ist anscheinend die berühmte Bibliotheca Laurentiana, gegründet von Cosimo v. Medici und seit 1524 in den Kreuzgängen von San Lorenzo untergebracht, also in der Kirche des Namensheiligen jenes Mediceers, der den Lorbeer zu seinem Abzeichen machte. 'Der Zweig' ist möglicherweise eine Anspielung auf die 'Compagnie des Lorbeerzweiges', eine der beiden von den Mediceern gegründeten Compagnien, welcher Lorenzo d. J., Herzog von Urbino, vorstand, der eine der in der Neuen Sakristei von San Lorenzo Ruhenden.]

8. Worte, gesprochen von Mrs. Piper in der Phase des Erwachens am 26. Februar 1907.

Moorhead [Mohrenkopf] *Moorhead* Lorbeer — für Lorbeer. Ich sage ich gab ihr [d. i. Mrs. Verrall] das für Lorbeer   Leben Sie wohl... [Mehr

---

1) *Reference.*

124 *Argumente aus formalen Verhältnissen der Kundgebung*

zu sich gekommen:] Etwas — ich glaube, er sagte etwas von — warten Sie mal. Well, ich glaube, es war etwas von Lorbeerkränzen, Lor—beer—kränzen, von denen er zu ihr sprach.

9. Aus Mrs. Pipers Transäußerungen vom 27. Februar 1907.

['Myers' redet:] Ich bin zu [schwach] um es heute zu sagen. Meine Gedanken wandern... Hören Sie Ich gab Mrs. Verrall Lorbeerkranz [Vgl. o. Mrs. V.s Schrift vom 6. Februar] und ich sagte Hodgson würde das nächste [Stichwort] geben. Sie mag es [noch] nicht empfangen haben, aber ich, ja ich gab ihr dies, und während der Geist des [Mediums, d. i. Mrs. Piper] in den Körper zurückkehrte [d. h. während der Phase des Erwachens], versuchte ich ihn zu fassen — den Geist zu fassen, um es Ihnen das letzte mal zu geben... Leben Sie wohl. Myers [Vgl. die vorige Nummer. — Daß 'Mohrenkopf' sich auf Alexander den Mediceer bezieht, wird bald deutlicher werden.] — —

10. Mrs Hollands Schrift vom 13. März 1907.

...Sie wußte, daß sie brusttief hingewatet
entlang des Todes Ufer in des Schlummers Schilf...

...Ein Stern im rosigen Westen
und der Osten ist kalt und grau
und die müde Erde findet Ruh
wenn der Wintertag sich endet
Wie oft, eh ich gestorben bin,
muß ich des Sterbens Bitterkeit erfahren?

[Die ersten zwei Zeilen sind ein Zitat aus D. G. Rossettis Dichtung 'Rose Mary', dem im Original einige Zeilen vorausgehen, worin die Worte 'Nacht' und 'Morgendämmerung' eine hervorragende Stellung einnehmen. — Die nächsten vier Zeilen scheinen original zu sein, doch erinnert die dritte stark an eine Zeile in Shelleys Gedicht 'An die Nacht', welche lautet: 'und der müde Tag findet Ruhe.' (Hier wäre also wieder ein Begriff vermittelst Ersetzung durch einen andern hervorgehoben.) Die letzten zwei Zeilen entstammen dem zweiten eines Paares Myersscher Gedichte, deren Titel lauten: 'Wollte Gott, daß es Abend wäre', 2. 'Wollte Gott, daß es Morgen wäre'. Wir erhalten also auf diese Weise wiederum die durch die Bildwerke der Mediceergräber dargestellten Vorstellungen 'Tag', 'Nacht', 'Abend' und 'Morgendämmerung'.]

11. Miss Verralls Schrift vom 17. März 1907.

Alexanders Grab... Lorbeerblätter sind Abzeichen. Lorbeer für des Siegers Stirn. [Das Sinnbild auf der Standarte Lorenzos des Prächtigen in dem großen Tournier d. J. 1469, in welchem dieser Sieger blieb, war ein scheinbar abgestorbener Lorbeerbaum, der neue Blätter trieb.]

12. Mrs. Hollands Schrift vom 27. März 1907.

Vögel in dem hohen Schloßgarten [Zitat aus Tennysons 'Maud', dem die Zeile folgt: 'Da die Dämmerung herniedersank'.]... (Es folgen schwer leserliche und übersetzbare lateinische Worte, darunter aber deutlich: *lux* [Licht] *tenebrae* [Finsternis])... Liebe und Schmerz — Schmerz und Liebe — so unvermeidlich wie Licht und Schatten — Schatten und Licht — ... Nicht Janes Gatte — der andere — Alexander — Mohrenkopf — Weite Höhlen, wüste Steppen einer, der nicht leicht argwöhnte [Zitate aus 'Othello' I, 3 und V, 2; Othello — der andere berühmte 'Mohr'! Die Schrift umspielt also wieder durchweg die durch jene Bildwerke von San Lorenzo verkörperten Vorstellungen, sowie den Namen des Alessandro il Moro.]

13. **Mac-Schrift vom 7. Oktober 1908.**

Grabt ein Grab unter den Lorbeeren (daneben die unverkennbare Zeichnung eines Lorbeerkranzes). [Also eine Verknüpfung von 'Grab' und 'Lorbeer'!]

14. **Mrs. Willetts Schrift vom 10. Juni 1910.**

... Myers. Die Laurentianischen Gräber. [Hier werden zum ersten mal die Gräber in der Sakristei von S. Lorenzo offen genannt. Dieser Name für die Mediceergräber ist gänzlich ungebräuchlich, verknüpft aber ihren Begriff sehr deutlich mit dem des Lorbeers. Mrs. Willett kannte die Gräber, wußte aber nicht, daß der Lorbeer ein Mediceisches Abzeichen war. Das bekannte Wappen der Mediceer enthält ihn nicht.] Dämmerung. Miltons Allegro und schwermütige Worte [gemeint sind offenbar Miltons Dichtungen *l'Allegro* und *Il Pensieroso;* die Bezeichnung *il Pensieroso* wird üblicherweise auf den Lorenzo der Mediceergräber angewandt.] Gesänge der Unschuld und die Gesänge der Erfahrung. Nun aber möchte er ein drittes schreiben, um die Trilogie [vollständig] zu machen Gesänge der Vollendung der Erfüllung Wer wird diese Gesänge der Verheißung und Gesänge der Erfüllung schreiben Wir sangen die Gesänge der Verheißung in dem trüben Zwielicht der Dämmerung... [Wir haben hier, neben eindeutigen Erwähnungen der Mediceergräber, zweimal 'Dämmerung' und einmal 'Zwielicht'. Zugleich aber scheinen die letzten Sätze, im Sinn des ganzen Experiments, die Hoffnung des 'Leiters' auf endgültiges Verständnis seitens der Irdischen auszudrücken.]

15. **Äußerungen der Mrs. Piper in der Phase des Erwachens am 8. Juli 1910.**

Myers Meditation [vgl. *Il Pensieroso,* d. i. 'der Nachdenkende, Meditierende'. — Es folgen Verse, von denen nur einzelne Worte verstanden werden konnten, nämlich:] Meditation... schlafende Tote Lorbeer umher... je gewachsen. Friedhofbaum... gingen mit behutsamem Schritt... um die schlafenden Toten. Meditation gibt den Zusammenhang. [Die 'schlafenden Toten' unter dem 'Lorbeer' sind anscheinend wieder die in S. Lorenzo ruhenden Mediceer.]

16. **Transäußerungen der Mrs. Piper am 16. Juli 1910.**

['Richard Hodgson' spricht:] 'Meditation' verbindet es [vgl. o.] Meditation kommt in Mrs. Hollands [Schrift] heraus, wird auch bei Mrs. W. erscheinen. Warten Sie darauf. [Der Sitzer, Prof. Lodge, bittet um deutliches Niederschreiben des am 8. Juli in der Phase des Erwachens nicht verstandenen Gedichts. Hodgson:] Elegie. Ich werde Myers veranlassen es mir herzusagen. 'Da durch des Friedhofs stille Räume Meditation mich führte, schritt langsam ich vorsicht'gen Schrittes über die schlummernden Toten.' 'Meditation' gibt den endgültigen Zusammenhang... wird eine höchst bedeutsame Rolle [in der Sache] spielen Und die beiden letzten Zeilen durch beide [Medien] Warten Sie darauf... [In der Phase des Erwachens sprach dann Mrs. Piper noch die Worte:] Komm in den Garten, Maud [ein Zitat wiederum aus Tennysons 'Maud', dem unmittelbar die Zeile folgt: 'Denn Nacht, die schwarze Fledermaus, ist entflohn.' Vgl. oben das andere Zitat aus 'Maud' bei Mrs. Holland (27. März 1907), dessen ebenfalls nächste Zeile 'Dämmerung' enthält.]

Hiermit endeten die festgestellten Beiträge zur Kk. 'Alexanders Grab', deren innere Geschlossenheit dem Leser mit dem Fortgang der Wiedergabe immer klarer zum Bewußtsein gekommen sein wird. Ihre Bedeutung beruht aber auf mehr als dieser Geschlossenheit in sich. Miss Johnson, der wir ihre Darstellung verdanken, hat darauf hingewiesen, daß diese Kk. jenes vollkommene Muster der Komplementarität verwirkliche, das vermittels der sog. 'lateinischen Botschaft' vom Diesseits aus den jenseitigen Experimentatoren vorgeschlagen worden war und dessen Sinn eben darin bestehen sollte, durch ein 'drittes' Medium eine Mitteilung zu machen, welche die Verknüpfung sichtbar werden ließe, die zuvor zwischen den Äußerungen des ersten und zweiten Mediums nicht erkennbar gewesen war. Die Verwirklichung dieses Musters in der vorliegenden Kk. erblickt Miss Johnson in folgender Verteilung wesentlicher Vorstellungen: Mrs. Piper, 26. Februar 1907: 'Mohrenkopf. Ich gab ihr dies für Lorbeer'; Miss Verrall, 17. März 1907: 'Alexanders Grab. Lorbeer'; Mrs. Holland, 27. März: 'Alexander Mohrenkopf'.[1] Es ist klar, daß zwischen den Äußerungen 'Mohrenkopf' (durch Mrs. Piper) und 'Alexanders Grab' (durch Miss Verrall) ein Zusammenhang zunächst nicht zu ersehen ist, wiewohl das Vorkommen von 'Lorbeer' in beiden Mitteilungen zum Aufsuchen eines solchen Zusammenhangs auffordern konnte. Ich kann zwar Miss Johnson nicht Recht geben, wenn sie meint: selbst nach der Entdeckung, daß 'Alexanders Grab' eines der berühmten Médiceergräber sei, hätte schwerlich irgend jemand die Verbindung zwischen 'Mohrenkopf' und 'Alexanders Grab' begreifen können, wenn nicht Mrs. Hollands unabhängige Schrift die Zusammenstellung 'Alexander Mohrenkopf' geliefert hätte; denn die Tatsache, daß Alexander von Medici Negerblut in sich hatte, ist ja nicht

---

1) XXVII 151 f.

grade tief verborgen (sein negerhaftes Bildnis von Bronzino ist sogar ziemlich bekannt). Immerhin bleibt bestehen, daß die irrtümliche Beziehung auf Alexanders des Großen Grab noch **zwei Jahre** lang von den englischen Forschern beibehalten wurde, **nachdem** Mrs. Holland des Rätsels Lösung tatsächlich gegeben hatte, und jedenfalls verband Mrs. Hollands besagte Schrift erstmalig die beiden Begriffe, die zuvor, jeweils mit einem dritten verknüpft, nur gesondert aufgetreten waren.

Aber man kann, wie mir scheint, das Musterbild der komplementären Kk. noch auf anderer Grundlage hier verwirklicht finden. Nachdem nämlich — Jahre hindurch — 13 Äußerungen von 5 Medien in mannigfachsten und schwer erkennbar zusammenhängenden Wendungen auf das **Ganze der Gräber** in der Sakristei von S. Lorenzo angespielt hatten, lieferte am 10. Juni 1910 Mrs. Willett — angeblich unter Myers' Eingebung — das Stichwort 'die Laurentianischen Gräber'. **Dieses Stichwort scheint mir richtiger**, als 'Alexanders Grab', die eigentliche Zielvorstellung unsrer Kk. zu bezeichnen, indem die Anspielungen der vorausgegangenen Äußerungen sich keineswegs ausschließlich, oder auch nur vorzugsweise, auf das die Leiche **Alexanders** bergende Grabdenkmal beziehen, sondern auf die Kunstwerke der berühmten Sakristei insgesamt, eben die 'Laurentianischen Gräber'. Mrs. Willett erst hätte also das wirklich **abschließende** Stichwort geäußert, das alles Vorausgegangene zur Einheit zusammenfaßt; und ich bin denn auch nicht einmal sicher, ob die nun allein noch folgenden Piper-Äußerungen vom 8. und 16. Juli überhaupt in die vorliegende Kk. einzubeziehen sind; ob also das neu auftauchende Stichwort 'Meditation', welches wiederum etwas 'verbinden' soll, wirklich eine Umschreibung des vorher durchaus verständlich angebrachten *Il Pensieroso* sein soll — trotz des auch hierher verirrten 'Lorbeer'. —

Schließlich mag es sich empfehlen, an dieser Stelle — solange das Dargestellte noch frisch in des Lesers Gedächtnis ist — eine kurze Überlegung anzustellen, welche späteren theoretischen Überlegungen vorarbeiten könnte. — Vorausgesetzt, daß es sich um die Mediceer-Gräber (oder gar 'Alexanders Grab') handelte: **wer stellte in diesem Falle die Einheit hinter der bruchstückweisen Offenbarung her?** War es doch das 'Unterbewußtsein' eines der beteiligten Medien, so müßte man diesem jedenfalls eine Kenntnis der fraglichen Tatsachen zuschreiben. Mrs. Piper nun wußte 'sicherlich' (wie Miss Johnson aus genauer Kenntnis der Dame urteilt) 'so gut wie nichts von den Mediceern oder ihren Gräbern in S. Lorenzo, und nichts von Alexander von Medici'. Miss Verrall hatte, wie sie ausdrücklich angibt, nie von Alexander von Medici gehört und besaß von den Mediceern überhaupt nur unbestimmte und allgemeine Kenntnis. Sie bezog den Ausdruck 'Alexanders Grab' bewußt auf Alexander den Großen. Mrs. Holland kannte Florenz und die Gräber gut; aber der Ausdruck 'Alexander' findet sich in ihren Schriften erst einen Monat nach der Erwähnung von 'Mohrenkopf' bei Mrs. Piper, und zehn Tage nach der Erwähnung von 'Alexanders Grab' bei Miss Verrall; man müßte also annehmen, daß sie die Kk. 'unterbewußt' erdacht und ihren eigenen entscheidenden Beitrag zurückgehalten habe, bis die Beiträge der andern Beteiligten vollständig erschienen waren. Dagegen spricht der bisher nicht erwähnte Umstand, daß unmittelbar nach der entscheidenden Erwähnung von 'Alexander Mohrenkopf' am 27. März 1907 ihre Hand einige 'hohe Masten' zeichnete und dazu schrieb: 'Aber dieser ist nicht zur See.' Diese Zeichnung und ihre Erläuterung machen es so gut wie sicher, daß gerade Mrs. Hollands Unterbewußtsein die eben von ihm gelieferten Worte 'Alexander Moorshead' irrtümlicherweise auf Dr. Alexander Muirhead, den namhaften englischen Förderer drahtloser Telegraphie, bezog, für dessen (und Lodge's) Leistungen auf diesem Gebiete sie sich interessierte, und daß jene 'Landmasten' Antennenstangen darstellen sollten und des Mediums persönliche Zutat und Entgleisung bildeten. Tatsächlich ist auch Miss Johnson zunächst auf diese wortspielerische Auslegung 'hereingefallen', bei welcher natürlich alle sonstigen, oben aufgezeigten Anspielungen auf die Mediceergräber ihren Sinn verlieren würden: nämlich alles über 'Lorbeer' als Abzeichen Gesagte, alle Anspielungen auf die Marmorbilder von Tag, Nacht, Morgen und Abend, die Anführungen aus Othello, usw. — Was die Macs anlangt, so ist ihre Beteiligung so nebensächlich, daß man sie höchstens als Außenposten in diesem Drama betrachten wird; während Mrs. Willett erst lange nach seinem Ablauf zum ersten Male eingriff. Bleibt also Mrs. Verrall, deren umfassender Bildung man selbstverständlich ein Wissen um alles Vorgebrachte zutrauen muß. Ihr Name mag, als *caput mortuum* dieser kurzen Erörterung, einstweilen hier am Wege liegen bleiben; wir werden später die von mehr als einem Forscher aufgegriffene 'Verrall-Theorie' genau zu erwägen haben.

b. Die Regie der Kreuzkorrespondenzen

Diese wenigen Proben aus dem kaum übersehbaren Ganzen der literarischen Kk.en müssen uns genügen als Anschauungsgrundlage für die theoretischen Erwägungen, denen wir uns nunmehr zuwenden. Dabei ist es logisch recht und billig, daß von allen Auffassungen der Akten die kritisch einschneidendste zuerst erwähnt wird; nämlich die, welche die aufgewiesenen Zusammenhänge überhaupt leugnet. Um auch nur die Möglichkeit einer solchen Leugnung zu verstehen, muß man

Experimentelle Entsprechungen der Ges. f. psych. Forschung

bedenken, daß die angeführten Äußerungen ja nicht so vereinzelt auftreten, wie sie hier dargeboten wurden, vielmehr als Bestandteile eines sehr breiten, aus dem Unterschwellen-Ich der Medien immerzu emporquellenden Stroms, aus welchem das Zusammengehörige erst durch den Scharfblick des Forschers ausgesondert werden muß, wobei aber das Ergebnis der Zusammenstellung, neben einem leidlich klaren Kern, auch meist noch Randgebiete umfaßt, wo die Zweideutigkeit einsetzt und der ei ne aufgebaute Zusammenhang in andre überzuführen scheint. An diese unbestreitbare Unsicherheit in der Herausschälung der einzelnen Kk.en anknüpfend, hat Dr. Jos. Maxwell die Ansicht verfochten: die in den Schriften geäußerten Vorstellungen entstammten in der Hauptsache dem normalen Besitz der Medien, also ihren Erinnerungen an Gelesenes und Erlebtes, emporgehoben durch irgendwelche belanglose Vorstellungsverknüpfungen; zum kleinsten Teil etwa telepathischen Übertragungen von dem einen Medium auf das andere. Was aber die angeblichen verwickelteren Querbezüge zwischen den Schriften mehrerer Medien anlange, so sollen sie sich bei genauem Zusehn als 'willkürliche Deutungen' — *interprétations arbitraires* — erweisen, also nur Künsten der Ausdeutung entspringen. Auch seien die dabei in Betracht gezogenen Vorstellungen fast durchweg so 'banal' (ein bei Maxwell zu Tode gehetzter Ausdruck), daß ihr ständiges Auftauchen bald bei dem einen, bald bei dem andern Medium gar nichts Verwunderliches habe.[1]

Die Widerlegung dieses Leugnens von Kk.en kann nun zwei Wege gehn. Sie kann zunächst darauf hinweisen, daß Dr. Maxwell in seiner Kritik sich ausschließlich auf die 'großen', leidlich verwickelten Kk.en bezogen habe, bei denen ein gewisser Anteil nie ganz zur Gewißheit zu erhebender Aus- und Zurechtlegung im Spiel bleiben muß; daß dagegen einzelne der 'kleinen' Kk.en von solcher zeitlichen und inhaltlichen Geschlossenheit und Eindeutigkeit seien, daß hier von einer Leugnung klar umrissener Versuchsabläufe nicht die Rede sein könne.[2] Diese 'klipp und klaren' Kk.en hat Dr. Maxwell bezeichnenderweise völlig beiseite gelassen; man könnte ihm also erwidern, daß, nachdem einmal das Vorkommen literarischer Kk.en in gewissen Grenzen unbestreitbar sei, es mehr als nahe liege, sie auch jenseits solcher Grenzen zuzugestehn, sofern gewisse Beobachtungen darauf hindeuten; selbst wenn die Schwierigkeiten der Einzeldeutung hier nicht mehr den-

---

[1] XXVI 57 ff.   [2] Vgl. außer einigen der oben wiedergegebenen etwa noch die Kk.en 'Gelb' (XXIV 207 f.), 'Blaue Blume' (das. 215 f.), St. Paul (XXII 31 ff.; JSPR XVIII 75 ff.) u. a. m. Diese wären etwa den im vor. Kapitel belegten knapp verlaufenden Entsprechungen zu vergleichen.

selben Grad von Gewißheit zuließen, wie innerhalb der kleinsten Maßstäbe.

Man kann aber auch einen andern Weg der Widerlegung beschreiben: indem man nämlich nachweist, daß Dr. Maxwell gewisse Elemente sämtlicher, auch der 'großen' Kreuzkorrespondenzen vollkommen außer acht gelassen hat, Elemente, die einen wirklichen Willen zum Experiment auch dort erweisen, wo die Einzelheiten seiner Durchführung sich nicht mehr mit zwingender Eindeutigkeit verfolgen lassen. Dieses Gegenargument scheint mir in der Erwiderung, die Dr. Maxwell seitens der englischen Forscher zuteil wurde, bei weitem nicht ausführlich und nachdrücklich genug zur Geltung gebracht zu sein.[1] Ihre Verteidigung stützte sich etwa auf folgende Gründe:

Vor allem seien die Übereinstimmungen zwischen den verschiedenen Äußerungen zu zahlreich und zu auffallend, um dem Zufall zugeschrieben zu werden. Finde sich aber eine Anzahl von Kk.-Vorstellungen in einer Schrift, oder erschienen gar verschiedene in einer Schrift enthaltene Kk.-Vorstellungen in einer einzelnen, zu anderer Zeit geschriebenen Schrift eines andern Mediums wieder, so erhöhe sich die Wahrscheinlichkeit, daß mehr als Zufall im Spiele sei, fast zur Gewißheit. Für alle diese Verhältnisse aber lassen sich Beispiele anführen. Unter anderem könne auch darauf hingewiesen werden, daß während der Zeit der Dorrschen Kk.-Anregungen bei Mrs. Piper, die großenteils 'klassische' Vorstellungen benutzten, die Zahl der klassischen Anspielungen in Mrs. Hollands Schriften sich verfünffacht habe gegenüber der früheren Zeit, während welcher man die seltenen Anspielungen dieser Art allenfalls durch das Wissen der Dame um das häufige Latein und Griechisch in Mrs. Verralls Schriften hätte erklären können. Von jenen späteren, häufigeren klassischen Anspielungen aber — im ganzen 17 — bildeten 15 nachweislich den Gegenstand von Kk.en, und nur in zwei Fällen konnten solche bislang nicht entdeckt werden! Was Dr. Maxwells endlos wiederholten Hinweis auf die 'Banalität' der meisten Kk.-Vorstellungen anlange, so dürfe diese nur 'relativ zu den Schriften' beurteilt werden. 'Ein im gemeinen Briefstil seltenes Wort kann in den Schriften gewöhnlich sein, und umgekehrt... Aber es sei denn, ein Kk.-Wort sei wirklich sehr selten im gemeinen Gebrauch und die zeitliche Übereinstimmung [zwischen seinen verschiedenen Erscheinungen in Kk.en] sehr genau, so fordern wir mehr als das bloße Vorkommen des Wortes in zwei Schriften. Wir fordern, daß es in beiden Schriften mit einem Merkzeichen versehen sei, das es zum Stichwort einer Kk. stempelt, oder sonst irgendwie stark betont werde.'

---

[1] Teilweise schon vor Erscheinen von Maxwells Kritik in Miss Johnsons Zurückweisung der Zufallsdeutung vorweggenommen (XXV 221 ff.). Die Kundgebung gegen Maxwell seitens der Forscherinnen Sidgwick, Verrall und Johnson sowie des Hrn. Piddington s. XXVI 375 ff. Ich fasse im Folgenden beide zusammen.

Experimentelle Entsprechungen der Ges. f. psych. Forschung

Dies ist nun in der Tat eine sehr zurückhaltende Fassung der Antwort, die Maxwells im Grunde oberflächliche Kritik verdient hatte. Ja die eigentliche Kraft dieser Antwort ist kaum darin angedeutet. Mrs. Sidgwick begnügt sich nämlich, was jene 'Merkzeichen' betrifft, mit einem kurzen Hinweis auf Angaben, die Mr. Piddington in einer öffentlichen Aussprache der Ges. f. ps. F. gemacht hatte und die sich auf gewisse 'Bemerkungen' in 11 Kk.en aus den Jahren 1906/7 bezogen: Bemerkungen, in denen irgendein Wort als bezweckt, oder als an andrer Stelle ebenfalls wiederzugebendes bezeichnet wird. Auch diese Angaben Piddingtons enthalten nur den dürftigsten Hinweis auf einen höchst umfangreichen Bestand von Tatsachen, der für die Widerlegung der Maxwellschen Kritik, wie für die Deutung der Herkunft der Kk.en überhaupt von ausschlaggebender Bedeutung ist: ich meine alles das, was man als die formale Selbstbezeugung der bei Kk.en führenden Persönlichkeiten ansehen muß und was ich in den obigen Beispielen als 'Regiebemerkungen' bezeichnet habe. Diesem noch nie in allen seinen inneren Zusammenhängen durchforschten Tatbestande werden wir zunächst unsre Aufmerksamkeit zuwenden müssen; wir dürfen dabei hoffen, nicht nur die Gewißheit der Zielstrebigkeit von Kk.en überhaupt, sondern auch gewisse erste Grundlagen für ihre Theorie zu erlangen. Die Fülle des Stoffes, die sich uns dabei bietet, ist freilich so groß, daß eine Auswahl nachgerade schwierig wird; jedenfalls sollte sich der Leser ständig vor Augen halten, daß das Erwähnte nicht eine dürftige Gesamtausbeute darstellt, sondern nur spärliche Proben aus einer Masse von Äußerungen, wie sie das Ganze der Kk.en nach allen Richtungen hin durchziehen. —

Die erste grundlegende Tatsache, die hierbei auf Schritt und Tritt sich offenbart, ist diese: daß das Auftreten der eigentlichen Kk.-Vorstellungen durchweg von einem selbstbewußten persönlichen Willen ausgeht, der überdies, soweit es ihm möglich ist, den gesamten Verlauf des Experiments mit aufmerksamer Teilnahme verfolgt. — Als einfachste Form, in der sich dieser Wille-zum-Experiment bekundet, kann man die Äußerungen betrachten, nach denen es die Absicht des leitenden Wesens sei: jetzt oder alsbald durch ein näher bezeichnetes Medium Bestandstücke einer Kk. zu liefern.

'Heute früh', schreibt z. B. Mrs. Verrall am 18. März 1907, 'lag keine Botschaft für Sie vor, aber heute Abend wünsche ich etwas zu sagen...', worauf erweisliche Kk.-Inhalte folgen. 'Aber die Gedanken (fährt die Schrift fort) kommen heute Abend nicht mit Leichtigkeit; Sie hören nicht oder geben nicht acht...'[1]

---

1) XXXVI 346 f. Vgl. das. 347 (3. Aug.) und XXII 31 f.

Hier wendet sich die 'schreibende Intelligenz' zunächst nur an das Medium selbst, durch das sie sich äußert. Aber Bekundungen des gleichen Willens-zur-Mitteilung durch dieses und ein anderes sind ebenso häufig und nachdrücklich.

So z. B., wieder bei Mrs. Verrall, am 4. Feb. 1907: 'Ich will die Botschaft auch woanders heute geben, aber dies hier ist leichter als die andere Stelle.'[1] — Oder bei Mrs. Piper am 8. April desselben Jahres: 'Fast alle Worte, die ich heute schrieb, beziehen sich auf Botschaften, die ich auch durch Mrs. Verrall zu geben versuche.'[2] — Oder am 1. März 1909: 'Ich will [meine Antwort auf die Virgil-Frage] nicht nur hier geben, sondern mich auch bei Mrs. Verrall darauf beziehen.'[3] — Ebenso bei Mrs. Holland am 25. Nov. 1908 (nachdem eine Reihe von Fünfer-Gruppen aufgezählt worden ist): 'Nicht für Cambridge [d. i. für Mrs. und Miss Verrall] diesmal — Amerika und Cheltenham und London sind daran beteiligt — nicht Berkshire...'[4]; worin wir offenbar Bezeichnungen der entsprechend beheimateten Medien erblicken müssen.

Gegenüber solchen Behauptungen 'vom Jenseits her' verdienen aber auch gewisse Eindrücke der Medien selbst Beachtung, in denen sie jenen Willen-zur-Mitteilung ihrerseits zu erleben, nicht nur kundzugeben scheinen. So fühlt z. B. Mrs. Holland häufig, daß ihr jemand dringend etwas sagen will, viel sagen will — 'aber nur verworrene Sätze erreichen mich.'[5] — Doch die reichste Ausbeute gewährt auch hier die Betrachtung der 'Phase des Erwachens' bei Mrs. Piper. Lange Erfahrung hat nämlich gelehrt, daß viele Kk.-Stichworte zuerst oder am klarsten während dieses ihres Nachtrans-Zustands zutage traten; die Äußerungen in diesem wurden daher jahrelang mit besonderer Sorgfalt aufgezeichnet. Es ist nun unter diesem Gesichtspunkt bemerkenswert, daß das Medium selbst während dieser Phase stets den Eindruck hatte, daß ihr, der jetzt 'in den Leib Zurückkehrenden', einer der 'anwesend Geschauten' noch rasch etwas Bestimmtes zu sagen versuche, — ein Versuch, der auch außerhalb dieser Phase von den Jenseitigen stets als besonders aussichtsreich geschildert wurde, indem es nur gälte, den 'Geist des Mediums festzuhalten' und ihm dabei das betreffende zu 'sagen'.

So äußerte Mrs. Piper in der Erwachensphase am 6. März 1907: 'Es ist ein Herr da oben, der versucht, mir etwas zu sagen, aber — ich weiß nicht, was es war.'[6] — Am 17. April im gleichen Zustand: 'Was sagt Mr. Myers immerzu? (Hier wird ein Vorname viermal wiederholt.) Mr. Myers hat Rector beim Ohr. Flüstert hinein. Was ist das letzte — —? O, er schreibt es: Lausteo [= Laus Deo!]'[7] — Und am 7. Mai: 'Mr. Myers sagt: Aus ...

1) XXII 47. 2) XXII 221. 3) XXV 184. 4) XXV 197. Vgl. XXVII 122
(30. 4. 1907). 5) XXI 185 f. 6) XXII 151. 7) XXII 305.

bildete er einen Stern [nach Browning], und **sie wollten mich nicht loslassen, bis ich es sagte.**'¹ — Wir haben hier also, im bedeutsamen Rahmen offenbarer Experimente, neue Belege für jene 'aktive' Darbietung von Kundgebungsinhalten, in der wir schon früher ein spiritistisches Indiz zu erblicken lernten.²

Sehr häufig ist ferner die ausdrückliche Angabe — besonders innerhalb der Piperschen Transäußerungen —, der jeweils angeblich Schreibende, meist 'Myers', seltener 'Hodgson' oder sonst jemand, habe dies oder jenes Teilstück einer Kk. einem andern bezeichneten Medium — meist Mrs. Verrall — 'gegeben'.

In der Piper-Sitzung vom 27. Feb. 1907 z. B. heißt es: 'Hören Sie zu. Ich gab Mrs. Verrall 'Lorbeerkranz', und ich sagte, Hodgson werde das nächste geben; sie mag es nicht erhalten haben, aber ich gab ihr das.'³ — Oder in der Sitzung vom 9. Sept. 1908: 'Ja — ja, dies ist klar; senden Sie es an Lodge. Ich habe geschrieben **Ich kam, ich sah** — — durch Helen [Verrall] — ich gab noch nicht das letzte Wort. (G. B. Dorr, der Sitzer: Was ist das letzte Wort?) **Siegte** — aber ich habe das noch nicht bei Helen durchbekommen.'⁴ — Oder am 6. April 1908: 'Ich habe Orion mehreremal durch Mrs. V[errall] gegeben. 'Orions Haupt' ist, was ich schrieb.'⁵ — Und am 22. April: 'Mrs. Verrall hat einige Verse aus Browning geschrieben, welche ich, Myers, ihr kürzlich gab, aus Euripides.'⁶ — Zuweilen überstürzen sich diese Angaben förmlich; wie wenn 'Myers' durch Mrs. Piper behauptet: 'Helen schrieb 'zusammengeballte Wolken'... und auch Lux. Sie schrieb auch 'sich windender Strom' oder .'sich windende Fläche', ich bin nicht sicher, welches von beiden. Dann wurde noch etwas geschrieben. Pfeil, leicht und schnell wie ein Pfeil... Ferner schrieb Mrs. Verrall wie auch Mrs. Holland 'Wolken vor Morgengrauen'.'⁷

Diese Behauptung, daß der Kommunikator ein Stichwort irgendwo gegeben habe, gewinnt noch an Nachdruck durch die nicht selten hinzugefügte Beschreibung der Sorgfalt und Anspannung, die er dabei aufgewendet habe.

So sagt 'Myers' einmal durch Mrs. Piper: 'Ich wiederholte [das Wort 'Himmel' bei Mrs. Verrall] immer und immer wieder, damit sie es nicht mißverstehen könne.'⁸ — Oder 'Rector' sagt, am 24. April desselben Jahres, mit Bezug auf das gleiche Medium: 'Wir beeindrucken sie unablässig mit 'Zwerg'.'⁹ — Ähnlich bekennt 'Myers', als ihm Piddington¹⁰ zu verstehen gibt, daß eine von ihm behauptete Mitteilung an Mrs. Verrall gelungen sei: 'Ich habe nie mit größerer Geduld Versuche gemacht, als bei jenen Worten.'¹¹ — Und der Piper-Hodgson, welchem Piddington vorhält, er habe

---

1) XXII 392. Vgl. XXV 262.   2) o. S. 45 ff. u. 412 ff.   3) XXII 96.   4) XXIV 176.   5) XXIV 157. Vgl. XXII 103. 153. 234 f. 286. 366; XXIX 41 f. u. sonst oft. 6) XXIV 27.   7) XXV 300 (13. 1. 1909); vgl. 272 (8. 5. 1908).   8) XXII 287. — 24. April 1907.   9) XXII 194. Vgl. XXV 258: *tried and tried*.   10) am 12. Februar 1907.   11) XXII 55.

doch Mrs. Verrall *'arrow'* (Pfeil) geben wollen, rechtfertigt sich in den Worten: 'Gewiß, das habe ich gesagt, und ich habe drei Tage lang versucht, es ihr einzudrücken. Schwierig. Sie bekam *ar*, glaube ich, und hielt dann inne. Danach sah ich ein *w* geschrieben...' (Tatsächlich schrieb Mrs. Verrall am 18. Februar *'ARChitectonic, Architrave, Arch'* u. a. m.)[1]

Den ständigen Bekundungen des Willens, etwas durch irgendwen zu 'sagen' oder 'schreiben', den ständigen Behauptungen, etwas gesagt oder geschrieben zu **haben** — entsprechen nun aber ferner die häufigen **Aufforderungen des leitenden Wesens an die Leser der Schriften, nach etwas 'auszuschauen' oder zu suchen, auf etwas zu achten, u. dgl. m.**

'Wollen Sie sich danach umsehen', schreibt der Piper-Myers am 24. April 1907, "Himmel' müßte zu gleicher Zeit herausgekommen sein... bitte, suchen Sie danach'.[2] — Mit größter Ausführlichkeit und Betonung äußert sich der Piper-Hodgson in diesem Sinne am 16. Juli 1910 in einer schon angeführten Schrift: "Meditation' erscheint in Mrs. Hollands [Schrift]; es wird auch bei Mrs. W[illett] erscheinen. Warten Sie darauf... Ich werde Myers veranlassen, es für mich zu sagen... Meditation wird eine höchst bedeutende **Rolle** [in dem Experiment] spielen und die beiden letzten **Zeilen durch beide Medien. Warten Sie darauf...** Helen V[errall] **Warten Sie darauf warten Sie darauf'**[3] — Verwandte Bitten und Mahnungen sind aber auch z. B. durch Mrs. Verralls Schriften allenthalben verstreut. So schreibt sie am 17. Juli 1914: 'Anfang nächster Woche wird es eine Botschaft für Mrs. Willett geben — geben Sie acht, daß sie geschickt wird...'[4] Am 20. Februar 1907: 'Es sind Botschaften für Sie in den Worten vom Montag und Mittwoch, nicht am Dienstag. Heute [d. h.: das heute Gelieferte] ist wichtig. Sitzen Sie still und helfen Sie — es wird nicht zu Ihnen kommen, sondern zu Piddington.'[5] Am 26. Februar 1907 schreibt dieselbe: '...*autos ouranos akymon*. Ich glaube ich habe ihn dazu gebracht zu verstehen, aber die beste Erwähnung des Stichworts wird woanders geschehen, gar nicht bei Mrs. Piper. Ich glaube, ich habe einige Worte aus dem Gedichte niedergeschrieben bekommen (folgen Zitate)... Die letzten Gedichte von Tennyson und Browning müssen verglichen werden. Es sind Erwähnungen beider in ihrer Schrift — ich meine Helens... Nicht **mehr jetzt.**'[6] — Oder am 2. März 1906 (lateinisch:) 'Beide... werden Ihnen eine Botschaft senden durch eine andre Frau. Nach einigen Tagen werden Sie mühelos verstehen, was ich sage; bis dahin leben Sie wohl.'[7]

Aber nicht nur die diesseitigen Beobachter werden aufgefordert, auf das 'Durchkommen' irgendeines wichtigen Inhalts zu achten: auch die unsichtbaren Experimentatoren sind anscheinend unablässig auf der Lauer, um — **soweit es ihnen möglich ist** — in Erfahrung zu bringen,

---

1) XXII 78.   2) XXII 287. Vgl. XXII 78.   3) XXVII 74 f.   4) XXXIII 581.   5) XXVII 91.   6) XXII 114.   7) XXVII 12.

Experimentelle Entsprechungen der Ges. f. psych. Forschung

ob ein von ihnen 'gegebener' Inhalt in die Niederschrift eines der beteiligten Medien gelangt sei. Die Schriften sind übersät mit Bemerkungen, die bald die Beobachtung eines Erfolges behaupten, bald Enttäuschung über ein Mißlingen äußern, bald wieder Ungewißheit über Gelingen oder Mißerfolg. — Zunächst einige positiv getönte Äußerungen dieser Art.

So sagt der Piper-Myers am 2. Jan. 1907: 'Ich habe das Gefühl, ... daß das Wort 'Kränze' von Mrs. Verrall empfangen worden ist' (es handelt sich dabei um die uns bekannte Kk. 'Alexanders Grab');[1] und wenige Monate später sagt der Piper-Hodgson (im Rahmen einer Kk. über den Begriff 'Horizont'): 'Eine lange Linie schien auf [Mrs. Verralls] Papier zum Vorschein zu kommen... und dann veranlaßte Myers sie, einen Stern zu zeichnen, und das Wort Horizont wurde ihr wiederholt gegeben, bis es auf ihrem Papier erschien.'[2]

Andere Regiebemerkungen dieser Art sind negativ gestimmt; sie reden von Versuchen und Anstrengungen, denen, soweit die Versuchsleiter feststellen können, Erfolg zunächst versagt war.

'Ich habe versucht', schreibt X durch Mrs. Verrall am 6. März 1907, 'ihm zu sagen von der Stille, der himmlischen und irdischen Stille, aber ich glaube nicht, daß es klar geworden ist. Ich glaube, Sie würden verstehn, falls Sie die Niederschrift sehen könnten. Sagen Sie es mir, wenn Sie es verstanden haben...'[3] — Bestimmter drückt sich der Piper-Myers am 16. März 1908 aus, wenn er sagt: "Neptun' ist noch nicht durchgekommen, aber wir versuchen es [an der betreffenden andern Stelle].'[4] — Oder Mrs. Verrall schreibt am 29. Juni 1911: 'Es ist wirklich wichtig, die Aufzeichnung heute klarzubekommen — aber sie versteht nicht.'[5] — Und ganz trostlos klingt eine Äußerung 'Sidgwicks' bei den Macs am 12. Sept. 1908: 'Der Fortschritt [des Experiments] ist jämmerlich langsam, aber umso sicherer, je leichter es ist.'[6] — In der Mehrzahl solcher Äußerungen mischt sich der Ausdruck der Genugtuung und der Enttäuschung. So z.B. in Mrs. Verralls Schrift vom 15. August 1906: 'Bis heute Abend ist noch keine Spur von Verknüpfung gegeben gewesen, aber heute Abend haben wir sie dahin gebracht, zu verstehen. Der Gedanke an den doppelten Faden [die Kk.!] ist ihr gekommen.'[7] — Oder man lese folgendes Beispiel aus den Piper-Urkunden: Am 24. April 1907 sagt Rector: 'Sie [d. h. Myers und Hodgson] fühlen, daß einige von ihren letzten Stichworten nicht herausgekommen sind durch Mrs. Verrall, aber sie sind gewiß, daß die meisten zur rechten Zeit[8] erscheinen werden... Haben Sie gefunden, daß 'Berg' durchgelangt ist?'[9]

Kommt dann die angekündigte Experimentalvorstellung tatsächlich zutage, oder entdeckt sie der so reichlich aufmerksam gemachte irdische

---

1) XXVII 60. 2) XXII 286. Vgl. XX 406 f.; XXV 233; XXII 236. 3) XXII 115.
4) XXIV 178. 5) XXVII 273. 6) XXV 194. 7) XXVI 218. 8) in due time. 9) XXII 234.

Leser, so findet es sich häufig, daß jene Vorstellung durch irgendeinen sinnreichen Kunstgriff hervorgehoben und der besondern Beachtung empfohlen wird. Einige dieser Kunstgriffe haben wir schon in den mitgeteilten Beispielen kennengelernt, z. B. die Betonung eines Wortes durch Falsch-Zitieren, also Ersetzen eines Wortes, das jedermann in einem allbekannten Zitat erwartet, durch ein andres, wobei der Ton natürlich sowohl auf das ersetzte, wie auf das ersetzende fallen kann.[1] — Ein andrer und noch eher eindeutiger Kunstgriff besteht in der einfachen Wiederholung der wichtigen Vorstellung; wie etwa in der kleinen Kk. 'Gelb' das Stichwort mehrmals untereinander geschrieben und dabei — eine Steigerung des Kunstgriffs — bei jeder Wiederholung größer und mit mehr Nachdruck geschrieben wurde. — Andersartig war die Hervorhebung desselben Stichworts zwei Tage zuvor in Mrs. Hollands Schrift: ihr *'yelo yellowed ivory'* erfolgte am Ende einer längeren Schrift, aber von dieser durch einen Zwischenraum getrennt und in veränderter Handschrift.[2] — Ferner finden wir sinnbildliche Zeichnungen, die von einzelnen an Kk.en beteiligten Medien gerade den Hauptbestandteilen derselben beigefügt werden: ein Anker, oder ein Pfeil, oder Bogen und Pfeile, oder ein von einem Pfeil durchbohrtes Paar Herzen, oder eine Reihe auf einen Punkt zu weisender Pfeile, u. dgl. m.[3]

Dies alles sind schließlich indirekte Mittel der Unterstreichung, an denen der Zweifler mäkeln mag. Aber es sind keineswegs die einzigen. Nicht selten finden wir die ausdrückliche Hervorhebung gewisser Inhalte durch ihre Bezeichnung als 'wichtig'. So in Miss Verralls Schrift vom 31. März 1914: '*Narthex* — was ist das? *ceromatica* — dies ist wichtig — es ist zur Vervollständigung erforderlich.'[4] — Und ihre Mutter schreibt am 3. Feb. 1902: 'Bewahren Sie dies auf — es wird gebraucht werden. FWHMyers.'[5]

Entspringt somit allem Anschein nach eine Menge von Vorstellungen in den Kk.-Schriften einem bewußt-zielstrebigen Willen leitender Instanzen, so erhebt sich nunmehr die Frage, wieweit diese (und zwar wieder in echten 'Regiebemerkungen') ein Wissen um die experimentelle Sinnbedeutung dieser als 'wichtig' bezeichneten Worte verraten; wieweit sie sich also über das Wesen von Kk.en klar sind und über die Rolle, welche das einzelne Stück im Rahmen einer solchen spielt. — Hier nun ist zunächst hervorzuheben, daß die 'Leiter' mit

---

1) Vgl. in der wiedergegebenen Kk. 'Alexanders Grab' die Ersetzung von praise im Herbert-Zitat (Mrs. Hollands Schrift vom 13. 11. 1906) durch das beziehungsreiche bays (XXVII 57), oder Miss Verralls Schrift v. 19. 8. 1908 in der Kk. „Sesam u. Lilien': 'Sterne' statt 'Lilien'; u. a. m.   2) XXIV 207 f.   3) XXII 81; XXV 195. 254. 271 u. oft.   4) XXIX 22.
5) XXXIII 556; vgl. XXII 366; XXIX 28.

allem Nachdruck immer wieder darauf hinweisen, daß das einzelne, abgesonderte Teilstück — also auch das jeweils eben gegebene — notwendigerweise unverständlich und dunkel erscheinen müsse und erst im Verlauf des gesamten Experiments Bedeutung und Sinn gewinnen könne.

'Es ist mehr Grund vorhanden, daß ich dies sage, als Sie meinen — es ist nicht Geschwätz', schreibt Mrs. Verrall am 3. Aug. 1909.[1] — Und am 27. Juni in griechischer Sprache: '... Schreibe, wenn nicht mit Verständnis, so doch mit Schnelligkeit. Was kommen soll, steht fest. Was wir zusammenarbeiten, ist das Beste.'[2] — Oder Mrs. Willett im Mai 1910: 'Was Sie niedergeschrieben erhalten haben, wird Ihnen als fürchterlicher Unsinn erscheinen, aber es ist nicht völliger Unsinn.'[3]

Daß aber diese Dunkelheit und vorläufige Nichtverständlichkeit eine gerade im Rahmen des Versuchs beabsichtigte sei, darüber erhalten wir nicht selten die ausdrücklichsten Zeugnisse des leitenden Wesens. Hier einige derselben wieder aus Mrs. Verralls Schriften.

Am 19. August 1908: 'Sie werden einige Zeit auf das Ende dieser Geschichte zu warten haben, auf die Lösung dieses Rätsels — aber ich denke, es ist kein Zweifel an ihrem schließlichen Erfolge. Der Ihrige.'[4] Oder am 1. Mai 1907: 'Sagen Sie es auch Helen — sie könnte helfen. Fragen Sie nicht mehr — ein Schleier ist am besten — aber am Ende werden Sie verstehen und die Aufzeichnungen vollständig finden...'[5] Wiederum am 29. Juni 1914: 'Und er ruhte am 7. Tage — Suchen Sie nicht diese kleinen Brocken aus der Genesis zu verstehen — Aber jeder hat seinen Zweck und ich habe gesagt — und Sie haben geschrieben — in jedem einzelnen Falle, was ich meine.'[6] (An fünf Tagen im Juni waren nämlich ähnliche Brocken von 'Abend und Morgen' gekommen, die sich zu Kk.en mit Helen Verrall und Mrs. 'King' formten.) Besonders vielsagend aber am 20. Juli 1914: 'Dies nun ist wichtig zu schreiben — schreiben Sie es nieder — dies ist eine nicht für Sie [bestimmte] Botschaft und es ist nicht leicht sie so abzufassen daß Sie sie nicht verstehen werden... Dies ist nicht die Botschaft von der ich früher sprach.'[7]

Verwandte Äußerungen erfolgen natürlich auch durch andere beteiligte Medien; z. B. durch Mrs. Willett am 4. Februar 1910: 'Myers. Da war die Tür, den Schlüssel fand ich nicht und Haggi Baba auch. Dies ist zusammenhanglos, aber nicht ohne Sinn.'[8] Oder durch Mrs. Piper, durch welche 'Myers' am 2. Juni 1907 zu dem anwesenden Oliver Lodge sagt: es sei ihm gelungen, 'Berg' als 'Beweiswort', auch 'See' u. a. durch Mrs. Verrall zu äußern. 'Alles dies hat viel Sinn, wie Sie später verstehen werden.'[9] Ein starkes Zeugnis dieser Art findet sich auch in einem Beitrag der Mrs. Holland zur Kk. *Ave Roma immortalis* vom 7. März 1906, ein

---

1) XXXVI 347.   2) XXVII 272.   3) XXV 168.   4) XXIV 277.   5) XXVII 124.   6) XXIX 14.   7) XXXIII 581.   8) XXV 199. Vgl. 168.   9) XXII 236. Vgl. 308; XXIV 6; XXVI 26.

Zeugnis, dessen Ausdrücklichkeit an das letzte der eben angeführten Verrallschen erinnert: '*Ave Roma immortalis* wie könnte ich es noch deutlicher machen **ohne ihr den Schlüssel zu geben**.'[1] Hier spricht sich unverkennbar die Absicht des führenden Wesens aus, eine Vorstellung zu liefern, die für die Förderung des Versuchs bedeutungsvoll, wenn nicht entscheidend ist, ohne doch dabei den augenblicklich benutzten Medien oder ihren Beobachtern die Möglichkeit zu geben, ihren Sinn zu verstehen, ehe nicht das Ganze des Gewebes beisammen ist.[2]

Mit noch größerer Deutlichkeit, Ausführlichkeit und Häufigkeit aber, als die Kommunikatoren auf die vorläufig unvermeidliche Dunkelheit ihrer Äußerungen hinweisen, bestehen sie auf der Möglichkeit, diese **aufzuhellen**; und zwar durch jenes Verfahren, das ohne weiteres das Wesen der Kk.en bezeichnet, wenn schon nicht das der verwickeltsten: die rätselhaften Inhalte sollen klar werden, indem man sie mit den von andern Medien gelieferten **zusammenhält**, vergleicht und damit auf innere Beziehungen prüft. Die diesen Grundgedanken der Kk.-Versuche ausdrückenden Regiebemerkungen sind so zahlreich und dabei so mannigfach gefärbt, daß es nicht einmal leicht ist, die bezeichnendsten auszuwählen. — Nicht selten geht die Feststellung einstweiliger Dunkelheit unmittelbar über in die Versicherung, **ein andrer** werde die Dunkelheit lichten können: ein andrer Lebender, aber auch **der** nur auf Grund von Äußerungen, die durch ein zweites Medium erfolgt seien oder erfolgen würden.

'Sie werden finden (schreibt Mrs. Verrall am 8. April 1907), daß Sie eine Botschaft für Mr. Piddington geschrieben haben, die Sie nicht verstanden, er aber wohl. Sagen Sie ihm das. Nichts **mehr jetzt** — schreiben Sie wieder heute Abend.'[3] — Oder dieselbe am 19. Okt. 1903: 'Schreiben Sie diese Woche, aber nicht um Beweise zu erlangen, das kommt später für Sie durch Andere — Warten Sie — es hat geholfen — Sie haben teilweise verstanden...'[4] — Oder Mrs. Willett am 13. Nov. 1910: '... Aulla Attila lassen Sie das Wort stehen. Lassen Sie die Worte zu Ihnen kommen ohne Sinn, aber **Andern verständlich**... Jene werden das Gold von den Schlacken sondern, machen Sie sich nichts aus Schlacke, solange ich mein Gold damit mische...' (!) — Besonders schlagend spricht sich dieser Gedankengang in der Piper-Sitzung vom 21. Jan. 1907 aus. Es ist von einem 'Kranz' die Rede gewesen (wir kennen den Zusammenhang schon), und Mrs. Verrall, die Sitzerin, bekennt: sie verstehe nicht, was der Kranz zu bedeuten habe. Mr. Piddington, der die Sitzung leitet, wendet sich an sie und bemerkt: '**Ich** verstehe es wohl.' Man sollte nun meinen, die Transpersönlichkeit werde froh sein, so oder so den Forscher einmal befriedigt zu haben. Weit gefehlt. 'Rector' erwidert: '*All right*, aber unser Freund [Piddington]

---

1) XXI 295, auch XXVII 14. 2) Vgl. hierzu auch Miss Johnsons Bemerkungen XXVII 149 f. 3) XXII 271. 4) XXI 224. Vgl. 312 (19. 2. 1906).

Experimentelle Entsprechungen der Ges. f. psych. Forschung

versteht auch nicht, was wir jetzt meinen. Wir werden es ihm später sagen.'[1]

Sofern nun die Aufhellung eines unverständlichen Stücks von einer 'Andern' erwartet wird, ist es deren Äußerung gegenüber eine 'Hälfte', ein 'Teil'.

'Ihnen die Hälfte... des Satzes —', schreibt Mrs. Holland am 24. Juni 1906, 'der Sinn ist [später erst] zu offenbaren.'[2] — Oder Mrs. Verrall, am 29. Juni 1911: 'Jetzt haben Sie es, ein Teil wurde gestern Abend gesagt.'[3]

Besonders eigenartig ist eine verwandte Schreibäußerung desselben Mediums vom 15. Jan. 1903: 'Warten Sie auf das Wort. Er sagte: Ich will die halbe Botschaft an Mrs. Verrall senden und Sie haben die andre Hälfte [Sie, d. h. das andre Medium, bei dem 'er' das sagte]. Sagen Sie das Hodgson [damals noch am Leben], — aber Sie haben das Wort noch nicht erhalten... Es war vor einiger Zeit durch Mrs. Piper, aber sie sollten es Ihnen nicht sagen.'[4]

Das Eigenartige dieser Schrift liegt natürlich darin, daß das 'Wort', welches der Schreibenden angekündigt, aber nicht 'gegeben' wird, nicht direkt als 'Teil' oder 'Hälfte' bezeichnet wird, sondern auf einem Umweg, nämlich durch Berichten einer Äußerung, die ein Leiter des Versuchs wo anders (anscheinend bei Mrs. Piper) getan haben soll, indem er sowohl das dort 'Gegebene', als auch das künftig an Mrs. Verrall zu Gebende als 'Hälften' eines Experiments bezeichnete. Daß diese Äußerung eine unerwartete dramatische 'Natürlichkeit' besitzt, wird niemand leugnen.

Ist aber das einstweilen noch Dunkle nur ein 'Teil', so soll es zum Ganzen werden eben durch den Beitrag eines andern Mediums.

Mrs. Verrall z. B. beginnt am 30. März 1910 mit einem bekannten englischen Zitat: 'Ein Augenblick, erfüllt von höchstem Leben', und fügt daran einen (nicht identifizierbaren) Sinnspruch, in dem ein einziges Wort fortgelassen ist: 'Besser die gehabt zu haben () und sie zu überwinden, als die Erinnerung an solche Kraft verloren zu haben'; und dazwischen steht (an der mit () bezeichneten Stelle): 'Lassen Sie dann jemand den leeren Raum ausfüllen.'[5] — Oder dieselbe am 26. Nov. 1902 (auf griechisch): 'Ein Anderer wird das Ganze erkennen, aber Sie allein sind nicht imstande, eins zum andern zu fügen.'[6]

In allen diesen Beispielen (mit einer Ausnahme) wird die 'Andere', Ergänzende zunächst nicht genannt, und das könnte die Bedeutsamkeit solcher Regiebemerkungen verringern. Doch ist dies keineswegs die Regel. Nicht selten wird jene Andere ausdrücklich mit Namen

1) XXVII 60.   2) XXIV 205. Vgl. Mrs. King: XXIX 240 (13. 3. 1914).   3) XXVII 273.   4) XXI 383.   5) XXXVI 348.   6) XX 243.

bezeichnet, womit der Anschein eines umsichtig geplanten Versuchs sich natürlich sehr verstärkt.

Schon in den Anfängen der ganzen Kk.-Bewegung schreibt z. B. Mrs. Verrall (am 26. Dez. 1902): 'Mrs. Forbes wird die Worte erhalten, die ich im Auge habe, aber warten Sie, glücklich ist die Stunde, lassen Sie Ihre Gedanken ihr folgen, schreiben Sie nicht.'[1] — Ähnlich zwei Monate vorher: 'Es ist nicht völlig richtig [was Sie schreiben]. Versuchen Sie zu verstehen. Mrs. Forbes hat die andern Worte ... es ist wichtig.'[2] — Oder am 11. März 1903: 'Mrs. Forbes hat das andere Wort — und wird es schicken — nicht *symposium,* aber es hilft und ist klar. Ich glaube nicht, daß sie weiß, daß es für Sie ist — aber Sie werden verstehen.'[3]

Der Vorgang nun, durch den aus den Dunkelheiten der Teile die Klarheit des Ganzen erstehen soll, wird von der 'Regie' verschieden bezeichnet, — am häufigsten als ein 'Zusammenstückeln', 'Zusammensetzen', 'Vergleichen'.

'Schreibe auch du in Gemeinschaft', heißt es einmal bei Mrs. Verrall, z. T. auf Griechisch: 'ein anderer wird es in seiner Bedeutung begreifen[4] ... Mrs. Forbes hat die andern Worte — stückle zusammen. Füge die ihren zu den deinigen. Es ist wichtig.'[5] Oder am 24. Juni 1904, ebenfalls bei Mrs. Verrall: '... Aber das Ende ist noch nicht, noch auch hier — schreiben Sie bloß. Deuten Sie nicht. Zeichnen Sie die kleinen Teile auf, und wenn zusammengepaßt,[6] werden sie das Ganze ergeben.'[7] — Besonders ausführlich und ausdrücklich in einer noch späteren Schrift desselben Mediums, am 11. Febr. 1907: 'Wir können sie nicht dahin bringen, die Wichtigkeit dessen, was wir tun, zu verstehen, und sie müssen selbst [begreifen] lernen. Aber alles ist gut und später wird die Nachricht kommen. Es ist alles bruchstückhaft und ihr müßt zusammenstückeln — das hauptsächliche Wort wird oft nicht erfaßt und der ganze Erfolg auf diese Weise verdorben.' (Folgt die Zeichnung dreier halbkreisförmiger, auf einen Punkt zu führender Pfeile, und daneben der (lateinische) Satz: Drei auf einen [Punkt] hinweisend...)[8] — Ein weiterer kennzeichnender Ausdruck für das Erfordernis der Zusammenfügung von Teilen steht in Mrs. Verralls Schrift vom 28. März 1901 (also aus der Frühzeit der Kk.-Versuche): 'Was du geleistet hast, ist immer nur bruchstückhaft...[9] webe zusammen, webe stets zusammen.' Und am 31. März bezeichnet eine griechisch-lateinische Schrift der Dame dieselbe Forderung mit dem charakteristischen Ausdruck *superponere,* übereinanderlegen, zur sinngemäßen Deckung zu bringen suchen: 'Dem, der gewisse Dinge mit andern überdeckt, ist alles klar. Jede Zweideutigkeit fehlt [dann].'[10]

Ein Erfolg dieses 'Zusammenstückelns' oder 'Zusammenwebens' setzt natürlich voraus, daß die zusammenzufügenden Teile einen inneren

---

1) XX 246.   2) XX 238.   3) XX 407. Vgl. XXXIII 542 und die durchsichtigen Umschreibungen XXIV 238 (23. 7. 1908).   4) Eigentlich: wiedererkennen — *anagnorizei.*   5) 27. Okt. 1902. — XX 382.   6) *fitted.*   7) XX 384.   8) XXII 81. Vgl. XXI 384.   9) Eigentlich: zerteilbar — *dissociabile.*   10) XXI 379.

Zusammenhang bereits besitzen, daß sie inhaltlich aufeinander angelegt sind; und es liegt nahe zu erwarten, daß bei der schließlichen Aufklärung das eine oder andre Stück sich soz. als des 'Gewebes' Mittelpunkt erweisen werde, von dem die Deutung des Ganzen ausgeht. Dies wird in den Schriften zuweilen so ausgedrückt, daß bei der Zusammenbringung der einzelnen Teile der eine oder andre, oder die Zusammenstellung selbst, sich als Schlüssel zum Verständnis des Ganzen enthüllen werde.

'Sie haben', schreibt Mrs. Verrall in ihrer Frühzeit einmal, 'nicht alles verstanden — versuchen Sie weiter. Sie [wohl Mrs. Forbes] hat einige unvollständige Worte erhalten, die hinzugefügt und gestückelt werden müssen und den Schlüssel abgeben.'[1] Oder drei Tage später: 'Ich will die Worte unter euch verteilen. Keiner für sich kann verstehen, aber zusammen werden sie den Schlüssel abgeben, den er [der lebende Mr. Constable] wünscht...'[2] — Ähnlich schreibt, wie wir schon hörten, Miss Verrall am 23. Sept. 1908: 'Beachten Sie die literarischen Anspielungen. Daraus sollte etwas gemacht werden können. Indem man sie mit andern zusammenfügt, ist der Schlüssel da, aber verschiedenes ist verfehlt worden, versuchen Sie indessen wieder.'[3] Und eine bedeutsame spätere Schrift desselben Mediums (damals schon Mrs. Salter) lautet: 'Des Ruhmes Pfade [führen nur zum Grabe] — die Finsternis des Grabes — wir haben die 'Elegie' [von Gray] als einen der Schlüssel benutzt — wir finden, daß wenigstens in diesem Falle [d. h. bei Mrs. Salter] wir dem, was wir wollen, näher kommen können, wenn wir sehr bekannte Literaturstellen benutzen — zuweilen ist der Zusammenhang [des Zitates] wichtig, und zuweilen dienen die Worte bloß als Worte — es ist nicht immer leicht klarzumachen, welches [von beiden] — Nun [also:] mit der Nacht in ihrem Schweigen usw. Die wichtigen Worte sind Schweigen und Stille — nichts anderes ist besonders wichtig — der Hauptpunkt ist 'Schweigen'.'[4]

Diesen 'Schlüssel' zu liefern aber ist die Schrift der 'Andern' häufig deshalb imstande, weil sie irgendein Verbindungsglied erkennen läßt, welches vor der Vergleichung der einzelnen Schriften fehlte und deshalb ihren Zusammenhang im Dunkel ließ. Als solche Verbindungsglieder werden denn auch immer einzelne Vorstellungen bezeichnet, weil innerhalb des Begriffszusammenhangs einer Kk. zu dieser Rolle logisch geeignet.

So sagt z. B. der Piper-'Hodgson' am 16. Juli 1910: 'Meditation stellt die Verbindung her — *connects it.*'[5] — Oder Mrs. Verrall schreibt (am 4. März 1906): 'Der Fahnenträger' ist das Verbindungsglied (*link*)... die morgigen Nachrichten werden helfen.'[6]

1) 31. Okt. 1902. — XXI 382.   2) XX 170. Vgl. 407 u. XXVII 129.   3) XXIV 281. Vgl. XXV 230.   4) XXXIII 446.   5) XXVII 74.   6) XXVII 13. Vgl. XXI 379 (8. 3. 1901).

Die vorstehend geschilderte innere, unmittelbar auf die Inhalte gerichtete Lenkung des Experiments wird nun noch häufig ergänzt durch Anordnungen, die seine Förderung soz. von außen her betreiben, indem sie die innerlich zusammengehörigen Schriften unter die Augen von Personen zu bringen suchen, die zur Feststellung ihrer inhaltlichen Beziehungen imstande sind. Diesem Zwecke dient nicht selten der Befehl, die Schrift, worin dieser auftritt, einer meist namentlich bezeichneten Person zuzusenden. Spielt sich eine zusammenhängende Reihe von Versuchen zwischen zwei einzelnen Medien ab, so wird diese Namensnennung gelegentlich auch für überflüssig gehalten.

So schreibt Mrs. Verrall einmal während der zahlreichen Kk.en mit Mrs. Holland: 'Die Noten [ihre Schrift hatte u. a. Musiknoten enthalten, und Mrs. Hollands Schrift vom 22. März enthielt gleichfalls welche] haben nichts mit Ihnen [allein] zu tun, sie müssen direkt übersandt werden.'[1] — Aber abgesehn von solchen Sonderfällen muß der Empfänger natürlich ausdrücklich bezeichnet werden, — und wird auch so bezeichnet. Am häufigsten wohl Mr. Piddington, die Sammelstelle soz., durch deren Hände die Mehrzahl aller Kk.-Schriften in jedem Falle gehen mußten. Die Worte 'Sagen Sie es Piddington' werden in einzelnen Versuchsreihen ständig gebraucht, wenn für die betreffende Äußerung Beweiskraft beansprucht wird, oder auch für eine erst erwartete, wie etwa: 'Lassen Sie es Piddington wissen, wenn Sie ein Botschaft betr. 'Schatten' erhalten...'[2]

Aber auch andre Medien werden häufig als Empfänger genannt. So z. B. von Mrs. Verrall am 21. Juli 1914: 'Nehmen Sie jetzt diese Botschaft zu Mrs. Willett. Die letzten Worte, die wir ihr gaben, haben doppelten Sinn, einen allgemeinen und einen besonderen — Sie hat nur einen gesehn — sie soll den andern suchen.'[3] — Oder von den 'Macs' am 9. Juli 1911: 'Dies ist falsch, aber es schließt sich an das andere an. Ich denke, Sie stückeln es zusammen... Schicken Sie alles dies sofort an Mrs. V[errall]. Reynold.'[4] — Von großer Ausdrücklichkeit und Genauigkeit ist auch folgender durch Mrs. Forbes' Hand am 6. Feb. 1910 erteilter Auftrag: 'Oliver Lodge wird sich freuen den Schlüssel zu erfahren wir schicken ihn zum Öffnen (?)... Seid guten Muts, es ist euch vorbehalten Finder zu sein... Edmund Gurney — Talbot Wir wünschen den Brief an Mrs. V[errall] gesandt zu sehn — von mir an die Cambridger Freunde — sie hat den Verstand darauf zu sehn, daß er... Sie wird es sehen müssen, wenn sie es entziffern soll... Wir schreiben es um des benötigten Wortes willen, es wird helfen, wenn Sie dies sagen...'[5]

Den bedeutsamsten Fall dieser Art aber haben wir schon früher im Rahmen der Kk. 'Sesam und Lilien' kennengelernt. Die Anteile der Mac-Gruppe erfolgten hier in der Zeit vom 19. bis 29. Juli 1908. Zwischen dem 12. und

---

1) XXI 254.   2) XXVII 129; vgl. XXVI 49; XXIV 242.   3) XXXIII 581.
4) XXVII 262.   5) XXV 201.

Experimentelle Entsprechungen der Ges. f. psych. Forschung

18. September äußerten die Kommunikatoren wiederholt den Wunsch, daß diese Anteile an Mrs. Verrall gesandt würden, unter Betonung der Notwendigkeit, daß die Sendung die Empfängerin bis Sonnabend, d. 26. September, erreiche. Wie erinnerlich, hatten aber Mrs. und Miss Verrall die Absicht, ihre Schriften am 27., zum letzten Mal vor einer tags darauf beginnenden längeren Trennung, miteinander zu vergleichen. Dabei wurden von den Mac-Kommunikatoren umständliche Anordnungen erteilt, was alles geschickt und was dabei besonders hervorgehoben werden sollte; und alle diese Wünsche waren mehrfach persönlich 'gezeichnet'.[1]

In allen bisher angeführten Regiebemerkungen äußerte sich deutlich die experimentelle Absicht, durch mehrere Medien verschiedene Teile von Zusammenhängen kundzugeben. Indessen finden sich Äußerungen mannigfacher Art, die über diesen allgemeinen Grundriß in verschiedenen Richtungen noch hinaus- und ins Einzelne gehen. — Einige bekunden z. B. das Bewußtsein der Leitung, daß mit diesen Versuchen etwas besonderes, von früher Geleistetem abweichendes, also neuartiges unternommen werde.

So schreibt Mrs. Verrall am 10. August 1904, nachdem ihre Schrift mit gewissen Äußerungen über Fred. Myers' 'postumen Brief' offenbar zu Ende gekommen ist: 'Dies nun ist etwas anderes. Sitzen Sie regelmäßig und warten. Ich wünsche etwas [von früherem?] gänzlich verschiedenes zu versuchen, — Sie sollen nicht raten, und Sie werden wahrscheinlich nicht verstehen was Sie schreiben. Aber bewahren Sie es alles auf und sprechen Sie einstweilen noch nicht darüber. Dann zu Weihnachten oder vielleicht früher können Sie Ihre eigenen Worte mit denen einer andern vergleichen, und die Wahrheit wird [dadurch] offenbar werden. Aber was ich sage wird nicht sensationell sein — es wird etwas ganz neues bezwecken und nur ein langausgesponnener Versuch kann irgend etwas nützen. Fangen Sie jetzt an die Worte zu schreiben, die ich gebe...'[2]

Neben dies Bewußtsein von der allgemeinen 'Neuheit' einer ganzen Versuchsreihe tritt übrigens zuweilen ein Bewußtsein der Ingangbringung eines neuen Einzelversuchs innerhalb der Reihe.

So schreibt z. B. Mrs. Willett am 28. Februar 1914: 'Einige Verwirrung wird vielleicht in dem übermittelten Stoffe auftreten, aber ein Experiment wird jetzt begonnen, nicht ein neues[3] Experiment, aber ein neuer Gegenstand, und genau genommen [auch] nicht das, sondern eine neue Richtung,[4] welche mit einem Gegenstande, der bereits durchgebracht ist, zusammenhängt[5] ... fügen Sie eins zu eins...'[6] — Damit beginnt die höchst bedeutsame Reihe von Äußerungen, die sich um die Vorstellung des 'Ohres des Dionysios' lagern.

Andre Bemerkungen, die ich hier anführen möchte, beziehen sich auf eigenartige Sondergestaltungen des Versuchs und beleuchten

---

1) XXIV 267 f. 310.   2) XXI 384.   3) *new:* neuartiges?   4) *a new line*
5) *joins with* ...   6) XXIX 206.

144 *Argumente aus formalen Verhältnissen der Kundgebung*

auf neuartige Weise das ins Einzelne gehende Bewußtsein des Leiters vom Wesen seines Unternehmens. So wird, während doch meist die Anteile der einzelnen Medien in freien Formen die Zielvorstellung des Versuchs umspielen, gelegentlich eine völlige Übereinstimmung der gesonderten Äußerungen als beabsichtigt bezeichnet.

Zwei solche Bemerkungen finden sich bei Mrs. Verrall. Am 11. April 1906 schreibt sie: 'Dies ist wiederholt worden — Es wird der Versuch gemacht, diesmal die gleichen Worte zu geben,'[1] und am 14. August 1907, nach einem Zitat: 'Ich will, daß Mrs. Holland dieselbe Anspielung auf Matthew Arnolds Requiescat macht.'[2]

In wieder andern Fällen äußert sich das Verständnis der Versuchsleiter für den Verlauf des Experiments in der Form der **Einsicht in einen untergelaufenen Fehler**, — Fehler im Sinne der Notwendigkeit, bei der Verteilung der Bruchstücke auf die Medien nicht nur gewisse Dinge **mitzuteilen**, sondern auch gewisse Dinge **vorzuenthalten**; weil ja das Nicht-wissen um einen bestimmten Inhalt zum Beweise der Übernormalität der Leistung gehören kann!

In diesem Sinne ist folgendes kleines Gespräch zwischen 'Rector' und Mr. Piddington in der Piper-Sitzung vom 23. Januar 1907 belangreich: **Rector:** 'Wir bedauern sehr, daß wir 'Kranz' vor [Mrs. Verrall] erwähnten, aber wir taten es aus Unachtsamkeit.' **Piddington:** 'Das macht nichts. Außerdem, als Sie sagten 'Ich verstand nicht, was 'Kranz' solle', schien das Mrs. Verrall wieder von der Fährte abzuführen.' **Rector:** 'Ja — sehr gut — weil es eine sehr gute Sache zu versuchen ist. Wir wünschen sie nicht zu verpfuschen.'[3]

Daß diesem Überwachen des Versuchsverlaufs von **innen** her, d. h. seiner vorstellungsmäßigen Entwicklung nach, auch ein Verfolgen seines **äußeren** Gelingens entspricht (soweit dies den Leitern möglich ist), wissen wir bereits aus früherem. Ich möchte hier nur noch ein, soweit ich sehen kann, einzig dastehendes Beispiel hierfür einflechten, worin nicht nur die Schrift eines Mediums, sondern sogar das äußere Tun eines **Forschers** als beobachtet erscheint.

Es findet sich in Mrs. Verralls Schrift vom 17. Dezember 1914, die z. T. wie folgt lautet: 'An ihren Früchten sollt ihr sie erkennen. Sie brauchen nicht mehr als das an Piddington zu schicken, und nur dies Wort — daß ich belustigt war, ihn neulich beim Licht der elektrischen Lampe sich mit dem Lexikon abmühn zu sehn — nicht dort wird er den Schlüssel finden, den er sucht — Sagen Sie ihm, dieser ist völlig klar in Helens kürzlich gelieferter Schrift, und ich glaube, er wird ihn erkennen. Das genügt.' — 'Nachdem ich', schreibt Mr. Piddington, 'diese Schrift gelesen, notierte ich, daß ich während der vorausgegangenen zwei oder drei Wochen 'mich mit dem Lexikon abgemüht' hatte, um über drei bestimmte Punkte in einer Schrift Miss Verralls zur

---

1) XXI 363.   2) XXVI 47. Vgl. XXV 264.   3) XXVII 60 f.

Klarheit zu kommen,' (die dann im einzelnen aufgeführt und erläutert werden.)¹ Kann man dem schreibenden Wesen nicht seine 'Belustigung' nachfühlen, in dem Bewußtsein seiner überlegenen Einsicht gegenüber dem Tappen des irdischen Forschers?

Aber vielleicht die sonderbarste Bekundung dieses bis ins Kleinste gehenden Experimentalwillens besteht in der Ausdrücklichkeit, mit welcher sehr häufig — und zwar vorzugsweise bei Mrs. Verrall — der **Zeitpunkt der Schriften** als für den Verlauf des Versuchs belangreich bezeichnet wird; ein Gesichtspunkt, dessen mögliche Wichtigkeit auch ohne Nachweise im Einzelfall ohne weiteres verständlich ist. — Eine häufige Form dieser Betonung des Zeit-Gesichtspunkts besteht in dem ausdrücklichen Auftrag der Schrift, den **Tag** oder die **Stunde** ihres Zutagetretens durch Aufzeichnungen festzulegen.

'Notieren Sie die Stunde', 'datieren Sie dies' lautet dann der Befehl,² und Mrs. Verrall kann hinzufügen, daß in der Mehrzahl dieser Fälle beweiskräftige Inhalte — *evidential matter* — im unmittelbaren Zusammenhang damit gegeben worden seien. — Auch sind die Befehle meist mit sonstigen Äußerungen verwoben, die ihre Bedeutung gerade für ein Kk.-Experiment beleuchten. 'Notieren Sie die Stunde, ich will jemand anders sagen, daß ich hier war.'³ Oder (am 13. Juli 1904, nach einigen lateinischen und griechischen Worten): 'Vermerken Sie die Stunde — in London ist die halbe Botschaft gekommen... Wir wollen versuchen es heute [Helen] zu geben. Jemand wird zu ihr davon sprechen...'⁴

Fast noch sonderbarer, weil unmittelbarer eine umfassende Anordnung des Experiments andeutend, sind die sehr häufigen Befehle, **an einem bestimmten bevorstehenden Tage wieder zu schreiben** und diesen Tag schon jetzt, oder späterhin, anzuschreiben.

So z. B. in Mrs. Verralls Schrift vom 1. Mai 1907: 'Ich wünsche daß Sie ein besonderes Experiment versuchen. Am 13. Mai warten Sie auf eine Botschaft ich kann nicht sagen wie sie Sie erreichen wird — aber dieser Tag hat eine besondere Bedeutung.'⁵ — Seltsam verwickelt lautet der (lateinische) Befehl am 20. April 1901: 'Rechne (*computa*). Nimm neun Stunden; nach einigen Tagen — willst du wissen, wieviele? $1+1+1+1+1$ und füge noch drei hinzu.'⁶ Oder man rechnet völlig nach Stunden: 'Zählen Sie 40 Stunden. Dann schreiben Sie. Es wird klar sein.'⁷ — Dabei wird auf die Ausführung solcher Aufträge streng geachtet. Am 10. April 1904 wird Mrs. Verrall aufgetragen, am 23. zu schreiben. Sie vergißt es; aber am 27. fragt die Schrift sie: 'Warum haben Sie den 23. vergessen?'⁸ — Und auch diese Aufforderungen, an bestimmten Tagen zu schreiben, verweben sich fast immer mit Äußerungen, welche die genaue Zeitfestlegung als wichtig bezeichnen für den

---

1) XXIX 37.   2) Zahlreiche Belege z. B. XX 373. 328.   3) XX 226.   4) XXIV 246.   5) *There is some special interest in that day.* XXVII 124.   6) XX 372.
7) Das.   8) XX 97.

Sinn der Zusammenhänge zwischen den Äußerungen mehrerer Medien. Am 11. März 1903 z. B. schreibt Mrs. Verrall: (griech.:) 'Am 15. Tage, denn eben so wirst du und ein anderer zur Verständigung (*eis synesin*) gelangen. (Engl.:) An jenem Tage passen Sie auf, nicht allein, wenn das Gesicht kommt. Vermerken Sie den Tag und zählen Sie von jetzt ab.'[1] Ähnlich am 7. Mai 1907: 'Der 13. dreizehnte Mai ist Ihnen als Datum gegeben worden. Sagen Sie Helen, sie solle dann versuchen, die Antwort zu erhalten — und danach sollten Sie nicht mehr schreiben, bis wir das Wort geben.'[2] Zuweilen wird geradezu der Empfang eines Schlüssels-zum-Verständnis (wovon wir so viel hörten) auf einen bestimmten Stichtag verheißen. Z. B. am 6. Sept. 1902: 'Warten Sie auf den Schlüssel, am 17. wird er kommen. 17. September. Schreiben Sie dann.'[3] — Oder am 28. Dez. 1904: '6 Tage müssen Sie von jetzt ab warten und weitere 3 — dann wird die Botschaft alles klar machen. Lassen Sie sie dann kommen.'[4] —

Ich habe nun genügende Beweise eines in den Schriften sich äußernden Willens-zum-Experiment zusammengestellt und greife auf die Frage zurück, ob demgegenüber Dr. Maxwells Meinung wirklich haltbar sei, daß es sich bei den veröffentlichten Kk.en bloß um nachträgliche Scheingebäude der Forscher handle, die aus einer Fülle hervorgesprudelter 'banaler' Inhalte irgendwie zusammenpassende ausgesucht und durch ihre Deutungskünste zu verblüffenden inneren Zusammenhängen ineinandergefügt hätten. Diese Ansicht würde durch den Nachweis einer unablässigen 'Spielleitung' wohl nur unter zwei Voraussetzungen nicht widerlegt werden: erstens wenn jene Äußerungen der 'Regie' sich nie mit dem wirklichen Geschehen deckten, und zweitens (damit zusammenhängend) wenn man die Tatsache der unablässigen Regiebemerkungen ihrerseits als ein Erzeugnis eben der 'Kommentierung' auffassen könnte; anders ausgedrückt: wenn erst der künstliche Aufbau von Kk.en durch die Forscher und das Wissen der Medien darum die letzteren veranlaßt hätte, in ihre Äußerungen solche Bemerkungen im Sinne der Kommentierung einzuflechten.

Was die erstere Voraussetzung anlangt, so müßten also z. B. Ansagen künftiger Äußerungen durch X oder Y sich nicht erfüllen, Behauptungen über erfolgte Äußerungen sich bei der Nachprüfung nicht bestätigen; ausdrücklich hervorgehobene oder als 'wichtig' bezeichnete Stücke müßten sich als völlig bedeutungslos erweisen; der Auftrag, zwei Schriften zu vergleichen oder gewisse Teile 'zusammenzustückeln', müßte stets unausführbar sein, u. dgl. m. — Nun will ich ohne weiteres zugeben, daß es sehr schwer, wenn nicht unmöglich ist, genaue und umfassende Zahlenangaben darüber zu machen, in wie vielen Fällen

---

1) XX 252.   2) XXVI 183.   3) XX 372.   4) XX 373; vgl. XXI 311.

eine solche Bestätigung der Regiebemerkungen durch die Tatsachen statthat, in wie vielen sie ausbleibt; z. T. schon deswegen, weil sehr viele Bemerkungen dieser Art uns in den Veröffentlichungen der Ges. f. ps. F. soz. außer Zusammenhang, in losgelösten Bruchstücken vorgelegt werden. Demgegenüber aber darf man behaupten, daß in vielen Fällen die Beglaubigung der 'Regie' durch die Beobachtung eine völlig eindeutige ist, — während doch in Wahrheit einige wenige Fälle dieser Art genügen würden, den Verdacht der Wesenlosigkeit dieser Bemerkungen, soz. ihres In-der-Luft-schwebens zu widerlegen. In der Tat wird der aufmerksame Leser selbst in den wenigen früher mitgeteilten Kk.en Beispiele solcher Übereinstimmung zwischen geäußerter Regie und Versuchsablauf festgestellt haben. Im Grunde aber ist es ja so, daß die sachliche Zusammengehörigkeit der einzelnen Schriften an sich als gewollt sich aufdrängt und eben darum die Äußerungen des Willens-zum-Experiment natürlich erscheinen; wie auch umgekehrt diese gleichzeitigen Äußerungen die Glaubwürdigkeit der Feststellung von Zusammengehörigkeiten erhöhen.

Freilich brauchen, ja dürfen wir den Nachweis des ausnahmelosen Zusammenstimmens von Regie und Versuchsverlauf keineswegs fordern. Denn erstens bleibt die Erkenntnis der Kk.en durch die Forscher fraglos hinter den tatsächlichen Abläufen zurück (das beweist schon das oft sehr späte Verständnis gewisser Kk.en überhaupt, sowie die mehrfach notwendig gewordene nachträgliche Neuordnung innerhalb bereits vorgenommener Deutungen); und anderseits müssen wir jedenfalls damit rechnen, daß der Experimentierwille der 'leitenden Intelligenz' (was diese auch sein mag) sich nur teilweise durchsetzen und ebenso nur teilweise dem äußern Ablauf des Versuchs werde folgen können, so daß in Aussicht gestellte Leistungen nicht immer einzutreten, Behauptungen über vollbrachte Leistungen nicht immer sich zu bestätigen brauchen. Tatsächlich decken sich die Aussagen der Regie in vielen Fällen nicht mit den beobachteten Tatsachen. Dies braucht aber nicht gegen die subjektive Wahrhaftigkeit und (insofern) Glaubhaftigkeit selbst aller Regiebemerkungen zu streiten, solange wenigstens ein beträchtlicher Teil oder gar die Mehrzahl sich als zutreffend erweist, — und das ist ja durchaus der Fall, wie selbst statistische Erhebungen über einzelne Versuchsreihen hin bestätigt haben.[1] Dies aber berechtigt uns, die erwiesenen Fehlschläge auf Rechnung der zahlreichen Schwierigkeiten zu setzen, von denen wir das Bemühen der 'Leiter' doch in jedem Fall umlagert denken müssen.

Von solchen Schwierigkeiten haben diese auch wirklich ein völlig klares

---

[1] Vgl. XXIV 193.

148 *Argumente aus formalen Verhältnissen der Kundgebung*

Bewußtsein und äußern es oft genug; wie wenn etwa 'Hodgson' durch Mrs. Piper behauptet: er habe ein gewisses Wort bei Helen Verrall noch nicht 'durchgekriegt',[1] oder Mrs. Verrall schreibt: 'Ich will versuchen, die Vorstellung woanders ausgedrückt zu erhalten — aber es ist schwierig und ich weiß, es ist mir schon einmal mißlungen.'[2] — Daher: 'Wir sind genötigt, die Dinge durchzubekommen, so gut wir können, und sie nachher Stück für Stück auszusondern. Anders würden wir überhaupt nie vorwärtskommen.'[3]

Über die Natur dieser Hemmungen im einzelnen soll hier gar nicht nachgedacht werden. Dagegen lohnt es sich hervorzuheben, welche Betonung der Wille-zur-Mitteilung bestimmter Kk.-Inhalte durch solches Angehn gegen Widerstände erfährt; welche Betonung zugleich auch die Selbständigkeit des leitenden Wesens, — ein Gesichtspunkt, der ja für die Theorie der Kk.en nicht gleichgültig sein kann. Denn wie ich später noch ausführen werde, ist es meist garnicht möglich, solche 'Schwierigkeiten' überhaupt in das Medium allein zu verlegen, und entsprechend wächst der Anreiz, sie auf den Mitteilungswillen einer unabhängigen Persönlichkeit zu beziehen. Aber darauf soll hier noch kein Nachdruck gelegt werden. Vielmehr nur auf zweierlei: einmal darauf, daß jene 'Schwierigkeiten' nicht etwa ins Blaue hinein behauptet werden, um zu täuschen oder sich zu entschuldigen. Dies wird durch Fälle bewiesen, in denen die bündigsten Versicherungen des Experimentierwillens mit den sonderbarsten Entgleisungen — aber eben nur Entgleisungen, nicht völligem Versagen — zusammenfallen, wobei eine seltsam problemreiche Unsicherheit zeitlicher Vorstellungen auf Seiten der Versuchsleiter in Erscheinung tritt.

So schreibt z. B. 'Myers' am 30. März 1908 durch Mrs. Piper: "Pharaos Tochter' wurde von Mrs. Verrall vor einiger Zeit geschrieben, etwa vor 10 [Wochen]. Ich wiederhole es hier als Beweis.' Nun hatte aber bis dahin Mrs. Verrall nichts von 'Pharaos Tochter' geschrieben; dagegen schrieb Miss Verrall am 6. September 1908, ohne daß sie oder ihre Mutter von Mrs. Pipers' Schrift erfahren, u. a. folgendes: 'An des Flusses Rand, — in dem dicksten Ried, — legt' ihn seine Mutter nieder. Pharaos Tochter, — die Hand des Feindes soll ihn zum Führer des Volkes aufziehen.'[4] — Ein andres Mal sollte, nach Angaben durch Mrs. Piper, 'Neptun' künftig durch Mrs. Verrall geschrieben werden, war aber, ehe es durch Mrs. Piper geäußert wurde, von Miss Verrall geschrieben worden.[5] —

Sodann aber muß ich darauf Nachdruck legen, daß die offenbar bestehende Tatsache jener Schwierigkeiten völlig ausreicht, das gelegentliche Nicht-übereinstimmen zwischen Regiebemerkung und beobach-

---

1) XXIV 176.   2) XXII 113; vgl. 181. 278; XXVII 94 (26. 2. 1907); XXIX 37 (17. 12. 1914); XXXVI 349. Sehr starke Ausdrücke von 'Myers': XXI 230. 234.   3) Helen Verrall am 6. 4. 1914: XXIX 28.   4) XXIV 189.   5) XXIV 193.

tetem Verlauf der Äußerungen zu erklären und zu entschuldigen. Diese negativen Fälle begründen also keineswegs eine Entwertung der zahlreichen Fälle, in denen Regie und tatsächlicher Ablauf gut übereinstimmen, und die Behauptung, die Regie beweise bewußten Experimentierwillen irgendwo, wird in keiner Weise durch sie erschüttert. —

Soviel über die erste der Voraussetzungen, die man machen müßte, damit die Tatsache der Regiebemerkungen keine Widerlegung von Maxwells Behauptung künstlicher Zurechtlegung der Kk.en bilde: die Voraussetzung der Nichtübereinstimmung dieser Regiebemerkungen mit den Tatsachen. Die zweite Voraussetzung hängt, wie gesagt, mit dieser ersten eng zusammen und wird daher mit deren Widerlegung eigentlich auch schon hinfällig: die Voraussetzung, daß die Regiebemerkungen ein künstliches Erzeugnis der 'Kommentierung' der Schriften durch die Forscher seien; daß also zunächst eine grundlose Theorie angeblicher Kk.en von der Forschung aufgestellt worden sei, daß dann die Medien von dieser Theorie erfahren und daraufhin Bemerkungen im Sinne dieser Theorie in ihre Schriften eingeflochten hätten. Ist nämlich zur Widerlegung der ersten Voraussetzung nachgewiesen, daß in vielen Fällen Regiebemerkungen und Tatsachen übereinstimmen, daß Ausnahmen hiervon sich rechtfertigen lassen, daß also Kk.en übernormalen Ursprungs wirklich bestehen, so wird natürlich auch die Annahme hinfällig, daß Regiebemerkungen bloß durch die bekanntgewordene Theorie eingegeben worden seien.

Indessen läßt sich diese Annahme auch unabhängig widerlegen; nämlich durch die Tatsache, daß Regiebemerkungen aufgetreten sind zu einer Zeit, da noch niemand, weder Medien noch Forscher, an das Vorliegen von Kk.-Versuchen bewußt gedacht hatten. Die Kk.en der Ges. f. ps. F. nahmen ihren Anfang bekanntlich in den bald nach Fred. Myers' Tode einsetzenden Schriften der Mrs. Verrall. Diese begannen im März 1901 — und schon die ersten, noch halbverworrenen Darbietungen ihrer nie zuvor automatisch bewegten Feder während jenes ersten Monats sind erfüllt von Äußerungen eines bewußten Experimentalwillens, also 'Regiebemerkungen', — auch abgesehn von Bemerkungen, die sich auf die neuartige Form des Automatismus und seine technischen Schwierigkeiten beziehen, oder von solchen, denen man einen unmittelbar 'spiritistischen' Inhalt zuschreiben könnte.

So schreibt z. B. die Hand der Mrs. Verrall am 5. März (d. i. am allerersten Tage, an welchem überhaupt eigentliche Schrift erhalten wurde)[1] u. a.

---

1) XX 8.

150 Argumente aus formalen Verhältnissen der Kundgebung

folgendes: *noli vitare quod ego tibi dicam et semper et ubique ne semel propositum meum fregeris — mane domi dominio — videas quem tibi mittam addio —*; d. h. etwa: Entziehe dich nicht dem, was ich dir sagen werde und immer und allenthalben, auf daß du nicht ein für allemal meinen Plan vereitelst, bleibe zu Hause am Sonntag (?) [damit] du siehst, wen ich dir schicken werde. Lebewohl. — Am 6. März u. a.: *in hoc vincite signo cur plurima? inquis modeste incipiam nisi fatigaris vel tuo dicere scribo putasne elicere quod sensu careat*...; d. h.: In diesem Zeichen siegt ihr. Warum noch mehr? sagst du. Ich werde vorsichtig beginnen, wenn es dich nicht ermüdet, oder ich schreibe durch dein Sprechen (?). Meinst du hervorzuholen, was keinen Sinn hat? — Am 8. März u. a.: *novas res et insolitas mihi iucundissimas horresco referens quid multa — nec tibi — sed ceteris — vale quondam ulterior veniet pars tua et praevalebit ultima ratio tibi*; d. h.: Neue und ungewöhnliche Dinge, mir höchst angenehme, gebe ich mit Zagen wieder, warum vieles — und nicht für dich, sondern für die andern — Lebe wohl, später, zu gegebener Zeit, wird dein weiterer Anteil kommen und der endgültige Sinn wird sich dir aufdrängen. — Am 9. März u. a.: *credo condisciplinam patefecisti*; das kann heißen: Ich glaube, du hast die gemeinsame Unterrichtung offenbar gemacht. — Am 12. März: *mox et tu audies videndum et parandum;* d. h.: Bald wirst auch du hören. Man muß genau zusehen und anordnen. — Am 15.: *optimo dierum procedas elusione nexis spargedulis etsi infinitis. nunc tibi redditae partes quoad eliciet mens tua sensus*; d. h.: Am günstigsten Tage sollst du jede Ausflucht [aufgeben und] fortfahren, indem du die verstreuten Teilchen vereinigst, und seien sie noch so winzig. Jetzt sind dir die Teile übergeben, bis dein Geist den Sinn daraus gewinnt. — Am 17.: *a. d. XII — vig. quarta — horam bene notavi; recordamini. littera scripta manet;* d. h.: Vor dem 12. — um die vierte Nachtwache — ich habe die Stunde genau angemerkt; erinnert euch. Was geschrieben ist, hat Bestand. — Am 21.: *nexere si nequis pertinax scribas omne scitum;* d. h.: Wenn du nicht verknüpfen kannst, so schreibe alles, was du weißt. — Am 27.: *cur istaec? excipe modo interpretatio postea... fac roges... Tuus denique nomen adposui. interpretatio tua nunc;* d. h.: Warum diese? Empfange blos. Die Deutung [kommt] später... erkundige dich... Der Deine. Endlich habe ich [meinen] Namen beigefügt. Die Deutung liegt nun bei dir. — Am 29.: *Dissociabile semper quod fecisti... nexere nexere semper... notare horam semper. sine dubio. horas pone sex postea quattuor et idies identidem computa;* d. h.: Nicht leicht zu vereinigen ist stets, was du geliefert hast... Verknüpfe, verknüpfe stets... vermerke immer die Stunde, damit kein Zweifel möglich sei. Rechne sechs Stunden, danach vier und berechne die Tage wiederholt. — Am 30.: *coniunctio optima*: Verknüpfung ist das nützlichste (wichtigste). — Am 31.: *Superponenti tina tisin omnia plana*: Wer gewisse Dinge mit gewissen andern zur Deckung bringt, dem ist alles verständlich.[1]

Das Latein dieser frühen Schriften ist — in viel weiterem Umfang, als

---
1) XX 340 ff.

aus dem Angeführten ersichtlich — ein teilweise eigentümliches, verworrenes und fehlerhaftes; doch ist beachtenswert, was Mrs. Verrall später über diesen Stil sagte, dessen 'Verdichtung und Kürze' die Übersetzung so häufig erschwert. 'In vielen Fällen', bemerkt sie, 'war es mir selbst unmöglich, einen Sinn zu entdecken, während andre Personen nachträglich eine Bedeutung entdeckten, die dann auch mir einleuchtete. Es ist m. E. möglich, daß der schwerverständliche Stil und die Dunkelheit dem Zwecke dienten, die Absichten [der Schrift] während des Schreibens vor mir zu verbergen, um so dem Unterbewußtsein freiere Hand zu lassen.'[1]

Solchen Andeutungen in den Schriften selbst entsprechen aber auch nachträglich von außen kommende Feststellungen an der Gesamtheit der damaligen Vorgänge. Wir finden nämlich Mrs. Verrall — und zwar ohne jedes bewußte Wissen oder Wollen von ihrer Seite — in tatsächlicher übernormaler Verknüpftheit mit andern Medien bereits in jener allerfrühesten Zeit ihres automatischen Schreibens. Und zwar hatte der erste feststellbare Fall dieser Art noch nicht das Gepräge der späteren literarischen Kk.en; er enthielt nur eine Mitteilung über Mrs. Verrall an die andre Beteiligte, Mrs. Forbes, ausgehend aber angeblich von denselben Persönlichkeiten, die bald darauf als die Veranstalter der klassischen Kk.-Versuche auftraten. Zwölf Tage nach Mrs. Verralls erster Schrift (17. März 1901) erfolgte durch sie ein deutlicher Hinweis auf Mrs. Forbes als Teilnehmerin an einem 'Treueverhältnis'; am 21. März enthielt Mrs. Verralls Schrift in den Worten *ne falle rogatricem*[2] einen möglichen Hinweis auf die Mitwirkung eines zweiten Mediums, und am 24. erhielten Mrs. Forbes und Mrs. Baltimore durch die Planchette den Auftrag: 'Sagen Sie Mrs. Verrall, sie solle Ihnen ihre letzte Schrift schicken.'[3] Wir hätten also schon im ersten Monat von Mrs. Verralls Schreiben eine deutlich von zwei Seiten her planmäßig betätigte Leitung. Dabei muß erwähnt werden, daß die — soweit wir erfahren — erste bei Mrs. V. durch einen Lebenden (Mr. Piddington) erfolgte Anregung von Kk.-Versuchen, und zwar denkbar einfachsten, nur in 'Wiederholung eines Wortes' bestehenden, erst auf den 25. Oktober desselben Jahres fiel.[4] Von einem Einsetzen der Regiebemerkungen wie auch der wirklichen Entsprechungen infolge theoretischer Anregungen von außen her kann also keine Rede sein. Diese wie jene sind vielmehr erst entdeckt worden, nachdem sehr zahlreiche Schriften der Beteiligten schon vorlagen.

1) Die obigen Übersetzungen stehen natürlich unter dem Einfluß einer Neigung zu ganz bestimmten Deutungsweisen; doch habe ich mehrdeutigen Worten nirgends einen Sinn untergelegt, der sich nicht lexikalisch belegen ließe.   2) 'Versage dich nicht der, die dich bittet.'
3) XX 221 f.   4) XX 206.

Damit sind nun beide Voraussetzungen erledigt, unter denen allein eine Widerlegung von Maxwells Kritik durch die Tatsache der Regiebemerkungen hätte fraglich werden können. Wir beharren also bei dem Schluß: daß die Tatsache der Regiebemerkungen die Theorie der Zufälligkeit von Kk.en widerlegt, daß sie die Betätigung einer selbständigen, einsichtsvollen, persönlichen und zielbewußten Leitung der Vorgänge beweist.[1] Damit ist natürlich über die Frage, wem diese Leitung zuzuschreiben sei, noch nichts entschieden. Ehe wir in die sorgfältige Erwägung dieses Problems eintreten, soll aber noch eine letzte Frage bez. der Regiebemerkungen selbst gestellt werden: nämlich ob auch jene krönende Verwicklung der Versuchsanlage, welche die Forscher im Ablauf der Kk.en zu bemerken glaubten, in jenen Bemerkungen selber angedeutet oder ausgesprochen werde: ich meine die Anlage der Einzeläußerungen auf Komplementarität hin, also in der Weise, daß die Äußerungen durch ein Medium diejenigen durch ein andres ergänzen, nicht aber mit leicht durchschaubarer Deutlichkeit wiederholen. Hierdurch erst sollte die Deutung der Kk.en durch Telepathie zwischen den Medien allenfalls ausgeschlossen und ein 'drittes' Wesen erwiesen werden, das die Einzeläußerungen so faßte, ihre Inhalte so auswählte, daß ihre Bezogenheit-auf-einander erst bei nachträglicher Vergleichung durch einen Lebenden begriffen werden konnte.

Wie wichtig die Frage ist, ob ein Bewußtsein geplanter Komplementarität sich in den Regiebemerkungen äußere, ersieht man daraus, daß von gegnerischer Seite die Möglichkeit von Komplementarität an sich ohne jede Planung behauptet worden ist. Prof. Pigou tat dies sehr scharfsinnig in einer Auseinandersetzung mit Mr. G. W. Balfour'[2] und suchte Belege zu geben besonders aus gewissen berühmt gewordenen Experimenten, in denen Prof. Verrall die griechischen Worte *monopolon es ao* telepathisch auf seine Gattin zu übertragen suchte:[3] die zahlreichen bei dieser zutage getretenen Äußerungen hätten vielfach um die 'gesendeten' Worte herumgespielt. Und ähnliches sei bei telepathischer Beeinflussung mehrerer Personen sogar in gesteigertem Maß zu erwarten, da diese ja noch reichlichere Möglichkeiten des Ausgleitens in verwandte Vorstellungen böten. — Mr. Balfour hielt ihm entgegen (und darauf konnte Pigou nichts erwidern), die 'zufällige' Entstehung anscheinend komplementärer Kk.en sei in vielen Fällen ausge-

---

1) Über das — natürlich zu erwartende — Fehlen von 'Regiebemerkungen' in telepathischen Experimenten unter Lebenden und gewisse scheinbare Ausnahmen davon (z. B. XXVI 47) vgl. meine Bemerkungen in ZpF 1929 138 f.   2) XXIII 286 ff.; XXV 38 ff.; JSPR XV 66 ff.   3) XX 156 ff.; 387 ff.

Experimentelle Entsprechungen der Ges. f. psych. Forschung

schlossen 1) durch ihre bloße Form, 2) durch Absicht verratende Andeutungen innerhalb der Schriften selbst. Als Beispiel einer Kk., in der schon die Art der Verteilung der Inhalte Absicht beweise, führte Mr. Balfour die oben dargestellte Kk. 'Thanatos' an, auf die und meinen Nachweis ihrer Komplementarität ich den Leser zurückzugreifen bitte.[1] Was aber jene Bemerkungen innerhalb komplementärer Kk.en anlangt, die ihre Absichtlichkeit betonen, so führt Mr. Balfour, abgesehn von einem allgemeinen Hinweis auf die Kk. 'Sesam und Lilien', Belege nur aus der Kk. '*Ave Roma immortalis*' an. In dieser betraf die Zielvorstellung ein bekanntes Gemälde im Vatikan, die Begegnung zwischen Papst Leo I. und dem Hunnenkönig Attila darstellend. Mrs. Verralls Schrift erwähnte verschiedene Einzelheiten desselben, die keinerlei Sinn für sie haben konnten, die aber verständlich wurden durch die einige Tage später in Mrs. Hollands Schrift erscheinenden Worte: *Ave Roma immortalis*. Hier hatte Mrs. Verralls Schrift vom 2. März 1906 die Ankündigung enthalten, daß sie 'nach einigen Tagen' verstehen werde, was ihr gesagt worden war, da dann 'durch eine andere Stimme' weiteres gesagt werden würde;[2] während Mrs. Hollands abschließender Beitrag am 7. März mit den Worten schloß: 'Wie könnte ich es deutlicher machen, ohne ihr den Schlüssel zu geben?'[3] 'Diese beiden Bemerkungen', sagt Mr. Balfour, 'zusammengehalten, können nur bedeuten, 1) daß eine Kk. absichtsvoll zustande gebracht werde; 2) daß das komplementäre Element in ihr bezweckt[4] war, indem die Absicht bestand, Mrs. Verrall ein Bruchstück der gesamten Vorstellung vorzuenthalten, welches den 'Schlüssel' zum Verständnis enthielt.'

Was die zweite von Balfour erwähnte Kk., 'Sesam und Lilien', betrifft, so kann der Leser selber meiner Darstellung derselben einige Belege entnehmen.

Dort enthielt z. B. Mrs. Verralls Schrift vom 19. August 1908 u. a. die Worte: 'Lilien ist das Stichwort, welches zeigt, welche Worte zusammenzufügen sind... Sie werden einige Zeit auf das Ende dieser Geschichte warten müssen, auf die Lösung dieses Rätsels — aber ich glaube, an seinem endlichen Erfolg ist kein Zweifel. Der Ihrige [= Myers].' — Am 22. August schrieb Helen Verrall u. a.: '*Unto this last*. Das war die mitzuteilende Botschaft... Beachten Sie, daß die Worte ein Schlüssel sind. Aber Sie haben das wichtigste von allem noch nicht geschrieben... Lassen Sie es von selbst kommen. F. W. H. M.' — Am 23. Sept. schrieb dieselbe: 'Beachten Sie die literarischen Anspielungen, etwas sollte aus ihnen gewonnen werden dadurch, daß sie verknüpft werden. Der Schlüssel ist da, aber verschiedene Einzelheiten sind verfehlt worden.'

1) o. S. 110 ff..   2) XXI 297.   3) Das. 298.   4) *purposive*.

154 *Argumente aus formalen Verhältnissen der Kundgebung*

Die nächstliegende Deutung solcher Worte ist in der Tat die, daß sie Äußerungen eines Willens sind, gewisse Inhalte nach einem vorgefaßten Plan zu verteilen und durch einige darunter die Lösung des Rätsels herbeizuführen, welches durch die übrigen aufgegeben wird. Eine ausdrückliche Aufstellung der 'Theorie der Komplementarität' dagegen wird man in ihnen natürlich nicht suchen dürfen.

Aber die von Mr. Balfour angezogenen Kk.en erschöpfen die hier verfügbaren Belege bei weitem nicht. Ich habe oben zahlreiche Äußerungen aus Schriften angeführt, in denen die wohlüberlegte Absicht sich kundgibt, eine vorläufige Unverständlichkeit dieser Schriften zu sichern.[1] An einem einfachen Kk.-Wort oder Wörterzusammenhang an sich aber ist ja eigentlich gar nichts zu 'verstehen' und kann deshalb auch nichts wirklich 'unverständlich' oder 'dunkel' bleiben — für die jeweils Schreibende (an die sich die Bemerkungen ja richten): wird die Identität mit dem anderswo Geschriebenen entdeckt, so wird damit die Tatsache der 'einfachen' Kk. festgestellt, und damit ist der Versuch auch restlos zu Ende. Wird dagegen die Möglichkeit eines 'Verstehens' seitens der einzelnen Schreibenden überhaupt angenommen (oder befürchtet!), so muß es sich um einen verwickelteren Zusammenhang von Vorstellungen handeln, von welchem die eine Schreibende einen 'Teil', die andre oder anderen — weitere 'Hälften' oder 'Teile' liefern, die dann 'verglichen' und 'zusammengestückelt' werden können, wobei irgendeine Schrift einen 'Schlüssel' abgeben soll, der alle Teile zur Einheit ergänzen läßt. Diese Möglichkeit der Ergänzung setzt also, genau genommen, die Nicht-Identität der Teile voraus, und es erhellt somit, daß das meiste von dem, was die Regiebemerkungen über Teile, Zusammenweben, Schlüssel und Verbindungsglieder aussagen, im Grunde den Begriff nicht-einfacher, also komplementärer Kk.en tatsächlich voraussetzt.[2] Die Feststellung von Kk.en des einfachen Typs mag man von einem 'Zusammenhalten', allenfalls auch von einem 'Vergleichen' erwarten; ein 'Zusammenfügen', 'Zusammenstückeln', vollends ein — offenbar Kunst und Verständnis forderndes — 'Zusammenweben' und 'Zusammenpassen' setzt aber doch voraus, daß die Teile halbwegs selbständig und insofern verschieden sind, und erst durch sachgemäße Bearbeitung zu einer Einheit verknüpft werden können. Es ist also schwer, auch in solchen Worten nicht ein Bewußtsein des Grundsatzes der Komplementarität zu sehen. Und mit dieser Einsicht bewaffnet, wird man die Liste von Anspielungen auf beabsichtigte Komplementarität noch beträchtlich ausdehnen können.

---

1) o. S. 137 f. 2) Vgl. auch symbolische Zeichnungen, wie die XXII 62 mitgeteilte, und Äußerungen, wie die über 'alle vereinigt stehen... einzeln fallen': XXVI 236.

So schreibt z. B. Miss Verrall am 29. April 1909 u. a.: 'Virgil auch. Sie sollten die beiden verknüpfen.' (Welchen Virgil? fragt die anwesende Mrs. Verrall.) *Tu Marcellus eris* Dies und den Horaz. Es sind viele Unterschiede, aber ein gemeinsamer Gedanke ist es, was ich herausbringen will.'[1] — Oder am 10. Februar 1910 schreibt Mrs. Willett: 'Daß ich verschiedene Schreibende zu benutzen habe, bedeutet, daß ich verschiedene Aspekte des Gedankens zeigen muß, denen unterliegend Einheit zu finden ist.'[2] Dies läßt an Deutlichkeit kaum noch zu wünschen übrig: 'Unterschiede' im Einzelnen bei 'Gemeinsamkeit' des zugrunde liegenden 'Gedankens', 'verschiedene Aspekte' eines 'unterliegenden Gedankens' — das sind eigentlich Begriffsbestimmungen der Komplementarität in Kk.en.

Und dabei fällt gegen ein wieder naheliegendes Bedenken ins Gewicht, daß wir entsprechende Äußerungen von nicht geringerer Deutlichkeit aus einer Zeit besitzen, da der Begriff komplementärer Kk.en noch in keines Lebenden Bewußtsein aufgetaucht war.

Am 3. November 1902 nämlich lieferte Mrs. Verrall — durchaus spontan, soweit sich aus dem mitgeteilten Zusammenhang ersehen läßt — eine Schrift, die u. a. folgendes enthält: 'Nichtsdestoweniger spricht das Schicksal durch andere, unbekannte, — (lat.:) das unaussprechliche, unentrinnbare Schicksal, auch wenn du mit äußerster Kraftanspannung dagegen streitest... (engl.:) ich will die Worte unter euch [beide] verteilen, keine für sich allein kann [sie] verstehen, aber zusammen werden sie den Schlüssel abgeben, den er wünscht...'[3] Dies müßte eigentlich unsere augenblickliche Frage endgültig erledigen.

In andern Äußerungen wird der Nachdruck auf die Tätigkeit der Versuchsleiter gelegt, die unter der Voraussetzung komplementärer Kk.en als grundlegend angenommen werden muß: nämlich die des Auswählens bestimmter Inhalte zur Übergabe an bestimmte Medien; ein Ausdruck, der von der Wahl einer einfachen Vorstellung zum Gegenstand einer einfachen Kk. schwerlich gebraucht werden würde.

'Schreiben Sie das Wort Auswahl', sagt 'Myers' in der Willett-Schrift vom 5. Juni 1910. 'Wer wählt aus, mein Freund Piddington? Ich richte diese Frage an Piddington: Wer wählt aus.'[4] — Besonders merkwürdig aber ist eine gleichfalls von 'Myers' gezeichnete Äußerung innerhalb der Kk. 'Sieben'. Piddington hatte, während eines Besuches bei Mrs. Verrall in Cambridge, diese vor voreilig spiritistischen Deutungen gewarnt, da ein neuer Fall anscheinend gegen Geister spräche. Er dachte dabei eben an diese Kk. 'Sieben', gab aber Mrs. Verrall nicht die geringste Andeutung davon. Kurz darauf, am 27. Januar 1909, schrieb dieses Medium: 'Nichts ist rascher als der Gedanke, nichts sicherer — schneller als Pfeil oder Kugel, fliegt der Gedanke von Geist zu Geist, augenblicklich... Verstehen Sie nicht? Und fragen Sie, was der Erfolg von Piddingtons letztem Versuch gewesen ist?

1) XXV 186.   2) Das.   3) XX 170.   4) Selection. XXV 128.

Hat er die Brocken seines berühmten Satzes unter Ihnen allen verstreut gefunden? und glaubt er daß das Zufall sei, oder von einem von Ihnen in Gang gebracht? Sagen Sie ihm, er solle genau zusehn, so wird er einen großen Unterschied zwischen den Schriften in diesem Experiment und in den andern [den 'einfachen'?] sehen. Das sollte der Theorie zu Hilfe kommen. Nur eine Sprache ist diesmal benutzt worden. Aber selbst wenn die Quelle menschlich ist, wer trägt die Gedanken zu den Empfängern? Fragen Sie ihn dies. F. W. H. M.'¹

Macht man sich aber schließlich klar, wie sehr eine solche unablässig wachsame Kunst des Auswählens und Lenkens das Ganze der Kk.-Bewegung durchziehen muß, um die verwickeltsten und überzeugendsten Beispiele der Gattung zustandezubringen, so wird man wohl geneigt sein, dem Urteil beizustimmen, das ihr genauester Kenner einmal so gefaßt hat: 'Nichts', sagt Mr. Piddington, 'erscheint mir bemerkenswerter in den Schriften der 'Automatistinnen', als die Beharrlichkeit, mit welcher dunkle und keimhafte Anspielungen verfolgt, verändert und erweitert, die falschen Einzelheiten ausgemerzt, die richtigen dagegen unterstrichen werden, bis schließlich der ursprünglich ins Auge gefaßte, aber zunächst noch unvollkommen dargestellte Gegenstand in klarer und unmißverständlicher Form hervortritt. Dieser Vorgang kann sich über viele Jahre erstrecken und ist ein Beweis erstaunlicher Geduld und Beharrlichkeit auf Seiten irgend jemandes. Er belegt aber ebenso die bedeutende Zähigkeit des Gedächtnisses der Schrift, denn er bedingt oft die Wiederholung kleiner Stichworte aus einer Niederschrift, die vielleicht viele Jahre zuvor geliefert und nie wieder von der Automatistin gesehen wurde.'²

'Irgend jemandes'. — Aber wessen?

c. Die animistische Theorie der Kreuzkorrespondenzen

Indem ich nunmehr diese Frage in Angriff nehme, wo dieser 'jemand' zu suchen sei, muß ich zunächst über die logische Lagerung des Problemes Klarheit schaffen, also darüber, durch welche Tatsachen es gestellt wird und welches die möglichen oder gegebenen Wege zu seiner Lösung sind. Und da ist uns denn die hervorstechendste jener Tatsachen im Laufe der Darstellung schon vertraut geworden: nämlich daß die Kk.-Schriften im Rahmen ihres Inhalts selbst den Anspruch erheben, von bestimmten Abgeschiedenen auszugehen. Wir wissen aus vielen Belegen, daß die Schriften fast durchweg nicht nur in die Ich-Form persönlichen Planens und Lenkens gekleidet, sondern auch mit der Namensunterschrift bekannter Persönlichkeiten der 'psychischen Forschung' versehen sind, von denen man annehmen darf, daß ihnen,

---

1) XXIV 251.   2) XXIX 449.

falls sie den Tod denkfähig überlebt hätten, an der Erfindung neuartiger Beweise des Fortlebens sehr gelegen wäre.

Es wäre nun natürlich zwecklos, mit der billigen Anführung solcher Namenszeichnungen Raum zu verschwenden. Dagegen lohnt es sich immerhin, zu betonen, daß diese Namenszeichnung uns durchaus nicht immer in jener Schlichtheit entgegentritt, die man dort erwarten möchte, wo ein phantasierendes Unterbewußtsein seine Erzeugnisse zum Schluß noch mit einem Maskenstempel versehen will. Im Gegenteil fällt z. B. oft der große Nachdruck auf, mit welchem der Kommunikator seine Persönlichkeit nennt oder betont.

Selbst bei Mrs. Willett bezeugt er sich nicht immer nur durch die ständige Namenswiederholung. 'Sie fühlten den Ruf (schreibt er z. B. am 5. Febr. 1910) Ich   es Ich bin es, der schreibt, Myers. Ich muß dies dringend sagen   melden Sie Lodge dies Wort   Myers Myers empfangen Sie das Wort   Ich will es buchstabieren   Myers, ja, das Wort ist *DORR*.'[1] Man beachte die zu Auslassungen und Wiederholungen führende Erregung bei der ersten Behauptung, daß er es wirklich sei; man beachte auch den Ton der Dringlichkeit in dieser Botschaft, die sich durchaus als bedeutsam erwies. — Bei Mrs. Verrall, die fast ausschließlich im Namen von 'Myers' schreibt, sind solche Unterstreichungen keineswegs selten; obgleich man doch annehmen möchte, daß ihr 'Unterbewußtsein' sich sicher genug in der längst übernommenen Rolle hätte fühlen müssen, um sie nicht immer wieder gegen Zweifel verteidigen zu wollen. So heißt es z. B. am 29. Dez. 1908, im Anschluß an eine tief sinnvolle Anweisung, nach gewissen Virgilschen Worten auszuschauen: 'Wollen Sie die Namensunterschrift haben? Der Ihrige F. W. H. M.'[2] Und ganz ähnlich am 12. Febr. 1907: 'Warum wollen Sie nicht die Namensunterschrift hinsetzen? Sicherlich wissen Sie jetzt, daß nicht Sie es sind [die dies schreibt oder eingibt]. F. W. H. M.'[3] Seinen Anteil an der Kk. 'Engel' schließt Myers mit den Worten: 'FWHM hat die Botschaft durchgesandt — endlich!'[4] Und einmal, schon in der Frühzeit der Verrall-Schriften, fordert er, nach erfolgter Unterschrift 'FWHM', ausdrücklich: 'Schreiben Sie die Unterschrift deutlicher FWHM.'[5]

Gewiß, man mag hierin das Bestreben eines schauspielernden Unterbewußtseins suchen, gegen Zweifel des Wach-Ich oder dritter Personen soz. aufzutrumpfen. Aber man muß zugeben, daß die Natürlichkeit solcher Auftritte auch unter gänzlich andern Voraussetzungen um nichts geringer wäre, — und mehr soll ja hier nicht behauptet werden.

Sonderbarer als dies persönliche Sich-in-den-Vordergrund-Drängen des Kommunikators ist die gelegentliche Ablehnung einer ihm möglicherweise zuzuschiebenden Leistung, — denn warum sollte jede 'unterbewußte' Persönlichkeit nicht eifrig so viel Ansehn einheimsen, als

---

1) XXV 126.   2) XXV 183.   3) XXII 113; auch XXVII 88.   4) XXII 228.
5) XX 234, 12. Juli 1902. Vgl. XX 239 u. XXVII 97 (betontes Nicht-nennen des Namens).

ihr nur irgend bewilligt werden mag? Gleichwohl bekennt ein Holland-Kommunikator (aus dem mitgeteilten Bruchstück nicht zu erkennen, wer) am 11. April 1909: 'Nein — ich hatte nichts zu tun mit jener letzten Botschaft — es war Myers — Nicht hier, auf der andern Seite des Heringsteiches' — d. h. des Atlantik, bei Mrs. Piper, wie das angeschlossene Zitat aus Blake beweist: *'Piper, sit thee down and write in a book that all may read'*.[1] Derselben Gattung gehören die seltenen und seltsamen Fälle an, in denen Mrs. Verralls Hand (die doch ihren gewohnten Hausgeist in hemmungsloser Mitarbeit besaß) eine bestimmte Leistung einem andern zuschreibt.[2] Ähnlich wird ein Dritter als die eigentlich treibende Persönlichkeit einmal bei Mrs. Willett bezeichnet: 'Henry Sidgwick ist hieran beteiligt und seine Botschaft ist eine Botschaft der Hoffnung...'[3] Ein andermal hat dieses Medium das im Zusammenhang besonders beziehungsvolle Wort *flavicomata* (gelbhaarig) geschrieben, wofür sich Piddington bei dem Willett-Myers schriftlich bedankt, der ihm indessen folgende Antwort gibt: 'Ich wußte, daß diese Pointe gute Aussichten hatte. Es war Sidgwick, der sie vorschlug. Er ist nicht imstande, viel mit dieser Maschine [d. i. mit diesem Medium] zu tun, aber er kann durch mich helfen *via* meine Maschine hier.'[4] Seltsam, diese Ablehnung eines Lobes durch die 'unterbewußte Personation', die doch, nach animistischer Lehre, immerzu darauf aus sein müßte, den Scheinwerfer des Erfolges und der Glaubwürdigkeit auf sich und ihr Tun zu richten! Hier aber erscheint es mir überdies noch bezeichnend, daß gerade Sidgwick bei mehr als einem Medium von dritter Seite als der eigentliche, aber nicht unmittelbar hervortretende Kommunikator bezeichnet wird; als wenn eben dieser Persönlichkeit die Fähigkeit gemangelt habe, sich unmittelbar an den Kk.-Versuchen zu beteiligen, also selbst in der Ich-Form durch ein Medium.

Überhaupt darf man (was mit dem eben Besprochnen zusammenhängt) die eigenartig natürlich anmutende Tatsache nicht übersehn, daß die treibende Kraft der Versuche sich auch bei einem Medium und im Einzelfall der Leistung nicht selten in der Mehrzahl vorstellt, während doch der unterbewußte 'Trieb zur Personation' sich eigentlich an der nächstliegenden Einzahl, also dem 'Ich', genügen lassen sollte. Trotzdem ist das 'wir' in den Mitteilungen wie in den Regiebemerkungen ziemlich häufig;[5] nicht minder häufig die namentliche Bezeichnung mehr als eines Versuchsleiters.

'Beide schicken dies — FWHM. RH[odgson],' schreibt z. B. Mrs. Holland am 2. März 1910;[6] und Mrs. Forbes sogar mit technischer Unterscheidung der

---

1) 'Pfeifer, setz dich hin und schreib in ein Buch für jedes Auge'. XXV 273.   2) z. B. XXVII 59; XX 356, 20. Sept. 1901.   3) XXXIII 592, 14. Aug. 1914.   4) XXV 163, 7. März 1910.   5) XXX 446. 466 u. oft.   6 XXV 243.

Rollen: 'E. G[urney] schickt diesen Brief, Talbot ist der Schreiber,' also der Vermittler des 'Briefes'.[1] — Und am 27. Nov. 1903: 'Würden Sie wohl Mrs. Verrall eine Mitteilung zugehen lassen? Sorgen Sie dafür, daß sie geschickt wird. Edmund Gurney, Talbot und Myers liefern Mrs. Verralls Schrift.'[2] —

Die Verständigung über die 'logische Lagerung' unsres Problems erfordert aber vor allem völlige Klarheit über Grundlagen und Wege der Entscheidung, die wir suchen. Hierbei steht an erster Stelle die Frage, ob die eigentlichen Beweisgründe in irgendwelchen Gestaltungsgesetzen der Kk.en selbst zu suchen sind. Bekanntlich liegen Anzeichen dafür vor, daß die Kk.en von den 'Leitern' als Versuch betrachtet wurden, die Frage des Überlebens durch eine neuartige Form des Beweises zu entscheiden.[3] Ist dieser Versuch der Beweisverstärkung als gelungen anzusehen, gelungen durch die bloßen Tatsachen des Geleisteten? Mit andern Worten: stellt die Gesamtheit aufeinander bezogener Kk.-Schriften an sich eine Leistung dar, die nur von Abgeschiedenen vollbracht werden konnte, als von Personen, die von allen beteiligten Medien völlig unabhängig waren? Oder läßt sie sich auch begreifen als Leistung irgendwelcher seelischer Schichten Lebender, abseits von allem wachen Bewußtsein und gehüllt in die Maske Verstorbener? Denn daß die Kk.en nicht das 'bewußte' Erzeugnis Lebender waren, beweist ja schon die Tatsache ihrer nachträglichen Entdeckung in fertigen Urkunden.

Es handelt sich also zunächst um eine Entscheidung über psychologische Möglichkeiten, und jedermann wird zugeben, daß uns damit etwas sehr Mißliches zugemutet wird. Wer unterrichtet uns über die Grenzen des seelisch Möglichen? Vor allem im Bereich des sog. Unterbewußten, eines Gebietes, das die Forschung kaum erst betreten hat und in welchem sie unablässig neue Entdeckungen macht? Stellen wir die Frage so: ob denn die Untersuchung der Kk.en allgemein von einer bestimmten Deutung überzeugt habe, so müssen wir feststellen, daß sie das bisher nicht vermocht hat.

Selbst ein Denker vom Range G. W. Balfours, dem man weder größten Scharfsinn noch (wenn ich recht sehe) persönliche Hinneigung zum Spiritismus absprechen kann, gelangt in seiner Auseinandersetzung mit Pigou zu folgendem Schluß: es sei dem Gegner nicht gelungen, zu beweisen, daß die Erzeugung von komplementären Kk.en der besten Art innerhalb der bekannten Fähigkeiten des Unterschwellen-Ich liege. 'Es könnte allerdings innerhalb dieser Fähigkeiten liegen, solche Kk.en zu planen und durchzuführen; aber dies ist eine Hypothese, und solange sie nicht bewiesen ist, sind wir berechtigt, ihr eine andre Hypothese entgegenzusetzen und unsre Ent-

---

1) XXV 199 (12. 12. 1909). 2) XX 263. 3) Vgl. XXI 384 und o. S. 143.

scheidung zwischen beiden in der Schwebe zu halten. Ich gestehe, daß dies noch immer meine eigene Haltung ist.'[1] — Mr. Balfours Schwester, Mrs. Sidgwick, eine von äußerster Strenge gegen etwaige eigene Denkneigungen erfüllte Forscherin, glaubte die animistische Deutung der Kk.en wenigstens als 'im äußersten Grade schwierig' bezeichnen zu müssen.[2] Auch in Deutschland haben nichtspiritistisch denkende Köpfe diese Schwierigkeit meist als beträchtlich empfunden. Oesterreich z. B. zählt die Kk.en zu den 'merkwürdigsten und verdächtigsten parapsychischen Phänomenen' (wobei die 'Verdächtigkeit' doch wohl darin liegen soll, daß sie soz. starke spiritistische Versuchungen enthalten), spricht ihnen aber freilich die Kraft zu einem 'zwingenden Beweise' ab und vermutet 'unbewußte telepathische Verständigung' der beteiligten Medien.[3] Ähnlich bezeichnet Tischner die Ergebnisse der Kk.en als 'sehr auffallend', aber wiederum eine animistische Deutung durch 'Hellsehen und Telepathie' als 'nicht völlig ausgeschlossen, wenn man ihnen auch ein sehr weitreichendes Feld einräumen muß, um die Dinge auf dieser Basis zu erklären.'[4] — Daß Hr. Baerwald die gleiche Deutung für selbstverständlich hält, braucht wohl nicht erst gesagt zu werden.[5]

In der Tat mag hier der abstrakt verfahrende Animist sich darauf berufen: gerade der Spiritist vertrete doch den Standpunkt, daß das übernormal-wirksame Wesen im Menschen mehr oder weniger identisch sei mit dem überlebenden Wesen; daß also die gelegentlich bewiesenen übernormalen Fähigkeiten der Lebenden die normalen der Jenseitigen seien; folglich müsse, wer Geister als die Urheber von Kk.en fordere, eben deshalb zugeben, daß auch verkörperte Geister — Medien — sie zustandebringen könnten. — Das klingt einleuchtend. Immerhin würde auch dann noch zuzugeben sein, daß die Kk.en nach aller bisherigen Erfahrung etwas Unerhörtes darstellen: die unterbewußte Reifung eines Planes, wie des den besten Kk.en zugrundeliegenden, und seine jahrelang fortgesetzte Durchführung unter unablässiger soz. zwangsweiser und planmäßig geordneter Einbeziehung anderer, entfernter Lebender, ohne daß von allem diesem Planen und Tun jemals ein Schimmer in das wache Bewußtsein der Nächstbeteiligten fiele, — das wäre in der Tat ohne jedes Seitenstück in allem, was wir bisher als wirkliche Leistung der unterbewußten Seele beobachtet haben. —

Auf besondere Weise hat Dr. Tischner gemeint, jede spiritistische Deutung von Kk.en ausschließen zu können, und ich muß diesen allgemeinen Angriff kurz erledigen, ehe ich die Aussichten einer solchen Deutung im Einzelnen erwäge. Tischner ist nämlich der Ansicht, daß in einem besonderen Falle 'die Kreuzkorrespondenz' — als Form spiritistischer Argumentation — 'sich selbst ad absurdum geführt'

---

1) XXV 55. Ähnlich M. Sinclair: ISPR XVIII 149. 2) XXIX 255. 3) Oesterreich, Okk. 75. 4) Tischner, Einf. 129. 5) Baerwald, Phän. 377.

habe; und zwar in der Kk. 'Sieben', in welcher alle 'Äußerungen' diese Zahl umspielten und veranschaulichten, daneben aber mehrfach auf die Beteiligung von sieben Personen hinwiesen. Auf Einzelheiten brauche ich nicht einzugehn; vielmehr nur den springenden Punkt hervorzuheben, daß sich unter den sieben Beteiligten jemand befand, dem noch nie mediale Begabung zugeschrieben worden ist, — nämlich der Kk.-Forscher Piddington selbst! Auch bestand seine 'Beteiligung' nicht in irgendwelchen 'Schriften', sondern darin, daß er vier Jahre zuvor einen sog. 'postumen Brief' verfaßt und versiegelt hatte, worin er berichtete, daß die 'Sieben' seit früher Kindheit eine Art Zwangsvorstellung und Glückszahl für ihn gewesen sei (die er also auch nach dem Tode gegebenenfalls wohl erinnern würde), und daß er 'von drüben her' versuchen wolle, in allerhand 'Siebener'-Kundgebungen darauf hinzuweisen und dann die Öffnung des Briefes zu fordern. — Daß diese Niederschrift ein echtes Glied der ausgedehnten Kk. 'Sieben' bildete, ist kaum zu bezweifeln und soll hier jedenfalls dem Gegner zuliebe angenommen werden. Wenn man nun — so folgert Tischner — nicht voraussetze, was man doch erst beweisen wolle (nämlich das Dasein von Geistern), so zeige dieser Fall, 'daß auf irgendwelche... Weise die Möglichkeit besteht, daß medial veranlagte Personen den Inhalt von Schriftstücken oder auch die Gedanken von Personen erfassen können'; dann aber sei ja die Durchführung einer daraus geschöpften Kk. durch das Unterbewußtsein des betreffenden Mediums in der oben besprochenen Weise möglich.[1]

Das übereilt Verfehlte dieses Gedankenganges springt in die Augen. Was nach ihm eine 'medial veranlagte Person' tun soll, könnte natürlich ebenso gut ein Abgeschiedener tun (einen solchen vorausgesetzt); anderseits ist es völlig gleichgültig, wo der 'Leiter' einer Kk. ihren Kernbegriff hernimmt (aus eigenen Erinnerungen, oder aus mündlichen Anregungen eines Lebenden, oder — hellsichtig — aus der verborgenen Niederschrift eines solchen). Der Nachweis einer bestimmten Quelle für den Leitbegriff hat also nicht das Geringste zu tun mit der Frage, wer die entsprechende Kk. durchführe. Es ist auch keineswegs verwunderlich (und die Tatsache hätte Dr. Tischner seinen Einwand verdächtig machen können), daß Miss Johnson (die er mit Recht 'neben Piddington die Haupterforscherin dieses Gebiets' nennt) 'zu dem Ergebnis kommt, daß sehr vieles in dieser Kk. dafür spricht, daß eine fremde Intelligenz, ein Verstorbener, eine Rolle spielte,' — ja daß Miss Johnson, unbeschadet ihrer spiritistischen Gesamtdeutung

---

1) Tischner, Gesch. 198 f. Seltsamerweise scheint auch Piddington geglaubt zu haben, daß diese Kk. 'told rather against spirits'! (XXIV 251).

des Falles, in der Zugestehung animistischer Bestandteile (nämlich telepathischer Einwirkungen Piddingtons) noch weiter geht, als Tischner selbst! — Mit einem Wort: das Besondere der Kk. 'Sieben' läßt unser Problem genau da, wo es auch ohne sie gestanden hätte.[1] —

Ist nun die Problemlage mit solchem Zugeständnis ihrer Unentscheidbarkeit wirklich erschöpft? Ich glaube es nicht. Denn wäre sie es auch bei rein abstrakter Erwägung, — wir haben nun schon oft genug erfahren, daß die Hauptaufgaben des Theoretikers erst beginnen, wenn über solche abstrakte Urteilsbildung hinaus die Analyse in letzte Einzelheiten der Tatsachen vorgetrieben wird. Wir haben also auch hier zu fragen, wie sich die notwendigen Voraussetzungen der einen oder andern Deutung im einzelnen ausnehmen, und ob sie in den Tatsachen eine Stütze finden oder nicht. Es versteht sich von selbst, daß hierbei die Prüfung der animistischen Voraussetzungen den Vortritt haben muß. Erweisen sie sich als unangreifbar oder wenigstens frei von schweren Bedenken, so müßten wir immerhin, bei der heutigen Denklage, dieser 'bescheidenern' Deutung das logische Übergewicht zugestehn.

Indem ich also zunächst die verschiedenen Versuche durchgehe, einen lebenden Urheber der Kk.-Versuche zu finden, wünsche ich zuvor eine sonderbare Vermutung beiseitezuschieben, die m. W. nur einmal vorgebracht worden ist, ohne in der Forschung Schule zu machen. Anknüpfend an eine von Miss Sinclair ausgesprochene Andeutung,[2] bekennt sich Mr. R. G. Milburn zu dem 'lange gehegten Verdacht', daß 'ein Kollektiv-Geist — *a joint mind* —, der den Forschern gemeinsam und durch ihre wachen Interessen geformt sei, den wahren Agenten bei Kk.en darstelle. Dieser unterbewußte Gruppengeist — weniger individualisiert als der bewußte — finde dann Ausdruck und Auslauf (outlet) durch Medien, die in telepathischer Fühlung mit der Gruppe stehen.'[3] — Dieser Gedanke wird eigentlich schon durch die zeitliche Abfolge der Vorgänge widerlegt. Kk.en lagen, wie wir wissen, urkundlich vor, ehe die Forscher auf ihren Begriff gerieten; diejenigen Schriften vollends, auf die sich die Theorie der Komplementarität von Anfang an stützte, waren längst geschrieben, ehe die dafür entscheidenden Einzelheiten in ihnen entdeckt wurden. Man müßte also mindestens eine von Anfang an unbewußte Planung und An-

---

1) Vgl. meine Darstellung der Kk. 'Sieben' und ausführlichere Widerlegung Tischners in ZmpF 1932 251 ff. 326 ff. (Pr XXIV 222—258; XXVII 147 f.). Schon Lambert fragte, wie denn die Tatsache erklärt werden solle, 'daß die Telepathie gerade Halt macht, nachdem die Zahl 7 der beteiligten Personen voll ist?' (Lambert 114.) — Eine Mischtheorie (Tel. einer äußeren Quelle neben Tel. unter den Medien) vertrat Miss Johnson (XXV 288) unter Hinweis auf Myers II 55.   2) JSPR XVIII 67 f.   3) Das. 101 f. Ähnlich anscheinend Buchner 251. Vgl. Dessoir 217.

regung (seitens der Forscher!) annehmen, und das hieße die Deutung ohne jeden Grund verwickeln: denn dann könnte man ja ebensogut den ganzen Plan im Unterbewußtsein derer entstehen und reifen lassen, die ihn auch zur Ausführung brachten, also der Medien selber. Überdies: was soll ein solcher 'Gruppengeist' der beteiligten Forscher bedeuten? Eine neue, irgendwie einheitliche und einheitlich vorgehende Persönlichkeit? Eine solche wäre ohne einheitliche nervöse Grundlage; sie würde gleichsam in der Luft schweben und wäre schwieriger zu denken, als ein 'spiritistischer Geist', — den sie doch aus dem Felde schlagen soll! Oder soll jener Gruppengeist nur die Summe 'unterbewußter' Denkneigungen und Planungen in den 'weniger individualisierten' Seelenbereichen der mehreren Forscher sein? Wie unausdenkbar schwer dann, diesen blinden Haufen von Ansätzen zu jenem einheitlichen Vorgehn zusammenzufassen, das doch selbst die einfachsten Kk.en voraussetzen. —

Wenden wir uns also, als weit hoffnungsvolleren Anwärtern, den beteiligten Medien zu, so darf man wohl annehmen, daß jeder animistische Kenner an erster Stelle Mrs. Verrall der 'Täterschaft' verdächtigen wird, etwa weil sie (wie man annimmt) als erste auf dem Plan war; weil sie besonders 'medial' veranlagt war; weil sie mit Myers befreundet gewesen war; weil viele Kk.en in ihrer Schrift ihren Anfang nahmen; weil sie — kurzum, der Verdacht hat sich nun einmal um sie zusammengezogen, wie sich zuweilen das Gerede der Welt um einen Menschen verdichtet, ohne daß man sagen kann, weshalb und mit wieviel Recht.[1]

Ich muß nun gleich sagen, daß ich bei aller Gewissenhaftigkeit (die man mir vielleicht zugestehn wird) nichts habe entdecken können, was einem Beweise, selbst einem Indizienbeweise dieser Annahme auch nur von weitem ähnlich sähe. Daß die eben angedeuteten Gründe für sie — keine sind, wird man auf den ersten Blick erkannt haben: die bezeichneten Tatsachen vertragen sich nicht um ein Iota schlechter mit der Annahme, daß — sagen wir — der verstorbene Myers die ganze Unternehmung in Gang gebracht und betrieben habe. Hatte er den Plan der Versuche erdacht, so mußte er bei irgendeinem Medium natürlich anfangen, und da mochte ihm die zu Lebzeiten befreundete und stark medial veranlagte Mrs. Verrall am nächsten liegen.[2]

Im übrigen aber kenne ich nur noch eine Einzeltatsache, die der Verfechter der Verrall-Theorie vielleicht zu seinen Gunsten anführen könnte. Im Ja-

---

1) Außer Podmore war zunächst auch Bayfield für die Verrall-Theorie (XXV 83 ff.). Vgl. Miss Johnson: XXI 389; XXV 290 f.; Barnard 231.   2) Vgl. XX 220 f.: 'Mrs. Verrall ist so sehr meine Freundin, daß ich mit ihr sein [d. i. durch sie schreiben] kann.'

nuar 1906 machte Mr. Piddington der ihren ersten Bericht über ihre 'Schriften' vorbereitenden Mrs. Verrall den Vorschlag, den Urheber der automatischen Schrift als den *scribe* (den 'Schreiber') zu bezeichnen (statt als 'meine Hand', oder 'Mrs. Verrall II'). Während der nächsten Wochen wußten nur Mr. Piddington, Mrs. Verrall und ihr Gatte um diesen Gedanken, und ihnen allen war er 'neu'. Am 6. Februar nun schrieb Mrs. Holland (z. Zt. in England) eine Schrift, worin zweimal das Wort *scribe* vorkommt (im Sinne von Medium, automatische Schreiberin) und dazwischen ausdrückliche, fragende Anspielungen auf 'Margaret' (Verrall).[1] Offenbar aber ist auch diese Tatsache durchaus zweideutig. Zunächst ist das Wort *scribe* durchaus nicht so selten und unerhört, daß es nicht auch von selbst bei Mrs. Holland hätte auftreten können, und zufällig kurze Zeit nachdem es Mrs. Verrall vorgeschlagen worden war. (Tatsächlich ist es, wie wir[2] durch Miss Johnson selbst erfahren, auch im spiritistischen Schrifttum schon früher im Sinne von 'Automatistin' gebraucht worden.) Aber ganz abgesehen davon könnte doch Myers, gleichzeitig mit dem Medium, an das er so innig angeschlossen war, den Vorschlag Piddingtons aufgefaßt und in die Tat umgesetzt haben. Oder gar endlich: man könnte selbst telepathisches Durchsickern von Einzelheiten zwischen den beteiligten Medien zugestehen, ohne daß damit das eigentliche Zusammensetzspiel der Kk.en auf 'telepathische Regie' des einen von ihnen zurückgeführt wäre.[3]

Erscheint somit die Annahme, daß Mrs. Verrall für Ursprung und Durchführung der Kk.en verantwortlich sei, als leidlich willkürliche 'Verdächtigung', für die gar keine zwingenden Gründe aufzutreiben sind, so drängen sich anderseits bei näherem Zusehn manche Umstände auf, die deutlich gegen diese Annahme sprechen. Man hat das erste Einsetzen der Verrall-Schriften fast unmittelbar nach Myers' Tode als Argument für ihre animistische Deutung benutzen wollen: der Tod des Freundes habe sie zur Ausbildung dieser Scheinpersönlichkeit angeregt. Aber sehen wir uns doch die Tatsachen näher an.

Mrs. Verrall selbst berichtet uns, daß sie 'während einer beträchtlichen Reihe von Jahren' automatischen Leistungen ihre Aufmerksamkeit geschenkt und sie 'auf mannigfache Weise bei sich zu erzielen versucht' habe. Aber mit der Planchette und dem Tisch habe sie nur dann Ergebnisse gehabt, wenn sie mit einer zweiten Person saß; auch habe sie keinerlei Schrift erzielen können, mit Ausnahme sinnloser Wiederholungen weniger Buchstaben, besonders e v r, also der ersten Buchstaben ihres Namens. 'Ich war zum Schlusse gelangt, daß automatische Schrift bei mir nicht möglich sei.' Am 19. Januar 1901, also zwei Tage nach Myers' Tode, begann sie eine neue Reihe ernsthafter Versuche, indem sie eine Viertelstunde und länger bei halbem Licht vollkommen ruhig auf 'Eindrücke' wartete, dann einen

---

[1] XXI 283 f.   [2] S. 285.   [3] Wobei ich im Augenblick davon absehen will, daß ausdrücklich vorgenommene Versuche die Möglichkeit telepathischer Beeinflussung zwischen den Beteiligten widerlegt oder doch eine solche als sehr schwierig erwiesen haben.

Bleistift hielt oder die Hand auf die Planchette legte. Das letztere erwies sich wieder als völlig wirkungslos, und der Bleistift blieb unbewegt, es sei denn, daß sie ihre Aufmerksamkeit durch Lesen völlig ablenkte, und dann gab er lediglich einige Worte aus dem Gelesenen wieder. Dieser Mißerfolg wiederholte sich am 1., 2., 12. und 13. Februar, worauf bis zum 3. März keine weiteren Versuche unternommen wurden. An diesem Tage, besonders aber am 5. März, zeigten sich die ersten Erfolge. Es kamen Worte, die mehr und mehr Zusammenhang zeigten; 'dann fühlte ich plötzlich einen starken Antrieb, die Haltung des Bleistifts zu verändern, nämlich ihn [gegen meine sonstige Gewohnheit] zwischen Daumen und Zeigefinger zu halten... und nach wenigen sinnlosen Worten schrieb er fließend auf lateinisch. Ich saß im Dunkeln und konnte nicht sehen, was ich schrieb; die Worte kamen mir einzeln... und ich hatte keinen allgemeinen Begriff von ihrem Sinn... Bis zu Ende des Monats, mit wenigen Ausnahmen, fuhr ich fort, täglich fließend Latein zu schreiben, mit gelegentlichen griechischen Worten. Die Schrift war nicht durchweg verständlich, aber sie verbesserte sich und war sehr verschieden von dem bloßen Unsinn, womit sie begann.'[1]

Diese Einzelheiten der Anfänge der Verrall-Schrift sind meines Wissens bisher noch nie als Unterlage für die Theorie erwogen worden. Und doch reden sie, wie mir scheint, eine nahezu eindeutige Sprache. Hätte Mrs. Verrall die Fähigkeit besessen, vollkommen auf eigene Hand automatische Schrift oder gar 'spiritistische Kundgebungen' zu erzeugen, so hätte es ihr, wie wir sehen, weder an Selbstreizungen, noch auch an äußerem Ansporn gefehlt. Jahrelang hat sie sich offenbar dazu soz. aufzupeitschen gesucht, und in diesen Jahren ist ihr, wie wir wohl annehmen dürfen, mehr als ein Mensch gestorben, den sie, die mindesten spiritistischen Neigungen ihres 'Unterbewußtseins' vorausgesetzt, gewiß sehr gern durch ihre Hand hätte 'reden' lassen. Abgesehn von andern bedeutenden Mitgliedern der Ges. f. ps. Forsch., also Personen aus Mrs. Verralls engerem Arbeitskreise, war in diese Jahre auch der Tod Prof. Henry Sidgwicks gefallen (Sommer 1900), der das ständig vergeblich sich mühende Medium doch wohl zum Versuch hätte treiben können, den Cambridger Freund und berühmten Mitbegründer der S. P. R. seinen Verehrern in derselben als 'Experimentator' aus dem Jenseits vorzuführen. Nicht nur geschieht nichts dergleichen, sondern auch die hartnäckig erneuten Versuche des Januar 1901, offenbar angeregt durch den Tod des zweiten Führers der Gesellschaft, bleiben sechs Wochen lang ergebnislos. Was hätte Mrs. Verrall, als 'automatistisch Hochbegabte' (wie die Folgezeit zu erweisen scheint), wohl jetzt noch hindern können, endlich in der Rolle eines Schreibmediums zu glänzen,

---

[1] XX 7—10. — Der Leser hat einige Proben aus diesen frühen Schriften und ihren 'Regiebemerkungen' oben, S. 150f. kennen gelernt.

vorausgesetzt, daß dies von ihr **allein** abhing? — Dann, zu Beginn des März, das plötzliche Umlegen des Bleistifts in eine Haltung, die Mrs. Verrall seit 16 Jahren nicht mehr geübt hat, — und danach die fließende lateinische Schrift, wohl noch nie als solche von ihr angestrebt. Kann man bestreiten, daß diese jahrelange Vorgeschichte und ihre überraschende Gipfelung mit Nachdruck dafür spricht, daß die 'Schrift' erst eintrat, als sich zu den **eignen Bestrebungen des Mediums ein zweiter Einfluß gesellte**, dessen Hinzutritt die seelische Lage von Grund auf veränderte? Man wird vielleicht einwenden, daß unter spiritistischen Voraussetzungen dieser Einfluß **sofort** nach Myers' Tode, oder daß er etwa auch nach Sidgwicks Tode hätte eintreten müssen. Beide Einwände verfehlen ihr Ziel. Wer die zahllosen Zeugnisse 'von drüben her' über die häufige Notwendigkeit einer Zeit der Ruhe oder des 'Schlafes' gleich nach erfolgtem Sterben kennt, wird das anfängliche Zögern der *Tuus*-Myers-Kontrolle weit eher für eine Bestätigung, als für eine Widerlegung ihres spiritistischen Ursprungs halten. Und was das Bedenken bezüglich Sidgwicks anlangt, so wird der Gegner einräumen müssen, daß das **durchweg sehr zurückhaltende, blasse, mittelbare und seltene Auftreten dieser Persönlichkeit während der gesamten Kk.-Vorgänge und bei allen Beteiligten** — sich vorzüglich mit der Tatsache verträgt, daß sie auch bei der ersten Ingangbringung der Kk.en den Vortritt andern überlassen hat.

Was sonst unmittelbar zugunsten einer echten Myers-Kontrolle in den Kk.en spricht, soll erst erwogen werden, wenn die spiritistische Theorie dieser Vorgänge ausdrücklich zur Erörterung steht. Dagegen sei hier betont, daß in den ersten Verrall-Schriften, so dunkel sie auch erscheinen mögen, nichts enthalten ist, was der Annahme einer sich allmählich zur Klarheit durchringenden **spiritistischen Kontrolle** widerspricht. Von einer billigen sofortigen Selbstmaskierung des Traumschaffens als bestimmter Verstorbener ist keine Spur zu finden. Dagegen enthält schon die Schrift vom 5. März Worte, die auf eine zwar stark gehemmte, aber in ihrem Wollen bestimmte und planmäßig andrängende Persönlichkeit hindeuten.

Unmittelbar vor dem Wechsel im Halten des Bleistifts erscheinen die Worte 'erspare Beschwerde, kann nicht halten', ferner die Worte *semper vivo* ('ich lebe immer noch'), dreimal ein *et ego* — 'auch ich' (man möchte wieder ergänzen 'lebe noch'), des weiteren: *ter ad mundum* — 'dreimal zur Welt' ('habe ich schon durchzudringen versucht'?); *tuus*, der Deinige; sodann das schon früher Mitgeteilte: 'entziehe dich nicht dem, was ich dir sagen werde' und anderes Verwandte mehr an diesem und den unmittelbar folgenden Tagen, wie etwa: 'Ich kam heute, aber du warst nicht bereit';

Experimentelle Entsprechungen der Ges. f. psych. Forschung 167

'o wären alle so! was du? ich kann nicht, wollte aber — o wie ich wollte! Möge dich Gott — — der gute — a...'[1]

Meine Auffassung der Anfänge der Verrall-Myers-Kontrolle wird aber durch einen weiteren Umstand bestätigt, dessen zeitliche Bezüge gleichfalls der Beachtung entgangen zu sein scheinen. Wie wir wissen, spannen sich die ersten Kk.en zwischen Mrs. Verrall und Mr. Forbes. Diese aber war, wie wir erfahren, schon beträchtliche Zeit vor Mrs. Verrall eine wohlgeübte und erfolgreiche automatische Schreiberin; ihre 'Kontrollen' dabei waren 'E. Gurney' und ihr im Burenkrieg gefallener Sohn Talbot. Am 24. Februar 1901 nun kamen bei ihr durch die Planchette die Worte: 'Edmund Gurney schreibt für Fred. Myers',[2] und dann, nach vernünftiger Beantwortung mehrerer gestellter Fragen: 'wir wollen unsre Freunde in Cambridge sehen. Mrs. Verrall ist so sehr meine Freundin, daß ich mit ihr sein [d. h. mich durch sie äußern] kann.'[3] Worauf richtige Angaben über Mrs. Verralls augenblickliches Tun folgten, also, wenn man will, die erste Andeutung einer 'Entsprechung'. Ich vermute, obgleich der Text dies nicht eindeutig erkennen läßt, in den Worten 'Mrs. Verrall ist usw.' eine Äußerung Myers', kundgetan durch Vermittlung des ihm beistehenden 'Gurney'. Wir begegnen also hier nicht nur der Tatsache, daß die erste, dürftige Entsprechung, welche die ganze gewaltige Bewegung der Kk.en eröffnet, bei Mrs. Forbes und nicht bei Mrs. Verrall sich äußerte; sondern auch der bedeutsameren Tatsache, daß dies geschah wenige Tage vor der ersten erfolgreichen Verrall-Schrift überhaupt unter dem Einfluß der sich rasch zur Deutlichkeit durcharbeitenden Myers-Kontrolle. Da Mrs. Forbes eine fließende 'Schreiberin' bereits war, als Myers starb, so hätte in ihrem Fall offenbar nichts die Erzeugung einer Myers-Personation sofort nach dem 17. Januar 1901 zu hindern gebraucht; daß sie einen 'Myers' sich äußern ließ erst fünf Wochen später, und zwar in durchaus natürlicher zeitlicher Annäherung an das erste Durchbrechen des Verrall-Myers, also vermutlich zu der Zeit, da der verstorbene Myers überhaupt zu einer Selbstbekundung reif geworden war, — das spricht sehr stark gegen die bloß animistische Deutung beider Myers-Kontrollen und damit der Myers-Persönlichkeit als solcher; während zugleich ihr 'entsprechendes' Auftreten bei Mrs. Forbes vor ihrer Entwicklung bei Mrs. Verrall der geläufigsten Form der animistischen Theorie der Kk.en, nämlich der Verrall-Theorie, einen unverkennbaren Schlag versetzt.

Und da mag denn hier gleich noch eingehender belegt werden, daß

---
1) XX 340 f. 2) In den ersten veröffentlichten Berichten stets als 'H.' bezeichnet.
3) XX 221.

jene 'erste, dürftige Entsprechung' keineswegs die einzige ist, die nicht bei Mrs. Verrall ihren Anfang genommen hat.

So begannen z. B.[1] die Kk.en 'Becher' und 'Thanatos'[2] mit Transäußerungen der Mrs. Piper, setzten sich dann in den Schriften der Mrs. Holland fort und endeten bei Mrs. Verrall. Die um die Vorstellung der Wordsworth-Landschaft sich ordnenden Kk.-Äußerungen traten zuerst in Mrs. Pipers, erst später in Mrs. Verralls Schrift auf. Beiträge zur Kk. 'Licht im Westen'[3] setzten in Mrs. Hollands Schrift ein, erschienen dann bei Mrs. Piper in der Phase des Erwachens, und erst danach bei Mrs. Verrall, und von den Namen der drei Kinder Myers' (Leopold, Harold, Sylvia), die in diesem Fall als Hinweise auf die Verknüpftheit der Äußerungen dienten, trat bei Mrs. Verrall keiner zutage.[4] Mrs. Verrall selbst hat darauf verwiesen, daß in 16 Fällen, in denen Mrs. Piper an einer Kk. mit einem andern Medium beteiligt war, Mrs. Piper viermal und Mrs. Holland einmal als erste auf dem Plan war, sie selbst (Mrs. Verrall) dagegen in 11 unter 14 Fällen, in die sie überhaupt verwickelt war; während in 8 Fällen, an denen im ganzen drei Medien beteiligt waren, Mrs. Piper zweimal führte, Mrs. Holland gleichfalls zweimal, und sie (Mrs. Verrall) viermal, — unter 8 Fällen, an denen sie überhaupt beteiligt war.[5] Es kann also, selbst innerhalb der hier allein berücksichtigten Reihe, bloß in den 'Doppelfällen' (im Unterschied von den 'Tripelfällen') auch nur von einem zahlenmäßigen Überwiegen Verrallschen Führens die Rede sein. Wir müßten demnach in allen Fällen, in denen Mrs. Verrall nicht führte, die Verrall-Theorie in einer sehr unbequemen Weise verwickeln, indem wir annehmen, daß die Planerin des Experiments die 'komplementären' Stücke bei entfernten Medien 'durchgedrückt', ihr Auftreten aber in der eigenen Schrift verhindert habe, auch wenn diese inzwischen ihren Fortgang nahm!

Schon dies würde eine außerordentliche Sonderung und gegenseitige Abschließung von Wachbewußtsein und leitender 'Unterschicht' bei diesem Medium voraussetzen. Diese Sonderung würde sich aber noch in einer andern Tatsache erweisen, deren Schwerglaublichkeit ein beträchtliches Argument gegen die Verrall-Theorie abgibt. Als nämlich Mrs. Verrall erstmalig in ihren Schriften die vielen Aufforderungen entdeckte, Einzelnes darin zu 'verweben' und 'zusammenzuhalten', worauf im anscheinenden Unsinn der Sinn zutage treten würde,[6] wußte sie mit dieser Entdeckung nichts anzufangen; so wenig, daß sie diese 'Aufforderungen' nur unter der gänzlich unpassenden Überschrift: 'Worte, die in einem besonderen Sinn gebraucht werden' überhaupt erwähnte; und zwar, obgleich sie ja selber 'Kreuzkorrespon-

---

[1] Worauf Piddington in einer Debatte mit Podmore und andern vor der Gesellschaft für psychische Forschung im Dezember 1908 aufmerksam machte.   [2] XXII 179 ff. 295 ff.
[3] XXII 241 ff.   [4] JSPR XIV 20 f.   [5] a. a. O. 28.   [6] XX 39.

denzen' zwischen sich und andern Medien ausdrücklich beschrieb![1] — wiewohl nie im Sinn einer Theorie der Komplementarität. Wir müßten also nicht nur voraussetzen, daß die Planung komplementärer Kk.en im Unterbewußtsein einer Person entstanden sei, die nie zuvor bewußt diesen Gedanken gedacht hatte; sondern auch daß, obgleich dieser Gedanke in ihrem Unterbewußtsein fruchtbar war, die eigne bewußte Beobachtung von Schriften, die der Ausdruck jenes Gedankens waren, nicht die Kraft besaß, ihn ins Bewußtsein zu heben und damit bei Mrs. Verrall ein Verständnis ihrer eignen Beobachtung herbeizuführen! Man wird zugeben müssen, daß dies eine höchst sonderbare Undurchlässigkeit der Scheidewand zwischen Wach- und Unterbewußtsein voraussetzt.

Bemerkenswert in diesem Zusammenhang ist auch die Tatsache, daß sich bei Mrs. Verrall Schriften finden, in denen sich der leitende *scribe* von dem telepathisch wirksam gedachten Medium ausdrücklich unterscheidet.

Am 28. Dez. 1904 z. B. enthielt ihre Schrift das folgende: 'Ich wünsche es durch Mrs. Forbes zu bestätigen, aber sie hat nicht begriffen... Ich werde während dieser ganzen Woche den Versuch fortsetzen — warten Sie auf ihren Brief und ihre Hilfe. Denken sie oft an sie, senden Sie in Gedanken eine Botschaft an sie, daß sie schreibe, sie sei gewiß, daß Sie enttäuscht sind.'[2]

Hier nimmt der Redende also an, daß gedankliche Verbindung zwischen den beiden Damen, von Mrs. Verrall ausgehend, wohl möglich sei, und befürwortet sie sogar in einem besonderen Fall; er denkt aber nicht daran, daß dies das geringste mit dem eigentlichen Versuch zu tun habe, den er unternimmt, unabhängig von aller Telepathie zwischen seinen Medien!

Hierzu tritt aber noch eine letzte Überlegung. So oft die erste Erwähnung von Teilstücken einer Kk. nicht bei Mrs. Verrall erfolgt, ist es ja noch immer denkbar, daß der Anstoß zum Experiment von ihr ausgegangen sei; doch müßten dann jedenfalls die wichtigsten Vorstellungen der betreffenden Schriften zu Mrs. Verralls Wissen gehört haben. Daß dies bei den weitaus meisten Kk.en der Fall war, ist unbestreitbar; denn Mrs. Verralls Belesenheit in mehreren Sprachen war eine ungewöhnliche. Am ehesten läßt sich die Frage ihres Wissens oder Nichtwissens um die Kernbegriffe einer Kk. dort nachprüfen, wo sich diese auf wirkliche Tatsachen oder Begebenheiten beziehen, und da stellt sich denn heraus, daß Mrs. Verrall gelegentlich an Kk.en beteiligt war, um deren tatsächliche Grundlagen sie nicht wußte.

1) XX 205—275.   2) XX 408.

Argumente aus formalen Verhältnissen der Kundgebung

Ein Beispiel ist in folgender Darlegung Piddingtons gegeben: 'Eins der am häufigsten wiederholten 'Verbindungsglieder' in Mrs. Verralls Schriften ist der griechische Buchstabe Sigma, oft verknüpft mit irgendwelcher Andeutung einer Schneckenlinie. Diese 'Sigma-Schriften' waren uns lange ein Rätsel gewesen, und erst i. J. 1914 fand ich eine Erklärung für sie — eine teilweise Erklärung. Sie gründen sich auf zwei Literaturstellen: die eine steht in [dem Ruskinschen Buche] *'Fors clavigera'*, die andre bildet ein Bruchstück eines der griechischen Dramatiker. Daß diese beiden Literaturstellen den Sigma-Schriften zugrundeliegen, ist gewiß; aber weshalb die Kommunikatoren auf diese zwei Stellen sich zu beziehen wünschten, war für uns alle ein völliges Geheimnis, bis wir ein Jahr darauf oder noch später zum erstenmal von einer Tatsache Kenntnis erlangten, die nur einer sehr kleinen Zahl von Lebenden bekannt war. Zu diesen wenigen gehörte Mrs. Verrall bestimmt nicht.'[1]

Man sieht wohl ein, daß der Verrall-Theorie um so reichlichere Schwierigkeiten erwachsen, je genauer man ihre Einzelheiten unter die Lupe nimmt. Läßt man sie aber dieser Schwierigkeiten wegen fallen, so beraubt man unstreitig die animistische Deutung der Kk.en ihrer besten Stütze. Das dürfte jeder ihrer Vertreter fühlen, der die überragende Rolle bedenkt, die gerade dieses Medium in jener gewaltigen Unternehmung gespielt hat. — Gleichwohl: ein Monopol besaß es nicht. Vielmehr wird man auf Grund von Einzelbeobachtungen kaum umhin können, auch bei andern Medien neben Mrs. Verrall gewisse Anregungen festzustellen; z.B. wenn man beachtet, wie oft bei solchen von Mrs. Verrall wie von einer gänzlich außerhalb der jeweiligen Anstrengung Stehenden gesprochen wird. So schreibt z.B. Mrs. Willett am 28. Febr. 1914: 'May [Verrall] soll gegenwärtig nichts von all diesem hören; weil dies etwas gutes ist, was sich lohnt... Es ist Sinn in dem, was durchgekommen ist, obwohl einige Entwirrung[2] nötig ist. Eine literarische Vorstellungsverknüpfung, die auf den Einfluß zweier Verstorbener hinweist.'[3] Eben dieser Umstand aber, daß der Animist nicht umhin kann, auch andern Medien einen Teil der Führung zuzuschieben, dürfte letzten Endes seine Verlegenheit eher vermehren als vermindern. Denn je weniger er einem Medium Alleinherrschaft der Leitung zubilligen kann (wie sie doch der spiritistischen Theorie jederzeit zur Verfügung steht), desto ausdrücklicher wird er zu einer kollektiven Form der Deutung sich entschließen müssen, und damit wieder die Einheitlichkeit der Leitung preisgeben, die wir bei manchen Einzelversuchen unbedingt fordern müssen. — Doch erwägen wir diese Gedanken in geordneter Reihenfolge.

Was zunächst die Ansprüche einzelner anderer Medien außer

1) XXXIII 458.   2) disentanglement.   3) XXIX 209. Vgl. XXVII 56.

Mrs. Verrall anlangt, so scheinen mir animistische Argumente sowohl im Falle der Mrs. Holland, als auch in dem der Macs tatsächlich nahezuliegen.[1] Mrs. Holland nämlich, seit zehn Jahren automatisch schreibend, begann mit der Personation einer Myers-, Gurney- und Sidgwick-Kontrolle, nachdem sie Myers' Werk über 'Die menschliche Persönlichkeit' gelesen hatte, und Miss Johnson glaubt, daß einzelne Stücke jener ersten Schriften auf das Buch, und die Charakterzeichnung der drei Kontrollen, soweit sie wahrheitstreu ist, auf die Angaben des Buches oder das aus ihnen Erschließbare sich zurückführen lassen. Auch wurden jene Persönlichkeiten angeblich noch lebenswahrer, nachdem Mrs. Holland Bilder der Betreffenden in einem andern Buche von Myers gesehen hatte.[2] Die Macs ihrerseits entwickelten verschiedene, z. T. sehr verdächtige Planchette-Kontrollen, nachdem sie gleichfalls Myers' Hauptwerk um die Jahreswende 1907/8 kennen gelernt; ihre Sidgwick-Kontrolle aber erst drei Wochen nachdem sie Miss Johnsons ersten Bericht über die Holland-Schriften gelesen hatten.[3] Dabei trat zugleich ein bedeutender Unterschied in der Schrift gegenüber der bisher erhaltenen zutage: während die Botschaften der Planchette zuvor persönlicher und romanhafter Art gewesen waren, bestanden sie hinfort aus der für Kk.en typischen Aneinanderreihung einzelner Sätze und literarischer Anspielungen von leicht durchschaubarer Einheitlichkeit der Bedeutung. — Wie sehr solche Tatsachen dem Animisten willkommen sein können, ist klar. Indessen erscheint mir ihre völlige Zweideutigkeit nicht minder einleuchtend. Schon Lambert machte (gegen Dessoir) geltend, daß es 'auch vom spiritistischen Standpunkt aus verständlich sei, daß ein Medium einem Geiste zugänglicher wird, wenn es mit seiner Denkweise innig vertraut ist.'[4] Dies ist ein richtiger und einleuchtender Gedanke. Seine volle Bedeutung freilich dürfte er erst innerhalb einer ausgeführten Theorie der medialen Kundgebung enthüllen. Hier soll davon nur dies gesagt werden: daß ja selbst der Spiritist nur in den seltensten Fällen die Kundgebung als restlose Selbstdarstellung und -äußerung des Geistes durch das zum bloßen Sprachrohr gemachte Medium auffaßt, vielmehr sehr häufig (sagen wir) als seine Äußerung durch eine im Unterbewußtsein des Mediums geschaffene Personalvertretung hindurch. Selbst ein so gründlicher Spiritist wie Lodge, der in allen Myers-Kontrollen der Kk.-Medien ein 'gemeinsames Element' und im Grunde 'dieselbe Persönlichkeit' zu finden meint, verwahrt sich sehr entschieden gegen die 'Identifizierung' dieser verschiedenen Myers-Persönlich-

---

1) Kaum dagegen bei Mrs. Willett, s. XXV 114. Eine ad hoc eingeführte 'Forbes-Theorie im besonderen Fall bei Baerwald, Phän. 357! 2) Die verschiedenen Handschriften dieser Kontrollen bei Mrs. Holland ähnelten nicht denen der Lebenden. XXI 171. 180 f. 246. 3) XXIV 265. 4) Lambert 107.

keiten. 'Unter der Voraussetzung, daß der Piper-Myers, der Willett-Myers, der Verrall-Myers, der Holland-Myers alle etwas von dem wirklichen Myers einschließen, müßten die zusammengesetzten oder Misch-Persönlichkeiten alle ein gemeinsames Element enthalten, und dieses gemeinsame Element mag vorherrschen oder zurücktreten je nach den Umständen; ... aber in keinem Falle erhalten wir das Myers-Element rein und unverwässert.'[1] Eine solche Auffassung aber verträgt sich vorzüglich mit der Annahme, daß selbst eine durch Buchlesen angeregte Scheinpersönlichkeit als **Aufnahmegefäß**, ja geradezu als **Anlockung** für Einwirkungen und Äußerungen der entsprechenden wirklichen Persönlichkeit dienen könne. Soviel ist also sicher: sollten sich Gründe für die Annahme spiritistischer Beteiligung bei den Kk.en finden lassen, so würden die aufgezeigten zeitlichen Bezüge keinerlei Gegenargument liefern. Sie vertragen sich gut mit einer animistischen Auslegung, sind aber weit davon entfernt, sie zu erzwingen. Die Entscheidung fällt woanders. — Über das Angedeutete hinaus aber weiß ich animistische Argumente zugunsten andrer Medien als Mrs. Verrall nicht mehr anzuführen. Mrs. Verrall war von jeher die eigentliche Hoffnung der Animisten auf diesem Gebiete, und als wie trügerisch sie sich bei näherem Zusehn erweist, habe ich gezeigt. —

Je dürftiger nun aber die Ausbeute an animistischen Argumenten im Falle der einzelnen Medien ausfällt, desto geringer sind, wie schon angedeutet, die Aussichten einer Theorie, welche die Führung der Kk.en **kollektiv** zu begründen sucht; indem zu den Bedenklichkeiten der Einzelzuteilung hier noch die Schwierigkeit tritt, die nötige Einheitlichkeit der Leitung gegen die Gefahren der Vielköpfigkeit zu sichern. Man kann auch hier nicht sagen, daß die animistische Theorie über unbestimmte und unbelegte Vermutungen hinausgelangt sei. Prof. Oesterreich z. B. scheint, wenn ich ihn recht verstehe, zwischen einer 'zentralistischen' und einer 'kollektivistischen' Deutung der komplementären Kk.en zu schwanken. Wenn er es für möglich erklärt, daß in solchen Fällen 'das eine Medium dem andern einfach eine entsprechende telepathische **Suggestion** *à distance* erteilt', so soll das 'entsprechen' doch wohl in der komplementären Eigenart des übermittelten Inhalts bestehen, womit denn das telepathisch **aktive** Medium auch zur **Planerin** dieser besondern Komplementarität gestempelt würde. Anderseits hält Oesterreich es aber auch für denkbar, daß eine 'wechselseitige **Verständigung** beider Medien, eine **Vereinbarung** zwischen ihnen' stattfinde.[2] Der 'beiden' Medien? Offenbar der beiden, die Prof. Oesterreich augenblicklich im Sinn hat. Denn natürlich weiß er, daß die Mehr-

---

1) XXV 118.   2) Oesterreich, Okk. 78. 77.

Experimentelle Entsprechungen der Ges. f. psych. Forschung 173

zahl der Kk.en, daß gerade die am dringendsten der Deutung bedürftigen mehr als zwei Medien beschäftigen. Wird er auch unter drei, vier — sieben Medien eine 'Verständigung' oder 'Vereinbarung' annehmen wollen? Sehr wahrscheinlich, denn auch das 'läßt sich denken'. Solche völlig unterbewußte 'Vereinbarung' zwischen einem halben Dutzend Personen wäre gewiß eine neuartige Tatsache für den Psychologen; aber, wie ich schon sagte: die Abgrenzung von Möglichkeiten in einem neuen Forschungsfelde ist eine mißliche Sache. Immerhin ist es seltsam, einen solchen 'Radikalismus' der Hilfsannahmen im Dienste eines betonten 'Konservativismus' der Grundannahmen zu finden. Mir scheint, daß hier der Punkt erreicht wird, an dem die übertriebene 'Konsequenz' zwangsläufig in 'Inkonsequenz' umschlägt.

In jedem Falle setzt ein solches Mosaikspiel der Massenverabredung eine Leichtigkeit und Genauigkeit des telepathischen Verkehrs voraus, die an sich schon unglaubhaft erscheinen könnte. Vor ihrer Annahme — mindestens im Falle der Damen Verrall und Holland — warnt überdies das Experiment.

Während einer längeren Reise nach Europa im Frühling 1905 machte Mrs. Holland an jedem Mittwoch den Versuch, 'einen Eindruck und ein bestimmtes Wort, das sie selbst wählte und aufzeichnete, auf Mrs. Verrall zu übertragen'. Diese Eindrücke bezogen sich auf die Orte, die sie besuchte. Miss Johnson verglich die Aufzeichnungen der Reisenden mit Mrs. Verralls Schriften jener Zeit, fand aber in diesen nicht die mindeste Spur von ihnen.[1] Nun würde dies nicht eben viel besagen, solange man die eigentlich 'Angeklagte' in Mrs. Verrall zu suchen beliebt. Aber auch hier trügt eine auf sie gesetzte Hoffnung. Denn vom 31. Mai ab machte Mrs. Verrall den umgekehrten Versuch, und diese Experimente waren 'ebenfalls völlig ergebnislos'.[2] Man könnte nun sagen, daß zwar Mrs. Verralls 'Unterbewußtsein' die Fähigkeit besessen habe, Mrs. Holland telepathisch zu beeinflussen, nicht aber ihr bewußter Wille. Aber soll nicht auch der bewußte Wille-zur-Telepathie im Grunde nur 'durch das Unterbewußtsein hindurch' sein Ziel erreichen? Sollen wir also jenen Experimenten entnehmen, daß die hier erwiesene unüberwindliche Schranke zwischen Mrs. Verralls 'Ober-' und 'Unterbewußtsein' gelegen habe, nicht aber zwischen ihrem und ihrer Mitarbeiterin Unterbewußtsein? 'Denkbar'. Aber welche Gründe haben wir für diese seltsame Annahme? — Die Ironie der ganzen Sache liegt dabei darin, daß die Anregung zu diesen Versuchen letzten Endes von der Gurney- und Myers-Kontrolle der Mrs. Holland selbst ausgegangen war,[3] daß also anscheinend 'Geister' ein Experiment befürworteten, das, falls gelungen, gegen ihre eigenen Ansprüche hätte verwendet werden können, während nun sein Mißerfolg offenbar zu ihren Gunsten zu buchen ist.

Indessen, könnte schließlich der Gegner einwenden: soll nicht auch

---

1) XXI 259.   2) A. a. O.   3) XXI 206 f.

der leitende 'Geist' im Falle von Kk.en die einzelnen Medien 'telepathisch' beeinflussen; liefert also nicht eben die Vollkommenheit seines Erfolges ein Maß für die Vollkommenheit der telepathischen Beeinflußbarkeit, die durch jene Versuche in Frage gestellt sein soll? — Zunächst: selbst der vollkommenste telepathische Erfolg eines Geistes würde doch nur passive telepathische Begabung der betreffenden Medien erweisen, während jene 'Verständigungs'-Theorie die höchste Befähigung im aktiven Sinne voraussetzt; und wissen wir etwa, daß diese beiden stets in gleichen Graden verbunden sind? Sodann aber: die Erwiderung des Gegners würde voraussetzen, daß Telepathie seitens Diskarnierter und seitens Inkarnierter in den Grundlagen ihrer Ermöglichung oder Hemmung durchaus gleichgestellt sei, und das ist doch wieder keineswegs gewiß, selbst wenn wir die telepathische Betätigung des Inkarnierten als eine Betätigung des 'Geistes-in-ihm' auffassen. Die erwähnten Versuche warnen mithin, auch wenn sie nicht widerlegen. — —

Das Ergebnis unsrer bisherigen Erörterungen kann ich also folgendermaßen zusammenfassen: Die animistische Deutung der Kk.en hat keinesfalls zwingende Tatsachenbeweise für sich anzuführen; sie arbeitet vielmehr nur mit abstrakten Denkmöglichkeiten, entnommen einer vorgefaßten Ansicht. Diesen Denkmöglichkeiten werden durch Einzelheiten der beobachteten Tatsachen mindestens große Schwierigkeiten bereitet. Die Lösung unsres Problems hängt also wesentlich davon ab, ob die andre mögliche Auffassung der Kk.en, die spiritistische, sich ihrerseits auf 'positive' Beobachtungen stützen kann. An diese letzte Frage treten wir jetzt heran.

d. Die spiritistische Theorie der Kreuzkorrespondenzen

Während wir die 'große Hoffnung' des Animisten auf diesem Gebiet, nämlich die 'Verrall-Theorie', in ihren letzten Einzelheiten prüften und diese ihr nichts weniger als günstig fanden, erwuchsen uns unter den Händen Hinweise auf eine bestimmte andre Ableitung, die wir entsprechend als die Myers-Theorie bezeichnen können. Es wird sich empfehlen, daß wir nunmehr, ohne mit abstrakten Erwägungen über die Aussichten einer spiritistischen Deutung der Kk.en Zeit zu verlieren, diese Deutung gleich in jener bestimmten Form aufgreifen und die Erörterung dort fortführen, wo das Versagen der Verrall-Theorie sie haltmachen ließ. Ich brauche kaum zu sagen, daß, wie diese für den Animisten, so die Myers-Theorie für den Spiritisten die 'große Hoffnung' auf diesem Gebiete darstellt. Alles bisherige hat uns die überragende Bedeutung der 'Myers'-Persönlichkeit in der Kk.-Bewegung erkennen lassen, neben der alle übrigen Kommunikatoren offenbar nur die Rolle von Mitarbeitern spielten. Fragen wir daher zunächst, welche Gründe für die Leitung der Kk.en durch den wirklichen Myers sprechen.

Ich habe oben gezeigt, daß die ersten Anfänge der ganzen Unternehmung nach ihren zeitlichen Bezügen für ihre Ingangbringung weit eher durch Myers, als durch Mrs. Verrall sprechen. Dieser Nachweis ist nun durch einen weiteren zu ergänzen. Während nämlich im Falle der Mrs. Verrall nichts darauf hinweist, daß diese Leistung bei ihr zu erwarten gewesen wäre oder ihr besonders natürlich angestanden hätte, sind im Falle des wirklichen Myers solche Hinweise kaum zu bestreiten. Erwiesenermaßen nämlich war der Gedanke von Experimenten-vom-Jenseits-her zum Beweise des Fortlebens in Myers' Geiste schon zu Lebzeiten sehr lebendig gewesen. 'Nicht wir', hatte er gegen Schluß seines großen Buches geschrieben, 'sind in Wahrheit hier die Entdecker. Die im Gang befindlichen Experimente sind nicht das Werk irdischer Geschicklichkeit. Wir können nichts zu dem neuen Ergebnis beisteuern, als eine Einstellung der Geduld, der Aufmerksamkeit und Sorgfalt ... Versuche, sage ich, sind im Gange, und wahrscheinlich Versuche von einer Verwickeltheit und Schwierigkeit, die über all unser Vorstellen und Ersinnen hinausgeht, aber sie werden von der andern Seite der großen Kluft her gemacht, durch die Anstrengungen von Geistern, welche Wege und Möglichkeiten erkennen, die für uns in undurchdringliches Dunkel gehüllt sind.'[1] Auch bezeugt Miss Johnson, die von der Mitarbeit an der Herausgabe dieses Werkes her die Gedanken des Verfassers vielleicht besser kannte, als irgend ein andrer Lebender, 'sein ganzes Denken sei durchdrungen gewesen von dem festen Glauben an die Möglichkeit neuer Entwicklungen, wie sie nie zuvor in der Welt beobachtet worden, die aber die natürliche Entfaltung vorausgegangener Entwicklungen darstellten.'[2] Die Annahme liegt nahe, daß einer, der so dachte, der überdies (wie Piddington bezeugt) die Mängel der bisherigen spiritistischen Beweisführung tief empfand,[3] nach seinem Hingang selber alles daran setzen würde, etwas zur Förderung jener 'neuen Entwicklungen' beizutragen. Ja auch die weitere Annahme liegt nahe, daß er diesen Versuch gerade in der Form einer Ausgestaltung übernormaler Beziehungen zwischen Äußerungen mehrerer Medien machen würde. Denn schon der lebende Myers hatte, zusammen mit Dr. Hodgson, zu verschiedenen Zeiten Versuche ins Auge gefaßt, solche Verknüpfungen zwischen den Äußerungen mehrerer Medien zu erzielen. Ein gedruckter Niederschlag von Versuchen dieser Art liegt nicht vor, aber in Briefen an Mrs. Thomp-

---

1) Myers II 275.   2) XXV 289.   3) XXX 305.

son (Juli 98—Jan. 01) finden sich Äußerungen über seine Hoffnungen in dieser Richtung. Was wir im einzelnen davon erfahren,[1] enthält allerdings keine Andeutung der Theorie komplementärer Kk.en. Miss Johnson nimmt daher an, daß der Begriff der komplementären Kk. dem lebenden Myers nicht aufgegangen war. 'Es erscheint mir fast sicher,' sagt sie, 'daß, hätte er zu Lebzeiten daran gedacht, ich davon gehört haben würde, während ich ihm bei der Drucklegung von *Human Personality*' half; oder daß er es einigen seiner Freunde und Mitarbeiter in der Ges. f. psych. Forsch. gegenüber erwähnt hätte.'[2] Nun stellt ja aber, wie wir wissen, gerade die Durchführung von Komplementarität das bewußt Neuartige der Kk.-Bewegung dar,[3] und zwar das Neuartige, das zuerst von jener durch Mrs. Verrall schreibenden Persönlichkeit ausging, die bald nach Myers' Tode sich zu regen begann und diesen Gedanken in einer Weise durchführte, die bei näherem Zusehn immer stärkere Verwandtschaft mit Myers' 'weitschichtigem und reichausgestattetem Geiste' offenbart.[4]

Es ist aber weiter in diesem Zusammenhang beachtenswert, daß Myers-im-Jenseits auch noch bei einer andern großen und durchaus neuartigen 'Bewegung' übernormaler Art, die in die Zeit nach seinem Tode fällt, seine Hand im Spiele gehabt haben soll: nämlich bei den berühmten 'Büchertesten'.[5] Zu verschiedenen Zeiten d. J. 1917 nämlich gab 'Feda' bekannt, daß eine Reihe von Bücher-Testen, im Zusammenhang betrachtet, sinnvolle Botschaften ergeben, also sich ineinanderfügen sollten, wie die einzelnen Stücke eines 'Zusammensetzspiels'[6]; und von dieser Unternehmung, die offenbar mit den Kk.en wesensverwandt ist, behauptete 'Feda' ausdrücklich, daß 'Mr. Myers' den Plan entworfen und unter Beteiligung von Mr. Drayton Thomas' 'Vater' auszuführen unternommen habe. Mrs. Sidgwick muß zwar (vor dem Frühjahr 1921) bekennen, daß sie einen Erfolg dieser angeblichen Unternehmung nicht habe entdecken können. Aber das will nicht viel besagen: wir wissen, wie lange nach ihrer urkundlichen Vollendung manche Kk.en begriffen wurden; und selbst ein völliger Fehlschlag würde nicht gegen die Tatsächlichkeit der Planung streiten. Das Bestehen eines Experimentierwillens im Falle der 'Bücherteste' an sich bedarf ja keines Beweises, und es kann uns nicht gleichgültig sein, wenn auch dieser Wille in einem ganz besonderen, den Kk.en ähnlichen Falle Frederic Myers zugeschrieben wird.[7]

Gehen wir von solchen allgemeinen Wahrscheinlichkeitsgründen dazu über, die in Kk.-Aussagen enthaltenen einzel-inhaltlichen Hinweise

---

1) XXI 370 f.   2) aaO. 377.   3) Vgl. ZpF 1929 171 ff.   4) Vgl. Piddington XXX 304 f.   5) Näheres über diese wird ein Ergänzungsband dieses Werkes bringen.
6) puzzle.   7) XXXI 313 ff.

Experimentelle Entsprechungen der Ges. f. psych. Forschung 177

auf Myers als ihren letztgültigen Urheber aufzusuchen. Hier können an erster Stelle solche angeführt werden, die im allgemeinen zu seiner 'literarischen Personation' beitragen,[1] d. h. zur Kennzeichnung des Myersschen Besitzes an literarischen Kenntnissen und Ausdrucksmitteln. Soweit die Möglichkeit besteht, daß diese auch den betreffenden Medien zur Verfügung standen, liefert ihre Verwendung natürlich keinen Identitätsbeweis; gleichwohl würden sie zur Abrundung eines solchen beitragen, falls sie mit ausgesprochen persönlichen Wissensinhalten vermengt sich fänden. Ein Beispiel ersterer Art liefert etwa die Verwendung der Worte 'Weltferne Feenlande' im Rahmen der Kk. *'autos ouranos akymon'*[2] zur Umschreibung der Vorstellung äußerer Ruhe in der Natur; denn jene Worte sind der Titel eines Myersschen Gedichts, in welchem diese Vorstellung sehr stark betont wird, und die betreffende Verrall-Schrift (vom 12. Febr. 1907) wird mit großem Nachdruck von 'Myers' gezeichnet, während ein Nachweis, daß Mrs. Verrall die Verse gekannt habe, durchaus fehlt. Aber auch in manchen andern Kk.en spielen Gedanken eine Rolle, die nachweislich mit Lieblingszitaten Myers' zusammenhängen, oder denen er in seinen Schriften besonders gewichtigen Ausdruck gegeben hatte.

Dies gilt z. B. von den Vorstellungen 'Musik' und 'Abt Vogler', die durch die 'lateinische Botschaft' bekannt geworden sind;[3] es gilt von dem Virgil-Zitat *manibus date lilia plenis* in der Verrall-Schrift vom 29. April 1907;[4] es gilt vom Zitat aus dem eignen Gedicht 'Harold mit zwei Jahren', oder von der Schrift vom 3. April 1907, in welcher der Verrall-Myers zur Vorstellung 'Flügel' heranführt durch ein Zitat aus Lukrez, denn dies Zitat enthält im Original die Vorstellung 'Flügel' nicht, während in einer englischen Wiedergabe desselben der lebende Myers die Worte 'mit entfalteten Flügeln' eingefügt hatte.[5] Es sind zahlreiche Beobachtungen dieser Art, die Mr. Piddington, einen guten Kenner des lebenden Myers, zum Schluß gelangen ließen: das einzig gewisse in der Deutung der Kk.en sei, 'daß, wenn es nicht der Geist Frederic Myers' war, der sie erzeugte, es einer war, der vorsätzlich und kunstvoll Myers' geistige Wesenszüge nachahmte.'[6]

Eine ganz andre Stufe der Beweiskraft betreten wir mit der Erwägung von Schriften, in denen sich Vorstellungen äußern, die dem schreibenden Medium nachweislich fremd waren. Diese Vorstellungen beziehen sich teils auf Stoffgebiete, die der erworbenen Bildung Myers' angehört hatten, teils auf Tatsachen aus seinem Leben. In beiden Gruppen ist die Auswahl so groß, daß hier nur wenige Belege geboten werden können. Der Leser mag sie als einen Nachtrag zur früheren

---

1) Wie Piddington es nennt; XXIV 16. 2) XXII 113. 3) XXIV 18.
4) Vgl. o. S. 111. 5) XXIV 16. 6) XXII 242 f.

Behandlung der 'Identifizierung' durch Kundgebungsinhalte ansehn. — Ich führe zunächst einige aus den Verrall-Schriften an.

Zwei Jahre nach Beginn ihrer Schrift und angeregt durch anscheinende Anspielungen darin auf neuplatonische Gedankengänge, las Mrs. Verrall zum erstenmal verschiedene dieser spätgriechischen Philosophen, darunter den Macrobius. Dabei fand sie wörtliche Berührungen mit ihren Schriften, die nur zum Teil durch ihre Bekanntschaft mit Quellen erklärt werden konnten. Zum Beispiel wußte sie nichts von dem Pythagoreischen *diatessaron*, auf das Macrobius in seinem Kommentar zum *Somnium Scipionis* großes Gewicht legt und das in ihrer Schrift vom 19. Dez. 1902 in den Worten 'das neue und alte Diatessaron' erwähnt worden war, Worte, in denen sie darum zunächst auch 'gar keinen möglichen Sinn' hatte finden können.[1] Myers aber war ein genauer Kenner des Macrobius und andrer spätgriechischer Philosophen gewesen.[2] — Ein zweites Beispiel dieser Art: Am 22. April 1901 hatte die Schrift die Worte *cardo* καρκινου enthalten, für die der Schreiberin irgend ein Sinn zunächst unentdeckbar blieb. *Cardo* bedeutet eine Türangel und wird von den vier Hauptpunkten der Windrose gebraucht; das griechische καρκινος heißt 'Krabbe' oder 'Krebs'. Erst einige Jahre später erfuhr Mrs. Verrall zu ihrer 'Überraschung' aus Macrobius und andern neuplatonischen Schriftstellern, daß die Verbindung der beiden Worte eine traditionelle Bedeutung hat. Bei Porphyrius nämlich bezeichnen sie den nördlichsten Punkt der scheinbaren Sonnenbahn, der Ekliptik, im Sternbild des Krebses, welches den Neuplatonikern als Eingangspforte der zur Erde herabsteigenden Seelen galt. *Karkinos* entspricht genau unserm 'Krebs' im astronomisch-astrologischen Sinne, und *cardo* bezeichnet, wie gesagt, einen der Kompaßpunkte, so daß für einen Kenner des neuplatonischen Denkens, wie Myers, der Doppelausdruck eindeutig ist.[3] — Oder: Am 20. März 1903 gab die Schrift anscheinend eine Anweisung für das Schreiben, nämlich: daß Erfolg nicht bei östlichen, sondern bei westlichen Winden zu erwarten sei. Die Worte lauteten: 'Niemals wenn der Wind aus dem Osten bläst, aber auf der westlichen Brise kommt es mit dem Klang von Glocken und von ferne gehörter Musik. Erkundigen Sie sich danach.' Der letzte Satz deutet offenbar an, daß der Verfasser der Schrift der Ansicht war, der vorausgehende Gedanke werde der Schreibenden unverständlich sein, könne jedoch durch Nachforschungen seine Erklärung finden. 'Aber erst später', fügt Mrs. Verrall hinzu, 'zeigte mir mein Studium neuplatonischer Schriftsteller, daß es eine regelmäßige Vorschrift der Thaumaturgen an diejenigen war, welche mystischen Verkehr (*communion*) suchten, ihre Übungen nur bei westlichem Winde vorzunehmen.'[4] Die fraglichen Worte scheinen mithin nicht nur ein selbständiges Wissen des 'Verfassers', sondern auch sein Bewußtsein davon zu belegen, daß er in einer Verkehrsgemeinschaft übernormaler Art mit der Schreibenden stand.[5]

1) XX 287. 2) XXVI 249. 3) XX 289 f. 4) XX 293. 5) Vgl. ferner XXVI 245—50.

Am 3. Juli 1904 enthielt die Schrift u. a. folgende Worte: 'Im September gedenke an den 19. Columella... danach Astraea und das übrige.' 'Columella', fügt Mrs. Verrall erläuternd hinzu, 'war für mich ein Name und weiter nichts. [Durch Nachforschungen erst] stellte ich fest, daß er ein [altrömischer] Schriftsteller über Landwirtschaft war, und in seinem 11. Buch gibt er einen Kalender mit astronomischen und andern Belehrungen. Nicht jeder Tag wird berücksichtigt, nur etwa jeder dritte oder vierte. Für den 19. September merkt er an, daß die Sonne aus dem Sternbild der Jungfrau in das der Wage tritt. Ein andrer Name für die Jungfrau aber ist Astraea. Ich begreife nicht, wie meine Schrift dazu kam, Astraea mit dem 19. September zu verknüpfen und dabei Columella zu erwähnen, der diese Verknüpfung erklärt.'[1] — Auch hier dürfen wir wohl ohne weiteres annehmen, daß alle diese Dinge der überragenden klassischen Bildung Frederic Myers' bekannt waren.

Im Februar 1903 erschien Myers' *'Human Personality'*, zwei Jahre nach dem Tode des Verfassers. Im Dezember 1902, besonders aber während des Januar 1903, enthielt Mrs. Verralls Schrift wiederholte Hinweise auf ein bestimmtes Wort oder Worte, die sie darin finden würde, und Andeutungen in früheren Schriften führten sie auf den Gedanken, daß jenes Wort mit dem 'Gastmahl' des Platon zusammenhängen werde. In der Zeit vom 19. Dez. bis zum 14. Jan. wurden auch bei Mrs. Forbes, der klassisch völlig Unbeschlagenen[2] und, wie wir wissen, Mrs. Verralls frühester Kk.-Genossin, verschiedene Versuche gemacht, das Wort *Symposium* ('Gastmahl') zu schreiben, und Mrs. Verralls einzige Schrift während dieser Zeit drückte die Überzeugung aus, daß Mrs. Forbes jene gewünschten Worte erlangen werde. Vom 14.—31. Jan. enthielten Mrs. Verralls Schriften dann u. a. folgende weitere Anspielungen und Ankündigungen: 'Schreiben Sie regelmäßig — in der nächsten Woche werden Sie Mitteilungen zu schreiben haben — gute Nachrichten, ehe der Monat zu Ende ist. Das Buch [offenbar Myers' Buch, dessen Veröffentlichung, wie Mrs. V. wußte, für den 10. Febr. vorgesehen war] wird helfen — unser Wort ist darin enthalten... In Myers' Buch ist ein Wort, das alles klarmachen müßte — lesen Sie es, um das zu sehen — nicht am Kopf eines Kapitels [alle Kapitel haben griechische oder lateinische Mottos], sondern im Text zitiert... Lesen Sie das Buch für mich. Suchen Sie dort das helfende Wort... Zwischen Gott und Mensch ist das δαιμόνιον τι [der gewisse Halbgott oder Geist] — Sie werden das im Buche angeführt finden — Liebe ist das Band... Suchen Sie in dem Buch was ich Ihnen gesagt habe — in Myers' Buch. Die Stelle ist wichtig...' Mrs. Verrall hatte eine Korrektur der Mottos (nur dieser, auf besonderem Blatte zusammengestellt) gelesen und einen Abzug des VI. Kapitels 'gesehen', das für unsern Zusammenhang gar nicht in Betracht kommt; im übrigen waren ihr Inhalt und Plan des Buches unbekannt. Als sie das fertige Werk erhielt, fand sie darin (I 112) die Platonischen Worte angeführt, daß die Liebe 'der Dolmetsch und Vermittler zwischen Gott und Mensch' sei

---

1) XX 294 f.   2) XX 244.

180 Argumente aus formalen Verhältnissen der Kundgebung

(Liebe gilt als *daimonion*), worauf der Verf. sich des weiteren über den 'kosmischen' Sinn der Liebe ausläßt, wie Platon ihn im 'Gastmahl' beschreibt, und besonders darauf aufmerksam macht, daß diese Darlegungen der Prophetin Diotima in den Mund gelegt seien (die in früheren Verrall-Schriften angeführt war).[1] In seinem zweiten Bande[2] spielt Myers dann nochmals auf diese Stelle an, in den Worten, daß 'Liebe den Abstand zwischen verkörperten und körperlosen Geistern überbrücke'. — Mrs. Verrall ist überzeugt, daß ihr normales Wissen die unverkennbaren Anspielungen ihrer Schrift auf diese Äußerungen des Buches nicht erklären könne. Die einzige Hoffnung, die sie dem Zweifler läßt, beruht auf der Tatsache, daß sie das Myerssche Haus während des Frühlings und Sommers 1901, also Monate nach Myers' Tode, wiederholt besucht hatte, und daß sich während dieser Zeit die Probebogen des nachgelassenen Werkes im Hause befanden. Daß sie diese nicht 'bewußt' angesehen hat, dessen ist sie gewiß.[3]

Soviel über den Verrall-Myers. Wenden wir uns demnächst 'Myers' Kundgebungen durch Mrs. Holland zu und sondern auch hier Identitätszeugnisse aus dem Bildungsbestande von solchen aus Lebenserinnerungen.

Im Rahmen der Kk. 'Licht im Westen' führte Mrs. Hollands Schrift vom 8. April 1907 die biblischen Personen Lea und Rahel, Martha und Maria als Gegensatzpaare an, eine Zusammenstellung, die sich mit ziemlicher Sicherheit auf Dante *(Purg.* XXVII und *Convito)* zurückführen ließ, um so mehr, als sowohl Mrs. Verrall wie auch Mrs. Piper um diese Zeit vielfache Äußerungen taten, die auf eben diesen und den XXVIII. Gesang des *Purgatorio* Bezug nahmen. Erst nachträglich nun stellte Piddington fest, daß Mrs. Holland von Dantes 'Göttlicher Komödie' so gut wie nichts kannte, nämlich nur die berühmte Überschrift über dem Tor des Inferno, die Paolo und Francesca-Geschichte, einige Doré-Bilder (!) und die schließliche Begegnung mit Beatrice, also nur, was jeder Halbgebildete kennt.[4] Myers dagegen war ein ungewöhnlich genauer Kenner des großen Gedichts.[5]

Auch der folgende bemerkenswerte Vorgang verdient Erwähnung. — Am 2. März 1910 schrieb Mrs. Holland u. a.: *'Pars thyma — pars casiam — melifontos Plurima lecta rosa est et sunt sine nomine flores — crocus liliaque alba'.* Die Schrift, in der dies vorkam, gehört in die bedeutende Kk. 'Proserpina'; doch geht uns hier nur dieser lateinische Absatz darin an. Die Worte sind ein leidlich fehlerfreies Zitat aus Ovid, *Fasti* IV 440 ff.:

> *Pars thyma, pars rorem, pars meliloton amant.*
> *Plurima lecta rosa est, sunt et sine nomine flores.*
> *Ipsa crocos tenues, liliaque alba legit.*[6]

Einen Tag nun vor Erscheinen dieser Schrift war ein Aufsatz der Mrs.

---

1) XX 244.   2) S. 282.   3) XX 310—18. Ich habe stark gekürzt; der ganze Zusammenhang, einschließlich S. 241—6, verdient genauestes Studium.   4) XXIV 23 f. Vgl. 25 f.   5) XXIV 128.   6) Zu deutsch: Einige bevorzugen Thymian, einige Rosmarin, einige Honigklee; manche Rose wird gepflückt, auch gibt es da noch ungenannte Blumen. Sie selbst [Proserpina] sammelt schlanke Krokus und weiße Lilien.

Verrall in der 'Klassischen Revue' erschienen, worin sie u. a. von dem Vorkommen weißer Lilien bei Virgil spricht und die Kassie (engl. *cassia*), Verbena und Thymian als Lieblingspflanzen der Bienen erwähnt; sie verweist auf eine Stelle in Virgils *Georgica,* wo *casiam* mit *rorem* verbunden wird — Mrs. Holland hatte *casiam* für das in den üblichen Texten stehende *rorem* eingesetzt —, gibt aber nicht den Wortlaut der Stelle. Überhaupt beschäftigt sich der Aufsatz nicht mit Ovid, doch war der ganze obige Absatz aus den *Fasti* der gelehrten Mrs. Verrall sehr vertraut. — Nun hatte Mrs. Holland den Aufsatz sicherlich nicht gesehen, als sie ihre Schrift hervorbrachte, und überdies läßt sich nachweisen, daß, falls sie ihn gelesen hätte, sie nichts von den in ihrer Schrift enthaltenen bedeutsamen Gedankenverknüpfungen ihm hätte entnehmen können. Mrs. Holland, die keine nennenswerte Kenntnis des lateinischen Schrifttums besaß,[1] könnte also nur auf 'telepathischem' Wege zu ihrem Zitat gelangt sein. Das Merkwürdige aber auch dann ist, daß, wie Mrs. Verrall erst **nachträglich entdeckte,** gerade die **älteren** allgemein gebräuchlichen Ausgaben der *Fasti* die Lesart *casiam* statt *rorem* haben, 'und es ist ziemlich sicher, daß dies die Lesart war, die Mr. Myers als Knaben bekannt gewesen sein müßte', während die Mrs. Verrall vertraute Lesart *rorem* lautete.[2]

Von Beispielen mehr **biographischer Prägung** sei zunächst folgendes angeführt.

Am 7. Nov. 1903 enthielt eine lange Holland-Schrift, die von Myers zu kommen vorgab, u. a. die ausführliche Beschreibung eines Mannes, **die Mrs. Holland auf Myers bezog, die aber vorzüglich auf den noch lebenden Dr. A. W. Verrall zutraf.** ('Myers' hatte zu Beginn der Schrift gesagt, er wünsche dringend zu einigen alten Freunden zu sprechen, zu Miss Johnson und A. W. Verrall; ein Bekanntsein der Schreiberin mit Dr. Verralls Äußerem ließ sich ziemlich bündig ausschließen. Warum aber sollte Myers dem Medium seinen 'alten Freund' nicht auch 'zeigen' wollen?) Die Schrift fuhr fort, offenbar teilweise im Namen einer vermittelnden Stelle, also vielleicht eines 'Unterbewußtseins' redend: 'Ich kann fühlen, daß er viele Dinge zu sagen wünscht — doch nur verworrene Sätze erreichen mich — die ich nicht niederschreiben kann — Aber eine anscheinende Adresse ist sehr klar — 5 Selwyn Gardens... Senden Sie nach 5 Alywyn (dies ausgestrichen; dann:) 5 Selwyn Gardens Cambridge. Bemühen Sie sich nicht, so zweifelsüchtig zu sein — Ich weiß, dies alles erscheint Ihnen bedeutungslos, aber es hat gleichwohl seine Bedeutung — *Metetheric* — Sie brauchen nicht zu versuchen [zu verstehen] — schreiben Sie bloß — es ist, als übergäbe man eine Botschaft von unendlicher Bedeutung einer Schlafenden — Empfangen Sie einen Beweis — versuchen Sie [wenigstens] einen Beweis zu empfangen, falls Sie das Gefühl haben, daß dies Zeitvergeudung ist. Schicken Sie dies an Mrs. Verrall, 5 Selwyn Gardens, Cam-

---
1) Miss Johnson rechnet sie zu den non-classical readers, desgl. Mrs. Verrall, XXI 216.
2) XXV 246—8. Vgl. ferner den gelehrt korrekten und zugleich typisch 'Myersschen' Gebrauch der Worte eidolon und simulacrum [= Phantom] durch Mrs. Holland in den Schriften vom 7. und 8. Jan. 1904: XXI 215—8.

bridge.' — 'Metetheric' nun hängt offenbar mit dem von Myers in seinem Hauptwerk geprägten Fachwort *'metetherial'* ('jenseits der Ätherwelt liegend') zusammen; doch beweist es nichts, da Mrs. Holland *'Human Personality'* gelesen hatte. Dagegen läßt es sich nicht einmal wahrscheinlich machen, daß ihr 5 Selwyn Gardens, Cambridge, die Adresse der Verralls, bekannt war, und Miss Johnsons Vermutung, Mrs. Holland könne sie in irgend einem Buche von der Art des 'Wer ist's?' erfahren und 'vergessen' haben, schwebt, Mrs. Hollands Aussage nach, vollkommen in der Luft.[1]

In der sehr bedeutsamen Holland-Schrift vom 17. Januar 1904 finden sich u. a. die Worte: 'Ich kann Ihre Hand nicht griechische Buchstaben formen lassen und so kann ich nicht den Text geben, wie ich wünsche — nur die Verweisung 1. Kor. 16 — 13 ... O ich bin schwach vor Übereifer[2] — wie kann ich am besten identifiziert werden ... allein versuche ich es unter unaussprechlichen Schwierigkeiten ...' — 1. Kor. 16, 13 lautet (in Luthers Übersetzung): 'Wachet, stehet im Glauben, seid männlich, und seid stark.' Dieser Text, mit Ausnahme der letzten drei Worte, steht in seinem griechischen Wortlaut über dem Eingangstor des Selwyn College in Cambridge, an welchem man vorübergeht auf dem Wege von Myers' zu Mrs. Verralls Hause oder zur Wohnung der Sidgwicks im Newnham College. Diesen Weg hatte Myers zu Lebzeiten natürlich ungezählte Male zurückgelegt, und er hatte sich Mrs. Verrall gegenüber mehrfach ereifert über einen Schreibfehler in der Fassung des Spruchs über dem Selwyn-Torweg.[3] Mrs. Holland aber war nie in Cambridge gewesen und hatte auch nur wenige Bekannte, die irgendwelche Beziehungen zur Universitätsstadt unterhielten. Es ist also fast mehr als unwahrscheinlich, daß sie auf Umwegen von der fremdsprachigen und ihr unverständlichen Inschrift erfahren hatte.[4] Zu den Worten 'Ich kann Ihre Hand nicht griechische Buchstaben formen lassen, und so kann ich nicht den Text geben, wie ich wünsche' möchte ich übrigens bemerken, daß Mrs. Holland am 7. Nov. 1903 innerhalb der früheren, die Verrall-Adresse enthaltenden Schrift tatsächlich 'unlesbares Gekritzel' geliefert hatte, 'das augenscheinlich einen Versuch darstellte, griechische Buchstaben zu erzeugen.'[5] Myers hätte also das eine mal vergeblich versucht, durch die des Griechischen unkundige Mrs. Holland griechisch zu schreiben, das andre mal diese Unmöglichkeit ausdrücklich ausgesprochen; und denkbarerweise bekundet sich ein Bewußtsein dieser Unmöglichkeit auch in den Worten der Holland-Schrift, die ich dem Unterbewußtsein des Mediums zuschrieb: 'nur verworrene Sätze erreichen mich, die ich nicht niederschreiben kann'; denn die gleich darauf mitgeteilte Adresse der Verralls konnte in Myers' Gedanken wohl verknüpft sein mit dem Spruch, den er so oft auf dem Wege zu jener Wohnung gelesen hatte.

Ein sehr bemerkenswerter Fall[6] mag die knappe Auswahl dieser Gruppe be-

---

1) XXI 186—91.   2) feeble with eagerness.   3) Derselbe Text erschien übrigens mehr als ein Jahr später, in Verbindung mit Mrs. Verrall, wiederum in Mrs. Hollands Schrift, und zwar ehe sie erfahren hatte, daß ihm irgendeine Bedeutung in bezug auf Myers zukam.
4) XXI 234—6.   5) XXI 187; Miss Johnson (das. 215): 'Einige griechische Buchstaben sind erkennbar, aber keine vollständigen Worte.'   6) XXV 293 ff.

schließen. — Am 17. Januar 1904 lieferte Mrs. Holland (in Indien) u. a. folgende Myers-Schrift:
'Wir wenigen, wir beglücktes Häuflein Brüder'
[Shakespeare, Heinrich V., 4, Sz. 3]
Lieber alter Freund,[1] du hast so viel in den letzten 3 Jahren getan — ich habe Kenntnis eines großen Teils davon, aber mit seltsamen Lücken in meinem Wissen — wenn ich nur mit dir reden könnte — wenn ich dir nur helfen könnte mit einigem Rat — ich versuchte es mehr als einmal — gelangte es je zu dir? — es ist so viel zu lernen von dem Diamant-Insel-Experiment — wohlgesinnt, aber sehr unwissend — unvermeidlicherweise gefärbt durch die Kanäle, durch die sie befördert werden — hilf mir — gewähre mir die Hilfe wenn noch nicht deines Glaubens, [so doch] deiner Teilnahme, empfang die Botschaft an euch alle, ich kann noch nicht völlig und' (hier endete die Schrift in unleserlichem Gekritzel).

Diese Schrift blieb lange Allen unverständlich, auch nachdem Miss Johnson sie im Juni 1908 veröffentlicht hatte.[2] Erst im November desselben Jahres äußerte Mrs. Holland gelegentlich eines Besuchs in England Miss Johnson gegenüber, die Worte über das 'Diamant-Insel-Experiment' müßten auf drahtlose Telegraphie anspielen, da sich auf der Insel dieses Namens (die sie in das Mündungsgebiet des Hugli, unweit Kalkutta, verlegte) eine drahtlose Sendeanlage befinde. Mrs. Verrall, die hiervon hörte, brachte darauf zuerst diesen Teil der Schrift in Beziehung zu Sir Oliver Lodge, dem großen Strahlenforscher, und erst danach begriff Miss Johnson, daß der größte Teil der Botschaft offenbar an diesen gerichtet war. Lodge erkannte nunmehr Inhalt und Ton der Schrift als passend an, konnte sich aber bei den Worten 'Diamant-Insel-Experiment' garnichts vorstellen. Da aber sein drahtloses System der Telegraphie zwischen Burma und den Andamanen in Betrieb war, zog er Erkundigungen ein (ohne die Insel zu nennen) und erfuhr von seinem Partner, Dr. Muirhead, die Endstationen dieser Anlage seien Port Blair auf den Andamanen und die Diamant-Insel in der Mündung des Irrawaddy in Burma. Diese geographischen Tatsachen sind Lodge nachweislich i. J. 1903 unter die Augen gekommen, haben aber keine 'bewußte Aufmerksamkeit' bei ihm erregt. Mrs. Holland wollte etwa um die Zeit der Schrift gewußt haben, daß mit dem Lodge-Muirhead-System in Indien Versuche angestellt würden, — ob vorher oder nachher, konnte sie nicht sagen, — doch hatte die Schrift selbst bei ihrem Erscheinen keinen verständlichen Sinn für sie gehabt. Immerhin waren in der indischen Presse Meldungen über die Versuche erschienen, die Mrs. Holland, rein zeitlich betrachtet, vor Lieferung ihrer Schrift gelesen haben konnte.

Demgegenüber ist nun aber folgendes bemerkenswert: Die Schrift kam, wie gesagt, am 17. Januar 1904, dem dritten Jahrestage von Myers' Tode, der zugleich der letzte Tag der dreijährigen Präsidentschaft Lodges in der S. P. R. war. Hierauf bezieht sich offenbar der Satz: 'Du hast so viel in den verflossenen drei Jahren getan'. Mrs. Holland kannte das Datum von Myers Tode

---

1) chap! 2) XXI 235.

sowie die Tatsache, daß Lodge i. J. 1903 Präsident der Gesellschaft gewesen war; sie wußte aber nicht, daß er dies Amt drei Jahre lang innegehabt und es unmittelbar nach Myers' Tode angetreten hatte; sie wußte gleichfalls nicht, daß Myers ein naher Freund Lodges gewesen war und daß deshalb der 'Ton herzlicher Vertrautheit' in der ganzen Schrift nach Miss Johnsons Urteil 'in besonderem Maße sinnvoll angemessen' war. Mrs. Holland hatte denn auch nie daran gedacht, daß die Botschaft an Lodge gerichtet sein könne. Am wenigsten aber wußte sie (was Lodge erst jetzt bekanntgab und was entscheidend ins Gewicht fällt), daß Myers zu Lebzeiten sehr lebhaft für Lodges Bemühungen um die drahtlose Telegraphie sich erwärmt hatte, daß diesem der Gedanke der 'Abstimmung' auf bestimmte Wellenlängen in Myers' Gesellschaft und auf dessen teilweise Anregung hin gekommen, sowie daß der Ausdruck 'Syntonie' für diese Gleichstimmung von Myers und dessen Bruder vorgeschlagen worden war. Die Schrift ist also in jeder Hinsicht äußerst kennzeichnend für die Beziehungen zwischen Myers und Lodge, von denen die Schreiberin so gut wie nichts wußte.

Widmen wir demnächst einige Worte dem Forbes-Myers, so wäre zunächst auf die Rolle hinzuweisen, welche dieses des Griechischen völlig unkundige Medium in den schon oben berührten Ankündigungen einer Erwähnung von Platons 'Gastmahl' in Myers' demnächst zu veröffentlichendem Werke '*Human Personality*' gespielt hat. Es hatten nämlich ihre Schriften in jener Zeit verschiedene Versuche enthalten, das Wort 'Diotima' hervorzubringen, welches und dessen Bedeutung ihr sicherlich unbekannt war. Aber auch das im Zusammenhang gleich wichtige Wort 'Eros' versuchte ihre Hand um jene Zeit 'durchzubekommen', und zwar nicht bloß in lateinischer Schrift. Nach zunächst mißlungenen Versuchen erschienen am 11. Jan. einzelne 'unverkennbare griechische Buchstaben: ωερσφ ςα, die als Teil eines unvollständigen Beweises bezeichnet wurden'. 'Mrs. Forbes (versichert Mrs. Verrall ausdrücklich) kennt das griechische Alphabet nicht und hat nie bewußt griechische Buchstaben geschrieben.'[1] Liegt es nicht nahe, frage ich, in den vier ersten dieser Buchstaben das im 'Symposion' überragend wichtige Wort ἔρως [eros] angestrebt zu sehen? In der Tat folgten am 2. März wieder Schriftzüge, welche Mr. Piddington als einen 'Versuch, ερως Liebe' zu schreiben, deutet, und ein zweiter verworrener Schriftzug, den er als οερος liest. Dabei ist klar, daß gerade die Undeutlichkeit dieser Federzüge dafür spricht, daß hier nicht optische Erinnerungen des Unterbewußtseins sich in Bewegungen äußern, sondern daß ein fernstehendes Wesen das ihm Geläufige durch einen ungeübten Organismus hindurch zur Darstellung zu bringen sucht. —

Einer der spiritistisch eindrucksvollsten Vorgänge bei Mrs. Forbes wird uns (offenbar aus Gründen persönlicher Rücksichtnahme) nur in Umrissen mitgeteilt. — 'Am 23. März 1902 erhielt Mrs. Verrall von Mrs. Forbes einen Brief mit der Anfrage, ob ein gewisses Wort für sie Bedeutung habe. Sie erwiderte: ja, tiefe Bedeutung, falls es in einer bestimmten Verbindung käme. Tatsäch-

---

1) XX 246.

lich war diese Verbindung in der automatischen Forbes-Schrift gegeben, die zu der Anfrage geführt hatte. Diese Schrift enthielt zunächst nur den Namen [Myers], mit dem das fragliche Wort für Mrs. Verrall verknüpft war, und dann jenes Wort für sich. Darauf folgte eine wesentlich klarere und deutlichere Botschaft von Mrs. Forbes' Sohn Talbot: jene Kontrolle wünsche durch sie einen Beweis 'mit einer Freundin in Cambridge' zu versuchen. 'Schreib heute an Mrs. Verrall. Ein Wort wird genügen.' Worauf, groß geschrieben, nochmals das Wort folgte. 'Die Bedeutung jenes Wortes für mich, sagt Mrs. Verrall, konnte Mrs. Forbes nicht kennen.'[1]

Wenden wir uns schließlich den Selbstbekundungen des Kk.-'Myers' durch Mrs. Piper zu, so eröffnen wir damit einen besonders wichtigen Teil unsrer Nachweisungen; denn wie gezeigt, beruht die Kraft von Myers' Selbstidentifizierung größtenteils auf dem ungewöhnlichen Umfang der literarischen Bildung des Lebenden, während von allen Medien, durch die er sich zu äußern vorgab, Mrs. Piper unstreitig das bildungsmäßig am dürftigsten ausgestattete war. Dementsprechend aber wächst natürlich die Gewißheit, womit der normale Ursprung der fraglichen Piperschen Äußerungen sich ausschließen läßt. Ich werde mich darum hier auf Beispiele beschränken, deren Beweiskraft eben auf Mrs. Pipers mangelhafter Bildung beruht. Gerade in dieser Richtung aber ist nicht wenig mit ihr experimentiert worden.

Eine Reihe solcher Versuche wurde z. B. von Mr. G. B. Dorr im Frühling 1908 unternommen. Er stellte während des Transzustandes Fragen klassisch-literarischen Inhalts, die geeignet waren, Erinnerungen des angeblichen Myers wachzurufen, während sie fast immer erweislich über den Bildungsbestand des Mediums hinausführten. Schwieriger war es, das Wissen des Versuchsleiters als übernormale Quelle des Geäußerten auszuschließen. Mr. Dorr glaubte zwar nach langer Beobachtung der Mrs. Piper 'ziemlich starke Gründe' für die Überzeugung zu haben, daß ein Lesen seiner Gedanken so gut wie niemals stattfand;[2] wir erfahren aber diese Gründe nicht im einzelnen. In gewissen Fällen kommt aber auch Mr. Dorrs telepathische Beihilfe wesentlich in Fortfall, und nur von diesen will ich drei hier anführen.

Am 17. März las Mr. Dorr dem Piper-Myers die Drydensche Übersetzung der Anfangszeilen des 1. Buchs von Virgils Aeneis vor, die sehr genau mit dem Original übereinstimmt. Nach Verlesung der vier ersten Zeilen bemerkte 'Myers': 'Flotte hinter einer Insel, — Krieger im Roß. Pfeil in Ferse.' Von diesen drei Aussagen scheint die mittlere eine Antwort zu sein auf eine zuvor gestellte Frage: welche Verknüpfung bestehe zwischen dem Hölzernen Pferd und Troja. Die letzte, auf den Tod des Achilles anspielende, dürfte, gleich

---

1) XX 230. — Wir gehen gewiß nicht fehl, wenn wir hinter jener 'Kontrolle' — Myers vermuten. 2) XXIV 42 Anm.

der zweiten, im Bereich des Wissens auch von Personen ohne klassische Bildung liegen. Aber von der ersten gilt das wohl nicht. Die Worte 'Flotte hinter einer Insel' erinnern an die Kriegslist, welche die Trojaner glauben machen sollte, daß die Griechen abgesegelt seien: ihre Flotte wurde hinter der Insel Tenedos versteckt, und das berühmte hölzerne Pferd enthielt in seinem Bauch die einzigen von ihnen zurückgelassenen Krieger. Der Abschnitt der Aeneis, der mit den Worten beginnt: *est in conspectu Tenedos, notissima fama insula*, folgt im 2. Buch der Aeneis unmittelbar auf die Beschreibung des hölzernen Pferdes. Diese Anspielung auf Tenedos wurde zur Zeit des Trans von Mr. Dorr nicht bemerkt, sondern 'nach Durchforschung seines Gedächtnisses' völlig falsch gedeutet, nämlich auf des Aeneas Schiffe, als dieser an den Hof der Dido ging. — Darüber hinaus aber ist die unmittelbare Verknüpfung der Anspielung auf den Tod des Achilles durch den Schuß in die Ferse mit der Anspielung auf die (nicht genannte) Insel Tenedos merkwürdig. Der Pfeil des Paris, der Achilles fällte, wurde nämlich von Apoll gelenkt; Apollo Smintheus aber war der Gott der Insel Tenedos, und auf diese Tatsache enthält das klassische Schrifttum nur seltene und den Meisten unbekannte Hinweise; ja in allen erhaltenen Beschreibungen des Trojanischen Krieges kommt sein Name nur zweimal vor.[1] Diese Zusammenhänge anzudeuten oder zu entdecken, war also nur ein beträchtlicher Kenner des klassischen Schrifttums befähigt. 'Viele, die ihren Homer und Virgil gut kennen (urteilt Mrs. Verrall, selbst Professorin der klassischen Literatur), könnten die scheinbar zusammenhanglosen Äußerungen der Transpersönlichkeit am 17. März lesen, ohne eine Verknüpfung zwischen den beiden Wendungen 'Flotte hinter einer Insel — Krieger im Roß' und 'Pfeil in Ferse' zu bemerken.'[2]

Am 27. März wurden dem Piper-Myers die Zeilen 13—16 aus Drydens Übersetzung desselben Aeneis-Buchs vorgelesen, die der 8.—11. Zeile des Originals von '*Musa, mihi causas memora*' bis '*tot adire labores impulerit*' entsprechen. Die unmittelbar folgenden Worte sind: *tantaene animis coelestibus irae?* Die Myers-Persönlichkeit nun, nachdem sie die Drydensche Übersetzung der obigen Zeilen angehört hatte, sagte sofort: '*Is there such anger in celestial minds?*' — 'Ist solcher Zorn in Seelen Himmlischer', und fügte hinzu: 'Ein Held berühmt durch Frömmigkeit — muß leiden und sich plagen'; d. h. die Transpersönlichkeit äußerte eine völlig richtige und zugleich durchaus selbständige, mit keiner veröffentlichten übereinstimmende Übersetzung der unmittelbaren Fortsetzung des Drydenschen Virgil-Textes, und fügte eine ebenso treffende und neuartige Übersetzung aus dem zuvor verlesenen Originalabschnitt hinzu: '*insignem pietate virum, volvere casus*' und '*adire labores*'.[3]

Das dritte Beispiel stellt ein Bruchstück dar aus einem sehr bedeutenden und verwickelten Zusammenhang von Äußerungen der Myers-Persönlichkeit. Im Rahmen des unter Kennern berühmten *autos ouranos akymon*-Falles

---

1) Ilias I 38, und Ovid, Metamorph. XII 580. 2) XXIV 73—6. Vgl. XXIV 46 ff.
3) XXIV 76 f.

nämlich gab 'Rector' in Mrs. Pipers Trans vom 30. April 1907 die Worte 'Homers Ilias' und 'Sokrates' (das erstere nur vor Miss Johnson) ausdrücklich als einen Teil der Antwort auf die Frage nach der Bedeutung, welche jene griechischen Worte für Myers hätten. Dies schien selbst der gelehrten Mrs. Verrall 'barer Unsinn' zu sein; aber Nachforschung, angeregt durch unbestimmte Erinnerung, offenbarte ihr die Tatsache, daß im 2. Bande von Myers' *Human Personality*, nahe der Erwähnung der Vision des Plotinos (wo auch die Übersetzung der Worte *autos ouranos akymon* vorkommt), eine Anspielung sich findet auf die berühmte Vision des Sokrates, in welcher das 'schöne weißgewandete' Weib von Phthia ihn mit einer Zeile der Ilias anredete; außerdem ist dem 'Epilog' des Myersschen Buches ein griechisches Zitat aus Platons 'Kriton' vorgesetzt, das sich auf die Geschichte von Sokrates' Vision bezieht. Aber in beiden Fällen wird weder die Ilias noch ihr Dichter, Homer, erwähnt. Also konnte niemand, der nicht griechisch gebildet war (also auch nicht Mrs. Piper), aus diesen Stellen von *Human Personality* irgendeine Verknüpfung zwischen der Vision des Sokrates und der Ilias ersehen, selbst wenn er die betreffenden Seiten von Myers' Buch genügend kannte, um durch die Anspielung auf die 'Vision' des Plotinos an die 'Vision' des Sokrates erinnert zu werden.[1]

Das letzte hier vorzulegende Beispiel[2] aus den klassischen Selbstbekundungen der Myers-Persönlichkeit hat seltsame Bedeutung über die Äußerung persönlichen Wissens hinaus: es verweist nämlich zugleich auf die mehrfach berührte Tatsache einer Anteilnahme Abgeschiedener am bevorstehenden Tode Lebender.

Während einer Sitzung, welche Miss Robbins am 8. Aug. 1915 mit Mrs. Piper hatte, äußerte 'R. Hodgson' ganz unerwartet folgendes: 'Nun, Lodge, ... wir sind genügend anwesend, um Botschaften entgegenzunehmen und zu übergeben. Myers sagt, Sie spielen die Rolle des Dichters und er will sich als Faunus betätigen.' — 'Faunus'? fragte völlig verständnislos Miss Robbins. — 'Ja (erwiderte 'Hodgson'), Myers. In Schutz nehmen. Er [offenbar Lodge] wird verstehn. Was sagen Sie dazu, Lodge? Gute Leistung. Fragen Sie [Mrs.] Verrall, sie wird gleichfalls verstehen. Arthur [Dr. Verrall] sagt dies. Das verwirrt Sie, aber Myers weiß genau, was er mit 'Dichter und Faunus' sagen will.'[3]

Als Prof. Lodge (in Schottland) die Mitteilung von dieser Kundgebung erhielt, wandte er sich an Mrs. Verrall und 'mehrere andre gelehrte Altphilologen', und alle bezogen die Worte 'Dichter und Faunus' ohne Zögern auf die 17. Ode im 2. Buch des Horaz, wo der Dichter von einem fallenden Baumstamm spricht, der ihn fast erschlagen habe, und seine Errettung dem Faunus zuschreibt, den er ausdrücklich als den 'Beschützer der Dichter'[4] bezeichnet. Lodge schloß hieraus, daß irgendein Schlag ihm bevorstehe, bei welchem ihm Myers seinen Schutz zu gewähren beabsichtige.

---

1) Das Wort 'Vision' kommt nur diese beiden Male in den zwei letzten Kapiteln von 'Human Personality' vor. XXII 132 f.   2) Lodge, Raymond 55 ff.   3) is straight about Poet and Faunus.   4) mercurialium custos virorum.

Argumente aus formalen Verhältnissen der Kundgebung

Am 6. Sept. 1915 empfing er die Nachricht von den Äußerungen des Piper-Myers; am 14. fiel sein Sohn Raymond bei Ypern; am 17. lief die Mitteilung des Kriegsministeriums bei ihm ein. Nunmehr verwies ihn der gelehrte Rev. Bayfield darauf, daß, streng genommen, Horaz in jener Ode behaupte, Faunus habe den lebensgefährlichen Schlag mit seiner Rechten nur 'gemildert' (nicht 'abgewandt'!).[1] Dies aber würde in der Tat der Rolle entsprechen, welche 'Myers' bei 'Raymonds' bald einsetzenden Kundgebungen spielte: denn sowohl Mrs. Leonards Feda als auch Vout Peters' Kontrolle gaben unmißverständlich an, daß 'Myers' dem jungen Lodge dabei behilflich sei,[2] und natürlich 'milderte' der Umgang mit dem verstorbenen Sohne den Schmerz des Vaters.

Es versteht sich von selbst, daß Mrs. Piper von Faunus und seiner Rolle keine Ahnung hatte, und der überraschende Einbruch dieser für Myers höchst bezeichnenden Kundgebung — dazu in eigenartig pluralistischen Formen — während der Sitzung einer gänzlich Unbeteiligten erhöht noch sehr bedeutend die spiritistische Natürlichkeit des Vorgangs.

An diesen kurzen Proben der Selbstidentifizierung des Myers der Kk.en muß ich mir hier genügen lassen. Mit großem Bedauern mache ich der Geduld des Lesers dieses Zugeständnis; denn gerade diejenigen Bekundungen großer klassischer Gelehrsamkeit auf seiten 'Myers', die ohne weitausholende Darstellung gar nicht verständlich zu machen wären, gehören zu den eindrucksstärksten dieser Persönlichkeit. In dem berühmt gewordenen 'Lethe'-Fall[3] erblickte selbst Mrs. Sidgwicks unüberbietbare Vorsicht des Urteils eine unverkennbare Annäherung an den spiritistischen Beweis,[4] und auch die gleichbekannte 'Frage bez. der Ode des Horaz'[5] förderte Antworten zutage, deren Herkunft von dem überlebenden Myers sich überwältigend aufdrängt. Wer die weitverstreuten und nie zusammengestellten Myers-Kundgebungen im ganzen überblickt, wird fraglos zugeben, daß soweit ein Identitätsbeweis durch selektive Äußerung dem Verstorbenen eigentümlicher, dem Medium völlig fremder Wissensinhalte überhaupt geführt werden kann, der 'Myers' der Kk.en ihn überreichlich geführt hat.[6] Ähnliches wenigstens gilt aber auch von den übrigen angeblichen Leitern dieser großen Unternehmung;[7] doch will ich auch hierauf aus Rücksicht auf den Raum nicht eingehen.

Die Tatsache der unabhängigen Selbstidentifizierung der Leiter ist

---

1) me truncus illapsus cerebro sustulerat, nisi Faunus ictum dextra levasset.   2) a.a.O. 62 f. 65.   3) XXIV 86—144; XXV 120 ff.   4) XXVI 399; vgl. 386 f.   5) XXII 397 ff.; XXIV 150 ff.; XXVI 174—244. Vgl. meine Darstellung ZmpF 1930 287 ff.   6) Über gefühlsmäßig-charakterliche Natürlichkeit der Myers-Persönlichkeit vgl. Miss Johnson: XXI 239 f.   7) Vgl. betr. 'H. Sidgwick' z. B. XX 276 ff.; 'Dr. Verrall': XXVI 221 ff. 244 ff.; 'Dr. Hodgson': XXI 303 ff.; 'Gurney': XXIII 140 ff.

aber nicht das einzige 'neu hinzutretende Indizium', geeignet (wie ich oben sagte), die im Gleichgewicht schwebende Wage der Theorie zum Kippen zu bringen. Es kommt hinzu, daß die Äußerungen sowohl der Myers- als auch der sie umgebenden Persönlichkeiten überreich sind an jenen Einzelheiten **pluralistischer Natürlichkeit**, von denen als einem der wichtigsten spiritistischen Argumente ich oben ausführlich gehandelt habe. Ich will auch hier auf Einzelnachweise nicht eingehn, die uns nichts wesentlich Neues liefern würden; wohl aber bemerken, daß dies Pluralitätsspiel auch bei den Medien sich findet, die unter jeder Voraussetzung als jeweils sekundäre Beteiligte anzusehen wären. Warum, muß man fragen, diese ausgesprochen 'spiritoiden' Abläufe bei Personen, deren Rolle, nach animistischer Auffassung, doch nur im Äußern telepathisch zugeteilter Vorstellungen bestände?

Die Rolle aller dieser 'Hilfs- und Nebenargumente' innerhalb unsrer Theorie der Kk.en wird jetzt im Rückblick dem Leser klar sein. Die Durchforschung ihrer 'Regie' ließ keinen Zweifel daran bestehen, daß Kk.en die Leistung einer planenden Intelligenz bzw. planender Intelligenzen mit dem vollen Wissen um den Sinn der Versuche sind. Diese Intelligenzen bezeichneten sich selbst als bestimmte Verstorbene. Hiergegen machte der Animist geltend, daß die gesamte Leistung auch von den 'Unterbewußtseinen' eines oder mehrerer der beteiligten Medien aufgebracht werden könne, die nur die Maske Abgeschiedener trügen; und **in seiner abstrakten Form** erschien dieser Einwand unwiderlegbar; wennschon zu betonen war, daß die behauptete Leistung alle bisher beobachteten Fähigkeiten des Unterbewußtseins weit übersteige. Erst als wir diese abstrakte Aufstellung von Denkbarkeiten überschritten, begann das Blatt sich zu wenden. Gerade die aussichtsreichste Form der animistischen Deutung, die 'Verrall-Theorie', brach bei genauer Prüfung der Vorgänge zusammen, und für andere Formen waren stichhaltige Gründe ebensowenig zu finden. Dazu kam aber noch, daß die angeblichen 'Leiter' in überreichlichem Maße — auch außerhalb der eigentlichen Kk.-Abläufe — sich durch die Kundgebung persönlichsten Wissens identifizierten und die bedeutsamen Formen des Pluralitätsspiels entfalteten. Die Anhäufung dieser Indizien verwandelt die **abstrakte Unwahrscheinlichkeit** einer animistischen Deutung vollends in **Unglaublichkeit**. Freilich beruht diese Steigerung des Beweises nicht auf Argumenten, die aus dem eigentlichen **Kernvorgang** von Kk.en abgeleitet werden, und insofern mag man sagen, daß die klassischen Kk.en **an sich** nicht jenen durchschlagenden spiritistischen Beweis geliefert haben, den der logische Wichtigtuer überall fordern zu dürfen glaubt. Aber in ihrer lebendigen **Ganzheit** betrachtet, ergeben sie doch ein Gewebe von Argumenten, dessen Kraft mit der Vertiefung in Einzelheiten ständig wächst. Die logische Lage läßt sich also etwa so zusammenfassen: Persönlichkeiten, die sich inhaltlich und formal als unabhängige bestimmte Verstorbene darstellen, bringen anscheinend **außerdem** noch eine höchst verwickelte Leistung zustande, wie sie nur von denkenden Wesen aufgebracht werden kann und in keiner bisherigen Beobachtung unterbewußten Tuns ein Seitenstück findet. Es ist das **Ineinander** dieser Sachverhalte, was ihre Hinweise im einzelnen nachgerade zur **Eindeutigkeit des Beweises** erhebt.[1]

4. Argumente aus der technischen Sonderung der Kommunikatoren

Die langausgesponnene Untersuchung der einfachsten wie der verwickeltsten Formen von Entsprechungen diente, ebenso wie die vorausgegangene Erörterung formaler Eigentümlichkeiten des Transdramas, im Grunde dem Nachweise, daß an Kundgebungen außer dem Medium (und seinem unterbewußten Seelenleben) noch weitere selbständige Persönlichkeiten beteiligt seien, deren Kern also nicht ins Medium verlegt werden kann. Der gleiche Nachweis läßt sich aber noch auf anderm Wege führen: durch eine Analyse des Transdramas in **technischer** Hinsicht. Der Ablauf der Kundgebung ist nämlich nicht immer ein 'glatter' und reibungsloser, wie schon manche Beispiele der bisherigen Kapitel erkennen ließen: er erweist sich vielmehr als eine Leistung, die nicht nur einem persönlichen Willen, sondern auch einer **Anstrengung** verdankt wird; eine Leistung, die eine wechselnde **Fähigkeit** oder gar '**Geschicklichkeit**' auf seiten der Kommunikatoren und Kontrollen voraussetzt; die auf **Schwierigkeiten** stößt, deren Überwindung nicht immer im gleichen Maße gelingt. Schon die früher besprochene Tatsache des häufigen Nicht- oder Mißverstehens der Mitteilung durch die Kontrolle beweist ja, daß unter Umständen sich 'technische' Schranken zwischen den Transpersonen auftun. Das häufige nur bruchstückweise 'Durchkommen' von Gesprächen, die vielfach belegten Klagen unsichtbarer Versuchsleiter über Hemmungen, ihr Wunsch nach 'Stillehalten' des Mediums, das seltsam mühsame Sichherantasten der Kontrolle an manche Inhalte, vor allem Namen — dies und andres, was schon in früheren Zusammenhängen erwähnt werden mußte, rückt uns das Transgeschehen unter einen neuen Gesichtspunkt,

---

1) Es lohnt sich, darauf aufmerksam zu machen, daß auch eine der an sich am stärksten 'identifizierten' Kommunikatorinnen, 'A. V. B.', sich in Kk.en versucht hat. Vgl. z. B. XXX 328 ff.; XXXI 315 f.

der schon auf den ersten Blick nicht geringen Ertrag für unser Problem verspricht; denn auch diese technische Betrachtung verspricht uns Hinweise auf eine wirkliche **Mehrheit** der Teilnehmer am Drama, indem diese Einzelnen hinsichtlich ihrer Befähigung zur wirksamen Beteiligung überhaupt sich **sondern** und somit **auseinanderfallen**.

Ein erster Hinweis hierauf scheint mir in der nicht seltenen Bitte der Kontrolle an den Kommunikator um Mäßigung des Zeitmaßes zu liegen.

'Sprechen Sie nicht so schnell', sagt z. B. Feda gelegentlich, 'Mrs. Twonnie (oder wer sonst die Sitzerin sein mag) hat das noch nicht niedergeschrieben.'[1] — Oder: 'Warten Sie einen Augenblick, ich will es ihr sagen,' — nämlich wieder der Sitzerin.[2] — Und das ist nicht etwa ein Sondertrick Fedas, durch den sie 'Dramatik' vortäuscht. Auch Mrs. Soule wirft mitten im Schreiben — einem Schreiben von höchster Wahrheit des Inhalts — ein aufhaltendes 'Einen Augenblick!' dazwischen, oder ein gemurmeltes 'Warten Sie ein wenig!' — wobei die getadelte Hast mitunter sogar zu einem 'Fahrenlassen' des Mediums durch den Kommunikator zu führen scheint,[3] um welcher Gefahr willen dann die Kontrolle wohl auch den Kommunikator ermahnt: er solle 'nicht zu angestrengt denken',[4] also doch wohl: sich mäßigen, um die Mitteilungen nicht durch überstürztes Zeitmaß zu schädigen.

Wir finden hier den natürlichen und ungespielten Ausdruck der Tatsache, daß das Zeitmaß der Mitteilung von der Kontrolle, also mindestens vom Medium, wirklich unabhängig ist. Dann aber kann die Bestimmung dieses Zeitmaßes offenbar nur demjenigen zugeschrieben werden, von dem die Mitteilung auszugehen vorgibt, der sich damit als unabhängiges Subjekt erweist.

Noch weitergehende Voraussetzungen fordert ein Zwischenspiel, das sich in Mrs. Verralls automatischer Schrift vom 25. Nov. 1904 findet: 'Warum wollen Sie das nicht aufsuchen? Sagen Sie ihnen das. Lange haben sie gewartet, wir wissen nicht warum — können aber nichts mehr tun. Berühren Sie sie nicht — lassen Sie sie allein machen. Die Berührung verwirrt.'[5]

Es ist klar, daß die letzten drei Sätze nicht an die Schreibende gerichtet sind, sondern eine Unterredung darstellen zwischen zwei an der Mitteilung Beteiligten, also zum mindesten zwischen einer Kontrolle und einem Kommunikator. Von diesen beiden wünscht oder sucht A ein andres technisches Verfahren der Kundgebung anzuwenden, als B — auf Grund besserer Einsicht in die Bedingungen — für angezeigt hält,

---

1) XXX 346. 2) Allison 107; vgl. 105. 3) a. a. O. 228 o. 309 u. 347 ('he let go'!).
4) not to think too hard: a. a. O. 317. Vgl. XXXVI 196 u. (too quick); XXVII 124 (write slowly for him to repeat again); XXIX 208 (somebody said: give her time, give her time).
5) XX 70.

sodaß dieser seinem Mitarbeiter gewissermaßen in den Arm fällt: nicht 'berühren'! — was das auch heißen mag. —

Dasselbe Medium erhielt im Sommer 1901 mehrfach Mitteilungen über ein Theaterstück, das es wenn möglich identifizieren sollte: das Stück sollte als sehr alte Handschrift existieren und irgendwie mit Kindern zusammenhängen. Der Kommunikator wurde nicht genannt, aber deutlich, wenn auch mittelbar, als Prof. Sidgwick bezeichnet. Da das Schriftstück behauptete, 'sie' würde näheres wissen, so wandte sich Mrs. Verrall an Mrs. Sidgwick und erfuhr, daß diese vor kurzem beim Ordnen von Papieren ein handgeschriebenes Theaterstück aufgefunden hatte, das der gelieferten Beschreibung ziemlich entsprach. Es war i. J. 1856 von einigen Kindern geschrieben worden, deren eines die Schwester eines Freundes des verstorbenen Sidgwick war, der die Handschrift beim Tode dieses Freundes geerbt hatte. Bei einer jener Mitteilungen nun (vom 30. Juni 1901) gingen Äußerungen voraus und folgten ihr, aus denen zu entnehmen war, daß der Kommunikator (Sidgwick) von Edmund Gurney (dem verstorbenen Forscher, der sich ja häufig durch Mrs. Verrall äußerte) eingeführt und gefolgt worden war. Die Worte lauteten: 'Gurney. Er [Sidgwick] kann nicht sprechen — wird ein Wort schreiben — warten Sie'; sodann: 'Er hat getan, was er kann. Dies ist [nun] etwas anderes. EGy [= Edmund Gurney].'[1]

Das technische Versagen des einen der als anwesend Dargestellten wird hier zwar nur von dem andern behauptet (der sich zugleich als der technisch Überlegne erweist), aber — im ganzen Zusammenhang — in einer so natürlich anmutenden Weise, daß man an die Wahrheit der Darstellung glauben möchte.

Der folgende Vorgang belegt sehr deutlich die verschieden entwickelte Fähigkeit oder Geschicklichkeit zweier Kontrollen, eine gewisse Mitteilung aus einem Kommunikator 'herauszukriegen'.

Es hatte sich u. a. darum gehandelt, den Namen ('Margaret') der zweiten Frau des verstorbenen Robert Hyslop (Vaters des Prof. H.) genannt zu bekommen, was unter 'Rectors' Leitung nur annäherungsweise und zweideutig gelingen wollte. Dr. Hodgson, der Sitzungsleiter, betonte die herrschende Verwirrung und den Wunsch nach jenem Namen, der noch niemals richtig geliefert worden sei; während 'Rector' einwandte, es ginge doch vor allem um ganz andre Dinge, man solle ihn mit dem Namen in Ruhe lassen, — und sich völlig verständnislos aus der Sache zurückzuziehen suchte. Alsbald trat 'George Pelham' auf, dem der Wunsch wiederholt wurde und der in seltsam scharfer Weise fragte: warum man denn nicht deutlich erkläre, daß man den Namen der Stiefmutter wünsche, — anstatt Rector zu verwirren. 'Wenn sie einen Namen hat, sollen Sie ihn erhalten, verstehn Sie mich?' Er wisse wohl, wie man auch ihn in Verwirrung gebracht habe, und wünsche nicht länger dergleichen zu dulden; er werde dem Kommuni-

---

[1] XX 306. 270. 416.

kator behilflich sein, der ihm dann schon alles von A bis Z sagen werde. 'Ich sehe ihn jetzt, und er versucht, etwas zu sagen.' Nachdem dann u. a. 'Hyslop sen.' noch selbst sich geäußert, trat am Schluß der Sitzung plötzlich 'Pelham' auf und schrieb: 'Ich will einen Augenblick sprechen und sagen, daß ich keinerlei Grund sehe, sich wegen Margaret zu sorgen... Er [Hyslop sen.] sagte: Ich denke, ich sage es Ihnen am besten gleich, um es los zu sein, sonst könnte James denken, ich wisse [den Namen] nicht wirklich. Gehn Sie und sagen ihm das in meinem Namen. Siehst du [fuhr dann Pelham im eigenen Namen fort], ich bekam es von ihm für dich heraus, Hodgson, aber du brauchst darüber nicht nervös zu werden, mein Junge.'[1]

Wird man diesen Vorgang für einmalig und somit zufällig halten wollen? Demgegenüber wäre zu betonen, daß diese Überlegenheit in der Gewinnung von Namen gerade für 'Pelham' überhaupt bezeichnend gewesen ist.

Als es sich z. B. für 'Hyslop sen.' darum gehandelt hatte, den Namen von Prof. Hyslops Vetter Robert McClellan zu nennen, war man, offenbar unter 'Rectors' Aufsicht, über 'Allen, McCollem, McAllen' nicht hinausgekommen. Auch bei andrer Gelegenheit, als dieser Vetter selbst sich kundzugeben vorgab, suchte Rector dessen Namen zu nennen, gelangte aber wieder nur bis 'McAllen'. Da mischte sich unversehens 'George Pelham' ein, der schon vorher — auf 'Imperators' Wunsch — seine Gegenwart bekundet hatte, und schrieb: 'Es klingt wie McLellen, George Pelham', und der Vetter erkannte die Richtigkeit an mit den Worten: 'Jawohl, ich bin es.'[2]

Schon Prof. Hyslop, der die Allgemeingültigkeit dieser Beobachtung ausdrücklich unterstrich, ja auf die Mitteilung 'abgelegener' Dinge überhaupt ausdehnte, hob ihre Unverträglichkeit mit der 'telepathischen Hypothese' hervor, in deren Rahmen doch Pelham so gut wie Rector nur eine 'zweite Persönlichkeit der Mrs. Piper' wäre. 'Wir können uns denken, daß sie sich voneinander unterscheiden in der allgemeinen Befähigung, oder daß sie durchweg verschieden erscheinen; aber keine Art von telepathischer Hypothese läßt uns natürlicherweise erwarten, daß sie bloß in einer Gattung von Leistungen sich voneinander sondern werden.'[3]

Von Feda hören wir gelegentlich seltsame Worte, die eine ähnliche 'Hilfsleistung' eines 'geschickteren' Kommunikators — zwar nur behaupten, aber ohne daß wir für Fedas Behauptung einen Grund ersinnen könnten, außer eben ihrer wirklichen Beobachtung des entsprechenden Vorgangs in ihrer Welt.

Mrs. Allison hatte, wie wir schon sahen, in einigen ihrer Leonard-Sitzungen außer ihrem Gatten auch noch 'Prof. Hyslop' vor sich. 'Er redet eine

1) XVI 482—86.   2) Hyslop, Science 277; vgl. 278.   3) a. a. O. 265.

194 *Argumente aus formalen Verhältnissen der Kundgebung*

Menge diesmal', behauptete Feda von ersterem (am 11. Juni 1924), 'aber er sagt, er habe Beistand leisten müssen; obwohl der ältere Herr [d. i. Hyslop] eine Masse mitgeteilt hat, hat doch Ihr Gentleman ['Dr. Allison'] sehr viel geholfen. Ich hätte nicht an den älteren Herrn herankommen können ohne Ihren Gentleman.'[1] — Und Mrs. Soules Kontrolle 'Sunbeam' gibt gelegentlich sogar einen Grund für solche Überlegenheit an, der uns zu denken geben sollte: 'Er besaß eine Kenntnis von metapsychischen Dingen. Darum ist es ihm so natürlich, dergleichen anzufassen.' (Dr. Allison hatte sich zu Lebzeiten viel mit 'psychischen Phänomenen' beschäftigt.)[2]

Ein Beispiel technischer Sonderung von Personen des Transdramas liefern auch die wertvollen Versuche Dr. Princes und seiner Pflegetochter mit Mrs. Soule.

Die Sitzung vom 28. Juli 1928 brachte zunächst — auf zwei Seiten der Niederschrift — nichts erkennbar Belangreiches. 'Aber von dem Augenblick ab, da der angebliche Kommunikator wechselte, kamen die richtigen Aussagen in dichter Folge. — Ich verstehe nicht, bemerkt Dr. Prince dazu, warum die telepathische Fähigkeit [des Mediums] gehemmt sein sollte, so lange ein Kommunikator die Bühne einzunehmen vorgibt, dagegen ungehindert arbeiten, wenn ein andrer aufzutreten behauptet.' Gleichzeitig übrigens verändert sich auch die Art des Schreibens (!): es 'wird jetzt sehr langsam und erweckt den Anschein, als würde es dem Medium beschwerlich, zu schreiben: 'Darf ich versuchen Darf ich versuchen (lange Pause) Du antwortest nicht [Ja.] Mein Lieber ich will kommen Ich bin (Gekritzel, Pause) Ich bin Mutter Mutter Mutter (usw.)'[3]

Alle erfahrenen Sitzer haben diese 'persönliche Gleichung' der Kommunikatoren hinsichtlich der Befähigung zur Kundgebung festgestellt und ihre Unverträglichkeit mit einer rein animistischen Deutung der Transleistung erkannt.

'Einige Kommunikatoren sind klar', faßt Hyslop seine Beobachtungen zusammen, 'und andre nicht. Das heißt: einige Kommunikatoren erscheinen zu guten Botschaften befähigt, während andre entweder überhaupt keine beweisenden Einzelheiten übermitteln können, oder doch nur in sehr verworrener Form. Dergleichen von Geistern zu erwarten, wäre sehr natürlich; aber ein telepathischer Vorgang dürfte es nicht vortäuschen. Die Erinnerungen von Sitzern oder andern lebenden Personen haben offenbar nichts an sich, was die bezüglich einer Person erinnerten Einzelheiten leicht zugänglich, die eine andre betreffenden aber unzugänglich machen könnte. So erhielt ich z. B. so gut wie nichts betr. meiner Mutter, außer ihrem Namen, und selbst dieser wurde von einer Andern und nicht von

---

1) Allison 94 u.   2) Das. 13 (that's why he takes to it so naturally). — Im Gegensatz hierzu hat Dr. Hodgson die Unfähigkeit einer ganzen Gruppe von Kommunikatoren zu klaren Kundgebungen (trotz deutlichster Erinnerungen Lebender an sie) darauf zurückzuführen gesucht, daß sie alle Selbstmörder waren (XIII 375 f.).   3) Allison 215.

ihr selbst geliefert! Mein Onkel James McClellan war ein sehr klarer Kommunikator in den meisten Einzelheiten, und sein Sohn versagte fast völlig, obgleich ich sehr viel mehr von ihm erinnerte, als von seinem Vater. Ein andrer Onkel war während zweier Jahre sehr verworren, danach aber viel klarer, während mein Vater mit der Zeit verwirrter wurde. Ich sehe aber keinerlei Grund, weshalb der Zeitverlauf die Mitteilungen-durch-Telepathie bez. einer Person mehr beeinflussen sollte, als die betreffs einer andern...'[1]

Hier mag übrigens anschließend eine verwandte Form der Sonderung erwähnt werden, die zwischen der uns bekannten Leonard-Kommunikatorin A. V. B. und der Kontrolle Feda beobachtet worden ist.

Es gab eine Zeit, wo man eine direkte Frage nur mit großer Vorsicht an letztere richten durfte, wollte man den Strom der Beweislieferung nicht empfindlich stören oder versiegen lassen: man mußte den rechten Augenblick abpassen und durch Ton oder Fassung der Frage empfinden lassen, daß eine Antwort durchaus nicht wichtig sei; — gerade dann erfolgte sie am ehesten (die bekannte 'Konträrsuggestion' des 'Muß'!). Nachdem nun aber mit der Zeit diese Vorsicht längst überflüssig geworden war, sodaß man Fragen in die Unterhaltung mit Feda ebenso harmlos einflechten konnte, wie in die mit einem beliebigen Lebenden, bestand die gleiche Gefahr bei 'A. V. B.', sooft sie unmittelbar kontrollierte, noch durchaus fort. 'Eine direkte Frage schlägt sie meist buchstäblich mit Stummheit', schreibt Lady Troubridge, '... und läßt den Faden der freiwilligen Angaben abreißen.'[2]

Wir dürfen dabei nicht vergessen, daß A. V. B. eine der denkbar ergiebigsten Kommunikatorinnen überhaupt war. Die einzige Deutung kann also sein, daß ihr Einrücken in die direktere Kontrolle (anstatt der Kundgebung durch Feda) sie der Gefahr einer 'Verbiesterung' durch überraschende Fragen aussetzte, welcher Feda in der gleichen Lage nicht mehr unterworfen war. —

Die technische Sonderung der Transpersönlichkeiten äußert sich aber nicht nur in ihrer wechselnden Befähigung zur Kundgebung überhaupt, sondern auch hinsichtlich der von ihnen bevorzugten Methoden der Kundgebung. Bedeutsame Behauptungen in dieser Hinsicht, die überdies durch Selbstbeobachtungen des Mediums bestätigt werden, enthält die automatische Schrift der Mrs. Holland vom 12. Jan. 1904. Da sie zu lang für ungekürzte Wiedergabe ist, beschränke ich mich auf eine Beschreibung ihres Verlaufs unter Heraushebung der hier für uns wichtigen Bestandteile.

Sie wurde eingeleitet von der Gurney-Kontrolle mit der Ankündigung, daß heute 'etwas anderes' versucht werden solle: des Mediums Hand würde

---
1) Hyslop, Science 262. Vgl. auch JSPR XX 396 u. über 'Col. Barker' und Thomas, Life 117.
2) XXXIV 307. Auch dies besserte sich allmählich.

in Ruhe gelassen werden; statt dessen solle sie, soviel sie erfassen könne, von einer Botschaft niederschreiben, die nur ihrem Gehirn übermittelt werden würde. 'Ich glaube (hieß es), das wird für F[red. Myers] leichter sein. Schreiben Sie nieder, was Ihnen in den Sinn gelegt wird — werfen Sie es sozusagen aufs Papier — das wird genügen — Feder.' Es folgen nun längere, dem Sinne nach von Frederic Myers ausgehende, aber in Mrs. Hollands eigener Handschrift aufgezeichnete Gedanken über Grade des Wissens der Abgeschiedenen — bemerkenswert und glaubhaft an sich —, die indessen durch große Unruhe des Mediums unterbrochen werden, welches aufsteht und mehrere Zimmer durchschreitet. Als es die Feder wieder aufnimmt, schreibt Myers: 'Versuchen Sie, Ihre Aufmerksamkeit zusammenzureißen — Sie machen diesen Versuch nicht ehrlich. — Ich habe das Gefühl, daß ich, von dem Bestreben entbunden, Ihre Hand schreiben zu lassen, vielleicht imstande sein werde, etwas wirklich Überzeugendes zu liefern. — Aber ach, wie schwierig ist es. Legen Sie Ihre linke Hand an Ihren Hinterkopf und sitzen Sie still.' Es folgen nun, wieder in Mrs. Hollands eigener Handschrift, zwei Zeilen aus einem Gedichte Frederic Myers', das Mrs. Holland nach bestem Wissen nie gelesen hatte, sowie weitere philosophische Auslassungen von charakteristischer Färbung und Tiefe, inmitten welcher die Handschrift des Mediums in die der Myers-Kontrolle übergeht, worauf die Worte folgen: 'Wenn ich Sie nur erreichen könnte — wenn ich Ihnen nur sagen könnte... Ich sehne mich nach Kraft, und alles, was ich erreiche, ist [doch nur] unendliches Sehnen — unendlicher Schmerz. — Erreicht Sie etwas von diesem allen? erreicht es irgend jemand, oder klage ich nur wie der Wind klagt — wortlos und unbeachtet —' Bei den letzten Worten war die Schrift immer größer und nachdrücklicher geworden und riß dann plötzlich ab, worauf die Gurney-Kontrolle — nun wieder mit Bleistift — einsprang und der Schreiberin Vorwürfe machte: 'Warum ließen Sie Ihre Hand dem [Antrieb zum] Schreiben nachgeben — Sie haben ihn jetzt angehalten und erschöpft — und er hätte fortfahren können zu diktieren —' Am Schluß dieses ganzen Schriftstücks vermerkte Mrs. Holland: 'Die Schrift beanspruchte genau eine halbe Stunde, aber sie hat mich mehr ermüdet, als irgend eine je zuvor.'[1]

Die Frage nach dem identifizierenden Inhalt dieser Schrift geht uns hier nichts an. Aber auch unabhängig davon erscheint es mir klar, daß sie vollkommen ungesuchte, soz. 'unbewußte' und eben darum überzeugende Hinweise auf die tatsächliche und technisch gesonderte Mitwirkung zweier Persönlichkeiten enthält. Von diesen findet die eine — 'E. Gurney' — keinerlei Schwierigkeit in der schriftlichen Mitteilung, bevorzugt nur die Benutzung eines Bleistifts dabei; die andre empfindet die Schwierigkeiten des Schreibens so stark, daß sie, um längere zusammenhängende Mitteilungen begrifflichen Inhalts zu machen,

---

[1] XXI 232 ff.

ein andres Verfahren: die Benutzung des 'Gehirns' des Mediums — also vielleicht nur telepathische Beeinflussung aus einigem Abstande? — anzuwenden beschließt. Von dieser aber wird gegen Schluß — wohl infolge Mißverhaltens des Mediums — abgewichen, und nachdem das Anwachsen der Schrift eine steigende Anstrengung, trotzdem fortzufahren, verraten hat, bricht die Leistung plötzlich ab, und damit die Myers-Kontrolle überhaupt; wie diese aber schon zuvor eine seltsame Unruhe im Medium erzeugt hat (solange sie das mittelbare Verfahren benutzte), so hinterläßt sie jetzt — nach Wiederanwendung der untersagten Methode — eine Erschöpfung, wie sie das Medium noch nie zuvor erfahren hat. Dabei fällt noch auf, daß fast unmittelbar nach Aufnahme dieses untersagten Verfahrens 'Myers' Ungewißheit darüber äußert, ob er auch durchdringe, Klagen über seine Ohnmacht ausstößt und dann — eben plötzlich 'abschnappt'. Dies alles mag in seinem eigentlichen technischen, also 'psychophysischen' Sinne noch so schwer zu durchschauen sein: es entspricht jedenfalls in einer so augenscheinlich 'realistischen' und doch gar nicht erfindbaren Weise der behaupteten Beteiligung zweier unabhängiger und technisch verschieden eingeübter oder dem Medium angepaßter Persönlichkeiten; es erscheint anderseits unter rein animistischen, also spaltungspsychologischen Voraussetzungen so völlig sinnlos und unerklärbar, daß ich glaube sagen zu dürfen: ein einziger Fall solcher technischen Rollendurchführung bringt uns ein gutes Stück weiter in der Begründung einer nicht nur pluralistischen, sondern spiritistischen Auffassung des Transgeschehens. — Auch sind dies Dinge, die wir bei allen sorgfältig beobachteten Medien wiederfinden.

So hören wir z. B. Feda gleich in der ersten Sitzung, in der sich 'A.V.B.' ihrer Freundin kundgab, sehr bald darüber klagen, die Kommunikatorin sei 'unerfahren' und werde wahrscheinlich besser vorwärtskommen, wenn sie sich 'durch den Tisch' zu äußern suche, — offenbar vom Standpunkt jenseitiger Technik aus eine völlig andre, auch Neulingen zugängliche Art der Beeinflussung des Mediums. Jedenfalls führte die sogleich durchgeführte Tischsitzung mit dem erweckten Medium zu ausgezeichneten Ergebnissen.[1] —

Auch zwischen 'Nelly' und andern Kontrollen der Mrs. Thompson bestand insofern ein technischer Unterschied, als Nelly nie am Trans-Schreiben Anteil hatte. Jedenfalls lehnte sie jede Beteiligung daran ausdrücklich und sehr bestimmt ab. 'Ich bin es nicht, die schreibt. Es ist immer jemand anders, der schreibt. Nicht ich, selbst wenn ich sage, daß ich's bin.'[2]

In diesem Zusammenhang mag auch daran erinnert werden, daß erst unter 'Pelhams' Mitwirkung im Piper-Trans das Trans-Reden, das für

---

[1] XXX 340 f.   [2] XVIII 231.

'Phinuits' Leitung kennzeichnend gewesen, aufgegeben und durch Schreiben ersetzt wurde, — was ja u. a. auch eine weit vollkommenere Beurkundung ergab.[1] Sofern aber diesem Übergang einige Jahre später der Eintritt einer gänzlich neuen 'Spielleitung' folgte, muß hier noch gleich auf die erstaunliche Verbesserung der allgemeinen Transbedingungen verwiesen werden, die sich bei Mrs. Piper an diesen Wechsel knüpfte.

Eine vorübergehende 'Stainton Moses'-Kontrolle, die sich nur teilweise hatte beglaubigen können, erbot sich nämlich, den Beistand jener Transpersönlichkeiten zu erbitten, denen der Rev. Moses zu Lebzeiten so viel zu verdanken gehabt hatte. Diese, bekannt als die 'Imperator-Gruppe' — Imperator, Rector, Doctor usw. —, traten denn auch zuerst im Winter 1896/7 mehrfach auf und forderten schließlich, daß die Kontrolle des 'Lichtes' der Mrs. Piper gänzlich in ihre Hand gelegt werde. 'Imperator' behauptete, daß das unterschiedslose Herumpfuschen mit Mrs. Pipers Körper aufhören müsse, nachdem dieser eine 'verdorbene und abgenutzte' Maschine geworden sei, die gründlicher Ausbesserung bedürfe, was er und die Seinen besorgen würden; und auch 'George Pelham' empfahl das gleiche oft und dringend. Mrs. Piper, der man davon berichtete, erklärte sich einverstanden, und die Folge war nicht nur, daß 'Phinuit' am 26. Jan. 1897 zum letzten Male auftrat, sondern auch eine 'Verbesserung in Klarheit und Zusammenhang der Mitteilungen', die Allen auffallen mußte. 'Am erstaunlichsten war der Wandel in Mrs. Piper selbst, in ihrem allgemeinen Wohlbefinden und in ihrer [viel ruhigeren] Art, in Trans zu fallen.' Die früheren heftigen Krämpfe, die bei ihr eine Abneigung gegen den Trans überhaupt erregt hatten, hörten völlig auf, und Mrs. Piper fing an, den Übergang und den 'Abschied' nachgerade zu genießen.[2]

Auch diese Besserung erscheint mir unverständlich unter der Voraussetzung, daß das Medium soz. ihren Traumpersonationen lediglich 'andre Namen angehängt' habe. Das Dunkel, das über den Persönlichkeiten der 'Imperator-Gruppe' liegt, mag noch so groß sein: daß hier vom Medium unabhängige Persönlichkeiten ein höheres technisches Können in der Handhabung der Transbedingungen betätigten, scheint mir die einzige natürliche Folgerung aus den obigen Beobachtungen zu sein, und ich bin geneigt, um dieser Logik willen die Personen der 'Gruppe' als Maskierungen — nicht der Traumpsyche, sondern selbständiger Personen zu betrachten.[3]

Indessen handelt es sich in dem zuletzt Angeführten schon nicht mehr um eine Sonderung von Transpersönlichkeiten nach Methoden, sondern um **Ungleichheiten Mehrerer in der Anwendung des gleichen Mittels der Äußerung.** Hier erweist sich ihre technische Scheidung

---

1) Hyslop, Science 128.   2) Das. 129 ff.   3) Man erwäge in diesem Zusammenhang auch die zuweilen beobachtete feste Verbindung gewisser Kommunikatoren mit bestimmten Kontrollen. (Vgl. Travers Smith 42.)

Technische Sonderung der Kommunikatoren

eben in dem verschiedenen Maß von Geschick oder überlegener Ruhe, das sie in der Benutzung dieses Mittels betätigen.

Bei Mrs. Forbes z. B., die wir als Teilnehmerin an den klassischen Kk.en kennen lernten, unterschieden sich ihre Kommunikatoren sehr stark hinsichtlich der Klarheit und Ausgiebigkeit ihrer Schreibäußerungen. Sehr häufig folgte einer langen und verworrenen Botschaft 'Edmund Gurneys' — eine klare und viel kürzere ihres Sohnes 'Talbot'.[1] Am 18. Dez. 1902 zerfiel ihre Schrift sogar in drei deutlich technisch gesonderte Äußerungen: eine kurze, völlig mißlingende von 'Myers', und nachfolgend je eine von 'Gurney' und von 'Talbot', in der angegebenen Weise sich unterscheidend. Diese Schrift lautet nämlich: '[a] ... Wort... F. W. H. M. mach es ..., mit der ... Dionysus [?] Dion — [b] ... Edmund schreibt um der Freundin zu sagen — die mit Talbot schreibt — das beweisende Wort wird sein Dy ... Wollen Sie den Sinn der Botschaft geben [ist dies vielleicht eine Bitte an 'Talbot', nachdem die Niederschrift des 'Wortes' nicht gelungen?]. Schreiben Sie an Mrs. Verrall und sagen Sie, das Wort wird sich finden in Myers' eigenem ... [c] Talbot schreibt, um zu sagen, du kannst sicher sein ... es ist einer von den hochzeitlichsten Gesängen — der Liebe älteste Melodie.' — Um dies ganz zu verstehn, muß man wissen — was der Zusammenhang lehrt —, daß alle Namen und Namenfragmente dieser Schrift auf die platonische Diotima abzielen, die 'in Myers' eigenem' 1903 erschienenen Werke 'Human Personality' eine gewisse Rolle spielt, dem Medium aber bestimmt unbekannt war.[2]

Einen ähnlichen Vorgang beobachten wir z. B. in Mrs. Verralls Schrift vom 1. Feb. 1904, wobei es bemerkenswert ist, daß die zweite, technisch überlegene Kommunikatorin, Mrs. Cartwright, als Hauptkontrolle eines andern Mediums, Mrs. Thompson, bekannt ist und bei beiden durchaus die gleichen Wesenszüge des Auftretens zeigt. Die Schrift lautete:

Fin is ill[3] — *Fin* hören Sie nicht? *R* kriegen Sie das nächste Wort für mich. *Fin — sway* das ist der Klang — horchen Sie nochmals *fin sway out in on* sagen Sie das schreiben Sie diesen Klang mit Sinn. *Outinon. Fin is way out Inn* nein — nicht richtig. Es ist eine Botschaft betreffs *Fin* — sie ist dringend.' (Es folgten einige unleserliche Striche, anscheinend den Wechsel der Kontrolle andeutend, und dann, in scharfem Gegensatz zur vorausgegangenen erregten Verworrenheit:) Lassen Sie mich es sagen. Es ist eine plötzliche Krankheit, von der sie sieht, daß sie ihre Schwester befallen wird — jetzt spricht Mrs. Cartwright — sie [d. h. der andre Geist] will es Ihnen mitteilen. Nicht in ihrem eigenen Hause in London, woanders. Sagen Sie dies jemand.' Worauf, den pluralistischen Anschein noch verstärkend, die Bemerkung folgte: 'Wir hatten eine andre Botschaft, aber diese war dringend — schreiben Sie morgen für die unsrige.'[4]

---

1) XX 226; vgl. 230. 244 f.   2) XX 244; vgl. 243. 415 ('Sidgwick': I can't but will sign). 422 (Mitte) und XXI 183 u.   3) Die englischen Worte, die ich hier natürlich unübersetzt lassen muß, kamen in größerer Schrift.   4) XX 211. Über den guten Sinn dieser 'dringenden' Botschaft s. das. 212.

Argumente aus formalen Verhältnissen der Kundgebung

Ein verwandter Vorfall, worin die technische Unterschiedenheit sich auf zwei Kontrollen bezog, ereignete sich in der Piper-Sitzung vom 26. Febr. 1902.

'Rector' versuchte einen Namen 'durchzubekommen', den ihm der Kommunikator gab, aber seine Anstrengungen gelangten über annäherungsweise Formen nicht hinaus: 'Duncan, Duno [?] ... Dono Donw[?]son ...' Dies letztere las der Sitzer laut als Domson, worauf der Kommunikator mit 'Nicht ganz klar' reagierte. Der Sitzer bat ihn darauf, zu gehen und 'George Pelham' um Hilfe zu bitten, worauf sich die Hand des Mediums herumdrehte und auf einige Augenblicke auf den Tisch fiel, bis 'George Pelham' sie ergriff und schrieb: 'Guten Morgen, mein Freund, ich bin hier, um Ihnen zu helfen.... Ich will es für ihn buchstabieren.... Es ist DAN ... jawohl ... IEL.' Sitzer: 'Richtig, vollkommen richtig, ich danke Ihnen vielmals.' G. P.: 'Bitte sehr ... DANIEL ... Dr. ... Ich wünsche, ich könnte verweilen, aber sehen Sie, ich habe meine eigene Arbeit hier, rufen Sie mich jedoch, wenn Sie meiner bedürfen.' Sitzer: 'Vielen Dank.' G. P.: 'Nichts zu danken. Auf Wiedersehen...' Worauf nach einigen unruhigen Bewegungen der Hand der frühere Kommunikator fortfährt: 'Ich bin wieder hier, Liebling. Ich bin dir so dankbar, daß du ihn batest, mir zu helfen.'[1] —

Es ist unbestreitbar, daß hier der Kontrolle 'G. P.' auf den ersten Hieb gelingt, was ihrem Vorgänger anscheinend unmöglich gewesen war. Und die pluralistische Natürlichkeit dieses Auftritts wird noch gesteigert durch die Beobachtung, daß bei andrer Gelegenheit eine ähnliche Bitte um G. P.s Beistand (diesmal vom Kommunikator ausgehend) nicht zu dessen Erscheinen führte. Unter animistischen Voraussetzungen hätte man doch wohl das Gegenteil erwarten müssen, sei es, daß man das Ganze nur als Teil der Traumkomödie auffaßt, sei es, daß man dem Medium in der Traumpersonation G. P. tatsächlich eine erleichterte telepathische Aufnahmefähigkeit, oder doch den Glauben an eine solche zuschreibt.

In der Piper-Sitzung vom 13. Nov. 1896 beobachtete Dr. Hodgson einen verwandten Vorgang, der wiederum, falls 'gespielt', völlig sinnlos, falls aber wirklich, nur seinem technischen Sinne nach unverständlich erscheinen muß (und wie sollten wir diese Vorgänge ihrem Wesen nach schon verstehen?!).

'Mentor', einer von der Schar um 'Imperator', machte einen ersten und einigermaßen vergeblichen Versuch zu kontrollieren. 'George Pelham' legte sich ins Mittel und schrieb: 'Gib ihm nochmals Gelegenheit, H[odgson]. Ich kam herein, um klares Licht zu geben. [Es ist] jetzt besser, H[odgson].' Nachdem noch mehrere Kontrollen und zuletzt wiederum G. P. geschrieben hatten, zuckte die Hand zusammen und fiel auf den Tisch. 'Haben Sie Ihre

---
1) XXVIII 520 f.

Technische Sonderung der Kommunikatoren

Hand wieder?' fragte Hodgson. 'Noch nicht', erwiderte Phinuit durch den Mund. 'Wenn sie sich entfernen, ist sie ohne Leben und fällt herunter. Sie haben sie nicht und ich habe sie nicht. Danach bekomme ich sie [in meine Gewalt].'[1] —

Auch hier verbindet sich die Beobachtung technischer Unterschiedenheit mit derjenigen eines sehr natürlichen Mehrheitsspiels von Transpersönlichkeiten. — In Mrs. Thompsons Falle scheint sich das Ungeschick von Neulingen im Kontrollieren noch heftiger und peinlicher verraten zu haben.

In der Sitzung vom 16. Juli 1900 fragte Mr. Myers (als Sitzer) das Medium, wer im Laufe der Sitzung kontrollieren würde. 'Mrs. Cartwright' erwiderte: '[X. Y.] wird kontrollieren. Sie versuchte es gestern; sie konnte es nicht gelinde tun; sie warf das Medium zu Boden, aber ohne sie zu verletzen...' Tatsächlich ist Mrs. Thompson mehrfach in dieser Weise zu Boden geworfen worden, und stets bezeichneten ihre Kontrollen als Ursache davon den ungeschickten Versuch seitens unerfahrener Persönlichkeiten, sich durch sie zu äußern. Piddington selbst sah sie einmal in dieser Lage und fand sie dabei in tiefem Trans. Nachdem sie erwacht war, schien sie wieder in Trans gezogen zu werden, und während ihr sonst jeder Stuhl für ihren Transzustand bequem genug war, sank sie jetzt abermals zu Boden, und 'es schien längere Zeit hindurch, als wäre derselbe ungeschickte Geist im Begriff, von ihr Besitz zu ergreifen; aber allmählich beruhigten sich die erregten Bewegungen und wichen der friedlichen Kontrolle durch Nelly.'[2]

In allgemeiner Weise stellte schon früh Prof. Newbold, ein ganz unparteiisch, ja zweiflerisch eingestellter Beobachter, diese Art der technischen Sonderung bei Mrs. Piper fest.

'Soweit man es mit Persönlichkeiten zu tun hat, welche reiche Erfahrung im Schreiben gehabt haben, und gelegentlich auch bei solchen, die nach ihren eigenen Angaben schon vor längerer Zeit verstorben sind, ist es gewöhnlich möglich, die Fragen und Antworten [auch] des Sitzers vollständig aufzuzeichnen. Das Schreiben geht verhältnismäßig langsam vor sich und unleserliche Worte werden bereitwillig wiederholt. Aber die angeblichen Geister erst jüngst Verstorbener oder derer, die eines gewaltsamen Todes gestorben oder mit dem Sitzer durch starke Bande des Gefühls verbunden gewesen sind, legen fast immer große Erregung und Verwirrung an den Tag. Die Zeit und Aufmerksamkeit eines oder gar zweier Sitzer muß völlig darauf verwendet werden, die heftigen Zuckungen zu beherrschen, die den schreibenden Arm ergreifen, ... abgebrochene Bleistifte zu ersetzen und gleichzeitig die seitenlangen Ergüsse fiebernden Unsinns zu entziffern, welche die Hand hinkritzelt,

---

1) XXVIII 383. Vgl. daselbst die Ablösung von W. St. Moses durch 'Doctor'. 2) XVIII 147 f. Nicht nur durch diesen Übergang, sondern auch durch die allgemeinen Angaben der Beobachter über Mrs. Thompsons Gesundheitszustand (XVII 70) erscheint mir eine Deutung dieser Vorfälle durch Epilepsie vollkommen ausgeschlossen. Vgl. über Verschiedenheiten der Armkontrolle: Travers Smith 35 f. 94.

so rasch sie nur über die Blätter hinfliegen kann, wobei jedes Verlesen die Aufregung und Verwirrung noch bedeutend vermehrt.'[1]

Natürlich könnte ein solches Gebaren auch für eine besondere Verfeinerung somnambuler Schauspielerei erklärt werden, und ich hätte es vielleicht erwähnen können, als ich oben über die folgerechte Durchführung verschiedener Rollen sprach. In Verbindung mit den identifizierenden Bestandstücken der betreffenden Äußerungen mögen freilich solche doch auch 'technische' Verschiedenheiten des Auftretens den Eindruck echter Lebenswahrheit verstärken. Finden wir doch auch im Bereich der 'direkten Stimme' ein sehr wechselndes Geschick in ihrer Handhabung; ein Umstand, der schwerlich auf dramatisierende Vortäuschung zurückführbar erscheint.

Ebenfalls bei Mrs. Piper fiel es übrigens auf, daß gewisse, an den Vorgang der Kundgebung anscheinend noch nicht gewöhnte Transpersönlichkeiten zuweilen ohne jeden ersichtlichen 'inhaltlichen' Grund genötigt waren, sich auf kurze Zeit zurückzuziehen, worauf dann ihr Geplauder wieder seinen glatten Fortgang nahm. So unterbrach sich z. B. 'Bennie Junot' in der Sitzung vom 6. März 1900 einmal ganz plötzlich mit den Worten: 'Muß einen Augenblick fortgehn, werde bald zurückkehren,' worauf eine kleine Pause eintrat, in welche 'Rector' hineinsprach: 'Freund, wenn du zu ihm sprichst, guter Freund, sprich gütigst langsam.' Darauf nahm 'Bennie' mit den Worten 'Ja, wieder zurück' seine Äußerungen von neuem auf.[1] — Diese waren übrigens gerade an dieser Stelle sinnvoll und erfolgreich, sodaß die Deutung hinfällig wird, das Medium habe Zeit zu Überlegungen gewinnen wollen. Welchen andern Grund für ein so kurzes freiwilliges Innehalten einer 'hypnotischen' Persönlichkeit aber könnte der Animist wohl angeben?

In andern Fällen tritt, wenn ein Kommunikator so gezwungen ist, sich kurz zurückzuziehen, nicht (wie eben belegt) ein Spielleiter an seine Stelle, um Bemerkungen zu machen, die schließlich an sich nichts beweisen, — sondern ein andrer Kommunikator, der nun seine Mitteilungen vorträgt, bis er dann etwa wieder dem früheren Platz macht. Man wird zugeben müssen, daß ein solches Verhalten unter spiritistischen Voraussetzungen durchaus natürlich erscheint: der Vorgang oder 'Zustand' der Kundgebung durch ein Medium ist doch sicherlich für den unabhängigen 'Geist' ein ungewöhnlicher und mühsamer, von dessen Schwierigkeiten wir wohl annehmen dürfen, daß sie von Zeit zu Zeit ein Ausruhen oder doch zeitweiliges Ablassen nötig machen. Träten dagegen Schwierigkeiten der telepathischen Wissenserlan-

---

[1] XIV 7.   [2] XXIV 392. — Vgl. auch die mehrfachen 'tiefen Einatmungen' vor dem Eintritt ungewohnter Kontrollen bei Mrs. Thompson: XVII 71.

gung ein, so wäre ein Abbrechen der Kundgebungen überhaupt weit eher zu erwarten, als ein Wechsel des angeblichen Kommunikators. Kommt es doch geradezu vor, daß der Ablösende größeres Gelingen zeigt, als der Abtretende, daß also — animistisch gesprochen — der 'telepathische Vorgang' nach dem Wechsel der 'Maske' günstiger verläuft, als vor diesem. Es kann darum nicht ein Versiegen dieses Vorgangs die Ursache des Wechsels sein. — Man wird aber auch nicht sagen können, daß dieser Wechsel bei gleichbleibender telepathischer 'Aufgelegtheit' einer bloßen Laune des Mediums entspringe, oder einem irgendwie zu erklärenden Wechsel der telepathischen 'Belieferung' (das letztere nicht, weil angesichts eines Wechsels nicht-eng-zusammenhängender Kommunikatoren die aktive Rolle beim 'telepathischen Vorgang' doch viel natürlicher dem Medium zuzuschreiben wäre). Weit glaublicher wird uns vielmehr versichert, daß eine 'technische' Erschöpfung den Kommunikator zwinge, die Transbühne vorübergehend zu verlassen.

Wenn z. B. 'Robert Hyslop sen.' eine Zeit lang geredet hat, so klagt er über Gedankenverwirrung oder Erstickungs- und Schwächegefühle; er sagt etwa: 'Ich fühle mich schwach werden, James, ich bin in einem Augenblick zurück, warte auf mich.' Er entfernt sich also, und 'Imperator' — schickt ein andres Familienmitglied vor, um Verschwendung des 'Lichtes' zu verhüten.[1] —

Die bisher besprochenen technischen Sonderungen der Transpersönlichkeiten bezogen sich alle mehr oder minder deutlich auf ihr Verhältnis zum Medium. Das Wie und Warum dieser wechselnden technischen Beziehungen blieb dabei außer Betracht; seine Untersuchung würde in eine Theorie des Transgeschehens an sich gehören, nicht in eine Erörterung seiner Ablaufsformen; und es läßt sich denken, daß sie mehr Rätsel als Einsichten darbieten würde. Die nächste zu erwähnende technische Sonderung, die, wenn möglich, noch rätselhafter erscheint, bezieht sich auf ein andersartiges Verhältnis: auf die vorauszusetzenden Beziehungen mehrerer Kontrollen zu einem Kommunikator; begründet also eine technische Sonderung unter den ersteren. Diese offenbart sich gelegentlich in der verschiedenen Fähigkeit der Kontrollen, beweiskräftige Mitteilungen von den Kommunikatoren zu erlangen oder richtig aufzufassen, bzw. klar und unverstümmelt weiter zu geben. — Ein Beispiel hierfür enthält Mrs. Verralls Be-

---

1) Nach Sage 52 f. (Über 'Licht' näheres später.) Vgl. übrigens auch das gelegentliche 'Gefühl' des Mediums, daß ein Wechsel des Kommunikators stattgefunden habe, z. B. Travers Smith, Wilde 80. — Ich übergehe die umständliche Darstellung vereinzelter Vorgänge, welche eine technische Sonderung von Transpersönlichkeiten bez. der Fähigkeit andeuten, Gegenstände der äußeren Welt durch die Sinne des Mediums, oder aber Äußerungen des Sitzers aufzufassen. S. z. B. VIII 111 f.; XXVIII 532 f.

richt über eine Transleistung der Mrs. Thompson, die ich schon früher in andrem Zusammenhang berührt habe.

'Während einer Sitzung in meinem Hause in Gegenwart von Mr. und Mrs. A. (schreibt die Forscherin), während ich das Protokoll führte, machte 'Nelly' eine eilige und verwirrte Darlegung, welche dem Mr. A., der zum ersten Mal eine Sitzung mit Mrs. Thompson hatte, vollkommen unverständlich erschien. Mrs. A., die schon bei andern Sitzungen zugegen gewesen, meinte, daß die Transreden weit eher Verwirrung, als phantastische Erfindung vermuten ließen; doch war es unmöglich, aus Nellys Äußerungen in der gegebenen Form irgendetwas zu entnehmen. Am Tage darauf teilte Mrs. Thompson mir mit, daß sie eine Vision oder einen Trans gehabt habe, während sie allein war, worin 'Mrs. Cartwright' [die zweite Hauptkontrolle] erschienen war und gesagt hatte, daß Nelly große Verwirrung unter Mr. A.s Verwandten angerichtet habe und daß sie selbst (Mrs. C.) werde kommen müssen, um die Dinge zurechtzusetzen. Später, nach einer langen und sehr erfolgreichen Sitzung unter Nellys Führung mit einem andern meiner Freunde, wurde Nelly von Mrs. Cartwright abgelöst. Auf deren Ersuchen wurde die Niederschrift der früheren Sitzung herbeigeholt und in Gegenwart der Mrs. A., aber nicht ihres Gatten, Satz für Satz laut verlesen. In jeder Pause stellte Mrs. C. fest, ob die Bemerkung richtig sei oder nicht, und auf wen sie sich beziehe, sodaß am Ende aus einer scheinbar hoffnungslosen Verwirrung eine Reihe bestimmter Angaben der Transpersönlichkeit hervorging,' die fast alle richtig waren.[1] — —

Ich habe in diesem Kapitel bisher Tatsachen berichtet, die erkennen ließen, daß die einzelnen Transpersönlichkeiten sich in technischer Hinsicht — in Geschick, Leistungsfähigkeit, Angepaßtheit an wechselnde Bedingungen u. dgl. m. — überhaupt voneinander unterscheiden, in einer Art, von der wir nicht begreifen, wie sie unter rein spaltungspsychologischen Voraussetzungen zu erklären wäre. Fast alle diese Tatsachen führen zur Annahme, daß die eine Transperson in höherem Grade, als andre, mit Schwierigkeiten zu kämpfen hat, und es liegt nahe, nun schließlich noch die Frage zu stellen, ob diese Schwierigkeiten an sich von solcher Art sind, daß sie unter animistischen Voraussetzungen überhaupt zu erwarten und verstehen wären, oder ob sie nicht ihrerseits zwingen, im Kundgebungsvorgang eine Leistung zu erblicken, deren Aktivitätszentrum außerhalb des Mediums liegt.

Diese Frage entzündet sich schon an den wach-automatischen Schriften der Mrs. Verrall (besonders im Rahmen der Kreuzkorrespondenzen). Welcherlei 'Schwierigkeiten' könnte denn eine rein animistische Auffassung dieser Schreibleistungen überhaupt zugestehen? Sofern Mrs. Verralls 'Unterbewußtsein' als eigentliche Quelle der Kk.-

---

[1] XVII 211.

Versuche angenommen wird, eigentlich überhaupt keine. Läge doch dann nichts weiter vor, als die Äußerung eines unterbewußt erschaffnen Gewebes von Vorstellungen durch die automatisch schreibende Hand, — einer der gewöhnlichsten Vorgänge heutiger Psychologie, der fast immer völlig widerstandslos verläuft. Soweit indessen auch Mrs. Verralls Rolle bei jenen Experimenten von telepathischem Verkehr mit den andern Medien abgehangen hätte, könnten wir ab und zu Schwierigkeiten bei der Beschaffung der passenden Vorstellungen erwarten, die aber nicht so sehr 'Schwierigkeiten' der Äußerung bedeuten würden, als vielmehr ein einfaches Versagen, ein Ausbleiben der erforderlichen Speisung, das zu inhaltlichen Lücken führen würde. Gerade solcher Art nun sind die Schwierigkeiten nie, über welche die Verrallschen Schriften beständig klagen; vielmehr gehen sie fast immer deutlich von der Voraussetzung aus, daß das gesamte zur Äußerung bestimmte Gut vorhanden, soz. 'auf der Pfanne' sei, aber wegen irgendeines Widerstandes im Schreibapparat — einschließlich des 'Unterbewußtseins' des Mediums, also des *scribe* — nicht durchgedrückt werden könne. Für solche Schwierigkeiten aber ist m. E. nur dann eine Deutung zu finden, wenn eine im Besitze der durchzudrückenden Vorstellungen befindliche Fremdpersönlichkeit jenem Apparat gegenübersteht, den sie auf äußerst fragwürdige Art in Gang bringen soll, wobei sie nicht nur mit physiologischen Hemmungen eines fremden Leibes, sondern auch mit vorstellungsmäßigen Störungen und Ablenkungen einer fremden Seele zu rechnen hat. Dies wird uns vollends zur Gewißheit, wenn wir bemerken, daß die in der Schrift selbst geäußerten Klagen über solche Schwierigkeiten meist in jenen Gesprächs-Formen erfolgen, die überhaupt eine pluralistische und schließlich spiritistische Auffassung des Transgeschehens nahelegen.

'Warum', heißt es z. B. einmal, 'kann ich nicht fortfahren? Es scheint so klar — schreiben Sie es nieder.'[1] Oder: 'Große Widerstände heute früh — helfen Sie sie beseitigen.'[2] Oder: 'Es wird mit Geduld schon kommen. Es ist ungewöhnlich, daher die Schwierigkeit.'[3] Oder: 'Ich will in dieser Woche den Versuch wiederholen — es geht jetzt leichter.'[4] Oder wiederum: 'Ich wünsche eine besondere Botschaft an Sie gelangen zu lassen. Ich habe es mehrere Male versucht, aber Sie haben nicht verstanden. Ich weiß nicht, wo es fehlging...'[5]

Hier ist offenbar nicht von Schwierigkeiten der automatischen Schrift die Rede, die an sich weder besser noch schlechter, als zu andern Zeiten, vor sich geht, sondern von Schwierigkeiten der Beeinflussung eines Mediums durch ein außerhalb stehendes Subjekt der Kundgebung.

1) XX 196.   2) XXII 97.   3) XX 88.   4) XXII 289.   5) XXII 222. Vgl. 213.

Diese Auffassung verstärkt sich noch durch die Beobachtung, daß gerade Mrs. Verralls Schriften gelegentliche Beispiele für den Unterschied mehrerer Transpersönlichkeiten in der 'technischen' Befähigung zum Durchdrücken einer Äußerung enthalten. Wir stellen dann wieder fest, daß eine Äußerung, so lange sie von einer Persönlichkeit versucht wird, den größten Schwierigkeiten begegnet, während sie unmittelbar darauf von einer andern Transpersönlichkeit völlig glatt erledigt wird, — ein Vorgang, der mir nur verständlich erscheint, wenn die Persönlichkeit, die mit jenen Schwierigkeiten zu kämpfen hatte, eine wirklich andere ist, als die davon verschonte. Ein Beispiel dieser Art gab ich oben, wo 'Mrs. Cartwright' sich rettend ins Spiel mischte. Ich gebe ein zweites, das mehr die augenblickliche Frage betrifft und sich in einer schriftlichen Transmitteilung der 'Mrs. Prince' durch Mrs. Soule bzw. deren Kontrolle 'Sunbeam' findet.

Während die Kommunikatorin in echt spiritistischem Sinn ihr Erlebnis des Sterbens schildert — also, nach animistischer Auffassung, das Traum-Ich des Mediums sich in Hirngespinsten ergeht, in denen es unbegrenzt und ungehemmt hätte fortfahren können! —, fängt das Medium plötzlich an 'wie in Schmerzen' stöhnend das Gesicht zu reiben, und es tritt eine Pause ein, bis die Kontrolle sich mit den Worten einmischt: 'Hallo, ich mußte kommen, um jenem Geiste zu helfen. Ich muß ihr helfen, sich loszumachen.[1] Sie hat sich festgefahren — *she got stuck* ... Sie wurde so übereifrig, daß sie zuweit ging ... sie ging richtig aufs Ganze; sie fuhr sich fest; nachher lachte sie darüber ... — Sie ist ein famoser Geist ... sie hat eine Menge Entschlußkraft ...' [Mrs. P. war eine Frau von großer Willenskraft gewesen.] — Bald darauf nehmen dann die identifizierenden Mitteilungen durch 'Sunbeam' als Vermittlerin ihren günstigen Fortgang![2]

Wir sind natürlich wieder völlig außerstande, im einzelnen zu bestimmen, welcher Art hier die Schwierigkeiten sind. Trotzdem glaube ich sagen zu dürfen, daß sie auch hier sich weit natürlicher auf eine dem Medium **wesentlich fremde** Persönlichkeit beziehen lassen, als auf ein irgendwo gebildetes 'Spaltzentrum', das aus rätselhaften Gründen die alltäglichste Ausdrucksleistung erst fließend — und dann **plötzlich nicht mehr** zustandebringt, dabei aber mit einem andern ausdrucksfähigen 'Zentrum' ('Sunbeam') in innigster Nachbarschaft des Verkehrens lebt. Wie immer muß sich auch hier der Animist in willkürlichen Voraussetzungen *ad hoc* ergehen, während sein Gegner mit etwas 'Natürlichem' rechnet: der 'Fremdheit' eines Ich und eines Leibes, die nicht von Haus aus 'zueinander gehören'.

Eine wichtige Grundlage für die Deutung von 'Schwierigkeiten' ist

---

[1] get away.   [2] Allison 228 (5. 8. 1925). — Vgl. das sonderbare 'hold me tight now while I try and say it' eines Mrs. Willett-Kommunikators: XXIX 209.

ferner in der Tatsache gegeben, daß die Äußerungen jenseitiger Persönlichkeiten, z. B. ihre Angaben innerhalb der Kk.-Experimente, häufig leichter und richtiger in der 'Phase des Erwachens erfolgten, als durch die Schrift im eigentlichen Trans. Nach der Selbstdarstellung des Transdramas werden, wie wir wissen, in der Schlußphase des Trans die Äußerungen der Kommunikatoren unmittelbar dem 'Geiste des Mediums' übergeben, während dieser in seinen Körper zurückkehrt, den er während des Trans verlassen hatte, um der Kontrolle bzw. einem der Kommunikatoren Platz zu machen; während des Trans dagegen erfolgen die meisten Mitteilungen durch eine Hauptkontrolle, bei Mrs. Piper also in der Frühzeit meist durch 'Phinuit', später durch 'Rector'. Dementsprechend wiesen denn auch Mrs. Pipers schriftliche Transäußerungen stets eine sprachliche Färbung auf, die für den jeweiligen Spielleiter kennzeichnend war; während die mündlichen Äußerungen der Schlußphase nirgends eine Spur dieser Färbung entdecken ließen.[1] Endlich war es ein eigentümlicher Unterschied der beiden Zustände, daß in der Schlußphase alles kurz ausdrückbare Einzelne, wie z. B. Namen oder stichwortartige Angaben, leichter 'durchgebracht' werden konnte, als in der Transschrift, die sich ihrerseits besser eignete, Bemerkungen des Sitzers den Kontrollen zu übermitteln und längere Antworten der letzteren entgegenzunehmen. — Nun war es, wie wir schon wissen, lange Zeit üblich, Mrs. Pipers abgerissene Äußerungen in der Phase des Erwachens während der nächsten Sitzung mit den Transpersönlichkeiten durchzusprechen, um über Bedeutung und inneren Zusammenhang jener Äußerungen genaueren Aufschluß zu erlangen. Bei diesen Nachprüfungen fiel es sowohl Mrs. Verrall als auch Mr. Piddington auf, daß die im Transzustand gelieferten Erläuterungen durchaus nicht immer einen Fortschritt an Klarheit brachten, vielmehr zuweilen sogar offenbare Mißdeutungen des in der früheren Endphase klar Gesagten. Angenommen nun, daß der Trans unter Umständen nur eine geringere Klarheit in den Äußerungen der Transpersönlichkeiten zulasse, als die Randphase, so erhebt sich die Frage, ob diese Tatsache natürlicher zu erklären sei unter rein animistischen, oder unter mindestens teilweise spiritistischen Voraussetzungen. Der Animist nimmt an, daß in der Phase des Erwachens die Scheinpersonation des Trans vom Medium aufgegeben und zugleich eine weniger tiefe hypnotische Einstellung erreicht sei. Im übrigen aber geht die Dramatisierung der Mitteilungen in den gleichen Formen vor sich, wie im eigentlichen Trans: d. h. das Medium 'sieht' gewisse Gestalten und 'hört' ihre Äußerungen, die es

---

1) Piddington, zit. XXIV 84.

zum Teil nachspricht und auf die es gesprächsweise reagiert. In der tieferen hypnotischen Einstellung des eigentlichen Trans findet genau das gleiche statt, nur daß das 'Ich' des Mediums sich eben in der Maske einer Scheinpersonation gefällt — sagen wir 'Rectors'.[1] In welcher von diesen beiden Einstellungen nun würden wir unter animistischen Voraussetzungen eine klarere Auffassung der übernormal erlangten Inhalte zu finden erwarten (für die wir dann natürlich einen Lebenden als Quelle voraussetzen müßten, der z. B. jene klassische Bildung besessen hätte, die Mrs. Piper im Wachzustande fraglos nicht besaß und doch z. B. beim Aufbau der Myers-Personation verwandte!)? Die Erfüllung aller dieser Voraussetzungen zugestanden, glaube ich, daß der tiefere Trans auch das günstigere Aufnahmefeld für jene fremden Inhalte abgeben müßte. Alle Analogien sprechen dafür. Und daran kann die gleichzeitige Verwendung einer fremden Personalmaske gewiß nichts ändern. Im Gegenteil: die 'Suggestion', die mit dieser Maske einhergeht und vermutlich auch ihren Ursprung zutiefst erklären würde, ginge doch vor allem darauf aus, ein Wesen darzustellen, das alles Wissen und Denken des angeblichen Kommunikators beherrscht. Umgekehrt müßte mit dem nahenden Erwachen des Mediums dessen eignes Seelenwesen nebst seiner Unwissenheit in allen feineren Bildungsteilen jenes Kommunikators wieder zunehmend ins Spiel treten, die telepathische Beeindruckbarkeit abnehmen und somit im ganzen mehr Unklarheit und Mißverstehen in Auffassung und Wiedergabe der Inhalte einreißen. Das Gegenteil von dem zu Erwartenden ist es, was die Beobachtung zeigt. Diese Enttäuschung aber müßte dazu reizen, es mit den Voraussetzungen des Gegners zu versuchen. Und da erweist es sich, daß, wenn wir die spiritistische Selbstdarstellung des Transdramas gelten lassen, der fragliche technische Unterschied sofort seine glatte Deutung findet. Denn dann dürfte die Schreibkontrolle doch in irgendwelchem Sinn eine selbständige Persönlichkeit sein, durch die hindurch die Kundgebungsinhalte zu uns gelangten und damit den Gefahren aller mittelbaren Überlieferung ausgesetzt wären. Vielleicht aber dürften wir gar, gerade nach der Selbstdarstellung des Trans, in der Phase des Erwachens — oder doch kurz vor ihrem Eintritt und in ihren ersten Abschnitten — einen Zustand des Mediums annehmen, der — nach hundert Beobachtungen auf verwandten Gebieten — die übernormale Erlangung von Vorstellungen und den Verkehr mit Jenseitigen stark begünstigen würde: den Zustand der 'Hinausversetzung des Ich'.[2] Denn nach der Selbst-

---

1) Wobei wir der Vereinfachung halber davon absehen wollen, daß auch in dieser tieferen Lage eine gleichzeitige Mehrheit solcher Masken ins Spiel treten kann.   2) Näheres über diesen im letzten Abschnitt dieses Bandes.

darstellung des Trans ist ja das Medium während desselben halb oder ganz aus dem Leibe verdrängt; jene Endphase aber würde seiner Rückkehr in den Leib entsprechen, dem Zustand also, worin es fast noch leibloser 'Geist' ist und doch schon wieder enge genug dem Leibe verstrickt, um sich durch diesen zu äußern, — tatsächlich ein Bewohner zweier Welten zugleich, wie Dr. Hodgson schon vor Jahren ausführte.[1] Es erscheint klar, daß in diesem Übergangszustand eine direkte Mitteilung des Kommunikators an den 'Geist' des Mediums besonders günstige Aussichten auf unverfälschtes 'Durchkommen' hätte, ohne die Schwierigkeiten, die aus der Teilnahme einer Fremdpersönlichkeit am Kundgebungsvorgang entsprängen; und das würde in der angeführten Beobachtung seine Bestätigung finden.

Ein bekannter Sonderfall des eben berührten Tatbestandes ist die größere Leichtigkeit der Gewinnung von Namen in der Phase-des-Erwachens; während — wie wir ja schon wissen — ihre genaue Mitteilung im eigentlichen Trans immer besonderen Schwierigkeiten begegnet und meist nur durch eine Reihe klanglicher Annäherungsformen hindurch geschieht.[2]

So berichtet z. B. Dr. C. W. F. am 17. Mai 1889 das folgende: Während meiner ersten Sitzung [mit Mrs. Piper im Januar 1889] sagte Dr. Phinuit: 'Ihr Freund William ist hier und ... ist entschlossen, Ihnen seinen ganzen Namen [d. h. auch den Familiennamen] zu geben, ehe ich mich entferne.' Während Mrs. Piper anfing, aus dem Trans zu kommen, wurde [der Name] Pabody mit großer Kraft ausgesprochen, und Mrs. Piper sagte, indem sie zusammenfuhr: 'Jemand sprach mir direkt ins Ohr.' Sie schien zu glauben, ich hätte es getan ...'[3] — Der folgende ähnliche Vorgang ist noch eindrucksstärker, weil er zugleich einen Fall von 'Entsprechung' der Transäußerungen zweier Sitzungstage darstellt (28. und 29. April 1892). Ein Mr. Peirce, dessen Name Mrs. Piper unbekannt war, wurde von 'George Pelham' (als Kommunikator) erkannt, aber die Nennung seines Namens machte Schwierigkeiten. Während Mrs. Piper aus dem Trans kam, wurde, als einziges deutlich erkennbares Wort, der Name Peirce zweimal ausgesprochen, und zwar weder in Phinuits, noch in Mrs. Pipers gewöhnlicher Stimme. In der am nächsten Tage stattfindenden Sitzung nun lieferte 'Pelham' folgende schriftliche Erklärung: 'Ich konnte nicht zu Dr. Phinuit sprechen, so daß er verstand, was ich ihn sagen lassen wollte; daher versuchte ich [es] dem Medium [selbst] zu sagen, gerade als es wieder in seinen Körper zurückkehrte, und ich hoffe, sie sagte dir den Beweis, den du gewünscht hattest.'[4]

Um solche Vorgänge zu würdigen, frage man sich wieder, welcherlei Gründe sich wohl dafür erdenken lassen, daß ein oft ganz einfacher

---

1) XIII 401.   2) Allgemein hierzu vgl. Thomas, Life 218 ff. Ähnlich bei telepath. Experimenten: Pr VI 365 u.   3) VIII 99.   4) XIII 305—8.

Name in einer 'hypnotischen Phase' — und zwar der tieferen, also doch wohl telepathisch überlegenen! — nicht oder nur mühsam und annäherungsweise erfaßt werden kann, während er in einer andern, dem Wachen sehr viel näheren, wie eine Kanonenkugel einschlägt. Die Ratlosigkeit, in die uns diese Frage versetzt (sofern wir uns nicht mit billigen Worterklärungen begnügen), wird noch vertieft, wenn wir uns klarmachen, daß während des ganzen Hergangs der unzulänglichen Namensgewinnung unverkennbar eine Wesenheit im Hintergrunde verharrt, die den Namen kennt und deutlich vor sich hat, ihn aber der Transpersönlichkeit des Mediums nicht aufzuzwingen vermag. Die Ausflucht, daß dies eben der Sitzer sei, würde zu schanden in solchen Fällen, wo auch dieser den Namen zunächst nicht kennt; und zöge man sich auf die so oft bemühten entfernten Lebenden zurück, so ließe man völlig außer Acht, daß anscheinend fast immer die eigentliche Anstrengung der Namensgewinnung nicht von dem (dann doch 'gedankenlesenden') Medium ausgeht, sondern von einer bereits deutlich wissenden Wesenheit.[1] Diese wissende-und-wollende Instanz müßte der Animist in irgendeine noch 'tiefere' oder abgelegene 'Schicht' des schlafenden Mediums verlegen, wohl in jene, die über alle übernormalen Kundgebungsinhalte verfügt und sie in dramatischer Form der redenden oder schreibenden 'Kontrolle' überliefert. Wir hätten demnach anzunehmen, daß jene 'tiefere' Schicht selbst bei anhaltender Anstrengung außerstande sei, dem hypnotischen Bewußtsein des Mediums einen diesem ungeläufigen Namen aufzudrängen, daß ihr dies aber plötzlich und oft glänzend gelingt, sobald das Medium sich von allen hypnotischen Einstellungen hinweg dem Wachzustande zu nähern beginnt. Ich muß gestehn, daß diese Folgerungen aus der animistischen Grundvoraussetzung mir wieder als das gerade Gegenteil von dem erscheinen, was wir nach allen verwandten Beobachtungen zu erwarten hätten. Ich sehe nicht den Schatten einer Begründung der Tatsache, daß, was der einen hypnotischen Phase möglich ist, — nämlich die genaue Form des ungeläufigen Wortes zu erlangen, — der andern nicht auch möglich gewesen ist; trotz ihrer offenbaren 'Nachbarschaft' mit jener innerhalb eines und desselben seelischen Getriebes. Eine hypnotische Gegend, deren Zugänge im höchsten Grade offen und deren Ausgänge im höchsten Grade verstopft sein sollen, erscheint mir als eine seltsame Begriffsbildung zugunsten eines eingefleischten Vorurteils.

Ich wundere mich denn auch nicht, daß die scharfsinnigste Vertreterin der hypnotistischen Auffassung des Trans, Mrs. Sidgwick, mit dieser

---

[1] Vgl. etwa XXVIII 270 f.

Technische Sonderung der Kommunikatoren

Tatsache der Schwierigkeit von Namenübermittlungen eigentlich gar nichts anzufangen weiß. Sie stellt es als Möglichkeit hin, daß die 'größere Hellsichtigkeit im Augenblick des Übergangs [vom Trans zum Wachen] sich darauf gründe, daß dann die Transpersönlichkeit von der Anstrengung befreit sei, Rollen durchführen zu müssen.'[1] Eine künstlichere und mehr in der Luft schwebende Erklärung ließe sich wohl nicht erdenken. Daß die Durchführung der hunderte von Malen übernommenen Transrollen für Mrs. Piper irgendwelche 'Anstrengung' in sich schließe, ist eine Vermutung, die nicht einmal in der Beobachtung einmaliger hypnotischer Rollen eine Stütze findet. Außerdem setzt Mrs. Sidgwick hier offenbar voraus, daß die 'Transpersönlichkeit' des eigentlichen Trans und die der Phase-des-Erwachens im Grunde die gleiche sei (denn wären sie zweierlei, so könnte man nicht von der Ermöglichung einer Leistung durch Änderung der Aufgaben sprechen); diese Voraussetzung aber wird, wie ich glaube, der Theoretiker mit ständig wachsenden Schwierigkeiten behaftet finden.

Ganz anders stellen sich die Dinge dar, sobald wir von spiritistischen Voraussetzungen ausgehen. Denn dann befindet sich die Wesenheit, die sowohl das Wissen um den Namen vertritt, als auch den Willen, ihn zu äußern, wirklich außerhalb des Mediums; sie ist also ein seelisch Fremder, dessen Wissen sich nicht ohne Widerstände auf den Äußerungsapparat des Mediums übertragen läßt; und es ist dann leicht verständlich, daß diese Widerstände bei geläufigen Inhalten — den gewöhnlichen Worten der Sprache — geringere sind, als bei ungeläufigen, also Namen (oder persönlichen Phantasieworten). Der Gedanke liegt nahe und ist mehr als einmal vertreten worden: dieser Unterschied in den Schwierigkeiten beruhe darauf, daß im Falle geläufiger Worte der Sprechmechanismus des Mediums, also sein 'Gehirn', bereits fertige 'Bahnungen' aufweist, im Falle ungeläufiger Namen dagegen nicht. Mrs. Salter, die ebenfalls diesen Gedanken vertritt, weist sogar auf zwei Beobachtungen an Mrs. Leonard hin, die ihn empfehlen. Diese hat während einer gewissen Reihe von Sitzungen in zwei, und nur in zwei Fällen den Namen anonym ihr zugeführter Sitzer anscheinend mühelos[2] gegeben, und in beiden Fällen war ihr zwar der Name der Sitzer als solcher normalerweise unbekannt, aber durch vorausgegangene und zunächst abgewiesene schriftliche Bewerbungen derselben Personen als Name an sich bekannt geworden. Es scheint also die Tatsache, daß diese Sitzer ihre Namen vor längerer Zeit brieflich genannt hatten, den späteren Erfolg begünstigt zu haben; Feda 'fand' eben, wie sie in solchen Fällen sich ausdrückte, die Namen 'fertig [vorgebildet] in des

---

1) XXVIII 288. 2) So verstehe ich wenigstens Mrs. Salters Bericht.

Mediums Hirn.'¹ — Der gleiche theoretische Begriff liegt den geistreichen Ausführungen zugrunde, in denen zwei Jahre später Sir Oliver Lodge die Schwierigkeit der Namengewinnung mit der bekannten Unfähigkeit gewisser 'Aphasischer' (Sprachgestörter) verglich, viele Dinge beim eigentlichen Namen zu nennen, statt dessen sie einen umschreibenden Satz zu verwenden gezwungen sind.² Auch hier ist durch Krankheit oder Verwundung irgend eine Hemmung gesetzt, welche die zur Wortäußerung erforderliche motorische Einstellung aufhält. Nicht nur Eigennamen ja sind 'konventionell', sondern im Grunde alle Worte überhaupt; nur sind diese im normalen Hirn viel leichter zu 'verwirklichen', als jene; während umgekehrt der Sprachgestörte eine Karikatur des normalen Namenvergeßlichen darstellt, indem bei jenem die Hemmung sogar auf die geläufigsten aller 'Namen', die Worte, übergegriffen hat. Das Medium aber ist dem Sprechwillen des fremden Geistes gegenüber teilweise 'aphasisch', nämlich soweit Namen in Betracht kommen, die diesem geläufig, jenem aber ungeläufig sind.³

Ich möchte demnächst auf gewisse merkwürdige Beobachtungen hinweisen, die den Vorgang des 'Kontrollierens' als einen technisch-realen, von außerhalb des Mediums her bewirkten erweisen, dessen etwaige Schwierigkeiten denn auch wirkliche, nicht bloß gespielte sind, sich also auch nicht in rein vorstellungsmäßigem Nichtverstehen erschöpfen. Ich denke hier vor allem an gewisse Erscheinungen beim Übergang von mittelbarer zu unmittelbarer Kundgebung, also beim Übergang des 'Geistes' von Mitteilung an die Kontrolle zu selbständiger Besitzergreifung des 'Mediums' und seiner Äußerungsapparate, — Erscheinungen, die m. E. weit über das hinausgehen, was unter animistischen Voraussetzungen natürlich wäre. Was wäre denn unter diesen Voraussetzungen bei solchem angeblichem Übergang zur wirklichen 'Besessenheit' des Mediums zu erwarten? Im Grunde eigentlich nichts, außer etwa einigen leicht durchschaubaren Versuchen der Schauspielerei, des Glauben-machen-wollens. Das Traum-Ich des Mediums hätte sich bisher in den Formen gesichts- oder gehörsmäßiger Dramatisierung seines Wissens gefallen; es ginge jetzt dazu über, dieses Wissen unter Übernahme einer neuen Traumrolle: in der Form direkter Personation des angeblichen Wissenspenders zu äußern. Dies sind im Grunde gleichartige Zustände, und der Übergang vom einen zum andern ist ein als völlig glatt und reibungslos zu denkender Vorgang. Das Sich-Gebaren als 'Feda' z. B., die eine Gestalt vor sich sieht und Mitteilungen machen hört, ist wesentlich der gleiche Vorgang, wie das

---

1) XXXII 26 f. Kopfschüssen.　　2) Lodge stützte sich auf die Beobachtungen Dr. Heads an Soldaten mit　　3) JSPR XXI 264 ff.; vgl. schon Hyslops Andeutungen JSPR XIX 239.

Sich-Gebaren als 'A. V. B.', soweit Sich-Gebaren-als-bestimmte-Person in Frage kommt. Warum im einen Falle dramatische Zerlegung stattfindet, im andern nicht, ist eine Frage zweiter Ordnung, deren Beantwortung auf gewisse Gewohnheiten des Traum-Ich hinweisen könnte, allenfalls noch auf gewisse seelische Tiefenspaltungen, die im Fall anscheinender Besitzergreifung eben 'mehr an die Oberfläche treten' würden, doch nur um einen wesentlich gleichartigen Ablauf in Gang zu bringen, wie er auch zuvor geherrscht hätte: nämlich die Beherrschung des Äußerungsapparates durch eine Traumpersönlichkeit. Gründe für gesteigerte Schwierigkeiten oder ein wesentlich neuartiges Verhältnis zwischen Traum-Ich und Apparat wären im letzteren Falle schlechterdings nicht zu ersehen. — Anders unter spiritistischen Voraussetzungen. Ob man nun die 'Hauptkontrolle' als Eigenpersönlichkeit oder als Bildung innerhalb des Mediums ansehen will: in jedem Falle wäre sie auf den Äußerungsapparat vollkommen 'eingespielt', während die nunmehr auftretende Persönlichkeit des Geistes sich einem Leibe gegenübersähe, der in keinem Sinne, oder — bei wiederholter Besessenheit — in sehr viel beschränkterem der ihre wäre; ein fremdes Gewebe, in dem sie sich zunächst garnicht, und nur allmählich mit einiger Annäherung an den Normalzustand zurechtfände. Die 'Handhabung' dieses fremden Leibes — wie rätselhaft auch an sich — müßte sich jedenfalls durch bedeutsame Unterschiede in der Art der Äußerung verraten, sowohl bei ihrem Eintritt, als auch in ihrem Verlaufe. — Welcher der beiden Theorien nun gibt die tatsächliche Beobachtung dieses Kontrolle-Wechsels Recht, welcher Unrecht?

Bekannt ist zunächst, daß sich das erstmalige Auftreten einer überhaupt neuen Kontrolle fast stets in sehr 'dramatischen' Formen abspielt. Bei diesen erstmaligen Kontrollen ist es häufig nicht klar, ob wir Besitzergreifung anzunehmen haben, oder Äußerung durch eine Mittelsperson. Ich will trotzdem einleitend zwei Beispiele solchen Erstauftretens geben, um die lebendige Natürlichkeit dieser Auftritte zu belegen, ohne aber darin ein spiritistisches Argument zu suchen; nur im Rahmen unsrer gesamten Betrachtungen können diese typisch eigenartigen Vorgänge einige Bedeutung gewinnen. — Ich wähle zunächst die Antrittsbesuche der 'Hodgson'-Persönlichkeit, deren erster acht Tage nach dem Tode des Forschers durch Mrs. Piper erfolgte, also das Medium, dem er den besten Teil seiner Lebensarbeit gewidmet hatte. Daß hier ein besonderer Anreiz zur Scheinpersonation gegeben war, erscheint unleugbar. Trotzdem urteilte ein so scharfsichtiger und streng abwägender Forscher wie William James, der den Verstorbnen genau gekannt hatte, 'die Äußerungen jener ersten Tage hätten etwas dramatisch so sehr ihm Ähnelndes gehabt, daß die, welche sie beobachteten, einen starken Eindruck empfingen.'

'Hodgsons' erstes Auftreten geschah in Miss Th. Popes Sitzung am 28. Dezember 1905. 'Rector' hatte sich schriftlich geäußert, als die Hand plötzlich den Bleistift fallen ließ und mehrere Sekunden lang in sehr erregter Weise sich krampfhaft gebärdete. 'Was ist los?' fragte die Sitzerin. Die Hand, anscheinend vor großer Aufregung zitternd, schrieb den Buchstaben H, wobei sie so heftig aufs Papier herabfuhr, daß die Spitze des Bleistifts abbrach. Sie schrieb dann 'Hodgson, ich bin...', worauf ein schnelles Gekritzel folgte. 'Ist dies mein Freund?' fragte Miss Pope, und die Hand bejahte, indem sie fünfmal auf den Schreibblock schlug. Darauf sagte 'Rector': 'Friede, meine Freunde, er ist hier, er war es, aber er konnte nicht bleiben, er fühlte ein solches Ersticken. Er tut alles, was in seiner Kraft steht, um wiederzukehren, ... wartet lieber einige Augenblicke, bis er freier atmet...' — 'Hodgsons' zweites Auftreten erfolgte in Miss Popes nächster Sitzung, fünf Tage später. Die Hand verkrampfte sich wieder in unbeholfenster Weise, fiel herab und brach den Bleistift ab. Mit einem neuen schrieb sie dann: 'Richard Hodgson ich bin ganz glücklich   Freue mich daß ich kam   Gott segne Pope,' worauf mit einigen Versen — Hodgson war ein großer Zitierer und Verseschmied gewesen — die Äußerungen leidlich in Gang kamen. Aber noch bei seinem dritten Auftreten führte er sich mit den Worten ein: 'Ich bin Hodgson... Ich hörte Sie rufen — ich kenne Sie — Sie sind Miss Pope. Piper Werkzeug. Ich bin glücklich   außerordentlich schwer zu kommen   sehr. Ich verstehe warum Myers selten kam. Ich muß gehen. Ich kann nicht bleiben. Ich kann heute nicht bleiben...'[1]

Beinahe das Bedeutsamste an diesen Vorgängen scheint mir das nur allmähliche Ingangkommen der neuen Personation zu sein. Die 'Dramatik' ihres Eintritts möchte man eher noch den darstellerischen Trieben der Traumseele zuschreiben; aber daß diese, nachdem sie endlich Gelegenheit gefunden, eine ihr sehr vertraute Persönlichkeit auf die Bühne zu stellen, sich noch längere Zeit derartig entsagungsvolle Beschränkung auferlegen sollte, erscheint mir in hohem Grade unwahrscheinlich. Um so natürlicher deutet die Kürze des ersten Auftretens darauf hin, daß hier wirkliche Schwierigkeiten durch Übung zu überwinden waren.

Durch andere Verwicklungen merkwürdig ist der zweite verwandte Auftritt, den ich anführen will; er spielte sich in der Piper-Sitzung vom 18. November 1893 ab.

Gegen Beginn derselben hatte Phinuit den Sitzer, Mr. C., gefragt: 'Wissen Sie, wer Harry ist? Er ist lange Zeit nicht hier gewesen.' Da im September 'Pelham' eine Botschaft von Mr. C.s verstorbenem Bruder Harry geschickt

---

[1] XXIII 6 ff. James' damaliges Endurteil das. 115 ff. Vgl. die Fälle XIII 291 f.; XXVIII 449 f. 528 f.

hatte, glaubte man nun wieder diesen vor sich zu haben und ermutigte seine Aussagen. Sie hatten aber durchweg keinerlei Sinn für den Sitzer, am wenigsten der geäußerte Wunsch, eine Botschaft an 'Gussie im Leibe' zu senden. Nachdem noch ein weiterer Kommunikator sich geäußert und wieder gegangen, sprach Phinuit; aber das einzige Belangreiche, was er sagte, war: 'Junger Mann namens Harry — ich will meinen Bruder sehen'. Im übrigen beklagte er sich über Verwirrung. Mrs. Piper begann darauf aus dem Trans zu kommen, verfiel aber von neuem in heftige Krämpfe, und die Hand machte Schreibbewegungen. Ein Bleistift wurde ihr gegeben und eine sehr persönliche Botschaft an den Sitzer geschrieben, der bei seinem Namen angeredet wurde. Der Vor- und Zuname seines Bruders Harry, von dem die Botschaft auszugehen vorgab, wurde mehrere Male mit solcher Gewaltsamkeit geschrieben, daß das Papier des Blocks zerriß. 'Das wilde Andrängen des Kommunikators, wie es in der Schrift und den Bewegungen von Mrs. Pipers Hand und Arm zum Ausdruck kam, war sehr eindrucksvoll (sagt Dr. Hodgson), doch ließe es sich ohne eigene Beobachtung schwerlich richtig einschätzen.' In einer nachfolgenden Sitzung am 23. Nov. gab nun Phinuit an, daß als er damals 'hinausgegangen' sei, er jenen jungen Mann getroffen habe, der mit größter Dringlichkeit um eine Gelegenheit bat, zu seinem Bruder zu sprechen, und daß er (Phinuit) ihm daraufhin 'hineingeholfen' habe. In der Zwischenzeit klärte sich aber auch die Angelegenheit des ersten 'Harry' jener Sitzung auf. Wie Hodgson nämlich erst jetzt erfuhr, hatte Mrs. Howard (eine der bekannten Sitzerinnen aus Mrs. Pipers Frühzeit) einige Zeit zuvor bei dem Medium eine Dame eingeführt, die sehr bedeutsame Mitteilungen von ihrem verstorbenen Gatten Harry erhielt, und es wurde ausgemacht, daß er bei seinem nächsten Auftreten angeben solle: Harry wünsche eine Botschaft an Gussie zu senden. Die in der Sitzung vom 18. November unverständlich gebliebenen Äußerungen jenes Harry wurden nunmehr als belangreich und offenbar für Mrs. Howards Freundin bestimmt erkannt.[1]

Dieser letztere Hergang ist an sich bemerkenswert, sofern er zutreffende Mitteilungen an die Adresse eines abwesenden Lebenden zeigt. Aber nicht darauf kommt es uns hier an, sondern auf den realistisch eindrucksvollen Eintritt der andern 'Harry'-Kontrolle, wobei diese Realistik, d. i. der Anschein einer Unabhängigkeit der Kontrolle dadurch noch erhöht wird, daß diese auftrat, nachdem das Medium bereits zu erwachen begonnen, d. h. (nach animistischer Vorstellung) nachdem es sich die Selbstsuggestion gegeben, daß nun das Transspiel zu Ende, ein weiteres Auftreten von 'Personen' also nicht zu erwarten sei.

Wenden wir uns indessen dem eigentlichen Gebiet unsrer Frage zu: Beobachtungen des Übergangs eines häufig auftretenden Kommunikators von indirekter Mitteilung zu eigener Besitzergreifung des Mediums. Die Frage fällt z. T. zusammen mit der Frage nach den Unter-

---

[1] XIII 483 f. Andere eindrucksvolle Beispiele s. XVII 108; XXIII 165 ff. 177; XXIV 425 ff.

schieden im Auftreten des 'Spielleiters' einerseits, des Kommunikators im Zustand anscheinender Besessenheit des Mediums anderseits; und von dieser Seite her wollen wir uns ihr nähern. — Eine allgemeine Beschreibung, welche Lady Troubridge von den Verschiedenheiten der 'Feda'- und der 'A. V. B.'-Kontrolle bei Mrs. Leonard entwirft, läßt sich in wesentlichen Zügen etwa so zusammenfassen: Nur wenige Sitzer haben den Unterschied von direkter und indirekter Kontrolle (der Kommunikatoren) bei Mrs. Leonard überhaupt beobachten können; ja noch vor wenigen Jahren stellte 'Feda' die Behauptung auf, daß nicht mehr als etwa sechs Persönlichkeiten jemals Mrs. Leonard unmittelbar kontrolliert hätten; ein Umstand, der an sich schon zu denken gibt, wenn man sich klar macht, wie stark die Verlockungen für das Trans-Ich sein müssen, dem Sitzer dasjenige vorzuführen, woran ihm doch vor allem gelegen sein muß: den unmittelbaren Verkehr mit 'seinem' Verstorbenen. — Während 'Feda' aufrecht sitzt, den Körper fast vollkommen beherrscht, selbst im Zimmer umhergehen kann und mit einer Stimme spricht, die zuweilen auch außerhalb des Zimmers laut zu hören ist, muß jede 'persönliche' Kontrolle, zumal im Beginn, die größten Anstrengungen machen, um ein kaum hörbares und von Pausen unterbrochenes Flüstern zu erzielen. Dabei sind die allgemeinen Bewegungen des Mediums aufs äußerste eingeschränkt und sein Körper lehnt sich entweder 'wie ein Holzklotz' gegen den Stuhl oder hängt schlaff auf die Schulter des Sitzers herab. Gleichzeitig scheint die Fähigkeit geistiger Sammlung teilweise verlorengegangen zu sein, und eine ungeheure Anstrengung wird erfordert, um beweiskräftige Einzelheiten zutage zu fördern, wie sie durch 'Feda' fließend mitgeteilt werden würden.[1] — Wir haben also wieder ein Zustandsbild vor uns, das durchaus natürlich anmutet unter der Voraussetzung, daß es die Verstrickung einer lebenden und 'fremden' Persönlichkeit in ein ihr wirklich fremdes Organ der sinnlichen und motorischen Aktualisierung-von-Erinnerungen (im Sinne Bergsons) andeutet. Zugleich damit — und dies fügt dem Bilde einen weiteren spiritistisch-'natürlichen' Zug hinzu — zeigt sich, in 'zuweilen überraschendem Grade', die Fähigkeit, 'mit wechselndem Erfolg die Tongebung, die stimmlichen und allgemeinen Eigentümlichkeiten Verstorbener wiederzugeben, die das Medium nie gekannt hat!' Und zwar verwahrt sich dabei Lady Troubridge, eine feine und gewitzte Beobachterin, ausdrücklich gegen den naheliegenden Verdacht, daß die Erwartung des Sitzers, der ja den betreffenden Verstorbenen gekannt hat, zu einer Überschätzung solcher Ähnlichkeiten führe: so oft sie z. B. mit Miss Radclyffe-Hall (einer nicht minder guten Beobachterin) zusammen 'ge-

---

1) XXXII 362.

sessen', habe sich nach der Sitzung feststellen lassen, daß sie jene Ähnlichkeit in genau den gleichen Augenblicken und Einzelheiten gespürt habe, die auch ihrer Mitarbeiterin in diesem Sinne aufgefallen und aufgezeichnet worden waren.[1] — Daß mit dem Auftreten der unmittelbaren Kontrolle tatsächlich eine neuartige Führung des physiologischen Apparates beginnt, wird ferner nahegelegt durch eine eigenartige, wiewohl einstweilen unverständliche Begleiterscheinung ihres Eintritts: während nämlich dem Auftreten 'Fedas' stets nur ein kurzer Zeitraum reglosen Schweigens des Mediums vorausgeht, findet nach ihrem Abschied, falls dieser von einem Auftreten der direkten Kontrolle gefolgt ist, stets ein einmaliges, aber erstaunlich langes und gleichmäßiges Ausatmen statt, so anhaltend, daß 'es zuweilen schwer zu verstehen ist, wie eine normale Lunge ein Ausatmen von solcher Dauer zustandebringen kann.'[2] Überhaupt war in diesem Punkte die physiologische Auswirkung beider Kontrollen eine offenbar verschiedene; denn während der A.V.B.-Kontrolle, und nur während dieser, konnte es vorkommen, daß das Medium, blaurot im Gesicht und nach Luft schnappend, einem Ersticken nahe schien und schließlich unter tiefen Atemzügen nach vorne fiel, worauf die Kontrolle die Erklärung vorbrachte, sie habe das Medium fast erstickt, weil sie 'zu atmen vergessen'![3] — Noch andeutungsreicher aber im Sinn einer spiritistischen Fremdbesessenheit erscheint mir der Umstand, daß die Aufrechterhaltung der direkten Kontrolle anscheinend mit großer Anstrengung verbunden ist. Während nämlich 'Feda', falls nicht gehindert, ohne weiteres drei Stunden und mehr ununterbrochen zu schwatzen geneigt und befähigt ist, fanden sich die 'persönlichen Kontrollen' der Mrs. Leonard, obgleich sie augenscheinlich den dringenden Wunsch zu bleiben hatten, häufig mitten im Satze abgeschnitten und waren nur ganz ausnahmsweise imstande, ihre Äußerungen länger als eine halbe Stunde auszudehnen. Selbst nachdem die 'A.V.B.'-Kontrolle 'Feda' mehr und mehr zurückgedrängt und die betreffenden Sitzungen beinahe ganz zu beherrschen begonnen, konnte sie sich selten länger als 1—1½ Stunden im Medium erhalten, und ihr Abgang war stets ein plötzliches Abbrechen und machte den Eindruck, als habe sie sich soz. bis zum letzten Atemzuge krampfhaft festgeklammert, — ganz unähnlich der sich stets umständlich verabschiedenden Feda.[4] Dies ist ohne Frage ein besonders auffallendes Beispiel jener Schwierigkeiten der Transleistung, die unter rein animistischen Voraussetzungen nicht zu begreifen sind. Die Theorie der hypnotischen 'Traumpersönlichkeiten' vermag keinen ausreichenden Grund zu zeigen, wes-

1) das. 363.   2) 365.   3) XXXIV 308.   4) XXXIV 306. — Aus verwandten Schwierigkeiten heraus wohl sagt gelegentlich der Piper-Myers: 'Ich kann nicht allzu lange zuhören' (XXIV 108) und drängt zum Abschluß einer Transunterhaltung.

halb die Durchführung der einen Rolle so außerordentliche Anstrengungen voraussetzen sollte, während die der andern so glatt und mühelos verläuft. Der Annahme von Schauspielerei wiederum scheinen mir die Einzelheiten aufs bestimmteste zu widersprechen; und wollte man einen Ausweg in der Annahme suchen, die 'direkten Kontrollen' verliefen in irgendeiner 'tieferen Schicht', die sich nur mühsam an die Oberfläche körperlicher Äußerung durcharbeite, so läge für solche an sich reichlich dunkle Behauptung keinerlei unabhängige Rechtfertigung vor; zumal es sich ja doch um mehrere direkte Kontrollen in einem Medium handelt, die doch nach bloßer Wahrscheinlichkeit — als 'Traumpersönlichkeiten' — ebenso häufig auch in eine soz. 'ausdrucksnahe' Schicht fallen müßten, während nach spiritistischer Auffassung ihr einheitliches Sondergebaren durchaus natürlich erscheint. — Herr Baerwald behauptet zwar mit zuversichtlicher Abstraktheit: 'Daß eine Teilpersönlichkeit die andre aus dem Körper hinausdrängt, daß ein neues Ich erst allmählich in Gang kommt und sich einübt — das alles beobachtet man bei einfachen [d. i. rein subjektiven] Besessenheitserscheinungen auch.'[1] Er übersieht aber dabei, daß auch häufig stattgehabte, also gründlich 'eingeübte' 'direkte Kontrollen' ihre technischen Besonderheiten, ihre ganz persönlichen 'Schwierigkeiten' dauernd beibehalten. Man mag natürlich behaupten: sie seien eben irgendwo oder irgendwie anders 'im Gehirn verwurzelt'. Aber dies wäre wieder eine völlig abstrakte und in der Luft schwebende Aussage, die schlechterdings nichts an sicheren hirnphysiologischen Tatsachen für sich anzuführen hätte, während der hier im spiritistischen Sinn herausgehobene Hinweis sich ohne weiteres in ein weites Gewebe gleichbedeutender Indizien einfügt und an Gewicht gewinnt, je mehr gerade letzte Einzelheiten der Beobachtung unter die Lupe genommen werden.

Um diesen Gedanken durch erhöhte Anschaulichkeit noch weiteren Nachdruck zu verleihen, ergänze ich die obige zusammenfassende Schilderung durch einige Angaben aus Miss Radclyffe-Halls Feder über die frühesten direkten Kontrollversuche der A.V.B.-Persönlichkeit.

Der erste von diesen erfolgte am 19. Jan. 1917 und kündigte sich durch ein 'unruhiges Unbehagen' Fedas an, welche gleichzeitig ausrief: 'Was wollen Sie da tun, Ladye [ihr Spitzname für A. V. B.]?' Darauf folgte — etwa eine oder zwei Minuten anhaltend — die schon beschriebene völlige Reglosigkeit des anscheinend tief in Trans liegenden Mediums, und dann kamen, in kaum hörbarem Flüsterton, die Worte: 'Wo bist du? Zieh mich vorwärts,' — Worte, die wieder außerordentlich 'natürlich' erscheinen, wenn man sie als

1) Baerwald, Phän. 322 Anm. 2.

die ersten Worte eines Wesens auffaßt, das eben noch, auf eine Weise, in leidlich fließendem Verkehr mit der Sitzerin gestanden hat, jetzt aber sich plötzlich in gänzlich verändertem Zustande vorfindet und dadurch zunächst die Fühlung mit ihr verliert, zugleich aber unerwartet sich einer unbequemen Körperlage bewußt wird und aus ihr herauszukommen strebt. Doch weiter: Ein gewisses Maß von Gefühlserregung wurde gezeigt (begreiflich, scheint mir, im Fall einer plötzlichen neuartigen und nahen Gegenüberstellung mit der lebenden Freundin); im ganzen aber wurde bewunderungswürdige Selbstbeherrschung bewiesen, was wiederum für A. V. B. sehr kennzeichnend war, die zu Lebzeiten diese Eigenschaft in hohem Grade besessen hatte. Während dieses ersten Auftritts beklagte sie sich, daß sie das Medium nicht zum Lachen bringen könne. Eines Tages aber gelang ihr dies plötzlich in außerordentlich charakteristischer Weise, und dieses persönlich bezeichnende Lachen wiederholte sich seitdem öfter. Auch dies unter der Annahme allmählich durchgreifender 'Besessenheit' eine höchst natürliche Entwicklung. — Ferner: bei verschiedenen Gelegenheiten hat sich die Klangfärbung von Mrs. Leonards Stimme verändert und ist derjenigen der Verstorbenen 'sehr ähnlich, ein- oder zweimal erschreckend ähnlich' geworden.[1] Dies scheint ausschließlich mehr zu Beginn einer 'persönlichen Kontrolle' möglich zu sein und ist der A. V. B.-Persönlichkeit, wie man aus ihren Bemerkungen schließen kann, selber aufgefallen. 'O', sagte sie bei einer Gelegenheit, 'nun da die Kraft nachläßt, kannst du nicht hören, wie meine Stimme wieder der von Mrs. Leonard ähnlich wird?'[2] — was durchaus der Wahrheit entsprach. Wenn wirklich die Besitzergreifung 'Kraft' verbraucht — und dafür sprechen ja zahllose jenseitige Transbehauptungen und diesseitige Beobachtungen —, so ist dies Abblassen der Stimmverkörperung wiederum sehr naturwahr; während man umgekehrt von einem Traum-Ich erwarten müßte, daß es die endlich erwischte lebenswahre Stimmfärbung beliebig lange ausnutzen würde, um seinem Ehrgeiz — den Toten glaubhaft darzustellen — möglichst ergiebig zu genügen. Und wie im Stimmklang, so zeigte sich auch in der Gestaltung des Einzelworts die Tatsache wechselnd weitgehender Beherrschung des 'Apparats'. Ein Beispiel: Mrs. Leonard in ihrem normalen Zustande pflegte im englischen Wort für 'oft': *often* das t deutlich auszusprechen, während A. V. B. zu Lebzeiten es, wie die Mehrheit der Engländer, unartikuliert ließ: *ôf'n*. Dies Wort nun wurde während der 'persönlichen' Auftritte von A. V. B. beständig in Mrs. Leonards Weise ausgesprochen, d. h. die Kontrolle stand anscheinend den Sprachgewöhnungen des 'Apparates' mehr nur anregend gegenüber, als mit voller motorischer Beherrschung. Bei einer Gelegenheit dagegen schien A. V. B. zu erfassen, was geschah, und bemühte sich bewußt um das Wort: bloß einmal gelang ihr die Aussprache *ôf'n*, sie wiederholte *often*, sagte dann *ôferten, oferten* mehrmals in einiger Verwirrung und erwiderte, als man sie fragte, was sie tue: 'sie ver-

---

1) Vgl. die verwandten Vorgänge: Bradley, Wisd. 120 ff. 166 f. (übers. von mir in RB 1926 43 f.); auch erwäge man in diesem Zusammenhang Ostys Mitteilungen über Mlle de Berly (Osty 252 f.).   2) is getting Mrs. Leonardy?

suche es bloß.' Ein andermal (am 5. Aug. 1917) sprach sie zweimal vollkommen leicht und natürlich ôſ'n, fiel dann aber, ohne es zu merken, in die Aussprache des Mediums zurück.[1] — Ein anderer, unter der Annahme echter Besessenheit sehr naturwahrer Vorgang spielte sich am 23. Jan. 1917 ab, d. h. während des überhaupt erst zweiten Auftretens von A. V. B. in direkter Kontrolle: sie begann nämlich fast unmittelbar nach ihrem 'Eintritt' Mrs. Leonards Gesicht mit augenscheinlicher Verwunderung zu betasten und sagte dann: 'Was ist mit meinem Gesicht geschehn? Es fühlt sich dünner und knochiger an, als es früher war,' was genau dem Unterschiede zwischen Mrs. Leonards gegenwärtiger und A. V. B.s ehemaliger Gesichtsbildung entsprach.[2]

Hier scheint die Kommunikatorin plötzlich sinnlich-unmittelbareren Anschluß an einen fremden Leib zu gewinnen, ohne sich klar darüber zu werden, daß es ein fremder ist! — Ein verwandt-realistischer Auftritt fiel während einer 'persönlichen Kontrolle' am 13. Juni 1917 vor.

'A. V. B. erhob die Hand [des Mediums] an ihren Kopf und begann zu lachen, wobei sie bemerkte: 'Ich trage ein Haarnetz, wie komisch!' Nun hatte A. V. B. zu Lebzeiten unter gar keinen Umständen ein Haarnetz getragen. Sie besaß von Natur gewelltes Haar, und genau, wie ich sie kenne, bin ich gewiß, daß es ihr als komisch auffallen mußte, wenn sie sich ein Netz tragen fühlte.'[3]

Ich schließe eine Schilderung des gleichen Übergangs von indirekter Mitteilung zu unmittelbarer Besessenheit aus den Kundgebungen 'Raymond Lodges' an, der zu dieser bezeichnenderweise ebenfalls **selten** vorgeschritten ist.

Während einer Sitzung in Mariemont, Sir Oliver Lodges Wohnsitz, sagte Feda: 'Es wäre wirklich hübsch, wenn er 'durchkommen' könnte. Es ist eine Menge Kraft vorhanden.' — 'Darauf folgten langes Schweigen und Zuckungen und vergebliche Versuche zur Äußerung. Dann wurde seiner Mutter Hand ergriffen und bis zur Schmerzhaftigkeit gedrückt, danach meine Hand gefaßt und heftig und ziemlich lange ununterbrochen geschüttelt. Abgerissene Worte wurden gesprochen und das Medium begann ein wenig zu weinen. Die Worte 'Raymond' und 'Mutter' wurden geäußert, aber unter Schwierigkeiten und mehrfach wiederholt.' Auf einige begrüßende Worte der Lady Lodge hin erfolgte dann die Erklärung: 'Ich bin nicht unglücklich, nur erregt.' [Was offenbar auf das 'Weinen' ging.] Dann rief Raymond mit lauter Stimme: 'Vater'. Und als der Bruder Lionel ihm die Hand hinhielt, 'wurde sie kräftig ergriffen und ein zweiter lauter Schrei ausgestoßen.' Die andern anwesenden Geschwister berührten darauf die Hand des Mediums, und 'Raymond' sagte 'Going' — etwa: 'muß fort'. 'Sogleich fielen die Hände schlaff in des Mediums Schoß. Feda kehrte nicht wieder, und das Medium kam allmählich zum Bewußtsein.' Während des Zusichkommens rieb es sich die

---

[1] XXX 480 f. Vgl. über 'Ettas' erste direkte Kontrolle: Thomas, Life 209 (auch XXXVIII 86). [2] XXX 482. [3] a. a. O. 484.

Augen und sagte: 'Ich fühle mich anders als sonst.' Alle (!) fühlten sich ein wenig erschöpft. Mrs. Leonard 'sagte mir am Tage darauf, daß sie eine völlig ruhige Nacht gehabt, nichts gesehn und auch keine Klopftöne gehört habe, — zum ersten Mal, seitdem sie hier ist.'[1]

Ein Stückchen gerissener Traumkomödie? Nicht undenkbar. Dagegen aber scheint mir zu sprechen: zunächst das äußerst kurze Verbleiben, — denn warum sollte das Traum-Ich einen so dankbaren Auftritt nicht etwas länger ausspinnen und inhaltlich reicher ausstatten? Sodann das Sich-anders-fühlen des Mediums nach dieser 'Verkörperung'; denn eine Deutung durch neuartige Erinnerungsresonanz erschiene bei der inhaltlichen Dürftigkeit der Personation nur wenig überzeugend; hätte dagegen Raymond Mrs. Leonard — 'aus sich selbst verdrängt', so wäre das keine Kleinigkeit! Endlich fällt das erstmalige Aufhören der nächtlich-spukigen Belästigung auf. Es ist, als hätte sich Raymond durch das 'Durchkommen' eine alles Vorausgegangene weit überbietende Befriedigung — und damit Beruhigung verschafft.

Der letzte Fall, den Thompson-Akten entnommen, ist nicht nur einer der bemerkenswertesten, die ich hier anzuführen weiß, sondern vereinigt auch, wie wir schon wissen, mehrere Fäden früherer Gedankengänge mit den letztgesponnenen.

Prof. Henry Sidgwick, einer der Gründer der Ges. f. psych. Forsch., war im Sommer 1900 gestorben, und seine Schwester, Mrs. Benson, bald darauf von Mr. Piddington zu Sitzungen mit Mrs. Thompson eingeladen worden, in der Hoffnung, Mitteilungen von dem Verstorbenen zu erhalten. Aber nichts erfolgte, obgleich nach animistischen Voraussetzungen wohl unfehlbar etwas hätte erfolgen müssen! Die erste Erwähnung Sidgwicks geschah vielmehr, wie schon berichtet, ganz unerwartet am 11. Jan. 1901 in einer Sitzung des Ehepaars Percival, die nichts mit dem Verstorbenen zu tun hatten. Inmitten der für diese Sitzer bestimmten Schrift erschienen nämlich die Worte: *'Trin y Henry Sidg.'* und 'Papiermesser'. (Ein dem Toten gehöriges Papiermesser war von Mrs. Benson in einer früheren Sitzung als 'psychometrischer Gegenstand' mitgebracht worden. 'Trin y' aber ist offenbar eine Verstümmelung des Namens von Prof. Sidgwicks College in Cambridge: Trinity.) Mitten in einem gänzlich andersgerichteten Versuch äußerte überdies Nelly: 'Ich wünsche keine Henry Sidgwicks; er sagte nämlich, er will darüber etwas sagen', und fügte auf eine Frage Piddingtons hinzu: 'Ich sagte Henry Sidgwick, weil er mir näher ist, als Mr. Gurney' (der verstorbene Forscher, der häufig durch Mrs. Thompson sich äußerte). Nachdem die Eheleute Percival sich entfernt, fragte Piddington, ob Gurney anwesend sei, worauf Nelly erwiderte: *'About the Trio'* — also: So ziemlich das ganze Trio. Wer das sei? 'Henry Sidgwick, Edmund Gurney und Mr. Myers. Henry Sidgwick ist hier.' Gleich

---

[1] Lodge, Raymond 169 f. Vgl. das. 98 f.; Allison 307; Swaffer 78; Pr XIII 564. 576.

darauf, schreibt Piddington, 'trat die Sidgwick-Kontrolle zum erstenmal in Erscheinung, und obgleich nur wenige Worte gesprochen wurden, waren Stimme, Eigenart und Stil der Äußerungen außerordentlich lebenswahr; so sehr, daß, wenn ich von Prof. Sidgwicks Tode nicht gewußt und die Stimme zufällig gehört hätte, ohne sagen zu können, woher sie käme, ich sie wohl ohne jedes Zögern ihm zugeschrieben hätte.' — In der nächsten Sitzung, 11 Tage später, sagte Nelly sofort nach Einsetzen des Trans und noch vor dem Eintritt der Sitzer ins Zimmer: 'Wo ist Henry Sidgwick? Er wird kommen, um nach der Sitzung zu reden.' Sobald die Sitzer sich entfernt hatten, machte die Sidgwick-Persönlichkeit einen mißlingenden Versuch zu sprechen. Nelly bemerkte: 'Mr. Piddington, er k a n n nicht sprechen. Er will selber schreiben, wenn Sie nicht an ihn denken... Sie wird es um halb 5 schreiben.' 'Wer, sie? Das Medium?' 'Ja', erwiderte Nelly. Trotzdem trat darauf 'Sidgwick' an Nellys Stelle, und 'die Personation', schreibt Piddington, 'war wieder außerordentlich lebenswahr... Ich hatte das Gefühl, daß ich tatsächlich mit dem Manne sprach, den ich gekannt, und seine Stimme hörte; und die Stärke des ursprünglichen Eindrucks hat sich mit der Zeit nicht abgeschwächt.' 'Sidgwick' äußerte zunächst Anspielungen auf Myers, der einige Tage zuvor gestorben war! 'Er ist nicht in erreichbarer Nähe... Alice [Johnson] wird wissen, daß ich es bin, der [jetzt] geschrieben hat. Sie wird es erkennen. Sie wird wissen, daß es meine Schrift ist. Sagen sie ihr, sie solle es mit den andern vergleichen... Hinterließ nicht Frederic Myers es der Gesellschaft? Die Bücher — nicht die für Sie bestimmten — ich will es schreiben. Sie hielten mich immer für alt und schäbig, aber jetzt bin ich noch schäbiger.' (Der letzte Satz vielleicht ein Versuch, den Inhalt eines hinterlassenen versiegelten Briefumschlags wiederzugeben.) Dieser 'letzte Satz wurde offenbar mit ä u ß e r s t e r Anstrengung hervorgebracht und danach s c h n a p p t e die Personation gleichsam ab. Es war genau wie das rasche und unerwartete Fortziehen einer Bildscheibe in einer Laterna magica.' Während diese Worte gesprochen wurden, schrieb die Hand: 'Ich glaube nicht, daß Myers hier ist, wir würden ihn sonst vor dem 8. sehen. Wie E. G[urney] mir sagte, wartete [Mr. D.] auf ihn.' Die Handschrift dieser Sidgwick-Worte erklärte Miss Johnson, Prof. Sidgwicks langjährige Privatsekretärin (wie wir schon wissen), für 'sehr ähnlich' der des Verstorbenen; anderseits hatte Mrs. Thompson Prof. Sidgwicks Handschrift nie gesehen; sie schrieb aber noch am Nachmittag des gleichen Tages, wie angekündigt, mehreres in dieser Handschrift. Der Inhalt dieser Schrift bezog sich abermals auf Henry Sidgwicks Suchen nach dem Freunde Myers und enthielt Abmachungen betreffs weiteren 'Kommens'. — Die nächste Sitzung fand am 29. Januar statt. Mrs. Thompson schrieb, wiederum in Henry Sidgwicks Hand: 'Ich bin gewiß, ich kann geben, wenn sie mein Tagebuch finden. H. Sidgwick. Fred [Myers] weiß und hilft. H. S. Ja, aber warum sagten Sie Myers er ist nicht hier. Ich las seinen Brief dem Vorstande [der Ges. f. psych. Forsch.] vor.' Nachdem diese Schrift beendet war, sagte Nelly: 'Mr. Sidgwick hat geschrieben. Er sprach zu mir und schrieb gleichzeitig und sagte, 'Warum sagten Sie immerzu, Myers sei nicht hier?' und er konnte nicht verhindern, daß er es niederschrieb. Dann sagte er: 'Ich las den Brief dem Vorstande vor, und jeder dachte: Ach Himmel! Myers schreibt und Sidgwick liest...' Er sagte, es war ein Brief aus dem Ausland, und meine Mutter [d. h. das Medium, Mrs. Thompson] war auch im Auslande, darum konnte sie nichts davon wissen... Er wünscht Ihnen zu sagen, Mutter hätte nicht die Möglichkeit gehabt, davon zu wissen.' — Eine letzte 'Schrift' erfolgte am nächsten Tage, inmitten eines Briefes, den Mrs. Thompson schrieb, und zwar jetzt unter anscheinender Mitbeteiligung Myers'; danach hörte man von Sidgwick nur noch durch Vermittlung Nellys.[1]

Diese Vorgänge verdienen es, genau durchdacht zu werden. Auf die inhaltlichen Einzelheiten, welche die Sidgwick-Persönlichkeit 'identifizieren' könnten, soll hier natürlich kein Gewicht gelegt werden; vielmehr nur auf die formalen Besonderheiten des Hergangs, sofern sie diesen als das Ergebnis wirklichen Eingreifens einer Fremdpersönlichkeit erscheinen lassen. Ihrer sind mehrere. Schon das äußerst bruchstückhafte Eintreten der ersten Schreibäußerungen wirkt 'natürlich'. Mrs. Thompson war an automatisches Schreiben vollkommen gewöhnt. Sie hätte eine beliebige Personation ebenso gut schreibend wie redend auftreten lassen können. Ja sie schrieb fließend, während sich die ersten Sidgwick-Schriftzüge ihrer Schrift-im-Namen-einer-andern-Persönlichkeit beimengten, in jener verworren-bruchstückhaften Form, die auf den unbeholfenen Schreibversuch eines Neulings in dieser Art der Äußerung schließen läßt: Trin y Henry Sidg. Das Transbewußtsein empfindet diese Persönlichkeit sogar als Eindringling: 'Ich wünsche keine Sidgwicks'; aber — 'er will etwas sagen', 'er ist nahe, — näher als Edmund Gurney.' Gleich darauf erfolgt eine verblüffend lebenswahre Äußerung durch den Sprechapparat; die Beobachtung ungesehener 'Nähe' seitens der Kontrolle findet also ihre Bestätigung. In der nächsten Sitzung mißlingt die Sprachäußerung: warum, wenn sie eine Leistung des Mediums selber darstellte, die doch schon einmal gelungen war? Wieder eine 'Schwierigkeit', für die wir unter animistischen Voraussetzungen nicht den Schatten eines Grundes erdenken können, dagegen viele Gründe, wenn wir einen kürzlich Abgeschiedenen annehmen, der sich zunächst mit den Hemmungen einer ihm völlig neuen Daseinsart auseinanderzusetzen hat. Überdies: Nelly hatte vorher sein Sprechen ausdrücklich angekündigt; nach der animistischen Theorie der 'Selbstsuggestionen' des Mediums mußte jetzt ein Vorgang erfolgen, der ja schon einmal erfolgt war; den das Medium allen Grund hatte erfolgen zu lassen, um die eigene Überlegenheit, auch in der Voransage

---

1) XVIII 235 ff. Vgl. o. S. 68 ff. u. Bd. I S. 233 f.

von Leistungen, ins rechte Licht zu setzen: trotzdem muß Nelly gestehn: 'er **kann nicht sprechen, er will** [also] **schreiben'**. Dies erinnert uns daran, daß einer der besten Kenner der Transvorgänge schon vor Jahren die allgemeine Beobachtung aussprach, es erfordere — *ceteris paribus* — mehr 'Energie', die **Stimme** zu benützen, als die Hand, 'und es scheinen noch weitere Schwierigkeiten zu bestehen, indem nur sehr wenige Kommunikatoren überhaupt sich der Stimme bedienen können.'¹ Sidgwicks Schreiben und nicht-Reden in diesem Falle streitet also nicht nur gegen die Suggestionstheorie des Animisten; sie fügt sich auch andern Beobachtungen über die **objektiven** Bedingungen des Kontrollvorgangs ausgezeichnet ein. — Aber weiter: Nelly macht den seltsamen Zusatz, Sidgwick wolle schreiben, '**wenn Sie** [der Sitzer] **nicht an ihn denken'**. Warum wehrt sie damit ab, was doch nach animistischer Vorstellung die 'Personation' besonders begünstigen, wenn nicht überhaupt erst in Gang bringen müßte? Läßt etwa gerade die **Unterlassung** einer 'Suggestion' seitens Lebender das Medium freier für einen **anderweitigen** Einfluß? — Aber mehr noch: Nelly kündigt die neue Schrift für eine bestimmte Stunde an ('halb fünf'), weil eben Sidgwick einstweilen nicht sprechen könne. Und was geschieht? Folgt nun das Medium dieser 'selbstgegebenen Suggestion'? Im Gegenteil: Sidgwick spricht mit einem mal **nun gerade**, und zwar 'wiederum außerordentlich lebenswahr', so daß Piddington vom Eindruck überwältigt ist, er höre den Mann selber sprechen. Sein **letzter Satz** wird dabei wieder, wie bei Neulingen oft, 'mit äußerster Anstrengung hervorgebracht', dann schnappt die Personation wie mit einem Schlage ab, — ein Vorgang, der wieder kaum mit der Voraussetzung vereinbar ist, daß jene Personation die Leistung einer wohlgeübten Traum-Schauspielerin sei, dagegen vorzüglich mit der Vorstellung, daß hier einer der ersten Versuche eines Neulings in der Beherrschung eines ihm ungewohnten Apparats erfolgt, dessen 'Kraft' er ungeschickt und vorschnell aufzehrt, oder an den er sich mit höchster Anspannung anklammern muß. Hatte am Ende Nelly nicht völlig Unrecht (nur daß sie übertrieb), als sie sagte, Sidgwick könne nicht sprechen? daß er es vorziehe, zu schreiben, wohl weil es ihm leichter sei? Bezeichnend, wenn auch nicht gleich eindeutig, ist dabei, daß während jenes Sprechens Sidgwicks Gedanken — und zwar zum Teil die gleichen, wie die im Sprechen geäußerten, zum Teil eine Erweiterung derselben — dem Medium in die Feder fließen; ein nach der Selbstdarstel-

---

1) Hodgson, XIII 421. Vgl. hierzu XVIII 141 f.; XX 306; XXVIII 11. Tatsächlich erwidert auch 'Phinuit' einmal, nachdem ein Kommunikator einige unleserliche Schriftzüge erzeugt hat, auf die Frage, warum er das nicht **sagen** könne: er sei zu schwach. (XXVIII 33.)

lung des Transgeschehens natürlicher Vorgang, wenn auch auf animistischer Grundlage nicht eben unmöglich. — Die nächste Sitzung bringt neue Schrift von Sidgwick mit identifizierendem Inhalt, und wieder entsprechen sich die Schrift 'Sidgwicks' und die Reden Nellys, indem letztere es so darstellt, daß jener ihr den Inhalt seiner Schrift auch mündlich mitgeteilt habe — und noch einiges dazu; ein Vorgang, wie er unter drei selbständigen Personen natürlich wäre, der aber hier noch dadurch an Bedeutung gewinnt, daß das mündlich Mitgeteilte die spiritistische Beweiskraft der gesamten Äußerung ausdrücklich hervorhebt: das Medium sei im Ausland gewesen, als Sidgwick Myers' Brief dem Vorstande der Gesellschaft vorlas; darum habe sie von diesem nichts erfahren. Außerdem teilt Nelly eine Äußerung des 'anwesenden' Sidgwick ihr gegenüber mit, die zuvor auch in der Schrift erschienen war, dort aber durchaus sinnlos erscheinen mußte, während sie, Nelly gegenüber getan, wohl einen Sinn hatte; Nelly hatte nämlich mehrmals ihre Überzeugung geäußert, Myers sei nicht wirklich gestorben, während Sidgwick inzwischen Myers drüben soz. 'entdeckt' hatte; denn schon in der vorhergehenden Sitzung hatte er geschrieben: 'Myers ist, glaube ich, woanders (soz. in einer andern Gegend des Jenseits). Sollte ich ihn hier finden, werde ich am Donnerstag nachmittag auftreten... Gewiß, ich gehe und hole F. W. H. Myers...' Jetzt, acht Tage später, sagt also Sidgwick zu der drüben 'vor ihm stehenden' Nelly: 'Warum sagten Sie immerzu, Myers sei nicht hier?' — Worte, die — wie gesagt — auch in der Schrift kurz zuvor erschienen waren und von denen Nelly jetzt erklärt: Sidgwick habe sie zu ihr gesprochen und nicht verhindern können, daß sie niedergeschrieben wurden! — Die nächste Schrift, einen Tag nach der eben besprochnen während des Briefschreibens dem Medium in die Feder fließend, zeigt ihn tatsächlich in Verbindung mit Myers, dessen Unterschrift, wie Piddington feststellt, überraschend den letzten Unterschriften des todkranken Myers, weniger denen der früheren Zeit gleicht. Auch diese Schrift ist inhaltlich ganz unähnlich dem üblichen automatischen Traumgeschwätz, gleicht dagegen genau einer immer noch reichlich mühsam hervorgebrachten, sachlich knappen Mitteilung. Sie lautet nämlich: 'Darf ich kommen? Trevelyan's Trevelyans, 1.30, 7. Mai /75 H. S. S [oder I?] *change letter* [oder: *better*] *to Miss J*[ohnson].[1] Myers Norden muß am Donnerstag wieder hier sein. Er will jetzt nicht ändern[2], mag vielleicht eröffnen, bin geneigt dies zu sagen'; worauf die Anfangsbuchstaben von Sidgwicks und Myers' Namen folgen. Zuletzt: 'Myers sagt sicherlich geh Myers sagt geh besser, geh von London fort nicht jetzt nicht jetzt der

---

1) Dies ist, weil nicht eindeutig, schwer zu übersetzen. 2) Oder: wechseln, — change.

Tag nicht gekommen.' Und nun das Seltsame: diese immerhin als gelungen und offenbar sinnvoll, wenn auch schwer verständlich zu bezeichnende Schrift macht mit dem Sidgwick-Schreiben Schluß. Das Medium bzw. seine Transpersönlichkeiten müssen beobachtet haben, welchen Eindruck diese Vorgänge auf alle irdischen Beteiligten gemacht hatten. Keine 'Suggestion' hätte wirksamer sein können, in der Erzeugung dieser Schrift nunmehr fortzufahren, nichts aber auch leichter, als solches Fortfahren, falls es vom Medium ausging und abhing. Aber die Schicksale der Abgeschiedenen, zumal kurz nach ihrem Tode, sind unberechenbar. Die endlich gewonnene Fähigkeit, verständlich zu schreiben, läßt Sidgwick aus unerforschlichen Gründen fahren und hüllt sich fernerhin in Schweigen.

Zusammenfassend läßt sich also sagen: Die ersten Auftritte der Sidgwick-Persönlichkeit zeigen die technischen Schwierigkeiten der Äußerung durch ein Medium nicht nur in erstaunlich natürlicher 'Aufmachung' an sich, sondern auch in realistischer Unterschiedlichkeit je nach der Art der Äußerung; sie zeigen überdies das Zusammenspiel mehrerer Persönlichkeiten auf und hinter der Bühne des Trans in einer Anzahl dramatischer Kleinzüge; sie zeigen endlich, wie ich an früherer Stelle ausgeführt habe, 'Entsprechungen' der Äußerungen durch zwei Medien in einer Weise, die ehrlich und natürlich nur durch einen einheitlichen Entwicklungsgang des Kommunikators im Jenseits erklärt werden können. Dies alles ergibt ein in sich geschlossenes Gewebe von Tatsachen, dem nach meinem Dafürhalten keine andere Deutung, als die spiritistische, gewachsen ist.

Fünfter Abschnitt
Einwände gegen die spiritistische Deutung von Kundgebungen

1. Der Einwand aus dem Auftreten Lebender im Medientrans

Die entscheidende Einsicht, die uns die letzten Abschnitte gebracht haben, läßt sich so aussprechen: die Begriffe, durch die der Animist die anscheinenden Kundgebungen Abgeschiedener zu deuten sucht, haben vergleichsweise leichtes Spiel, solange er nur die mitgeteilten Inhalte als solche in Betracht zieht und den Rahmen abstrakter Theorien nicht überschreitet; sie scheitern aber, sobald man sich in Einzelheiten vertieft: d. h. das genauere Verhältnis des Geäußerten zur lebendigen Persönlichkeit des Kommunikators erwägt, vor allem aber die äußerst mannigfaltigen dramatisch-formalen und technischen Besonderheiten, in denen jene Äußerungen hervortreten, sowie die Beziehungen mehrerer Kundgebungen zueinander. In dieser Erweiterung liefern auch die Tatsachen der Mitteilung von Inhalten eine Fülle spiritistischer Argumente, und diese vereinigen sich mit den zahlreichen Argumenten aus den Besonderheiten der Erscheinung Verstorbener zu einem Aufbau der Beweise, an dem kein Zweifel des ehrlichen Gegners noch rütteln kann.

Gleichwohl darf eine spiritistische Theorie der Inhaltskundgebung sich an dem Dargelegten nicht genügen lassen. Sie muß es sichern gegen eine Reihe allgemeiner Bedenken, die ihre Kraft aus Beobachtungen ziehen, welche den erwiesenen Tatbestand der inhaltlichen Kundgebung Verstorbener nach mehreren Seiten hin umlagern; Bedenken, die ihm zwar — wie leicht erweisbar — nichts anhaben, bei ungenügendem Durchdenken aber doch Verwirrung anrichten können. Diese Bedenken entspringen der Beobachtung von Vorgängen, welche die echt spiritistische Äußerung nachahmen, wenn nicht nachäffen, und daher immer wieder den Zweifel erregt haben, ob denn auch der nachgeahmte Vorgang wirklich das sei, das sein könne und zu sein brauche, was er anscheinend ist. Hieraus ergibt sich die Aufgabe zu zeigen, daß der spiritistische Vorgang der Äußerung sich mit jenen Nachahmungen und Nachäffungen auf natürliche Weise verträgt; daß er und sie nicht nur nebeneinander bestehen können, sondern es auch müssen, und daß es folglich sinnlos ist, aus dem Vorkommen der Nachahmung ein Bedenken gegen das Urbild abzuleiten.

Als 'Nachahmung' der spiritistischen Kundgebung kann man die Tatsache bezeichnen, daß auch Lebende durch Medien in ähnlicher Weise sich äußern, wie Abgeschiedene; als 'Nachäffung' die andere Tatsache, daß 'Persönlichkeiten' ein gleiches tun, die mit Sicherheit als reine Schöpfungen des Mediums aufzufassen sind, oder daß die anscheinend echten Persönlichkeiten Abgeschiedener Inhalte äußern, die ebenso sicherlich nicht ihnen, sondern dem Medium entstammen. Schon flüchtige Überlegung lehrt, daß die zweite dieser Tatsachen dem Spiritisten noch größere Schwierigkeiten bereiten dürfte, als die erste; unsre Erörterung mag denn auch im Sinne solcher Steigerung angelegt werden. Im ganzen wird sie unsre Auffassung des Transgeschehens bereichern und vertiefen und zugleich der spiritistischen Theorie von Inhaltskundgebungen die letzte Sicherung geben. —

Die Erörterung der Kundgebung Lebender durch Medien möchte ich eröffnen mit der Darlegung eines Falles, der unser Problem in besonders bedrängender Weise stellt. Mr. S. G. Soal, ein Forscher von Rang, der im Winter 1921/22 eine Reihe von Sitzungen mit dem Stimmenmedium Blanche Cooper abhielt, erlebte dabei das Auftreten — in den Formen des spiritistischen Transdramas! — einer ihm bekannten Persönlichkeit, Gordon Davis, die sich selbst als gestorben bezeichnete, später aber als lebend erwies. Dabei waren ihre Äußerungen inhaltlich geeignet, einen regelrechten Identitätsbeweis zu liefern. Es erscheint also immerhin begreiflich, daß Soals Bericht von den Animisten als Stützung ihrer Ansicht aufgenommen wurde,[1] etwa auf Grund des folgenden Schlußverfahrens: Wenn ein Lebender innerhalb des medialen Trans die Rolle eines Verstorbenen durchführen könne, so beweise das die 'Erzeugung' seines Auftretens durch das Medium; dann aber beweise das gleiche Auftreten eines Verstorbenen auch nicht mehr, als eben Personation durch das Medium auf Grund irgendwie erlangten 'Stoffes'. Ja merkwürdigerweise hat diese fragwürdige Auffassung des Falles sich auch überzeugten Spiritisten aufgedrängt; wie etwa der verblendet leidenschaftliche Angriff beweist, den H. D. Bradley gegen den Soalschen Bericht geführt hat, wobei er 'Identitätsbeweise' in Stücke

---

[1] Vgl. JSPR XXIII 29 ff. 55 ff 91 ff.; ZP 1926 204 ff.; RM 1926 Nr. 1, Nr. 4 271.

zu reißen suchte, die er fraglos im Falle des Auftretens Verstorbener für mehr als genügend erklärt hätte.[1] — Um die Bündigkeit des animistischen Schlußverfahrens prüfen zu können, muß man sich zunächst die Tatsachen vergegenwärtigen. Ich will sie an der Hand der sorgsam silbengetreuen Protokolle möglichst kurz, aber unter Berücksichtigung alles vielleicht Wesentlichen wiedergeben.

Zu Beginn der Sitzung am 4. Januar 1922 hatte 'Nada', Mrs. Coopers Hauptkontrolle, gesagt, 'ich glaube, es ist jemand da, der zu Ihnen reden will', und Frank, der verstorbene Bruder des Mr. Soal, der in früheren Sitzungen sich in ziemlich überzeugender Weise geäußert hatte, wiederholte die Ankündigung: 'Sam, ich habe jemand mitgebracht, der dich kennt.' Nach kurzer Pause 'begann eine ['direkte'] Stimme zu sprechen, deutlich artikulierend und außerordentlich klar und laut. Vom ersten Augenblick an (sagt Soal) hatte ich blitzartig den Eindruck, daß der Klang mir vollkommen vertraut sei, konnte ihn aber nicht sofort 'unterbringen'. Es war eine Stimme mit überraschend natürlich abgestufter Tongebung und äußerst gepflegter, fast gezierter Aussprache. Ich war mir sofort darüber klar, daß Mrs. Cooper während meiner früheren Sitzungen noch nie etwas ähnlich Gelungenes hervorgebracht hatte.' Die Stimme (mit großer Kraft und ungewöhnlichem Reichtum der Tonschattierungen): 'Nun, Soal, ich hätte nie gedacht, daß ich in dieser Weise zu Ihnen reden würde.' Wer er sei? 'Entsinnen Sie sich Davis — Gordon aus R-R—Roch-Roch-' (das Wort wurde nicht beendigt, aber Soal begriff sogleich, daß der Versuch dem Namen 'Rochford' galt). 'Der Tote zu dem Lebenden. Sonderbare Welt, was? — Nur meine arme Frau macht mir jetzt Sorge — und Bübchen.' 'Ist's möglich, daß Sie wirklich Gordon Davis sind?' fragt Soal, 'ich hatte gehört, Sie seien gefallen.' Die Stimme: 'Er selbst — was von mir übrig ist.' Welcherlei Beweise er liefern könne? 'Hallo, ich muß mich festhalten — nicht gewöhnt an so was.' Wozu 'Nada' bemerkt: 'Er ist ein sehr kräftiger Geist — könnte dem Medium Schaden zufügen.' Nach kurzem Schweigen fährt die Stimme fort: 'Erinnern Sie sich der alten Schule? Meine ständigen Wortgefechte mit H-H-Hs-Hs— diese verwünschten Namen — war für lebendigeren Geog—, lebendigeren Geographie-Unterricht — Harpunen und derlei Dinge.' 'Ich erinnere mich', erwidert Soal, 'wie Sie mit Histed sich stritten, aber nichts von Harpunen.' Wo er gelebt habe? Die Stimme: 'Nahe der M-M-Malt.' Dies klang bereits schwächer, und Nada bemerkte, er müsse ein wenig ruhen. Nach einigem Schweigen erscholl denn auch die Stimme wieder in voller Kraft: 'Erinnern Sie sich unsrer letzten kleinen Unterhaltung?' Jawohl; wo sie stattgefunden habe? 'Im Zuge — betreffs Wachen (*guards*) — übrigens nicht Bahnschaffner (*train guards*). Ein kleiner Plausch über die Pflichten und Aufgaben [militärischer] Wachen. Hilft Ihnen das?' 'Ich erinnere es

---

[1] S. den Angriff und die schlagende Abfuhr durch Soal: JSPR XXIII 38 ff. Auch Lodge (Pr XLI 73) und Driesch (Par. 135) finden wenigstens Schwierigkeiten in Soals Beobachtung; Driesch hält den Fall aber für 'isoliert'.

sehr wohl', sagt Soal. Die Stimme: 'Scheint eine Ewigkeit her zu sein — erinnern Sie Playle und O-O-Over—' Soal sagt, er glaube zu verstehen, und fragt des weiteren nach dem Wohnort der Frau. 'Alter Junge', erwidert die Stimme, 'ich kann nicht weiter — keine Sekunde länger.' Worauf 'Nada' bemerkt, daß 'Gordon Davis' die Herrschaft über das Medium verliere, ihr aber die Buchstaben EE und einige unerkennbare Zahlen 'zeige', 'zwei Een', was sie mit Bestimmtheit für eine Andeutung der Anschrift der Frau hält. Er wünsche dringend seiner armen Frau Nachricht zukommen zu lassen; sie sei (durch seinen Tod) schwer getroffen worden. Sie (Nada) könne aber jetzt den Mann nicht mehr zurückbringen: das Medium würde es nicht vertragen. 'Sie ging geradenwegs aus ihrem Leibe heraus.' Tatsächlich hat Mrs. Cooper nach der Sitzung starkes Kopfweh, — zum ersten Mal in Soals Erfahrung.

Fünf Tage später hatte dieser die zweite und letzte Sitzung mit Mrs. Cooper, in der sich Gordon Davis kundgab; diesmal aber nicht vermittelst direkter Stimme, sondern in der uns wohlbekannten Weise durch Vermittlung 'Nadas'. Diese wiederholte, als Soal um erstere Art der Mitteilung bat, G.D. sei 'zu stark' für das Medium; sie wolle ihn aber zu bewegen suchen, daß er ihr Mitteilungen 'zuflüstere'. Nach kurzer Pause, während deren 'Nada' selbst etwas undeutlich flüsterte, gab sie denn auch an, G.D. versuche, ihr Mitteilungen über sein Haus zu machen. 'Er sagt etwas von einem sonderbaren dunklen Tunnel — das hat mit seinem Hause zu tun.' In Rochford? 'Ich glaube nicht, daß es dort ist... Er sagt, es seien da 5 oder 6 und eine halbe Stufe... Ich glaube, auf der Vorderseite des Hauses.' Auf eine Frage nach der Inneneinrichtung: 'Ich will zu ihm sprechen. (Sie flüstert.) Er sagt, es sei da ein sehr großer Spiegel und eine Menge Bilder... alles Landschaften... herrliche Berge und die See — da ist ein Bild, wo eine Straße oder etwas ähnliches zwischen zwei Hügeln durchzugehen scheint... Einige Vasen — sehr groß, mit so merkwürdigen Oberteilen und Unterschalen, aber nicht zum Draustrinken. Er sagt, da ist jetzt eine Frau und ein kleiner Junge. Ich glaub', es ist eine Frau, die das Land und die Dinge auf dem Lande sehr liebt. Liebt Blumen — ich glaube, es ist seine Frau. (Ob sie diese beschreiben könne?) Ich kann sie nicht sehen. Er sagt mir etwas, aber ich kann [es] nicht hören. Er entfernt sich... O, im Erdgeschoß sind zwei merkwürdige Messingleuchter... Ich glaube, auf einer Borte. Er ist so weit fort, daß ich ihn nicht hören kann; aber da ist etwas gerade vor dem Hause — nicht eine Veranda —, was nicht vor den andern Häusern ist... (Ob das Haus in einer Straße sei?) Mit andern verbunden — ich glaube nicht, daß es eine richtige Straße ist — gleichsam eine halbe Straße. (Wie sie heiße?) Ich bekomme die Buchstaben E E. (Ob das East-Straße bedeuten könne? Soal denkt an eine solche Straße in Prittlewell.) Ich glaube nicht; aber er ist jetzt ganz fortgegangen.' — Auf die Frage nach G.D. in einer späteren Sitzung erwiderte 'Nada' bloß, er könne nicht kommen, weil er jetzt zu weit fort sei. Sie sehe nur sein Haus, aber nicht deutlich. 'Da ist was von einem schwarzen Vögelchen — ich glaube, auf dem Klavier — bin

nicht sicher... weil er nicht hier ist.' Das war das letzte, was von Gordon Davis durch Mrs. Cooper gehört ward. —
Was nun die Inhalte dieser Äußerungen anlangt, so ergab eine spätere Überprüfung durch beide Herren ihre durchgehende Richtigkeit, auch in Dingen, von denen Soal keinerlei Kenntnis besaß. Soal und Davis hatten von 1898—1901 verschiedene Klassen der gleichen Schule besucht, sodaß sie einander damals nur flüchtig kannten. Erst im Mai 1916 trafen sie sich — beide als Offiziersanwärter — auf einem Bahnhof nahe London, erkannten sich und führten während einer halbstündigen gemeinsamen Fahrt rein militärische Gespräche. Davis sprach dabei u. a. von einem Vortrag über 'Wachen', den er zu halten habe, und seine sehr 'gewählt' gewordene Aussprache fiel dem Andern auf. Im Herbst 1920 hörte Soal, Davis sei gefallen, und erst 3 Jahre nach den beschriebenen Sitzungen, daß er lebe und als Grundstücksmakler in Southend (an der See) in der Eastern Esplanade 54 (vgl. oben die beiden EE) ansässig sei. Am 8. April 1925 suchte er ihn dort auf und fand sämtliche Angaben der Sitzungen über das Haus, dessen Lage und innere Einrichtung, sowie über Mrs. Davis genauestens bestätigt. (Davis hatte erst 1920 geheiratet, also nach der Begegnung im Zuge.) Er redete seinen Besucher mit 'alter Junge' an, sprach von seinem einzigen Sohne nur als 'Bübchen' und drückte sich überhaupt in auffallenden Einzelheiten genau, wie durch Mrs. Cooper, aus. Auch die Angaben aus der Schulzeit und über die Mitschüler erwiesen sich als überraschend richtig. Alles in allem also ergab sich ein 'Identitätsbeweis', wie er nicht oft in dieser Art vollständiger geführt worden ist.[1]

Indessen — es war der Identitätsbeweis eines Lebenden. Und mehr noch: es war der Identitätsbeweis eines Wachen. Gordon Davis hatte die Gewohnheit, über seine täglichen Geschäfte, meist unter Angabe der Stunde, Tagebuch zu führen. Aus diesen Aufzeichnungen ergab sich, daß er zur Zeit der ersten Sitzung, in der er 'auftrat' (sie begann 11^{15} vorm.), eine geschäftliche Unterredung mit einem Kunden, Mr. Short in Southend, hatte; während der zweiten Sitzung am 9. Jan., die um $^3/_44$ begann, hatte er eine ähnliche Zusammenkunft mit einer gewissen Mrs. Browning. Es dürfte vor allem dieser Punkt sein, worauf die Animisten die Meinung stützen, daß eine aktive Beteiligung des lebenden Gordon Davis an Mrs. Coopers Transäußerungen nicht in Frage komme; daß seine Personation vielmehr ein reines Erzeugnis des Mediums gewesen sein müsse.

Dieses Schlußverfahren halte ich für völlig verfehlt. Es läßt sich leicht beweisen, daß der Fall Davis und andre ähnliche Fälle nicht gegen spiritistische Überzeugungen streiten. Aber mehr: es läßt sich m. E. zeigen, daß solche Fälle sich besonders glücklich den Annahmen eingliedern, die mit der spiritistischen Grundlehre zusammenhängen;

[1] Pr XXXV 560 ff.

232 Einwände geg. die spiritistische Deutung v. Kundgebungen

ja noch mehr: es läßt sich dem Vorurteilsfreien klar machen, daß im Grunde solche Fälle ein starkes Argument zugunsten der spiritistischen Lehre überhaupt liefern.

'Der Fall Davis und andre ähnliche Fälle', sagte ich. Denn ich brauche den Erfahrenen nicht daran zu erinnern, daß Fälle dieser Art in großer Zahl seit langem schon und bis heute immer wieder beobachtet worden sind. Auch ist bemerkenswert, daß gerade gründlich denkende Spiritisten (im Gegensatz zu Heißspornen vom Schlage Bradleys) auf solche Fälle sogar Nachdruck gelegt haben. In einem freilich unterscheiden sich die meisten der sonstigen Beobachtungen vom Falle Gordon Davis: der sich kundgebende Lebende befand sich währenddessen offenbar nicht in normalem Wachzustand; ein Umstand, der — wenigstens auf den ersten Blick — das Auftreten in der Ferne zu begünstigen scheint. Ich will, ehe ich die Bedeutung dieses Umstands und die Möglichkeit seines Fehlens erwäge, einige typische Fälle wiedergeben, um etwa durch Vergleichung und Ausnutzung von Einzelheiten auch für die Beurteilung des Falles Davis und das Verständnis des fraglichen Kernvorgangs überhaupt gewisse Fingerzeige zu erlangen. Nach der ausführlicheren Darstellung des obigen Musterbeispiels darf ich mich bei den meisten weiteren so kurz als möglich fassen: denn da der behandelte Tatbestand der spiritistischen Lehre Schwierigkeiten bereiten soll, trägt er ja keinerlei besondere Beweislast.

Recht häufig scheint das Auftreten eines Lebenden als Subjekt von Transäußerungen mit dem Schlaf des anscheinenden Agenten zusammenzufallen. Ein gutes Beispiel findet sich in Mitteilungen des Hrn. W. Solowjow an Aksakow.

Hr. S. hatte die Fähigkeit automatischen Schreibens, und zwar in Spiegelschrift, entwickelt. Eines Abends, nachdem er gegen 2 Uhr mit Freunden geplaudert, fühlte seine Hand plötzlich den Trieb zum Schreiben. Der aufgegriffene Bleistift schrieb: 'Wera', und auf die Frage: welche Wera? den Familiennamen einer jungen Verwandten Solowjows, mit der er vor kurzem in Beziehungen getreten war und die er einige Male 'magnetisiert' hatte. 'Ist es also Wera M.?' Die Antwort lautete: 'Ja. Ich schlafe, aber ich bin hier und gekommen, um zu sagen, daß wir uns morgen im Sommergarten sehen werden' (einer öffentlichen Parkanlage in St. Petersburg). Damit schloß die Schrift. Am folgenden Tage begleitete S. den Dichter Maikow, der ihn besucht hatte, auf dessen Heimweg, verabschiedete sich von ihm, als dieser eine Droschke nehmen mußte, und trat, ohne bewußt an den Vorfall der Nacht zu denken, durch das Tor des Sommergartens ein, das sich 'zufällig' gerade dort befand, wo sich die Freunde hatten trennen müssen. Eine der ersten ihm begegnenden Personen war Wera M., in Begleitung ihrer Gesellschafterin und beim Anblick des Hrn. S. in unverkennbare Bestürzung geratend. Am Abend besuchte Solowjow die M.s und erfuhr von Weras Mutter in mißbilligendem Ton die angeblichen 'Phantastereien' der jungen Dame: sie habe der Mutter erzählt, daß sie im Traume S. besucht und ihm gesagt habe, sie würden einander um 3 Uhr im Sommergarten treffen. Von ihrem Spaziergang sei sie erregt heimgekehrt und habe von der Begegnung wie von einem Wunder berichtet.[1]

Ich lege kein Gewicht auf die Erfüllung der 'Voransage'; sie mag eine bloß scheinbare gewesen sein: bei Wera die Maske eines Wunsches, bei S. eine unbewußt die Schritte lenkende Anregung. Dagegen ist es beachtenswert, daß der Trieb zu schreiben sich 'plötzlich' einstellte, also wohl außer Zusammenhang mit der vorausgegangenen Unterhaltung. Dies deutet offenbar an, daß die automatische Personation aktiv von der entfernten Schlafenden angeregt, wenn nicht geschaffen wurde. Daß diese sich als anwesend bezeugte — 'ich bin hier' —, wollen wir uns gleichfalls für später merken.

Besonders bedeutsam für unsere Zwecke ist die folgende, von Prof. M. Perty mitgeteilte Beobachtung an Frl. Sophie Swoboda in Wien.

Am Nachmittag des 21. Mai 1866 hatte sich diese nach einem anstrengenden Ausgang ermüdet zum Ausruhen hingelegt und fand sich, angeblich 'noch nicht eingeschlummert', in ein ihr bekanntes Zimmer entfernt wohnender Bekannter versetzt, wo es ihr aber nicht gelang, sich der anwesenden Person sichtbar zu machen; weshalb sie einen 'Besuch' bei Hrn. Stratil, dem Schwiegervater ihres Bruders Anton, beschloß und sich 'im Vollgefühl der freien Bewegung, nur flüchtig auf Wien und den Wienerberg niederblickend', nach Mödling begab. Im Schreibzimmer des Hrn. Stratil bemerkte sie noch einen andern Bekannten, Gustav B., dem sie, zu Mutwillen aufgelegt, einen greifbaren Beweis geistigen Wirkens zu geben beschloß. Sie 'richtete daher ihre Ansprache hauptsächlich an B. und setzte gegen ihn gewendet das Gespräch fort, als sie plötzlich — in Wien — durch das Geschrei ihrer Neffen und Nichten im Nebenzimmer unangenehm erweckt wurde.' Am nächsten Tage richtete Hr. Stratil an seine Tochter Karoline in Wien vier Fragen betreffend Sophiens Tun am Vortage, u. a. ob sie an diesem Tage nachm. 3 bis 4 geschlafen und ob und was sie geträumt habe. Von ihrem Bruder Anton befragt, wußte sie indes von ihrem 'Traum' zunächst nur zu sagen, daß sie 'an andere Orte versetzt gewesen war'. Der erste 'Besuch' (der unbemerkt geblieben war) stand zwar vollkommen klar vor ihrer Erinnerung, doch wollte sie darüber nichts mitteilen. Ihre Aussage wurde nach Mödling berichtet, worauf von Hrn. Stratil ein verschlossenes Paket eintraf, das erst geöffnet werden sollte, nachdem Sophie einen Brief von Gustav B. erhalten und über diesen Brief sich geäußert haben würde. Dieser Brief traf am 30. ein, und sein (von Perty mitgeteilter) Wortlaut 'kam Sophie sehr bekannt vor, und sie erinnerte sich allmählich, daß derselbe z. T. ihre eigenen Worte anführe, doch

---

1) Aksakow 570 ff.

war ihr das Ganze noch etwas dunkel.' In dem nunmehr geöffneten Pakete fand sich ein 'psychographisches Protokoll', laut welchem in der Mödlinger Sitzung Hr. Stratil die Fragen gestellt, während Gustav B. als Medium das 'Gespräch mit einem Geiste aufgezeichnet hatte'. Nach diesem Protokoll vom 21. Mai 1866, 3¼ Uhr nachm., war der Geist einer gewissen Luise T... aufgerufen worden, worauf indessen die Worte erhalten wurden: 'Lieber Gustav, ich schlafe und träume von dir und bin glücklich. Weißt du, wer ich bin?' 'Ich habe keine Ahnung davon', erwiderte Gustav B., bat aber um nähere Erklärung. Die Kontrolle fuhr indessen zunächst in ihrer Geheimtuerei fort, erinnerte B. an sein Versprechen, ihr sein Bild zu schicken, und gab sich schließlich zu erkennen: 'Hier meine Adresse, die du auf nachfolgenden Brief schreiben sollst, denn ich will sehen, ob ich mich auch im Wachen erinnere, was ich geträumt; der Brief soll lauten:...' Und nun folgte der Wortlaut des Sophie zugekommenen namenlosen Schreibens. 'Adresse: Frl. S. S., M. G., Alservorstadt, Haus Nr. 19.' Auf den Wunsch, doch auch die Straße zu nennen, erfolgte die Antwort: 'Du Schelm weißt sie schon! ...' 'Also: Mariannengasse?' 'Ja, und die beiden S. S. weißt du ohnehin zu deuten... Aber es ist Zeit, diese Unterhaltung zu schließen; ich höre im Halbtaumel die Kinder im Nebenzimmer spielen und lärmen, und fühle, daß ich meine Gedanken nicht mehr recht zusammenfassen kann... Adieu, ich erwar—' Schluß punkt 4 Uhr. Die Verlesung des Protokolls brachte Frl. S. die durch die gewaltsame Erweckung verwischten Einzelheiten wieder in die Erinnerung.[1] — Man mag, um die nächstliegende Deutung des Hergangs zu durchkreuzen, die Verläßigkeit dieser Erinnerung bemäkeln; doch würde dies m. E. gegenüber den sonstigen Einzelheiten des Falles nicht durchgreifen. Beachtenswert ist vor allem 1) die Gleichzeitigkeit des Schlummers des Frl. S. mit dem 'psychographischen' Versuch im Hause des Hrn. Stratil; 2) die Tatsache, daß die sich Kundgebende nicht die 'aufgerufene' Persönlichkeit war, sondern eine überraschend auftretende, deren Identität erst nachträglich erkannt wurde; 3) die Tatsache, daß Frl. Swoboda, die bereits früher wiederholt den Tatbestand der Hinausversetzung des Ich aus dem Leibe dargeboten hatte, auch in diesem Falle typische Merkmale einer solchen — wie die Wahrnehmung einer Gegend — bekundete.

Mrs. Travers Smith, uns bereits als vorzügliche Zeugin bekannt, berichtet von einer Planchette-Sitzung am 26. Dez. 1917, daß u. a. der Name eines guten Freundes, Mr. D., hervorbuchstabiert worden sei, welcher behauptete, fest zu schlafen, weshalb 'die Botschaft in Rucken kommen würde, was sie auch tat. Er sagte, daß er ganz allein vor dem Kaminfeuer in seinem Empfangszimmer sitze. Ich bat ihn, meiner Schwester eine Mitteilung von mir zu überbringen, aber er sagte: Ich bedaure, das kann ich nicht; ich werde dies alles vergessen haben, wenn ich erwache. Darauf erzählte er mir ausführlich, was am Christabend geschehen sei, und erwähnte dabei einen gemeinsamen Freund, der

---

[1] PS Juli 1879. — Perty glaubte 'ganz getreue Berichterstattung' annehmen zu dürfen. Vgl. den von Fl. Marryat berichteten Fall Lt 1886 98 (auch Aksakow 579 f.). Mehr über den Zustand der 'Hinausversetzung' im nächsten Abschnitt.

zu Besuch gekommen sei, dessen Anwesenheit ich aber bestimmt nicht vermutet hätte. Dann verabschiedete er sich, denn er könne nicht weiter sprechen, da er zu erwachen beginne. Alle diese Angaben erwiesen sich als völlig richtig, wie ich bei meiner Rückkehr nach Dublin feststellte.' [1]

Auch die folgenden Kundgebungen eines Lebenden während Sitzungen des Hrn. H. Schubert u. a. im Mai 1929 mit dem Medium Frau S. fanden offenbar während Schlafzuständen statt. — In einer dieser Sitzungen wandte sich das Medium im Trans an ein anwesendes Ehepaar F. und sagte (z. T. auf Fragen hin): 'Kennt ihr mich denn nicht?... Ich bin doch Gustav M. Wir waren doch vor 20 Jahren zusammen im Gesangverein in H.... Weißt du noch, als ich Vorsitzender des Vereins war? Es war Wahl und du sagtest: Wir vertagen die Wahl auf ein Jahr. Und dieser Vorschlag wurde angenommen.' (Herr F. entsann sich nun. Er hatte M. vor 15 Jahren zuletzt gesehen und hielt ihn aus bestimmten Gründen für tot. M. sprach in seiner sächsischen Mundart, die das Medium 'nicht spricht'.) — In einer anderen Sitzung redete 'M.' den Hrn. F. mit 'Gotthold' an, welchen Namen er stets irrtümlich statt Gotthard gebraucht hatte. Auf die Frage, warum M. nicht schon früher gekommen sei (denn man war schon seit Stunden beisammen), sagte dieser: 'Ich konnte nicht eher kommen, da ich doch erst um 8 schlafen gehe, und dann mußte ich warten, bis die Tür aufgemacht wurde, daß ich hereinkonnte' [was auf die erst eintretende Bereitschaft des Mediums deuten dürfte]. Auf den verfehlten Einwand, er könne doch als Toter durch Türen gehen und bedürfe nicht des Schlafs, sagte M.: 'Was ihr nur wollt. Ich lebe doch noch und gehe nur so zeitig schlafen, weil ich nichts hören und sehen will. Meine Kinder behandeln mich schlecht...' Man suchte einige Tage später M. auf und fand alle Aussagen bestätigt: z. B. erzählte er ganz von sich aus, 'daß er abends 8 Uhr sich schlafen lege, und daß er dann oft an Familie F. gedacht habe, ob diese noch leben, bzw. ob sie noch in H. wohnen.' Auch die Anklage gegen die Kinder traf zu. [2]

Höchst wahrscheinlich mit einem Schlafzustande des Auftretenden zusammenfallend waren auch die Kundgebungen des Hrn. Edslev (in Dänemark) bei Prof. Nielsson (Reykjavik) durch I. Indridason als Stimmenmedium. Beide Herren hatten vor vielen Jahren während einer Seereise Freundschaft geschlossen, seitdem aber nichts mehr voneinander gehört. Edslev gibt aber an, daß er häufig von Nielsson geträumt habe. Während seines restlos identifizierenden Auftretens in der Sitzung sagte er u. a. in 'fröhlichem', fast 'schalkhaftem' Ton: 'Aber ich bin durchaus nicht tot, ich lebe'; während Indridasons 'Führer' 'Sigmund' den soz. anwesenden und von ihm gesehenen Edslev für verstorben hielt; — ein Umstand, den wir uns für spätere Zusammenhänge merken wollen! [3]

Als 'Hindämmern' [4] wird der Zustand des sich Kundgebenden auch in einem sehr hübschen Fall bezeichnet, den Dr. J. Valckenier Suringar der Ges. f. ps. F. mitteilte. Hier erhielt ein in Vlissingen am 23. Juli 1922 versammelter

---

1) Travers Smith 48 f. Das. einige weitere ähnliche Fälle. 2) ZP 1930 557 ff. 3) RB 1926 257 ff.   4) doze.

Kreis durch ein besonderes Verfahren kollektiv-automatischen Schreibens — gesprächsweise Äußerungen (in englischer Sprache) einer Persönlichkeit, die auf die Frage, ob sie ein Engländer sei, auch mit 'Ja' antwortete und die Absicht äußerte, ein 'Gedicht oder Lied', ein 'Abendlied' für die Anwesenden zu schreiben, zu denen sie durch die Wahrnehmung eines 'Lichtes'(!) sich hingezogen gefühlt habe. Ein englisches Abendlied — zwei Strophen — wurde darauf geschrieben (mit etlichen leicht deutbaren Schreibfehlern). Von den 6 Mitgliedern des Kreises kannten 4 garkein Englisch, nur zwei Herren hatten 10 und 14 Jahre zuvor diese Sprache getrieben, seitdem aber nicht weiter gepflegt; das Gedicht war allen unbekannt. — Erst am nächsten Tage ergab sich folgende Erklärung: Gegenüber dem Hause, in welchem der Zirkel saß, wohnte ein 15jähriger Knabe, Sohn eines Schneiders, der um die Sitzungen wußte und gern an ihnen teilgenommen hätte. Am Tage nach jener beschriebenen Sitzung erkundigte er sich, ob irgendetwas erhalten worden sei, und als man ihm sagte, daß ein 'Engländer' ein Lied von einem kleinen Vogel geschrieben habe, berichtete er, daß er am Abend zuvor — und zwar, wie sich ergab, um die gleiche Zeit — in einem alten Schulbuch, Huyninks Engelsche Spraakleer, ein solches Lied gelesen hatte, das er denn auch sogleich auswendig niederschrieb. **Es war dasselbe Gedicht.** Der Knabe hatte die Teilnehmer des Zirkels in das gegenüberliegende Haus gehen sehn und sich selbst **dorthin gewünscht**. Daß er nicht mittun durfte, ärgerte ihn. Er kramte in alten Sachen, fand Teile des alten Buchs und las das Gedicht. 'Die ganze Zeit über war er in *a doze*', im 'Dusel', — wozu er übrigens auch in der Schule Neigung zeigte.[1]

Daß der normale Schlaf nicht der einzige Zustand veränderter Bewußtseinslage sein werde, worin die Äußerung durch ein entferntes Medium gelingt, muß eigentlich selbstverständlich erscheinen. Wir finden denn auch ähnliche Fälle, in denen der sich Kundgebende zur Zeit der Fernäußerung sich in 'lethargischem Zustand' befindet, der entweder die Begleiterscheinung einer Krankheit bildet oder durch ein narkotisches Gift, z. B. Opium, herbeigeführt ist. Ein älterer Fall dieser Art wird noch dadurch bemerkenswert, daß die Äußerung der Lebenden in einer Sprache stattfand, die dem Medium unbekannt war.

Dies geschah i. J. 1858 in einem Zirkel in Cleveland bei Mr. Cutler in Anwesenheit einer jungen Deutschen, Frl. Marie Brandt, deren in Deutschland lebende Mutter sich durch das nicht genannte weibliche Medium äußerte. Frl. Brandt glaubte ihre Mutter am Leben und gesund, erfuhr aber einige Zeit danach durch einen aus Deutschland kommenden Freund, daß sie sehr krank gewesen und, nach längerer Betäubung zu sich kommend, geäußert, sie habe ihre Tochter in Amerika in einem Zimmer mit anderen Personen gesehen und mit ihr gesprochen.[2] — Ich vermag nicht anzugeben, mit welchem Grad von Gewißheit die Gleichzeitigkeit der Vorgänge auf beiden Seiten an-

---

1) JSPR XXI 170 ff.   2) HN 1876 107.

genommen wird, noch auch, wie bedeutungsvoll ihrem Inhalt nach die Äußerungen des Mediums waren und wie weit dessen wirkliche Unkenntnis des Deutschen ging.

Sehr viel besser beobachtet, auch unmittelbar nach dem Vorgang aufgezeichnet und veröffentlicht ist ein älterer französischer Fall, der u. a. von du Potet nachgeprüft und bezeugt wurde. Hier trat ein krank Darniederliegender, M. X., während einer Tischsitzung von Bekannten unerwartet mit seinem Namen als Kontrolle auf, beantwortete an ihn gestellte Fragen und äußerte u. a. die Worte: 'Ansage meines Todes.' Man hörte nachher, daß er zur Zeit dieser Kundgebung in 'lethargischem Stupor' gelegen hatte, infolge des ihm als Schlafmittel verabreichten Opiums. Er starb einige Monate später, und es verdient erwähnt zu werden, daß sein Tod bereits neun Monate vor seiner Erkrankung von einer jungen Dame in einer Spiegelvision geschaut worden war.[1]

In noch weiteren Fällen wird uns über den Zustand des Agenten zur Zeit seines Auftretens nichts mitgeteilt, und damit nähern wir uns in gewissem Sinne dem Tatbestande im Falle Davis, indem es uns überlassen bleibt, einen Wachzustand des Agenten wenigstens zu vermuten. Ich möchte zu dieser Gruppe überleiten durch einen Bericht, worin der sich Kundgebenden, dem oben erwähnten Frl. Swoboda, eine gewisse Ablenkung von ihrer Umgebung, nämlich 'sinnende Konzentration' nachgesagt wird.

Am Abend des 20. Juli 1858 nämlich saß Sophie S. vergnügt, aber 'ermüdet von der Arbeit des Tages', mit den Ihrigen bei einem Glase Punsch — man könnte vielleicht auch diese 'Giftwirkung' als auslösend ansehen —, als ihr plötzlich einfiel, daß sie eine Aufgabe, eine Übersetzung aus dem Französischen, für ihre am nächsten Morgen zur Stunde erwartete Lehrerin V. zu machen vergessen habe. Da es spät und sie zur Arbeit nicht mehr imstande war, setzte sie sich allein und verstimmt ins anstoßende Zimmer, über das Unliebsame ihrer Lage nachsinnend. Plötzlich war es ihr, als befände sie sich Frau V. gegenüber, zu der sie sich in scherzhaftem Ton über ihren Mißmut und dessen Ursache aussprach, worauf das Gesicht ebenso plötzlich, wie es gekommen, verschwand und S. zur Gesellschaft zurückkehrte. Am nächsten Morgen zur Stunde kommend, erzählte Frau V., daß sie von der Versäumnis bereits unterrichtet sei: sie habe am Vorabend nach 10 Uhr einen Bleistift zur Hand genommen, um sich 'psychographisch' mit ihrem verstorbenen Gatten zu unterhalten, was ihr schon oft gelungen sei, — als der Stift unerwartet in einer Schrift, die sie sogleich als die Frl. Swobodas erkannt, komische Worte der Unzufriedenheit über die vergessene Aufgabe geschrieben habe. Die Inaugenscheinnahme dieser Niederschrift bestätigte die Aussage; Frl. Swoboda schildert überdies ihre Lehrerin als eine sehr zuverlässige Zeugin.[2]

1) Nach P. Auguez (Paris 1858) in JSPR IX 15 f.; auch bei Myers II 440 f. 2) Perty in PS 1879 295 ff.

Von den Berichten, die den derzeitigen Zustand des Agenten völlig aus dem Spiele lassen, will ich zunächst einen erwähnen, der von dem uns bekannten Richter Edmonds stammt, dessen ebenso bekannte Tochter Laura in einstündiger Unterredung einen ihr Unbekannten sich — wie Edmonds urteilt — überzeugend identifizieren ließ, den ihr Vater kannte, aber seit 15 Jahren nicht mehr gesehen hatte. Edmonds hielt ihn infolgedessen für gestorben und erfuhr erst nachträglich zu seiner Überraschung, daß er noch am Leben sei. Er gibt an, seitdem viele ähnliche Beobachtungen gemacht zu haben.[1]

Ich kann hier aber schließlich noch einen Fall anführen, der den gleichen Vorgang als bewußt geplantes Experiment zeigt. Prof. Dr. Curt Schäfer nämlich berichtet aus eigener Beobachtung von derartigen Versuchen des Fliegerhauptmanns C., z. Zt. in Breslau, der das in Hamburg lebende Medium Frl. G., die Tochter eines höheren Beamten, mehrfach auf diese große Entfernung hin zu beeinflussen suchte, wobei er wußte, um welche Zeit die Sitzungen mit ihr stattfanden.

Eines Abends hörten die Teilnehmer 'einen starken Klang einer Kristallschale', und eine 'etwas hellsichtige' Dame glaubte, 'den Astral des Fliegerhauptmanns' hinter Frl. G. stehen zu sehn. Kurz darauf sprang diese auf, schlug die Hacken zusammen und grüßte soldatisch; selbst ihre Gesichtszüge sollen 'etwas von dem Ausdruck des Fliegerhauptmanns' angenommen haben. Soweit könnte man eine suggestive Beeinflussung durch die angebliche Wahrnehmung der hellsichtigen Dame behaupten. Indessen — 'das Medium gab durch Zeichen zu erkennen, daß es schreiben wollte. Wir reichten ihm einen großen Papierblock und einen Bleistift hin. Darauf schrieb es stehend, in großen energischen Zügen einige Worte, riß das Blatt mit einem ruckhaften Schwung des rechten Armes ab, warf den Block auf den Tisch, faltete das Blatt zusammen und legte es ebenfalls auf den Tisch nieder. Darauf grüßte es uns alle wieder ganz militärisch und setzte sich wieder auf den Lehnstuhl, wo es sofort von neuem in Tiefschlaf verfiel. — Jetzt teilte uns ein Herr mit, daß er von dem Fliegerhauptmann aus Schlesien einen Brief erhalten habe, worin dieser ankündigte, daß er diesen Abend in unserer Sitzung erscheinen und einige Worte schreiben werde, und zwar dieselben, die er in einem besonderen, versiegelten Briefe niedergeschrieben habe. Der Herr verließ dann das Sitzungszimmer und holte aus seinem Überzieher den versiegelten Brief. Wir erbrachen die Siegel und fanden darin diese Worte [in dreizeiliger Anordnung]: *Memento moris. C ...* Hierauf entfalteten wir das soeben vom Medium beschriebene Blatt, wo dieselben Worte in genau derselben Zeilenfolge, mit demselben Schreibfehler (*moris* statt *mori*) und mit denselben Schriftzügen standen, als ob sie faksimiliert worden wären. Niemand, auch nicht der Empfänger, kannte vorher den Inhalt des versiegelten Briefes ...'[2]

---

1) Bei Aksakow 580 f.   2) RB 1926 57 f. — Weitere einschlägige Tatsachen: JSPR XX 136; Pr VI 299 ff. 344 ff. 487; XVIII 182 ff. 205 ff.; XXXVIII 34; Bd I 101. 507; Stead bei Deinhard 94 ff.; Kardec 384; Flammarion II 104 ff.; Harrison, Spir. 39. 173 ff.; Hill, Invest. 102. 123; Thomas, Life 284 f.; Lambert, Helen C. 65; Bates 182 ff.; Myers II 442 ff.; Appleyard 64 u. a. m.

An einigen der vorstehenden Beispiele als an Zeugnissen mag die Kritik manches auszusetzen haben; doch dürfen wir, wie gesagt, darüber hinwegsehn, weil sie ja dem Gegner dienen sollen. Wir wollen also die Tatsache der Kundgebung Lebender durch Medien in den Formen der anscheinenden Kundgebung Verstorbener als typisch und offenbar nicht einmal selten in unsre Rechnung einstellen. Auch die Grundlagen der Identifizierung sind offenbar in beiden Fällen die gleichen: das Wissen persönlich-bezeichnender Inhalte, die Lebenswahrheit des Sprech- und Schreibstils, der Stimme, der Aussprache, der Handschrift, selbst die Anwendung einer dem Medium fremden Sprache — alle diese, aus früherem uns wohlvertraut, kommen in den obigen Fällen zur Anwendung. Aber was mehr ist: wir entdecken gewisse formale Hinweise auf einen Ursprung dieser Kundgebungen in den betreffenden Lebenden selbst. Wir finden Anlaß, das 'Aktivitätszentrum', von welchem früher die Rede war, in jene selbst zu verlegen. Die lebende Vera M. überfällt ihr Medium Solowjow mit einem 'plötzlichen' und unvermittelten Antrieb zu schreiben und erklärt, sie sei nun 'hier und gekommen, um etwas zu sagen.' Mr. D., der Freund der Mrs. Travers Smith, bedauert, aus bestimmten Gründen seine Äußerungen nur 'in Rucken' durchdrücken zu können, und Herr Gustav M. behauptet, er habe warten müssen, bis ihm 'die Tür', d. h., wie mir scheint, der Transapparat des Mediums, 'aufgemacht wurde'. In Frl. Swobodas einem Falle quillt die Kundgebung ganz natürlich aus Überlegungen hervor, denen sie mit der Spannung des 'Mißmuts' nachgegangen ist; in beiden Fällen tritt die Dame als Transperson auf, trotzdem das Medium oder sein Kreis eine andre Persönlichkeit 'aufgerufen' hatte, also als unerwarteter Eindringling, und einmal erinnert sie sich selbst nachher, ihr Auftreten 'in einer Art Mutwillen' beschlossen zu haben, nachdem ihr ein gleiches anderswo mißlungen war. Was den Fliegerhauptmann C. betrifft, so ist am ausdrücklichen Willen-zur-Kundgebung gar nicht zu zweifeln: es handelte sich ja um ein Experiment. Endlich hat Frederic Myers sogar einen Fall dieser Art veröffentlicht, worin die in größter Entfernung lebende Kommunikatorin einen dringenden Wunsch äußert (um dessentwillen allein sie anscheinend auftritt), nämlich die Errettung ihrer siebenjährigen Tochter aus einem öffentlichen Hause.[1]

Im Falle Gordon Davis, der uns ja weitaus am ausführlichsten berichtet wird, lassen sich eben deshalb viel mehr und theoretisch besonders merkwürdige Aktivitätsmerkmale feststellen. Auch Davis' Auftreten erfolgte spontan und unerwartet, und wir erfahren ferner, daß seine Gedanken während der Zeit zwischen den beiden fraglichen Sitzungen sich

---

[1] S. den merkwürdigen Fall Pr IX 48 ff.

viel mit seinem künftigen Heim in der Eastern Esplanade beschäftigten, von dessen Einrichtung er dann durch 'Nada' sprach. Soal hatte häufig an Davis gedacht, seitdem ihm das Gerücht von dessen Tode zu Ohren gekommen war; und doch verflossen etwa $1^{1}/_{2}$ Jahre seit dem Aufkommen des Gerüchts bis zur Sitzung, in welcher Davis zuerst auftrat. Dies war die **zwanzigste** Sitzung der Soalschen Reihe, und eine 'Erwartungssuggestion' von seiner Seite hätte sicherlich schon früher zu einer Personation geführt, wenn der Gedanke an den angeblich Toten in Soal entsprechend wirksam gewesen wäre. So aber trat Davis nicht nur unerwartet auf, sondern auch gleich mit dem ganzen 'Aplomb' eines selbständigen Wesens, das sich überrascht dem alten Kriegskameraden gegenübergestellt sieht. Diesem überraschenden Auftreten aber entsprach der eigenmächtige Abgang. Es muß doch auffallen, daß diese Personation, wenn sie des Mediums Werk war, sich trotz dem dringenden Wunsche des Sitzers[1] nicht länger ausdehnte, vielmehr schon nach dem zweiten Auftreten abblaßte und verschwand. — Aber noch mehr: Es drängen sich verschiedene Einzelheiten auf, die uns Davis im Sinn des letzten Kapitels als eine auch 'technisch' dem Medium selbständig gegenüberstehende Persönlichkeit erscheinen lassen.

Die Lage, in der er sich befindet, ist ihm offenbar durchaus neu und ungewohnt. 'Ich muß mich festhalten', sagt er, 'ich bin dies nicht gewöhnt.' Pausen treten ein. 'Nada' erklärt, er sei 'ein sehr kräftiger Geist — er könnte das Medium verletzen.' Dann aber trotzdem: er müsse 'ein wenig ruhen'. Sollen diese Pausen dem Medium dazu dienen, Zeit zu gewinnen und 'Stoff' zu sammeln? Der Einwurf verfängt nicht; denn die wahren Angaben überstürzen sich förmlich. Vielmehr handelt es sich anscheinend um jene Schwierigkeiten in der Handhabung des 'Apparats', die oben ausführlich besprochen wurden. Schließlich läßt der Geist des lebenden Davis angeblich die Beherrschung des Mediums fahren — 'he's loosing control' —, und im gleichen Augenblick setzt jene zweite typische Form des Transdramas ein, die **mittelbare**: er 'zeigt' die Dinge, die 'Nada' weitergeben soll, oder 'flüstert' sie ihr zu. Soal bittet sie, ihn 'wiederzubringen'; aber sie lehnt es ab: nicht jetzt; vermutlich hat sie keine Macht über den — Fremden. In der nächsten Sitzung die gleiche Bitte des Sitzers — und die gleiche Unfähigkeit 'Nadas': sie will nur versuchen, den Geist zu bewegen, ihr noch gewisse Dinge 'zuzuflüstern', und dies gelingt ihr. Sie ruft ihn auf — wollen wir annehmen —, und wieder ergibt sich eine lückenlose Fülle richtiger Aussagen. Schließlich aber scheint ihr der Aufgerufene zu entgleiten; er 'wird immer ferner', 'er sagt mir etwas, aber ich kann nicht hören'. Zuletzt muß sie widerwillig gestehen: 'Er ist jetzt ganz fortgegangen'. Andere treten auf.

So schwer dies alles seinem Wesen nach zu durchschauen sein mag,

---

[1] XXXV 566.

es fühlt sich viel natürlicher an, wenn wir die wirkliche Betätigung eines selbständigen Dritten annehmen, als wenn wir nur eine doch halbwegs willkürliche Traumkomödie vermuten. Warum auch sollte 'Nada' eine 'Schädigung' ihres Mediums fürchten, wenn nichts als solche Schauspielerei vorläge? Ist diese angebliche Furcht ein Trick, um das Versagen der Wissensquelle zu verschleiern? Ich glaube nicht; denn wirklich hat Mrs. Cooper, zum ersten und anscheinend einzigen Mal in Soals Erfahrung, nach 'Davis'' Auftreten Kopfweh. Etwa weil dieser Geist so 'kräftig' war? Und war er vielleicht so 'kräftig', weil er der Geist eines Lebenden war?!

Wir sehen also: das Auftreten Lebender durch Medien ähnelt nicht nur als Äußerung von Inhalten, sondern auch in formal-realistischen Einzelheiten dem entsprechenden Auftreten Verstorbener, und welcherlei Gründe hier für die Selbständigkeit des Kommunikators sprechen, müßten es auch dort tun. Man mag es bedenklich finden, daß doch im einen Falle der Kommunikator voraussetzungsgemäß nicht mehr im Leibe ist, im Falle des Lebenden aber natürlich wohl. Jedoch auch abgesehen von der Möglichkeit, den Vorgang der Kundgebung durch telepathische Fernwirkung zu deuten, ist noch gar nicht einmal ausgemacht, ob nicht auch im Falle des lebenden Kommunikators ein Zustand zeitweiliger 'Leibentronnenheit' anzunehmen wäre, — zum mindesten in einzelnen Fällen. Dies mag manchem zunächst unsinnig erscheinen; doch hoffe ich ihn noch eines Besseren zu belehren, ehe er die letzte Seite dieses Buches gelesen hat. Jedenfalls ließen sich in einzelnen der obigen Berichte wohl Andeutungen solchen 'Außer-dem-Leibe-Seins' entdecken.[1] Und damit wären natürlich beide Arten der Kundgebung noch mehr in Übereinstimmung gebracht. Doch würde ich allzu sehr vorgreifen, wollte ich solche Andeutungen schon hier betonen; ich muß mir also den Beistand dieses Arguments einstweilen versagen. Ja noch eine andere Einzelheit wird erst an jener späteren Stelle ihre volle Bedeutung offenbaren: daß nämlich einer dieser lebenden Kommunikatoren in seinem derzeitigen Zustande sich angeblich mit Abgeschiedenen 'zusammen befand': Gordon Davis wurde von des Sitzers verstorbenem Bruder Frank 'mitgebracht', der sich seinerseits in vorherigen Sitzungen vorzüglich identifiziert hatte.[2] Gerade dies Beisammensein mit Abgeschiedenen aber dürfen wir offenbar erwarten, falls sich der lebende Kommunikator vorübergehend in dem Zustand befindet, welcher der natürliche und dauernde des Verstorbenen ist.

---

[1] Z. B. in den Fällen Wera M. und Sophie Swoboda.   [2] Ähnliche Bestandstücke anderer Fälle habe ich oben zunächst übergangen, da sie in späterem Zusammenhang uns besser verständlich werden dürften.

Trotzdem ich also hier die ganze Kraft der Begründung noch nicht entfalten kann: genug ist doch gesagt, um den Satz zu rechtfertigen, daß die Tatsache des Transauftretens Lebender nicht im geringsten gegen die Zugestehung eines solchen Auftretens Verstorbener streitet, sondern sie **vielmehr befürwortet**. Denn wenn gewisse Einzelheiten des Transdramas beobachtet werden in offenbarer Abhängigkeit von einem fraglos Lebenden, so legt sich dringend der Gedanke nahe, daß auch die Persönlichkeit eines Abgeschiednen, die hinter **gleichartigen** Formen dieses Dramas zu stehen **scheint**, sich eben damit als **lebend** erweist, soweit die Erzeugung solcher Formen es voraussetzt. Hier läßt sich wirklich einmal mit gutem Rechte 'der Spieß umdrehen'.

Ein letztes Bedenken[1] gegen diese Gleichung darf nicht unbesprochen bleiben. Der Fall Davis war der einzige aller vorgelegten, in welchem nachweislich der lebende Agent der Fernäußerung gleichzeitig völlig **wach** war; man mag es aber für unwahrscheinlich erklären, daß ein Wachender in der Ferne als selbständig Denkender, sich Unterhaltender und sogar mit 'direkter Stimme' Redender auftreten könne. Von diesem Einwand muß ich sagen, daß er mir äußerst leichtsinnig erscheint, sowohl mit Rücksicht auf unsre gegenwärtige Unwissenheit in diesen Dingen, als auch mit Rücksicht auf das, was wir unstreitig schon wissen. Die hier vertretene Auffassung des Falles Davis setzt voraus, daß **eine** Person gleichzeitig soz. auf zwei verschiedenen seelischen Ebenen durchaus gesonderte und einander nicht störende geistige Tätigkeiten auszuüben imstande sei. Ich könnte nun einfach die Frage stellen, was denn wohl schwerer glaublich sei: daß eine solche selbständige Doppeltätigkeit auf **gleicher** 'Höhenlage' stattfinde (wobei also die verschiedenen Leistungen gewissermaßen in **ein** Organ fielen), oder auf zwei gänzlich verschiedenen, wie im Falle Davis, wo die eine Tätigkeit in normalem Gespräch mit einem Kunden, die andere in der telepathisch-phantomatischen Fernunterredung mit einem Medium bzw. in dessen Besitzergreifung besteht? Ich glaube, auch der Gegner wird die **erstere** Möglichkeit für die **schwerer glaubliche** erklären. Und doch wird ihre Wirklichkeit durch häufige Beobachtungen bewiesen. Wir haben einwandfreie Zeugnisse für die Tatsache, daß z. B. Mrs. Piper, während sie (als 'Dr. Phinuit') mit Dr. Hodgson den Bericht einer früheren Sitzung sorgfältig durchging, gleichzeitig mit der Hand 'fließend und schnell über andere Dinge schrieb und mit einer andern anwesenden Person sich unterhielt'.[2] Wir lernten schon oben gutes Zeugnis dafür kennen, daß das Medium Mansfield 'zwei Mitteilungen gleichzeitig schrieb, die eine mit der rechten, die andre mit der linken Hand

---

[1] 'Gordon Davis'' Aussagen über Künftiges begründen natürlich keines: s. ZpF 1927 14 f.
[2] Pr XIII 293; vgl. 294 f.; ÜW VII 203 ff. 447.

(in sogenannter Spiegelschrift), beide über verschiedene Gegenstände und beide in einer Sprache, von der er keine Kenntnis hatte. Während dessen unterhielt er sich mit [Dr. Wolfe] über geschäftliche Angelegenheiten' oder gab mündlich Geisterbotschaften weiter.[1] Und die Belege ließen sich sehr vermehren.[2] Wahrscheinlich wird man mir entgegenhalten, daß in solchen Fällen doch gleichzeitige 'Kontrolle' durch mehrere unabhängige Wesen anzunehmen sei. Sehr wohl. Nur steht ja gerade meinem Gegner dieser Einwurf nicht zur Verfügung; er muß den unabhängig-gleichzeitigen Ablauf mehrerer selbständiger seelischer Tätigkeiten zugestehen und sie alle der gleichen psychophysischen Höhenlage — der 'unterbewußten' — zuordnen, auf der sie voraussetzungsgemäß einander weit eher 'stören' müßten, als die im Falle Davis auf ganz verschiedene 'Ebenen' verteilten Leistungen.[3]

Übrigens darf ich gerade den mit Telepathie arbeitenden Gegner spiritistischer Auffassungen daran erinnern, daß er sich beständig auf eine übernormale Tätigkeit aller möglichen Persönlichkeiten beruft, von welcher nichts ins wache Bewußtsein fällt. Es gibt, wie wir sahen, animistische Theorien, die nichts Geringeres voraussetzen, als einen ununterbrochnen telepathischen Verkehr soz. Aller mit Allen. Ebenso kennen wir Fälle von Phantomerzeugung in der Ferne für die Wahrnehmung eines Perzipienten, an den der Agent im Augenblick des Erlebnisses, das den Anlaß zu seiner Erscheinung gab, sicherlich nicht bewußt gedacht hat; so daß also die rätselhafte Tätigkeit der Phantomerzeugung 'unterbewußt' von ihm ausgeübt sein muß, während sein waches Ich etwa in höchster Spannung auf die Abwendung einer Gefahr gerichtet ist.[4] Wir haben eine animistische Theorie der Kreuzkorrespondenzen kennen gelernt, die fraglos weit mehr an unterbewußtem Tun und Treiben fordert, als für Gordon Davis anzunehmen wäre: nämlich ein verwickeltes Planen und entsprechendes 'Verteilen' umgrenzter Vorstellungsinhalte auf eine Mehrzahl entfernter Medien. Der Animist wird also in der Deutung unsres Tatbestandes nicht für unmöglich erklären dürfen, was er selbst noch überbietet, um anderen Tatbeständen zu genügen. Und dabei ist doch der Fall Davis vielleicht der einzige, der diese Schwierigkeit aufwirft,[5] während die meisten andern den animistischen Einwand nicht einmal aufkommen lassen.

1) Wolfe 48.   2) S. z. B. Pr IV 217. 222; XXVIII 370; ZP 1926 214; PS XXVI 613; Ferguson 57; Owen, Deb. L. 389 Anm.; Perty, Spir. 190; du Prel, Entd. I 221; Dahl 228.
3) Höchst bedeutsam in diesem Zusammenhang der von Prof. F. C. S. Schiller mitgeteilte Fall einer (lebenden) Altersverblödeten, die sich 'durch' Mrs. Piper völlig klar und zielstrebig äußerte: JSPR XXI 87 ff.   4) Man lese in diesem Zusammenhang Myers I 250. 263 f.
5) S. vielleicht noch ÜW XI 139; RS III 11 f.; aber hier wird nichts Identifizierendes vorgebracht, so daß es sich um rein 'subjektive' Vorgänge handeln mag. Einen von Flournoy sehr fein analysierten Fall dieser Art s. ÜW VIII 10 ff. (aus ASP 1899 Nr. 4).

Endlich möchte ich darauf hinweisen, daß auch die Beobachtung krankhafter seelischer 'Spaltungen' uns einen Glücksfall beschert hat, in welchem eins der 'Teil-Iche', und zwar vermutlich auch während des Wachseins des Kranken, sich in der Ferne in durchaus 'spiritoiden' Formen kundzugeben vermochte.

Ein gewisser John Black (pseud.) fühlte sich infolge eines Unfalles 'psychisch verändert' (das ärztliche Zeugnis über ihn liegt vor), genau wie wir ja stets das Haupt-Ich auf solcher Grundlage Gespaltener 'verändert' finden. Von einer klinischen Beobachtung des abgespaltenen 'zweiten Zustandes' lesen wir nun zwar nichts in dem Bericht. Wir glauben sie aber nach allen Seitenstücken mit Sicherheit voraussetzen zu dürfen. Jedenfalls bekundete sich bei völlig Fremden, die von Black gar nichts wußten, durch Klopflaute und als Erscheinung ein 'John Black', der seine Adresse angab, seinen Unglücksfall beschrieb, schon 'einmal gestorben' zu sein behauptete (!), sich einer gewissen Untreue gegen ein benanntes Mädchen bezichtigte und bestimmte Wünsche äußerte, — was sich nachher durchweg, einschließlich aller von Black genannten Namen und Daten, als völlig richtig und sinnvoll erwies. Dieser Black behauptete schließlich, der 'wahre John Black' zu sein, der aber gezwungen gewesen, John Blacks Körper zu verlassen, in den 'ein anderer' eingegangen sei, so daß er jetzt 'ohne Körper' sei; er könne nur dann in jenen Körper wiedereingehn, wenn der 'andre' Black 'fürchterlich aufgeregt' sei.[1]

Nun läßt sich der gesunde Gordon Davis gewiß nicht mit dem schwer geschädigten Unfallsopfer Black vergleichen. Und doch kann uns dieser die Wahrheit bestätigen, daß seelische Spaltungsvorgänge irgendwelcher Art (wie sie auch in der Tiefe des gesunden Ich Raum finden mögen) die Grundlage abgeben für die Kundgebung dieses Ich in der Ferne — selbst bei erhaltenem Wachleben.

2. Der Einwand aus dem subjektiven Anteil der Transäußerungen

Soviel ist freilich richtig: wir würden in dem animistischen Einwand auf Grund des Wachseins lebender Kommunikatoren und in seiner Widerlegung sehr viel sicherer gehen, wenn wir wirkliche Einsicht in alle Arten der Beeinflussung eines Mediums besäßen, also u. a. auch den wahren Unterschied zwischen telepathischer Beeindruckung und anscheinender Besitzergreifung kennten. In diesen Fragen tappen wir natürlich einstweilen noch im Dunkeln. Und doch fühlen wir uns gerade in solche letzte Problematik des Transgeschehens hineingetrieben, wenn wir nunmehr dem zweiten Bedenken uns zuwenden, das sich der spiri-

---

1) Pr IX 84—92.

Subjektiver Anteil der Transäußerungen 245

tistischen Beweisführung aus Inhaltskundgebungen entgegenstemmt und, wie ich oben sagte, aus deren 'Nachäffung' erwächst: aus der Tatsache, 'daß Persönlichkeiten sich durch ein Medium äußern, die mit Sicherheit als reine Schöpfungen des Mediums aufzufassen sind, oder daß die anscheinend echten Persönlichkeiten Abgeschiedener Inhalte äußern, die ebenso sicherlich nicht ihnen, sondern dem Medium entstammen.' Eine restlos befriedigende Theorie der Transleistungen hätte also nachzuweisen, daß man das Neben-einander-bestehen, ja das In-einander-übergehen rein subjektiv-traumhafter Äußerungen, übernormal gespeister Personationen des Mediums selbst, spiritistisch erzeugter Personationen, sowie echter Besessenheitszustände zugestehen darf, ohne damit die letzteren Formen des Dramas in Zweifel zu ziehen. Um dies überzeugend nachzuweisen, müßten wir freilich wieder völlige Klarheit besitzen über das psychologische Wesen aller dabei vorausgesetzten Bildungen und Vorgänge; wir müßten wissen, was Personation im Kern bedeutet, wie sie zustande kommt und über Unterbrechungen hin sich erhält; wir müßten wissen, wie eine Personation sich mit übernormalem Inhalt erfüllt, mag dieser Lebenden oder Abgeschiedenen entstammen; wir müßten endlich den Vorgang der Besitzergreifung durch ein Fremd-Ich seinem Wesen nach durchschauen, um ihn gegen den Vorgang bloßer Wissensversorgung von Personationen abgrenzen und den Übergang vom einen zum andern erklären zu können.

Von der Erfüllung aller solcher Forderungen sind wir, wie gesagt, sehr weit entfernt. Sind doch selbst die leidlich entsprechenden Fragen der Normalpsychologie noch völlig ungelöst: die Frage z. B., wie denn unser normales Ich 'sein' Hirn 'besitze'. Wir werden uns also auch im folgenden mit ungefähren Andeutungen begnügen müssen, mit der Wegräumung scheinbarer Schwierigkeiten, der Aufzeigung klärender Analogien und möglicher Übergänge. Ist dies ein bescheidenes, so ist es doch kein unnützes Unternehmen. Es ist durchaus möglich, die Vereinbarkeit gewisser Vorgänge glaubhaft zu machen, ohne in ihr metaphysisches Wesen einzudringen. Und es ist wichtig, dies zu tun, wenn damit unberechtigte Bedenken gegen die spiritistische Lehre aus dem Wege geräumt werden.

Die Massenhaftigkeit rein subjektiv-traumhafter Personationen im Trans und Automatismus der Medien wird nur der völlig kritiklose Spiritist zu leugnen wünschen. Man braucht kaum an die zahllosen 'Kundgebungen' berühmter Persönlichkeiten der Geschichte zu erinnern, zu deren Widerlegung meist nicht einmal die offenkundige Sinnlosigkeit ihrer 'Aussagen' zu betonen wäre. Das Auftreten von 'Geistern' wie Moses, Buddha, Pythagoras, Sokrates, St. Johannes, Homer, Cicero,

Abälard, Luther, Shakespeare, Franklin, Napoleon u. dgl. m.,[1] und zwar bei an sich sehr fragwürdigen Medien, wird niemand ernst nehmen, der über die Leichtigkeit der auto- oder fremdsuggestiven Erzeugung von Phantasiepersonen im hypnotischen Zustand sowie über Ehrgeiz und Eitelkeit unterbewußter Schichten unterrichtet ist. Und die gelegentliche Ausrede gläubiger Spiritisten, daß in solchen Fällen große 'typische' Namen von kleinen Anonymis der Geisterwelt angenommen würden,[2] hängt wohl meist völlig in der Luft und verdient nur selten überhaupt Erwägung.

Bedeutsamer schon ist für uns die Feststellung, daß solche handgreiflich unglaubwürdige Personationen beobachtet werden auch bei Medien von im übrigen starken spiritistischen Ansprüchen.

Mrs. Piper z. B. bot in ihrer Frühzeit Personationen Johann Sebastian Bachs, des namhaften amerikanischen Dichters Longfellow, der berühmten englischen Schauspielerin Mrs. Siddons, die wohl schwerlich jemals als echte Kommunikatoren ernst genommen worden sind; und auch in der Zeit ihrer klassischen Leistungen wurden bei ihr u. a. Julius Caesar, Erasmus, Alexander der Große und Proteus (!) als hinter der Bühne tätig genannt, ja Caesar sollte sich in 'Helm und Rüstung' mit einem der Kommunikatoren nach Mexiko begeben haben, um an der Suche nach einem Vermißten teilzunehmen. Auch lieferte 'Sir Walter Scott' durch Mrs. Pipers Hand Beschreibungen mehrerer Himmelskörper, deren sinnlose Verstiegenheit mit den tollsten 'Planetenreisen' aus der Zeit der romantischen Somnambulenverehrung in Deutschland wetteiferte. Der berühmte Romanschreiber verstieg sich dabei bis zur Beschreibung von Affen in der Sonne — 'grauenvoll aussehende Geschöpfe, schwarz, äußerst schwarz, sehr wild'.[3]

Aber auch bei minder handgreiflich traumhaften Personationen dieses Mediums ließ sich der subjektive Ursprung daraus erweisen, daß sie auf offenbare Suggestion hin sich entwickelten, — Suggestion von seiten des Mediums selbst oder seiner Kunden.

Am 30. Nov. 1892 z. B. hatte 'George Pelham', um irgendetwas zu verdeutlichen, die bekannte Taubstumm-Blinde Laura Bridgman erwähnt; 6 Tage später und danach mehrfach trat diese selber auf (zunächst unter scheinbarer Benutzung des Taubstummen-Handalphabets), doch ohne irgendetwas Identifizierendes vorzubringen.[4] — Der verstorbene W. Stainton Moses gab sich angeblich kund, nachdem man 'George Pelham' gebeten hatte, ihn 'heranzubringen', und verwickelte sich alsbald in ein Netzwerk von Fehlaussagen sowohl bezüglich dessen, was er zu wissen vorgab, ohne daß es zutraf, als auch bezüglich dessen, was er hätte wissen müssen, aber nicht wußte.[5] — G. S.

---

1) S. z. B. Podmore, Spir. I 54 f.; II 33; OR 1907 I 199; Seiling 31 f. ('Gott'!).   2) So auch Thomas' Schwester 'Etta': Pr XXXVIII 97. Vgl. Underwood 30.   3) Pr XXVIII 9. 112 ff. 437 ff. 442.   4) Das. 113.   5) Das. 88. 97. 79. Vgl. vielleicht auch VI 468 f.

Soal's Arbeit, der wir oben den Fall des Gordon Davis entnahmen, bringt daneben sehr merkwürdige Mitteilungen über einen Kommunikator 'James Miles', zu dessen 'Darstellung' (auch in direkter Stimme!) Mrs. Cooper möglicherweise durch — allerdings hellseherisch gelesene — Zeitungsnachrichten angeregt worden war.[1] — Und verwandte Vorgänge ließen sich bei anderen Medien — berühmten und unberühmten — in ziemlicher Zahl nachweisen.

Noch gründlicher eindeutig, falls das möglich ist, sind natürlich Transpersönlichkeiten, die durch absichtlich irreführende Suggestionen — also 'Fallen' — ins Leben gerufen werden, oder aber durch Mißverständnisse.

Ein Beispiel der ersteren Art ist die 'Nichte Bessie Beals', eine rein erdachte Person, nach welcher Dr. Stanley Hall den Piper-Hodgson fragte, die dann aber doch in mehreren Sitzungen auftrat, und deren Dasein von 'Hodgson' noch behauptet wurde, nachdem ihn der Sitzer über die Falle aufgeklärt hatte.[2] — Ein Beispiel der zweiten Art im strengen Sinn ist mir eben nicht gegenwärtig, doch verweise ich auf die Persönlichkeit 'Zwart', die ein 'Kommunikator' als seinen ehemaligen Freund anerkannte, obgleich der Name nur durch ein Verlesen des Sitzers — aus '*I wait*' — entstanden war.[3]

Eine ganze Gruppe von Transpersönlichkeiten, die auch der wissenschaftliche Spiritist zumeist der Subjektivität des Mediums zurechnet, bilden ferner die sog. Kontrollen, also die 'Führer' oder 'Spielleiter' und eigentlichen Mittler zwischen Kommunikator und Sitzer, die als die am besten eingeübten Masken der medialen Traumseele aufzufassen wären.

Von unserem alten Freunde Phinuit z. B. wird angenommen, daß er von dem klanglich verwandten 'Dr. Finney' des Mediums Mr. Cocke 'abstammte', das bei Phinuits erstem Auftreten durch Mrs. Piper zugegen gewesen war und bei dem jener behauptet hatte, genau genommen Dr. Jean Phinuit (oder Alaen) Scliville zu heißen und ein französischer Arzt gewesen zu sein, der — wie aus seinen Angaben hervorging, denn er nannte nie Geburts- und Todestag — etwa 1790 bis 1860 gelebt haben mußte. Über Leben und Lehrzeit machte er allerhand nicht nachprüfbare Angaben. Daß er französisch nur brockenweise sprechen konnte, erklärte er damit, daß er es während eines Aufenthalts in Metz vergessen und statt dessen dort das Englische erlernt habe! Doch ersetzte er diese Erklärung durch eine andere, nachdem Dr. Hodgson ihm diese als die glaubhaftere vorgelegt hatte: nämlich daß er doch das Hirn eines englisch redenden Mediums benutzen müsse. Jedes fachliche medizinische Wissen fehlte ihm, doch leistete er in soz. hellseherischer Krankheitserkennung und -behandlung das bei Somnambulen häufig Beobachtete und bewies darin auch das volkstümliche Wissen, das man bei Mrs. Piper bzw. bei

---

[1] XXXV 549 ff. Der höchst merkwürdige Fall Ferguson (das. 523 ff.) ist nicht zur Eindeutigkeit zu erheben, verdient aber gründlichstes Studium. Vgl. noch Maxwell 65 und Illig 240.   [2] Tanner 171. 254.   [3] Pr XVII 83.

deren Unterbewußtsein voraussetzen durfte. Spuren eines Jean Phinuit Scliville an den Orten und in den Anstalten, wo Ph. gelebt haben wollte, ließen sich nicht entdecken.[1] Auch der Umstand, daß normale Mitteilungen an Mrs. Piper gelegentlich in 'Phinuits' späteren Reden zum Vorschein kamen, sprach für seine Auffassung als 'zweites Ich'.[2] — Gegen diese wäre allenfalls anzuführen, was Mr. J. Rogers Rich gelegentlich mitteilt: daß nämlich Phinuit eines Tages auf seinen Ehering gewiesen habe mit den Worten: *'C'est une alliance,* wie nennen Sie das? *A wedding ring, n'est-ce pas?'* — wobei die richtige Bezeichnung *une alliance* für einen Ehering, anstatt des einem Sprachfremden wohl näherliegenden *anneau de marriage* sicherlich auffallend ist. Auch berichtet Mr. Rich, er habe zuweilen 'eine kurze Unterhaltung auf französisch [mit Phinuit] durchgeführt', wobei er offenbar verstanden wurde und französische Antworten, wennschon kurze, erhielt, die mit der Aufforderung endeten, lieber englisch zu reden. 'Ich gebrauchte auch gewisse Slang-Ausdrücke, die augenscheinlich vollkommen verstanden, aber auf englisch, wenngleich richtig, beantwortet wurden.'[3] Mrs. Piper kannte sicherlich kein Französisch. Daß sie ihren Phinuit im halbwachen Zustand wiederholt sah und genau beschrieb, wie ähnlich auch andere, besser beglaubigte Kommunikatoren, sowie daß solche ihn gesehn zu haben behaupteten, nachdem sein Amt als Spielleiter von Andern übernommen worden war,[4] — das alles wird man wohl als zweideutig bezeichnen müssen.

Doch erinnere ich nicht minder an jene oben angeführte seltsame 'Entsprechung' zwischen Phinuits Zusage, einem entfernten Sterbenden gewisse Testamentsänderungen nahezulegen, und dessen Wahrnehmung eines 'alten Mannes', der ihn mit entsprechenden Zumutungen belästigte, — ein Vorgang, der überdies nachher durch mehrere richtige Aussagen des inzwischen Verstorbenen durch Phinuit verwickelt wurde. Der Anschein spricht auch hier nicht wenig für Phinuits Selbständigkeit, wennschon eine telepathistische Deutung nicht ausgeschlossen ist; und man mag es nach alledem verständlich finden, wenn selbst ein so vorsichtiger Kenner wie Sage in seinem Schlußurteil die Frage jener Unabhängigkeit leidlich offen läßt.[5]

Phinuits Rolle wurde, wie wir wissen, seit 1896 von der sog. Imperator-Gruppe übernommen: mehreren angeblichen Geistern großer Männer der Vergangenheit, die unter den Decknamen Imperator, Rector, Doctor, Mentor und Prudens auftraten. Sie hatten früher den Rev. W. St. Moses kontrolliert und sich dort bezeichnenderweise auf einer höheren Bildungsstufe gezeigt.[6]

Mrs. Sidgwick gibt ausreichende Belege für 'Imperators' Unwissenheit, die zu seinen Ansprüchen in grellem Widerspruch stand. Die 'Gruppe' wurde bei Mrs. Piper — wieder bezeichnenderweise — durch den angeblichen 'W. St.

---

1) VIII 49 ff.; VI 655.   2) S. z. B. VI 560. Dagegen: VI 448 f. 655; VIII 55 f.; XXIII 177; XXVIII 262 f.   3) VIII 131.   4) XXVIII 551. 591.   5) Sage 26 f. Vgl. hierzu auch Trethewy in Pr XXXV 445 ff.   6) XXVIII 101 Anm. 2. Dr. Hodgson freilich führte dies auf einen Einfluß der Bildungsstufe der Medien zurück und bevorzugte im Ganzen eine spiritist. Deutung (101 f.).

Moses' eingeführt, doch förderten hier Fragen nach ihren wahren Namen (die beim lebenden Rev. Moses mitgeteilt, aber geheimgehalten worden waren) niemals entsprechende, dagegen mehrfach falsche Angaben zutage.[1] 'Rector', der 'gute alte Rector', hat sich mehr als einmal durch ein stilistisches Aus-der-Rolle-Fallen verdächtig gemacht. Er behauptete ferner, hebräisch sei seine Muttersprache und falle ihm leichter als englisch; aber die angeblich hebräischen Buchstaben, die er während der Sitzungen in England schrieb, hatten 'kaum auch nur oberflächliche Ähnlichkeit mit solchen', und er selbst vermochte sie nicht zu deuten.[2]

'Doctor' behauptete bald Homer, bald wieder ein englischer Dr. John (oder Thomas) Lydgate zu sein, — ein Name, der aber gelegentlich auch von Rector für sich beansprucht wurde. Ja bezüglich 'Prudens' scheinen die Jenseitigen nicht einmal ganz sicher gewußt zu haben, ob er Mann oder Frau sei.[3]

Immerhin möchte ich daran erinnern, daß es nicht an Hinweisen auf persönliche Unabhängigkeit einzelner Mitglieder der Gruppe fehlt, und daß ich selbst an früherer Stelle mich gedrängt fand, die Annahme von 'Namen-Maskierung' wirklicher Wesen in ihrem Falle zu erwägen.

'Feda' — um schließlich nur noch die berühmte Kontrolle der Mrs. Leonard zu erwähnen — 'Feda' zeigte unstreitig eine Fülle von Zügen, die ihre Selbständigkeit ihrem Medium gegenüber zu belegen scheinen.

Unbeschadet ihrer zur Schau getragenen Kindlichkeit beanspruchte sie unbedingte geistige Überlegenheit, äußerte häufig Geringschätzung für Mrs. Leonards Ansichten oder Geschmack und behandelte sie wie ein bloßes Werkzeug der Äußerung, das nur als solches in Acht zu nehmen sei. Zweimal hat Feda Mrs. Leonards Ehering, den diese hochhält und nie vom Finger ziehen mag, an gelegentliche Besucher fortgeben wollen, einmal ihn ins Feuer geworfen, ein andermal einem Sitzer aufgetragen, ihn einem vorüberziehenden Straßenmusikanten zu schenken. Umgekehrt wachte Feda mit größter Eifersucht über Dingen, die ihr gehörten, und rächte sich für die geringste Mißachtung ihrer Ansprüche durch — Nichterscheinen (!), also durch geldliche Schädigung ihres Mediums. In einem Falle erzwang sie förmlich das Verschenken eines wertvollen Rubinrings an eine Dienstmagd.[4]

Freilich gehen derartige Anzeichen charakterlichen Sonderlebens nicht über das hinaus, was in Fällen gespaltener Persönlichkeit beobachtet wird, und wenn auch einzelne dieser Fälle zu spiritistischen Deutungen schier genötigt haben,[5] so sind wir doch von Eindeutigkeit in ihrer Theorie noch weit entfernt. — Demgegenüber muß aber wieder darauf hingewiesen werden, daß auch Feda als Subjekt der seltsamsten 'Entsprechungen' aufgetreten ist, und zwar einerseits durch den Mund der Mrs. Leonard, anderseits durch 'direkte Stimme' in Gegenwart an-

---

1) Das. 102 ff. 79. 453 ff. 2) Das. 132 ff. 105. 147. 110. 3) Das. 245. 471. 552 f. 106 f. 4) XXXII 350—59. 5) Vgl. Prof. Hyslop über d. Doris Fischer-Fall (PrAm XI 1917) und Prof. M'Dougall über 'Sally Beauchamp' (Pr XIX 424 ff., bes. 430).

derer Medien, wobei es gelegentlich sogar zu Unterhaltungen zwischen ihr und der anwesenden wachen Mrs. Leonard gekommen sein soll![1]

Der seltsamste dieser Vorfälle ist kurz folgender: Während zweier Sitzungen im April 1922 hatte Feda zu zwei verschiedenen Sitzern, Mrs. Drummond (pseud.) und Rev. Thomas, von der Notwendigkeit gesprochen, für eine gewisse herrenlose Katze ein Heim zu finden. Etwa um die gleiche Zeit sprach eine unverkennbare Feda durch ein anderes Medium in 'direkter Stimme' zu einem ungenannten Geistlichen gleichfalls 'von Katzen und der Verpflichtung, gut zu ihnen zu sein.' Einen Monat später sagte Rev. Thomas während einer Leonard-Sitzung zu Feda, er selber werde nun jene Katze zu sich nehmen, nachdem er ein anderes Heim für sie nicht habe finden können. Zwei Tage darauf saß jene Mrs. Drummond zu Hause am Tisch und empfing durch diesen Kundgebungen von ihrem 'Sohne', der sonst auch häufig durch Mrs. Leonards Feda zu ihr sprach. Jetzt nun sagte er durch den Tisch u. a.: 'Fedas Katze hat ein Heim gefunden'.[2]

Der spiritistische Anschein solcher Vorgänge ist unleugbar, und man wundert sich kaum noch, daß Thomas gelegentlich bekennt, er sehe auf Grund zahlreicher Beobachtungen überhaupt 'keine andere logische Wahl', als Feda für eine selbständige Geistpersönlichkeit zu erklären.[3]

Ich verzichte darauf, noch weitere der bekanntesten 'Führer' zu besprechen: sie alle zeigen das oben aufgewiesene seltsame Für und Wider; ihr Ursprung liegt meist in tiefstem Dunkel, und im Fall einer Mehrzahl von 'Führern' in einem Medium ist die starke und streng durchgeführte Verschiedenheit der Charaktere stets im höchsten Grade auffallend.[4] Ich stimme Sage durchaus zu, wenn er die ausnahmelose Zwischenschaltung solcher Mittelspersonen als ein durchaus aufklärungsbedürftiges Problem bezeichnet.[5] Es ist jedenfalls eine noch keineswegs erklärte Tatsache, daß selbst bei medial Veranlagten, die — soweit feststellbar — nichts von spiritistischen Dingen wissen, solche selbständige Führerpersönlichkeiten soz. aus blauem Himmel auftreten und sich alsbald daran machen, ihr Medium nach allen Regeln der Kunst zu 'entwickeln', wobei sie seinen Aufstieg zu den höheren Leistungen des Trans bis ins kleinste überwachen.[6] Ich finde denn auch Mrs. Sidgwicks Gedanken völlig ungenügend, daß solche Zwischenschaltung gewissermaßen eine Rückendeckung des Mediums bedeute: indem man von einem Geiste weniger fordern dürfe, wenn er auf die Vermittlung eines zweiten angewiesen ist, durch die sich Fehler und Miß-

---

1) Bradley, Wisd. 186. 311.　　2) Thomas, Life 164. Vgl. auch Leonard 43 ff.　　3) New Evid. 4 f. Dagegen Carington: s. Bd. I S. 399.　　4) Ich erinnere z. B. an Mrs. Thompsons 'Nelly' und 'Mrs. Cartwright' (XVIII 126 ff.) oder an Mrs. Travers Smiths 'Shamar', 'Peter Rooney', 'Astor' und 'Eyen' (Travers Smith 93 f.).　　5) Sage 65.　　6) Vgl. z. B. P. Cornilliers Angaben über sein Medium Reine: Cornillier 11 f. Ihr 'Vetellini' verdiente eine Analyse (s. z. B. 66 f.).

Subjektiver Anteil der Transäußerungen

verständnisse einschleichen können.[1] Denn abgesehen davon, daß jene Zwischenschaltung auch bei einwandfreiem Verlauf der Kundgebung auftritt, so machen, wie ich zeigte, die beobachteten 'Schwierigkeiten' der Vermittlung durchaus den Eindruck technischer Echtheit, und nicht, wie Mrs. Sidgwick zu meinen scheint, den einer bloßen 'Entschuldigung'.

Zusammenfassend möchte ich sagen, daß mir die Frage der 'Führer' noch keineswegs in einem oder anderm Sinne gelöst erscheint; sie verdiente einmal gründlichste Durchforschung und zusammenfassende Darstellung. Die Möglichkeit phantastischer Selbstbenennung auch völlig selbständiger Geistwesen würde dabei ebenso zu erwägen sein, wie die der Abspaltung von 'seelischen Teilen' oder 'Teilseelen' des Mediums bis zur Selbständigkeit. Denn — worauf ich schon früher hinwies — die Frage ist nicht leicht zu beantworten, worin sich denn, metaphysisch gedacht, ein vollentwickeltes Spalt-Ich von einem 'selbständigen Geistwesen' unterscheide;[2] zumal doch unser Wissen betr. 'physiologische Grundlagen' solcher äußersten Seelenspaltungen einstweilen gleich Null ist,[3] Vielleicht eröffnet jene zweitgenannte Möglichkeit dereinst ein Verständnis für das oft hervorgehobene typenhafte Sichähneln mancher 'Kontrollen', vor allem der zahlreichen 'kindlichen'.[4] Anderseits pariert sie noch einen besonderen Angriff des Animisten: Man hat es für die spiritistische Auffassung gut identifizierter Kommunikatoren vernichtend finden wollen, daß sie gewisse 'Kontrollen' für echte Geister erklären, während deren bloße Subjektivität doch naheliege; wie z. B. 'George Pelham' als Bürge für die Imperator-Gruppe auftrat.[5] Im Gegenteil möchte ich es für höchst wahrscheinlich und natürlich erklären, daß ein echter Kommunikator ein zu völliger 'Selbständigkeit' gediehenes Spalt-Ich des Mediums von einem echten Geiste nicht unterscheiden könne. Er mag es sogar als 'Erscheinung' 'schauen', wie das Medium ihn selbst und wie er einen andern Kommunikator schaut; ja er mag jenes Spalt-Ich unter dem Namen kennen, den es sich selber beigelegt hat, und so mit ihm verkehren. Solche Gedanken werden nur dem ausschweifend erscheinen, der sich nicht willig in die neuartigen Begriffe hineindenkt, die unsre Tatsachen auf Schritt und Tritt uns aufdrängen.

Indessen will ich, um die unausbleiblich uferlose Erörterung aller dieser Fragen zu umgehen, auch hier dem Vorteil des Gegners zuliebe die bescheidenste und soz. konservativste Deutung unterstellen; ich will

---

1) Bei Barnard 56.   2) Vgl. Mattiesen 756 ff. 771 ff.   3) Vgl. etwa Dr. A. Wilson in Pr XVIII 380 ff.   4) S. z. B. XXXII 350 ff. und Dr. Freudenberg in PS XXXIV 461 ff.
5) Z. B. Mrs. Sidgwick in Pr XV 24.

also annehmen, daß auch die Hauptkontrollen, gleich so vielen flüchtigeren Phantasiegestalten der Transbühne oder des Automatismus — bloß traumhafte Maskierungen, Personationen des Mediums selber seien,[1] und darauf fragen, ob ein solches Zugeständnis geeignet sei, die spiritistische Auffassung **andrer Bestandteile** des Transdramas fraglich zu machen; etwa indem wir uns nun gedrängt fühlen müßten, auch diese als Erzeugnisse des Mediums **allein** zu deuten (wennschon unter Beihilfe seiner übernormalen Fähigkeiten). Die Antwort kann m. E. nur verneinend lauten. Zunächst liegt der Gedanke mehr als nahe, daß selbst eine durchaus 'subjektive' Persönlichkeitsphase sehr wohl soz. die **Vertretung eines vom Medium unabhängigen Kommunikators** übernehmen könne. Ihre 'Gleichartigkeit' mit andern hypnotischen 'Persönlichkeiten' könnte dann anerkannt werden unbeschadet ihrer **über das Medium hinausführenden Bedeutsamkeit.** Wie aber sollte eine solche 'Vertretung' zustande kommen? Nun, etwa indem ein telepathischer Einfluß seitens des Abgeschiedenen zunächst die Ausbildung einer Personation anregte und dann den Stoff lieferte, mit dessen Hilfe diese Personation eine Identifizierung bestreiten könnte. Daß eine solche telepathische Anregung möglich sei, ist natürlich nicht bloße Annahme, sondern durch Beobachtungen erwiesen. Die schon erwähnte 'Walter Scott'-Personation der Mrs. Piper z. B. trat zum erstenmal auf, nachdem sich Dr. Hodgson tags zuvor sehr angelegentlich mit 'Scotts Leben und Briefen' beschäftigt hatte; die 'Home'-Kontrolle, nachdem er gleichfalls tags zuvor in Moses' *Spirit Teachings* von dessen Begegnung mit D. D. Home gelesen hatte (tatsächlich bezog sich diese Home-Persönlichkeit ausdrücklich auf dies Zusammentreffen!).[2] Was aber ein Lebender so zustande bringt, müßte unter spiritistischen Voraussetzungen dem Abgeschiedenen erst recht möglich sein; ein Unterschied bestände nur darin, daß in den eben genannten Beispielen der Lebende die Personation eines **andern,** und zwar eines Verstorbenen anregt; im angenommenen Falle aber — der Verstorbene die Personation **seiner selbst.** Doch fällt ja auch dieser Unterschied fort in den oben besprochenen Fällen, wo ein Medium einen Lebenden 'personiert' unter Darbietung nur übernormal erlangbarer Inhalte.

Aber mehr als das: der Spiritist darf logischerweise auch bereit sein, **durchaus subjektive Personationen** zuzugestehn, also solche, die innerhalb des Mediums entstehen und enden; und nicht nur geschlossene Personationen, sondern auch subjektive **Einzel-Äußerungen als Teile nicht-subjektiver Personationen.** Anders ausgedrückt: die

---

1) Selbst 'Myers' (als 'Geist'!) behauptete ja Personationen 'right and left': XXIII 225.
2) XXVIII 85. Vgl. auch über die 'Guyon'-Kontrolle das. 123.

Kundgebung einer anscheinenden Fremdpersönlichkeit durch ein Medium darf sich als reiner Schein erweisen, wie auch eine bestimmte 'Seite' solcher Kundgebung als subjektive Zutat des Mediums, ohne daß damit die Voraussetzung echter Fremdäußerungen durch das gleiche Medium im mindesten gefährdet würde. Um das erstere zu begreifen, überlege man folgendes: Personen, welche die Fähigkeit und Neigung besitzen, hypnotisch-unterbewußte Personationen in sich auszubilden, besitzen eben damit schon eine vorzugsweise Eignung, wenn es gilt, solche Personationen unter der übernormalen Anregung einer wirklich 'fremden' Persönlichkeit zu verwenden, soz. als deren telepathisch informierte 'Maske'.[1] Solche Personen besäßen auch unter Umständen in derartigen Personationen ein 'dramatisches Aufnahmegefäß' für die Darbietung und Abrundung von Wissensinhalten, die ihnen tatsächlich von einer Fremdpersönlichkeit geliefert würden. Dies alles erscheint mir so einleuchtend, daß ich auf jede weitere Begründung verzichten zu dürfen glaube.

Die eigentliche Aufgabe, die uns die Subjektivität medialer Kundgebungen stellt, beginnt vielmehr erst bei der zweiten Behauptung, also da, wo in eine Kundgebung von ausgesprochen spiritistischem Anschein sich Bestandteile mischen, die einer spiritistischen Deutung widerstreben. Man möchte natürlich zunächst annehmen, daß wenn ein Abgeschiedener erst einmal den Anschluß an ein Medium gefunden hat, sein Wille-zur-Kundgebung nicht nur imstande sein werde, sein ganzes Wissen zutage zu fördern, sondern daß er auch nichts zutage fördern werde, was nicht zu seinem Wissen gehört. Daß weder das eine noch das andere der Fall ist, daraus entspringt die Schwierigkeit, deren Beseitigung vor allem erfordert wird.

Der erstere Tatbestand: daß ein 'Geist' nicht weiß, jedenfalls nicht alles weiß, was er voraussetzungsgemäß wissen müßte, tritt uns in mehr als einer Form entgegen. Am wenigsten braucht er uns zu bemühen, soweit ein allgemeines 'metaphysisches' Wissen in Frage kommt, das doch nur Unverstand von den Abgeschiedenen fordern kann. Es ist bekannt, daß nach übereinstimmenden Aussagen Verstorbener die Umwelt, in die sie sich zunächst versetzt finden, der irdischen in vielem vergleichbar erscheint; und davon wissen sie reichlich genug zu erzählen. Von einem Emporsteigen oder Versinken in die 'Abgründe des Seins' und dementsprechenden Entschleiern aller Geheimnisse der Welt dagegen kann bei der 'Kontinuität' alles Lebens gar keine Rede sein, und solches Nichtwissen den Jenseitigen vorzuwerfen, ist reichlich unvernünftig. 'Zu glauben,' schreibt einmal sehr vernünftig 'Frederic

---

1) Dies bekanntlich die ursprüngliche Bedeutung von per-sona.

Myers' durch Mrs. Hollands Hand, 'daß der bloße Vorgang des Sterbens einen Geist instandsetzt, das ganze Geheimnis des Jenseits[1] zu verstehen, ist ebenso töricht, als sich einzubilden, daß der Vorgang der Geburt ein Kind befähigt, das ganze Geheimnis des Lebens zu verstehen.'[2] Ja selbst, was ihnen doch gerade beim Mitteilungsvorgang nahe genug liegen sollte: die besonderen Bedingungen der Kundgebung durch ein Medium, gestehen die Jenseitigen ausdrücklich nur annähernd zu begreifen, und sprechen höchstens die Hoffnung aus, mit der Zeit, nach langsam erworbenem besserem Verständnis, eine genauere 'wissenschaftliche' Darstellung derselben geben zu können.[3]

Wichtiger für uns ist die unbestreitbare Tatsache, daß auch in jenem Wissen von Einzeltatsachen, worauf die Selbstidentifizierung beruht, sich häufig Lücken finden, die — wie der Animist behauptet — bei wirklicher Beteiligung Abgeschiedener nicht auftreten dürften. Wie oft nicht erfolgt auf eine Frage, die der Betreffende zu Lebzeiten glatt beantwortet hätte, zunächst ein Schweigen, oder die Angabe, man werde sich besinnen, sich alle Mühe geben, die Antwort zu finden. Ein Beispiel aus hunderten — und zwar wähle ich absichtlich eins, wo das Versagen schließlich doch noch zum Erinnern führt.

An einer Sitzung der Misses Moore, der beiden Medien für direkte Stimme, am 24. Mai 1928 nahm eine Mrs. X. teil, Gattin eines der bedeutendsten schottischen Bankdirektoren, aber allen Anwesenden unbekannt. Der 'Führer' 'Andrew Wallace' behauptete die Anwesenheit ihres Onkels — 'Grif... Grif... Griffen... nein... Griffith'. Mrs. X., die einen solchen Onkel in ihrer Jugend wirklich gekannt hatte, mußte eine Reihe richtiger Angaben lachend anerkennen, die der Onkel zunächst durch den Führer machte; nach einigen Versuchen und nach Belehrungen durch den Führer gelang es ihm, in eigener Stimme zu reden, und Mrs. X. rückte ihm nun mit der Frage zu Leibe: 'Wenn du mein Onkel Griffith bist, willst du mir den Namen nennen, bei dem ich als Mädchen gerufen wurde?' 'Ich will es versuchen', sagte der Onkel. 'O, aber wenn du mein Onkel bist, würde es dir nicht schwer fallen, mir das zu sagen.' Der Onkel: 'Namen sind immer schwer.'[4] Mrs. X. wurde etwas ungeduldig, und eine der Misses Moore machte sie darauf aufmerksam, daß sie damit die Sache nur verschlimmere. Man machte Musik, um 'Kraft' anzusammeln, und auch der Führer erklärte, das hastig-ungeduldige Fragen habe den Geist vergrämt; es sei doch sein erster Versuch zu 'sprechen', und auch Lebende hätten ja oft ihre Mühe mit Namen (was lachend zugegeben wurde). Mrs. X. sprach ihr Bedauern aus, und man vernahm erneute, sich steigernde Sprechversuche des Onkels. 'Hast du mich hören können?' fragte er schließlich. 'Nein, sagte die Dame, leider nicht.' 'Ich glaubte, ich spräche ganz laut...' 'Was

---

1) Eigentlich 'Todes'.   2) XXI 232 f.   3) Z. B. XXVIII 421 o. 593 u.; auch XXIII 148.   4) Vgl. o. S. 209 ff.

Subjektiver Anteil der Transäußerungen   255

sagtest du, Onkel?' 'Nun, deinen Namen doch natürlich, den du wissen wolltest.' 'Schön, und wie war er?' 'Nun, Judy, Judy, Judy, meine Liebe.' Dies stimmte, und Mrs. X. war 'entzückt'.[1]

Hier könnte man sagen, das anfängliche Nichtwissen des Geistes überschreite kaum die Grenzen banal-menschlicher Vergeßlichkeit; umgekehrt könnte der Animist ein schließliches Wirksamwerden von Telepathie behaupten.

Aber nicht alles Nichtwissen Abgeschiedener erscheint so harmlos. Umständlich Erlerntes, wie eine Fremdsprache, oder aber experimentell zum Zweck der Äußerung nach dem Tode Niedergelegtes dürfte doch — möchte man meinen — auch dann noch zum erinnerten Besitz gehören. Und doch ist dies nicht der Fall. Ich gebe für beides je ein Beispiel.

Prof. Newbold unternahm es, 'George Pelham', der zu Lebzeiten des Griechischen mächtig gewesen war, auf seine postume Kenntnis dieser Sprache hin zu prüfen. Er sollte den Satz übersetzen: οὐκ ἔστι θάνατος· αἱ γὰρ τῶν θνητῶν ψυχαὶ ζωὴν ζῶσιν ἀθάνατον, ἀΐδιον, μακάριον,[2] — also einen Satz mit einfachem Wortschatz und den Vorstellungen der Sitzung naheliegendem Inhalt. Dieser Satz wurde erstmalig am 25. Juni 1895 dem Kommunikator vorgesprochen und ihm die Inanspruchnahme der Hilfe von 'W. St. Moses' empfohlen. Die Auffassung schien von vornherein Mühe zu bereiten — 'es ist, als erwachte ich aus einem Traum, wenn ich dies zu erinnern suche' —, und das Wort οὐκ wurde zunächst mit 'Licht' übersetzt, — 'anscheinend infolge von Klangverbindung mit dem lateinischen lux', meint Newbold. Am 26. und 27. wurden weitere erfolglose Versuche gemacht. 'Pelham' sagte, er erinnere sein Griechisch sehr wohl, wenn er vom Medium entfernt sei, aber die Anstrengung des Sich-Äußerns verwirre ihn und treibe ihm alle seine Sprachkenntnisse aus dem Kopfe. Am 1. Juli wurden anderweitige Äußerungen mit den Worten unterbrochen: 'Wer sagte: Es gibt keinen Tod? Moses... Unterbrecht mich nicht... *Ouk esti thanatos*. Es gibt keinen Tod...', und Wiederholung der Aufgabe wurde gefordert. Es folgten allgemeine Versprechungen — 'Ich will jetzt gehn und es übersetzen und dann wiederkommen' —, aber sie wurden nie gehalten, und von einer Übersetzung war schließlich nicht weiter die Rede.[3] — Der seltsame Teilerfolg und die gelieferte Erklärung dafür, daß nicht mehr zustande kam, mögen zu denken geben; doch wird sich der Animist wohl darauf berufen, daß das wenige Geleistete auf Gedankenübertragung seitens der Sitzer beruhen könne.

Hinsichtlich des zweiten Tatbestandes viel besprochen sind die fehlgeschlagenen Versuche, den Inhalt verschlossener Briefe anzugeben, die — mitunter von Forschern ersten Ranges — zum Zwecke des Experiments hinterlassen worden waren.

---

1) Duncan 56—65.   2) 'Es gibt keinen Tod; denn die Seelen der Sterblichen leben ein unsterbliches, ewiges, seliges Leben.'   3) XIV 47.

Der von Frederic Myers so hinterlegte Umschlag wurde von Mitgliedern der Ges. f. ps. F. geöffnet, nachdem 'Myers' anscheinend mehrere Versuche in dieser Richtung gemacht hatte, die sich aber nunmehr gleichfalls als Fehlschläge erwiesen. Und doch ist gerade von Animisten auf die Zweideutigkeit auch dieser Fehlschläge aufmerksam gemacht worden. Denn wie man sie auch an sich zu erklären suchen mag: Tatsache ist, daß nachdem mehrere lebende Mitwisser des Inhalts vorhanden waren, Mrs. Piper gleichwohl niemals richtige Angaben zu machen vermochte; was man doch gerade nach der Theorie des gedankenleserischen Zusammenklaubens ihres Transwissens hätte erwarten können, wenn nicht müssen.[1]

Dasselbe gilt von dem gleichen Versuch der sterbenden Miss Hannah Wild. Auch hier der völlige Mißerfolg einer ganzen Reihe angeblicher Versuche von drüben her, den Inhalt mitzuteilen, — selbst nachdem dieser Mrs. Blodgett, der Schwester der Verstorbenen, und außerdem Prof. James bekannt war.[2]

Wie wir sehen, geht die negative Argumentation des Gegners in keinem dieser Fälle ganz glatt auf; und tatsächlich sind uns ja auch schon Fälle begegnet, in denen das Experiment 'postumen' Erinnerns zu vollem Erfolge führte.[3] Dies könnte wohl den Gedanken nahelegen, die negativen Befunde wirklich nur auf echten Gedächtnisschwund zurückzuführen. Hinsichtlich des Vergessens 'postumer Briefe' liegen sogar Versuche vor, die eine solche Deutung empfehlen.

Prof. Hyslop hatte mehrere derartige Briefe geschrieben, deren Inhalt sich auf 'sehr häufig erinnerte Erlebnisse der Kindheit' bezog. 'Anderthalb Jahre danach hatte ich jeden einzelnen der so niedergelegten Vorgänge völlig vergessen', d. h. doch wohl: er hatte vergessen, welche Erinnerungen von ihm aufgeschrieben worden waren. 'Ich mußte also nunmehr eine Anmerkung beifügen des Inhalts, daß ich vergessen hätte, was in den Briefen stand. Etwa 6 Monate später, als ich eine Darstellung meiner Kindheit niederschrieb, fielen mir auch jene fast sämtlich wieder ein, und nunmehr muß ich auch dies auf den Umschlägen vermerken. Seitdem aber habe ich abermals einige von ihnen vergessen. Die Erlebnisse an sich sind fraglos durchaus erinnerbar, und die einzige Schwierigkeit besteht darin, daß ihre Verknüpfung mit meiner Absicht, sie wenn möglich nach dem Tode kundzugeben, nicht kräftig genug ist, ihre leichte Wiedergabe zu sichern.'[4]

Ich bin versucht, hier auch ein formloses Experiment zu erwähnen, von dem Sir Oliver Lodge Mrs. Bradley berichtet hat, deren Gatte es weitererzählt: Gelegentlich eines Weihnachtsfestmahls im Kreise seiner zwölf, wohl meist erwachsenen Kinder machte der Gelehrte folgenden Vorschlag: 'Wir spielen ein Spiel. Ihr tut, als sei ich tot, und fragt mich aus, um herauszubringen, ob ich euer Vater bin oder nicht. Stellt an mich alle Fragen, die es nach eurer Meinung beweisen könnten.' Eine Stunde lang fragten sie ihn

---

1) Tischner, Gesch. 180. Ebenso Bozzano, A prop. 32 f.   2) Pr VI 657.   3) Vgl. Bd. I S. 301.   4) Hyslop, Science 292 f.

Subjektiver Anteil der Transäußerungen

nach Dingen in seiner und ihrer Vergangenheit, und er konnte nichts von dem erinnern, was sie erinnerten [eine Behauptung, die durch Bradleys bekanntes Temperament ein wenig 'aufgehöht' sein mag]. So sagte er denn schließlich: 'Der Beweis ist gelungen: ich bin es nicht. Ich bin euer Vater nicht.'[1]

Aber auch wenn wir die Grenzen banal-menschlicher Vergeßlichkeit wirklich und beträchtlich überschritten finden, stehen dem Spiritisten, wie ich meine, einleuchtende Gründe zur Verfügung, diese Tatsache belanglos zu finden. Ich will hier aufzählen, was uns an solchen Gründen die eigene Überlegung und die Angaben derer liefern, die es voraussetzungsgemäß doch am besten wissen müßten: der Kontrollen und Kommunikatoren. Wir müssen dabei nur überlegen, ob, was sie sagen, in ihrem eignen Sinne glaubhaft ist, oder nach windigen Ausflüchten des Mediums klingt.

Schon der Vorgang des Sterbens wird zuweilen als Anlaß einer mindestens vorübergehenden Trübung des Gedächtnisses geschildert.

In einer Sitzung des Jahres 1889 sagte 'Rector' zu den beiden Professoren Lodge: 'Manche Dinge entfallen einem, wenn die Auflösung statthat, so völlig, daß es Zeit erfordert, diese Vorfälle ins Gedächtnis zurückzurufen. Die Eindrücke und Gedanken im sterblichen Geiste werden beseitigt, wenn der Geist vom Leibe befreit wird, wenigstens zeitweilig ... Ist das klar?'[2]

Ich meine, wir brauchen solcher Aussage den Glauben von vornherein nicht zu versagen. Das Sterben, vielleicht vor allem das erregende oder qualvoll schwere, bewirkt doch wohl eine so tief einschneidende Umstellung im ganzen seelischen Haushalt, daß die häufigen Klagen Jenseitiger über eine ihm zunächst folgende Benommenheit — ja einen 'Übergangsschlaf' — unstreitig einige innere Wahrscheinlichkeit haben, und erst Gedächtnislücken in längere Zeit nach dem Tode erfolgenden Äußerungen würden zu anderweitigen Deutungen nötigen. Da wäre denn zunächst die 'persönliche Gleichung' des jeweiligen Kommunikators zu berücksichtigen: sind doch Erinnerungsfähigkeit und Geistesklarheit überhaupt bei Menschen sehr ungleich entwickelt, vollends soweit krankhafte Zustände mitspielen.

Dr. Hodgson teilt den Fall eines Mr. A. mit, von dem er in etwa einem halben Dutzend Sitzungen über ein Jahr nach dessen Tode Mitteilungen zu erlangen suchte. Manches kam dabei zutage, zugleich aber viel Zusammenhanglosigkeit und Verwirrung. Doch war gerade dies nach Hodgsons Urteil für A. bezeichnend, der mehrere Jahre vor seinem Tode an Kopfschmerzen und zeitweiliger geistiger Erschöpfung, wenn auch nicht gerade Geistesstörung, gelitten hatte. Der Versuch wurde auf 'Pelhams' Rat schließlich

---

1) Bradley, Wisd. 283.   2) XXIII 148.

aufgegeben, welcher behauptete, A. werde noch einige Zeit lang nicht klar sein.¹

Wird man dies für eine Ausflucht des maskierten Mediums halten, das sich unfähig fühlte, etwas über A. herauszubringen? Dann hätte man sich mit der Tatsache abzufinden, daß in gleichzeitigen Sitzungen andre Kommunikatoren sich höchst erfolgreich kundgaben. Hodgson wußte viel über A., und andre lebende Lieferer von Wissen standen natürlich auch zur Verfügung. A.s Aussichten waren somit die gleichen (auch hinsichtlich der derzeitigen Aufgelegtheit des Mediums!), wie die der andern Kommunikatoren. Warum also war von allen gerade er verworren, der es auch zu Lebzeiten gewesen war?

Hodgson berichtet zwei weitere Fälle von Kommunikatoren, die sich das Leben genommen hatten, der eine fraglos in einem Anfall geistiger Verwirrung. In beiden Fällen waren die Kundgebungen zunächst sehr verworren und lückenhaft; doch wurden gerade solche Tatsachen nicht geäußert, die den Sitzern wohl vertraut waren, ja auf die sie lebhaft ihre Gedanken richteten. In beiden Fällen trat mit der Zeit eine Klärung ein, wobei sowohl die Mitteilungsinhalte wie auch die Eigenart der Personation eine glänzende Identifizierung zu liefern schienen. 'Es war, als stünde B. in Person vor uns', sagen zwei seiner Freunde, '... kleine Charakterzüge, Besonderheiten des Ausdrucks und Wendungen des Gedankens erkannten wir sofort als zu seiner Persönlichkeit gehörig.' — Der andere Selbstmörder, C., sagte 7 Jahre später selbst im Rückblick auf seine ersten Auftritte: 'Mein Kopf war nicht klar und ist es auch jetzt noch nicht, wenn ich zu euch spreche.'²

'Wenn ich zu euch spreche'. Ist es nicht wahrscheinlich, daß diese Worte eine sehr aufschlußreiche Tatsache andeuten? Daß der Kommunikator, wenn er aus seiner neuen Umwelt zeitweilig in 'Wirkungs-Nähe' des Mediums und andrer Lebender kommt, eben damit in für ihn **unnatürliche Bedingungen und folglich mindestens in die Gefahr der geistigen Hemmung und Beeinträchtigung gerät**? Es ist leicht — wie manche Animisten tun —, diesen Gedanken als billige Ausflucht gegenüber Fehlleistungen zu belächeln. Trotz der Schwierigkeit echter Einsicht in die Zusammenhänge erscheint er mir durchaus einleuchtend. Und es ist nicht verwunderlich, daß manche der best-identifizierten Kommunikatoren für ihn eintreten.

'Ich habe das Gefühl, sagt 'Thomas sen.', daß ich während einer Sitzung nicht vollständig bin, — *not complete*, soz. nicht ganz ich selbst —. Ich verfüge nicht über meine ganze Geisteskraft an Gedächtnis und Bewußtsein, und wenn ich in die Geisterwelt zurückkehre, fühle ich mich wie einer, der aus einem teilweisen Schlaf erwacht.' Dann erinnere er wieder gut, was

---

1) XIII 349. 374 f.   2) XIII 349 f. Vgl. 342. 382.

ihm zuvor entschwunden war; während jener Gedächtnishemmung aber habe er das peinigende Gefühl, daß er es eigentlich wissen müßte.'¹

Im Winter 1895/6 äußerte sich 'John Hart' mehrfach kurz durch Mrs. Piper, nachdem er schon im Sommer vorher einem Freunde Hodgsons eine Botschaft an diesen aufgetragen hatte. Im Winter darauf erschien er bekümmert darüber, daß ihm nicht die gleichen Gelegenheiten geboten würden, wie zuvor 'George Pelham'. 'Warum in aller Welt', sagte er am 22. Jan. 1896 zu Hodgson, 'rufst du nie nach mir? Ich schlafe nicht. Ich wünsche dir zu helfen, mich zu identifizieren... Ich bin jetzt in bei weitem besserem Zustande.'² Hodgson: 'Du warst anfangs verwirrt.' — 'Sehr verwirrt; aber ich begriff nicht wirklich, wie verwirrt ich war... Ich bin es mehr, wenn ich versuche, zu dir zu sprechen.'³ — Ein anderer Kommunikator klagt gelegentlich durch Mrs. Piper: 'Ich rede wie durch einen dichten Nebel, und oft erstickt er mich... Ich kann das rechte Wort nicht finden, mein Geist ist so verwirrt... Die Bedingungen ersticken [mich].'⁴ — Und selbst der Piper-Myers gesteht einmal: 'Ich kann nicht mehr denken, meine Gedanken wandern... Ich bin zu schwach, es heute zu sagen.'⁵ Es widerfuhr ihm, daß er kurz nach seinem Tode, durch Mrs. Thompson redend, sich nicht der Ges. f. ps. F. erinnern konnte, — seiner eigensten Schöpfung! — 'Glauben Sie nicht', sagte er zu Prof. Lodge, 'daß ich vergessen habe. Aber ich habe vergessen. Wenigstens im Augenblick. Lassen Sie mich nachdenken... Man sagt mir [!], jener Gesellschaft habe all meine Liebe gehört. Man wird mir helfen...'⁶ Und das geschieht während einer Personation, die Lodge für 'außerordentlich lebenswahr' erklärt und 'wirklich so überzeugend, wie etwas derartiges überhaupt sein kann!'⁷ — In der Tat, welches englische Medien-Unterbewußtsein hätte sich wohl einfallen lassen, ausgerechnet Frederic Myers sich nicht an die S.P.R. erinnern zu lassen?! Welches italienische Medium würde den letztverstorbenen Papst sich nicht erinnern lassen, was Rom und die Peterskirche zu bedeuten haben?

In solchen verzweifelten Fällen geschieht es dann wohl, daß der Kommunikator sich auf kurze Zeit 'entfernt', um den ihn 'benebelnden Bedingungen' zu entrinnen und seine Gedanken neu zu sammeln;⁸ kehrt er dann zurück, so beweist der bessere Fortgang der Kundgebung, daß seine Beschwerde kein eitler Vorwand war.

Diese Klage über hemmende Wirkungen der Berührung mit dem Medium nimmt zuweilen eine sehr merkwürdige Form an. Von manchen Kommunikatoren hören wir, daß ihr Seelenwesen, vor allem ihr Erinnern, beim Versuch der Eigenkontrolle eine Spaltung erleidet, ähnlich der den Lebenden vertrauten Spaltung in Ober- und Unterbewußtsein, oder wenn man will: in Erinnertes und Vergessenes.

---

1) XXXVIII 65 f. Vgl. JSPR XXI 86; Thomas, Life 173. 207 f.; Allison 187 ('Hyslop' durch 'Feda').   2) I am a good deal better now.   3) XIII 355 f. Vgl. 'Mrs. Irving': XXXVI 565 und 'Bennie Junot'; XXIV 377.   4) XXVIII 160. Vgl. XVI 313.   5) XXII 96. 95.   6) XXIII 202.   7) S. näheres das. 204 f.   8) S. z. B. XXVIII 160. 162.

Sehr betont war dies im Falle der Kommunikatoren des Rev. Thomas: seines 'Vaters' und seiner 'Schwester Etta'. 'Eine unserer größten Schwierigkeiten', sagte sie zu ihm, 'während des Kontrollierens ist unser geteiltes Gedächtnis.' Von Thomas sen. behauptete Feda, er sei sich darüber klar, 'daß er nur einen kleinen Teil seines Geistes innerhalb des Geistes des Mediums in der Gewalt habe.[1] Der außerhalb des Geistes des Mediums gelassene Teil bildet derweil seinen **unterbewußten Geist.**'[2]

Womit man die merkwürdige Behauptung einzelner Jenseitiger vergleichen mag, daß ihre Seele auch drüben ein teilbares Etwas sei, entsprechend dem krankhaften Persönlichkeitszerfall hienieden, — 'ein Ding in hohem Grade zusammengesetzt und aufgebaut, Schicht um Schicht', sagt 'Oscar Wilde'.[3] woraus denn auch die Möglichkeit entspringe, sich **gleichzeitig durch zwei** Medien kundzugeben, wenn auch schwerlich ohne Beeinträchtigung **beider** Kundgebungen.[4]

Solche Klagen sind allgemein. Aber was ist im **besonderen** das Wesen dieser Behinderung gerade im entscheidenden Augenblick der Äußerung? Hier scheint eine Mehrheit von Ursachen zusammenzuwirken, nämlich solche, die sich physiologisch bezw. metaphysiologisch ausdrücken lassen, und andere, die mehr in psychologischen Begriffen faßbar sind. Betrachten wir jene, als vermutlich die gröberen, zuerst.

Es ist klar, daß der Kommunikator irgendwie — unmittel- oder mittelbar — auf den nervösen Äußerungsapparat des Mediums Einfluß gewinnen, also dessen Gehirn 'benutzen' muß; dies Gehirn aber ist ein ihm fremdes, 'ungewohntes', 'unangepaßtes'; es geht nicht nur leicht seine eigenen Wege; es hemmt auch von Anfang an in allgemeiner Weise.

'Oscar Wilde' macht eigentümlich zum Nachdenken reizende Bemerkungen darüber: 'Es ist etwas Seltsames, diese Geburt in ein neues Hirn hinein. Ihr mögt es zergliedern oder zerlegen als eine wissenschaftliche Seltsamkeit; aber für uns, die wir in fürchterlicher Schwebe zwischen dem Tageslicht und dem Dunkel hängen, ist es eine ebenso schreckliche wie sonderbare Erfahrung, und eine, der die Wiederholung nichts von ihren Schrecken nimmt.'[5] Des Mediums Gehirn ist mir nicht dienstbar. Ich kann es nicht benutzen, denn Gedanken würden darin stecken bleiben, wie Fliegen auf einer klebenden Masse.'[6]

Ja selbst an einer der, wie wir wissen, erfolgreichsten Kommunikatorinnen, 'A. V. B.', machten ihre Freundinnen die Beobachtung, daß ihr 'Gedächtnis und die Befähigung zur Äußerung stets ungünstig beeinflußt erschienen während 'persönlicher Kontrolle' des Mediums', — also doch wohl beim

---

1) He works only a small part of his mind within the mediums mind. — Vgl. Lodge, Raymond 168 (Feda über 'Paul Kennedy'). 2) Thomas, Life 207. Vgl. Pr XXXVIII 85. 88. 3) OR 1923 275 (XXXIV 195). 4) 'Mrs. H.': XXVIII 172. Vgl. Lodge: XVII 51 und 'Myers': XXIII 210. 5) OR 1923 271. 6) Travers Smith, Wilde 36.

Eingehen eines engeren Verhältnisses zum Gehirn des Mediums, zum 'Apparat' der unmittelbaren Äußerung, — und A. V. B. hat sich bei mehreren Gelegenheiten bitter darüber beklagt.[1]

Daß darüber hinaus auch der 'Metaorganismus' des Mediums eine bedeutsame Rolle im Mitteilungsvorgang spiele — und zwar natürlich auch eine hemmende und ablenkende —, muß jedem unleugbar erscheinen, der irgendwelchen Einblick in diese Dinge gewonnen hat, auch wenn er die Unmöglichkeit zugibt, die Aussagen der Nächstbeteiligten darüber jetzt schon wirklich zu verstehen. Bekannt sind die Angaben einzelner Piper-Kontrollen über ihre Art, den 'Apparat' zu benutzen; sie lassen sich etwa folgendermaßen zusammenfassen.

Alle Menschen besitzen, eingeschlossen in ihren fleischlichen Körper, Leiber aus 'lichterzeugendem Äther'. Das Verhältnis von Mrs. Pipers ätherischem Körper zur ätherischen Welt, in der die Kontrollen zu leben behaupten, bringt es mit sich, daß ein besonderer Vorrat eigenartiger Energie im Zusammenhang mit ihrem Organismus sich ansammelt, der ihnen als ein 'Licht' erscheint. Mrs. Pipers ätherischer Körper wird von ihnen beseitigt, und ihr gewöhnlicher Leib erscheint als eine von diesem 'Licht' erfüllte Hülse. Mehrere Kontrollen können gleichzeitig mit diesem Licht in Berührung sein. Es bestehen in Mrs. Pipers Falle zwei hauptsächliche Massen desselben: die eine im Zusammenhang mit dem Kopf, die andre in Verbindung mit rechtem Arm und Hand. Zeitweilig war die mit der Hand verbundene 'heller', als die mit dem Kopf verknüpfte. Wenn der sich Kundgebende mit dem Licht in Berührung kommt und seine Gedanken denkt, so haben diese die Neigung, durch Bewegungen in Mrs. Pipers Organismus wiedergegeben zu werden. Sehr wenige können auf den Stimmapparat einwirken, selbst wenn sie in Berührung mit dem Lichte des Kopfes sind. Von der Menge und Helligkeit dieses Lichtes hängen unter sonst gleichen Umständen die Mitteilungen ab. Ist Mrs. Piper nicht wohl, so ist das Licht schwächer, und die Mitteilungen haben die Neigung, weniger zusammenhängend zu sein. Auch wird es während einer Sitzung verbraucht, und wenn es sich verdunkelt, so besteht eine Neigung zur Zusammenhanglosigkeit sogar in sonst klaren Mitteilungen. In allen Fällen erzeugt die Berührung mit dem Licht eine leichte Verwirrung, und falls die Berührung zu lange anhält oder das Licht sehr dunkel wird, so neigt das Bewußtsein des Kommunikators dazu, vollständig zu versinken.[2]

Daß an diesen Angaben der 'Nächstbeteiligten' irgend etwas 'dran sein' muß, wird niemand bestreiten, der sich ihre wesentliche Verflochtenheit mit so vielen andern Beobachtungen klar macht: Beobachtungen über mannigfache 'Strahlungen' des menschlichen Leibes, über hinausversetzbare 'Schichten' und ihren Übergang in phantomartige Bil-

---

1) XXX 482 o. Ein Versuch, dies Verhältnis praktisch zu schildern: XXXVIII 78 ff.
2) XIII 400. Vgl. XXVIII 59 f. 62 ff. 366 ff. 394.

dungen, wie über 'feinere' Leiblichkeiten überhaupt; über die Vorstufen des Phantoms und die Empfindungen des Mediums dabei; über die Lichtumflossenheit so vieler Phantome, über Licht und Lichter spukhafter Natur u. dgl. m.[1] Es ist diese unverkennbare Verwandtschaft so vieler weit auseinanderliegender Beobachtungen mit den Angaben der Transmedien[2] über metaphysiologische Grundlagen ihrer Leistungen, was es mir unmöglich macht, solche Angaben einfach beiseite zu wischen, weil sie nicht die restlose Geschlossenheit echt wissenschaftlicher Theorien haben, sich hier und da in kleine — wohl mehr scheinbare — Widersprüche verstricken und gelegentlich in Wortfassungen übergehn, die unser Verstand als Unsinn bezeichnet.[3] Was gibt uns denn das Recht, an die Jenseitigen, die sich über solche dunkle Dinge äußern, die Forderung wohl überlegten Denkens zu stellen, anstatt sie als 'Laien' anzusehn, die — vollends zu uns — nur andeutungsweise über Tatsachen reden können, die doch auch sie nicht ernsthaft 'erforschen', von denen sie vielmehr nur unbestimmte und unverstandene Eindrücke gewinnen? Aus solchen Gedanken heraus vermag ich nicht Mrs. Sigdwick beizupflichten, wenn ihr, bei größtem Scharfsinn, doch etwas unfruchtbarer und (im wissenschaftlichen Sinne) phantasieloser Geist aus solchen Widersprüchen im kleinen eine Verurteilung in Bausch und Bogen ableitet.[4]

Die sonderbarste Warnung gegen solche Übereilung liegt m. E. in den häufigen Aussagen über ein 'Band' eine 'Schnur', einen 'Draht', die das im Tieftrans aus seinem Leibe entfernte Medium mit diesem verbinden. Es mußte auch hier Mrs. Sidgwick leicht sein, gewisse auf der Hand liegende Widersprüche zwischen den Angaben einzelner Transpersönlichkeiten aufzuspüren, und ihre soz. philologische Einstellung glaubt damit die Wertlosigkeit auch dieser Angaben erwiesen zu haben.[5] Denn nicht nur soll jenes 'Band' das hinausgedrängte Medium mit seinem Leibe verbinden: es soll auch als 'eine Art von Jakobsleiter für den Ab- und Aufstieg der Geister' und überdies als eine Art von 'Telephondraht' für ihre Aussagen durch den Organismus des Mediums dienen. Gleichwohl: ich kann 1) nirgends den bündigen Nachweis finden, daß diese Angaben Mrs. Piper von außen eingegeben seien;[6] und 2) erinnern sie uns ja wieder an Beobachtungen und Lehren, die uns

---

1) Genaueres über diese Tatsachen in dem später zu veröffentlichenden Abschnitt über 'objektive Phantome'. 2) Nicht nur Mrs. Pipers! Vgl. z. B. Mrs. Leonard: Thomas, Life 174; XXXVIII 72 ff.; Mrs. Holland: XXI 249 o.; Mrs. Travers Smith: Wilde 13 usw. 3) Mrs. Sidgwick: XXVIII 62 ff. 4) Woher z. B. die seltsame Angabe (XXVIII 436), daß man Schwierigkeiten habe, das 'ätherische' Licht aus dem Körper des Mediums zu entfernen, wenn eine kurze Sitzung es nicht aufgebraucht habe? 5) Vgl. XXVIII 71 ff. und die dazugehörigen Zitate des Appendix. 6) Ausschlaggebend: XXVIII 342 ff.

Subjektiver Anteil der Transäußerungen

von alters her aus mancherlei Gegenden der Metapsychik zugekommen sind; sodaß der Gedanke sich förmlich aufdrängt, es werde auch hier auf eine wichtige, wenn auch zunächst ganz undurchschaubare Tatsache angespielt. Wir werden dieser Tatsache des verknüpfenden 'Bandes' später in einem noch bedeutsameren Zusammenhang wieder begegnen: nämlich bei den Beobachtungen über die Hinausversetzung des Ich in einer phantomhaften Hülle aus dem Leibe während und beim Abschluß des Lebens.

Im Vorblick auf diese Beobachtungen lohnt es sich immerhin, die Behauptung Phinuits und der Seinen sich zu merken: daß auch der Geist des Mediums seinen Körper auf einer solchen 'Schnur' verlasse, die am Hirn oder Herzen bzw. am Sonnengeflecht befestigt sei; daß er auf eben dieser auch wieder zurückkehre oder herabgleite oder zurückgezogen werde; und wir brauchen uns dabei nicht an Unverständlichkeiten, oder vielleicht richtiger: Zweideutigkeiten zu stoßen, die wohl nur uns als 'Widersprüche' erscheinen, — wie etwa die Angabe, daß die Spielleiter dieses 'Band' am Leibe des Mediums anheften und wieder abtrennen, oder daß dies Band 'von der jenseitigen Seite komme' oder 'gewoben werde'.[1] Denn wir wissen ja keineswegs, ob wir solche Äußerungen richtig verstehen, und dürfen auch, wie gesagt, durchaus nicht voraussetzen, daß sie 'wissenschaftliche Einsichten' ausdrücken. Der Gedanke liegt eigentlich nahe, daß gerade, wenn jene Aussagen lediglich Einbildungen des Mediums wären, deutliche Widersprüche gar nicht statthaben dürften, indem die bekannte ungeheure Gedächtniskraft des Trans-Ich sie ausschließen müßte.

Wie dem aber auch sei: das hier für uns Wichtige ist, daß eben in diesen rätselvollen metaphysiologischen Bedingungen die Transpersonen häufig den Ursprung von Hemmung und Verwirrung erblicken.

So schreibt sich 'Rector' einmal die Aufgabe zu — an sich natürlich auch wieder unverständlich, aber schwerlich 'erfunden' —, 'das Ende der Schnur, die an das Licht [d. h. das Medium] befestigt ist', während seines Wirkens zu 'halten' und nicht 'loszulassen', 'bis das Licht sich zu trüben beginnt', d. h. die Kraft zum Transwerk erschöpft ist; dieser Aufgabe zu genügen und gleichzeitig 'die vielen, vielen unterbrochenen[2] Botschaften' entgegenzunehmen, bringe ihn 'oft in einen Zustand fast von Verzweiflung, während man doch von mir erwartet, daß ich klare Botschaften liefere von Geistern, die wirklich klar reden.'[3]

Die weitaus häufigste Klage aber ist eben die, daß jene rätselhafte 'Kraft', die dem Kommunikator als 'Licht' erscheint, nicht in genügender Menge zur Verfügung stehe und — zumal gegen Schluß einer

---

1) XXVIII 424 f. 228. 380 f. 590. 428 f. 432 f.   2) interrupted — versehentlich für 'ununterbrochen'?   3) XXVIII 430.

Sitzung — soweit aufgebraucht sei, daß fernere klare Übermittlung unmöglich wird.

'Das Licht dürfte schlecht sein', 'das Licht ist trübe', 'es ist dunkel', 'keine Kraft', — so lauten leidlich übereinstimmend die Beschwerden bei fast jedem Medium, dessen 'technische' Äußerungen wir überhaupt erfahren.[1] — Es ist auch anscheinend jene als 'Licht' erscheinende Kraft, von der geleitet die Abgeschiedenen überhaupt zu einem Medium hinfinden,[2] wie wir noch hören werden. Aber die Berührung mit diesem 'Licht' scheint für den Fremden nicht ohne Gefahren zu sein, und der Versuch, es auszunutzen, dürfte es sein, was alle jene Gefühle von 'Ersticken', von 'Albdruck' und 'Schwindel' erzeugt, und folglich 'Unfähigkeit, die Gedanken auszudrücken', über die sich fast alle Transpersonen beschweren und die sie als Grund der Entartung ihrer Äußerungen bezeichnen.[3]

Aber nun weiter: sehr häufige Beschwerden der Kommunikatoren beziehen sich auch auf ausgesprochen **psychologisch gefaßte Hemmungen**. Das fremde Gehirn des Mediums gilt dem Kommunikator als Grundlage eines selbständigen und eben darum **ihn störenden Vorstellungslebens**. Und damit führt uns unser Gedankengang auf die **zweite Form der medialen Verfälschung von Kundgebungen: das scheinbare Äußern durch den Kommunikator von Vorstellungen, die nicht zu seinem Wissen gehören**, die sein Bild also verwischen und darum Zweifel erregen an dem wirklich spiritistischen Ursprung der Kundgebung.

Wenn es in Mrs. Kings bedeutsamen Schriften heißt: 'Kläre dein Gehirn',[4] so deutet sich diese Forderung durch andere Äußerungen des Kommunikators in der gleichen Schriftenreihe: 'Laß dies jetzt, sonst wird dein Gehirn erfinden [daß heißt doch: eigene Gedankenwege gehen].'[5] Das 'Gehirn' soll eben passiv, lediglich aufnehmend oder 'schweigend' sein. 'Die geistige Haltung, darauf kommt es an. Im Schweigen ist Ruhe — und in der Ruhe ist Frieden — und im Frieden ist Schauen.'[6] — 'Eine passive Hand und ein ruhiges Hirn ist sehr viel hilfreicher, als ein 'nervös-rezeptives'.'[7] — 'Lassen Sie sich selbst aus dem Spiel... Ihre vorgefaßten Gedanken machen es so schwer für uns...' — Oder 'Myers': 'Wenn man doch nur ein einfältiges Medium finden könnte; aber gerade die Behendigkeit und Eindrucksoffenheit, die das Gehirn befähigt, einen Einfluß aus der Ferne zu empfinden, macht es zu einer ständigen Gefahr für die Botschaft, deren Übergabe versucht wird.'[8]

Ein solches 'Schweigen' des vermittelnden Hirns kann man natürlich

---

1) XXVIII 365 u.; XX 86. 227; XX 88; XVI 327; XX 207; XXXVIII 75 f.; Allison 322. 2) Z. B. XI 93. 3) XVI 456; XXVIII 452; XIII 362. Vgl. allg. Hodgson: XIII 332—35. 4) XXXIII 472. 477. 484. 5) Das. 475. 6) Das. 479. 7) Mrs. Holland: XXI 205. 8) Das. 214. 246. — Alle vorsteh. Belege ließen sich sehr vermehren.

Subjektiver Anteil der Transäußerungen 265

am ehesten erwarten, wenn das Ich des Mediums, wie oben schon angedeutet, aus seinem Leibe durch den Kommunikator mehr oder minder verdrängt ist, also bei mehr direkten Arten der Kundgebung. Es wird sich daher, so oft des Mediums Vorstellungsmassen sich störend der Mitteilung beimischen, um mittelbarere Arten der Äußerung handeln, etwa um telepathische Vorstellungsübermittlung an den 'Führer', oder um Anregung und Stoffversorgung einer den Kommunikator darstellenden Personation in der Seele des Mediums. Jedenfalls häufen sich Klagen darüber, daß der 'Geist des Mediums' den reinen Inhalt der Mitteilung durch eigenes Vorstellungsgut verfälsche und damit reichliche Fehlerquellen schaffe.

So meldet Feda einmal dem Rev. Thomas: 'Ihr Vater sagt, er vermeide es, viele Dinge zu berühren, die er zu äußern wünscht, um zu verhüten, daß sie in entstellter Form durchkommen. Feda[1] fühlt das auch selbst, denn sie läßt die Stimme des Mediums nicht immer sprechen, wie sie es wünscht. Feda berührt etwas, was des Mediums Geist erweckt, und dann legt dieser von sich aus los.' — Und wiederum: 'Ihr Vater sagt, daß Überdruck den unterbewußten Geist des Mediums anzapft, und dann entwischt etwas, ehe Feda es verhindern kann... Jeder Gedanke, während er dargeboten wird, schaltet sich in den 'kooperativen' Geist ein', also soz. die Misch- oder Kollektivpersönlichkeit, die aus Medium und Feda geschaffen wird. Denn Feda wirkt angeblich durchaus nicht unmittelbar auf das Hirn des Mediums ein, vielmehr 'telepathisch' auf des Mediums Seelenwesen, seine *'mind-essence'*, die dann erst das Gehirn beeinflusse.[2] — Das alles klingt reichlich gelehrt in der kindlichen Feda Munde; doch übersehe man nicht, daß es dem wohlbeschlagenen geistlichen Herrn zuzuschreiben ist, für den sie redet.

Die rätselhafte Transpersönlichkeit der Mrs. Verrall sagt sehr bezeichnend einmal zu ihr: 'Etwas hat Sie da in die Irre geführt, Sie begannen richtig. Reimen Sie nicht,'[3] — womit offenbar eine rein assoziative Fehlerquelle angedeutet wird.

Und auch Mrs. Hollands Hand liefert ähnliche Lehren: 'Der lebendige Geist [des Mediums], wie empfindlich er auch sei, drängt seine eigenen Vorstellungen der dargebotenen Mitteilung auf. Eben jetzt ist es meine größte Schwierigkeit, die Einmischungen [dieses] Geistes zu bekämpfen, dessen Hand dieses schreibt, obgleich ihre Besitzerin versucht, sich passiv zu verhalten.'[4]

Überlegen wir nun aber, daß doch in jedem Falle die geistig-seelische Vorbildung des Mediums die Grundlage auch der erfolgreichsten Kundgebung bildet, so können wir sagen, daß dieser eigene Vorstel-

---

1) Feda spricht ja von sich fast immer in der 3. Person.   2) Thomas, Life 198 f.
3) XX 422; vgl. 379. 403 (25. 1. 1903); XXV 214; XXVII 129; XX 71: 'fac quiescat'; XX 89: 'Sie können heute Abend nicht hören. Ihr Kopf ist voll'!; XXII 80 (verwandte Aussage des Piper-Hodgson).   4) XXI 242; vgl. 246 f.; XXII 191 und XXI 303 über 'äußerste Redseligkeit' während der Halbtrans-Schläfrigkeit.

lungsstrom des Mediums ebenso sehr Förderungs-, wie Hemmungs- und Verfälschungsmittel des von außen kommenden Mitteilungsantriebs ist; gleichwie ein rastlos strömendes Gewässer sowohl trägt und befördert, als auch durch Untiefen und Wirbel gefährdet. Hierauf beruht ja eine zuweilen vertretene Theorie der Kundgebung, nach welcher der Kommunikator seine Aussage verwirklicht, 'indem er Gebrauch macht von Assoziationen, die in den Seelen der Medien vorgebildet liegen'.[1] Dies aber scheinen gerade auch die Kontrollen zu wissen, wenn sie das Medium ermahnen, 'oft zu schreiben' (als hinge dies also durchaus nicht allein von ihrer Tätigkeit ab).[2] Darin liegt dann nicht bloß die Zugestehung automatischer Äußerungen ohne spiritistische Bedeutung, sondern auch eine Andeutung des Bedürfnisses der Kommunikatoren nach Schaffung von Gelegenheiten, ihre Mitteilungen auf dem so entfesselten Strom ans andere Ufer hinüberzuschwemmen.

Eine weitere Fehlerquelle — anscheinend von geringerer Bedeutung — wird häufig 'von drüben her' bezeichnet, kann aber 'von uns aus' schwerlich erwiesen werden: nämlich die Störung von Mitteilungen durch die Nähe, das Andrängen, die Einmischung anderer Geister neben dem eigentlichen Kommunikator.

'Prof. Hyslop' — also voraussetzungsgemäß ein alles Technische der Kundgebung besonders beachtender Geist — behauptet einmal, daß 'wenn infolge von Erregung oder unnützer Furcht vor Mißlingen [dem Kommunikator] die Kraft der angespannten Sammlung abhanden kommt, die Gedanken anderer Geister auf sein Bewußtsein einwirken und dann oft ebenso schwer zu überwinden sind, wie das Geräusch von [fremden] Stimmen während einer Unterhaltung', sodaß 'diese Brocken von Unterhaltung ganz unbewußt in die Kundgebung hineingeraten' und dem Verständnis des Forschers 'ein sehr schwerwiegendes und ernstes Problem' aufgeben.[3]

'George Pelham' spricht gleichfalls davon, daß zuweilen 'eine wechselnde Zahl von Personen dem Kommunikator mit einer Menge von Fragen ins Medium hinein folgen und alle irgendeinen Freund zu sehen wünschen. Es ist dann tausendmal schwieriger, seine Gedanken auszudrücken, und Verwirrung folgt unausbleiblich, denn man mischt dann wohl auch mal ein falsches Wort mit ein.[4] — Ja wir hören davon, daß auch der Wunsch Anderer, zu helfen, die so Betreuten behindere,[5] und selbst der gewiegte Spielleiter wird oft dadurch verwirrt und belästigt, daß er nicht nur hört, was der Kommunikator zu ihm sagt, sondern auch die Unterhaltung Andrer in einiger Entfernung.[6]

Außer solchen allgemeinen, soz. theoretisierenden Behauptungen be-

---

1) Piddington: XXXIII 451; Miss Johnson: XXV 289 u.; Mrs. Sidgwick: XXVI 394 f.; Irving: XXXVI 559 ff.   2) Z. B. XX 159. 247. 272. 315. 347. 371 u. oft; XXVII 12.
3) Allison 253 (durch Mrs. Soule).   4) XXVIII 266. 366.   5) Das. 526.   6) Das. 527.

gegnen uns aber auch besondere, aus der Betätigung des Augenblicks geborene.

Wir hören, wie eine Kontrolle sich über Störung durch eine andere beklagt. 'Sagen Sie dem Doktor [d. i. Phinuit], daß er sich ruhig verhält', schreibt 'Hart' einmal.¹ — Und Feda gelegentlich: 'Es ist da eine solche Menge, und zuweilen sprechen sie alle zugleich,'² und 'wenn man sich nicht dem umgebenden Gedränge entziehen kann, ... ist es unmöglich, seine Gedanken klar auszudrücken. Daher Verwirrung...'³ — Auch auf die subjektiven Zustände von Medien wird diese Deutung angewandt. 'Der Grund', schreibt 'Myers' einmal durch Mrs. Holland, 'weshalb Sie sich schläfrig fühlen, ist, daß zu viele versuchen, gleichzeitig zu kommen, und das ist es, weshalb die Schrift wieder so unklar und kritzlig ist, — reißen Sie sich zusammen und denken Sie an einen Bestimmten',⁴ d. h., möchte man auslegen: Öffnen Sie ihm allein Ihren Apparat, ziehen Sie ihn vorzugsweise an sich.

Dr. Prince, ohne Frage einer der scharfsinnigsten Ausdeuter von Transäußerungen, hat durch Nebeneinflüsse solcher Art die irrige Einschiebung eines 'Hundes' in eine im übrigen vorzüglich richtig beschriebene Szene zu deuten gesucht,⁵ und er hat sehr fein auf entsprechende Beimischungen von Seiten der Personen hingewiesen, die bei telepathischen Versuchen Lebender bloß zugegen sind;⁶ — muß doch auch die spiritistische Kundgebung zu einem Teil als telepathisch aufgefaßt werden.⁷ — Ja Prince hat auch, was hier im Zusammenhang erwähnt werden mag, die kluge Vermutung ausgesprochen, daß gewisse völlig verfehlte Sitzungen — etwa gar inmitten einer erfolgreichen Reihe — dadurch zustandekommen, daß zwar ein echter Kommunikator sich äußere, aber — zu falscher Zeit und einem falschen Sitzer gegenüber, den er nicht zu erkennen imstande sei.⁸ Ist es doch jedenfalls ein erschwerender Umstand, daß die Kommunikatoren, nach ihrer durchaus glaubhaften Darstellung, während der Kundgebung nur in ziemlich lockerem Zusammenhang mit ihrem irdischen Unterredner stehen. Sind sie sich, wenigstens zuweilen, schon nicht einmal darüber klar, ob ihre Äußerung jenen durch Schrift oder durch Rede oder überhaupt erreiche⁹ und wann die wirksame Kontrolle des Mediums zustandekommt,¹⁰ so können sie offenbar auch nur gelegentlich — oder nur gewisse unter ihnen — das hören, was ihr eigentlicher Partner, der Sitzer, sagt, und

---

1) XXVIII 37 Anm.   2) XXXII 36.   3) XXVIII 97 ('Doctor').   4) XXI 214 ('Gurney'?).   5) Vielleicht (nach ihm) auch Erinnerungsvermengung der Kommunikatoren.   6) Ein Beispiel XXIX 82.   7) Allison 312. Vgl. Feda über mixed messages: XXXVIII 70 f.; XXXIX 42.   8) Allison 215. Ein Fall von Durcheinandergeraten der Namen zweier echter (dem Med. unbekannter) Kommunikatoren bei Appleyard 116 ff.   9) XXVIII 44 ff.; XXI 179. 236; mitunter geben sie an, es nur zu 'fühlen' (XXII 234 f.).   10) Thomas, Life 208.

auch dann oft nur leise und undeutlich[1] (wobei der Weg dieses Hörens uns hier ja gleichgültig sein kann).[2] Es erscheint darum sehr passend, wenn 'Myers' einmal den Mitteilungsvorgang folgendermaßen schildert: 'Ich bin mir einer Anspannung und Anstrengung [dabei] bewußt, aber ich kann die einzelnen Phasen des Weges nicht beobachten. Der beste Vergleich, den ich finden kann, um die Schwierigkeiten der Übermittlung einer Botschaft zu bezeichnen, ist, daß ich hinter einer Milchglasscheibe stehe, die das Bild verwischt und alle Laute dämpft, ohnmächtig diktierend einem widerstrebenden und stumpfsinnigen Schreiber. Ein Gefühl entsetzlicher Ohnmacht lastet auf mir...'[3]

Schließlich aber muß noch erwähnt werden, daß neben ungerufenen Jenseitigen zuweilen auch der Sitzer einer Störung der Kundgebung bezichtigt wird. Seine gleichzeitigen 'Gedanken' sollen eine Äußerung des Kommunikators geradezu verhindern, und zwar mitunter offenbar eine richtig beabsichtigte.

'Etta Thomas' hat z. B. eine gewisse Lebende genauestens identifiziert, und es fehlt nur noch der Name: Joyce. Mr. Thomas drängt sie, nun auch diesen zu nennen, aber sie behauptet, das gehe über ihre Kraft, und zwar liege die Schwierigkeit nicht nur bei Feda, sondern auch bei ihm, dem Sitzer; nämlich anscheinend — an seiner allzu starken Konzentration auf den Namen; wenn er an etwas anderes denke, wolle sie ihn später liefern. Er lenkt sich ab, und gleich darauf wird der Name genannt.[4]

'Thomas sen.' hat hierfür eine eigenartige Erklärung: 'Nur ein gewisser Teil der 'sensitivierten Region' hier könne während einer Sitzung jeweils benutzt und 'gefüllt' werden. Wenn der Sitzer sie fülle und benutze, dann könnten es nicht die Geister.' Oder wie Mr. Thomas selbst es faßt: Eine starke Seitenströmung vom Sitzer her könne Kommunikator oder Kontrolle stoppen oder auf ein Seitengeleise abdrängen. Auch halte die Kontrolle solche Gedanken des Sitzers zuweilen für Gedanken des Kommunikators.[5]

Dies ist das Wesentlichste von dem — wennschon nicht alles —, was Transpersönlichkeiten, Beobachtung und Überlegung unter spiritistischen Voraussetzungen über die Fehlerquellen der Transleistung zu sagen haben, über ihre subjektiv-mediale Verfälschung nach der Seite des Zuwenig und des Zuviel. Der Einwand liegt nahe, daß jene Fehlerquellen doch größtenteils nur von denen behauptet würden, deren spiritistische Auffassung eben durch jene Lücken und Fehler wieder fraglich gemacht werde. Ein solcher Einwand würde die logische

---

1) XXVIII 173 f. 47; XVI 316. Vgl. XXVIII 365 o. ('undeutliches' Sehen d. Dinge).
2) Mrs. Sidgwick meint, nur die Annahme eines Hörens durch die Ohren des Mediums passe auf alle Fälle: XXVIII 201.   3) XXI 208. Vgl. Hodgsons drastischen Vergleich: XIII 332 f.   4) Thomas, Life 238. Vgl. XXX 444. 524; XXXII 58.   5) Thomas, a. a. O. 239. 174.

Lage durchaus verkennen, in der er vorgebracht wird. Auf der gegenwärtigen Stufe unsrer Untersuchung handelt es sich nicht mehr um die Erweisung des unabhängigen Daseins von Kommunikatoren überhaupt. Dieses an sich ist bereits in einem Grade wahrscheinlich gemacht, der einem Beweise gleichkommt, und die verbleibende Frage ist bloß, ob die beobachteten Lücken und Fehler von Kundgebungen solcher Art sind, daß sie unter spiritistischen Voraussetzungen glaubhaft erklärt werden können; zum Zwecke solcher Erklärung aber dürfen wir durchaus nicht nur die eigene Beobachtung und Überlegung zu Worte kommen lassen, sondern auch diejenigen, die voraussetzungsgemäß am besten in der Sache Bescheid wissen müssen. Machen denn überhaupt die obigen Erklärungen den Eindruck von Ausflüchten einer Traumpersönlichkeit, die ihre zeitweise Unfähigkeit zur 'identifizierbaren Personation' bemänteln will? Keineswegs, scheint mir. Dazu sind sie zum Teil zu sehr 'unerfindbar', von zu großer überraschender Natürlichkeit unter den gegebenen Voraussetzungen, und kommen uns in zu großer Übereinstimmung von sehr verschiedenen unabhängigen Quellen her zu. Daß anderseits die vorgebrachten Erklärungen vollauf genügen, um alle beobachteten Lücken und Fehler mit den Grundannahmen in Einklang zu bringen, das erscheint so gewiß, daß man den Beweis des Gegenteils ruhig dem Gegner zuschieben darf. Um sich davon zu überzeugen, vergegenwärtige man sich einmal die ganze Reichweite des Zugeständnisses der Kommunikatoren, daß bei der Gestaltung ihrer Kundgebungen fast nie die Mitbetätigung des Mediums auszuschließen sei. Denn damit ist gesagt, daß der Kundgebungswille des Kommunikators gewissermaßen in dem des Mediums sich fortsetzt, in diesen 'eingebettet' ist. Daraus wird verständlich, daß jedes Nachlassen der Wissenslieferung und -formung durch den 'Geist' zu allen jenen Praktiken der medialen Traumseele führen muß, die von jeher die animistische Auffassung des Transgeschehens begünstigt haben. Ich meine das vielbesprochene 'Raten' und 'Angeln' der Medien, das 'Ausstopfen' der Transäußerungen, das Lavieren und Ausweichen, das Vertuschen von Mißerfolgen, das versteckte Fragen und Einspringen auf jeden Wink des Sitzers, auch den absichtlich irreführenden.[1] Es ist verständlich, daß eine solche Betätigung der medialen Traumseele immer dort einsetzt und anknüpft, wo mit dem Versickern der echten Eingebung auch das Gefühl des reichlichen Empfangens und Weitergebens verblaßt. 'Reißt der Anschluß an den Toten' — so faßt es einmal sehr gut der kritisch-zurückhaltende Lambert — 'aus irgendeinem, uns unbekannten Grund ab, so hören selten die Mitteilungen auf, sondern das in einer Art

---

[1] XXIII 115. 123 (James); XVIII 157 u. ö.

Traumzustand befindliche Unterbewußtsein des Mediums spinnt die von außen kommenden, momentan aussetzenden Anregungen selbsttätig und damit falsch fort.'[1] Was es dabei stachelt, ist — möchte man sagen — sein 'beruflicher Ehrgeiz' den Erwartungen des Sitzers gegenüber, oder die lange Gewöhnung an personierende Darbietungen überhaupt. Auch haben manche Beobachter nachgerade wahrzunehmen geglaubt, daß die Kontrollen unter einem seltsamen Zwange stehn, den Strom von Schrift oder Rede im Gange zu halten, da sonst die Gefahr eines völligen Abreißens ihrer Äußerungen entstände; während umgekehrt das Einwirken des Kommunikators von sich aus zu krampfhaften Häufungen neigt. 'Wahre Mitteilungen', sagt der bedeutende Leonard-Kenner W. S. Irving, 'kommen oft in gedrängter Masse und sind gefolgt von Äußerungen, die man möglicherweise als 'Ausstopfen' auffassen kann, indem die Kontrolle die Sitzung fortführt, während der Kommunikator sich auf eine neue Anstrengung vorbereitet.'[2]

Alle diese Feststellungen verhelfen uns zu einer Einsicht von kaum zu überschätzender Wichtigkeit: Auch der Spiritist hat keinerlei Grund, sich vor einer soz. gemischten Deutung der Transleistung zu scheuen, vielmehr bietet gerade eine solche ihm die endgültige Sicherung seiner Theorie. Und zwar darf er nicht bloß ein rein subjektives Mitarbeiten und 'Hineinpfuschen' des Mediums zugestehn, sondern auch ebenso gut übernormal gespeiste Einschaltungen des Mediums, des Sitzers, ja andrer Lebender; mögen diese nun auf Hellsehn irgendwelcher Art, auf Gedankenlesen, oder auf telepathischer Belehrung beruhen.[3] Wir wissen ja schon, daß Medien von stärksten spiritistischen Ansprüchen z. B. auch psychometrische Leistungen der ausgesprochen 'unpersönlichen' Art in Masse darbieten;[4] wie auch umgekehrt in die Leistungen entschiedener Hellseher oder Psychometer sich gelegentlich ganz unerwartet Abläufe von unverkennbar spiritistischem, fremd-aktivistischem Gepräge einschieben.[5] Ferner aber glauben wir auch zuweilen in einem Ablauf den Übergang von deutlich persönlich inspirierter Kenntnisgewinnung zu jener unpersönlichen zu beobachten;[6] während schließlich in gewissen Fällen geringer Beimischungen von aktivistischer Dramatik es fraglich bleiben mag, ob wir einen spiritistischen Anteil anzunehmen haben, oder nur eine

---

1) Lambert 99. Vgl. Irving: XXXVI 555; Mrs. Salter: XXXII 8.   2) JSPR XXI 86.
3) S. etwa die Äußerungen von 'Morse' im Falle Kitty Murdoch, in Gegenwart Prof. Newbolds als Sitzer, und dessen Kommentar: XIV 24 ff., bes. 29 f.; XIII 320. Weitere Beispiele s. XXVIII 297 f.   4) Vgl. o. I S. 375 ff.   5) Vgl. z. B. unter Ostys Fällen den der Mlle de Berly (Osty 204 ff.), oder unter Cahagnets Beobachtungen an Adèle Maginot die des M. du Potet und des M. Dubois: Cahagnet II 118 ff. (auch Pr XIV 60 ff.).
6) XIII 342.

leichte Verlebendigung des Schauens durch den Hellseher selbst.[1] Und eine solche **Ineinanderschachtelung vielgestaltigen Wissenserwerbs** darf uns durchaus **naturgemäß** erscheinen.[2] Das Unterbewußtsein des Mediums — meinetwegen in der Maske eines 'Führers' — langt soz. mit seinen übernormalen Erkenntniswerkzeugen nach allen Richtungen in den 'seelischen Raum' hinaus und stößt dabei bald auf 'Tatsachen an sich', bald auf persönliche 'Beherberger' von Tatsachen — lebende und verstorbene! —; und zwischen ihm und jeder dieser Quellen spielt sich ein Vorgang des Wissenserwerbes ab, den man — vom Standpunkt der Transpersönlichkeit — in sehr **wechselnden** Anteilen als aktiv oder passiv vermuten möchte.[3] Das Erstaunliche dieses Vorgangs liegt sicherlich nicht in dem Ineinander von Erwerbsformen, vielmehr in dem **inneren Zusammenhang des Ergebnisses**, den wir aber fraglos am **leichtesten** deuten können, sofern wir an den natürlichen Erinnerungszusammenhang **einer einzigen Persönlichkeit** anknüpfen, und diese müßte dann fast immer die eines Verstorbenen sein.

Bezeichnenderweise verraten auch gerade die Kontrollen nicht das geringste Bestreben, diese Gemischtheit ihres Wissenserwerbs zu verbergen (was sie nach animistischer Auffassung doch eigentlich müßten!).

'Nelly' z. B. unterscheidet ausdrücklichst zwischen ihren eigenen Hellsehleistungen und ihrem Verkehr mit Abgeschiedenen. 'Ich kann nie Geister finden', sagt sie einmal, 'wenn ich etwas Irdisches zu finden habe. Ich kann [dann] nur Bilder sehen.'[4] Oder wie Mr. Piddington, ihr größter Kenner, zusammenfaßt: Sie 'versucht nicht, ... ein Wissen als unmittelbar von einem andern Geist herstammend hinzustellen, das sie selber, sagen wir, telepathisch oder hellseherisch erworben hat, oder jedenfalls auf anderem Wege, als durch direkten und beiderseits bewußten Verkehr mit einem andern Geiste. Ja sie gibt sich zuweilen Mühe, jedes Mißverständnis dieser Art abzuwehren, und nachdem sie Botschaften von einem Geist mit andern von ihr selbst in Erfahrung gebrachten Tatsachen vermengt hat, führt sie eine sorgfältige Sonderung beider Arten durch und gibt gleichzeitig zu verstehen, daß die zuverlässigeren von beiden die unmittelbar vom Geiste erlangten Tatsachen seien.'[5]

Die gleiche biegsame Vielgestaltigkeit der Auffassung muß nun aber auch den beiden anderen Bestandteilen der Transleistung zugutekommen, die wir schon früher als notwendige Ergänzung der bloßen Wissensbeschaffung erkannten: dem **Willen zur Personation** und ihrer

---

1) Vgl. vielleicht den ZP 1931 240 u. erwähnten Vorgang, oder Hill, Invest. 120.
2) Vgl. o. I S. 389.   3) Ähnlich scheint Myers gedacht zu haben: s. z. B. XVII 73 f.
4) XVIII 156.   5) XVIII 135; vgl. XXXVI 199.

Ausgestaltung im einzelnen. Nichts hindert uns häufig, selbst unter Voraussetzung echter Belehrung durch einen persönlichen Abgeschiedenen, jene in-Gang-bringende, vor allem aber diese abschließende und abrundende Leistung dem Medium zuzuschreiben, den 'persönlichen Kommunikator' des Trans also ähnlich einer auto- oder fremdsuggestiven Traumpersönlichkeit aufzufassen.[1] Wir können dann aber, wie schon angedeutet, solche Pseudobildung auch denken als eine Art von 'Vertretung' des Geistes in der Seele des Mediums, nicht nur entstanden unter dem Einfluß des Fremdgeistes, sondern auch dauernd von diesem 'am Leben erhalten' und mit identifizierenden Zügen aller Art gespeist. Eine solche seelische 'Gußform', in welche alles zur Kundgebung Bestimmte unmittelbar einströmt; ein solches selbständiges, wenn auch schließlich nicht dauerndes seelisches Gebilde wäre zwar noch immer eine 'Maske', die sich das Trans-Ich des Mediums vorhielte, jedoch schon fast im Sinne des antiken Wortbegriffs eine 'Person' — *per-sona* —, die das unmittelbare 'Hindurchtönen' des scheinbar Anwesenden sicherte.[2] Sie würde ihn 'vertreten', wie die diplomatische Vertretung eines Landes dessen Herrscher in der Fremde vertritt, mit allen Rechten der 'Exterritorialität', und der Geist stäke schon fast 'in ihr drin' durch Reichtum und Ununterbrochenheit der Belehrung und Formung.

Aber eben diese Innigkeit der Beziehungen zwischen Trans- und Fremdpersönlichkeit würde solche Gebilde innerhalb der Seele des Mediums auch wesentlich unterscheiden von rein subjektiven Spaltpersönlichkeiten. Wir hätten hier soz. seelische Prothesen des Kommunikators vor uns, vorwiegend bewegt und gelenkt von ihm selbst, und insofern — vom Medium aus gesehen — halb-selbständige Wesen. Eine solche Auffassung aber widerlegt auch einen Einwand, der an frühere Ausführungen anknüpfen könnte. Ich habe oben bewiesen, daß das 'Pluralitätsspiel' selbständiger Transpersönlichkeiten über alles hinausgeht, was uns die Beobachtung an seelischen Spaltungen zeigt, und scheine doch jetzt — wenigstens in gewissen Grenzen — eine Deutung dieser Persönlichkeiten als medialer Spaltgebilde zuzulassen. Der Einwand erledigt sich sofort, wenn man die 'Selbständigkeit' dieser Gebilde auf ihre persönlichen Inspiratoren bezieht, an deren 'Drähten' sie soz. hängen und sich bewegen, oder deren bloße 'Mundstücke' sie sind. Macht man sich dies recht anschaulich, so wird man alle früheren Argumente aus der Pluralität sogar mit einer halb-subjektiven Auffassung von Personationen Abgeschiedener vereinbar fin-

---

1) Zu solcher Auffassung neigte Mrs. Sidgwick (XXVIII 81 f. 180. 204. 319 ff. u. sonst).
2) Vgl. o. S. 253.

den. — Natürlich aber fällt nicht das ganze Pluralitätsspiel unter die hier entwickelte Auffassung von 'Halb-Selbständigkeit der Transpersönlichkeiten', und damit begrenzt sich auch der obige Einwand von vornherein sehr bedeutend. Von den 'Mehreren' des Transdramas standen ja manche oft ganz außerhalb seiner 'Bühne' (ließen sich etwa nur aus halbseitig vernommenen Unterredungen erschließen), und deren 'Selbständigkeit' geht natürlich weit über bloße Beherrschung einer 'Vertretung' im Medium hinaus. —

Soviel über 'Selbständigkeit trotz Subjektivität'. Nun liegt aber auch eine andere Möglichkeit nahe genug, nämlich daß sich der Zusammenhang zwischen Fremdpersönlichkeit und 'Vertretung' zuzeiten lockere, das abgeleitete Gebilde sich gewissermaßen selbständig mache und — sei es mit dem früher einverleibten Wissen, sei es völlig 'auf eigene Faust' — seine Rolle in einer Art von Leerlauf weiterspiele.

Dies könnte z. B. eine Beobachtung Prof. William James' verständlich machen, nach welcher gewisse charakteristische Manieren des von ihm untersuchten Piper-Hodgson sehr bald eine Neigung zum Schablonewerden zeigten. 'Was sie auch anfangs gewesen sein mögen, sie geraten bald soz. in den festen Bestand des Transgedächtnisses und werden dann automatenhaft wiederholt. 'Hodgson' erlangte [z. B.] rasch eine gleichbleibende Art, sich einzuführen: 'Well, well, well! Ich bin Hodgson. Sehr erfreut, dich zu sehen. Wie geht's allerseits? Ganz ausgezeichnet? Da bin ich also wieder auf der Zeugenbank', usw. fast ohne Abwechslung.'

Ein ähnlicher Vorgang aber greift zuweilen auf das Ganze einer eindrucksstarken Personation über. 'George Pelham' z. B., sagt wiederum James, 'lieferte zu Beginn seines Erscheinens reichliche übernormale Mitteilungen, ist aber innerhalb weniger Jahre zu einem Schatten seines früheren Ich entartet, der hastig herein- und wieder hinausstürzt mit einer beinahe stehenden Form der Begrüßung. Was er auch zuerst gewesen sein mag, er scheint mir schließlich sich 'fort-entwickelt' [1] zu haben, nachdem er die Gewohnheiten des Transorganismus bis zu jenem Grade beeinflußt hatte.' [2]

Hier geht anscheinend die nur formale Subjektivität eines Kommunikators in reine Subjektivität des Mediums über. Aus seiner lebendigen 'Vertretung' ist eine leere Hülse geworden. — Aber nun weiter: — läßt sich nicht auch eine Entwicklung in entgegengesetzter Richtung denken? Wie, wenn der 'informierende' Kommunikator einmal in die als 'Vertretung' geschaffene Maske — völlig hineinschlüpfte, sie mit sich und seinem Wissen gänzlich erfüllend, — hätten wir dann nicht vor uns, was man gemeinhin als Besitzergreifung des Mediums durch den Geist, als wahre *possessio* bezeichnet? Die Aufrollung dieser Frage soll

---

1) to have 'passed on'.   2) XXIII 37 f.; vgl. 122 ff.; XXVIII 301 f. Vgl. auch 'Nellys' bedeutsame Äußerungen: XXIII 212!

unsre abschließende 'Mischtheorie' der Transleistungen hier zu Ende bringen.

Fraglos unterscheiden auch Kontrollen aller Art zwischen einem mehr 'geistigen' und einem mehr physiologischen Verfahren solcher Beherrschung.

Was anders heißt es denn, wenn 'Oscar Wilde' erklärt, daß er des einen Mediums 'Hand', des anderen 'Ich oder Geist' kontrolliere, wobei im letztern Falle die Hand natürlich von des Mediums eigenem Geist geführt werden soll, im erstern aber das Gehirn des Mediums dem Geiste versperrt sein soll?[1] Oder wenn 'Edmund Gurney' durch Mrs. Willett einen Unterschied zwischen telepathischer und 'telergischer' Benutzung des Mediums aufstellt,[2] womit doch wohl wieder der Unterschied zwischen gedanklicher Beeinflussung des Ich oder Geistes und soz. metaphysiologischer Ausnutzung des Hirnes selbst gemeint ist.

Fragen wir aber, worin denn eine wirkliche Unterscheidung beider Arten des Kontrollierens zu suchen wäre, so müssen wir die Antwort schuldig bleiben. Wir empfinden zwar ungefähr, daß die *possessio* der äußerste Grenzfall einer Reihe wäre, die am andern Ende mit der bloßen telepathischen 'Benachrichtigung' des Mediums begänne. Und doch dürfte es schwer fallen, jenen neuen Begriff mit wesentlich neuartigen Merkmalen auszustatten, solange wir nicht die geringste Klarheit darüber haben: worin denn die *possessio* des Leibes durch seinen 'eignen' Geist ihrem Wesen nach besteht; oder (was im Grunde auf dasselbe hinauskommt) worin denn Spaltpersönlichkeiten oder Personationen sich physiologisch voneinander oder von dem normalen Ich unterscheiden; und schließlich wiederum: worin denn das verkörperte Ich oder seine Spaltpersönlichkeiten sich von 'Geistern' unterscheiden. Wir stehen hier eben vor dem Rätsel des Zusammenhangs zwischen Leib und Bewußtsein, das im Falle des Lebenden genau so groß ist, wie im Falle des Entkörperten, nachdem uns eine rein-physiologische 'Parallelismus-Theorie' durch den gewonnenen spiritistischen Standpunkt nun schon verbaut ist. Es fehlt denn auch nicht an Stimmen, die eine radikale Unterscheidbarkeit beider Grenzfälle des Kontrollierens überhaupt bestreiten.

'Zunächst', schreibt Hyslop, 'wissen wir nichts über die Art, wie wir unsren eignen Bewegungsapparat beherrschen. Wir wissen bloß, daß Bewegungen unmittelbar aus geistigen Zuständen und Willensregungen hervorgehn. Das Gleiche mag aber sehr wohl auch auf Geister und ihre geistigen Zustände zutreffen. Wird durch Hemmung oder andre Verfahren der bewußte Einfluß des Mediums auf seinen Bewegungsapparat beseitigt und werden [zugleich]

---

1) Travers Smith, Wilde 21 f. 35 f.   2) XXV 129.

geistige Zustände oder Bilder [seitens der Geister] auf diesen übertragen, wie wir es im normalen Leben tun, — so mag die gleiche Wirkung erfolgen, nur mit gewissen Schwierigkeiten nach Art der Sprachstörungen [wegen der Unvertrautheit mit dem fremden Gehirn]. Dies und nichts anderes ist 'Besessenheit' [des Mediums durch den Geist], und der Ausdruck hat nur insofern Sinn, als er den Unterschied bezeichnet zwischen [bloßer] Bilderdarbietung,[1] die sich also an Sinnesleistungen wendet, und der unmittelbaren Beeinflussung des motorischen Nervensystems ... 'Besessenheit' hat somit die gleiche Ausdehnung wie Automatismus motorischer oder sensorischer Art, vorausgesetzt, daß die seelischen Einmischungen des Mediums selbst nach Möglichkeit gehemmt sind.'[2]

Über eine solche 'minimale' Auffassung der *possessio* gelangen wir erst hinaus bei Anerkennung eines 'metaphysiologischen' Leibes als wesentlicher Lebensbedingung des Geistes, und folglich wohl auch seines Zusammenwirkens mit einem physiologischen Körper, sei es dem eignen, oder einem fremden. Erst dann würde es wahrscheinlich, daß auch der Unterschied zwischen bloßer 'Benachrichtigung' des Mediums im Trans und voller Besitzergreifung desselben — auf einem verschiedenen Verhalten der 'Metaorganismen' von Medium und Geist zum fleischlichen Leibe des Mediums beruhe. Die behauptete 'Hinausversetzung' des Mediums aus dem Leibe während gewisser Transvorgänge wäre dann weit mehr als bloße Hemmung seiner normalen Beherrschung seines Hirns, und die 'direkte' Kundgebung des Geistes weit mehr als bloße zeitweise Übernahme dieser Beherrschung durch ein anderes Ich. Daß derartige 'metaphysiologische' Dinge und Verhältnisse bei der Transleistung mit im Spiele seien, haben die obigen Darlegungen über das 'Licht' des Mediums, die bei der Transleistung aufgebrachte 'Kraft' und jenes rätselvolle 'Band' bereits wahrscheinlich gemacht; und spätere Darlegungen werden diese Wahrscheinlichkeit noch bedeutend erhöhen. Daß eine künftige erschöpfende Theorie der Transvorgänge — eine der größten Aufgaben für den Metapsychologen — in dieser Richtung wichtige Entdeckungen machen wird, steht für mich außer Frage. Doch ist natürlich nicht hier der Ort, sie auch nur versuchsweise in Angriff zu nehmen. Hat doch die hier entwickelte 'Mischtheorie' der Transleistung nur dem Beweise dienen sollen, daß verfälschende Beimischungen aus der Subjektivität des Mediums sich sehr wohl mit einer spiritistischen Grundauffassung vertragen.

Bis aber die eben berührten Fragen mehr geklärt sind, dürften die bequemsten Begriffe zur Bemessung sowohl des Ergriffenseins des Mediums als auch der Möglichkeit guter Kundgebungen — jene der

---

1) the pictographic process.   2) JAmSPR 1917 36. 114. Vgl. Fedas Theorie (!): ZpF 1928 383 (PsSc VII 219).

wechselnden 'Nähe' oder 'Ferne' sein, von der in den Äußerungen der Transpersönlichkeiten so häufig die Rede ist.

Ein Geist, sagen etwa die Kontrollen, sei ihnen 'näher' als der andere; z. B. 'Nelly': H. Sidgwick 'ist mir näher als Mr. Gurney'; oder ein andermal: 'Edmund Gurney ist jetzt hier; er ist zu hoch, um zu sprechen.'[1] — 'Ich bin dir jetzt näher als je zuvor', sagt der glänzend identifizierte 'Joseph Marble' durch Mrs. Piper zu Mrs. Grove. — Oder 'Hyslop sen.' zu seinem Sohn: 'Sprich zu mir, James, mein Sohn, ich gehe weit weg, ... ich bin [jetzt] zu weit fort, um mehr für dich zu denken.' — Oder ein andrer: 'Ich bin sehr weit weg. Ich wünsche, [mein Kind] besser — *more closely!* — zu erreichen.'[2]

Diese Nähe und Ferne ist offenbar etwas unterschiedlich Schwankendes, und zwar sowohl im Ablauf der einzelnen Sitzung, als auch im Verhalten des Kommunikators während langer Zeitstrecken.

Man höre etwa wieder 'Hyslop sen.' in der erst zweiten Sitzung seines Sohnes: 'Ich will dich sehen. Ich will dir alles sagen. Ich will, daß du mich hörst. Ich bin nicht sehr nahe eben jetzt... eben jetzt, aber ich komme, ich komme. Ich sehe dich. Ich sehe deinen Geist im Leibe...'[3]

Zwar beschreiben gewisse Kommunikatoren diese 'Nähe' in greifbar räumlichen Ausdrücken. Sie sind im Sitzungszimmer anwesend; sie blicken angeblich dem Sitzer ins Gesicht und glauben, er müsse sie sehen; sie bewegen sich von einer Stelle des Zimmers zur andern, sie schauen einem Anwesenden über die Schulter.[4] Doch bezieht sich ebenso oft der Sinn von 'Nähe' und 'Ferne' ganz deutlich auf die **Wirkungsfähigkeit** des Geistes.

So sagt z. B. einer: 'Wenn ich **weit fort** erscheine oder zeitweilig verwirrt, so nicht, weil ich das wirklich bin, sondern infolge der Bedingungen, in die ich gerate, wenn ich [das Medium] beeindrucke.'[5] — Oder ein anderer auf die Frage, wie weit ihm der Sitzer entfernt zu sein scheine: 'Wenn ich im **Leibe wäre**, würde ich sagen: du scheinst etwa 10' [entfernt zu sein]. Wenn ich nur etwas näher kommen könnte, würde ich besser verstehen, was deine Ausdrücke sind.' Doch erlaube man ihm noch keine größere Annäherung, weil er dann nicht würde atmen können.[6] — Womit sich wieder der metaphysiologische Dunstkreis des Mediums anzudeuten scheint; denn bei rein telepathischer Beeinflussung würde ja wohl 'Abstand' keine Rolle spielen.

Auch Schwankungen der motorischen Beeinflussung des Mediums werden zuweilen unter unsren Begriff gebracht, bezeichnend wieder für seine 'funktionale' Auffassung.

1) XVIII 236. 301. Vgl. 'Phinuit' gegenüber Lodge: VI 468.   2) XXIII 270; XVI 321; XXVIII 169.   3) XVI 313 (24. 12. 1898). Vgl. Piddington: XVIII 141; 'G. P.': XIII 431; 'Rector' über ihn: XXVIII 86 o.; vgl. 67. 424 f. 585.   4) 'Mrs. H.' zu Hodgson: XXVIII 170 f.; vgl. 184 ff. 546 f.; Thomas, J. F., Stud. 109.   5) XXVIII 171.   6) Das. 160. Vgl. Mrs. Sidgwick das. 66 f. 427, und die Szene um 'Bennie Junot': XXIV 356.

'Sehen Sie nicht', schreibt 'Pelham' einmal, 'daß ich mich mehr und mehr entferne?', und dabei war die Schrift zusehends matter, blasser und mehr automatisch [d. h. doch: weniger nachdrücklich kontrolliert] geworden.[1]

Anderseits scheint die äußerste 'Annäherung' des Geistes eben auch mit dem Einsetzen der *possessio* zusammenzufallen; wenigstens hören wir Feda einmal klagen: Wenn der Kommunikator 'nahe herankommt', so habe sie 'ein Gefühl des Erstickens in der Kehle';[2] — es beginnt ihr wohl 'an den Kragen zu gehen'?

Dieser Funktionalismus der wechselnden 'Entfernung' äußert sich schließlich darin, daß entsprechend ihren Graden auch die Güte der Kundgebung schwankt, also der Reichtum an identifizierender Persönlichkeitsdarstellung.

Mr. Piddington fand in Sitzungen mit Mrs. Thompson, daß die besten Einzelheiten geliefert wurden, so oft die Kommunikatorin (seine Mutter) von 'Nelly' als sehr nahe bezeichnet wurde.[3] Über Kommunikatoren anderseits, von denen nichts oder kaum etwas ausgesagt wird, behauptet die Kontrolle wohl auch: 'Ich kann sie nicht dazu bringen, nahe zu kommen.'[4]

Es gibt auch hier Ausnahmen, also Fälle, wo trotz ausdrücklich behaupteter großer 'Nähe' die Auffassung der Aussagen des Kommunikators als schwierig bezeichnet wird;[5] doch ist es natürlich leicht, dies auf 'besondere Umstände' zurückzuführen, und jedenfalls spricht es sehr stark gegen den Verdacht, die Behauptung von 'Ferne' sei bloß eine faule Ausrede der Transpersönlichkeit, die ihre eigene Unfähigkeit zu Aussagen entschuldigen wolle.

3. Der Einwand aus der rechtzeitigen Anwesenheit des Kommunikators

Hiermit sind die Bedenken beseitigt, die aus der offenbaren Beimischung nur 'animistisch ableitbarer Inhalte' zur fraglos spiritistischen Leistung von Medien sich erheben. Aber ein letztes und m. W. bisher stets übersehenes Bedenken bleibt zu erwägen, welches sich auf das Zustandekommen der spiritistischen Leistung überhaupt bezieht. Gibt es eine 'Welt der Geister', so müssen wir sie doch wohl in irgend einem Sinne für 'geräumig' halten; nicht unwahrscheinlich für weit geräumiger als die Welt der 'Lebenden'. In der Leistung des Mediums gelangen beide Welten in 'einem Punkte' zur Berührung, und die Frage liegt nahe, ob denn die Möglichkeit ihres Zustandekom-

---

1) XXVIII 65 f.   2) XXXII 101; vgl. 107. — Auch diagnostische Einfühlung besonders bei 'Näherkommen' des Geistes: das. — Vgl. auch hier die sehr bedeutsamen Angaben Dr. van Eedens: XVII 82 f.   3) XVIII 149 f. (within very near range of Nelly).   4) VI 582.   5) z. B. XXVIII 170 o.

mens wirklich so selbstverständlich sei, wie das ständige (oder doch sehr häufige) Gelingen es erscheinen läßt. Anders ausgedrückt: Wie kommt es, daß der erwartungsvoll dem Medium sich nähernde Sitzer fast immer, wenn nicht gerade den 'erhofften' Abgeschiedenen, so doch sonst einen zu ihm gehörigen wirklich antrifft? Dieser Abgeschiedene mag sich 'irgendwo' in der Welt der Geister befinden (was das auch heißen mag); jetzt aber soll er 'zur Stelle' sein, soll, wenn er es nicht schon ist, 'herangeholt' werden. Und selbst wenn wir seine Welt auch nicht für räumlich halten wollten, soll er in 'funktionale' Nähe gebracht werden, während doch an sich seine 'Wirkungsferne' nicht weniger wahrscheinlich ist, als seine Wirkungsbereitschaft.

Gerade unter animistischen Voraussetzungen erhebt sich diese Schwierigkeit nicht. Vermag das übernormal befähigte Unterbewußtsein eines Mediums überhaupt identifizierbare Personationen 'herzustellen', so ist es selbstverständlich, daß es sich diejenigen wählen werde, die zu dem jeweiligen Sitzer 'passen'; denn gerade diesem ja wird es den Anstoß zu seiner Leistung entnehmen. Liegt aber, wie uns vieles bewies, die Aktivität der Kundgebung bei dem sich Kundgebenden, so wird offenbar die Frage brennend, was diesen denn überhaupt veranlasse, aktiv zu werden, oder was ihn soz. an die 'Stelle' seiner Tätigkeit bringe. — Den 'logischen Ort' dieser Frage aber müssen wir wieder so bestimmen, wie schon bei den zuletzt behandelten Bedenken: d. h. wir setzen den Beweis für ein Fortleben überhaupt als erbracht an und suchen lediglich nach Gründen, die das jederzeit pünktliche 'Zugegensein passender Geister' glaubhaft erklären, wobei wir natürlich auch diejenigen wieder zum Zeugnis zulassen, die es voraussetzungsgemäß 'am besten wissen müssen': die Kontrollen und Kommunikatoren selbst.

Eine Erklärung legt sich hier schon bei geringstem Nachdenken nahe: nämlich daß die gespannte Erwartung des Sitzers doch nicht nur geeignet wäre, eine übernormale Personation durch das Medium anzuregen, sondern auch als eine Aufrufung auf den Erwarteten zu wirken, falls dieser noch irgendwo am Leben ist. Der Transverlauf ist ja auch unter spiritistischen Voraussetzungen soz. getränkt mit telepathischer Leistung, und gerade die Entkörperten dürfen wir wohl als die von Natur geeignetsten Empfänger (und Sender!) telepathischer Wirkungen ansehn. Wie aber eine telepathische oder gedankenleserische Leistung unter der Unzahl Lebender stets denjenigen 'ausfindig macht', für den sie ihrem Sinne nach bestimmt ist,[1] so müßte sie auch unter Jenseitigen ihren 'Adressaten' ohne weiteres erreichen. Nach weit verbreiteter Ansicht setzt unter Lebenden ein solches 'Finden' — gefühlsmäßigen 'Rap-

---

1) Vgl. die Möglichkeit der 'Aufrufung' und nachfolgenden 'Anzapfung' eines entfernten, selbst verschollenen Lebenden: z. B. XIV 67 ff.

port' zwischen Geber und Empfänger voraus. Aber gerade einen solchen dürfen wir ja zwischen dem Sitzer und 'seinen' Abgeschiedenen fast immer behaupten. Sie sind zumeist schon durch ihr Vorleben aufeinander 'eingespielt', und die Sehnsucht des Sitzers, einen seiner Abgeschiedenen 'anzutreffen', würde ganz natürlicherweise als telepathische Aufrufung desselben wirksam werden.[1] — Als allgemeiner Beleg dafür, daß Jenseitige selbst sich zu Reizen dieser Art bekennen, mögen folgende Worte 'Frederic Myers'' dienen.

'Man ruft mich immerzu', schreibt er einmal durch Mrs. Thompson. 'Ich werde überall gewünscht. Ich höre sie rufen, und ich kann zuerst nicht unterscheiden, wer es ist. Sie sagen mir, ich werde gewünscht. Aber ich will mich an einigen wenigen Stellen zusammenfassen, oder an einer Stelle, und nicht zerspalten werden... Ich bin nur einer, und der Lärm, indem ihr mich alle ruft, gibt mir das Gefühl, daß ich nicht kann. Jemand ruft mich eben jetzt. Was wollte Miss Edmunds von mir? Am Freitag rief sie.' Und gleich darauf behauptet 'Nelly', ihre 'Mutter' (das Medium) sei selbst eine dieser Rufenden: 'Ich wünsche, Mutter wäre nicht so schlimm. Denn wenn Mr. Myers zur Ruhe gehen und still sein will, läßt Mutter ihn nicht. Sie ruft ihn dann. Sie müssen ihr sagen, daß sie es nicht tut...'[2]

Und was die einzelne Sitzung betrifft, so mag der schon oben erwähnte 'Onkel Griffith' der Mrs. X. zu Worte kommen, der ihr gesteht, er habe schon auf sie 'gewartet', und auf die Frage, wer ihm von ihrem Kommen gesagt, erwidert: 'Nun, du wußtest doch, daß du heute hierher kämst, und du dachtest sehr lebhaft daran, so stark, daß dein Gedanke... meine Aufmerksamkeit erregte.'[3]

Aber auch im einzelnen reimen sich die Aussagen Abgeschiedener sehr wohl gerade mit der Annahme ihres 'sympathetisch'-telepathischen 'Rapports' mit Lebenden.

'Ich kann zuweilen', sagt 'Thomas sen.' zu seinem Sohn, 'der Wirkung nach bei dir sein, während ich sehr weit fort bin. Wäre ich auch tausende von Meilen entfernt, so könnte ich deine Gedanken doch fühlen,[4] wenn du der Hilfe bedürftest und an mich dächtest. Und ich könnte einen helfenden Gedanken als Antwort senden ebenso leicht, als wenn ich im Augenblick an deiner Seite stände.'[5]

Alles, was gefühlsmäßige Bande zu flechten sucht und eben damit frühere Bande dieser Art zum 'Schwingen' bringt, kann anscheinend auch die 'Rückkehr' des Verstorbenen begünstigen. 'Sie halfen mir', sagt einmal 'Lord Northcliffe' zu seiner langjährigen Sekretärin Miss Louise Owen, 'Sie halfen mir bedeutend, als ich hinüberging, dadurch, daß Sie Andern gegenüber be-

---

1) Vgl. Aussagen des 'Holland-Myers' über das allgemein Hilfreiche von 'Gedanken' der Lebenden: XXI 204o.   2) XXIII 210f.   3) Duncan 61. Vgl. Phinuits Äußerungen: XXVIII 348!   4) get.   5) Thomas, Life 85; vgl. Thomas, J. F., Stud. 392.

kannten, daß Sie meine Anwesenheit bei sich fühlten. Dieser Glaube gab mir Kraft, die Erde aufzusuchen.'¹

Was aber der Sitzer in dieser Hinsicht leisten kann, das kann natürlich auch das Medium. Ich verweise zum Belege nur auf einen hübschen Fall, den Mrs. Verrall in dem umfangreichen Bericht über ihr automatisches Schreiben mitteilt.

Sie hatte an zwei Tagen des Oktober 1902 ihren angeblichen Kommunikator 'Myers' sich auf einem Stuhle ihres dunklen Saales sitzend vorgestellt, und zwar, als geborene 'Eidetikerin', mit außerordentlicher Kraft und Deutlichkeit. Zwei Tage nach dem letzten dieser Versuche behauptete 'Myers' mit großem Nachdruck bei der schreibenden Mrs. Forbes seine Anwesenheit und bezog sich dann in unmißverständlicher Weise auf jene Versuche, welche er — und dies ist das hier Bezeichnende — in folgender Weise umschrieb: 'Der Freund war bei ihr, als sie auf dem altgewohnten Stuhle saß, als sie hinausfühlte nach [mir] im Dunkeln — als sie nach dem Licht im Dunkeln ausschaute, das Alte zu finden versuchte — mit Sympathie, F. W. H. Myers.'²

Soviel über den mehr als naheliegenden Gedanken einer Auf- oder Herbeirufung des Verstorbenen durch seelische Zustände Lebender. Weit zahlreicher erscheinen Belege für eine soz. objektive Aufrufung. Wir wissen, daß sowohl Gegenstände als auch Personen durch ihre bloße Nähe oder Berührung ein übernormales Wissen vermitteln können. Wir haben ferner schon festgestellt, daß eine solche 'psychometrische' Wissenserschließung sich u. a. auch auf das beziehen kann, was Verstorbene erlebt und gewußt haben. Dieser geheimnisvolle Tatbestand müßte ja aber, über eine 'Anzapfung' der fraglichen 'Quellen' hinaus, auch die Form der Aufrufung Verstorbener annehmen können, falls unter diesen Quellen auch persönlich Fortlebende sich befinden. Der Abgeschiedene, den die psychometrisch vermittelte 'Anzapfung' 'trifft', könnte ja eben dadurch auch gleichsam gereizt werden, von der bloßen 'Hergabe' von Wissen zur aktiven Kundgebung fortzuschreiten. Oder es wäre gar denkbar, daß die bloße Benutzung, also soz. 'Betonung' des psychometrischen Gegenstandes durch den Sitzer oder das Medium in einstweilen undurchschaubarer Weise auf den verstorbnen Besitzer einen Reiz bewirkte und ihn gewissermaßen anlockte, als ob der Gegenstand jene 'Anziehungskraft des Bezüglichen' ausübte, von der das Leben so merkwürdige Beispiele bietet.³ Daß alles in der Welt in einem unabsehbaren Netzwerk solcher Bezogenheiten ruht, darauf hat uns die Theorie des übernormalen Erkennens schon abseits von aller spiritistischen Beweisführung verwiesen. Wenn aber

---

1) Swaffer 47.   2) XX 239 f. Vgl. XXI 184. 304.   3) Der Ausdruck nach dem bekannten Büchlein von W. v. Scholz.

in dieses Netzwerk irgendwo auch die Personen Abgeschiedener eingesponnen sind, müßte dann der durch die Benutzung soz. 'aktivierte' 'Gegenstand' nicht einen Zugang auch zu ihrer 'Aktivierung' eröffnen? Der Gedanke liegt nahe genug und ist auch schon früher berührt worden.[1] Bekräftigen ihn die Tatsachen? Und treten die Abgeschiedenen selbst mit ihrem Zeugnis für ihn ein?

In einer Sitzung J. A. Hills beschreibt das Medium, A. Wilkinson, eine Mrs. Torrington als anwesend und sagt: 'Ich fühle, daß sie nach jemand ausschaut, der nicht hier ist.' Dazu bemerkt der Sitzer, daß eine Tochter dieser Dame zwei Tage vor der Sitzung ihn besucht und 'anscheinend ihren Einfluß zurückgelassen hatte.' — Ja etwas später in derselben Sitzung fragt das Medium geradezu: 'Kannten Sie jemand namens Walker, und hatten Sie gestern oder am Sonnabend Besuch? Irgend ein Einfluß ist zurückgeblieben.' — 'Es ist mehr als einmal geschehen', schreibt zusammenfassend Mr. Hill, 'daß Geister aufzutreten vorgaben, die mit irgendeinem Besucher der letzten Tage in Verbindung standen.'[2]

Auch Feda behauptet gelegentlich, daß sie Mr. Thomas' Haus und besonders sein Arbeitszimmer aufgesucht und dort das Gefühl gehabt habe, daß jemand, der es kürzlich benutzt, einen Einfluß daselbst zurückgelassen habe, völlig verschieden von dem des Rev. Thomas, seiner Frau oder seiner Bedienten. (Sie war angeblich schon früher in diesem Zimmer gewesen, so daß sie dessen normale 'Einflüsse' genau kannte.) In der Tat hatte ein schwer nervöser Gast des Hauses vor kurzem 14 Tage lang das Arbeitszimmer viel benutzt.[3]

Daß besonders häufig der Sitzer selbst als ein solcher 'Einfluß' wirksam werden dürfte, liegt auf der Hand und braucht nicht erst belegt zu werden. Aber mit und bei ihm tritt ja der von ihm mitgebrachte Gegenstand ins Spiel, und daß auch dieser oft das Werk der Anziehung und Aufrufung übernimmt, wird uns von drüben her immer wieder versichert.

'Bei Gott', sagt einmal Phinuit zu Lodge, 'das ist Tante Annes Ring, der dir übergeben worden ist (dabei fühlt des Mediums Hand nach dem Ring, den Lodge unmittelbar vor der Sitzung angesteckt hatte). Und lieber Olly, (spricht nun die Tante bzw. Phinuit für sie,) das ist eins der letzten Dinge, die ich dir einhändigte. Es war mit das letzte, was ich dir im Leibe sagte, als ich ihn dir für Mary gab. Ich sagte: Für sie, durch dich. [Ganz genau richtig.] Ich sage dir, das weiß ich: ... Nicht jeder Geist ist so verblödet,[4] daß er nicht erinnern kann, was er im Leibe besaß. [Diese Besitztümer] ziehen uns an, wenn es mit ihnen irgendeine besondere Bewandtnis gehabt hat. Ich sage dir, mein Junge, ich kann ihn genau so deutlich sehn, als wäre ich im Leibe.'[5]

1) o. Bd. I S. 44. 389.   2) Hill, Invest. 75. 77. 97. Vgl. o. Bd. I S. 417.   3) Thomas, Life 162.   4) ? (dim).   5) Pr VI 516. Vgl. XIII 464; Duncan 74.

Mrs. Pipers 'Doctor' geht in gelegentlichen Äußerungen über diese Wirksamkeit des Gegenstandes noch mehr ins einzelne. Dieser 'Einfluß' ziehe seinen früheren Besitzer nicht nur an, sondern belebe und kläre auch seine Gedankenverbindungen,[1] verschaffe ihm das Gefühl der Vertrautheit,[2] liefere ihm Kraft zur Mitteilung durch das 'lichtartige' Element, das der Gegenstand enthält, und — das seltsamste von allem — sichere ihn gegen die unbewußten Unterbrechungen seitens anderer Geister.[3]

'George Pelham' fügt noch einen merkwürdigen Gedanken hinzu: durch den 'Einfluß' gewinne die Kontrolle eine Vorstellung von dem lebenden oder toten Besitzer, und dies setze sie instand, jenen in der Geisterwelt wiederzuerkennen; eben darum sei der Gegenstand nicht länger erforderlich, nachdem einmal diese Kenntnis erlangt ist.[4] — Auch jene merkwürdige Angabe 'Doctors' über das hilfreiche Licht-Element des Gegenstandes wird gelegentlich durch die noch seltsamere ergänzt, daß dieser lichtartige oder 'ätherische' Stoff den Gegenständen auch abgenommen und in die Geisterwelt entführt werden könne;[5] oder daß es der Kontrolle zuweilen möglich sei, an die 'Aura' einer Person auch vermittelst Gegenstände aus dem Besitz einer andern heranzukommen, wenn zwischen beiden das Band der 'Sympathie' bestehe (wie in dem betreffenden Falle zwischen Vater und Tochter).[6] Alles dies ist uns natürlich einstweilen ganz unverständlich; doch klingt es so stark an viele verwandte Tatsachen und Aussagen an und hat soviel inneren Zusammenhang, daß man es nicht gern von vornherein beiseite schiebt, sondern lieber der künftigen Forschung anheimstellt.

Die Kehrseite von alledem ist natürlich, daß mangelhafte Hilfe durch den Gegenstand auch die Aktivierung des Kommunikators in den Anfängen stecken bleiben oder versanden läßt.

Von einem Geiste behauptet Phinuit, er könne ihn 'kaum hören, er ist so schwach; es ist so lange her... Er sagt, wenn Sie etwas aus seinem Besitze hätten, so würde es ihm helfen und ihn stärker machen. Er findet es sehr schwierig, zurückzukehren. Es ist ein kleines Schmuckstück mit seinem Haar darin... Diese Kapsel hilft ihm, sich zu erinnern.'[7] — Und Prof. Hyslops 'Vater' verlangt selbst nach einem Gegenstande, der ihm helfen soll, 'länger hierzubleiben', oder bei dessen Anblick er 'klarer' werden könne.[8]

Recht merkwürdig auch sind in diesem Zusammenhang gewisse Beobachtungen, nach denen psychometrische Gegenstände einem jüngst

---

1) Vgl. 'Mrs. Dora Irving' über ein Buch, das sie glänzend 'identifiziert' hat: es sei 'besonders stark mit ihr getränkt, weil sie es sehr viel benutzte': XXXVI 288.   2) makes him feel at home.   3) XXVIII 307. 629 ff.   4) XXVIII 307. 624—6. 628. 634. 5) XXIV 409. 425; XIII 492.   6) XXVIII 643.   7) VI 471 f.   8) XVI 318. 336. 338. Vgl. auch 'Nelly': XVIII 155; Hill, Invest. 91; Pr VI 502.

Verstorbenen gegenüber zunächst versagen und erst allmählich, etwa gar mehreren Medien dargeboten, zunehmend deutliche Aussagen und Anzeichen von Aktivität hervorrufen. Dies stimmt sehr gut mit der häufigen Behauptung zusammen, daß viele Abgeschiedene zunächst einen 'Schlummer' durchmachen oder verwirrt sind; während doch eine rein psychometrische Theorie um so reichlichere Aussagen erwarten müßte, je 'frischer' geladen der Gegenstand noch ist.[1]

Von seltsamer Natürlichkeit im Sinn der besprochnen Tatsachen ist auch ein Vorgang zu Beginn der bedeutsamen Junot-Sitzungen.

In seiner ersten Sitzung mit der ihm gänzlich fremden Mrs. Piper übergab Mr. Junot dieser eine alte Harmonika seines Sohnes, und bald darauf schrieb dieser: 'Wer war diejenige, die versuchte, mich zurückzurufen? Ich mochte sie nicht.' Der Vater verstand dies nicht, erfuhr aber nach der Heimkehr, daß eine alte Amme vor einiger Zeit die Harmonika erhalten hatte, um sie bei einem andern Medium als psychometrischen Gegenstand zu benutzen, — aber erfolglos.[2] — In sehr natürlicher und zunächst unverstandener Form also bekennt 'Bennie Junot', daß er sich durch jenen Versuch der Amme immerhin 'gerufen' gefühlt habe, und gibt einen Grund ihres Mißerfolges an, der die 'psychologische' Seite solcher Aufrufungen zu unterstreichen scheint: er mochte die Rufende nicht!

Wir müssen uns aber auch daran erinnern, wie häufig wir Sinn und Ursprung des Spuks darin entdeckten, daß irgendein zurückgelassener 'gegenständlicher' Besitz den Abgeschiednen beschäftigte und soz. erdwärts zurückzog.[3] Sein Spuken braucht aber bloß — wie das ja oft geschieht — in eine mediale Kundgebung überzugehen, so haben wir fast völlig das Bild der eben belegten Tatsachen und Aussagen vor uns.

Durch Miss Bates' Hand schrieb einmal ein seit langem Verstorbener, Richard Lyon (pseud.), ehedem Besitzer des Herrensitzes Greba-Hall, welcher behauptete, vor allem durch sein daselbst hängendes Bildnis gefesselt zu werden: 'Es zieht mich herab — ich weiß nicht weshalb —, aber ich bin sicher, daß ich mich eher losmachen könnte, wenn Sie dies Bildnis nicht in der alten Halle aufbewahren würden'; es solle wenigstens zu anderswo lebenden Nachkommen fortgeschafft werden.[4]

Dieser vielfach belegbare Gedanke der Anlockung des Spukenden durch einen Gegenstand pariert ja übrigens sehr wirkungsvoll die psychometrische Theorie des Animisten über die Erzeugung von Spuk-'Halluzinationen' durch bestimmte Gegenstände am Spukort.[5]

Es ist uns, wie gesagt, unmöglich, einen genauen Begriff davon zu bilden, wie denn die Aufrufung des Abgeschiednen durch den Gegenstand erfolge; und die Sache wird nicht klarer, wenn Phinuit gelegent-

---

1) Vgl. Hills Mitteilungen: Invest. 257 ff.   2) XXIV 361.   3) Bd. I S. 181 ff.
4) Bates 275 ff.   5) Vgl. Bd. I S. 106 ff.

lich davon spricht — als von einer Schwierigkeit —, daß er im Abgeschiednen ein 'Bewußtsein' des Gegenstands zu wecken habe, ehe er versuche, ihn zum Sprechen zu bewegen;[1] — denn anscheinend ist, ehe diese Schwierigkeit entsteht, der Abgeschiedene schon irgendwie 'herangezogen' worden; — oder wie erkennt sonst Phinuit, daß der Gegenstand eben zu ihm gehöre? Dies Problem gehört in die Metaphysik jener 'Verknüpfungen' aller Dinge und Wesen im Weltall, das schon die Tatsache des Hellsehens aufrührte, und soll hier unerwogen bleiben, indem es über die praktische Frage der Aufrufbarkeit an sich hinausgeht. —

Ich möchte von der vorstehenden Gruppe von Argumenten zur nächsten überleiten mit einer etwas längeren Anführung, die zwar nicht die unmittelbare 'Herbeirufung' eines sich Kundgebenden durch einen Gegenstand erkennen läßt, wohl aber seine teilweise Anstachelung zu Kundgebungen überhaupt durch sein Verfolgen der Schicksale eines hinterlassenen Gegenstandes, — und damit doch auch den Tatbestand der psychometrischen Aufrufung (der hier überdies bezüglich eines andern Gegenstandes ausdrücklich behauptet wird).

Am 26. Juli 1895 erhielt Miss X., zur Zeit als Gast im Hause des Ehepaars D. wohnend, durch das Ouija Botschaften von 'Richard Burton' (dem bekannten Afrikaforscher), der u. a. folgendes sagte: 'Lady B[urton] soll ins Kristall schauen... Es verbleibt ihr nur noch kurze Zeit zu leben; nur 8 Monate. Sie soll Acht geben, daß sie keine Zeit verliert. Sagen Sie ihr, sich 'langsam zu beeilen'. Für sie ist das Perlenhalsband ein wahrer Talisman. Sagen Sie, sie soll es am Halse tragen und mich erwarten. Richard.' Es folgten die rasch geschriebenen und anscheinend an Lady Burton gerichteten Zeilen: 'Du durftest nicht meine Brustnadel verschenken, du hättest dann vermieden, daß sie verloren ging. Es gefällt mir gar nicht, daß ein Ladenbursch meine Sachen trägt. Trage das Perlenhalsband mit dem Anhänger, das ich dir schenkte. Gib Acht, daß Du es nicht verlierst... Nicht mehr die Perlen ablegen; mehr als ein Schmuckstück stellen sie ein Verbindungsglied mit mir dar. In ihnen ist mehr Magnetismus, als in allen meinen andern Sachen... Z. hat die Busennadel verloren. Schicke Geld an den Aufenthaltsort von H., damit für mich gebetet wird. [Mehrmals:] Richard.'

Ähnliche Botschaften wiederholten sich am nächsten Tage. Auch wurde gesagt, Z., dem Isabella [Lady Burton] die Nadel geschenkt habe, sei nicht mehr in London; die Nadel sei aufzufinden im Stadtteil Marylebone in einem Bazargeschäft an der Ecke der Highstreet. Man solle dort nachforschen; sie sei verloren worden, und ein Ladenbursch habe sie gefunden. — Man fand das angezeigte Geschäft, von dessen Dasein in einer abgelegenen Gegend Londons keiner der Anwesenden wußte, aber die [Korallen]nadel nicht da-

---

[1] VI 502 (to make your uncle conscious of this watch).

selbst; doch bemerkte der Händler, daß dergleichen Gegenstände sich leicht verkauften. Man fragte den Kommunikator, ob Lady Burton von allem zu benachrichtigen sei, und er bejahte. Sie werde, wandte man ein, London verlassen haben; wo sie denn zu finden sei? 'Dort, wo die Kamelsglöckchen klingen.' Was das heißen solle? 'Lady Burton ist dort.' — Mr. D. fiel ein, daß die Worte sich auf den Grabtempel des Verstorbenen beziehen könnten, an dessen Dache die Schellenglöckchen der Karawane Sir Richards aufgehängt worden waren, und der Kommunikator schrieb: 'Grabtempel'.

Eine Abschrift der Botschaften wurde nun an Lady Burton gesandt, mit der Miss X. zuvor in flüchtige Berührung gekommen war. Lady B. erwiderte u. a.: '1. Ich besitze die beiden Kristallkugeln. 2. Mir bleibt nicht lange zu leben, und wenn mich Schwäche überwältigt, verursacht es mir Kummer, daß ich meine Zeit verlieren muß. Ich verstehe sehr gut den Satz: 'Beeile dich langsam.' ... 3. Es ist vollkommen wahr, daß ich die Korallennadel einem gewissen Z. schenkte, der sie verloren hat. — 4. Ich habe gleich heute Geld an den Aufenthaltsort von H. geschickt, damit für meinen Mann gebetet werde. Es ist ein katholischer Konvent, wo sich Personen befinden, die ihm Gutes tun können.'

In einer weiteren Sitzung am 5. Aug. im Beisein der Lady Burton schrieb der gleiche Kommunikator, er habe die Sache mit der Nadel aufgegriffen, bloß um das Medium zu 'überzeugen', welches unter Prof. Sidgwicks Einfluß [Miss X. unterhielt Beziehungen zur Ges. f. ps. F.] sich 'gegen das sperre, was ihr unter die Nase gehalten werde.' Über die Nadel sagte er noch aus, sie sei an einem Sonntag im Juli 1894 verloren worden (was sich später als richtig erwies). Lady Burton wurde aufgefordert, ein 'unschönes Andenken von toten Blättern' von ihrem Kamin zu entfernen, und — 'im übrigen, was willst du mit der Politik anfangen?' Hierbei konnte sie sich zunächst nichts denken; entsann sich aber später, daß sie auf einem Kamin eine Rose vom Grabe Lord Beaconsfield's aufbewahrte. Weder die D.s noch Miss X. wußten davon.

Des weiteren wurde Lady Burton aufgefordert, den 'Dr. Vavasour wegen ihrer Kopfschmerzen zu befragen.' Einige Zeit danach riet ein Facharzt zu einer Kur in Eastbourne, und dort wurde sie von einem Arzt namens Dr. Vavasour behandelt, — ein äußerst seltener Name, von dem Miss X. annimmt, daß kein zweiter Arzt in England ihn trägt.

In einer Sitzung im November bei den D.s wurde geschrieben, die Nadel hätte wiedererlangt werden können durch eine Anzeige in der 'Morning Post'. Lady B. gab eine solche auf und empfing 24 Stunden darauf die Nadel von einem Schmuckhändler in der Provinz.

Die Voraussage des nahen Todes der Lady B. traf ein.[1]

Man wird zunächst kaum sagen können, daß die Aussagen durch das Ouija die Fähigkeiten eines guten Hellsehers übersteigen; ja das örtliche 'Verfolgen' eines verlorenen Gegenstandes, die mehrfachen Voraussagungen — eines

---

1) JSPR VIII. (Der Fall ist mir nur in Bozzanos Übers. — Casi 109 ff. — zugänglich.)

Todes, der Kur durch einen unbekannten Arzt und des Erfolges einer Anzeige — erinnern sogar an die üblichen Leistungen von Psychometern. Eine psychometrische 'Anknüpfung' für Miss X. wäre zwar nicht leicht zu entdecken: nach dem Bericht hatte sie nur 'flüchtige Berührung' mit der Witwe gehabt. Aber vielleicht interessierte sie sich für die Burtons, die ja zu ihrer Zeit Berühmtheiten der englischen Gesellschaft waren, und hatte Lady Burtons Lebensbeschreibung ihres Gatten gelesen? Dann mochte ihr Hellsehen sich wohl auch ohne 'Gegenstand' betätigen. In diesem Zusammenhang könnte sogar die Bitte um 'Gebete' in einem katholischen Konvent verdächtig erscheinen. Lady Burton war Katholikin, und aus ihrem Buche weiß man, wie sehr sich die etwas überspannte Dame um die Gläubigkeit ihres weitgereisten und für allerhand östliche Glaubensformen eingenommenen Gatten sorgte und mühte, den sie auch gern zu einem heimlichen Anhänger der alleinseligmachenden Kirche stempeln möchte. Ja man könnte die Äußerung des Kommunikators, daß er durch seine Kundgebungen die antispiritistischen Neigungen des Mediums zu widerlegen wünsche, sogar dahin auslegen, es melde sich hier eine abweichende Ansicht der 'unterbewußten Schicht', der Fall belege also die Dramatisierung eines uneingestandenen Meinungswiderstreits.

Natürlich sind solche Erwägungen keineswegs durchschlagend. Alles, was als Hellsehleistung aufgefaßt werden soll, könnte mit gleicher, wenn nicht größerer Natürlichkeit dem Verstorbenen zugeschrieben werden. Was eine Lebende voraussieht, kann ja auch ein Abgeschiedener voraussehn. Die Voransage des Todes würde sich der Masse von Beobachtungen einordnen, die eine Anteilnahme Jenseitiger an dem bevorstehenden Ende Hinterbliebener andeuten. Ein Interesse der Miss X. für die Burtons ist keineswegs erwiesen. Ja die Bitte um Gebete ist, wie wir wissen, ein häufiger Bestandteil der Kundgebungen Verstorbener; ihr Interesse an hinterlassenen Gegenständen gleichfalls; nicht minder der Wunsch, durch identifizierende Angaben ihr Fortleben zu beweisen und den Glauben an ein Jenseits zu fördern.

Sobald wir aber alles Vorliegende als einen Fall von reichlicher Selbstidentifizierung auffassen, gewinnen die Aussagen über das Perlenhalsband als 'Verbindungsglied' für den wiederkehrbedürftigen Verstorbenen beträchtliches Gewicht, um so mehr, als ja gerade dieser Gegenstand bei einer etwaigen psychometrischen Leistung der Miss X. gar keine Rolle gespielt haben würde. Es ist schlechterdings nicht abzusehn, weshalb ein spiritistisch getarntes Unterbewußtsein wiederholt mit solchem Nachdruck auf einen Gegenstand hinweisen sollte, der ihm selbst in keiner Weise nützlich geworden war oder werden konnte. Dagegen erscheinen diese Aussagen unter spiritistischen Voraussetzungen durchaus natürlich, vollends im Zusammenhang mit Beobachtungen über eine fortdauernde Bindung Abgeschiedener an ihre Hinterlassenschaft. Dies aber zugestanden, wird man auch diesem Fall entnehmen dürfen, daß 'Gegenstände' nicht nur einem Psychometer den Zugang zum Wissen des verstorbenen Besitzers eröffnen, sondern unter Umständen auch — umgekehrt — diesem zur Wiederanknüpfung mit dem Lebenden verhelfen, wenn nicht gar ihn allererst 'zur Erde zurückziehn'.

Das Neuartige dieses Falles springt in die Augen. Die vorausgehenden Nachweise verlegten den 'Reiz' zum willkommenen Auftreten des Verstorbnen ganz ins Diesseits, und sie verknüpften ihn mit einem bestimmten experimentellen Vorgang: dem Besuch des Sitzers beim Medium, seiner gespannten Hoffnung auf die Begegnung mit gewissen Abgeschiedenen, seinem Mitbringen des anlockenden Gegenstandes. Hieraus ergibt sich auch zeitlich eine enge Umgrenzung des Aufrufs. — Aber, wie der Fall 'Richard Burton' und überdies die Tatsachen des Spukens erkennen lassen: diese zeitliche Umgrenzung diesseitiger Reize braucht keineswegs die Regel zu sein. Sitzer und Gegenstand können ihre Anziehung auch soz. zeitlich-verstreut, ja 'ständig' ausüben, indem der Abgeschiedene an hinterlassenen Dingen und Menschen von sich aus 'dauernden' Anteil nimmt. Damit verschiebt sich die Spontaneität im Zustandebringen der Begegnung ins Jenseits.

Prof. Schiller-Oxford — an sich spiritistischen Auffassungen nicht verschlossen — hat ehedem die Wahrscheinlichkeit solcher jenseitigen Spontaneität in Zweifel gezogen: der Übertritt in eine neue und alle Kräfte der Anpassung beanspruchende Umgebung müsse den Verstorbenen wenig Muße und Möglichkeit zur Anbahnung eines Verkehrs mit der verlassenen Welt lassen und es sehr wahrscheinlich machen, daß sie uns noch viel rascher vergessen, als wir sie.[1] — Ich finde weder diesen Gedanken an sich sehr überzeugend (denn vieles spricht für die innere Kontinuität von dies- und jenseitigem Leben), noch auch, daß die Beobachtung ihn empfiehlt, die ja oft gerade für die erste Zeit nach dem Tode (also doch die 'anpassungsschwierigste'!) eine brennende Anteilnahme an allem Hinterlassenen verrät, ja vielfach ein ständiges sorgendes Nahesein. Wir wissen, wie gewöhnlich die Aussage Hellsichtiger ist, ein Lebender sei von etlichen oder gar vielen Abgeschiedenen 'umringt',[2] — eine Aussage, die natürlich 'psychometrisch' gedeutet werden kann, aber jedenfalls an den Zweideutigkeiten aller Phantomatik teilnimmt. — Aber auch ausdrückliche Aussagen Jenseitiger behaupten das gleiche.

Von 'Fanny Westoby', welche deutliche spiritistische Ansprüche besitzt, behauptete 'Rector' durch das Medium W. St. Moses, als dieser fragte, wie sie ihn 'aufgefunden' habe: 'Sie kam zufällig, indem sie ihre Freundin [Mrs. Moses] nahe umschwebte und dabei entdeckte, daß sie [durch den Gatten] sich mitteilen könne. Sie wird jetzt wiederkehren.'[3] — Von 'Mrs. Prince', deren gleiche Ansprüche schier überwältigend sind, erfahren wir sogar, daß sie nur äußerst widerstrebend sich mit der Tatsache des Übertritts abfinde: 'Ich weiß nicht, was ich drum geben würde, wenn ich zurückkehren

---

1) JSPR Juli 1898 276 f.   2) z. B. Hill, Invest. 105. 82. 86.   3) XI 101.

könnte... Mir ist alles gleichgültig, das heißt hier drüben, oder was etwa 'schön' ist — ich will nicht 'wissen' — ich will zurück... ich will nichts 'tun', ich will nur sagen, daß ich sie liebe [sie spricht von ihrer Pflegetochter] — sie liebe und o! welch Gefühl des fast Zerspringens vor Freude, daß ich dies sagen kann...' (Mrs. Prince hatte stets einen außerordentlichen Lebensdrang besessen und zu Lebzeiten den Ausdruck ihrer Liebe zur Tochter seltsam **unterdrückt**.)[1]

Ist aber erst ein Drang der Jenseitigen zur Wiederanknüpfung mit den Ihrigen zugestanden, so gewinnen alle Aussagen darüber Bedeutung, wie sie denn diese zuwege bringen. — Der eine Weg scheint unmittelbar zur **Annäherung** zu führen, aber schwerlich zu ausgiebiger **Selbstbekundung**.

Ein Kommunikator behauptet nämlich, er habe — auf den Rat Andrer hin (!) — sich durch 'Konzentration' in die Gegenwart eines lebenden Freundes versetzt, sich dann zunächst von einer Art Nebel umgeben gefunden, nach dessen Zerteilung aber den Freund am Meeresstrande wandelnd vor sich gesehn. Als er ihn anrief, wandte sich dieser schroff um und blickte erstaunt um sich(!). Die 'Rückkehr' erfolgte durch den gleichen 'Nebel'.[2]

Der andre — aussichtsvollere — Weg führt natürlich über ein Medium.

Von 'Raymond Lodge' behauptet Feda gelegentlich des ersten Besuchs seines Bruders Alec bei Mrs. Leonard: 'Er wartete hier; er wußte, daß Sie herkommen würden, wenn er auch dachte, es würde Ihnen vielleicht nicht heute möglich sein.'[3] — Dies sagt Feda allerdings, nachdem sich Raymond schon mehrfach durch sie kundgegeben hat; aber — warum sollte ein Geist nicht auch **von vornherein** bei einem Medium warten?

Würde ihm das 'Warten' lang, so könnte er noch ein weiteres tun: nämlich den **Hinterbliebenen** dahin **beeinflussen**, daß er ein Medium aufsuche, um dann die Begegnung zu vollziehn.

Tatsächlich behauptet z. B. 'Lord Northcliffe' einmal ausdrücklich, er habe Miss Owen zum Besuch des Psychic College hingelenkt — 'ich zwang Sie mit meinem Willen, hier zu sein.'[4]

Auch erinnere ich an den früher[5] mitgeteilten, verwickelten Fall des Hrn. Larsen, der aus Kopenhagen nach London zur Fürstin Karadja reiste und dort ein 'Bildnis' seiner verstorbenen Gattin erhielt. Während einer Sitzung nach Empfang seiner schriftlichen Anmeldung in London fragte die Fürstin den Geist ihres Gatten, ob er die verstorbene Frau Larsen aufzuspüren imstande sei. Zu ihrem Erstaunen erwiderte er, diese sei anwesend, und auf die Frage, wie das denn möglich sei, da sie, die Fürstin, doch eben erst die Frage gestellt habe: es sei die Frau Larsen selbst gewesen, die ihrem Gat-

---

1) Allison 216 f.   2) Nach Peckham zit. v. Bozzano: RS 1929 60.   3) Lodge, Raymond 121.   4) Swaffer 47.   5) o. S. 84 f.

ten eingegeben habe, an die Fürstin zu schreiben: 'sie wünscht, daß er hierher komme.'

In andern Fällen wieder erklärt sich das Gelegene des Auftretens — zumal wohl von Unerfahrenen — angeblich durch den ihnen gebotenen Beistand andrer Jenseitiger, die bereits Erfahrung besitzen. Jene werden von diesen gewissermaßen herangeführt und unterwiesen, — ein an sich, unter spiritistischen Voraussetzungen, durchaus natürlicher Vorgang.

So sagt z. B. Mr. J. A. Hills Medium Wilkinson, im Rahmen der sehr bedeutsamen 'R. P. Leather'-Kundgebungen, von dem angeblich im Zimmer anwesenden, erst nachträglich auf Umwegen ausfindig gemachten 'Elias Sidney': 'Jemand brachte ihn her, jemand auf der andern Seite, der sich hier zuvor schon kundgegeben hat.' (Was sich auch im Zusammenhang als angemessen erwies.) Und nach einer Weile: 'Sidney erscheint wieder. Jemand brachte ihn her; ein Geist.' Dann aber, nachdem Wilkinson erregt an einen früher beschriebenen alten Mann, dessen Namen er vergessen habe, erinnert und der Sitzer gefragt hat: 'Leather vielleicht?' — 'Ja, Leather. Es ist Mr. Leather, der Elias Sidney hergebracht hat. Sie waren Freunde.' Am 19. Jan. 1916 bringt derselbe 'Mr. Leather' einen andern Freund, Mr. Drayton, mit, und der sehr sorgfältig wägende Hill hat schließlich den bestimmten Eindruck, daß ihm im Jenseits 'eine kleine Gruppe von Personen' gegenüberstehe, 'mir im Leben bekannt, aber nicht mit mir verwandt oder irgendwie enger oder gefühlsmäßig verbunden', mit dem 'bestimmten Plan, ...mir Beweise des Überlebens zu liefern, die alle andern und wissenschaftlich modernen Deutungsversuche ausschließen sollten.'[1]

Auch in dem früher vorgelegten Fall der 'Blanche Abercromby' lautete 'Mentors' erste Ankündigung durch W. St. Moses: 'Es ist ein Geist, der eben erst den Körper verlassen hat. Blanche Abercromby im Fleische. Ich habe sie hergebracht. M.' Nichts weiter kam, selbst auf eine Frage des Mediums, dem 'Name und Botschaft unbekannt' waren. Am Tage drauf äußerten 'Imperator' und 'Rector' noch: 'Es war Mentor, der sich eines Geistes erbarmte, der den Wunsch hatte, ehemalige Irrtümer gutzumachen...'[2]

Ich erinnere gleichfalls an den in anderem Zusammenhang mitgeteilten Fall des verunglückten Studenten Ralph Peter, den Rev. Thomas anwies, seinen (Thomas') Vater um Beistand zu bitten; er werde diesen in seinem Zimmer antreffen; ein Rat, der anscheinend mit gutem Gelingen befolgt wurde.[3]

In weiteren Fällen soll das Heranbringen-durch-Dritte gleichsam mehr anonyme und zugleich pluralistische Formen annehmen.

Von 'Dr. Verrall' sagt Feda einmal im Rahmen eines sehr bedeutsamen Experiments-von-drüben, nachdem sie ihre Verwunderung (!) über sein Er-

---

1) Hill, Invest. 28 f. 31. 54. Vgl. 134. 137; XI 72; XVI 306; Swaffer 58; Appleyard 79. 91; Kardec 254 und o. I 296 den Fall Hacking.   2) o. I 229.   3) o. S. 75 f.

scheinen ausgedrückt hat: 'Er ist gern gekommen; aber er hat ein sonderbares Gefühl, daß jemand ihn bat, zu kommen, oder sein Kommen vorschlug. ... Er hatte das Gefühl, daß er von einem Strom erfaßt würde,[1] als ob jemand ihn gebeten hätte, hierher zu kommen, und nun gespannt wäre, ob er eine Botschaft liefern werde.'[2]

Oder: der verstorbene Gatte der Anita Ripoll (wie wir wissen, Dr. de Wyckoffs spanischer Magd), deren xenoglossische Unterhaltung früher erwähnt wurde, gibt auf die Frage, wie er zum Ort der Sitzung hingefunden habe, ganz schlicht die Antwort: 'Ich folgte der Menge.'[3]

Wir hören ja oft genug von dem 'Gedränge' derer, die ein in Tätigkeit begriffenes Medium umlagern und zu 'sprechen' versuchen.[4] Nicht darum handelt es sich dann, dem Medium irgendwie zur Aufbringung und Darstellung eines Abgeschiedenen zu verhelfen; vielmehr darum, den Zudrang der Allzuvielen abzuwehren, die keine Aussicht haben, den gesuchten Lebenden zu erreichen. Darum sprechen die Kontrollen zuweilen von 'beschützter Mediumschaft'; wie etwa Mrs. Soules 'Führerin' um einen medial begabten Sitzer eine ganze 'Gruppe von Wesen' stehen sieht, 'die nicht jedermann Einlaß gewähren wollen,' besonders keinen '*outlaws*' — üblen Geistern.[5]

Als Frau v. Reuter nach Island kam, wurde in den ersten Sitzungen von drüben her die 'Verständigung mit den unsichtbaren Intelligenzen' als schwierig bezeichnet infolge der 'Anwesenheit einer Schar ganz ungebildeter isländischer Geistwesen', die 'neugierig das Schreibbrett umringten und den legitimen Kommunikatoren im Wege stünden. Nach und nach aber wurde Ordnung hergestellt und ein Verbindungssystem entwickelt, das höchst erfolgreich war, denn ganze konsequente Mitteilungen in isländischer Sprache kamen fehlerlos durch', — also in einer dem Medium gänzlich unbekannten.[6]

Auch fehlt es nicht an Belegen dafür, daß ein schlecht überwachtes Herandrängen Jenseitiger sich dem Medium sehr unliebsam bemerklich machen könne.

Am 7. Jan. 1904 enthielt, wie wir hörten, Mrs. Hollands Schrift u. a. folgendes: 'Der Grund, weshalb Sie sich schläfrig fühlen, liegt darin, daß zu viele gleichzeitig zu kommen versuchen, und eben darum ist die Schrift wieder so unbestimmt und kritzlig. Reißen Sie sich zusammen und denken Sie an einen Bestimmten (!) ...', wohl um ihn endgültig anzuziehn. Hierzu vermerkt Mrs. Holland: 'In diesem Augenblick hatte ich ein so starkes Gefühl von Übelkeit, daß ich auf einige Minuten meine Stube aufsuchen mußte. Es verließ mich ebenso plötzlich, wie es gekommen war, und blieb mir unverständlich, denn ich habe es noch nie auf dem festen Lande erlebt.'

---

1) he'd caught a current.   2) XXXI 335 f. Anm. 2.   3) Bradley, Stars 33.   4) z. B. Duncan 93.   5) Allison 284.   6) ZP 1930 358.

Am Abend des gleichen Tages aber gab 'Myers' noch ausdrücklich die Erklärung ab, die Anwandlung von Ohnmacht und Übelkeit sei eine Folge 'widerstreitender Einflüsse' gewesen.[1]

Wer sich ohne Vorurteil in die Natürlichkeit auch solcher Behauptungen und Beobachtungen einfühlt, wird bald geneigt sein, die herkömmliche Denkart auf den Kopf zu stellen, die uns mühsam Gründe zurechtklauben läßt, um das gelegentliche Gelingen der Berührung mit einem Abgeschiedenen glaubhaft zu machen: wir werden uns vielmehr wundern, daß sie nicht viel öfter zustandekommt, daß nicht viel öfter Jenseitige auftreten, die alles in ihren Kräften Stehende tun, um solche Berührung zu erzielen, während die Schuld am Mißlingen durchaus auf unsrer Seite liegt.[2]

Wie aber, wird man fragen, entdecken sie alle überhaupt das Medium und die Möglichkeit der Kundgebung durch dieses? Die Antwort ist uns eigentlich schon bekannt und führt uns wieder auf jenes metaphysiologische Gebiet, in dem so viele unsrer Probleme münden: das Medium macht sich den Jenseitigen durch ein 'Licht', eine 'Aura' oder 'Ausströmung' bemerkbar — oder wie wir dies Rätsel sonst benennen wollen.

'Wir können', sagt 'Mr. E.' zu Lodge, 'ein Medium erkennen, sie ist wie eine Lichtkugel, ... als wenn am Ende einer Flucht von Zimmern Kerzen brennten... Dies ist auch für uns hier gewissermaßen ein Rätsel, wenn wir es auch besser verstehn, als du...'[3] — Ähnlich 'Hodgson', gleichfalls durch Mrs. Piper: 'Wenn ich oder irgendein Geist bemerken, daß da ein Medium ist, d. i. ein Licht, so wird jeder, dem es möglich ist, jenem Lichte folgen, um zu sehn, ob er es nicht benützen kann.'[4] — Oder 'Myers' durch Mrs. Holland: 'Ein Wissen darum, daß eine Möglichkeit des Verkehrs mit der Welt der Lebenden offensteht, wird uns zuteil durch den Eindruck von Licht — nicht durch Klang —, nur durch einen meist eiförmigen leuchtenden Fleck...'[5]

Diese leuchtende Aura bezeichnet für den Jenseitigen zwar auch den gewöhnlichen Sterblichen (denn wer ist ganz ohne mediale Kraft?), ja selbst Gegenstände;[6] aber im Falle des hochentwickelten Mediums ist sie offenbar weit mächtiger und weist damit dem Geiste den Weg zu seiner günstigsten Gelegenheit.

Mrs. Travers Smith z. B. berichtet, daß sie fast regelmäßig an ihre Kommunikatoren die Frage richte, wie sie zur Sitzung hingefunden hätten, und gewöhnlich die Antwort erhalte: 'Ich sah ein Weib in Flammen eingehüllt.'

---

1) XXI 184. Vgl. XVI 308.   2) Das Vorstehende erledigt einen verfehlten Einwand Mr. Hubert Wales': JSPR XIX 192.   3) VI 516 f. Vgl. XXVIII 61.   4) XXVIII 347. Vgl. auch XI 93; XXXVIII 39; Funk 147 f.   5) XXI 249. Vgl. Geley 291 u.; Bradley, Stars 224; Travers Smith 34.   6) Thomas, Life 35. 78.

Dieses 'helle weiße Feuer... scheint an Lebhaftigkeit zuzunehmen, in je engere Fühlung das Medium mit der 'Geisterwelt' tritt. Ich frage oft, wenn mehrere Personen anwesend sind, den Kommunikator: wieviele Leute er im Zimmer sehen könne. Die Antwort ist gewöhnlich: 'Ich kann nur Sie sehen.' Aber wenn irgendeine besonders medial veranlagte Person zugegen ist, so bewegt sich das Schreibgestell [des Ouija] auf diese zu, wie um sie sich genau anzusehn, und behauptet dann, sie dunkel sehn zu können, wie in einem Nebel.'[1] —

Ich behaupte nun natürlich nicht, daß alle angeführten Aussagen durch Medien dasjenige beweisen, was sie behaupten; und auch die wesensverwandten Beobachtungen mögen nicht eindeutig sein. Vielmehr liegt uns — wie ich schon sagte — hier nur an der Feststellung, daß Aussagen und Beobachtungen uns triftige Gründe in genügender Menge liefern, um unter spiritistischen Voraussetzungen überhaupt das 'oppertune' Auftreten Abgeschiedner durchaus verständlich zu machen. Sie zeigen uns Wege, auf denen die natürliche Hinneigung bestimmter Verstorbener zu bestimmten Lebenden sich auswirken kann. Darüber hinaus aber muß ich auch davor warnen, die hier gestellte Frage von vornherein zu überspannen. Es ist ja keineswegs wahr, daß das **Auftreten des Abgeschiedenen jederzeit opportun ist.** Sehen wir ganz davon ab, daß so viel weniger Verstorbene in der Rolle von Kommunikatoren — oder von Spuken! — auftreten, als man nach animistischen Grundsätzen erwarten sollte: es ist auch schon nicht wahr, daß stets der 'erwartete' Geist sich meldet, also der, dessen Auftreten, animistisch betrachtet, am natürlichsten erschiene; vielmehr treten ja sehr häufig ganz und gar nicht erwartete auf. Dabei kann der Spiritist die Tatsache, daß der Erwartete ausbleibt, nicht nur auf gelegentliche 'Abhaltungen' zurückführen,[2] sondern auch darauf, daß (wie wir Gründe haben anzunehmen) die meisten Verstorbnen eine Entwicklung durchmachen, die sie zu irdischem Auftreten immer weniger geneigt oder auch befähigt macht.

Mit Recht betont A. C. Doyle, der natürlich aus beträchtlicher Kenntnis urteilt, daß Kundgebungen gewöhnlich von noch nicht lange Verstorbenen ausgehen, und auch dann mit der Zeit abblassen. (Für den ältesten bezeugten Wiederkehrer hält er den 1677 gestorbenen 'Manton', den Kaplan Cromwells.)[3] 'Miss Julia Ames' habe gleich nach ihrem Übertritt in dringender Weise die Gründung eines Büros für Kundgebungen empfohlen, nach 15 Jahren aber zugegeben, daß nicht ein Abgeschiedener aus einer Million je den Wunsch nach Kundgebungen hege, da seine Nächsten inzwischen eben auch im Jenseits angelangt seien. Ihr anfänglicher Vorschlag sei daraus

---

1) Travers Smith 40 f. Vgl. XXVIII 255. 2) Vgl. den Fall 'Josiah Banning': Aksakow 453. 3) Noch 'älter' der Fall IX 100 ff. und einige bei Kerner, Seh.

zu erklären gewesen, daß sie sich unter lauter 'Neuankömmlingen' befunden habe, in denen das Bedürfnis nach Selbstmitteilung noch lebhaft war.[1]

Was aber mehr ist — und im Laufe verschiedener Argumente schon belegt wurde —: unter den Unerwarteten, also keineswegs opportun Auftretenden, finden sich oft genug auch solche, die nicht einmal unterbewußt erwartet werden **konnten**, weil sie den Sitzern völlig **unbekannt** waren.

Ich erinnere beispielsweise an den verwickelten Fall des 'Phil Longford' und an 'Albert Revols' Auftreten in dem Nancyer Zirkel, an den erstaunlich reich identifizierten 'John Hacking' in Sheffield, an die der Mrs. Holland aufgetragenen 'Briefe' an völlig Fremde, an die jahrelang durchgeführte Spalte für Botschaften Unbekannter im 'Banner of Light' u. a. m.[2] Die Nancyer Ges. f. ps. F. hat zahlreiche Fälle dieser Art in wörtlichen Urkunden veröffentlicht, worunter besonders bemerkenswert derjenige der Mme Duchêne, einer alten zurückgezogenen Lehrerin, verstorben im Dorfe Vendresse (Ardennen), das keiner der Sitzer auch nur dem Namen nach kannte; oder der des Augustin Baron Cauchy, verstorben fast ein halbes Jahrhundert zuvor, auf dessen an Hand der Kundgebung aufgesuchtem Grabstein in Sceaux die Inschrift so unleserlich verschmutzt war, daß es einstündiger Arbeit bedurfte, um sie ans Licht zu bringen.[3]

In allen diesen Fällen — und nur auf solche lege ich natürlich Gewicht — haben sich die Angaben des Kommunikators nachprüfen und bestätigen lassen. In allen aber auch sind animistisch begründbare Anlässe zum Auftreten der Betreffenden gar nicht aufzufinden; während es daran vom spiritistischen Standpunkt aus keineswegs mangelt. Auch wo uns nicht ausdrücklich oder nicht durchaus glaubhaft versichert wird, daß der Unbekannte durch einen andern mit dem Zirkel und der Technik der Kundgebung schon Vertrauten 'herangebracht' worden sei, haben wir immer das naheliegende und gelegentlich auch betonte Motiv zu bedenken, daß der Abgeschiedne den trauernden Hinterbliebenen sein Fortleben bekunden will, oder daß ihn, dem irgendwie entdeckten Medium gegenüber, der Wunsch anwandelt, für den Glauben an ein Jenseits überhaupt 'Propaganda' zu machen.[4] — Ich will abschließend kurz einen Fall berühren, in welchem offenbar das erstere Motiv maßgebend war und wiederholte Kundgebungen durch eine Fremde auf die Heranbringung der 'eigentlichen Adressaten' drangen.

Mr. J. H. D. Miller, Webereizeichner von Beruf und entschiedener Nicht-Spiritist, hatte 1916 einen Sohn im Felde verloren. Im Febr. 1919 begegnete seine Gattin auf der Straße einer unbekannten Frau, von der sie gefragt wurde, ob sie im Kriege einen Sohn namens Hardy verloren habe; ein 'Hardy

---

1) Doyle, Revel, 95 f.   2) o. Bd. I 311.   3) Joire 200 ff. 210 ff. 220 ff. Vgl. Lt 1890 203; Sargent 118.   4) Vgl. o. Bd. I 419 f.

Miller' gebe sich in den Sitzungen der Unbekannten öfters kund, indem er durch die Hand ihrer 12jährigen Enkelin immer die gleiche Botschaft schreibe: 'Teilt meinem Vater und meiner Mutter mit, daß ich mich in diesem Zirkel kundgebe.' Als daraufhin das Ehepaar Miller, noch immer ungläubig, am 18. März 1919 an einer Sitzung teilnahm, schrieb das jugendliche Medium: 'Papa, Mama, ich bin es; ich bin Hardy, ich bin euer Sohn, den ihr so sehr liebt. Sagt mir, ob ihr überzeugt seid, daß ich es bin.' Miller erwiderte gleichgültig: 'Das kann ich nicht wissen.' Worauf der Kommunikator: 'Laßt Fluffy hereinkommen [ein Hündchen, das der Liebling des Verstorbenen gewesen war und im Augenblick auf dem Hofe bellte], vielleicht sieht er mich. Hunde sind hellsichtiger als Menschen.' Als der Hund hereinkam, blickte er plötzlich nach oben und fing auf eine ganz besondere und neue Art zu winseln an, und die Planchette schrieb: 'Fluffy sieht mich.' — Es kam jetzt und in weiteren Sitzungen zu ausführlichen Kundgebungen des Kommunikators von stark identifizierendem Inhalt; er sprach ferner durch das Stimmenmedium Mr. Nugent, angeblich mit seinem echten Stimmklang, und lieferte daselbst eine 'identische Unterschrift.'[1]

Hiermit sind nun sämtliche allgemeinen Bedenken beseitigt, die sich auf Grund animistischer Parallelleistungen oder Beimischungen oder scheinbarer spiritistischer Überleistungen gegen die Zugestehung echter Kundgebungen Verstorbener erheben lassen. Vor allem das Neben- und Ineinander subjektiver und außer-subjektiver Vorgänge im Medium hat sich nicht nur als unbedenklich erwiesen, sondern geradezu als unvermeidlich. Wir entdecken somit in animistischen Begriffen ein wichtiges Mittel, die spiritistischen Deutungen biegsam-anpassungsfähig zu gestalten und eben damit zu sichern; nicht etwa im Sinn der bequemen Ausflucht, 'alles, was sich der spiritistischen Auffassung nicht bequemen will, der animistischen anheimzugeben', sondern auf Grund der Einsicht, daß beide Arten des Wissenserwerbs, als wesentlich verwandt, sich auch natürlicherweise ergänzen. Die gesamte Kundgebungsleistung des hochentwickelten Mediums läßt sich damit etwa unter dem Bilde eines Stromes erfassen, der ebenso gut durch Saugwirkung am diesseitigen Ende, wie durch Druckwirkung am jenseitigen in Gang gebracht werden kann. Die Saugwirkung geht vom Sitzer, vom psychometrischen Gegenstande, von der durch sie erregten Frage- und Such-Einstellung des Mediums aus. Diese Einstellung kann sich an eine Mehrheit von 'Quellen' wenden: an unpersönliche oder an persönliche Wissensbehälter, und im letzteren Fall an Lebende oder Abgeschiedene. Von allen diesen Quellen aus kann aber ebenso gut auch ein spontanes Fließen erfolgen, und dieses Fließen könnte das Angesogene überlagern und ergänzen; wobei jeder Teilstrom begünstigt würde durch das Be-

---

1) Nach Miller (über LO Sept. 1926) in ZpF 1927 25 f.

stehen des andern. Ohne Bild gesprochen: alles Sein und Geschehen der Welt in Zeit und Raum bildet einen in sich einheitlich geschlossenen Zusammenhang, als dessen letzten Untergrund die Metapsychik fast unausweichlich ein kosmisches Wissen fordert. In diesen Zusammenhang ist irgendwie und irgendwo jedes einzelne Ding und Wesen eingeschaltet, so daß für das übernormale Erkennen ein Zugang schließlich von allem zu allem führt, wenn auch in Abstufungen von engster bis zu fernster Verknüpftheit. **In diesen Zusammenhang sind aber auch die persönlichen Abgeschiedenen an ihrer 'Stelle' eingeschaltet, und 'auf dem Wege' vom erkennenden Subjekt bis zur letzten kosmischen 'Quelle' kann daher auch — falls nicht ausdrücklich 'umgangen' — der Abgeschiedene 'angetroffen' werden. Er wird z. B. 'angetroffen', wenn** durch den Sitzer oder den 'Gegenstand' eine Saugwirkung in der Richtung auf sein persönliches Wesen und Erinnern ausgeübt wird. Dann wird er soz. aufgerufen, und da mag es geschehen, daß ihm der Aufruf zum Anreiz wird, nun seinerseits zu 'quellen', die Richtung der Strömung umzukehren und von der 'Anzapfung' zur aktiven Mitteilung überzugehn. Ob dieser Vorgang anzunehmen sei, wird sich danach bestimmen, ob wir Anzeichen solcher Aktivität endecken, die auf bestimmte Abgeschiedene als Urheber deuten, oder ob die Kundgebung in Formen erfolgt, deren Pluralistik einer ausschließlichen Tätigkeit des Mediums widerspricht. Steigert sich jene Aktivität, so wird die 'Nähe' des Kommunikators zu wachsen und etwa schließlich in Besessenheit des Mediums überzugehen scheinen; verschrumpft sie aber völlig, so braucht deshalb der Äußerungsvorgang nicht aufzuhören; vielmehr dürften wir dann den Übergang von spiritistisch-aktiver Kundgebung zu animistisch-unpersönlicher oder zu bloßer Personation erleben; wie wir ja oft genug auch den umgekehrten Vorgang gewahren: die Einmischung eines persönlich andrängenden Kommunikators in eine anscheinend bloß übernormale Äußerung des Mediums allein.

Dies ist m. E. die richtigste und alle Untersuchungen der letzten Abschnitte endgültig sichernde Formel für das Wesen des Transdramas.

Sechster Abschnitt
Das Argument aus der Vorwegnahme des Sterbens

1. Austritt des Ich mit Wahrnehmung des eignen Leibes

Ich bin überzeugt, daß die bisher dargelegten Argumente vollauf zum Beweise der spiritistischen Grundlehre genügen. Sie gehen vielfach von Indizien aus, die nur der eindringenden Zergliederung der Tatsachen sich erschließen; aber die überragende Einfachheit und Natürlichkeit der Deutung ist überall auf seiten der spiritistischen Auffassung, während die Ausflüchte des Animisten seltsam verwickelte und künstliche Formen annehmen und nicht selten soz. eindeutige Tatbestände bis zur Sinnlosigkeit vergewaltigen. Dabei kann sich der Gegner nicht einmal darauf berufen, daß er der Forderung begrifflicher Sparsamkeit genüge; denn die Hypothesen, zu denen er seine Zuflucht nimmt, bedeuten mindestens die gleiche Überschreitung des überkommenen Weltbildes, wie die Voraussetzungen des Spiritisten. — Man darf also nach den bisherigen Ergebnissen der Untersuchung sagen: Es sei denn, daß neue, allgemeine Schwierigkeiten — außerhalb der bisherigen Erörterung — sich der spiritistischen Lehre entgegenstellen und ihre Beweislast bis ins Ungemessene steigern,[1] so darf sie nach dem Vorgetragnen als erwiesen gelten, soweit ein Beweis außerhalb der 'exakten' Wissenschaften überhaupt möglich ist. Ja man kann sagen, daß dieser Beweis bündiger ist als manche Entscheidung, die etwa im Bereich der geschichtlichen Wissenschaften (im weitesten Sinn) auf Grund von Schlüssen aus Tatsachen gefällt und weithin anerkannt wird.

Und doch sind mit dem Bisherigen die Beweismittel des Spiritismus nicht erschöpft; vielmehr ist das m. E. stärkste und eigentlich entscheidende Argument erst flüchtig gestreift worden. Dieses unterscheidet sich nämlich von allen früheren dadurch, daß es soz. direkt verfährt

---

1) Es gibt solche Schwierigkeiten m. E. nicht. Die etwa vorzubringenden bespreche ich in einem später zu veröffentlichenden Schlußabschnitt.

und darum dem Versuch der Fortdeutung nicht annähernd im gleichen Maß wie jene ausgesetzt ist. Diese 'Direktheit' unsres letzten Beweises aber beruht darauf, daß er sich auf ein echtes und unmittelbares Erfahren des zu Beweisenden stützt, ein Erfahren, das wir als vorwegnehmendes Erleben eines Zustands der Verstorbenen auffassen müssen, wobei sich dieser Zustand als bewußtes, ja selbstbewußtes Ich-Leben erweist, wie es ja den eigentlichen Inhalt der 'spiritistischen These' ausmacht.

Wie aber ist es möglich, daß der Lebende — während seines Erdendaseins, also innerhalb der Möglichkeit, Erfahrungen normal zu bezeugen — einen Zustand der Verstorbenen vorwegnehmend erlebe? Die Antwort ergiebt sich aus einer naheliegenden Begriffsbestimmung des Sterbens. Sofern nämlich das bewußte Ich während des körperlichen Lebens sich 'innerhalb' des Leibes fühlt, müßte der Spiritist annehmen, daß es diesen beim Sterben 'verlasse', um unabhängig von ihm weiterzuleben. Die Beweisverpflichtung des Spiritismus würde sich demnach auf die Tatsache beziehen, daß ichbewußtes Seelenleben 'außerhalb' des Leibes statthaben kann.

Es liegt ja eigentlich an sich schon nahe, die Verwirklichung dieses Tatbestands nicht bloß von der Zeit nach dem leiblichen Tode zu erwarten. Besteht (nach spiritistischer Auffassung) das Sterben in einer Absonderung des bewußten Ich vom Leibe, so ist die Verlockung groß, die Möglichkeit solcher Absonderung auch während des Lebens zu vermuten, wenigstens in Zuständen, die sich, ihrem Wesen nach, dem Tode mehr oder minder nähern. Diese gerade für den Spiritisten naheliegende Erwartung erfüllt sich in zahlreichen Beobachtungen, die den Tatbestand der Hinausversetzung oder 'Exkursion' (wie wir ihn allgemein[1] nennen wollen) unter mehreren Formen erkennen lassen. Die Anordnung dieser Formen kann unter verschiedenen Gesichtspunkten erfolgen: dem der Zustände, worin die Hinausversetzung des Ich zu erfolgen scheint; dem der Beobachtung ihres Verlaufs durch den Exkurrierenden selbst; dem der entsprechenden Beobachtung durch Andre. — Was den ersten dieser Gesichtspunkte anlangt, so versteht es sich von selbst, daß jene Zustände abnorme sein müssen (wie sollten sie sich sonst 'ihrem Wesen nach dem Tode mehr oder minder nähern'?). Erschöpfung, Schlaf, Hypnose, Narkose, Synkope, Koma u. dgl. erscheinen fast immer als Vorbedingung von Erfahrungen des Ich-Austritts. Allerdings ist das Wesen dieser Zustände einstweilen so dunkel, daß wir nicht sagen können, ob solche Namen überhaupt eine sinnvolle Einteilung bedeuten. — Die andern beiden

---

[1] nach Myers.

Arten der Anordnung haben wenigstens jene Klarheit für sich, die auch ohne durchgebildete Theorie zu erreichen ist. So ordnen sich die Eigenbeobachtungen des Subjekts der Exkursion — nennen wir es S — ziemlich eindeutig in folgende Reihe:

1. S fühlt sein Bewußtsein innerhalb des eignen Leibes abnorm verlagert (nicht mehr 'im Kopfe');[1]
2. S fühlt sich außerhalb des Leibes, aber in dessen unmittelbarer Nähe: es schaut den eignen Leib und dessen nächste Umgebung von außen an;
3. S fühlt sich in eine räumlich abgelegene Gegend der sinnlichen Wirklichkeit versetzt;
4. in diesen letzten Fällen (2 und 3) fühlt und sieht sich S unter Umständen im Besitz einer besonderen Leiblichkeit;
5. vermöge dieser besonderen Leiblichkeit fühlt sich S gelegentlich zu anscheinend objektivem Wirken an den Dingen im Raum befähigt;
6. S findet sich in eine völlig erdfremde Welt versetzt. —

Die Reihe der möglichen Wahrnehmungen von Exkursionen durch andre von außen verläuft natürlich der obigen teilweise entsprechend; also z. B.: während S sich außerhalb des Leibes in dessen Nähe oder weiter entfernt glaubt, wird sein Phantom auch von Dritten wahrgenommen, sei es nur von besonders 'Sensitiven', sei es von allen Anwesenden; was S vermöge seiner abnormen 'Leiblichkeit' zu tun glaubt, wird auch von Dritten bemerkt, und zwar entweder nur sein objektives Tun an sich, oder auch seine handelnde Leiblichkeit; während S den Vorgang des Sterbens als Absonderung vom Leibe erlebt, nehmen Anwesende die Abscheidung eines abnormen Körperlichen vom sterbenden Leibe wahr; woran sich dann die weitere, uns schon bekannte Tatsache schließen würde, daß kürzere oder längere Zeit nach einem Sterben — S von andern als Phantom wahrgenommen wird, und zwar mit wechselnden Kennzeichen der Objektivität und ichhaften Lebendigkeit.

Beide Reihen, wenn sie sich ausreichend belegen ließen, würden also in vielen Fällen zu ausdrücklich festgestellter Deckung gelangen und dadurch sehr an Überzeugungskraft gewinnen. Ihr Sinn aber kann nicht fraglich sein. Bedeuten alle bezeichneten Tatsachen wirklich, was sie auf den ersten Blick zu bedeuten scheinen, so beweisen sie endgültig und unwidersprechlich die eigentliche Behauptung des Spiritismus: daß der Mensch auch außerhalb seines fleischlichen Leibes persönlich

---
1) Hierzu vgl. Mattiesen 502 f. Ich gehe hier nicht darauf ein.

leben kann, und man müßte sich dann vollends wundern, daß die spiritistische Beweisführung nicht vor allem auf die Kernstücke der Exkursion als ihre wichtigsten Beweismittel sich berufen hat. In der Tat ist die bisherige Auswertung dieser Tatsachen m. E. durchaus ungenügend gewesen.

Selbst Bozzano, wohl der größte Kenner der spiritistisch verwertbaren Tatsachen, führt in seiner Streitschrift gegen Sudre zwar 11 Typen von Argumenten auf, berücksichtigt aber dabei die 'Bilokation' nur in der Form der äußern Beobachtung einer phantomhaften Absonderung vom Leibe Sterbender,[1] und führt nur einleitungsweise und ohne besondere theoretische Ausnutzung die Selbstbeobachtung einer exkurrierenden Narkotisierten an, womit er (wie ich zu zeigen hoffe) das beweiskräftigste Stück unsres Tatsachenganzen übergeht. — Myers, im Rahmen der umfassenden Zusammenschau seines Hauptwerkes, kommt natürlich vorübergehend auch auf diese Tatsachen zu sprechen, doch ohne sie je, soweit ich sehen kann, in ihrer überragenden Bedeutung herauszuarbeiten. Die apriorische Wahrscheinlichkeit von Bilokationen während des Lebens auf Grund spiritistischer Voraussetzungen ist ihm klar. 'Wenn im Tode der Geist des Menschen von seinem Leibe getrennt wird, so müssen sich Fälle finden, in denen diese Trennung zwar scheinbar, aber nicht wirklich eine vollständige ist.'[2] Ausführlicher kommt er auf eine andre Fassung unsres Begriffs, die 'Ekstase', im IX. Kapitel zu sprechen, verwertet sie aber theoretisch hauptsächlich als Seitenstück der medialen Besessenheit: 'Wenn ein Geist von auswärts in den Körper eingehn kann, so kann der Geist auch von innen hinausgehn, sein Wahrnehmungs- und Aktionszentrum verlegen, auf eine weniger vollständige und unwiderrufliche Art, als im Tode,' und dies belegt er nur aus W. St. Moses' visionären Ausflügen ins 'Geisterreich', Homes Unterredungen-im-Trans, mit seinen Kontrollen, und den Ekstasen des mystisch-religiösen Lebens, also (wie wir sehen werden) vergleichsweise fragwürdigen Gliedern unsrer Reihe. Auch an andern Stellen des Buches kann er nicht umhin, die Analogie eines anscheinenden Außer-sich-seins während des Lebens mit dem Zustande nach dem Tode zu streifen;[3] doch vermisse ich durchaus die Verwendung der Exkursion als ernstlichen oder gar durchschlagenden Arguments zugunsten der Annahme, daß es einen 'Zustand nach dem Tode' überhaupt gibt. Ja von einigen klassischen Fällen der fraglichen Erfahrung sagt er geradezu, daß sie 'möglicherweise rein subjektiv' und 'nichtsbeweisend' seien;[4] offenbar, weil ihre Vereinzelung ihn nicht ihre typische Eigenart erkennen läßt.

Die ungenügende Wertung der Exkursionsbeobachtungen mag sich z. T. dadurch erklären, daß manche Formen derselben bei nur ungefährer Betrachtung nicht von vornherein eindeutig erscheinen. Auch im Sinne spiritistischer Beweiskraft also ordnen sie sich in eine Reihe,

---

1) Bozzano, A prop. 63 f.   2) Myers II 20.   3) z. B. I 230. 251.   4) II 525. —
Auch nur flüchtig streift unser Argument du Prel, Tod 75.

und die folgende Darstellung wird daher die Form in den Vordergrund rücken, die man als **Kernstück** der ganzen Gruppe betrachten kann, alles weitere aber um dieses, als das für die Deutung Ausschlaggebende anordnen. Suchen wir dieses Kernstück dadurch zu bestimmen, daß wir alle Glieder der Reihe aussondern, für die sich 'auf den ersten Anhieb' eine nicht-spiritistische Deutung anbietet, so stellt sich die Sachlage folgendermaßen dar: 1. Das Gefühl einer Verlagerung des Bewußtseins innerhalb des Leibes wird der Gegner natürlich als 'Illusion' zu deuten suchen, jedenfalls aber einwenden, daß es im äußersten Falle nur beweise, daß eben auch andre Nervenzentren, als das Gehirn, unter Umständen die 'Lokalisierung' des Bewußtseins übernehmen könnten; was natürlich nicht ausschließe, daß nach der Vernichtung aller Nervenzentren ein persönliches Bewußtsein überhaupt nicht mehr bestehe. — Die 3. Form: die anscheinende 'Versetzung des Ich in eine abgelegene Gegend der sinnlichen Wirklichkeit', wird der Gegner für räumliches Hellsehn bei gleichzeitiger Ablenkung der Aufmerksamkeit von der normalen Umgebung erklären. 4. Die Empfindung des Besitzes einer besonderen Leiblichkeit dabei wird er wieder für traumhaft-halluzinatorisch halten, die Ausübung objektiver Wirkungen durch diese Leiblichkeit (5) entweder für bloße Einbildung, oder aber — im Fall ihrer objektiven Erweisung — für 'Telekinesen' mit gleichzeitiger Fernschau. Daß er (6) die Versetzung in eine 'erdfremde' Umgebung ohne weiteres für subjektive Vision erklären wird, versteht sich von selbst. — Den Formen der andern, 'von außen' beobachteten Reihe wird es z. T. nicht besser ergehn. Die Wahrnehmung des Phantoms von S durch andre, während S von seinem Leibe entfernt am Orte dieser Wahrnehmung zu sein glaubt, wird der Gegner als telepathische Beeinflussung der Wahrnehmenden durch S als Fernseher (bezw. Halluzinanten) auffassen; die Wahrnehmung einer Abscheidung vom Leibe eines Sterbenden aber für Halluzination (u. U. kollektive) erklären, zumal ein Problem der Übereinstimmung solchen Wahrnehmens mit Erfahrungen des Sterbenden selbst für unsern Kritiker gar nicht entsteht: denn dem Sterbenden verschließt sich der Mund, und was er etwa nach seinem Tode darüber mitzuteilen scheint, kommt ja für unsern Gegner nicht in Betracht.

Ich bin weit entfernt von der Meinung, daß diese Deutungen durchweg und gleichmäßig überzeugend seien, zumal gegenüber der Gesamtheit der Tatsachen und ihrer natürlichen Verkettung untereinander; immerhin mögen sie für manchen etwas Gewinnendes haben und entbehren nicht — von ihrem Standpunkt aus — einer gewissen verbohrten Folgerichtigkeit. Wir werden sie zu prüfen haben, wenn erst die Erörterung des 'Kernstücks' unsrer Reihe uns sichern Boden unter den Füßen verschafft hat. Denn wie der Leser bemerkt haben wird, ist in der eben vorgenommenen Aufzählung ein Glied der Reihe übergangen worden: die innere Erfahrung der Hinausversetzung aus dem Leibe in dessen unmittelbarer Nähe, unter Wahrnehmung dieser nächsten Umgebung und des eignen Leibes als Teiles derselben (woran sich eine weitere Entfernung vom Leibe erst anschließt). Ist diese besondere Form der Exkursionserfahrung besser imstande, der Entwertung ihres anscheinenden Sinnes durch den Gegner zu widerstehen, und verdient sie darum, als 'Kernstück' allen andern und deren Erwägung vorangestellt zu werden?

Ich glaube — ja. Und ich möchte auch glauben, daß dies schon rein abstrakt, d. h. ohne Rückgriff auf das Einzelne der Beobachtungen, sich glaubhaft machen ließe. Ich will jedoch auf solche apriorische Erwägung verzichten und sogleich zur Betrachtung von Beobachtungen jenes 'Kern'-Typs übergehen. Die lebendige Anschauung wird den Leser um so besser befähigen, nachher aus theoretischen Erörterungen Nutzen zu ziehen. Ich lege die Tatsachen in einer Anordnung vor, die mit einfachsten Fällen beginnt und allmählich zu verwickelteren übergeht, deren Einzelheiten denn auch die hier vertretene Auffassung zunehmend stützen werden. Dabei gedenke ich für dies eine Mal mit Belegen nicht zu sparen, vielmehr die ganze Überzeugungskraft einer Häufung der Tatsachen in ihrer Mannigfaltigkeit mir zunutze zu machen.[1] Die überragende Wichtigkeit der Sache rechtfertigt es, wenn ich gerade hier die Geduld des Lesers nicht mit der bisherigen Selbstbescheidung in Anspruch nehme.

Als einfachste Fälle unsrer Reihe können wir diejenigen bezeichnen, in denen die Hinausversetzung des Ich nur kurz vorübergehend, die Zahl der gemachten Wahrnehmungen dementsprechend gering ist. Die zunächst folgenden Erfahrungen wurden inmitten normalen Wachens gemacht.

1. Miss Rosemary Goreham, eine Angehörige der besten englischen Gesellschaftskreise, beschreibt folgendes eigenes Erlebnis: 'Vor nicht langem in einem Landhaus in Hampshire zu Gast, stand ich eines Abends, nachdem ich eben zum Diner mich umgezogen, in träumerische Stimmung versunken, mein Bild in einem langen Spiegel betrachtend [anscheinend der Anlaß zu einer Entspannung der Konzentration auf die Wirklichkeit], als ich plötzlich zur Seite meines eigenen Leibes zu stehen und ihn zu beobachten glaubte. Ein flüchtiges Gefühl äußerster Leichtigkeit begleitete diesen

---

[1] Nur ein kleiner Bruchteil der folgenden Fälle stand bereits in meinem früheren Buch.

Eindruck... Wie der Blitz war ich wieder im Leibe zurück. Das Spiegelbild zeigte ein spukig blasses Gesicht...'[1]

2. Eine sehr ähnliche Beobachtung teilt der bekannte Schriftsteller H. v. Gumppenberg mit; die Entspannung des Wirklichkeitsanschlusses trat auch hier in einem Zustande des 'Wachträumens' ein, begünstigt anscheinend durch Ermüdung. — 'Eine junge Dame meiner nächsten Verwandtschaft... saß am Bett einer schwerkranken Freundin... in regungsloser Versonnenheit auf ihrem Stuhl. Da wurde ihr plötzlich klar, daß ihr bewußtes Ich hoch oben an der Decke des Krankenzimmers sich befand, denn sie sah die Decke in unmittelbarer Nähe und sah mit vollkommenster normaler Deutlichkeit unter sich ihre eigene menschliche Gestalt sitzen; sah auch die schlafende Kranke aus der Vogelperspektive. Das Phänomen wirkte auf sie wie eine angstvolle Beklemmung, währte aber nur wenige Augenblicke...'[2]

3. Ausdrücklich auf Ermüdung zurückgeführt wurde die folgende Erfahrung, deren Beschreibung mir eine Bekannte, Frl. D. B., in die Feder diktierte, eine tatkräftig-kluge Dame, die sich ihr Leben selbständig aufgebaut hat und noch heute Besitzerin und Leiterin einer bedeutenden Pension in einem der größten Ostseebäder ist. — 'Nach tagelangem Abhetzen und wenig Schlaf legte ich mich gegen 12 Uhr nachts in Kleidern aufs Bett, weil ich zu abgespannt war, um mich für die Nacht zu pflegen. Die Nerven beruhigten sich sehr langsam, aber dann kam ein **köstliches Ruhegefühl** über mich, und plötzlich schwebte mein Ich hoch hinauf zur Decke, und **ich sah meinen Körper in Kleidern ganz ruhig unter mir liegen**. So müde ich gewesen war, so munter, leicht und fröhlich war mir jetzt zumute [!]. Und staunend **blickte ich ab und zu immer wieder auf meinen unter mir liegenden Körper**. Dieser Zustand währte aber nicht lange, und ich fühlte förmlich, **wie ich wieder nach unten gezogen wurde**. Eine gewisse Ruhe blieb zurück, und ich stand auf und machte wie gewöhnlich meine Nachttoilette. — Diesen Zustand habe ich noch zweimal gehabt, aber nie wieder so deutlich und immer nach großer körperlicher Anspannung.'[3]

4. Dr. I. K. Funk hatte schon mehrmals 'die Beherrschung seines Körpers' in einer Art 'kalter Erstarrung' verloren, ehe dieser Zustand sich zum ersten bewußten Austritt steigerte. 'Es erschienen Lichter vor meinen Augen, die Ohren klangen mir, und es war mir einen Augenblick, als verlöre ich das Bewußtsein. Als dieser Zustand schwand, war mir, als schwebte[4] ich in der Luft. Worte können das **Wohl- und Freiheitsgefühl** nicht beschreiben, das ich empfand, noch auch die **Klarheit meines Bewußtseins**.[5] Nie in meinem Leben war mein Geist so wach oder so frei gewesen... Ich wurde mir dessen bewußt, daß ich mich in meinem Zimmer befand und **auf einen im Bette aufgestützten Körper hinabsah**, den ich als meinen eigenen

---

1) OR 1907 238. Vgl. den Fall E. v. W.: ZP 1932 441, und über Sich-im-Spiegel-Anschaun als Auslösungsmittel: Muldoon 151. — Die Sperrungen im Folgenden meist von mir.
2) Gumppenberg 104 f.   3) Vgl. auch den weniger deutlichen Fall J. Holloways bei Crowe 128 f.   4) walk.   5) mental vision.

erkannte. Es ist unsagbar, welche seltsamen Empfindungen mich überkamen! **Dieser Körper erschien in jeder Hinsicht tot.** Kein Anzeichen des Lebens war an ihm zu bemerken, und dennoch — hier war ich, getrennt vom Leibe, mein Geist völlig klar und munter, und mit dem **Bewußtsein eines anderen Körpers,** dem Stoffe irgendwelcher Art keinen Widerstand leisteten... Nachdem ich etwa 1 oder 2 Minuten den Körper betrachtet hatte, begann ich den Versuch, ihn zu beherrschen, und in sehr kurzer Zeit hörte das Bewußtsein der Trennung vom fleischlichen Leibe auf... Nach einer lang erscheinenden Weile war ich imstande, mich zu bewegen, stand vom Bette auf, zog mich an und ging hinunter zum Frühstück.'[1]

Diese vier Erlebnisse bilden durch die Art ihrer Auslösung eine leidlich natürliche Gruppe, und ich will auch die fernere Anordnung meiner 'einfachsten' Fälle von diesem Gesichtspunkt aus vornehmen; vielleicht dient er einer künftigen Theorie dieser Vorgänge. — Was also während normaler Ermüdung geschieht, geschieht zunächst folgerichtig auch während des Zustands, der die normale Ermüdung allmählich aufhebt: des **Schlafes,** und vermutlich am ehesten während jener Phase desselben, da die Ermüdung noch nicht völlig aufgehoben ist. Ich gebe vier Beispiele; doch müssen wir fragen, wie oft wohl ein Gleiches nachts geschehen mag, ohne daß es nach dem Erwachen **erinnert** wird; denn wieviel von den Erlebnissen der Nacht erinnern wir überhaupt?

5. So beschreibt eine Mme H. L. am 18. Januar 1908 folgende eigene Erfahrung vom letztvergangenen September: 'Ich hatte mich um die gewohnte Zeit zu Bett gelegt und war eingeschlafen, als ich mich gegen Mitternacht auf einmal zu Füßen meines Bettes fand. Es war mein **denkendes, bewußtes Ich,** das hier wachte und **verwundert den Leib im Bett betrachtete,** der auf der linken Seite lag und schwer atmete, wie nach einem anstrengenden Lauf. Plötzlich brach dieser Zustand ab, und ich fand mich wach im Bette wieder, und zwar **genau in der Lage, in der ich mich vorher beobachtet hatte,** nämlich auf der linken Seite liegend und schwer atmend.'[2]

6. Auf etwa derselben Stufe steht eine Beobachtung an Frl. Amalie Br. aus P. L. in Mähren, einer offenbar leicht medial veranlagten Persönlichkeit, die als ruhig, begabt und geistig völlig normal bezeichnet wird und nie an Sinnestäuschungen irgendwelchen Ursprungs gelitten hat. (Ich bitte dies zugunsten späterer Überlegungen festzuhalten.) Über sie berichtet Herr Dr. K. Kuchynka das folgende: 'Eines Tages fuhr sie plötzlich aus tiefem Schlafe auf und erblickte zu ihrem Erstaunen ihren eigenen Körper in ruhiger Lage im Bette liegend, wobei sie sich dessen **bewußt** war, daß hier ihr eigenes Ich mit allen Attributen der wirklichen Persönlichkeit der Beobachter war. Die Vision dauerte einen kurzen Moment, worauf erst Fräulein Br., als ob sie

---

1) Funk, Riddle 179 ff.   2) Durville 59. Vgl. Baerwald, Okk. 286 (Cardanus).

vollständig wach geworden wäre, sah, daß sie im Bette liege genau so, wie sie es vor einer Weile gesehen hatte.'[1]

7. Hier reihe ich ferner ein den folgenden Fall der Mrs. Quentin, einer Bekannten des Prof. James Hyslop: 'Vier- oder fünfmal — schreibt die Dame — habe ich, während ich im Bett lag, die unbeschreibliche Empfindung erlebt, anscheinend von meinem Körper getrennt zu sein. Ich habe dann das Gefühl, daß ich in der Luft schwebe, über meinem Körper hängend, den ich betrachte, und völlig meiner Umgebung mir bewußt. Ich erfahre dann das herrliche Gefühl unbegrenzter Freiheit; doch erscheint eine leichte Anstrengung meinerseits notwendig, um es zu verlängern. Nach einigen Augenblicken überkommt mich ein seltsames Gefühl..., das mich veranlaßt zu denken: Ich muß wieder in meinen Körper eingehen. Ich bin überzeugt, daß es mir gelungen ist, diese Zeit der Freiheit durch eine Willensanstrengung zu verlängern, aber nur um kurze Augenblicke, denn... etwas geht in mir vor, was mich nötigt, allmählich in den Leib wieder einzugehen.'[2]

Zwei eigene Erfahrungen von Schlafexkursion hatte Herr Prof. D. Dr. Beth die Güte mir brieflich mitzuteilen, der bekannte Religionswissenschaftler der Wiener Universität.

8. 'Es ist mir zweimal begegnet', schreibt er, 'daß ich die ganz deutliche Empfindung hatte, daß mein Innerstes sich aus dem Körper hinausbegibt und in ihn zurückkehrt. Beide Erlebnisse fanden statt, während ich mich in meiner eigenen Wiener Stadtwohnung aufhielt, und zwar des Nachts im Bette. Beide Male befand ich mich nach einer kurzen ersten Schlafperiode... in einem Übergang aus einer kurzen Wachperiode zu neuem Schlafe, und zwar so, daß ich bei vollem Wachbewußtsein gewesen war. Im Lebensgang war nichts bemerkenswert Auffallendes gewesen, und von irgendwelcher aktiven oder passiven Vorbereitung auf jene Erlebnisse kann keine Rede sein; letztere kamen vielmehr ganz unvorbereitet und urplötzlich. Es war wie ein halbes Wachwerden bei neuem Einschlafenwollen, dann ein volles Wachbewußtwerden; da bemerkte ich deutlich, daß etwas, das aus meinem Leibe herausgekommen ist und im Augenblick dieser Bewußtwerdung sich wirklich schon außerhalb des Leibes befindet, sich räumlich vom Leibe löst und entfernt. Noch deutlicher war dann jedesmal nach einer anscheinend geraumen Zeit die Beobachtung der Wiederkehr. So jedoch, daß nicht etwa der Leib irgendeine Empfindung oder Wahrnehmung hatte oder vollzog. Sondern alle Wahrnehmung ging von dem losgelösten Teil aus, während der Leib vielmehr von jenem wahrgenommen, mit einem Einschlag von Bedauern oder auch Geringschätzung wegen seiner Hilflosigkeit und Unbedeutendheit betrachtet wurde. Das heißt also: der Leib war durchaus untätig und als untätig empfunden bei allem, was mit dem Gesamtvorgang zusammenhing.

Eigenartig berührte mich selber, d. h. meinen rückkehrenden Teil, der

---

[1] ZmpF 1931 170.   [2] Bei Bozzano, Les phén. de bilocation in ASP 1911. Einen 'Hypnose'-Fall s. Pr XXV 456; einen weiteren Schlaf-Fall ZP 1932 441 (Nr. 44).

Austritt des Ich mit Wahrnehmung des eignen Leibes

Vorgang der Heimkehr in die organische Verbundenheit. Ich, der Zurückkehrende, sah also, wie schon angedeutet, mich, d. h. **meinen Leib, im Bette daliegen**, näherte sich ihm dicht, es währte einen Augenblick, dann schlüpfte das heimkehrende Ich durch einen Spalt im Kopf in den Leib hinein. Ich empfand und 'sah' den Spalt genau auf der Mitte des Schädels, einige cm lang von hinten nach vorn verlaufend. Bei dem zweiten der beiden Erlebnisse war dies Hineinschlüpfen mit einiger Schwierigkeit verbunden, es war nicht ein so ganz einfacher Hergang, nicht ein einaktiger Prozeß, vielmehr waren drei Rucke zu verspüren, mit denen die völlige Wiedereinkehr des 'Ich' in den Leib vollzogen war. Danach habe ich einige Zeit wachgelegen, und dann setzte der eigentliche Schlaf ein, dem am Morgen ein fröhliches Erwachen folgte. Der erste Vorgang trug sich Ende September 1927 zu, der zweite am 12. Mai 1929. — Ich muß hinzufügen, daß ich garkein Bewußtsein darüber bekommen habe, was während der Zeit der Getrenntheit vor sich gegangen ist. Ich habe also garkeine weiteren Bewußtseinsinhalte aus beiden Vorgängen erhalten, als jene Akte der Lösung von dem bereits verlassenen Körper und der Rückkehr in ihn.'

Neben normaler Ermüdung sind zuweilen krankhafte Erschöpfungszustände das den Ich-Austritt Auslösende.

9. Leider nicht erster Hand und vielleicht nicht ganz eindeutig ist ein Bericht des bekannten Alphonse Cahagnet, dem der Abbé Meurice erzählte, daß er sich im Verlauf eines starken Fiebers 'während mehrerer Tage [aber wohl nicht dauernd?] von seinem Körper getrennt sah, der ihm **nahebei ausgestreckt erschien** und für den er freundschaftliche Anteilnahme fühlte...'[1]

10. Vielleicht darf ich hier auch das Zeugnis einer Kranken des Dr. Charpignon einordnen, die ihre 'nächtlichen Ekstasen' folgendermaßen beschrieb: 'Ich gerate in einen Zustand ähnlich dem, in den mich die magnetische Behandlung versetzt; dann dehnt sich mein Körper allmählich aus, und ich **sehe ihn** [d. h. offenbar den normalen Körper, nicht das, was sich angeblich 'ausgedehnt' hat] **sehr deutlich in einiger Entfernung**, unbeweglich, bleich und kalt wie einen Toten; was mich anlangt, so erscheine ich mir als eine **leuchtende Dampfwolke** [diese betraf offenbar die 'Ausdehnung'] und bin mir bewußt, getrennt von meinem Körper zu denken.'[2]

11. Eine andere Somnambule desselben Arztes beschrieb ihm einen ähnlichen Zustand in folgenden verwandten Ausdrücken: 'Ich glaubte in der Luft zu schweben ohne stoffliche Gestalt, vielmehr ganz **Dampf und ganz Licht**; ich zeigte Ihnen meinen Körper, den ich verlassen hatte, in meinem Bette ausgestreckt: es war nur ein **Leichnam**... Dann näherte sich dieses Licht, als das ich mich fühlte, unmerklich dem Leichnam, ging in ihn ein, und ich kam zur Besinnung, zerschlagen wie nach einem langen und erquickungslosen magnetischen Schlaf.'

---

1) Cahagnet, Lumière 28. Vgl. Leuret 95.   2) Charpignon 105. Vgl. den Fall aus Gurney bei Baerwald a. a. O.; Stead 32 o.; Home, Inc. 45 f.; Kerner, Seh. 171; Crowe 167; ZP 1930 358 (Prof. Sveinsson).

12. Eindeutig aus einem Krankheitszustand heraus, und zwar bezeichnenderweise in zeitlicher Nähe des erwarteten Todes, entstand die folgende Erfahrung eines österreichischen Generals und Gegners des Okkultismus (!), der sein Erlebnis aber ehrenwörtlich erhärtet. Er 'lag schwer krank darnieder, litt unsäglich; es scheint, daß die Agonie bereits eingesetzt hatte. Plötzlich sah er sich mitten im Zimmer stehen; neben dem Bett, in dem sein Körper lag, nahm er den Bruder und den behandelnden Arzt wahr, nichts jedoch erfüllte ihn so sehr mit Verwunderung und einem beseligenden Glücksgefühl, als die Empfindung, **völlig gesund**, kräftiger, jünger als je zu sein. Doch unvermutet empfand er einen furchtbaren Schmerz und fand sich in all dem Elend und Jammer seiner Krankheit in seinem Bette wieder. Der Arzt hatte ihm eine Kampferinjektion mitten ins Herz gegeben. Der General schloß seinen Bericht mit den Worten: Die Leute mögen reden, was ihnen beliebe, für ihn sei das Problem des Todes gelöst, denn einen Tod gebe es gar nicht.'[1]

13. M. J. Ramel, ein 'Financier', schrieb an Flammarion aus Genf am 1. Nov. 1920: Während eines Herzleidens sei er mehrmals in eine Art von Betäubung verfallen. Einmal 'hörte ich alle Meinigen um mich herum sprechen, aber ich war nicht ich [d. h. offenbar: mein Körper]: mein Ich stand zur Seite, aufrecht, in einem fluidischen und weißen Körper; ich beobachtete den Schmerz derjenigen, die sich bemühten, mich wiederzubeleben, und ich hatte diesen Gedanken: Wozu dient diese jämmerliche abgestreifte Hülle, die sie wieder ins Leben zu bringen suchen? Indem ich aber ihre Traurigkeit feststellte, kam mir ein starkes Verlangen, zu ihnen zurückzukehren. Und das geschah auch. Gleichwohl will mir scheinen, daß, wenn ich gewollt hätte, ich im Jenseits geblieben wäre; ich habe das Tor sich ein wenig öffnen gesehen, kann aber nicht sagen, was dahinter war.'[2]

14. Der äußersten Erschöpfung kurz vor dem Tode entsprang eine Erfahrung, die Miss Dallas von einer Freundin (zweiter Hand) schriftlich mitgeteilt wurde. Die schwerkranke Kusine dieser Schreiberin hatte bereits in bewußtlosem Zustande die letzte Ölung empfangen, und der Arzt meinte, daß sie die Nacht nicht überleben könne, da der Körper, bei schwacher Atmung, bereits erkaltete. Nach ruhigem Schlaf kam sie aber etwas gekräftigt zu sich und forderte Nahrung, damit sie Kraft erhalte, etwas äußerst Wichtiges mitzuteilen. Sie berichtete darauf, 'daß **sie tot gewesen sei**; sie hatte, wie sie sagte, eine allmähliche Entfernung von ihrem Leibe gefühlt, wobei sie sich bei den Füßen hinausbegeben hatte. Dann stand sie am Fußende des Bettes, **blickte auf ihren Körper** hinab und sah darin ihr Herz wie eine kleine flackernde Flamme. Sich selbst empfand sie als ein **schimmerndes Licht**. Sie fühlte sich **kräftig und sehr glücklich** und wußte, daß alles 'ganz in Ordnung' sei und man nicht um sie weinen dürfe, denn sie war froh, ihrem Leibe entronnen zu sein ... [Mit Nachdruck wiederholte sie immer wieder,] daß **sie es selbst gewesen**, die außerhalb des Leibes war, nicht ein Teil von

---

1) Mitget. von Prof. Kasnacich in ZP 1932 44. 2) Flammarion II 72.

ihr: 'Ich war es wirklich, ich selbst, meine eigene Person, eben ich.' Nach 24 Stunden starb sie.'¹

Ein weiteres wichtiges Auslösungsmittel der fraglichen Erfahrung bilden Narkotika, also z. B. Chloroform.

15. J. A. Hill erzählt von einer Miss Hinton, die mit 17 Jahren zum Zweck eines Zahnziehens chloroformiert wurde. Ihre Rückkehr ins Bewußtsein zog sich hinaus, was große Besorgnis erregte. Aber als sie schließlich erwachte, gab sie an, daß sie sich **über ihrem fleischlichen Leibe befunden**, den die Anwesenden umstanden, und daß sie vergeblich versucht hatte, zu ihnen zu sprechen. In der Annahme, daß sie tot sei, hatte sie sich darüber gewundert, daß sie nicht dem göttlichen Gerichte verfiel!²

16. Mrs. Edith Archdale, Afrikareisende und -schriftstellerin, unterzog sich in Johannesburg einer Zahnoperation, vor welcher sie wiederholt weitere Chloroformgaben forderte, weil sie 'noch nicht schlafe'. 'Plötzlich (schreibt sie) sah ich mich **aufrecht neben dem Stuhl, in welchem mein Körper lag**, und empfand den lebhaften Wunsch, nicht wieder in ihn einzugehn.' Der Arzt verweigerte zunächst verstärkte Chloroformierung, die Dame erwachte, wurde auf ein Ruhebett gelegt, und nun nach einer weiteren Gabe die Zahnziehung vorgenommen. Während dieses Eingriffs (sagt sie) 'befand ich mich wieder außerhalb meines Leibes, im Raume schwebend, **vollkommen bewußt** der großen Verwandlung, die in meinem Wesen vor sich gegangen war.' Daneben hatte sie das bekannte Gefühl bedeutender Einsichten und lieferte kurz danach eine Leistung echten Hellsehens.³

17. Sehr ausdrücklich in der entscheidenden Einzelheit ist ein Bericht des Dr. G. Wyld (London): er habe sich eines Tages i. J. 1874, als er gegen Morgen Chloroform einatmete, 'plötzlich, zu meinem Erstaunen, ... gekleidet und in der Gestalt meines Leibes, etwa zwei Meter außerhalb meines Körpers stehend gefunden, und **jenen Körper betrachtend, welcher regungslos auf dem Bette lag**.'⁴

18. Nicht minder eindeutig sind die Angaben des Kapitäns Volpi, welche Rochas mitteilt. 'Vor sechs Jahren [d. i. 1883] atmete ich Chloroform ein, um Krämpfe abzuschwächen, hervorgerufen durch eine Steinoperation. Da bemerkte ich mit Staunen, daß mein Ich, d. h. meine Seele und meine denkende Vernunft, mit gestalteter Körperlichkeit umkleidet, zwei Meter von meinem Leibe entfernt sich befanden. Mein Ich ... **sah meinen Körper unbeweglich ausgestreckt auf dem Bette liegen** ...'⁵

19. Einen letzten Bericht dieser Gruppe liefert uns der bekannte Nervenarzt und Parapsychologe Dr. Marcinowski. Einer ans Bett gefesselten Kranken mußten zwei Zähne gezogen werden. Gegen alles Vermuten wurde dies von der feigen Person völlig laut- und regungslos hingenommen: erst nachträglich brüllte diese. Die Erklärung: 'Die Patientin, von klein auf mit Doppelgängerbildung behaftet, hatte ihren Körper verlassen und dem gan-

1) Dallas 90 f.   2) bei Muldoon 235 (aus Hill, Man is Spirit).   3) Lt 1916 119 f.
4) Wyld 205.   5) Rochas, Leben 229.

zen Vorgang von außen her interessiert zugeschaut. Erst als sie in ihre alte Behausung zurückgesogen wurde, kam es auf einmal zu dem vorher nicht vorhandenen Schmerzgefühl... Ihr ausgetretener Doppelgänger war vollkommen bewußt...'[1]

Den narkotisch ausgelösten Exkursionserfahrungen schließe ich die einer Ertrinkenden an, indem es ja möglich ist anzunehmen, daß auch hier eine während der Atmungsbehinderung eintretende Giftwirkung die Ursache bildet.

20. Eine Fast-Ertrunkene, Miss Nora Alexander, berichtet von einem 'Gefühl, als badete ich in einem herrlichen Strom goldenen Lichtes..., und im nächsten Augenblick trieb ich auf Luft dahin und beobachtete meinen Körper, wie er tief unten von den Wogen umhergeworfen wurde, aber ohne Anteilnahme an ihm...'[2]

In den zwei folgenden Fällen scheint ein äußerst heftiger Schock die Hinausversetzung veranlaßt zu haben. Der erste Bericht stammt gleichfalls aus der Feder des Dr. Marcinowski, bezieht sich aber auf ein eigenes Erlebnis, was bei der anerkannt scharfen Beobachtungsgabe des Verfassers von besonderem Wert ist.

21. Die Erfahrung ereignete sich während eines Sturzes mit dem sich überschlagenden Rade, herbeigeführt durch ein im letzten Augenblick sichtbar werdendes Hindernis. 'Und nun beobachtete ich etwas ganz Eigentümliches. Mein Bewußtsein war außerhalb des Körpers orientiert und blieb etwa 60 cm von der Stelle im Raum haften, an der ich mich befand, als der Schreck über den unvermeidlichen Sturz... mich traf. Ich sah mich klar und deutlich und verhältnismäßig ruhig von hinten, sah Rücken und Hinterkopf, sah den ganzen Sturz, auch das hintere Rad von rückwärts her — kurz alles. Dabei wußte ich, daß ... ein schwerer Schädelbruch unvermeidlich wäre. Zugleich aber war in meinem Bewußtsein dort draußen die Vorstellung gegeben, das dürfe nicht sein und würde auch nicht sein. Von dieser klar bewußten Instanz aus — so hatte ich das Gefühl — wurde der Sturz nun so gelenkt [daß nur eine Spaltung des Beckenrings an der Symphyse die Folge war]...'[3]

S. J. Muldoon, ein Autor, von dessen zahlreichen eigenen Austrittserfahrungen wir noch hören werden, behauptet gleichfalls, daß 'ein kräftiger Schlag oder Stoß häufig eine rasche und vorübergehende Trennung [des 'feineren' vom fleischlichen Leibe] verursacht, — ob das Opfer sich dessen bewußt ist oder nicht.'

22. 'Ein Nachbar' berichtete ihm ein Erlebnis dieser Art. An einem Wintertage, während er mit einer Holzladung auf seinem Schlitten heimkehrte, schoß ein Jäger seine Flinte nach einem Kaninchen ab. 'Die Pferde sprangen

---

1) ZP 1926 732; etwas ausführlicher in ZmpF 1932 318. Vgl. noch RB 1926 57.   2) OR 1907 297 f.   3) ZP 1926 732.

Austritt des Ich mit Wahrnehmung des eignen Leibes 309

an, gaben dem Schlitten einen Ruck und warfen den Fahrer mit dem Kopf voran zu Boden. Er sagte, ... daß er, auf der Erde angelangt, sogleich sich bewußt war, aufrecht zu stehen, und **seinen anderen Körper**[1] **reglos neben der Straße liegen sah**, mit abwärts in den Schnee gekehrtem Gesicht. Er sah den Schneefall rings umher, sah den Dampf von den Pferden aufsteigen, sah den Jäger auf ihn zueilen. Alles dies war ganz wahrheitsgetreu; aber was ihn völlig verwirrte, war, daß er zweimal da war, denn er glaubte alles, was geschah, gleichzeitig von einem andern wirklichen Leibe aus zu beobachten. Als der Jäger herankam, schien sich alles zu verdunkeln. Der nächste bewußte Eindruck war, daß er auf dem Boden lag und der Jäger Wiederbelebungsversuche an ihm machte. Was er 'von seinem Astralleibe aus' gesehen hatte, war so wirklich gewesen, daß er nicht glauben konnte, es seien da nicht zwei fleischliche Körper gewesen; ja er fühlte sich gemüßigt, an der Stelle, wo er wußte, daß er 'gestanden' hatte, im Schnee nach Spuren zu suchen.'[2]

Endlich besitzen wir — was von großer Bedeutsamkeit ist — Berichte, welche die Hinausversetzung des Ich als eine Leistung des **experimentellen Willens** erscheinen lassen.

23. So schreibt Mlle Haemmerlé, eine Bekannte und Versuchsperson des Obersten A. Rochas, am 26. Aug. 1902: 'Als ich mich abends zu Bett begab, fühlte ich mich aufgelegt zur Erzeugung eines Doppelgängers. Ich machte zuerst einen Versuch und **sah auf sechs Schritte Entfernung meinen Körper im Bette liegen**...'[3]

24. Auch der folgende Bericht eines *'honours graduate'*, d. h. eines mit Auszeichnung Promovierten dürfte in diese Gruppe gehören. Daß der eigene Körper hier nicht, wie erwartet, seinen normalen Anblick darbot, sondern einen (dem Belesenen leicht verständlich) veränderten, erhöht m. E. die Glaubwürdigkeit und Bedeutsamkeit des Berichts. — '[Eines Tags] vor einigen Jahren, etwa um 4 Uhr morgens im Januar oder Februar, lag ich wach in meinem dunklen Zimmer. Ich fühlte, daß ich imstande war, den Körper bewußt zu verlassen, und tat es. Der Vorgang läßt sich einem plötzlichen Sich-ausstrecken der Länge nach vergleichen. [Vgl. oben das 'Sichausdehnen' in Charpignons Bericht.] Ich fand mich in vollem Tageslicht [dem 'Licht' so vieler 'sensitiver' Wahrnehmungen] neben meinem Bett... Ich begann mit einer Besichtigung meines Zimmers. Es war wie gewöhnlich. Danach kam mir der Gedanke, daß es sehr reizvoll sein würde, den fleischlichen Leib zu beobachten... Ich erwartete mit Bestimmtheit, meinen Körper auf dem Bette zu sehn, und falls die ganze **Erfahrung** autohypnotischer Natur war, hätte ich ihn auch sicher so gesehn; aber das war nicht der Fall. Alles, was ich sah, war ein **dunstiges Licht vom ungefähren Umfang des Körpers**... Plötzlich versank ich in Finsternis und befand mich wieder im stofflichen Leibe...'[4]

1) another himself.   2) Muldoon 15 f.   3) ASP Sept. 1906 (PS XXXIV 83 f.).
4) OR 1906 213.

Und hier möchte ich einfügen, daß der erstaunlichste 'Exkursionist', von dem ich Kenntnis habe, der bereits erwähnte S. J. Muldoon,[1] aus langjähriger Erfahrung gerade diesem Willen-zur-Hinausversetzung — freilich vor allem in Form des autosuggestiv geweckten 'unterbewußten' Willens — eine überragende Rolle bei der Erzielung des Vorgangs zuschreibt. Er stellt es als 'Grundregel' auf: 'Wenn der unterbewußte Wille von der Vorstellung beherrscht wird, den Körper (bzw. die 'zusammenfallenden Körper') zu bewegen, und der fleischliche Leib daran verhindert ist, so bewegt der unterbewußte Wille den Astralkörper unabhängig vom fleischlichen.' Als Ausgangspunkt solcher Suggestionen aber nennt er 1) Träume, z. B. Flugträume oder wunscherregende Träume, 2) heftige oder unterdrückte Wünsche, 3) Bedürfnisse wie Hunger, Durst, und 4) Gewohnheiten aller Art. Daneben aber betont er auch den ganz bewußten 'Willen', nach außen in den Raum 'projiziert' zu werden, wobei man etwa mit geschlossenen Lidern die Augen nach oben und innen rollt und 'sich selbst' an den Punkt des Konvergierens als Ausgangspunkt für den Austritt 'hin-will'. Oder er erzeugt durch lange Enthaltung vom Trinken, nebst Genuß von dursterzeugenden Stoffen, wie Salz, vor dem Einschlafen, zunächst phantastische Durstträume, aus denen sich dann angeblich wirklich eine 'klar-bewußte' Exkursion nach einem bekannten Flußufer oder einem Wasserhahn hin entwickelt.[2] Ja ein solcher Dursttraum — er war 'zu träge' aufzustehen, um einen Trunk zu beschaffen, und schlief darüber wieder ein — gab den Anlaß zu seiner Entdeckung der Bedeutung von Bedürfnissen für die 'Selbstprojizierung'. Er stand im Traum an dem Wasserhahn und konnte ihn nicht drehen, wurde dann 'klar bewußt', sah seine 'astralen Hände' am Hahn und konnte ihn wiederum nicht drehen, begriff aber jetzt, daß dies an der Unmöglichkeit wirklicher Berührung lag, während er sich 'im Traum' auf die Schwerbeweglichkeit des Hahns herausgeredet hatte![3] — Hier legt sich natürlich der Gedanke an alles das nahe, was an anderer Stelle über die Entstehung von Spukerscheinungen durch 'Wünsche', also etwa auch 'Wunschträume' der Abgeschiedenen beigebracht wurde.[4] —

Die vorstehenden Berichte umschreiben mit genügender Deutlichkeit das, was man als den Kern der Exkursionserfahrung, als ihren innersten Bezirk in zeitlichem wie in räumlichem Sinn bezeichnen kann: die ersten Augenblicke und ersten Schritte der 'Bilokation'. Die nunmehr wiederzugebenden Erfahrungen erweitern das bisherige Bild soz. in

---

1) Über seine 'hunderte' von Exkursionen s. Muldoon 2. 166; über seine Vertrauenswürdigkeit spricht Carrington (!) das. S. XVIII. Über seine geringe 'okkultistische Vorbildung': S. 5.
2) a. a. O. 18 f. 110 f. 103. 129.   3) Das. 116. Vgl. 96. 105 ff. 172 f.   4) Auch Muldoon drängt sich diese Parallele auf: 121 ff. 190 f. 216.

konzentrischen Kreisen: die Exkursion hält länger an und das Schauen des hinausversetzten Ich erweitert sich — zuerst gleichsam im normaloptischen Sinn, sodann aber in neuartiger Weise, indem es teils in unzweideutiges Hell- und Fernsehn, teils in scheinbar phantastisches visionäres Erleben übergeht. Aber schon jene 'gleichsam normal-optische' Erweiterung des Schauens beschert uns die wichtige Tatsache, daß der Exkurrierende mitunter Dinge beobachtet, von denen er zuvor ein normales Wissen nicht besaß. Diese Tatsache sowie der weitere Übergang zu Wahrnehmungen, die nicht mehr der unmittelbaren 'Ortsanwesenheit' des Exkurrierenden zu entspringen scheinen, sondern einer unzweideutigen Hellsehleistung, sollen im folgenden die Grundlage der Anordnung abgeben; dagegen soll die Art der Auslösung von jetzt ab nur nebenher erwähnt werden.

Schon in mehreren der obigen Berichte trat zu der Wahrnehmung des eigenen Körpers noch die eines Stücks seiner unmittelbaren Umgebung. Die nächstfolgenden Beschreibungen erweitern diese Mehr-Wahrnehmung bis an die Grenzen des Zimmers oder noch ein wenig darüber hinaus.

25. So behauptet Dr. Franz Hartmann, unter der Einwirkung des Chloroforms beim Zahnarzt sich 'neben dem [Operations-]Stuhl stehend gesehen zu haben, in welchem mein Körper lag. Ich erschien mir selbst als dieselbe Person, wie in meinem normalen Zustande. Ich sah alle Gegenstände im Zimmer, hörte alles, was gesprochen wurde; aber als ich versuchte, eins von den Instrumenten auf einem kleinen Tisch neben dem Stuhle aufzuheben, war ich dazu nicht imstande, da meine Finger hindurchgingen.' Ähnliches will er oft erlebt haben.[1]

26. Den hier erwähnten Versuch, sich im Zustande der Exkursion der eigenen Körperhaftigkeit zu vergewissern, beschreibt uns übrigens noch schlagender Dr. E. v. Krasnicki: dreimal 'steht' er vom Nachmittagsschlummer 'auf', um sich wieder mit einem 'Ruck' auf seinem Sofa zu finden. Während er im Zimmer 'umhergeht', versucht er nach dem Ofen zu schlagen, um seines Wachens gewiß zu werden, fühlt aber fast nichts dabei, und selbst als er schließlich die Hand an den Ofen 'schmettert', keinen Schmerz.[2]

27. In räumlicher Beziehung unmittelbar an die eben mitgeteilte Hartmannsche Beobachtung schließt sich die folgende, gleichfalls narkotische Erfahrung an. Herr Roger v. C.... berichtet, daß er während einer Operation den Saal, die Landschaft vor dem Fenster, das Sonnenlicht auf ihr betrachtet habe, wobei er sich in einem 'Leibe freischwebend' fortbewegte. Dann sah er die an der Operation Beteiligten, den operierten Leib, seinen mit einem Tuch bedeckten Kopf, und hörte die Gespräche des Arztes und seiner Gehilfen. 'Der Arm des Chirurgen ging durch mich hindurch... Ich fühlte mich getrieben, das verdeckte Gesicht anzusehn. Es erschien mir sehr be-

1) OR 1908 160.   2) ÜW VII 31.

kannt... Mir kam der Gedanke, daß der Leib mir gehöre, daß ich sein Herr und Eigentümer sei. Diese Vorstellung wurde mir bald zur festen Überzeugung. Der Körper kam allmählich zu sich, ...mich zog ein unwiderstehliches Verlangen, von ihm Besitz zu ergreifen... Es war mir, ...wie wenn er ein Teil von mir selbst würde. Plötzlich vergingen mir die Sinne, die Gestalten im Saal verschwanden vor meinen Augen und ich wurde bewußtlos. Als ich wieder erwachte, lag ich im Bett und litt furchtbare Schmerzen, — die Folgen des Eingriffs.'[1]

28. Als weiteres Beispiel hierfür mag ein Bericht dienen, den der namhafte Elektrotechniker Cromwell Varley, F.R.S., als Zeuge vor dem bekannten Untersuchungs-Ausschuß der 'Dialektischen Gesellschaft' erstattete. Varley hatte, im Bette liegend, als Mittel gegen 'Halskrämpfe' einen Chloroformschwamm vor den Mund genommen. 'Nach einer kleinen Weile wurde ich wieder bewußt, sah meine Frau eine Treppe hoch [wo sie sich tatsächlich befand] und mich selbst auf dem Rücken, mit dem Schwamm vor meinem Munde, war aber gänzlich außerstande, mich zu bewegen.'[2]

Ich führe noch zwei weitere Fälle an, in denen sich die Wahrnehmung wieder zum Teil auf eine gleichzeitige Operation bezog.

29. Den ersten hatte Hr. Studienrat Dr. Herman Wolf in Amsterdam die Güte mir brieflich mitzuteilen; das Subjekt, dessen eigene Niederschrift im nachstehenden wiedergegeben wird, war der Schuldiener B. Landa, der 'vor einigen Jahren' nach einem Unfall sich dem Chirurgen stellen mußte und dabei das folgende erlebte: 'Ich befand mich in einem furchtbar nervösen Zustand, bis ich für die Operation narkotisiert wurde. Während einiger Zeit (wie lange, erinnere ich mich nicht mehr) war ich mir nichts bewußt. Plötzlich eine heftige Reaktion (?), die verbunden war mit einem heftigen inneren Widerstand, als ob ich auseinandergerissen werden müßte. Ebenso plötzlich und kurz wie die Reaktion kam die Ruhe, ich sah mich selber liegen. Ein scharf umrissenes Bild des Operationstisches, auf dem ich, frei schwebend, von oben herab mich liegen sah, die Wunde der Operation auf der rechten Seite des Körpers, den Arzt mit einem nicht näher zu erklärenden Instrument in der Hand. Dies alles habe ich ganz klar beobachtet. Ich habe versucht, dies alles zu verhindern. Noch höre ich die Worte, die ich gerufen haben soll: 'Hört auf, was macht ihr da!' Ebenso plötzlich, wie das oben Beschriebene erschienen war, war es auch wieder verschwunden, aber es blieb in mir als unvergeßliches Bild zurück.'

30. Eine andere Beobachtung dieser Art wurde dem Prof. Ch. Richet unter dem 4. Juni 1908 von M. L. L. Hymans mitgeteilt. 'Zweimal', schreibt dieser, 'habe ich bei vollem Bewußtsein meinen leblosen Körper gesehen, mit dem Gefühl, daß er ein für mich äußerlicher Gegenstand sei. Ich will nicht zu erklären suchen, wie ich ohne Augen gesehen habe; ich stelle nur eine Tatsache fest. — Das erstemal war es, als ich im Operationsstuhl eines Zahnarztes saß. Während ich narkotisiert war, habe ich das Gefühl gehabt, zu

---

1) bei Durville 88 ff.   2) Ber. Dial. Ges. II 110 f.

Austritt des Ich mit Wahrnehmung des eignen Leibes

erwachen und oben im Zimmer zu schweben, von wo aus ich mit der größten Verwunderung den Zahnarzt betrachtete, der mich behandelte, und den narkotisierenden Gehilfen ihm zur Seite. **Ich habe meinen leblosen Körper ebenso deutlich gesehen, wie jeden andern Gegenstand im Zimmer.** Das Ganze machte auf mich den Eindruck eines lebenden Bildes. Dies hat nur einige Sekunden gedauert. Ich habe von neuem das Bewußtsein verloren und bin im Stuhl erwacht mit dem recht klaren Eindruck des Gesehenen.[1]

Die nächsten beiden Fälle zeigen nicht die narkotische Auslösung, die Hinausversetzung tritt vielmehr soz. 'von selber' ein.

31. Caroline D. Larsen berichtet folgendes: 'Plötzlich überkam mich eine sehr seltsame Erfahrung: ein Gefühl tiefer Beklemmung und Furcht, etwa wie vor einem Ohnmachtsanfall. Ich suchte mich zusammenzureißen, aber vergeblich. Die überwältigende Bedrückung nahm zu, und bald überschlich mich eine Erstarrung, die jeden Muskel lähmte. In diesem Zustand verharrte ich einige Zeit. Mein Geist dagegen arbeitete noch so klar wie je. Zunächst hörte ich noch die Musik aus dem Unterstock deutlich, aber nach und nach entschwanden mir die Töne, bis alles eine Leere und ich völlig ohne Bewußtsein war.[2] Wie lange dieser Zustand dauerte, kann ich nicht sagen... Das Nächste, was ich wußte, war, daß ich, ich selbst, auf dem Fußboden neben meinem Bette stand und **aufmerksam meinen eigenen, darin liegenden fleischlichen Körper betrachtete**... Ich erkannte jede Linie des wohlbekannten Gesichts, bleich und ruhig wie im Tode, mit fest geschlossenen Augen und halbgeöffnetem Munde. Arme und Hände lagen schlaff und leblos neben dem Körper... Ich wandte mich um und schritt langsam zur Tür, ging hindurch und in den Vorsaal, der zum Badezimmer führte... Die Macht der Gewohnheit veranlaßte mich, die Bewegung des Lichteinschaltens zu machen, was ich natürlich nicht wirklich tat. Aber es bestand gar kein Bedürfnis nach Licht, denn von meinem Körper und Gesicht strömte ein starkes weißliches Licht aus, welches das Zimmer strahlend erhellte.'[3]

32. Die demnächst folgende Erfahrung zeichnet sich aus durch die Genauigkeit, mit der das Subjekt seine **seelischen Vorgänge** und Erlebnisse beobachtet zu haben scheint; außerdem begegnen wir wiederum dem Versuch, durch Handhaben von Gegenständen sich der eignen 'Wirklichkeit' zu vergewissern. — Der Erzähler, M. René C., hat die Polytechnische Hochschule durchgemacht und den Doktorgrad der Naturwissenschaften erworben. Das Erlebnis der 'bewußten Ichausscheidung' ist ihm mehrfach zuteil geworden. Eine dieser Erfahrungen schildert er u. a. wie folgt: 'Das Schwindelgefühl verstärkte sich; mein Bewußtsein trübte sich einen Augenblick, klärte sich dann aber rasch wieder: ich stand aufrecht im Zimmer und wußte, daß ich [von meinem Leibe] getrennt war. **Mein Denken erlangte die äußerste Klarheit.** Ich gab mir vollkommen Rechenschaft von mei-

---

1) RM 1930 190.   2) Vgl. Muldoon 163. 165.   3) Nach Larsen bei Muldoon S. XXVI.

nem Zustand; ich zergliederte sorgfältig meine Empfindungen und Gedanken und war mir der Tatsache bewußt, daß ich sie zergliederte, ja auch bewußt dieses Bewußtseins selber. Obgleich es Nacht war, sah ich deutlich, aber nicht ganz in der Art, wie man das Tageslicht im Wachen wahrnimmt. Ich trug keine Bekleidung auf meinem 'fluidischen' Körper. Ich stand aufrecht und konnte mich fortbewegen, gehend oder über den Fußboden hingleitend. **Ich sah vollkommen [deutlich] meinen fleischlichen Körper**, der leblos auf dem Bette ausgestreckt lag, wie ein auf dem Rücken liegender Leichnam.' R.C. schildert dann einige der Überlegungen und Versuche, die er in diesem Zustand anstellte: z. B. die willkürliche 'Objektivierung' von Vorstellungen. Doch vermochte er seinen stofflichen Körper zu keiner Bewegung zu bringen. Den elektrischen Lichtschalter drehte er anscheinend mehrmals, sah aber keine Beleuchtung eintreten. Durch 'Autosuggestion' erweckte er sich 'allmählich und ohne Erschütterung', schrieb seine Erfahrung nieder und schlief dann zwei Stunden lang tief und erfrischend.[1]

Eine weitere Selbstbeobachtung schließt sich hier bezüglich des Umfangs des Geschauten ohne weiteres an. Im übrigen enthält sie eine Verwicklung, wie ich sie sonst nirgends angetroffen habe. Die Exkursion wird nämlich erstmalig fast 10 Jahre später während einer 'Ohnmacht' erinnert, bleibt dann aber dauernd im Gedächtnis haften. Der Zweifler wird deshalb den Bericht natürlich für wertlos erklären. Auch dürfte er mit Spott auf den Umstand hinweisen, daß das erinnernde Ich, das typische eines halberwachsenen Knaben, identisch sein soll mit dem ehemals exkurrierenden eines 18-monatigen Kindes! Ich will mit diesem Zweifler hier nicht rechten; der erfahrene Parapsychologe wird es ohne weiteres verstehn, daß ich gerade in diesen beiden Umständen eine **Steigerung** der Vertrauenswürdigkeit und Bedeutsamkeit des Berichts erblicke. Wie dem auch sein mag: ich rücke die Erzählung hier ein, wie ich sie finde. Wer ihre besonderen Zumutungen als zu stark empfindet, der lasse sie ruhig beiseite.

33. Ein Mann, den der Sammler des Falles, der Maler P.-E. Cornillier, als kritisch und besonnen in Beobachtung und Urteil bezeichnet, beschreibt also den seltsamen Vorgang, daß während einer Ohnmacht, in die er im Alter von 11 Jahren durch einen Schlag auf den Kopf verfiel, ihm ein Exkursionserlebnis aus frühester Kindheit, im Alter von 18 Monaten, deutlich in die Erinnerung trat. 'Ich war wieder ein ganz kleines Kind, ein Baby geworden, und dieses Baby lag auf einem Bett in einer Stube, die mir unbekannt war. Aber seltsam: obgleich dies Baby ich selbst war, **sah ich es an und erblickte es wie einen außer und unter mir befindlichen Gegenstand**. Das, was es erblickte und sah, war ein andres Ich... im Raume, nahe der Zimmerdecke; aber ein 'andres Ich' mit Bewußtsein und Wahr-

---

1) RS 1927 217 ff.

nehmung, welches wußte, daß dieser kleine Körper auf dem Bette der seine war.' Der Berichterstatter schildert dann ein aus leuchtenden Punkten bestehendes Band zwischen Körper und außenbefindlichem Ich (eine typische Einzelheit vieler verwandter Vorgänge), sein Betrachten der Möbel im Zimmer, sein Bewußtsein, daß Wände, Decke und Türen für das 'Ich' kein Hindernis sein würden; endlich die Beobachtung zweier Menschen im Zimmer, eines unbekannten Mannes und seiner Mutter. Als letztere sich dem Bette näherte und den Körper des Kindes in ihre Arme riß, fühlte er sich von diesem 'unwiderstehlich angezogen', und sein Bewußtsein der Szene schwand. Er fühlte gleichsam eine heftige Entladung dem Rückenmark entlang und öffnete die Augen. Die Erinnerung an diese Erinnerungsvision wurde mit der Zeit nicht schwächer, sondern lebhafter und in allen Einzelheiten deutlicher. Fragen an seinen Vater hätten ergeben, daß die Familie zur Zeit, da der Knabe 18 Monate alt war, tatsächlich eine der Vision entsprechende Stube bewohnte: der Knabe hatte einen schweren Anfall von Krupp gehabt, der Luftröhrenschnitt war erfolglos gewesen, und der Arzt hatte ihn für verloren gehalten. Er sagte dies der Mutter, und es spielte sich jener Auftritt ab, den der Knabe sah und der Mann erinnerte.[1]

34. Der folgende Bericht führt uns unzweideutig über die Wände des Zimmers hinaus, in welchem der (nachher auch wahrgenommene) Körper der Exkurrierenden liegt. Es verdient betont zu werden, daß das Subjekt dieser Selbstbeobachtung, Frl. Sophie Swoboda, mehrfach ähnliche Erfahrungen gemacht hat. — An dem hier fraglichen Tage war sie unter heftigen Kopfschmerzen auf einem Sofa eingeschlafen, glaubte zu bemerken, daß ihre Mutter leise das Zimmer verlasse, erwachte darauf anscheinend, fühlte sich leicht und schmerzlos, erhob sich und eilte der Mutter nach, um ihr die günstige Veränderung zu berichten. Sie fand die Mutter strickend beim Vater sitzen, der ihr vorlas, stellte sich neben die beiden, blieb aber dauernd unbeachtet. Selbst als sich die Mutter nach einiger Zeit erhob, um nach der Tochter auf dem Sofa zu sehn, konnte sich diese ihr nicht bemerklich machen, sah sich aber selbst leichenblaß und mit geschlossenen Augen auf dem Sofa liegen. Sie fühlte sich dann wie von einem Schlag auf das Ruhebett geworfen und öffnete schwer und mühsam die Augen. Ihre Eltern setzte sie in Erstaunen, indem sie ihnen die gelesene Stelle und im Gespräch geäußerte Ansichten z.T. wortgetreu wiederholte, obgleich sie sich drei Zimmer von ihnen entfernt, bei geschlossener Tür, befunden hatte.[2]

Ich schließe eine Aufzeichnung des amerikanischen Schriftstellers Fitzhugh Ludlow an, von dem wir ein glänzend geschriebenes Buch über seine Erfahrungen als gewohnheitsmäßiger Haschischgenießer besitzen. Bemerkenswert in seinem Bericht ist wiederum die Betonung des klaren und wägenden Bewußtseins während der Exkursion, des weiteren die Ausdehnung der Beobachtungen über den Bereich des Zimmers hinaus, endlich die Wahrnehmung einer 'rücksendenden' Stimme, — ein Zug,

1) RS 1927 110 ff.   2) PS VI 294.

den der Belesene aus zahlreichen Berichten über 'Seelenreisen' erinnern wird.

35. Als völlig einzigartig (!) unter allen seinen Erfahrungen unter Haschisch berichtet Ludlow, er habe eines Tages während des Delirs bemerkt, daß 'die Seele... den Körper verlassen hatte... Aus der Luft, in der ich schwebte, blickte ich hinab auf mein ehemaliges Behältnis;...die Brust hob und senkte sich,...die Schläfen pulsten und die Wangen färbten sich. Ich betrachtete den Körper prüfend und voll Verwunderung; er schien mich nicht mehr anzugehn, als der eines Fremden... Der Geist war sich bewußt des Besitzes aller menschlichen Fähigkeiten, Verstand, Gefühl und Wille... und stand doch völlig unabhängig beiseite. In diesem meinem bevorzugten geistigen Zustande wurde ich durch keinen Gegenstand der dichteren Welt gehemmt. Für mich selbst war ich sichtbar und berührbar, und doch wußte ich, daß kein körperliches Auge mich sehen könne. Durch die Wände der Zimmer konnte ich aus- und rückwärts hindurchgehen und durch die Decke die Sterne unverdunkelt schauen. Dies war weder Sinnestäuschung noch Traum... Eine Stimme forderte mich auf, in den Körper zurückzukehren, indem sie sagte: '...Die Zeit ist noch nicht da.' Ich kehrte zurück...'[1]

Die nunmehr folgenden Fälle gehen über die bisher wiedergegebenen insofern hinaus, als das Subjekt ausdrücklich die Wahrnehmung von Dingen außerhalb seines Zimmers beschreibt, die ihm bis dahin unbekannt waren: es beobachtet mithin etwas ihm Neues, was es in der zur Zeit gegebenen Lage seines Körpers normalerweise überhaupt nicht beobachten könnte. — Die ersten drei zu berichtenden Erlebnisse enthalten diesen Zug in etwas zweideutiger Form, indem hier und da eine Erschließung des 'Wahrgenommenen' aus im Schlaf beobachteten Geräuschen denkbar erscheint. Ich führe sie gleichwohl einleitend an; die Wahrnehmung des Leibes wird in allen eindeutig behauptet.

36. Der schon oben erwähnte Cromwell F. Varley hatte einmal auf Reisen die Absicht, rechtzeitig in der Frühe zu erwachen. 'Der Morgen kam und ich sah mich selbst im Bette fest schlafen, versuchte wach zu werden, konnte es aber nicht. Da erblickte ich einen Hof, in dem ein Haufen Bauholz lag, dem sich zwei Männer näherten. Sie stiegen auf den Holzhaufen und hoben einen schweren Balken herunter. Dabei fiel mir ein zu träumen, eine Bombenkugel schlüge vor mir ein... Dies weckte mich.' Eine sofort angestellte Besichtigung durchs Fenster habe die restlose Wirklichkeit des Gesehenen erwiesen. 'Am Abend, als ich diese Stadt betreten hatte, war es dunkel gewesen, und ich wußte nicht einmal, daß ein Hof vorhanden war.'[2]

Der folgende Bericht ist offenbar jahrelang nach dem Erlebnis niedergeschrieben, aber anscheinend aus ziemlich klarer Erinnerung. Ich gebe

---

1) Ludlow 74 f.   2) Ber. Dial. Ges. II 111 f.

Austritt des Ich mit Wahrnehmung des eignen Leibes

ihn trotz seiner Länge wieder, weil er die erste Austrittserfahrung Muldoons, also eines wahren Meisters in diesem Fache betrifft, und weil gerade die Häufung der Fälle die Glaublichkeit übereinstimmender Einzelzüge erhöhen soll.

37. Im Alter von 12 Jahren und angeblich 'so gut wie nichts' von den 'höheren Dingen' wissend, war M. von der Mutter zu einem spiritistischen 'Camp-meeting' in Clinton, Iowa, mitgenommen worden, wo sie in einem Hause abstiegen, das mehrere bekannte Medien beherbergte. Abends gegen 10,30 eingeschlummert, kam er nach mehreren Stunden Schlafes halbwegs zu sich, ohne recht zu wissen, wo er war, und ohne sich rühren zu können. Dann glaubte er zu schweben und fühlte einen sehr starken Druck in der Gegend des verlängerten Rückenmarks... Allmählich stellten Gehör und Gesicht sich ein. 'Worte könnten mein Staunen nicht beschreiben. Ich schwebte! Starr wagerecht schwebte ich in der Luft, einige Fuß über dem Bett... Ich wußte [jetzt] genau, wo ich war, konnte mir aber mein seltsames Verhalten nicht erklären... Ich bewegte mich gegen die Zimmerdecke zu... Ich glaubte natürlich, daß dies mein normaler Leib sei..., der sich aber unbegreiflicherweise der Schwerkraft entzogen hatte. Es war zu unnatürlich, als daß ich es hätte verstehen können, und doch zu wirklich, um es zu bestreiten... Als ich mich etwa 6' über dem Bett befand, wurde ich unwillkürlich, wie von einer unsichtbaren Kraft, aus der wagerechten Lage in die senkrechte aufgerichtet und auf den Fußboden des Zimmers gestellt. Dort stand ich etwa 2 Minuten, noch immer unfähig, mich aus eigenem Antrieb zu bewegen, und gerade vor mich hinstarrend... [Schließlich] tat ich einen Schritt, wobei der Druck [im Hinterkopf] sich verstärkte und meinen Körper in einem spitzen Winkel vorspringen ließ. Es gelang mir, mich umzuwenden. Da sah ich mich selbst.[1] Ich fing an zu glauben, ich sei verrückt. Da lag ein zweites Ich ruhig auf dem Bette!... Meine beiden gleichen Körper waren verbunden durch ein dehnbares Kabel, von dem das eine Ende in der Hals-Gegend meines astralen Doppelgängers befestigt war, während das andere Ende zwischen den Augen des fleischlichen Leibes haftete. Dieses Kabel durchmaß den Abstand von etwa 6', der uns trennte. Während dieser ganzen Zeit hatte ich Mühe, mein Gleichgewicht zu halten, und schwankte bald nach der einen, bald nach der andern Seite.

Da ich die wahre Bedeutung meines Zustands nicht kannte, war mein erster Gedanke bei diesem Anblick, daß ich während des Schlafes gestorben sei... Angestrengt bemüht, den magnetischen Zug des Kabels zu überwinden, begab ich mich in das andere Zimmer, wo meine Verwandten schliefen, in der Hoffnung, sie zu wecken und ihnen meinen schrecklichen Zustand mitzuteilen. Ich versuchte, die Tür zu öffnen, fand aber, daß ich hindurchging...! Von Zimmer zu Zimmer gehend, versuchte ich krampfhaft, die schlafenden Bewohner des Hauses zu wecken. Ich packte sie, rief sie an, versuchte sie zu schütteln, aber meine Hände gingen durch sie hindurch,

---

1) eigentlich: 'da waren zwei Iche'.

als wären sie nur Dampf... Alle meine Sinne erschienen normal, ausgenommen das Getast... Ein Kraftwagen fuhr am Hause vorüber; ich konnte ihn deutlich sehen und hören. Nach einer Weile schlug die Uhr zwei; ich blickte hin und sah sie eben diese Stunde zeigen.' Nach etwa einer Viertelstunde solchen Umhergehens verstärkte sich deutlich der Zug am 'Kabel'; Muldoon wurde in Zickzacklinien nach dem stofflichen Körper hin zurückgezogen, fühlte sich wieder wie gelähmt und schwebte abermals wagerecht über dem Bette, bis das Phantom plötzlich in den Körper zurückfiel, wobei alle Muskeln desselben zuckten und ein scharfer Schmerz sie durchschoß. M. lebte wieder im Leibe.[1]

38. Von der gleichen Art war das zweite der beiden Exkursionserlebnisse des Herrn L. L. Hymans, dessen erstes schon oben mitgeteilt wurde. 'Ich war', schreibt dieser, 'in London in einem Hotel. Ich erwachte morgens ein wenig unwohl (ich habe ein schwaches Herz), und gleich nach dem Erwachen fiel ich in Ohnmacht. Zu meinem größten Erstaunen befand ich mich bald im oberen Teil des Zimmers, von wo aus ich **meinen leblosen Körper im Bett betrachtete**, dessen Augen geschlossen waren. Ich versuchte ohne Erfolg, in meinen Körper wieder einzugehen, und schloß daraus, daß ich **tot sei**. Ich begann darüber **nachzudenken**, was die Leute vom Hotel, meine Verwandten, meine Freunde sagen würden. Ich fragte mich, ob gerichtliche Nachforschungen stattfinden und wie sich meine Geschäfte abwickeln würden. Sicherlich hatte ich **weder das Gedächtnis, noch das Selbstbewußtsein verloren**. Ich sah meinen leblosen Körper wie einen Gegenstand für sich; ich war imstande, mein Gesicht zu betrachten. Doch konnte ich nicht das Zimmer verlassen; ich fühlte mich soz. angekettet, festgelegt in der Ecke, wo ich mich befand. — Nach 1 bis 2 Stunden hörte ich mehrmals an die abgeschlossene Tür klopfen, ohne ein Lebenszeichen geben zu können. Kurze Zeit danach erschien der Hauswart des Hotels auf dem Balkon, zu dem eine Feuerleiter emporführte. Ich sah, wie er das Zimmer betrat, ängstlich meinen Körper anschaute und dann die Tür öffnete. Bald kamen die Hotelverwalterin und Andere herein. Ein Arzt traf ein, ich sah ihn den Kopf schütteln, als er mein Herz abhorchte, und dann einen Löffel zwischen meine Lippen bringen. Ich verlor das Bewußtsein und erwachte im Bett. Alles dies hat mindestens 2 Stunden gedauert.'[2]

Die 'Ankettung' in dieser Beobachtung mag man versuchsweise auf eine 'Unnachgiebigkeit' jenes rätselhaften 'Bandes' zurückführen, welches soeben auch Muldoon erwähnte und auf das ich noch zu sprechen komme. Die lange Dauer der Exkursion in diesem Fall erscheint keineswegs außerordentlich; ich bitte die Fälle 43, 46, 51, 53 zu vergleichen.

Auch die nächstfolgenden drei Fälle lassen hinsichtlich der Wahrnehmung von Unbekanntem gewisse Bemängelungen zu, — so nahe-

---

1) Muldoon 5 ff. Vgl. die beiden Berichte bei Lambert, Helen C. 32 f. 2) RM 1930 190 f.

liegend, daß ich sie nicht im einzelnen auszudeuten brauche. Indem sie uns auf klarer ausgestaltete hinführen, bereichern sie zugleich unsre Anschauung des Kernstücks dieser Tatsachenschau: der Wahrnehmung des 'verlassenen' Leibes von außen.

39. Das erste Beispiel berichtete Mrs. J. P., eine Diplomabsolventin der Universität von Californien, ihrem Bekannten, dem Prof. James Hyslop. 'Im Alter von 24 Jahren wurde mir gelegentlich eines chirurgischen Eingriffs ein Anästhetikum verabreicht. In dem Augenblick, da ich wieder zu mir kommen wollte, war es mir, als befände ich mich frei im Zimmer, völlig ich selbst, obgleich ohne meinen Körper. Ich fühlte mich in einen Geist verwandelt und glaubte, mittels des Schmerzes den so sehr herbeigewünschten Frieden erlangt zu haben. Ich betrachtete meinen unter mir auf dem Bett ausgestreckten Körper. Im Zimmer befanden sich die beiden Schwestern meiner Schwiegermutter, von denen die eine auf dem Bett saß und meine Hände wärmte, während die andere, auf der gegenüberliegenden Seite stehend, mich anblickte... Ich hatte nicht den geringsten Wunsch, wieder in meinen Körper einzugehen, fühlte mich aber gegen meinen Willen gezwungen, in ihn zurückzukehren. — Das Merkwürdigste an meiner Erfahrung ist aber dies, daß ich, kaum erwacht, die Frage stellte: Wo ist Mrs. K.?... In der Tat war Mrs. K. nicht zugegen gewesen, als ich einschlief, und erst eingetreten, als ich bereits schlief und die Augen vollkommen geschlossen hatte. Auf eine Frage der Schwiegermutter erwiderte ich: Ich habe sie dort stehen gesehn.' — Es ist bedeutsam zu hören, daß Mrs. J. P. seit diesem Erlebnis behauptete, das Überleben der Seele zu begreifen.[1]

40. Der demnächst folgende Bericht stammt von M. Charles Quartier, jedem Leser der 'Revue Métapsychique' bekannt als deren ständiger und zweiflerisch eingestellter Besprecher von Fachschriften. — 'Im September 1918 war ich sehr geschwächt durch die sog. spanische Grippe und mein Körper völlig heruntergekommen infolge der langen Kriegsunterernährung; während meiner Genesung geschah es mir daher häufig, daß ich ganz unerwartet in Ohnmacht fiel. Eines Nachmittags nun lag ich auf dem Sofa in einer Ecke meines Zimmers und ruhte mich aus. Währenddessen unterhielt sich meine Mutter in der Vorhalle mit eingetroffenen Besuchern. Plötzlich sah ich mich selbst, als wäre ich vom Sofa gefallen: Kopf und Oberkörper auf dem Fußboden, aber die Beine noch auf dem Sitz. Dann hatte ich dreierlei Gefühle, ohne daß ich sagen könnte, ob gleichzeitig oder nacheinander: eine sehr angenehme und kaum zu beschreibende Empfindung der Ausdehnung, der Fülle, des Allumfassens,[2] der äußersten Leichtigkeit, mit einem Wort: eines unwahrscheinlichen Wohlgefühls, wie ich es nie seitdem im gleichen Maß empfunden habe. Dann des weiteren ein Gefühl des unvernünftigen, fast kopflosen Schreckens, entspringend aus dem Ungewohnten des Anblicks und dem Bewußtsein, daß ich mich einer normalerweise unmöglichen Tatsache gegenüber befand: sich selbst zu sehen ohne Hilfe eines

1) JAmSPR 1908 515. 2) d'universalité.

Spiegels; in diesem Zimmer aber befand sich nicht einmal der Schatten eines Spiegels. Endlich der Gedanke oder das Gefühl, daß es sehr gefährlich sein könne, falls ich so mit dem Kopfe abwärts verbliebe, und daß man um jeden Preis mich aufheben müsse, was ich zu tun versuchte (jedenfalls kam es mir so vor), immer soz. von außen, als hätte es sich darum gehandelt, den Körper eines Fremden aufzuheben, um ihn an seinen Platz zurückzulegen, — natürlich ohne jeden Erfolg. Dann glaubte ich in der Vorhalle zu sein, wo ich versuchte, die Aufmerksamkeit meiner Mutter zu erregen, die mit ihren Besuchern sprach und plötzlich erklärte: Entschuldigen Sie mich einen Augenblick, ich muß nachsehen, was mein Sohn macht; mir scheint, er hat mich gerufen. Danach erinnere ich mich an nichts mehr, bis ich in normaler Lage auf dem Sofa erwachte, meine Mutter neben mir und ängstlich um mich bemüht, wie um einen Ohnmächtigen.' (Es folgen einige erörternde Bemerkungen nebst dem Ausdruck des Bedauerns, daß das Erlebnis nicht sofort aufgezeichnet wurde, sowie ein bestätigendes Zeugnis der Mutter über ihren Anteil an dem Hergang und die sofortige Erzählung des Sohnes. Herr Quartier war tatsächlich vom Sofa gefallen, und die Mutter hatte des Beistandes ihrer Besucher bedurft, um ihn aufzuheben.)[1]

Zwei andre von Dr. Osty mitgeteilte Berichte (geschrieben am 3. Mai 1930) stammen von Mme Nathalie Annenkoff, einer Dame, von deren paranormalen Leistungen mehrfach in der Rev. Mét. die Rede gewesen ist. Der zweite bietet keinerlei Wahrnehmungen von Unbekanntem, sei aber im Zusammenhang hier eingeschoben.

41. 'Es ist vier Jahre her, daß meine erste [Erfahrung von 'Austritt aus dem Leibe'] stattfand. Ich wußte damals nicht, daß dergleichen möglich sei, da ich **keinerlei Vorstellung von solchen Dingen hatte**. An einem sehr schönen und warmen Tage im Frühjahr 1926 saß ich auf dem Friedhof am Rande des Grabes meiner eben gestorbenen kleinen Tochter. Ich war bedrückt und traurig, aber bei guter Gesundheit. Ich erinnere mich genau, daß ich während des Beobachtens der Futter suchenden Ameisen in den eben gepflanzten Blumen mich körperlich und seelisch immer leichter werden fühlte. Mein erster Eindruck war, daß meine Beine und Arme kein Gewicht mehr hatten, dann der Unterleib, dann die Brust. Und plötzlich befand ich mich **über und zur Seite meines Körpers, den ich am Rande des Grabes sitzen sah**. Ich betrachtete meine müde aussehende Gestalt und bemerkte sogar, daß mein Mantel mit Erde beschmutzt war. Ich hatte die Empfindung, über meinem Körper zu schweben in einem völligen **Glücksrausch**. Ich hatte das Gefühl einer großen und leuchtenden Lebenslust, als lebte ich tausend Leben zugleich, und einer vollkommenen Ruhe. Ich konnte mich nicht bewegen und fühlte kein Bedürfnis danach. Aber ich konnte sehen, begreifen und das Gefühl eines innerlichen und glücklichen Lebens haben. Mein Körper erschien mir wie ein alter Fetzen, wie etwas **Abgetanes. Ich dachte: Dies ist der Tod!** Und doch war ich voll

[1] RM 1930 191 f.

Austritt des Ich mit Wahrnehmung des eignen Leibes 321

Lebenslust. Ich sah den Friedhofswärter sich meinem Körper nähern, ihn anfassen und befühlen, mich anrufen und dann davoneilen. Er sagte mir später, daß er gegangen sei, eine Ambulanz zu holen, und daß meine Hände und Gesicht schon angefangen hätten zu erkalten. Als ich ihn forteilen sah, begriff ich, daß er mich für tot hielt, und wurde plötzlich von Schrecken erfaßt. Dies ist der Tod, dachte ich, wie wird mein Mann ohne mich leben? Aber ich fühlte mich so lebendig, daß ich mir sagte: Ich muß mich in meinen Körper zurückbegeben. Ich versuchte, wieder in ihn einzugehen, und fürchtete doch, daß ich nicht dazu imstande sein würde. Zuerst kehrte das Gefühl der Schwere wieder, dann die Schmerzen, die kleinen Unbehaglichkeiten, an die wir so sehr gewöhnt sind, daß wir sie nicht mehr bemerken. Schließlich kam die Traurigkeit und das Bedürfnis zu weinen...'

41a. 'Vor zwei Wochen hat sich diese Erfahrung erneuert. Ich las eines Abends im Bette ein heiteres Buch, über dessen drollige Torheiten ich vor mich hin lachte. Plötzlich hatte ich den Eindruck, mich selbst zu verlassen, und sah meinen daliegenden Körper mit dem Buch in den Händen, während ich mich selbst in der Luft fühlte, sehr glücklich und mit einem Gefühl verinnerlichten Lebens. Ich betrachtete meinen Körper, fand, er sehe gut aus, und sagte zu mir: Es ist ein Jammer, so jung zu sterben. Ich näherte mich meinem ausgestreckten Körper und versuchte, wieder in ihn einzugehen. Sogleich fühlte ich, daß er mich [gewissermaßen] einsog,[1] wie ein Löschblatt oder ein Schwamm das Wasser aufsaugt. Mein Mann läutete; ich erhob mich, um ihm zu öffnen.'[2]

Neben dem Gefühl der Leichtigkeit, Ruhe und 'Euphorie' fällt auch hier auf, daß das Subjekt während der Exkursion sich für gestorben hält, zudem, daß es durch dieselbe in einen Zustand mehr 'innerlichen' Lebens gelangt zu sein glaubt. Die Wahrnehmungen enthalten Einzelheiten, die aus schwachbewußten Körperempfindungen nicht abgeleitet werden können (wie z. B. die des erdbeschmutzten Mantels). Auch die völlige Rückverwandlung des Gefühlstons beim Abschluß der Exkursion ist sehr beachtenswert.

Besonders schlagend nun aber tritt die Wahrnehmung einer normal unbekannten Einzelheit in einem Bericht des Prof. M. B. in Ledeč (Böhmen) hervor, den wiederum Dr. Kuchynka mitteilt.

42. Prof. B. hatte, während der Arbeit in seinem 'Atelier', zufällig eine Schrift über 'Yogismus' in die Hand bekommen und darin auch eine Anleitung gelesen, 'wie man aus seinem Leibe heraustreten könne'. Trotz seiner ausgesprochenen Ungläubigkeit versuchte er, einem 'abenteuerlichen Einfall' folgend, sehr gewissenhaft die vorgeschriebenen Übungen. 'Natürlich ohne Erfolg.' Er legte also das Buch beiseite und begab sich ins Schlafzimmer, wo er über einem gleichgültigen Buche 'wahrscheinlich' einschlief. 'Im nächsten Augenblick erwachte ich wie aus einem bösen Traum, aber ich hatte die

---

1) Vgl. o. die Fälle 3, 7, 33, 37.   2) a. a. O. 192 f.

Augen geschlossen. Ich fühlte jedoch, daß ich mich nicht in der vorigen Lage befand, also rücklings, sondern daß ich wagerecht mit dem Gesicht nach unten schwebte. Ich bin Maler und kann mir infolge meines geschulten Bildergedächtnisses nachträglich die Einzelheiten dessen, was ich gesehen habe, ins Bewußtsein rufen. Als hätte ich es heute gesehen, erinnere ich mich an folgendes Bild: Ein schlichtes, hell erleuchtetes Schlafzimmer, neben dem Bett ein Tischchen mit einem Glase Wasser und einer tickenden Uhr, ein Teppich, und auf dem Bette mein eigenes Gesicht mit geschlossenen Augen, mit den Zügen eines Leichnams und mit im Todeskampf zusammengebissenen Zähnen. Mein erster Gedanke war, daß ich aus dem unendlichen Strom des Lebens und Todes entschlüpft sei, wie wenn sich der Fuß aus dem Gelenke verstaucht und nicht zurück kann... Dies Gefühl, daß ich gar nicht sterben könne, rief in mir einen grenzenlosen Schauder hervor, wie ich ihn weder zuvor noch nachher je erlebt habe. Es kam mir der Gedanke, wie man meinen Leib finden und begraben würde, und ich bin doch nicht gestorben und kann es niemand mitteilen! Ich spannte übermenschlich meinen Willen an, dann hatte ich das Gefühl, wie wenn der verstauchte Fuß in das Gelenk wieder hineinfiele, und ich sah die bekannte Decke und lag in meinem Bette. Meiner Gewohnheit gemäß bemühte ich mich, mir alles logisch zu erklären: Ich war wahrscheinlich eingeschlafen und hatte einen schweren Traum gehabt. Aber drei Gründe überzeugen mich, daß es sich nicht so verhalten hat: 1. Nie zuvor war ich imstande gewesen, mir mich selbst mit geschlossenen Augen vorzustellen. 2. Noch in der ersten Lage nach dem Erwachen wurde mir dessen bewußt, daß ich von oben neben dem Bett ein heruntergefallenes Buch mit einem zusammengeknifften Blatte gesehen hatte. Es war heruntergefallen, nachdem ich das Bewußtsein verloren hatte. In meiner Lage [im Bette] konnte ich es nicht sehen, wohl aber in der neuen, oben beschriebenen Lage... Das Buch lag tatsächlich, wie ich nachher fand, in dem von mir gesehenen Zustand auf dem bewußten Platz. Außerdem bemühte ich mich, mir die Ansicht des Bettes und des Schlafzimmers, so wie ich sie gesehen hatte, zu verschaffen, fand aber, daß es nur dann vollständig möglich wäre, wenn ich mich auf ein ungefähr $3/4$ Meter über dem Bette wagerecht aufgehängtes Brett legen würde. 3. In der Furcht, nochmals einzuschlafen, zeichnete ich mich selbst nach der Erinnerung, und dabei erinnerte ich mich, daß ich auf einem meiner zusammengebissenen Zähne ein kleines Fleckchen bemerkt hatte. Ich dachte: Es ist mir nichts bekannt von einem Fehler oder einer herausgefallenen Plombe. Vor dem Einschlafen habe ich es nicht gesehen... Ich sah in den Spiegel: der Fleck war tatsächlich da. Aber es war kein Fehler im Zahn, sondern ein Mohnkorn aus einem Kuchen, den ich vor dem Einschlafen gegessen hatte, das dort stecken geblieben war. — Weder vorher noch nachher ist mir oder sonst jemand aus unserer Familie etwas Übernatürliches zugestoßen; es waren auch keine Nervenkrankheiten oder Neigungen dazu vorhanden.'[1]

---

[1] ZmpF 1931 171 f.

Der nächste Bericht gehört in mehr als einer Hinsicht zu den bemerkenswerteren. Der Berichterstatter beschreibt, ehe die Wahrnehmung des eigenen Leibes erwähnt wird, in seltsam anschaulicher Weise den Vorgang des Sterbens bis zum Austritt des Ich. Die Behauptung der Wahrnehmung von normal Unbekanntem ist sehr bestimmt, das Bewußtsein angestellter Beobachtungen sehr deutlich, und die Erfahrung geht schließlich in Schauungen unirdischen Inhalts über, spielt also insofern in jenen Typ hinüber, der den Abschluß unsrer Reihe bilden soll.

43. Das Subjekt dieser Erfahrung, Dr. A. S. Wiltse, Arzt in Skiddy im Staate Kansas der U. S. A., war in der schwersten Phase eines Typhus schließlich eine Stunde lang ohne Puls und wahrnehmbaren Herzschlag und wurde von mehreren Anwesenden für tot gehalten. Er glaubt, eine Zeit lang bewußtlos gewesen, dann aber wieder zu sich gekommen zu sein, und zwar als sein 'wahres Ich', aber doch noch innerhalb des normalen Leibes, dessen anatomische Wunder er mit der Teilnahme des Arztes betrachtete.[1] 'Ich überlegte in Ruhe folgendermaßen: Ich bin gestorben... und doch bin ich ein Mensch, wie nur je zuvor... Ich beobachtete den merkwürdigen Vorgang der Trennung von Seele und Leib... Als ich hervortrat, sah ich zwei Damen mir zu Häupten sitzen. Ich schätzte den Abstand vom Kopfende meines Bettes bis zu den Knien der einen Dame und schloß, daß ich genügend Raum haben würde, dort zu stehen... Ich schien durchsichtig, von bläulicher Farbe und vollkommen nackt zu sein... [Dem Blick einer der Anwesenden folgend,] sah ich meinen eigenen Leichnam... Ich war überrascht von dem bleichen Aussehn des Gesichts. Ich hatte tagelang in keinen Spiegel geblickt und geglaubt, ich sei nicht so blaß, wie die meisten Schwerkranken... Ich sah mehrere Personen um den Leichnam herum sitzen und stehen und bemerkte insbesondere zwei Frauen, die anscheinend zu seiner Linken knieten... Ich habe seitdem erfahren, daß dies meine Frau und meine Schwester waren.' W. suchte sich den Anwesenden bemerklich zu machen, aber ohne Erfolg, worüber er lachen mußte, was aber, zu seiner Verwunderung, die Trauernden auch nicht hörten. 'Sie sehen nur mit den Augen des Leibes', sagte er zu sich selbst, 'sie betrachten, was sie für 'mich' halten. Aber sie irren. Das bin nicht ich. Dies bin ich, und ich bin so lebendig, wie nur je.' Er begab sich durch die Tür hinaus, schritt die Treppe hinab und betrat die Straße. 'Ich hielt an und blickte um mich. Nie sah ich die Straße deutlicher, als in diesem Augenblick. Ich beobachtete insonderheit die rote Färbung des Bodens und die Auswaschungen, die der Regen [während meiner Bettlägerigkeit] verursacht hatte...' — Der Rest des mehr als 6 engbedruckten Seiten beanspruchenden Erlebnisses geht allmählich in erdfremdes Schauen über, ist aber durchweg von äußerster Ausführlichkeit in Einzelheiten und Sicherheit der Erinnerungen. — Die von Dr. Wiltse gemachten Beobachtungen im Zimmer und auf der Straße stimmten, wie sich nachträglich feststellen ließ, mit den Tatsachen überein.[2]

1) Über hellsichtige Innenschau vgl. Sollier; Müller; Mattiesen 403 ff. 407 f.   2) Pr VIII 180 ff. (stark gekürzt).

44. Etwa ebenso reich an räumlich umfassenden Wahrnehmungen während der Exkursion ist folgende Erfahrung des Herrn W. A. Laufmann, eines kaufmännischen Reisenden. Laufmann, der unterwegs in Omaha fast zwei Tage lang 'für tot' gelegen hatte, beschreibt zunächst den Vorgang seines 'Sterbens' nicht unähnlich den Angaben Dr. Wiltses. 'Ich hatte das Bewußtsein von etwas gleich einem Watteball, der sich loslöste und ausbreitete, in der Größe eines Mannes, wenigstens drei Fuß größer als ich.[1] Ich stand mitten im Zimmer und sah deutlich meinen toten Körper auf dem Bette liegen. Ich machte mich daran, das Zimmer zu verlassen und begegnete einem der Ärzte. Ich wunderte mich, daß er nichts zu mir sagte, aber da er sich nicht bemühte, mich anzuhalten, begab ich mich auf die Straße hinaus.' Hier traf er einen Bekannten, Mr. Milt Blose. 'Ich versuchte, ihn zur Begrüßung auf den Rücken zu klopfen, aber mein Arm ging geradewegs durch ihn hindurch... Es war mir ganz unmöglich, seine Aufmerksamkeit zu erregen... Ich sah ihn deutlich die Straße überqueren und ein kleines 'Ferrisrad' in einem Fenster anschauen.' Laufmann begab sich dann wieder ins Krankenhaus zurück, durch die Tür in sein Sterbezimmer, sah wiederum seinen Leichnam und hörte die Ärzte den Fall erörtern. Als einer versuchsweise seinen Füßen einen elektrischen Apparat anlegte, empfand er es deutlich, 'während ich draußen mitten im Zimmer stand, und unter heftigstem Schmerzgefühl wußte ich, daß ich wieder im Leibe sei.' Herr Laufmann besitzt Briefe und Telegramme, aus denen hervorgeht, daß Herr Milt Blose an dem betreffenden Tage wirklich in Omaha war, jene Straße hinabschritt und das Ferrisrad im Fenster betrachtete.[2]

'Unter dem Schutze' gleichsam der ärztlichen Selbstbeobachtung des Dr. Wiltse füge ich hier eine weitere Jugenderinnerung S. J. Muldoons ein, die etwa in gleichem Umfang die Wahrnehmung um den 'Leichnam' anwesender Personen zeigt.

45. Eines Tages im Sommer 1916 wollte er einen vom Sturm über die Straße und den Bürgersteig geworfenen elektrischen Leitungsdraht aus dem Wege räumen und ergriff ihn, worauf die Hochspannung ihn sofort bewußtlos nieder- und über die halbe Straße warf, wie ihm seine Kameraden später erzählten. 'Alsbald kam ich außerhalb meines stofflichen Leibes zu mir und sah ihn daliegen... Ich konnte die furchtbare Elektrizität [mit rasenden Schmerzen] mich durchströmen fühlen, während ich mehrere Fuß von meinem natürlichen Leibe entfernt stand, der in Berührung mit dem Drahte war.[3] Ich konnte mich aus eigenem Willen nicht rühren. Die Arme meines astralen Leibes wurden starr gehalten — als griffen sie einen Draht, der nicht da war —, gerade wie meine wirklichen Arme einen Draht fühlten, der wirklich da war... Inmitten dieser Höllenqualen konnte ich die andern Knaben neben mir stehen sehen, die stumm vor Angst mich nicht zu berühren wagten... Vergeblich schrie ich ihnen zu, nach Hilfe zu laufen, aber sie konnten weder

---

1) Vgl. o. die Fälle 10 u. 24.   2) Bd IV 438 f.   3) Diese 'doppelte Empfindung' erinnert an die bekannte 'Synästhesie' zwischen Medium und Phantom.

mich im astralen Leibe sehen, noch meine flehentlichen Bitten hören... Plötzlich schienen sie zu sich zu kommen... Ich konnte sehen, wie sie umherliefen, mit aller Macht um Hilfe schreiend. So stand ich da, hilflos, mehrere Minuten lang, die mir wie ebenso viele Jahre erschienen. Dann, Gottlob, konnte ich Leute sehn, die aus allen Richtungen der Nachbarschaft auf die Stelle zu rannten, und glaubte zu wissen, daß irgendeiner mich aus meinen Qualen befreien würde. Unter ihnen war M., der, fast einen Häuserblock entfernt, über einen Zaun kletterte, — einer meiner besten Freunde... Auch zwei Frauen aus den umliegenden Häusern kamen herbeigelaufen. Ich kannte auch sie. Und dort liefen ein Mann und sein Sohn auf mich zu — der Mann mit einem Beil in der Hand und in Gummistiefeln. Dieser bückte sich, um meinen physischen Körper aufzuheben, und während er dies tat, war mir, als schwänge ich mich in ihn zurück und wäre wieder bewußt da, während alle Nachbarn mich umstanden und zusahen.

Alle in diesem Bericht Erwähnten sind noch am Leben und würden sich für die Echtheit des Erlebnisses verbürgen, soweit die äußere Beobachtung ging... Alle waren erstaunt, daß ich 'ins Leben' zurückkehrte, wie sie sagten, und der herbeigerufene und untersuchende Arzt war gleichfalls verblüfft, angesichts der Zeit, die ich am Drahte gehangen, und dessen Stromspannung. Tatsächlich hatten die Zuschauer geglaubt, der Tod sei schon längst eingetreten. Die Knaben sagten, es wären etwa 10 Minuten verstrichen von meiner ersten Berührung des Drahtes bis zum Abgenommenwerden.'[1]

In den demnächst anzuführenden Fällen ist ein weiteres beträchtliches Anwachsen der Wahrnehmungen auf Grund vermehrter und freierer 'Ortsbewegung' der Hinausversetzten festzustellen, und dies soll, neben der gelegentlichen Erfahrung von vorher gar nicht Gewußtem, der Gesichtspunkt ihrer Zusammenstellung sein.

46. Ich beginne mit der kurz zusammenzufassenden Erfahrung eines Leutnants, der durch entweichendes Kohlengas während des Schlafs in den Zustand des Ich-Austritts geraten war. Er fand sich plötzlich mitten im Zimmer stehend, las in einem Buch auf seinem Tisch, vermochte aber das Blatt nicht umzuschlagen, ging durch die Wand ins nächste Zimmer, sprach zu dem dort zeichnenden Kameraden, berührte ihn, blies ihn an, aber ohne sich bemerkbar machen zu können, kehrte in sein Zimmer zurück, **sah seinen Körper noch auf dem Bette liegen,** ging durchs Fenster auf die Straße, dann zum Bahnhof, beobachtete das Hinundherschieben der Züge, betrat einen Tunnel, von dessen Vorhandensein er bislang nichts gewußt hatte, und beobachtete die Arbeiter; schließlich sah er seinen Burschen seinen Körper rütteln und das Fenster aufreißen. Alle diese Wahrnehmungen seien am nächsten Tage nachgeprüft und bestätigt worden.[2]

1) Muldoon 187 ff.   2) OR 1908 159 f.

47. Eine Selbstbeobachtung von Mme Eugénie Garcia (wenn ich recht verstehe, im somnambulen Zustand niedergeschrieben und darum — nun: verdächtig oder doppelt vertrauenswürdig?!) lautet u. a. wie folgt: 'Das erstemal, als ich mir meiner Hellsinnigkeit im Zustand der Hinausversetzung bewußt war, erlebte ich folgendes: Ich sah mich auf einmal aufrecht an der Stelle, wo man mich eingeschläfert hatte; ich hatte doch im Stuhl gesessen, und nun hatte ich mich aufgerichtet, ohne es zu merken! Ich betrachtete mich: ich war ganz **leuchtend und durchsichtig**, leicht wie eine Feder! Plötzlich wurde ich meinen Leib gewahr, der unbeweglich im Lehnstuhl ausgestreckt lag. Drei oder vier Personen umgeben ihn und betrachten ihn aufmerksam. Ich sehe ihn mir auch an, wie die andern alle... Er erscheint mir ganz durchsichtig, ich sehe in sein Innerstes hinein.' Zugleich glaubte sie die Gedanken ihres Magnetiseurs zu lesen. 'Nachdem ich mich selber genügend betrachtet hatte, besah ich mir die Umstehenden. Sie erschienen mir so wie im wachen Zustand, nur waren sie alle durchsichtig... Darauf besah ich mir die Umgebung, aber statt undurchdringlicher Möbel und Mauern erblickte ich lauter durchsichtige Dinge, alles war wie Glas. Ich sah auch die Wohnung unsres Nachbarn und die Personen darin, als wenn wir uns in einem Haus von Kristall befänden. Dann kam mir der Gedanke, mich ein wenig im Freien zu ergehen. Ohne meinen Leib aus den Augen zu verlieren, wurde ich ebenso schnell, wie man seine Gedanken von einem Ort auf den andern richtet, von einem Ende von Paris nach dem andern entrückt. Ich sah die Häuser, die Leute und Wagen, aber alles durchsichtig wie Glas... Auf einmal fühlte ich eine **heftige Erschütterung** und fand mich mitten im Zimmer wieder, das ich verlassen hatte. Ich unterschied noch undeutlich meine beiden Körper, aber nach und nach wurde es dichter und schwerer um mich her und ich sah nichts mehr; man weckte mich.' — Ähnliche Erfahrungen will die Dame 'mehrere hundert Male' gehabt haben.[1]

Die nächste Beobachtung beschreibt uns eins der berühmtesten Medien, Mrs. Leonard, — ein Umstand, der uns noch bedeutsam werden wird.

48. 'Eines Nachmittags ruhte ich auf meinem Bett in dem halbverdunkelten Zimmer, als ich das seltsame Gefühl hatte, über das Bett erhoben zu werden. Ich konnte das Bett mit meinem natürlichen Leibe gar nicht fühlen. Ich dachte, ich müsse im Begriff sein, meinen Leib zu verlassen, wurde wachsam und interessiert und ein wenig aufgeregt; aber sofort verließ mich das Gefühl des In-der-Luft-Schwebens... und ich fand mich auf dem Bette ruhend... Während einiger Wochen danach legte ich mich stets mit der Erwartung... und Hoffnung nieder, daß sich die Erfahrung wiederholen würde, doch wurde ich darin enttäuscht und gab die Hoffnung schließlich auf.

Eines Nachmittags..., um mich für die Sitzung [mit einem Ehepaar] vorzubereiten, legte ich mich aufs Bett auf meine rechte Seite. Ich fühlte

---

1) Durville 76 ff.

Austritt des Ich mit Wahrnehmung des eignen Leibes

mich ein wenig schläfrig, aber plötzlich verschwand die Schläfrigkeit und wich einem äußerst ruhigen Gefühl ohne jede Müdigkeit. Dann fühlte ich eine Art prickelnder Erschütterung,[1] als ginge ein leichter elektrischer Strom durch meinen Körper, und hatte wiederum das Gefühl, nicht auf dem Bette zu ruhen. Ich konnte ganz klar denken... Was nun geschah, werde ich nie vergessen: es war wunderbar. Ich bewegte mich nicht im mindesten willkürlich, weder Glied noch Muskel, und meine Augen waren geschlossen. Ich fragte mich, wie hoch wohl mein Körper sich über dem Bette befände, öffnete mit einiger Anstrengung die Augen, blickte nieder und sah meinen irdischen Leib auf dem Bette ruhend, während ich in meinem astralen Körper über ihm zu verharren schien. Wie klar meine Gedanken waren, ist aus folgendem zu ersehen: Ich bemerkte, daß der Kopf meines irdischen Leibes auf einem bestimmten Nachtzeugbehälter mit gestickten Ecken lag. Ich war überrascht, ihn darauf zu sehen, denn ich entsann mich nicht, die Tasche am Morgen mit der zuvor benutzten vertauscht zu haben. Mir kam auch der Gedanke, wie seltsam es sei, daß mein Kopf darauf lag, weil das gar nicht meiner Gewohnheit entspricht. Ich empfand Befriedigung darüber, daß ich alle diese Dinge bemerkte.' Sie fühlte dann die Entfernung von ihrem Leibe wachsen und erregte sich bei dem Gedanken, ob sie auch werde zurückkehren können. Dies zog sie, nachdem sie schon über dem Bettrande geschwebt hatte, 'etwa einen Fuß gegen den Körper zurück.' Dann aber entschloß sie sich, 'komme was wolle', alles durchzumachen, hörte ihren Mann die Wohnungstür öffnen und mit jemand im Vorraum sprechen, betrat selber diesen, stellte fest, daß der Unterredner der 'Gasmann' war, und sah, wie ihr Gatte einer die Treppe herabkommenden Magd ohne ein Wort ein Geldstück gab, was ihr seltsam erschien und wonach ihn zu fragen sie sich ganz 'planmäßig' vornahm, — wie auch nach dem Gasmann. Sie bemerkte dann, daß sie wieder in ihrem Schlafzimmer war, 'ohne zu wissen, wie', spürte ein Nachlassen der Klarheit ihres Denkens, befand sich dann aber zu ihrer Überraschung in einem ihr völlig fremden Zimmer, wo sie das Ehepaar sah, das sie zur Sitzung erwartet hatte, und ein Gespräch dieser Leute mit einem Dritten anhörte, den sie zur Teilnahme an der Sitzung aufforderten, was ihr ganz unglaubhaft erschien. Das ziemlich ungewöhnliche Aussehn des Fremden prägte sie sich bewußt ein. — Es folgt eine Begegnung mit dem verstorbenen Sohne des Ehepaars [!], den sie diesem schon einmal hellsichtig beschrieben hatte und der ihr jetzt eine [verstorbene] Kusine Gertrud nennt, von der sie bislang nichts gewußt hat.[2] Diese sah sie an einem Flügel spielen. Dann befand sie sich zunächst wieder über ihrem Leibe und ging nach einigen Befürchtungen in ihn ein. Alles Gesehene erwies sich als richtig: auch das Trinkgeld an die Magd für einen vor zwei Tagen geleisteten kleinen Dienst, der 'Fremde' als Sitzungsteilnehmer (es war der Bruder der Dame) und die 'Kusine Gertrud.'[3]

---

1) a tingling sort of thrill.　　2) Diese 'medialen' Schauungen während der Exkursion sind sehr zu überlegen. Vgl. u. mehr.　　3) Leonard 95 ff.; vgl. 102. 103 ff.

49. Der demnächst folgende Bericht wurde 'wenige Tage' nach dem Erlebnis dem Arzte — Dr. Gibier — übergeben, den das Subjekt, durch seine Erfahrung beunruhigt, zu Rate gezogen hatte. — Mr. H., ein begabter Radierer, Sohn 'medial' veranlagter Eltern, aber angeblich bisher ohne jeden Sinn für 'spiritistische' Erfahrungen, hatte sich eines Tages heimkehrend 'seltsam matt' gefühlt und auf einem Sofa ausgestreckt. 'Ich empfand Schwindel und Leere, und die Dinge der Umgebung schienen sich um mich zu drehen. Plötzlich fand ich mich in die Mitte des Zimmers versetzt... Zunächst sah ich mich auf dem Sofa ausgestreckt, ganz bequem, ohne Steifigkeit, nur meine linke Hand war erhoben, der Ellbogen aufgestützt, und meine Hand hielt die brennende Zigarre, deren Schein man in dem vom Lampenschirm erzeugten Halbschatten erblickte. Ich hatte den Eindruck, daß nichts im Leben je so völlig wirklich gewesen sei.' H. glaubte tot und ein Geist zu sein und dachte mit Bedauern an Arbeiten, die er unvollendet gelassen. 'Ich näherte mich dem Körper, ... sah mich selber atmen, aber mehr als das, ich sah mein eigenes Inneres und bemerkte, daß mein Herz langsam und schwächlich, wiewohl regelmäßig schlug. Ich sah mein Blut rot durch große Gefäße strömen.'[1] Er versuchte die Lampe auszudrehn, die in gefährlicher Nähe des Bettes stand. 'Ich konnte das Rädchen mit dem gekerbten Rande vollkommen deutlich fühlen, ... aber meine Finger waren gänzlich außerstande, es zu drehen. ...Er bemerkte dann, als er vor den Spiegel trat, daß sein Blick die Wand durchdrang, daß er die Rückseiten der Bilder und Möbel in seines Nachbarn Stube sehen konnte, deren Inneres offen vor ihm lag... 'Sobald ich den Wunsch hatte, [diesen Raum] zu betreten, fühlte ich mich dorthin versetzt, ...zum erstenmal in meinem Leben.' Er prägte sich den Anblick des Zimmers genau ein, merkte sich insbesondere die Titel mehrerer Werke auf einem Bücherständer u. a. m. Das weitere ist ihm aber nur dunkel erinnerlich. Er meint in Italien gewesen zu sein, weiß aber nicht, was er dort getan. Der bloße Gedanke führte ihn hierhin und dahin... Früh um 5 erwachte er auf seinem Sofa, steif und kalt. Am selben Tage noch betrat er unter einem Vorwande das Zimmer seines Nachbarn und überzeugte sich, wie er versichert, von der Richtigkeit seiner nächtlichen Beobachtungen in jeder Einzelheit.[2]

Wie man sieht, sind in diesem Falle die nächsten über das eigene Zimmer hinausführenden Beobachtungen von größter Bestimmtheit, während die sehr viel weitergreifenden — wenigstens in der Erinnerung — höchst unbestimmt erscheinen. Die folgenden Berichte leiden nicht an dieser Nebelhaftigkeit.

50. Der erste Zeuge, Herr Alexei Semjonow, ein Schriftsteller von guter Urteilskraft (nach der Aussage Cornilliers) und offenbar Spiritist, war experimentweise anscheinend in einer 'Sitzung' seiner Freunde aufgetreten, während er selbst im Schlafe lag, hatte aber keinerlei eigene Erinnerung an dieses Auftreten bewahrt. 'Später, während der Nacht, erwache ich plötzlich,

---

1) Vgl. den Fall bei Sollier 60.   2) Gibier, Psych. 146 ff.

Austritt des Ich mit Wahrnehmung des eignen Leibes 329

ich bin mitten im Zimmer, ich habe eine unbestimmbare Empfindung — Wohlgefühl und Beklemmung zugleich. Indem ich mich fortbewege, bemerke ich mit Schrecken, daß ich durch die Stühle hindurchgehe! Ich sehe auf mein Bett und **erblicke mich selbst** darin, auf meinem rechten Arme schlafend, mit zusammengezogenem Körper. Ich blicke in den Spiegel und sehe zwei Alexeis: den einen stehend, bekleidet, aber wie eine Wolke, den andern liegend, im Hemde und körperhaft. Der einzige Gedanke, der mich bewegt und den ich mir wiederhole, ist dieser: Es ist 10 Minuten nach 12 (ich weiß nicht, weshalb). Unvermittelt, ohne jeden Grund, denke ich an den Trocadero-Platz. So unglaublich es klingt: ich befinde mich augenblicklich dort am Eingang der Avenue Henri Martin. Der Anblick des Platzes, kalt und schwarz unter einem regnerischen Himmel, macht einen schmerzlichen Eindruck auf mich. Ich bin wieder in meinem Zimmer. Dann denke ich an Sie (Cornillier), und augenblicklich bin ich in Ihrem Atelier. In mein Zimmer zurückgekehrt, überkommt mich eine seltsame, greuliche Empfindung, eine Art von Beklemmung, von Schwindel,' — der Körper im Bett erscheint jetzt **mehr** zusammengekrümmt, der Raum vernebelt, S. sieht Gestalten um sich, glaubt zu sinken, hat eine strahlende Vision, erblickt seinen (offenbar verstorbenen) Großvater und einen Unbekannten, die sich um ihn bemühen, fällt in ein Loch, usw.[1]

51. Den folgenden, in manchem verwandten Bericht liefert R. D. Owen, der bekannte Forscher, 'aus erster Hand', woraus wir wohl schließen dürfen, daß er sich — wenn auch nicht der Ich-Form, so doch in allem Wesentlichen der eigenen Worte der Berichterstatterin bedient, einer Mrs. A., Gattin eines englischen Obersten in Woolwich. 'Eines Nachts [im Juni 1857], plötzlich zum Bewußtsein kommend, hatte sie das Gefühl, als stehe sie **neben ihrem Bette und blicke auf ihren eigenen Körper** herab, der dort zur Seite ihres schlafenden Gatten lag. Ihr erster Eindruck war, daß sie **plötzlich gestorben** sei, und dieser Gedanke wurde bestärkt durch das blasse und leblose Aussehn des Körpers, dessen Gesicht ohne jeden Ausdruck war und dessen ganze Erscheinung keinerlei Anzeichen von Leben darbot. Sie blickte ihn eine Zeitlang neugierig an, indem sie sein totes Aussehn mit dem der frischen Gesichter ihres Gatten und ihres schlafenden Kindchens in einer Wiege dicht dabei verglich. Einen Augenblick empfand sie ein Gefühl der Erleichterung darüber, daß sie den Qualen des Sterbens entronnen wäre; aber im nächsten Augenblick bedachte sie, welchen Kummer ihr Tod dem Überlebenden bereiten würde, und ihr kam der Wunsch, daß sie ihm die Nachricht schonend beibringen könnte. Während dieser Gedanken fühlte sie sich zur Wand des Zimmers hinbewegt und meinte, daß diese ihrer weiteren Fortbewegung Halt gebieten würde. Aber nein: sie schien sich durch dieselbe ins Freie zu begeben. Außerhalb des Hauses war ein Baum, und durch diesen schien sie ebenfalls hindurchzugehn, als böte er keinen Widerstand. Alles dies geschah ohne jeden Wunsch von ihrer Seite. Ebenso fand sie sich, ohne es gewünscht oder erwartet zu haben,

[1] RS 1927 155 ff.

bald danach auf der gegenüberliegenden Seite des Stadtplatzes [an dem ihr Haus lag], nahe dem Eingang des sogenannten Magazins [Woolwich ist bekanntlich Englands wichtigster Waffenplatz]. Dort sah sie, wie gewöhnlich [im Wachen], einen Posten und beobachtete seine Uniform und Erscheinung genau. Aus dem unbekümmerten Benehmen des Mannes schloß sie mit Gewißheit, daß, obgleich sie selbst in seiner Nähe zu stehen glaubte, der Soldat sie nicht sah. Darauf begab sie sich zunächst zum Arsenal, wo sie ebenfalls eine Schildwache wahrnahm, kehrte dann zu den Kasernen zurück und hörte dort die Uhr 3 schlagen. Unmittelbar darauf befand sie sich im Schlafzimmer einer vertrauten Freundin, Miss L. M., die damals in Greenwich lebte [etwa 5 km von Woolwich entfernt]. Mit ihr glaubte sie eine Unterhaltung zu beginnen, deren Sinn sie aber nachher nicht deutlich erinnerte; denn bald nach Beginn derselben kam ihr zu Bewußtsein, daß sie nichts mehr sah und hörte. Ihre ersten Worte, als sie am nächsten Morgen erwachte, waren: 'Ich bin also doch nicht tot?" — Zwei Tage später traf sie ihre Freundin M., und ohne jedes andeutende oder fragende Wort von ihrer Seite berichtete diese, im natürlichen Verlauf des Gesprächs, daß sie in der vorvergangenen Nacht um 3 Mrs. A. gesehn und mit ihr 'eine ziemliche Unterhaltung' geführt habe. Oberst A. wurde bald darauf nach Indien versetzt und so zunächst von seiner Frau getrennt. Aber der heißeste Wunsch derselben, auch ihn einmal nächtlicherweile in dieser Art zu 'besuchen', **blieb unerfüllt.** Der Bericht an Owen erfolgte im Febr. 1859, also 20 Monate nach dem Erlebnis.[1]

52. Auch Muldoon berichtet eine Erfahrung von ähnlich weitem räumlichem Ausgreifen. — An einem schönen Sommerabend des Jahres 1924 hatte er sich, in einer weltschmerzlichen Stimmung wegen der Rätsel des Daseins, auf sein Bett geworfen, als er 'eine Art kühle Woge' über sich hinfluten und seine Glieder starr und gefühllos werden spürte. 'Ich war bewußt, aber unfähig zu sehen, hören, fühlen oder mich zu bewegen.' Seinen früheren Erfahrungen gemäß erwartete er eine Hinausversetzung. 'Ich wurde aufwärts in die Luft bewegt, etwa 10' seitwärts, wo die Gesichtswahrnehmung von neuem einsetzte.' Die Luft um ihn, zunächst neblig erscheinend, klärte sich. Er wurde aufgerichtet und — hin- und herschwankend — auf den Fußboden gestellt. 'Als ich den Bereich der fesselnden Wirkung des 'Bandes' überschritten hatte, war ich wieder frei und normal und bewegte mich kurze Zeit durch das Haus hin, dann hinaus und auf die Straße. Kaum hatte ich diese erreicht, so umgab mich ein fast verwirrender Anblick, und ich bemerkte, daß ich in einem fremden Hause war, ich wußte nicht wo... Vier Personen waren in dem Zimmer, eine davon ein Mädchen von etwa 17 Jahren.' Er entspannte sich bewußt, wovon er Klarheit über den Sinn seiner Anwesenheit unter diesen Fremden erwartete. 'Kaum hatte ich das getan, so bewegte sich mein Körper ohne Anstrengung meinerseits in eine Stellung dicht vor der jungen Dame, die übrigens an einem schwarzen Gewande nähte.' Da er trotzdem noch nichts begriff, ging er im Zimmer umher und

---

1) Owen, Footfalls 256 ff.

Austritt des Ich mit Wahrnehmung des eignen Leibes

merkte sich verschiedene Gegenstände. Dann, ehe er sich hinausbegab, sah er sich das Haus nochmals von innen und außen an: es war ein Farmhaus. 'Sogleich war ich wieder zurück in meinem eigenen Zimmer und sah hinab auf meinen fleischlichen Körper, der noch auf dem Bette lag. Da ich immer bei ausgedehnten Hinausversetzungen etwas vorsichtig gewesen bin, beschloß ich, wieder in den normalen Leib einzugehen, und tat es durch den bloßen Willen...' Sechs Wochen später traf er jene junge Dame, während sie ihr Auto verließ und ein Haus in Muldoons unmittelbarer Nachbarschaft betrat. Er stellte sich ihr vor und knüpfte eine Bekanntschaft an, die sich bald zur Freundschaft auswuchs. Das geschaute Farmhaus lag, wie sich erwies, 15 engl. Meilen in gerader Linie von seinem Heim entfernt. Alles Gesehene erwies sich als wahrheitsgetreu.[1]

53. Im folgenden Fall, den der reformierte Geistliche L. J. Bertrand berichtet, scheint ausgesprochenes Fernhellsehen auf der Höhe der Exkursion zu den üblichen Bestandteilen derselben hinzugetreten zu sein. Bertrand hatte sich während einer Bergbesteigung von seinen Gefährten getrennt und am Rande eines Abhangs niedergelassen, als er sich von einer Lähmung ergriffen fühlte, die ihn sogar verhinderte, ein Streichholz fortzuwerfen, mit dem er sich eine Zigarre hatte anzünden wollen und das ihm bereits die Finger verbrannte. Er hielt den Anfall für hereinbrechenden 'Schneeschlaf', beobachtete das allmähliche Absterben der Füße und Hände, dann der Knie und Ellbogen, des Rumpfes und Kopfes, und schließlich das 'Ausgehen' des Lebens. Er hielt sich für 'tot' und hatte das Bewußtsein, als eine Art 'Ballon' in der Luft zu schweben. 'Niederblickend, war ich erstaunt, meine eigene totenblasse sterbliche Hülle zu erkennen. Seltsam, sagte ich zu mir selbst, dort ist mein Leichnam, in dem ich lebte und den ich als mein Ich bezeichnete, als wenn der Rock der Körper wäre und der Körper die Seele...' Er sah die Zigarre in der Hand des 'Leichnams' und stellte sich vor, was die Gefährten sagen würden, wenn sie seinen Körper fänden. Dann nahm er wahr, daß diese einen Weg zum Gipfel wählten, den sie ihm hatten versprechen müssen, nicht zu benutzen, und daß der Führer sich heimlich gewisse Speisevorräte seiner Schutzbefohlenen aneignete. 'Hallo, sagte ich, dort geht meine Frau nach Lungern, und doch sagte sie mir, sie werde nicht vor morgen... abreisen.' Er fühlte sich abwärts in den Körper zurückgezogen, geriet in 'Verwirrung und Chaos', im Gegensatz zu der völligen Klarheit zuvor, und fand, als er zu voller Besinnung kam, daß die Genossen ihn aufgefunden und 'wiederbelebt' hatten. Er hielt ihnen ihren Wortbruch und dem Führer seinen Diebstahl vor, und der Mann, der den Teufel vor sich zu haben glaubte, nahm Reißaus unter Verzicht auf seinen Lohn. Auch was B. bezüglich seiner Frau gesehen, erwies sich als richtig. Er behauptet, später genaue Kenntnis von Orten gehabt zu haben, die er in seinem todähnlichen Zustand zum ersten Mal gesehen.[2]

Die abschließend anzuführenden Beispiele gehören in die Gruppe der ganz ins 'Erdfremde' übergehenden Schauungen,[3] — ein Zusammen-

---

1) Muldoon 183 ff.   2) Pr VIII 194 ff.   3) Vgl. o. schon d. Fall Wiltse (43).

hang, dessen Bedeutung hier noch nicht verständlich gemacht werden kann. Ich beschränke mich auf den Nachweis, daß auch diese (vermutlich sehr bedeutsamen) Visionen in ihren Anfangs- oder aber Endabschnitten die uns beschäftigenden Merkmale der Hinausversetzung mit den bisherigen Fällen gemein haben.

54. Der bekannte, medial hochbegabte Rev. W. Stainton Moses berichtet unterm 25. Jan. 1874, daß er an einem frühen Nachmittage schreibend an seinem Tisch gesessen, aber bestimmt nicht eingeschlafen gewesen sei, als er eine ausgedehnte visionäre Wanderung erlebte, deren Anfang allein uns hier angehen soll. 'Das erste (sagt er nämlich), dessen ich mich erinnere, war, daß ich **neben meinem Körper stand und ihn anblickte**... Der Geist-Leib schien sich abgetrennt zu haben und ein unabhängiges Dasein zu führen...'[1]

55. Nicht unähnlich erzählt Hemme Hayen, ein niederdeutscher Mystiker des 17. Jahrhunderts, von einer Erfahrung, die so begann: '...Ich lag morgens im Bett; es war schon heller Tag und ich wachte schon ganz hell. Mein Gemüt lag in tiefer Betrachtung, und in der Entzückung, die ich bekam, schied mein neuer Mensch, gleich als bei der Seiten am Bett, von dem alten ab und ließ mich auf dem Bett liegen wie einen toten Klotz. Mich umwendend **sahe ich meinen natürlichen Leib also tot liegen**, ich selbst aber kam wieder in den hohen Glanz' usw.[2]

56. Ein andres Medium, das sich hier zum Worte meldet, ist die namhafte Mrs. Finch. Diese begab sich, wie sie erzählt, eines Nachts zu Bett mit dem festen Entschluß, den Namen eines Freundes zu finden, den Prof. Richet ihr schon seit 24 Stunden vergeblich telepathisch zu übermitteln versucht hatte. 'Kaum hatte ich den Kopf aufs Kissen gelegt, so glaubte ich mich außerhalb meines Körpers zu befinden. **Letzteren sah ich regungslos auf dem Bette liegen**. Ich bewegte mich vom Bette fort...', und es folgt nun eine traumhafte Begegnung mit Richet und eine übernormale Erkenntnisleistung verwickelter Natur.[3]

57. Das Nachstehende berichtet Dr. Vogl von seiner eigenen Gattin, 'die sich nie mit Dingen dieser Art befaßt und nie etwas darüber gelesen hat.' 'Ich hatte mich eben zu Bette gelegt (berichtete sie ihm gelegentlich) und war noch ganz munter, als ein Gefühl über mich kam, als ob etwas Schweres von meinen Füßen aufwärts über mich hinginge. Meine Glieder wurden starr, ich wollte dich rufen, konnte es aber nicht mehr. Da mit einemmal **sehe ich deutlich meinen eigenen Leib im Bette liegen** und denke: Nun bist du gestorben...' Es folgt dann eine kurze Vision, die Dr. Vogl selbst mit dem bekannten 'Sommerland' der Spiritisten in Beziehung setzt, die uns aber hier noch nicht zu beschäftigen braucht.[4]

58. Der demnächst zu Wort kommende Berichterstatter hatte während einer Krankheit eine plötzliche Ohnmacht herankommen gefühlt und der anwe-

---

1) Pr XI 36.   2) Kanne I 23.   3) PS XXXIV 592 f.   4) Vogl 9 f. Vgl. seine Mitteilungen über Franz Richtmann in PS L 28 ff.

Austritt des Ich mit Wahrnehmung des eignen Leibes

sende Arzt danach das Erlöschen des Pulses und Erkalten des Körpers festgestellt. Der genau beschriebene Austritt aus dem Leibe führte das Subjekt anscheinend fast unmittelbar (es wird nur ein 'Schweben über den Häusern' kurz erwähnt!) in eine durchaus unirdische Umwelt, und erst bezüglich der Rückkehr wird folgendes berichtet: 'Ich sah, statt der Wunder um mich her, die Gebäude und den Sonnenschein auf dem Schnee tief unter mir, ... fühlte mich schnell abwärts und rückwärts gezogen... durch ein Fenster und in ein Zimmer hinein. Dort bemerkte ich nur einen jungen Mann, der anscheinend tot auf einem Ruhebett lag', in diesen fühlte er sich hineingezogen und — 'das Hirnbewußtsein war wieder mein.'[1]

59. Ganz ähnlich — und hier deutlich zu Beginn und beim Abschluß der Exkursion — sind die äußerst genauen Beobachtungen des Lokomotivführers Skilton, der sich während des Ausladens eines Güterwagens (anscheinend auf einen Schock hin) plötzlich von einer weiß gekleideten Gestalt in die Geisterwelt geführt fühlte. 'Wir bewegten uns mit Blitzesschnelle soz. aufwärts und ein wenig gegen Südost; ich konnte die Höhen, Bäume, Gebäude und Straßen sehn, während wir nebeneinander aufstiegen, bis sie unserm Gesicht entschwanden.' In der Geisterwelt traf er u. a. abgeschiedene Verwandte, die er aber nur stumm anblicken durfte, bis sein Begleiter ihm sagte, daß sie nun zurückkehren müßten. 'Darauf machten wir uns auf den Rückweg und verloren jenes himmlische Land bald aus den Augen. Als wir in den Gesichtskreis dieser Welt kamen, sah ich alles wie aus großer Höhe, die Bäume, Häuser, Hügel, Straßen und Flüsse, so natürlich wie nur möglich, bis wir zu dem Güterwagen kamen, dessen Tür ich geöffnet hatte, und ich mich dort im Leibe vorfand und [der Führer] meinen Augen entschwand...'[2]

60. Ich schließe mit einer verwandten Erfahrung des bedeutenden Mediums Mrs. d'Espérance. Die Dame hatte sich, während einer Genesung, an einem Sonntag Morgen mit einem Buch auf ein Sofa gelegt, sich aber in Gedanken mit Fragen spiritistischer Wahrheit oder Täuschung und ihren Pflichten in dieser Hinsicht beschäftigt. 'Ich fühlte eine seltsame Ohnmacht mich überkommen[3] und die Seiten [des Buches] wurden merkwürdig undeutlich... Alles wurde dunkel, und ich war gewiß, daß ich wieder zu erkranken im Begriff sei... Die Schwäche ging aber fast augenblicklich vorüber [!]... Ich blickte auf mein Buch; seltsam, wie fern und undeutlich es erschien. Ich hatte mich vom Sofa fortbewegt, aber da war jemand andres, der das Buch hielt! Wer konnte es sein? Wie wunderbar leicht und stark ich mich fühlte!... Zum ersten mal wußte ich, was es hieß, zu leben. Wie seltsam! Das Zimmer erschien so klein, so geschrumpft, so dunkel, und jene blasse Gestalt auf dem Sofa — wer war sie? Ich glaubte etwas an der ruhig Daliegenden zu erkennen, mich unbestimmt zu erinnern, sie gekannt zu haben ... Ich bewegte mich auf das Fenster zu... Die Wände schienen sich zu nähern, zu verschwinden; aber wohin, konnte ich nicht sagen.' — Sie sah dann einen 'Freund', fühlte sich in eine seltsame Landschaft versetzt, und lange quasi-symbolische Erlebnisse und Gespräche gaben ihr Klarheit über

1) Bd I 259.   2) Pr XI 560 f.   3) I felt a curiously faint sinking sensation.

die Fragen, mit denen sie sich zuvor beschäftigt hatte. Beim Abschluß der Erfahrung hatte sie 'ein seltsames Gefühl einer starken Anziehung' — 'und vergeblich versuchte ich, mich ihrem Einfluß zu entziehn... Wie beim Verlassen des Körpers schienen die Wände des Zimmers sich zu nähern und zurückzuweichen. Ich durchschritt gleichsam einen Nebel und stand da, mit demselben Gefühl der Unwirklichkeit, während ich die Frau beobachtete, die noch immer, das Buch in der Hand, dalag, schlafend oder tot. Ich wußte jetzt, daß dieses Weibes Gestalt das Gefängnis war, aus dem ich entwichen, und daß ich in die Gefangenschaft zurückkehren mußte... Die frühere Empfindung von Schmerz, Ohnmacht und müder Bedrücktheit [überkam mich], und dann war ich mir wieder bewußt, mit dem Buch in der Hand auf dem Sofa zu liegen. Ich öffnete meine Augen; alles um mich her war unverändert... Wie lange ich fortgewesen, weiß ich nicht, denn in der Welt der Wirklichkeit, die ich besucht hatte, ist weder Zeit noch Raum, noch irgend ein Maßstab wie auf Erden... Mag man sagen, daß ich geträumt habe: das macht nichts; denn ich weiß, daß es kein Traum war, sondern ein echter und unbestreitbarer Vorgeschmack des Lebens...'[1]

Ich habe, wie vorausgesagt, mich nicht gescheut, den Leser hier mit Anschauung des fraglichen Tatbestandes förmlich zu 'tränken', um ihm die fruchtbare Einfühlung in diesen nach Möglichkeit aufzuzwingen. Wenn ich bedenke, auf Grund wie geringer Quellenkenntnis, wie flüchtigen Suchens und Fragens die obige Sammlung von 60 Fällen zustandegekommen ist, so erscheint sie mir noch reichlich dürftig, und ich gelange zur Überzeugung, daß sorgfältige Nachforschung und ausgedehnte Umfrage ihre Zahl in die Hunderte steigen lassen könnte. Damit würde sich erweisen, daß die Exkursion nicht ein seltener Ausnahmefall, sondern ein leidlich verbreitetes Erlebnis ist. — Diese Aussicht erleichtert es auch, darüber wegzusehen, daß die vorgelegten Berichte nicht durchgehends die wünschenswerte Zuverlässigkeit als psychologische Urkunden besitzen. Die Befähigung der Subjekte zu vollgültigem Zeugnis kann in manchen Fällen bezweifelt werden und bleibt in andern ungewiß; auch ist der zeitliche Abstand zwischen Erlebnis und Bericht nicht selten so groß, daß selbst für gute Zeugen die Einwirkung von Fehlerquellen nicht auszuschließen ist. Indessen vermindern sich diese Bedenken, wenn man die Berichte in ihrer Gesamtheit überblickt. Ihre Übereinstimmung in seltsamen Einzelheiten, die gerade unter metapsychologischen Gesichtspunkten unverkennbare 'Natürlichkeit' besitzen und deren unabhängige und übereinstimmende Erfindung nicht glaubhaft erscheint, erzeugt bei unbefangener Vertiefung in die Berichte ein ständig wachsendes Vertrauen in ihre Glaubwürdigkeit im großen und ganzen, wie auch in vielen Einzelheiten. Ich werde auf manche

---

[1] d'Espérance 355 ff. 383 ff.

dieser immer wiederkehrenden Einzelheiten im Verlauf der folgenden Überlegungen zurückkommen müssen und überlasse es deshalb hier dem Leser, sein Vertrauen in die Berichte ihrem frischen Eindruck selbst zu entnehmen. Auf alle Fälle glaube ich mich berechtigt, in ihnen die Festlegung eines Typs von Erfahrung zu erblicken, also einer natürlichen Klasse von Erlebnissen, die durch bestimmte Hauptmerkmale eindeutig gekennzeichnet ist.

Von diesen Merkmalen erscheint mir einstweilen eins durchaus mehrdeutig: nämlich die fast durchweg auf Erschlaffung des sinnenmäßigen Anschlusses an die Wirklichkeit gegründete Art der Auslösung von Exkursionen. Denn aus solcher Entspannung und Schwächung ließe sich offenbar ebenso gut die wirkliche Absonderung einer abnormen Leiblichkeit, wie auch ein hellseherisches Verhalten, oder schließlich ein Überwuchern bloß 'traumhafter' Vorstellungen leidlich natürlich ableiten. Wir dürfen also bezüglich dieses Merkmals nur sagen, daß, falls das Erlebnis aus sonstigen Gründen als wirkliche Absonderung des Ich zu bewerten wäre, die Art seiner Auslösung jedenfalls dieser Auslegung nicht widerspräche.

Dagegen müssen wir ein anderes Hauptmerkmal, nämlich die eigenartige Verschiebung des Wahrnehmungszentrums, genau überlegen, da es sich dabei offenbar um die grundlegende Auffassung des ganzen Vorgangs handelt. Wir stellen damit die Frage, ob die Hinausversetzung des Ich eine bloß scheinbare sei, d. h. in bloße Vorstellungen, wenn auch teilweise durch Hellsehen erlangte, sich auflösen lasse. — Ich glaube diese Frage behandeln zu dürfen, ohne von vornherein ein weiteres Merkmal mehrerer der angeführten Berichte zu erwägen: nämlich den Austritt eines gestalteten Leibes. Nicht alle Subjekte behaupten die Beobachtung eines solchen, und ich will deshalb annehmen, daß diese Einzelheit zunächst vernachlässigt werden darf (gleichviel ob man sie für traumhafte Zutat, oder für Erinnerungsillusion, oder für sonst etwas halten mag); ich will also auch die immerhin denkbare Deutung beiseite lassen, daß das Erleben des hinausversetzten Ich zum Teil auf echter 'optischer' Wahrnehmung durch einen abnormen Sehapparat beruhe. Damit begebe ich mich offenbar zunächst des stärksten Arguments, das sich für eine 'realistische' Auffassung der Exkursion gewinnen ließe. Aber diese Preisgabe kommt jedenfalls dem Gegner der hier vertretenen Auffassung zugute und ist insofern gerade von seinem Standpunkt aus unbedenklich.

Ich will demnach einstweilen 'so tun', als ob wir es normalerweise im Grunde stets nur mit einem 'wahrnehmenden Ichbewußtsein' zu tun hätten, das während des normalen Wachseins seine Stelle im Raum der Dinge durch den physiologischen Leib der Wahrnehmung angewiesen erhielte. Der Anschein, den die Berichte erzeugen, besteht dann darin, daß während gewisser abnormer Zustände, ausgelöst durch die Ausschaltung des Wahrnehmungsapparats, eine Verschiebung jener 'Stellenanordnung' im Raume eintreten könne; und die Frage, auf die sich unsre Untersuchung zuspitzt, läßt sich zunächst so fassen: wieweit dürfen wir diesen Vorgang als einen soz. 'realen' auffassen, das heißt: als ein echtes Erleben innerhalb der räumlichen 'Wirklichkeit', also als mehr, denn bloßes sich wandelndes 'Vorstellen' — innerhalb des normalen (auch physiologischen) Schauplatzes alles Vorstellens — in Bildern räumlicher Wirklichkeit ('Bildern', wie wir sie etwa auch im Traum, in der Erinnerung und in der Halluzination erleben).

Wir streifen hier augenscheinlich grundlegende Fragen der Erkenntnistheorie: die Frage nach dem Wesen von Wahrnehmung überhaupt und nach der Natur und Wirklichkeit des Raumes. Aber auch diese unabsehbaren Probleme möchte ich um der Vereinfachung willen nach Möglichkeit ausschließen. Ich kann es wohl am ehesten, indem ich auch hier Begriffe voraussetze, die dem Gegner einer möglichst 'realen' Auffassung der Exkursion am weitesten entgegenkommen. Legen wir also dem Folgenden eine Auffassung des Raumes als lediglich 'intrasubjektiven anschaulichen Beziehungssystems' zugrunde, innerhalb dessen das räumlich wahrnehmende Ich sich jeweils eine bestimmte 'Stelle' angewiesen findet, die sich normalerweise nach der räumlichen Anordnung seines Leibes bestimmt. Selbst unter solchen Voraussetzungen bleibt der Unterschied von räumlichem 'Wahrnehmen' der Dinge einerseits und räumlichem 'Vorstellen' oder selbst 'Halluzinieren' anderseits in Kraft. Auf eine ausführliche Darlegung dieses Unterschieds brauche ich mich hier nicht einzulassen; wir wissen alle, daß es zweierlei ist: ob wir uns einen entfernten Ort, sagen wir: den Pariser Platz in Berlin, mit größter, selbst 'halluzinatorischer' Deutlichkeit 'vorstellen', oder ob wir ihn 'an Ort und Stelle wahrnehmen'. Im äußersten Falle freilich könnte jene halluzinatorische Vorstellung einen solchen Grad erreichen, daß wir den Ort, wo wir uns befinden, völlig aus dem Bewußtsein verlieren und auf dem Pariser Platz anwesend zu sein glauben. Wäre damit der Tatbestand der 'Exkursion' gegeben? Vielleicht, — falls noch die anscheinende Wahrnehmung dessen hinzuträte, was zur Zeit auf dem Pariser Platz vor sich ginge, falls also die Halluzination sich wie Wahrnehmung 'anfühlte' und zugleich inhaltlich wahr wäre. Aber alle Stufen vor dieser letzten sind jedenfalls ohne weiteres von echter Wahrnehmung zu unterscheiden, also

Austritt des Ich mit Wahrnehmung des eignen Leibes

auch eine in der 'Vorstellung' (und sei es die lebhafteste) vollzogene Hinbewegung von Ort zu Ort — von einer echten Wanderung unter gleichzeitiger 'Wahrnehmung' des Weges.

Welcher dieser beiden Typen von Geschehen ist in den angeführten Erfahrungen verwirklicht? Ich kann nach reiflicher Überlegung nur antworten: je mehr ich mich hingebend in das Wesen der berichteten Erlebnisse versenke, desto unähnlicher erscheint es demjenigen des traumhaft-halluzinatorischen 'Vorstellens', desto ähnlicher demjenigen der 'Wahrnehmung'. Selbst die Subjekte mehrerer der zu Anfang wiedergegebenen 'einfachen', ganz unvermittelt aus dem 'Wachsein' hervorgehenden Erfahrungen würden sich fraglos lebhaft gegen die Behauptung sträuben, sie seien das Opfer einer plötzlich hereinbrechenden Halluzination geworden — mit ihrem eignen Leib und dessen nächster Umgebung als Inhalt; vielmehr bekunden sie die Überzeugung, daß sie dies alles augenblicksweise wirklich 'gesehen', 'wahrgenommen' haben, nur eben von einem Blickpunkt aus, den sie normalerweise nie einnehmen können: von einem Daneben oder Darüber aus. Und es stützt diese Auffassung ganz entschieden, daß die meisten Subjekte über ihren Zustand während der Hinausversetzung Angaben machen, die diesem eine große Klarheit des Bewußtseins, ja des Ich- und Selbstbewußtseins zuschieben und ihn damit in bestimmten Gegensatz stellen zu einem halluzinierenden, also vermutlich verwirrten oder sonstwie gestörten Geisteszustand, oder gar zu einem 'Traum', als was der Gegner den Zustand zunächst wohl aufzufassen geneigt ist.

Auf den Einwand, das ganze Erlebnis sei nur traumhaft oder Einbildung, erwiderte z. B. Dr. Funk:[1] es sei weder dies, noch jenes. 'Wenn die ganze Welt aufstünde, ... würde für mich das nicht das geringste bedeuten; ich bin schlechthin gewiß, daß ich so frei von meinem fleischlichen Leibe gewesen bin, als ich je sein werde, und daß mein Leben in der Trennung von ihm weitaus wunderbarer war, als irgendein Leben, das ich jemals in ihm erfahren habe ...'

Ebenso Muldoon: 'Wenn ich darüber nachdenke, so fällt es mir sehr schwer zu glauben, daß bewußte astrale Hinausversetzung nicht allgemein bekannt sei. Ich kann mir kaum vorstellen, daß ein so wirkliches Erlebnis je bezweifelt wird, daß man es nicht gelten läßt, gerade wie man körperliches Leben gelten läßt. Aber schließlich würde ich nicht so denken, wenn ich es nicht selbst so häufig erfahren hätte. Ist man bewußt hinausversetzt, so gibt's kein Fragen; man weiß es. Ich weiß es — genau so gut, wie ich weiß, daß ich hier sitze und diesen Brief [an Mr. Carrington] schreibe. Aber wie kann ich das Andern beweisen? Man könnte mir sagen, daß ich träume, wenn ich körperlich bewußt bin, und ich könnte nicht das Gegenteil beweisen.

1) Vgl. o. S. 302 f.

Es ist selbstverständlich...'[1] — Verwandte Äußerungen werden dem Leser aus einer großen Zahl der obigen Berichte erinnerlich sein: Das hinausversetzte Subjekt behauptet ausdrücklich, 'dieselbe Person, wie im normalen Zustand, und vollkommen 'wach' gewesen zu sein, ja während der Exkursion sich erstmalig als 'wahres Ich', als endlich 'wahrhaft lebend', 'lebendiger denn je' gefühlt zu haben, gerade weil es sich der 'großen Verwandlung', die mit ihm vorgegangen, vollkommen bewußt war. Der schwerkranke österreichische General hat plötzlich die Empfindung, 'völlig gesund und kräftiger, jünger als je' zu sein; Mrs. Quentin hat das 'herrliche Gefühl unbegrenzter Freiheit' und ist sich 'völlig ihrer Umgebung bewußt'; auch Mrs. Leonard führt gewisse Beobachtungen an, um zu beweisen, 'wie klar ihre Gedanken waren'. Zahlreiche Subjekte berichten von genauester und ausgedehntester Selbstbeobachtung und Selbstzergliederung, und sind eben darum später imstande, die durchaus vernünftigen und oft verwickelten Überlegungen zu beschreiben, die sie als bewußte und denkende Wesen während der Hinausversetzung angestellt haben; nicht minder aber die Genauigkeit, die Deutlichkeit, die 'Interessiertheit', ja 'Verwunderung', mit der sie den eigenen Leib oder 'Leichnam', die Einzelheiten seiner engeren oder weiteren Umgebung 'beobachtet' und sich gemerkt, ja die Entfernung zwischen dem neuen Blickpunkt und dem verlassenen Leibe genau nach Schritten, Metern, selbst Zentimetern abgeschätzt haben; zum mindesten wird die Lokalisierung jenes Blickpunkts durch Beziehung auf gewisse Dinge in der Umgebung des Leibes festgelegt — z. B. 'an der Zimmerdecke', 'zu Füßen des Bettes' u. a. m. Auch steht es damit keineswegs im Widerspruch, belegt vielmehr auf andre Weise die seelische Selbständigkeit des 'wahren Ich' in seiner Absonderung, wenn einzelne Subjekte zunächst im Ungewissen darüber erscheinen, ob der wahrgenommene 'Leichnam' auch wirklich ihnen zugehöre; wie denn gelegentlich sogar der Wunsch bezeugt wird, nicht wieder in diesen einzugehn. Die Subjekte ausgedehnterer Erfahrungen vollends schreiten vielfach zu einem bewußt experimentellen Verhalten fort, prüfen ihre Lage, ihre Macht oder Ohnmacht gegenüber der wahrgenommenen Wirklichkeit, versuchen eine willkürliche Fortsetzung gerade ihrer räumlichen Verschiebung, machen Einzelbeobachtungen, um sie später nachzuprüfen, usw.

Ich übersehe nicht, daß die Wirklichkeitstreue der Wahrnehmungen des Exkurrierenden sich in gewissen Fällen und Einzelheiten zu trüben scheint, noch auch daß sie zuweilen in ein völlig erdfremdes Erleben übergeht. Was das erstere betrifft, so werden ja sogar Aussagen Narkotisierter behauptet, die mit den angeblich beobachteten Vorgängen (z. B. einer Operation) keineswegs übereinstimmten.[2] Aber weder in solchen Tatsachen, noch in den andern erwähnten vermag ich eine Widerlegung der Feststellung von 'Wahrnehmung' zu erblicken. Niemandem wird es einfallen, halluzinatorisches Erleben unter Chloroform

---

1) Muldoon S. XLI. Vgl. Yram 45. 57 f. 64 f.   2) Ich kenne freilich nur einen Fall, wo diese Behauptung mehr als ganz unbestimmt auftritt: JSPR XI 268.

oder in andern abnormen Zuständen, oder gar — was ja meist völlig genügen dürfte — gelegentliche Erinnerungsfälschungen nach dem Erwachen als unmöglich hinzustellen. Was hindert uns ferner, selbst in einem Zustand echter Exkursion die Beimischung halluzinatorischer Bestandteile in das wirklichkeitgemäße 'Wahrnehmen' zuzugestehen, oder eine solche wirklichkeitnahe Exkursion in einen Zustand übergehen zu lassen, worin jene Wirklichkeitnähe aufgehoben, das Subjekt in sein innerstes Denk- und Vorstellungsleben eingesponnen wäre, oder aber in eine völlig neuartige 'Wirklichkeit' versetzt? Nichts hindert uns an solchen Annahmen; im Gegenteil: sie haben gerade vom Standpunkt unserer Deutungsbegriffe aus die höchste Natürlichkeit und vertragen sich vorzüglich mit der Überzeugung, daß mindestens ein Teil — und meist der überwiegende — des Erlebnisses echte Wahrnehmungsart im angegebenen Wortsinn habe.[1]

So nahe dies alles liegt: es ist gleichwohl ein ebenso entschlossener, wie seltsamer Versuch gemacht worden, das ganze Erleben des Hinausversetzten von Anfang an als Halluzination zu deuten; und ich möchte ihn nicht unerwähnt und unwiderlegt lassen, weil ich die Art unsrer Gegner kenne, sich ohne Prüfung auf einen Einwand als 'Widerlegung' unbequemer Tatsachen zu berufen, bloß weil er nun einmal ausgesprochen worden ist. — Jener Versuch geht von Dr. Osty aus, dem scharfsinnigen französischen Forscher, Herausgeber der 'Revue Métapsychique' und Leiter des Pariser Institut de Métapsychique.

Osty gründet ihn auf eine Theorie, welche Dr. Paul Sollier für die Tatsache der 'Autoskopie' aufgestellt hat, d. h. der Wahrnehmung des eigenen Phantoms außerhalb des Körpers. Dieser Tatbestand des Erblickens des eigenen 'Doppelgängers' ist wohlbekannt,[2] aber keineswegs leicht zu deuten. Ich habe ihn in der 'Reihe', die dieses Kapitel eröffnete, nicht mit aufgezählt, weil ich mir keineswegs darüber klar bin, ob er überhaupt in diese gehört und wie er etwa in sie einzuordnen wäre. Gründliche Anhänger der Lehre vom fluidalen Leibe sprechen hier natürlich ohne weiteres von seiner Hinausversetzung, und wer kann mit Gewißheit sagen, daß sie unrecht haben? Eine Schwierigkeit ergäbe sich natürlich daraus, daß, wie die Selbstwahrnehmung beweist, trotz solcher Hinausversetzung des 'innerlichen' Leibes — der 'grob-stoffliche' nicht nur völliges Leben, sondern auch klares Bewußtsein bewahrt. Man könnte Bewußtseins-Teilung vermuten; aber man müßte mindestens auch noch die Entbehrlichkeit des Astralleibes für die Aufrechterhaltung von 'Leben' zugestehen! Und das müßte gerade jenen Gründlichen als eine harte Zumutung erscheinen. So sehr also eine 'realistische' Auffassung der Autoskopie auch die gleiche Auffassung der Exkursion unterstützen würde, so erscheinen mir die Bedenk-

---

1) Vgl. Mattiesen 675—84.   2) S. z. B. Kerner, Seh. 171 ff.; du Prel, Mon. Seel. 192 f.; Gurney II 217; Pr X 74. 199; Sollier 7 ff. (das. viel Literatur) usw.

lichkeiten dieser Hilfe doch sehr bedeutend, und da wir ihrer nicht bedürfen, so gehen wir ihr lieber aus dem Wege.

Dr. Sollier ist von solcher übernormalen Auffassung des 'Sich-selber-Sehens' natürlich weit entfernt. Seine rein halluzinatorische Theorie geht von der Sensibilitätsstörung aus, die er bei jedem seiner Subjekte beobachtet hat. Infolge dieser Störung fühle das Subjekt nicht mehr, daß es normal in seinem Körper lebe; dieser erscheine ihm infolge der Aufhebung oder Veränderung der Körperempfindungen mehr oder weniger fremd. Daraus entstehe für das Subjekt die Einbildung, daß 'sein bewußtes (denkendes) Ich bis zu einem gewissen Grade exteriorisiert sei'. Bei dem herrschenden Zustande verminderter Selbstkritik[1] aber fühle sich die Einbildungskraft gedrängt, jene 'Illusion' der Exteriorisierung des Ich dadurch zu vervollständigen, daß sie die Gesichtsvorstellung des Körpers objektiviere, — im äußersten Fall bis zur vollständigen Berührungs-, Gehörs- und Gesichts-Halluzinierung des Leibes im Außenraum.

Diese Theorie, welche Dr. Osty für die Sollierschen Fälle von Autoskopie als die richtige ansieht, scheint ihm nun aber auch die scheinbar entgegengesetzten Fälle der Wahrnehmung des eigenen fleischlichen Körpers von außen her zu deuten. Auch in diesen bestehe vor allem eine Einengung[2] des Bewußtseins und folglich eine Störung der Empfindungen (man bedenke die Rolle der künstlichen Anästhesie, der Synkope, der Katalepsie usw. in Fällen von Exkursion). Die Subjekte beider Klassen bekunden denn auch die gleichen Empfindungen: 'Abstand des Phantoms, Gefühl der Leichtigkeit und des Wohlseins, der Exteriorisierung, einer bestimmten räumlichen Anordnung des Doppelgängers, zuweilen in der Höhe, usw.' — Genügt nun aber auch in den Fällen der zweiten Gattung, also denen der echten 'Exkursion', die von Dr. Osty angenommene 'Arbeit der Einbildungskraft', um die extreme Ausgestaltung des Phänomens zu erklären? In den Fällen von Autoskopie (so argumentiert er) besteht diese Arbeit offenbar in der sich steigernden Ausbildung einer Halluzination. Zu Beginn finden wir — rein negativ — einen wechselnd großen Ausfall des Körpergefühls, so daß das Subjekt 'außerhalb seiner selbst zu denken' glaubt; oder es 'fühlt sich als zwei': als Körper und als (noch unsichtbarer) Doppelgänger, welcher der 'Sitz des Denkens' geworden ist. Bearbeitet die Einbildungskraft dann diese 'Suggestion der Verdoppelung' weiter, so wird sie die 'Persönlichkeit des Doppelgängers vervollständigen, indem sie ihm einen Körper und zuweilen auch die Sprache zuteilt: das Subjekt sieht sich... und hört sich mitunter auch'. Auf dieser Stufe weiß das Subjekt aber noch, daß das gesehene und gehörte Phantom bloß ein 'double' ist und nicht die eigentliche Persönlichkeit.[3] 'Noch ein wenig weiter (sagt Osty), und die Arbeit der Einbildungskraft erzeugt die gleiche Vision des Doppelgängers, aber mit dem Gefühl, daß vom denkenden Ich nichts mehr im Körper verbleibe und daß es vollständig in den 'double' übergegangen sei. Der sich steigernde

---

1) contrôle.   2) amoindrissement.   3) la personnalité principale.

halluzinatorische Vorgang gipfelt also schließlich darin,[1] daß das Subjekt gleichzeitig vollständig das Gefühl, in seinem 'double' zu denken, und eine vollständige Vision seines Körpers hat, wie er im Augenblick ist. Das Subjekt glaubt sich vor seinem Körper zu befinden, außerhalb desselben zu denken und wahrzunehmen, ihn also vollständig verlassen zu haben... Der scheinbare Unterschied [der beiden Arten von Fällen] würde also beruhen auf einer größeren Intensität der Halluzination [in der zweiten Gattung], aus der sich eine verstärkte Illusion ergibt.'[2]

Es ist also Ostys Meinung, daß die Fälle von Exkursion (in unserem Sinn) durch eine Steigerung des halluzinatorischen Vorgangs aus den extremen Fällen von Autoskopie (im Sinne Solliers) hervorgehn. Der extremste Fall von Autoskopie nun zeigt uns ein grell sichtbares und etwa auch laut und selbständig redendes Eigenphantom in klar bestimmbarem Abstand im Außenraum. Wie kann dieser 'halluzinatorische Vorgang' — ohne sein Grundwesen zu verändern! — noch gesteigert werden? Ist es wirklich eine solche Steigerung, wenn das Subjekt seine Lokalisierung im Leibe, also jedenfalls an einem Wahrnehmungspunkte vor dem double, plötzlich aufgibt und in den double hineinschlüpft? Sicherlich nicht. In diesem Augenblick müßte ja doch die 'Halluzination' des double völlig verschwinden; denn natürlich kann das Ich nicht gleichzeitig seinen Körper vor sich halluzinieren und ausschließlich 'in' diesem halluzinierten Körper denken. Dr. Osty empfindet auch offenbar selbst die Nötigung, den Fortbestand der Halluzination des Körpers irgendwie zu retten, und er tut es durch einen logischen Winkelzug, der sich — wie stets in solchen Fällen — durch eine Zweideutigkeit des Ausdrucks verrät. Die Gipfelsteigerung des 'halluzinatorischen Vorgangs' soll sich äußern — außer in dem 'Gefühl, im double zu denken', auch noch in der 'vollständigen Vision des Körpers, wie er im Augenblick ist', d. h. doch wohl: wirklich ist. Warum, frage ich, heißt es hier 'Vision', und nicht — wie vordem — 'Halluzination'? Offenbar, weil Dr. Osty sich unbewußt scheut, durch den Gebrauch des gleichen Ausdrucks darauf aufmerksam zu machen, daß das Wort 'Halluzination' hier einen völlig anderen Inhalt bezeichnen würde, als zuvor; nämlich nicht das nach außen geworfene Bild des eigenen Leibes, und zwar fast immer in einer Form, wie er keineswegs 'im Augenblick wirklich ist', sondern das Bild des wirklichen Leibes, vollkommen so, wie er im Augenblick ist und jedem Dritten erscheinen würde, also mit allen Zufallsmerkmalen seines tatsächlichen Zustandes zur Zeit der Exkursion: Hingestrecktsein, Blässe des Gesichtes, offener Mund, schwarzer Fleck auf einem Zahn, Zigarette oder Buch in der Hand, Schmutz am Mantel usw. Dr. Osty unterschlägt uns also vollkommen die entscheidende Tatsache, daß auf dem angeblichen Gipfel des 'halluzinatorischen Vorgangs' der Hauptinhalt desselben keineswegs an Schärfe der Wahrnehmung oder Reichhaltigkeit der Züge sich steigert, sondern gänzlich verschwindet und durch einen völlig an-

---

1) en se parachevant le processus hallucinatoire aboutit finalement en ceci...   2) RM 1930 195.

dern ersetzt wird. Damit ist natürlich jede Ableitung der Exkursion aus der Autoskopie durch 'Steigerung' widerlegt und der unmittelbare Zusammenhang beider überhaupt verneint.

Richtete sich dieser Einwand gegen den angeblichen **Abschluß** der Entstehung von Exkursionserlebnissen, so erhebt sich ein andrer gegen deren angeblichen **Ausgangspunkt**. Für Dr. Ostys Theorie ist es wesentlich, daß der 'halluzinatorische Vorgang' von einer möglichst weitgehenden Empfindungslosigkeit des Subjektes ausgehe: denn gerade diese soll ja das Gefühl bewirken, man sei nicht mehr recht im Leibe, woraus dann die halluzinatorische Selbstwahrnehmung außerhalb des Leibes und — auf Grund des nachgewiesenen Trugschlusses — auch die von außerhalb des Leibes her folgen soll. Tatsächlich ist auch in allen Fällen Solliers eine krankhafte Empfindungslosigkeit als ursprüngliches Dauersymptom gegeben. Daß ähnliches aber bei unseren Exkursionserlebnissen keineswegs der Fall ist, davon kann sich der Leser durch einen Blick in unsere Beispiele leicht überzeugen. Von krankhafter Empfindungslosigkeit (wie bei Sollier durchweg) ist hier überhaupt fast nirgends die Rede. Narkose und Schlaf bedeuten natürlich auch bei Gesunden eine vorübergehende Aufhebung der Empfindungen. Sehr fraglich dagegen ist diese schon, wenn die Exkursion sich aus einem Zustande der Ermüdung, der bloßen 'Versonnenheit' oder der 'träumerischen Stimmung' heraus entwickelt.[1] In andern Fällen aber ist auch von Derartigem nichts zu finden: der Austritt erfolgt urplötzlich aus vollem Wach- oder gar Tätigsein heraus,[2] oder auf Grund eines Willensakts[3], oder nach einem bloßen flüchtigen Schwindelgefühl.[4] Daß auch in allen solchen Fällen eine Untersuchung des Subjekts Empfindungslosigkeit gefunden haben würde, ist natürlich selbstverständlich; ebenso selbstverständlich aber, daß diese die **Folge** der Exkursion, d. i. der Abwanderung des empfindenden Subjekts, nicht aber ihre letzte Ursache gewesen wäre.

Diesem Sachverhalt entspricht es aber auch, daß die Subjekte echter Exkursion in **keinem Fall** das dargeboten haben, was Dr. Osty als Vorstufe ihres Erlebnisses ansieht und was man daher doch sehr **häufig** bei ihnen zu finden erwarten müßte: nämlich die Autoskopie in Solliers Sinn. Stellte diese wirklich eine zu 'steigernde' Vorstufe jener dar, so wäre es doch im höchsten Grade seltsam, wenn gerade die Subjekte, die keinerlei Empfindungslosigkeit als einleitendes Symptom verraten, jederzeit sofort in die äußerste Form des 'halluzinatorischen Vorgangs' hineinspringen, während diejenigen, die jenes Symptom in aufdringlichstem Maße zeigen, sich mit den Anfangsstufen begnügten! Das Auftreten der Ursache stände dann buchstäblich im umgekehrten Maßverhältnis zum Auftreten der Wirkung; eine Schlußfolgerung, die einer Widerlegung gleichkommt.

Dr. Osty kann sich nun freilich selbst nicht ganz des Gefühls erwehren, daß seine Theorie den Fällen echter Exkursion noch etwas schuldig bleibe: von den Fällen Sollierscher Autoskopie unterscheiden sie sich ja auch noch dadurch, daß zur 'Selbstschau' die Wahrnehmung 'von Örtlichkeiten und

---

1) S. die Fälle 1, 2, 3, 52. 2) 21, 22, 31, 41, 45, 59. 3) 23, 24. 4) 31, 32.

Austritt des Ich mit Wahrnehmung des eignen Leibes 343

von belebten Szenen' hinzutritt. Ist die 'Vision' des eigenen Leibes von außerhalb — eine 'Halluzination', so werden wohl auch jene weiteren Wahrnehmungen — Halluzinationen sein müssen? Nun, Osty läßt uns die Wahl zwischen mehreren Erklärungen für ihren Hinzutritt. Entweder könne man annehmen ('wenn man entschlossen ist, die Grenzen der klassischen Psychologie nicht zu überschreiten'), daß das scheinbar hinausversetzte Subjekt neben der Halluzination seiner selbst eine normale Wahrnehmung des rings umher Geschehenden habe, die es dann mit jener Halluzination zu einem Ganzen verarbeite (dessen scheinbare Gleichartigkeit nachträglich in der Erinnerung noch gesteigert werde). — Diese Möglichkeit scheint mir so gut wie nie gegeben zu sein: denn das hinausversetzte Subjekt hat fast stets, seinem Zustand entsprechend, die Augen geschlossen, könnte also das Bild der Umgebung und des Geschehens in ihr höchstens auf Grund von Gehörs- oder Berührungs-Wahrnehmungen — halluzinatorisch erzeugen. Solche Wahrnehmungen aber sind entweder gar nicht gegeben, oder sie reichen nicht annähernd hin, die Gesichtseindrücke zu erklären. — Oder (sagt Osty) man könne unter Umständen auch telepathische Einflüsse von außerhalb zur Ergänzung des halluzinatorischen Kerns heranziehen, nach Art gewisser übernormaler Einsprengsel unserer Träume. — Auch dieser Gedanke erscheint mir von sehr untergeordneter Bedeutung; denn in der überwiegenden Mehrheit der Fälle von Exkursion ist das Subjekt allein, ein telepathischer Geber für ergänzende Wahrnehmungsinhalte also gar nicht zu finden. — Ostys Theorie versagt damit endgültig auch in ihren Hilfsannahmen. —

Sei nun aber auch das Wahrnehmen des Exkurrierenden von bloßem Halluzinieren zu unterscheiden: was hindert uns, in diesem angeblichen Wahrnehmen ein Hellsehen (in der vollen Deutlichkeit des Wahrnehmens) zu erblicken, d. h. ein 'rein geistiges', von allen Rücksichten auf räumliche Anordnung unabhängiges 'Schauen' dessen, was z. Z. normal-sinnlich nicht wahrgenommen werden kann? Nun, diese Deutung des Vorgangs ist m. E. ebenso einfach wie bündig auszuschließen. Gewiß geschieht auch das hellsichtige Schauen des Unwahrnehmbaren gewöhnlich anscheinend von einem bestimmten 'Blickpunkt' aus; d. h. das übernormal erlangte Schauen versinnlicht sich in einem Bilde von der Art und Anordnung der normalen Wahrnehmungsbilder;[1] aber diese Art und Anordnung dürfen wir wohl als etwas Abgeleitetes betrachten, als eine 'Übersetzung' des eigentlichen Hellsehens in die Erscheinungsart von Wahrnehmungen; bezieht sich doch oft genug das Bild auf etwas Zukünftiges, also noch gar nicht objektiv Gegebenes, oder stellt sich als symbolische Einkleidung des Hellwissens dar, — wobei sich solche Einkleidung doch auch wieder 'blickpunktmäßig' gestaltet. Beim Kernerlebnis des Hinausversetzten dagegen gewinnen wir den überwältigenden Eindruck, daß das Schauen allem

---

1) Vgl. Mattiesen 669 f.

zuvor durch eine veränderte 'räumliche Anordnung' von wahrnehmendem Ich und wahrgenommener Wirklichkeit zu einander bestimmt wird, nämlich durch eine wirkliche Hinausverlegung jenes Ich aus seinem Leibe, den es ja in vielen Fällen unmittelbar vorher noch vom normalen Blickpunkt — im Kopfe — aus angeschaut hat. Ausschlaggebend aber ist ein weiterer wesentlicher Unterschied zwischen hellseherischem Schauen und dem Schauen des körpernah Hinausversetzten. Der Hellsehende hat stets einen besonderen Anlaß oder Anreiz, eben das Geschaute zu schauen. In Fällen spontanen Fernsehens läßt sich wohl stets ohne Mühe eine Anteilnahme des Subjekts am Inhalt seines Schauens ermitteln. Was es schaut, betrifft meist seelisch nahestehende Personen oder wichtige Dinge. In zahllosen Fällen dürfen wir ohne weiteres annehmen, daß der Fernschau ein 'Aufruf' jener seelisch nahestehenden Person vorausgegangen sei, der zur Fernschau dringend herausforderte: wie denn viele Erlebnisse, die meist als 'Telepathie' eingeordnet werden, ihrer Art nach unstreitig als Fernschauleistungen anzusehen sind. Während A, sagen wir, verunglückt, 'erblickt' B unvermutet Umgebung und Hergang des Unglücksfalls, nicht in der Art, wie B ihn erlebt und etwa telepathisch übertragen könnte, sondern wie ein unbeteiligter Zuschauer den Vorgang an Ort und Stelle beobachten würde.[1] Auch in den Fällen ortsbewegter Fernschau (der *travelling clairvoyance*) erfolgt die übernormale Wahrnehmung stets gemäß dem fortlaufenden Auftrag eines Versuchsleiters, oder doch zum mindesten unter dem Antrieb eines (meist suggerierten) Wunsches oder Willens des Hellsehers; womit dann wieder jene 'Anteilnahme' oder jener 'Anreiz' gegeben ist, von denen eben die Rede war.[2] Gleichgültig also, ob diese Anteilnahme einer Gefühlsbindung oder einer experimentellen Suggestion entspringt: das Hellsehn erfolgt in jedem Fall nach Richtlinien des Sinnes, die mit dem Inhalt der übernormalen Wahrnehmung zusammenhängen.

Ganz anders verhält es sich mit den Inhalten, die das Exkursionserlebnis einleiten. Keins unsrer Subjekte erwartete oder wünschte seinen Leib, sein Bett, sein Zimmer zu sehen. Keins von ihnen konnte dadurch etwas erfahren, was nicht schon seinem vertrautesten und gleichgültigsten Wissen angehörte. Jedes von ihnen war durch die Wahrnehmung dieses Gleichgültigen überrascht. Aber dieser Seltsamkeit des Wahrgenommenen vom Standpunkt der Zweckhaftigkeit alles Hellsehens aus — steht die Selbstverständlichkeit dieses Wahrgenommenen unter der Voraussetzung einer Blickpunktver-

---

1) Vgl. Mattiesen 386 ff.   2) Das. 391 ff.

Austritt des Ich mit Wahrnehmung des eignen Leibes

lagerung gegenüber. Ist die Exkursion, was sie zu sein scheint, nämlich eine Abwanderung des wahrnehmenden Ich aus dem normalen Mittelpunkt seiner räumlichen Einordnung in die Welt: aus seinem Leibe, — so ist nichts natürlicher, als daß die ersten Wahrnehmungen dieser Wanderung den Leib und seine nächste Umgebung zeigen. Dem gänzlichen Fehlen jedes bedeutungsmäßigen Anreizes entspricht hier also das natürliche Gegebensein einer räumlichen Verursachung. Und dieser Unterschied erscheint mir ausschlaggebend für die Begründung einer Sonderklasse von Vorgängen, auch wenn wir die Frage völlig beiseitelassen, wie denn jene ersten Wahrnehmungen des Exkurrierenden zustandekommen und wieso sie Sinnesqualitäten darbieten, die für gewöhnlich auf der Mitwirkung des Auges und des Sehhirns beruhen. Mag sie, wer will, als hellseherische bezeichnen: was wissen wir denn viel darüber, was Hellsehen ist? Dennoch sondern sie sich gründlich von den Leistungen ab, die wir für gewöhnlich als hellseherische bezeichnen, und ordnen sich auf Grund der Art ihres Auftretens innerhalb des Raum-Zeit-Ablaufs weit natürlicher dem Begriff der Wahrnehmung unter. Ich selber hätte am Ende nichts dagegen, wenn man den Spieß umkehren und sagen wollte: alle Wahrnehmung sei 'Hellsehen', d. h. ein unmittelbares 'Erfassen' des Außer-Uns durch das Ich, nur eben im normalen Falle eingeschränkt und gleichsam 'kanalisiert' durch den physiologischen Wahrnehmungsapparat. Auch dann ja bliebe der grundlegende Unterschied bestehen, daß für den Exkurrierenden eben diese Kanalisierung zeitweilig aufgehoben wäre oder — was weiß ich? — durch eine andere ersetzt, die ihm ein räumlich geordnetes Wahrnehmen von einem außerleiblichen Blickpunkt aus ermöglichte. Dabei widerspricht dieser Auffassung weder, daß in seltenen Fällen offenbar 'überstürzter' Exkursion jene typischen ersten Wahrnehmungen zu fehlen scheinen, noch auch daß zuweilen (wie wir sahen) im weiteren Verlauf der Exkursion anscheinend Hellsehn der herkömmlichen Art sich zeigt. Auch eine im normalen Zustand erfolgende Hellsehleistung grenzt ja doch irgendwo an Wahrnehmungen im gewöhnlichen Sinn, und überdies fehlt es nicht an Gründen, im Zustande der Hinausversetzung, also 'Hirnentbindung', an sich eine Erleichterung des Hellsehens überhaupt zu erblicken.

Aber auch das gelegentlich berichtete Übergehn in völlig 'erdfremdes' Schauen kann unsrer Auffassung keine Schwierigkeiten bereiten. Was wir noch als 'Wahrnehmung' deuten müssen, soll ja ausdrücklich nur den 'ersten Schritt' auf einem Wege bezeichnen, dessen Ende unabsehbar ist. Einmal wird ja der Anschluß an das, was uns als normale

Wirklichkeit erscheint, sich lösen, und es wird der Übertritt in eine Jenseitswelt erfolgen, in welcher bildhaftes Erleben einen anderen Sinn hat, als die 'Wahrnehmung von Objektivem', — sei es der Sinn von 'Träumen', oder 'symbolischem Schauen', oder was sonst. Jenen Übertritt kann offenbar auch der zu Lebzeiten 'vorübergehend Gestorbene' schon vollziehen; und was er als 'Rückkehrer' davon berichtet, mag vielleicht dereinst beitragen zu unsrem Verstehen des Lebens der Abgeschiedenen.

Zusammenfassend läßt sich also sagen, daß sowohl der subjektive Erlebnischarakter, als auch die Art der Abfolge der ersten Eindrücke des Exkurrierenden — diese Eindrücke als 'Wahrnehmungen' erweist (gleichviel im Rahmen welcher erkenntnistheoretischen Lehre und welcher Annahmen über die 'Leiblichkeit' des Hinausversetzten): im echten Exkursionserlebnis findet sich das klar-bewußte und fühlende, zu Überlegung und vernünftigem Wollen befähigte Ich aus dem Leibe hinausversetzt, unter natürlicher Verschiebung seines bisherigen Verhältnisses zu den Dingen im Raum. Es ist nun aber ohne weiteres klar, daß damit ein Zustand als erlebt behauptet wird, den der Spiritist als die **Eingangsphase des persönlichen Fortlebens** — unmittelbar nach der Ablösung vom Leibe — vermuten muß. Wie das Fortleben auch beschaffen sein mag: ich kann mir keine wahrscheinlichere und natürlichere Form seines Beginnes denken, als eben jene, die uns der Exkurrierende beschreibt. Und die Versuchung zu dieser Gleichsetzung verstärkt sich noch, wenn wir bedenken, daß die 'Abschwächung' des Wachlebens, die wir als Auslösung des Austritts kennen lernten, wesensverwandt ist jener gründlichsten aller 'Schwächungen': dem Sterben; wie denn auch viele Exkursionen beobachtet wurden in Zuständen, die mit guten Gründen als Sterben, wenn nicht gar als eingetretener Tod aufgefaßt wurden. Es liegt also durchaus im Sinne unsres Gedankengangs, den Zustand der Hinausversetzung in solchen Fällen als 'vorübergehenden Tod' zu bezeichnen, als zeit- und teilweise Vorwegnahme des Zustands nach dem Tode, und dementsprechend das Gestorbensein als Exkursion von unbestimmter Dauer. Und im Grunde sprechen ja Exkurrierende selbst diese Auffassung häufig aus; wie viele von ihnen nicht waren in diesem Zustande überzeugt, daß sie nun 'tot' seien, das Sterben glücklich hinter sich und folglich die Frage nach dem Überleben durch eigne Erfahrung entschieden hätten![1] Ja manche von ihnen stellten, wie wir wissen, unter dieser ausdrücklichen Voraussetzung sehr

---

[1] Vgl. o. die Fälle 7, 14 f., 38 f., 41, 49, 51, 53, 57. Auf Entsprechendes bei 'Somnambulen' (d. h. doch oft: hypnotisch Exkurrierenden oder Exkursionsbereiten) hat du Prel mehrfach verwiesen: z. B. Ph. d. M. 496; vgl. Mrs. Finch: PS XXXIV 654 f.; und auch lebende 'Komunikatoren' zeigen ähnliches: vgl. o. S. 233 f. und ÜW VIII 10 ff.

'passende' Überlegungen bezüglich ihrer Hinterbliebenen und Hinterlassenschaft an!

Unter solchen Voraussetzungen wäre des weiteren aber auch zu erwarten, daß in den Schilderungen des Sterbens, die uns angeblich von endgültig Gestorbnen geliefert werden, sich Einzelheiten finden, die mit wesentlichen Zügen der Exkursionserfahrung Lebender übereinstimmen. Man mißverstehe micht nicht dahin, daß ich hiermit eine weitere Bezeugung dieser Erfahrung von denen zu beschaffen suche, deren Zeugnis doch nur unter spiritistischen Voraussetzungen in Betracht kommt, während doch die Erörterung der Exkursion diese Voraussetzungen erst beweisen soll. Ich will bloß darauf hinweisen, daß eine Erwartung, die sich bestätigen müßte, falls meine Deutung der Exkursion die richtige ist, sich auch wirklich bestätigt. Unser Tatbestand ordnet sich damit in einen Zusammenhang ein, der den Eindruck seiner Natürlichkeit und Wirklichkeit verstärken muß.

An Berichten Abgeschiedener über ihr Sterben, worin Merkmale der Exkursionserfahrung eingeflochten sind, ist nun tatsächlich kein Mangel; und zwar soll hier als Mindestes die ausdrückliche Angabe gefordert werden, daß der Verstorbene seinen eigenen Leichnam gesehen habe.

Diese Angabe findet sich z. B. in einer Kundgebung, die Prof. Barrett 'unter spiritistischen Voraussetzungen am einfachsten erklären zu können glaubte.' 'Die Tür (heißt es hier) wurde geschlossen und alles war still. Ich nahm dann zunächst wahr, daß ich nicht auf dem Bette lag, sondern ein wenig darüber in der Luft schwebte. Ich sah in dem trüben Lichte den Körper gerade ausgestreckt und mit zugedecktem Gesicht. Mein erster Gedanke war, wieder in ihn einzugehn, aber der Wunsch danach verging mir bald völlig.' Es werden dann Ortsbewegungen im Zimmer, im Hause, ins Freie hinaus beschrieben, die dabei gesehenen Personen richtig bezeichnet, die Verwunderung ausgedrückt, daß niemand den Verstorbnen gehört oder gesehen habe, usw.[1] — Die Schilderung stimmt also völlig überein etwa mit der des Dr. Wiltse,[2] der für tot gehalten wurde, aber später ins Leben zurückkehrte und seinen Bericht daher mündlich liefern konnte, anstatt durch ein Medium.

Zahlreiche Beispiele dieser Art finden sich auch in Bozzanos vergleichender Untersuchung von Beschreibungen des Sterbens durch Verstorbene.[3] So bekundet z. B. der Geist des Dr. Horace Abraham Ackley: 'Ich fühlte mich über meinen Leichnam erhoben, in geringem Abstand von ihm, von wo aus ich deutlich die Personen, die meinen Körper umstanden, wahrnam.' — Noch deutlicher im Kernpunkt drückt sich 'Jim Nolan' durch das Medium Hollis aus: 'Mein Körper lag auf dem Feldbett ausgestreckt, und ich sah ihn.' — Eine nicht genannte 'gebildete Dame' wiederum berichtet durch Vermitt-

---

1) Barrett, Threshold 195 f.   2) o. S. 323.   3) RS 1928/9.

lung der Mrs. Duffey, daß sie zunächst die Reden zweier Freundinnen über sie selbst 'aus dem benachbarten Zimmer' vernommen habe, die sich mit peinlicher Offenherzigkeit über sie als eine Verstorbene unterhielten, was sie verblüffte, da sie sich durchaus 'am Leben' fühlte. Als sie die Unterredung unterbrechen wollte, sah sie mit Schrecken eine 'Gliederpuppe'[1] auf ihrem Bette ausgestreckt, mit bleichem Gesicht, gekreuzten Armen, aufwärts gekehrten Fußspitzen, und erkannte die Züge als ihre eigenen. 'Mein Gott, ich war also wirklich tot!' — Ein im Kriege Gefallener sieht sich selbst sofort nach dem Ableben auf dem Grabenrande 'in soldatischer Kleidung'. 'Als mein Freund Frank sich meinem Leichnam näherte, um sich zu überzeugen, daß ich wirklich tot sei, nahm ich ihn noch einmal wahr wie mit den leiblichen Augen.' — Der Geist eines 'bekannten hohen städtischen Beamten' in Amerika: Unmittelbar nach dem 'Erwachen' in einem neuen Zustand 'sah ich mich ausgestreckt, still und reglos, in meinem Bette, ein Umstand, der mich mit Verwunderung erfüllte, da ich nicht im geringsten vermeinte tot zu sein.'[2] Wieder ähnlich berichtete 'Etta Macleod' ihrer Schwester durch Mrs. Piper, das letzte, was sie durch ihre Augen gesehen habe, sei das Gesicht ihrer Mutter gewesen (die Sitzerin war des Glaubens, ihre Schwester sei mit geschlossenen Augen gestorben, und erfuhr erst nach der Sitzung, daß sie bis zum letzten Atemzuge ihre sie stützende Mutter angeblickt hatte); danach sei ihr bewußt geworden, daß sie sich mitten in einem Zimmer befand,[3] und sie habe ihren Körper unter etwas Weißem gesehn.'[4] — Oder: Oberst E. K. Johnson erhielt durch Mrs. Wriedt von einem im Kriege hingerichteten Offizier (durch 'direkte Stimme') die Aussage: 'Ich erwachte am dritten Tage und sah meinen eigenen Körper'; und dieselben Worte gebrauchte ein früherer Mitschüler, der sich ihm durch das gleiche Medium mitteilte.[5]

Wir sehen also, daß die natürliche Erwartung sich reichlich bestätigt, es müßten, falls unsre Deutung der Exkursionserfahrung richtig ist, genau entsprechende Schilderungen seitens Verstorbener sich finden.

2. Der Austritt des Ich von außen wahrgenommen

Mit dem Vorstehenden sehe ich das 'Kernstück' unsrer gesamten Reihenbildung[6] als erwiesen an: die Hinausversetzung eines selbstbewußt fühlenden, wollenden und überlegenden Ich, das seinen Leib von außen anschaut. Im Lichte dieser Gewißheit gewinnen nun aber auch die übrigen Glieder der beiden Reihen, die wir zunächst einer gewissen Zweideutigkeit anheimgaben, ein verändertes Aussehen; indem

---

1) mannequin. 2) a. a. O. 1928 342. 391. 489. 540; 1929 101. 3) she became conscious in a room. 4) Pr XIII 448. 351. 5) Moore 282. Vgl. noch Travers Smith 25 f.; Muldoon 229; Marryat 114 f.; Bennett 16 f.; Allison 265. 280; Stead, Death 2; RS 1861 124; Pr XXVIII 422 ff.; Flammarion III 174 f. (Wach-Erscheinung einer eben Verstorbenen!). 6) o. S. 300 f.

sich jetzt ein fester Ausgangspunkt für ihre richtige Deutung ergibt. Ich will also im folgenden noch einige von ihnen belegen, wenn auch sehr viel flüchtiger als jenes Kernstück und mit merklich gelockerter Anforderung an die Beglaubigung der Einzeltatsachen. Aus der natürlichen Zusammenstimmung aller Teilansichten der Exkursion wird sich immerhin eine noch gesteigerte Sicherung dieses überragend wichtigen Tatbestands ergeben.

Aus Gründen der Darstellung will ich mit der Tatsache beginnen, daß die Exkursion nicht nur dem Hinausversetzten selbst, sondern unter Umständen auch einem außenstehenden Beobachter als die Absonderung einer objektiven Leiblichkeit vom fleischlichen Körper erscheint. Ich habe, wie erinnerlich, gerade diese Frage eines Exkursionsleibes bisher beiseite gelassen, als für die Erhärtung des Kernstücks an sich nicht erheblich. Es ist jedoch klar, daß die 'objektive' Feststellung eines solchen 'Vehikels' der Exkursion für deren 'realistische' Auffassung sehr ins Gewicht fallen müßte; indem dann nicht nur eine Verlagerung des Blickpunkts eines 'Bewußtseins' vorläge, sondern auch die Ortsveränderung eines dinglichen Wesens.

Solche Beobachtungen von außen wären nun offenbar, wenn unsere Grundauffassung der Exkursion richtig ist, wiederum sowohl zu Lebzeiten des Subjekts, als auch während der endgültigen 'Exkursion', also des Sterbens, zu erwarten. Und nachdem wir schon im vorstehenden diese Doppelbeziehung der Exkursion berücksichtigt haben, mag das gleiche auch bei ihren weiteren Formen zugestanden werden.

Was nun Beobachtungen zu Lebzeiten anlangt, so verweise ich zunächst nur kurz auf Rochas' und Durvilles Angaben über die durch 'magnetische Striche' bewirkte Aussonderung empfindender 'Schichten' (*couches*), parallel zum Körperumriß eines Subjekts, die sich dann zunächst zu zwei Halbphantomen zu beiden Seiten des Körpers verdichten sollen, die sich schließlich zusammenfügen (zuweilen durch Aufstieg über den Kopf des Subjekts) und damit, nach Ansicht Rochas', den 'Astralleib' zur Darstellung bringen.[1] Beweise hierfür will er, abgesehn von Aussagen einzelner Versuchspersonen, wesentlich durch 'Abtasten' der Luft, also durch Feststellung der Empfindungsverlagerung gewonnen haben. In Durvilles leidlich ähnlichen Feststellungen finden wir übrigens die seltsame Angabe, daß dieser durch längere 'Magnetisierung' zustande gebrachte *double* zunächst alle Stellungen und Gebärden der Versuchsperson nachgeahmt habe, was uns an gewisse Angaben über 'Doppelgänger' erinnert, z. B. den der (doch wohl nicht bloß sagen-

---

1) Näheres s. Mattiesen 415 f. 577 ff. Ich komme hierauf in dem nachzuliefernden Abschnitt über objektive Phantome zurück.

haften) Mlle Sagée.¹ Auch der von Durville beobachtete *double* war stets durch ein 'Band' mit dem Leibe des Subjekts verbunden, und zwar nach den Beobachtungen der Subjekte selbst, nach denen anwesender Hellsichtiger, und vielleicht auch nach Durvilles eigenen. Ähnlich berichtet M. Lecomte, daß die von ihm hypnotisierte Mme Z. ihren Körper und außerdem, 1 m von diesem entfernt, ihren 'Astralleib' als leuchtende blaue Wolke gesehen habe.²

Man fragt sich natürlich bei solchen Angaben, wo denn das angeblich gleichfalls beobachtende Subjekt sich befinde und von wo aus es seine Wahrnehmungen mache: befindet es sich im physischen Leibe und 'sieht' sein hinausversetztes Phantom, oder haust es in diesem und sieht den verlassenen Leib, wie in so vielen der obigen Exkursionen? Im zuletzt erwähnten Fall wäre, nach Mlle Mireilles, also einer Dritten, Behauptung, weder das eine noch das andre der Fall gewesen. Mireille behauptete nämlich, in der Mitte des 'Bandes', das 'beide Leiber verknüpfte', eine 'weit heller leuchtende Stelle' zu sehen, die nach ihrer Auffassung 'zum Geiste der Mme Z.' gehörte, der also ihrem 'Astralleibe' nicht völlig gefolgt wäre. Das klingt natürlich sonderbar genug, und ich gebe es mit größtem Vorbehalt wieder. Immerhin fällt auf, wie seltsam es mit Angaben andrer Meister der Exkursion übereinstimmt.

Muldoon behauptet, daß das Bewußtsein meist, aber nicht immer, erst nach erfolgter Hinausversetzung 'draußen' allmählich erwache, zunächst in der Art des Träumens, sodann in völliger Klarheit; ferner aber auch, daß eine Art zwischen fleischlichem und exkurrierendem Leibe schwankender Lokalisierung des Bewußtseins statthaben könne. Er führt zunächst (nach Carrington) gewisse Beobachtungen an, die ein **doppeltes Bewußtsein in beiden** 'Leibern' gleichzeitig zu beweisen scheinen. So habe z. B. Dr. van Eeden, der bekannte holländische Arzt und Dichter, während fortgesetzter Versuche mit seinem 'Traumleibe' es schließlich dahin gebracht, sich während der Schlaf-Exkursion 'deutlich zu erinnern, daß er schlafend im Bette gelegen, mit auf der Brust gekreuzten Armen; und gleichzeitig ebenso deutlich, daß er durchs Fenster hinaus- und einen Hund heranlaufen gesehn, der ihn durchs Fenster anblickte und dann wieder fortlief, — und andre Einzelheiten dieser Art. Danach erinnerte er sich, daß er auf das Ruhebett zu geglitten, auf welchem sein irdischer Körper lag', und wieder hineingeschlüpft wäre. 'Er hatte die äußerst deutliche Empfindung einer **Zweiheit des Bewußtseins in den beiden Leibern.**' Ähnliche Erfahrungen, sagt Muldoon, habe auch er häufig zu machen geglaubt, aber bei genauerer Beobachtung neige er zur Auffassung, daß hier doch nur ein 'doppeltes Funktionieren des Sehens' — oder sagen wir: der Wahrnehmung seitens eines Bewußtseins vorliege; wobei jenes 'Band' die Verknüpfung zwischen

---

1) Ihre Bekrittelung z. B. bei Hennig II 313. Verwandte Fälle s. Delanne I 190 f. 194; Flammarion II 56; Horst 86. 138; Stead 50.   2) Rochas, Sens. 52 ff.; Durville in AOP 1908 291 ff.; Lecomte in ÜW IV 204 u. bei Mattiesen 665.

Der Austritt des Ich von außen wahrgenommen

den beiden Wahrnehmung vermittelnden Leibern bilde; denn wenn der normale Leib gleichzeitig mit dem hinausversetzten — Bewußtsein haben könnte, so dürfte der letztere ja nicht mehr als notwendiges Verbindungsglied zwischen seelischem Leben und Körper gelten, ja es bestände die Möglichkeit, daß nach der Trennung des 'Bandes' (also dem Tode!) Bewußtsein im fleischlichen Leibe fortbestehe. Wenn aber jenes gleichzeitige Sehen durch die Augen des normalen und die des astralen Leibes geschehe (was sehr selten sei), so könne das Subjekt den Astralleib und dessen Bewegungen beobachten, gerade als wenn es sich im irdischen befände, und doch gleichzeitig imstande sein, auch den physischen Leib zu sehen, der mit geschlossenen Augen auf dem Bette liegt.[1]

Von hier aus erwäge man ein Erlebnis des 18 jährigen Boru, der von der Arbeit aufsteht, um etwas im Nachbarzimmer nachzuschlagen, und — mit dem Buch in der Hand auf der Schwelle stehend — sich selbst am eben verlassenen Schreibtisch gewahrt. 'Ich sah mich im Hausanzug am Schreibtisch sitzen und den Satz schreiben, den ich im Geist überlegte oder bildete. Ich weiß nicht, wie lange das dauerte, aber es fehlte nichts in diesem Gesicht, weder die Lampe mit ihrem grünen Schirm, noch die kleine Bücherreihe mir zu Häupten, noch die Hefte, das Tintenfaß, usw.... Ich hatte das klare Bewußtsein, vor der Tür zu stehen... Aber gleichzeitig hatte ich das Gefühl, auf einem Stuhl zu sitzen und mit meinen Fingern den zum Schreiben nötigen Druck auf meine Feder auszuüben. Ich sah den sitzenden Boru; mehr als das: ich sah und las den Satz, den er schrieb, und doch war er 2 oder 3 m von der Tür entfernt. Darauf bin ich an den Tisch herangegangen, und die Verdoppelung war zu Ende.'[2]

Das alles mag vertrackt genug klingen. Aber man nehme es ruhig hin. Wir tun in diesen Fragen die ersten tastenden Schritte und müssen jedes angebliche Stück Erfahrung geduldig nach allen Richtungen wenden, um ihm irgendwelche Andeutungen für künftiges Verstehen abzugewinnen. An den seltsamen und mannigfachen Beobachtungen dieses Gebietes ist doch bei weitem das Seltsamste, wie deutlich sie sich nach allen Seiten hin untereinander verzahnen. Die klar bewußte Hinausversetzung des Ich ist uns ein fester Ausgangspunkt geworden. Und ebenso wissen wir, daß sie den tieferen Schlafzuständen eigen ist. Jetzt tritt uns die Behauptung entgegen, daß der bewußten Exkursion die Beobachtung eines anscheinenden Exkursions-Trägers durch Dritte entspricht, und hiermit verwebt sich die weitere Angabe, daß auch das hinausversetzte Subjekt selber nicht nur den verlassenen Leib, sondern unter Umständen auch den der Exkursion wahrnehmen könne; und dies werde ermöglicht durch eine Bindung des wahrnehmenden Ich an 'beide Leiber gleichzeitig'.[3] Nehmen wir dies alles zur Kenntnis und ver-

---

1) Muldon 95 ff. 163 ff. 54 ff. Vgl. Stead 32. 2) Delanne I 388. Vgl. Flammarion II 71.
3) Die letztere Feststellung widerspricht dem (auch von mir geäußerten) Bedenken gegen die Möglichkeit der Hinausversetzung eines (doch 'lebensnotwendigen'!) 'Astralleibes' während erhaltenen Lebens und Bewußtseins. Ich verweise dabei auch auf die häufige Beobachtung, daß der Exkurrierende und etwa in der Ferne Wahrgenommene sein Erleben gleichzeitig laufend beschreibt.

folgen zunächst noch weiter, wieviel Methode sich in all diesem Wahnsinn entdecken läßt.

In Rochas' und Durvilles Versuchen sollte das hinausversetzte Phantom nur mittelbar festzustellen sein. Doch ist dies keineswegs die Regel; weit eher ein Gesehenwerden des hinausversetzten Subjekts in lebensgleicher Erscheinung. Erstreckt sich die Exkursion nur auf kurze Entfernungen, so ergibt sich die Möglichkeit, daß normaler Leib und Phantom gleichzeitig von Dritten beobachtet werden.

Frl. Swoboda z. B., die wir bereits als ungesehen Exkurrierende kennen lernten, wurde angeblich bei andrer Gelegenheit von einer Dritten wahrgenommen: Während sie neben einer Frau N. auf einem Sofa saß und dem Klavierspiel ihrer Freundin Irma (Frau N.s Tochter) zuhörte, lehnte sie sich mit geschlossenen Augen zurück, trat im Geiste an die Seite der Spielerin und bemerkte, wie die Hausfrau verwundert nach ihr (am Klavier) sowie nach ihrem Platz auf dem Sofa blickte, wo sie (Sophie) nun sich selbst mit geschlossenen Augen liegen sah. Sie eilte in ihren Körper zurück, schlug die Augen auf, und Frau N. versicherte ihr, sie hätte sie neben dem Klavier und zugleich auf dem Sofa gesehen.[1]

Findet dagegen die Hinausversetzung auf große Strecken statt, so muß sich ein etwaiges Wahrgenommenwerden des Subjekts natürlich auf dessen 'Phantom' beschränken. Fälle dieser Art sind jedem nur mäßig Belesenen in Masse vertraut; er hat sie nur vermutlich unter sehr anfechtbarer Benennung kennen gelernt. Die englische Forschung sah in ihnen Belege für den Tatbestand der doppelten oder 'gegenseitigen Telepathie':[2] ohne Frage ein schwerer Mißgriff.[3] Der Tatbestand ist ja doch der, daß A am fernen Orte bei B anwesend zu sein glaubt, diesen und seine Umgebung in natürlicher Weise 'wahrnimmt', zugleich aber auch von diesem wahrgenommen wird, wobei sich häufig A's 'Erleben' am fernen Ort und B's Wahrnehmungen in seltsamster Weise entsprechen. Hätte man dies als reines Fernsehen A's, verbunden mit der telepathischen Erregung 'entsprechender' Halluzinationen in B, bezeichnet, so ließe sich solche Auffassung wenigstens leidlich verfechten. Völlig befriedigen könnte sie allerdings schwerlich. Es fällt ja schon auf, daß zuweilen A am fernen Orte gar nicht von demjenigen gesehen wird, den er voraussetzungsgemäß hätte telepathisch beeinflussen müssen, sondern von einem 'unbeteiligten' Dritten.[4] Ja wir haben Fälle, in denen dieser wahrnehmende Dritte ein dem hinausversetzten Subjekte völlig Fremder und nur zufällig in der Nähe dessen ist, den gleichsam zu 'besuchen' das Subjekt doch auszog; ein Fremder, der denn auch die 'Erscheinung' gar nicht erkennen kann, sie aber doch so genau be-

---

1) PS VI 346; vgl. Delanne I 192; RB 1925 215; Crowe 141.   2) reciprocal tel. (Gurney I 227; II 153).   3) vgl. o. S. 120 f. 148 f. 152.   4) z. B. Gurney II 162 f.

schreibt, daß andere sie identifizieren können;[1] oder der das Subjekt erst bei einer späteren leiblichen Begegnung wiedererkennt.

Dies letztere belegt z. B. der Fall der Frau 'Beta', die **mehrfach** in eben dem Zimmer eines fern in Schottland gelegenen Hauses sichtbar 'spukte', in welchem später ihr Gatte, der das Haus zwecks Jagens und Fischens mietete, sein Schlafzimmer einrichtete. Der Dame war, als sie ihrem Gatten nachreiste, das ganze Haus bereits 'bekannt', und sie wurde von dessen Besitzerin, Lady B., gleich bei der ersten Begegnung als jene Spukende **erkannt**.[2]

Wir lesen ferner Berichte, nach denen das fernanwesende Phantom durch sein Benehmen ein Bewußtsein der Ortsanwesenheit Dingen und Menschen gegenüber verraten habe.

Ein Herr Theodor Pommer fühlte sich, als er von Hause verreist war, zu seiner schmerzlich vermißten jungen Frau versetzt — 'aus sich herausgehoben' —, sah sie an ihrem Tisch mit Handarbeit beschäftigt, setzte sich (seiner sonstigen Gewohnheit entsprechend) vor ihr auf eine Fußbank und blickte, an sie gelehnt, zu ihr empor, wobei er auch bemerkte, daß ihre Handarbeit, die sie **vor ihm zu verbergen suchte**, in einer 'Börse mit Rosen und Vergißmeinnicht und dem verschlungenen Namenszug der beiden' bestand und daß die junge Gattin 'selig lächelnd zu ihm niedersah'. Ein Brief derselben meldete ihm **tags darauf**, daß er 'plötzlich an ihrer Seite gewesen sei; sie habe ihm mit einer ihr jetzt unerklärlichen Ruhe ins Auge geblickt', ... doch sei er, als jemand eintrat, plötzlich verschwunden gewesen. Die Börse, die sie für seinen Geburtstag heimlich vorbereitete, konnte er ihr nach seiner Heimkehr genau beschreiben.[3]

Andre Fälle gehen in der Kraßheit des ortsgemäßen Benehmens noch hierüber hinaus. — Ein Oxforder Student, P. H. Newnham, fühlt sich in einem 'einzigartig deutlichen und lebhaften Traum' mitten unter die ferne Familie seiner Braut versetzt, bemerkt zuletzt, daß die junge Dame das obere Ende einer Treppe erreicht hat, eilt ihr nach, holt sie ein und schlingt von hinten beide Arme um sie. Mit seinem Bericht über diesen 'Traum' **sich kreuzend**, trifft ein Brief der Braut ein, nach welchem diese zur gleichen Zeit, während sie tatsächlich die Treppe hinaufstieg, hinter sich seine Schritte vernommen und sich von seinen Armen umschlungen gefühlt habe.[4]

Es fehlt auch nicht an Berichten, nach denen der Exkurrierende am fernen Orte nicht nur Dinge wahrnimmt, von denen er normal nicht wissen konnte, sondern auch Worte zu äußern glaubt, die völlig übereinstimmend als vom geschauten Phantom geäußerte dort gehört werden.[5]

Den Anschein einer objektiv-körperlichen Fernanwesenheit, also auch den der quasi-objektiven Wahrnehmung des Hinausversetzten, erwecken schon diese Tatbestände. Doch könnten unter Umständen auf

---

1) z. B. Pr VII 41 ff.   2) Aus The Spectator in ÜW X 41 f. Vgl. d. Fall Buchner 278.   3) Daumer I 179 ff.   4) Gurney I 225; auch Myers I 418 f.   5) z. B. Gurney I 318 f.; II 159 f.; M III 182; TR XXXIII 442; Lombroso 292 f. 515.

solche Phantome der bewußten Fernversetzung natürlich auch noch andre jener Überlegungen sich anwenden lassen, die zur Anerkennung einer gewissen Objektivität der Telephanie bzw. des Spukes führen. — Wie weit das gehen kann, werden wir gleich erfahren. Doch sei zunächst auch von der Seite des Subjektes her auf Merkmale hingewiesen, die seine Anwesenheit am fernen Ort und sein Wahrgenommenwerden daselbst über das billige Schema 'Telepathie-plus-Hellsehn' hinausrücken und vielmehr als wirklichen Ich-Austritt in unsrem 'realistischen' Sinn erscheinen lassen. Wir begegnen nämlich auch Fällen, in denen die Erfahrung des Fernerscheinenden mit uns vertrauten Kennzeichen wirklicher Hinausversetzung einsetzt und auch das Gefühl einer umfangreichen Bewegung durch den Raum einschließt.

Dergleichen berichtet z. B. J. A. Hill von der uns schon bekannten Mrs. Napier. Ihre fraglichen Erfahrungen überkommen sie meist im Bette, unterscheiden sich aber stark von allen normalen Erscheinungen des Schlafes. Auf ein Gefühl des Prickelns, das durch den Körper vom Kopf bis zu den Füßen läuft und dem von einer galvanischen Zelle erzeugten ähnelt, folgt kataleptische Starre, in gewissen Fällen auch das 'peinliche Gefühl des Austritts aus dem Leibe und dann die unbeschreiblich angenehme Empfindung rascher Fortbewegung durch den Raum bis zu irgendeiner entfernten Stadt, von wo sie wahres Wissen zurückbringt, von solcher Art, daß es durch Raten, Schlüsse oder vorheriges Wissen sich nicht erklären läßt.' Mr. Hill erwähnt kurz ein derartiges Ferngesicht, welches an das des hinausversetzten M. Bertrand erinnert,[1] und berichtet dann ausführlicher folgendes Erlebnis:

'Mrs. Napier glaubte sich [eines Tages um 10 Uhr vorm., während sie in ihrem Zimmer lag] nach dem üblichen 'Reise'-Gefühl in ihrer alten Heimat zu befinden, 60 engl. Meilen von ihrem gegenwärtigen Wohnort entfernt. Sie hatte versucht, dies zu tun, denn sie hatte ein Gefühl, daß der Zustand ihres Vaters, eines dauernd Leidenden, sich verschlimmert habe. 'Im Geiste' in dessen Hause angekommen, begab sie sich die Treppe hinauf und ins Zimmer ihres Vaters. Sobald sie durch die Tür hindurch war, sah sie ihn aufrecht im Bette sitzen und anscheinend kränker; er wandte den Kopf, sah sie und rief: 'Ach, da ist ja Mabel!' In diesem Augenblick überwältigten sie die Schwäche und das Gefühl des Zurückgezogenwerdens (!), die dem Abschluß dieser Erfahrungen vorausgehn, und nachdem sie durch den Raum zurückgeeilt war, erwachte sie wieder in ihrem Leibe. — In einem sofort abgesandten Brief nach Hause beschrieb sie den Vorfall. Dieser Brief kreuzte sich mit einem am nächsten Morgen eintreffenden von ihrer Stiefmutter, welche meldete, daß der Zustand des Kranken sich verschlimmert und daß er während eines Anfalls seine Tochter an der Türe stehend zu sehen geglaubt habe. Er habe ihren Namen ausgerufen mit den Worten 'Da ist ja Mabel!' oder ähnlichen. Die Zeitpunkte fielen genau zusammen, soweit sich das feststellen ließ.'[2]

---

1) o. S. 331. 2) Hill, New Evid. 17 f. Vgl. die Fälle Piobb und Mlle B.: Delanne I 237 f. 239.

Hill scheint eine Schwierigkeit darin zu finden, daß Mrs. Napier ihrem Vater in einem rosa Kleide erschien, während sie zur Zeit ein blaues trug, das er nie gesehen hatte. Aber ganz abgesehen davon, daß der Vater durch irgendein 'Licht' um das Phantom (oder gar von seiner Erinnerung) getäuscht worden sein mag, steht natürlich dem Exkurrierenden die Ausgestaltung seines Phantoms im einzelnen frei, wie uns hundert Beispiele von Autotelephanie beweisen. —

Tun wir indessen einen weiteren Schritt. Wenn uns die obigen Betrachtungen gelehrt haben, das Sterben mit der Exkursion des Lebenden annähernd gleichzusetzen, so müssen wir erwarten, daß auch an Sterbebetten — so oft überhaupt die Wahrnehmung für gewöhnlich unwahrnehmbarer Dinge sich ermöglicht — die Absonderung eines Exkursionsträgers beobachtet werde. Diese Erwartung erfüllt sich sogar in besonders reichlichem Maße. — Ich beginne mit Fällen, in denen diese Wahrnehmungen 'dritter Anwesender' nur ungestaltete Gebilde darbieten, deren Bedeutung denn auch fraglich erscheinen mag.

Miss W., eine Dame, die Frederic Myers persönlich kannte, sagt in einer Beschreibung des Todes ihres Vaters gegen Mitternacht des 16. Nov. 1862 im Beisein seiner Angehörigen: 'Das Kaminfeuer gegenüber dem Fußende des Bettes strahlte ein stetiges und gedämpftes Licht aus, und nur eine Kerze brannte im Zimmer. [Einige Minuten nach dem Verscheiden], während wir [auf den Toten] hinblickten und kaum noch das Geschehene begriffen, flüsterten plötzlich ich und mein jüngster Bruder gleichzeitig 'Sieh doch', und erblickten beide eine dampfartig leuchtende Masse, die kreisförmig über meines Vaters Kopfe zitterte.[1] Es war, als ob der Atem selber leuchtend geworden wäre und über der hingestreckten Gestalt schwebte... Niemand von den Andern sah es.' (Suchten auch sie es zu sehen, oder gaben sie nicht Acht darauf? Das bleibt leider ungewiß.)[2]

Miss Dorothy Monk berichtet, offenbar kurz nach dem Erlebnis, eine gleichfalls 'kollektive' Wahrnehmung am Bette ihrer am 2. Jan. 1922 nach langem Krankenlager verstorbenen Mutter. 'Gegen 7 Uhr an jenem verhängnisvollen Abend öffnete die Kranke, in komatösem Zustande, den Mund; von diesem Augenblick an haben wir alle eine kleine weiße Wolke beobachtet, die sich über ihrem Kopfe bildete und bis zur Rücklehne des Bettes verlängerte. Sie trat aus dem Kopfe aus, verdichtete sich aber hauptsächlich am gegenüberliegenden Ende des Bettes. Sie hielt sich schwebend in der Luft, wie eine dichte Wolke weißen Rauches, zu Zeiten undurchsichtig genug, um die Bettlehne unsren Blicken zu verdecken, doch veränderte sie unablässig ihre Dichtigkeit... Meine 5 Schwestern waren zugegen, und wir alle sahen dies außerordentliche Phänomen. Dann trafen mein Bruder und mein Schwager ein und konnten es ihrerseits beobachten. Ein blaues Licht erhellte die

---

[1] a vaporous luminosity, quivering in a circle... [2] JSPR IV 68. Vgl. den Fall aus Lt 1887 bei Bozzano, A prop. 136 f.

Mitte der Wolke; von Zeit zu Zeit erschienen plötzlich helle Funken gelblichen Lichtes... Während mehrerer Stunden veränderte sich die Erscheinung nicht merklich; nur ein Kranz gelblicher Strahlen umgab den Kopf der Sterbenden... Gegen Mitternacht verschwand alles, obgleich Mama erst 7,30 morgens verschied.'[1]

Mit diesem Bericht vergleiche man den von drei Verwandten Tweedales gelieferten über ihre Wahrnehmung beim Tode seiner Schwiegermutter, Mrs. Mary Burnett. Am Sterbebette derselben wachten während der Nacht vom 28./29. Juli 1921 Mrs. Tweedale, ihre Tochter Marjorie und eine gewisse Mrs. Proud. 'Es war nach Mitternacht, und das Zimmer durch eine Lampe hell erleuchtet. Plötzlich sah meine Tochter Marjorie eine kleine Wolke grauen Rauches, vergleichbar dem Rauch einer Zigarette, über dem Körper der im Bette liegenden Mrs. Burnett schweben. Zuerst erschien die Wolke etwa 3—4" im Durchmesser und schwebte in der Luft einige Zoll über der Bettdecke und gerade über dem Unterleib der bewußtlosen Frau. Überrascht von dem Anblick, lenkte meine Tochter sogleich die Aufmerksamkeit meiner Frau und der Mrs. Proud auf die seltsame Erscheinung, und alle drei das Bett dicht Umstehenden sahen deutlich die Rauchwolke und beobachteten sie sorgfältig. Sie nahm allmählich an Umfang zu, bis sie die Größe eines Tellers hatte (wie sie sich ausdrückten). Dann nahm zu ihrer wachsenden Verwunderung der obere Teil der Rauchwolke eine tief purpurn leuchtende Farbe an, ... und bald begann sich ein schöner Strahlenkranz um das Haupt der Sterbenden zu bilden. Er war zuerst von blasser Färbung, die sich aber allmählich gleichfalls zu einem tiefen Purpur verstärkte, in auffallendem Gegensatz zu den weißen Kissen. Er hatte einen Abstand von etwa 3" vom Kopfe, war ungefähr 4" breit und am äußeren Rande tiefer gefärbt, während das Innere blasser und durchsichtiger erschien. Der äußere Rand war unregelmäßig oder gezackt, gleichsam in eine Anzahl von Lichtern oder Flammen gespalten. Sobald diese wundersame Bildung vollendet war, begann das tiefpurpurne Licht jedes der Augen zu umgeben und den Umriß der Nase und schließlich des Mundes nachzubilden. [Dies alles zusammen] blieb den 3 Zeugen fast 20 Minuten lang sichtbar, während welcher ganzen Zeit sie die Erscheinung mit angespannter Aufmerksamkeit beobachteten. Meine Frau führte mehrmals ihre Hand durch die purpurne Lichtwolke, ohne sie von der Stelle zu rücken oder auf Widerstand zu stoßen; aber wenn sie die Augen schloß, waren Wolke und Strahlenkranz nicht mehr sichtbar, was ihr wirkliches Dasein außerhalb ihrer Augen bewies. — Die leuchtende Wolke und anderen Lichter verschwanden vor 1 Uhr nachts, aber der 'Tod' der Mrs. Burnett trat erst um 5 Uhr nachm. ein, 16½ Stunden nach der Bildung der ersten Wolke, während welcher ganzen Zeit Mrs. Burnett ohne Bewußtsein lag.'[2]

Daß wir solche Beobachtungen nicht als kollektive Halluzinationen beiseite schieben dürfen, erscheint mir bei der Unerwartetheit des Vor-

---

[1] Lt 1922 182. (Persönl. Nachfragen des Mr. D. Gow erhöhen die Glaubwürdigkeit des Berichts.) Vgl. Barrett 108 f.   [2] Tweedale 88 f. Vgl. noch PS 1918 293 f.; Clarke 321.

gangs und der ruhigen Sorgfalt seiner Beobachtung gewiß. Dagegen kann man zweifeln, ob wir es hier überhaupt mit Erscheinungen eines sich ablösenden 'feineren Leibes' zu tun haben, und nicht vielmehr mit irgendwelchen physiologischen 'Strahlungen' des absterbenden Körpers, oder gar mit ungestalteten Ausscheidungen etwa von der Art des vielbesprochnen 'Teleplasma'.[1] Es ist aber freilich auch denkbar, daß solche Deutung nach der Seite der Vorsicht irrt; daß sie etwas für gar nicht phantomverwandt ansieht, was in Wahrheit nur die erste Vorstufe einer Phantombildung, oder gar ein bloß unzulänglich wahrgenommenes Phantom, etwa die 'Aura'-artige Umhüllung eines solchen darstellt.[2] Jedenfalls sind Beobachtungen mindestens ebenso häufig, in denen die anscheinend formlose Ausscheidung zur Wahrnehmung eines voll ausgebildeten Phantoms des Sterbenden überleitet.

Wahrnehmungen dieser Art will z. B. Mrs. Joy Snell gemacht haben, die jahrelang Krankenpflegerin aus Liebe zur Sache gewesen war, ehe sie sich ganz diesem Berufe widmete. Ich kann nicht sagen, wieviel Gewicht ihre Angaben besitzen. Jedenfalls bezeichnet sie die 'Ausbildung des Geist-Körpers über dem abgestreiften irdischen Leibe' als einen ihr 'vertrauten Anblick'.[3]

Von dem Sterbebett einer gewissen Maggie, der ersten (!) Sterbenden, der sie beigestanden, berichtet sie u. a. folgendes: 'Sobald Maggies Herz zu schlagen aufgehört hatte, habe ich deutlich etwas dem Dampf aus einem Kochtopf Ähnelndes von ihrem Körper aufsteigen, in einigem Abstand über ihm Halt machen und sich zu einer Gestalt verdichten sehen, die mit derjenigen meiner Freundin übereinstimmte. Diese Gestalt, zunächst wenig geformt, nahm allmählich bestimmtere Umrisse an, bis sie vollkommen deutlich wurde. Sie war von einer Art weißen Schleiers eingehüllt mit perlfarbenen Streiflichtern, unter dem die Formen deutlich hervortraten. Das Gesicht war das meiner Freundin, aber verklärt und ohne jeden Zug der Krämpfe, die es während des Todeskampfes verzerrt hatten...' Ähnliches will sie, wie gesagt, später 'ständig' an Sterbebetten beobachtet haben, und diese Gestalten seien stets 'identisch' mit denjenigen gewesen, von denen sie sich ablösten.[4]

Beobachtungen dieser Art — auch von seiten anscheinend besserer Zeugen — sind, wie gesagt, von seltsamer Häufigkeit.

Ein Mr. P. A. berichtete der Ges. f. ps. F.: 'Ich sah einen schwärzlichen Dampf meines Vaters Haupt verlassen, als er (vor etwa 12 Jahren) starb, und dieser Dampf formte sich zu einer Gestalt in voller Lebensgröße, und die 7 folgenden Nächte sah ich sie in meinem eigenen Zimmer, ... jede Nacht lichter werdend, bis sie in der siebenten völlig strahlend, ja blendend erschien. Sie hielt etwa $1^{1}/_{2}$ Minuten an. Es war dunkel, so oft das Phantom erschien, und ich war völlig wach, beim Zubettegehen; mein Alter 32 Jahre.'[5]

---

1) So Barnard 213. 2) Dies wird der Abschnitt über objektive Phantome glaublicher machen. 3) Barrett, Vis 112. Prof. B. nennt sie 'a careful and conscientious recorder' (29). 4) Bei Bozzano, A prop. 138 f. Vgl. ethnolog. Parall. das. 140 f. 5) Pr X 117.

Wieder ähnlich bezeugt eine gewisse Mary Carpenter im *'Banner of Light'*, daß sie selbst im Trans am Sterbebett ihrer Mutter das allmähliche Absterben der Glieder und die Bildung 'eines lichten Balles über dem Kopf' beobachtet habe, welcher anwuchs und zu einer menschlichen Gestalt wurde, 'die schließlich nur durch einen silbernen Faden mit dem Körper in Verbindung stand' [!]. Sie sah dann aber angeblich noch weiter — und das führt uns zu einer besonderen Form dieser Beobachtungen —, daß die Verstorbene von Geistern begrüßt wurde und mit ihnen gemeinsam entschwebte.[1]

Auch im folgenden Fall verknüpft sich die Beobachtung einer Absonderung vom Sterbenden mit dem Schauen einer andern geistigen Wesenheit beim Sterbenden,[2] was am Ende unser Vertrauen in beide Wahrnehmungen steigern darf, insofern es naheliegt, beide auf die gleiche Erhöhung der Wahrnehmungsfähigkeit des Perzipienten zurückzuführen.

Mrs. M. S. in Edinburgh, gleich Mrs. Snell eine passionierte, aber nicht berufsmäßige Krankenpflegerin, saß eines Tages am Krankenbett einer sechsjährigen, von ihrer Mutter arg vernachlässigten Kleinen, namens Nelly, als das Kind plötzlich ein freudestrahlendes Gesicht zeigte, während das ganze Zimmer licht-erfüllt erschien. Während nun Mrs. S. über dem Bette ein 'Kind' erblickte, welches die Sterbende gleich darauf mit dem Namen seiner verstorbenen Schwester Lilly anrief, 'sah sie gleichzeitig einen 'Nebel' aus dem Kopfe des kranken Mädchens aufsteigen und mit einem darüber befindlichen Gebilde verschmelzen, das wie eine zweite, in Nebel gehüllte kleine Mädchengestalt erschien. Diese Gestalt war bereits zur Hälfte verdichtet, als die Mutter das Zimmer betrat: alsbald verschwand alle 'fluidische' Verdichtung und kehrte in den Körper des Kindes zurück, während der Ausdruck der Freude auf seinem Gesicht in den des Leidens überging.' Erst als die Mutter sich auf Mrs. S.s Rat entfernte, trat der erste Zustand wieder ein, das Kind starb, und beide Gestalten verschwanden zusammen.[3]

So gering die Zuverlässigkeit der ganzen Beobachtung und Beschreibung auch sein mag, so seltsam natürlich erscheint mir doch die genaue Entsprechung von Gesichtsausdruck — also innerem Erleben — der Sterbenden und äußerer Beobachtung von Exkursionsmerkmalen. Denn wir entsinnen uns, wie häufig Exkurrierende diesen Wechsel von Glücksgefühl (während der Hinausversetzung) und erneutem Schmerz (beim Wiedereintritt) beschrieben.[4]

In andrer Weise erinnert an unser 'Kernstück' der Exkursionserfahrung ein Fall, den eine nicht benannte 'Doktorin der Medizin' berichtet. Hier wird nämlich das so oft beschriebene Betrachten des eigenen Leibes als Tun des schon hinausversetzten Sterbenden beobachtet, und

---

1) Bei v. Langsdorff. Vgl. auch Davis 163 ff.; PS X 365.   2) vgl. Bd. I S. 79 ff.
3) Lt 1917 262.   4) Die dabei vorauszusetzende 'Reperkussion' des Glücksgefühls auf den Gesichtsausdruck dürfte nach dem S. 350 f. Gesagten keine Schwierigkeiten bieten.

die offenbar völlige Unerwartetheit der ganzen Wahrnehmung erhöht unstreitig ihr Gewicht.

'Da ich sah', schreibt die Zeugin, 'daß der Kranke nur noch wenige Augenblicke zu leben hatte, überlegte ich mir, wie ich die Familie vorbereiten solle, als ich plötzlich das Gefühl einer 'Anwesenheit' mir zur Seite hatte; ich wandte mich um und verharrte wie vom Blitz getroffen: denn ich sah vor mir den Kranken in Person, der im selben Augenblick verschieden war. Diese 'Geistform' schien sich meiner Gegenwart nicht bewußt zu sein, sondern **blickte auf ihren eigenen Leichnam** mit einem aus großer Betroffenheit und Schrecken gemischten Ausdruck.[1] Ich richtete den Blick ebenfalls einen Augenblick lang auf den starren Körper des Toten; als ich mich wieder umkehrte, war jene Gestalt verschwunden; aber die Überzeugung verblieb mir, daß ich dem Abschied einer Seele beigewohnt hatte.'[2]

Eine der merkwürdigsten Beobachtungen dieser Art ist die von einem Herrn G. dem Dr. med. C. Renz in San Francisco mitgeteilte, die ich hier nicht übergehen kann. Das Subjekt der Erfahrung war ein Kaufmann der Stadt, dessen Gattin Dr. Renz während ihrer letzten Krankheit behandelt hatte und dessen eigenhändigen Bericht er seinem Zeugnis vorausschickt.

Der Perzipient erwähnt zunächst, daß er 'fast strenger Nicht-Trinker und weder nervös noch phantastisch' sei, vielmehr 'kaltblütig, ruhig und besonnen', dazu allem Übersinnlichen als Zweifler, ja feindlich gegenüberstehe. Auch Dr. Renz bezeugt von ihm aus genauer persönlicher Bekanntschaft, daß er überall 'als ein äußerst ruhiger, gleichmütiger und tatkräftiger Geschäftsmann' und nüchterner Wirklichkeitsmensch gelte und in einem an Aufregungen reichen Leben niemals eine Sinnestäuschung irgendwelcher Art gehabt habe. Auch unmittelbar nach dem zu schildernden Erlebnis habe G. mit größter Ruhe und Klarheit alle erforderlichen Maßnahmen im Zusammenhang mit dem Ableben seiner Frau getroffen.

Am Nachmittag des 23. Mai 1902 gewann G. die Gewißheit, daß seine Frau im Sterben liege. Ihre Hand in der seinen haltend, saß er an ihrem Krankenlager, umringt von einigen vertrauten Freunden, dem genannten Arzt und zwei Krankenschwestern. Am Abend begaben sich alle, außer dem Gatten, ins Eßzimmer, um etwas zu genießen. 'Eine Viertelstunde darauf (schreibt G.), also 15 Minuten vor 7 — ich weiß dies so genau, weil eine mir zugewandte Uhr auf dem Ankleidetische stand — sah ich unwillkürlich nach der Tür und bemerkte, daß drei getrennte, aber deutliche Wolkenstreifen ins Zimmer hereingeweht wurden. Jede Wolke schien etwa vier Fuß lang und 6—8 Zoll breit zu sein, und die unterste war 2 Fuß vom Fußboden entfernt; die andern schienen sich in Abständen von 6 Zoll zu bewegen.' G. stand auf und öffnete die Tür, aber niemand — am wenigsten ein vermuteter Raucher — war auf dem Gang oder in den Nebenzimmern

---

1) Vgl. o. S. 347 f.!   2) Underwood 302. Vgl. Morgan 127 f.

zu finden. Die Wolken näherten sich inzwischen dem Bette, das sie 'vollständig einhüllten'. 'Als ich dann in den Nebel starrte, gewahrte ich zu Häupten meiner sterbenden Frau eine weibliche Gestalt, etwa 3 Fuß hoch, durchsichtig, aber wie ein heller Schein von leuchtendem Golde; eine Frauengestalt von so erhabnem Aussehn, daß mir die Worte fehlen, sie zu beschreiben. Gehüllt in ein 'griechisches' Gewand mit langen, lose herabhängenden Ärmeln, stand die Gestalt in ihrem vollen Glanz und ihrer Schönheit unbewegt da, die Hände über meine Frau erhoben... Zwei andre Gestalten in Weiß knieten an der Seite meines Weibes, anscheinend gegen sie gelehnt; weitere Gestalten schwebten mehr oder weniger deutlich über dem Bette.

Über meiner Frau, aber durch ein Band mit ihr verbunden, das über dem linken Auge von der Stirne ausging [!], schwebte eine unbekleidete weiße Gestalt empor, anscheinend ihr Astralkörper. Zeitweilig verhielt sich die so verbundene Person vollkommen ruhig, dann wieder schrumpfte sie zusammen, bis sie nicht größer als etwa 18 Zoll war. Der Körper war vollständig ausgebildet, einschließlich Arme und Beine. Während der Astralleib so an Umfang abnahm, wandte er sich öfters heftig hin und her, schlug mit Armen und Beinen um sich, vermutlich um sich freizumachen und zu entkommen... Dann wurde er wieder ruhig, nahm von neuem an Größe zu, und dasselbe Spiel begann von vorne.

Dieses Gesicht, oder was sonst es war, habe ich ununterbrochen während der ganzen 5 Stunden gehabt, die dem Tode meiner Frau vorausgingen. Unterbrechungen, wenn ich z. B. mit meinen Freunden sprach, die Augen schloß oder den Kopf abwandte, konnten das Gesicht im geringsten beeinflussen; denn sobald ich den Blick wieder auf das Sterbebett richtete, war auch die Geist-Erscheinung zu sehen. Die ganzen 5 Stunden lang hatte ich ein seltsames Gefühl der Bedrückung, eine schwere Last lag mir auf Kopf und Gliedern, die Augen waren schwer und voll Schlaf... Mehr als einmal sagte ich zum behandelnden Arzte: Doktor, ich verliere den Verstand.

Endlich trat der verhängnisvolle Augenblick ein... Mit dem letzten Atemzug und Seufzer, als die Seele den Körper verlassen hatte, war das verbindende Band plötzlich gerissen [!] und die astrale Gestalt verschwunden. Auch die Wolken und Geistergestalten verschwanden augenblicklich, und seltsam: das schwere Gefühl, das mich bedrückt hatte, war mit einem Male gewichen. Ich war wieder ich selbst, kaltblütig, ruhig und besonnen...'[1]

Ich brauche nicht zu sagen, welche Einzelheiten dieses Berichts vor allem phantastisch und verdächtig erscheinen müssen, **solange man ihn für sich betrachtet**. Die Sache ändert sich aber, sobald man ihn in die Gesamtheit unsres Wissens einordnet. Jeder seiner Einzelzüge

---

[1] JSPR XIII 308 ff. — Auf die merkwürdigen von Frau Prof. Wereide-Oslo beschriebenen 'Schatten'-Wahrnehmungen bei erst demnächst Sterbenden (ZP 1928 599 ff.) möchte ich ihrer Mehrdeutigkeit wegen hier nicht eingehen.

findet dann Seitenstücke in Beobachtungen von ungleich stärkerer Sicherung. 'Rauchwölkungen' als einleitende Stufe bedeutungsvoller Phantome sind uns längst etwas Vertrautes geworden. Darüber, daß Jenseitige einen Sterbenden 'abzuholen' kommen, habe ich ein ganzes Kapitel schreiben müssen. Die eigenartige Bekleidung der Abholenden in diesem Falle finden wir bei zahlreichen wohlverbürgten Materialisationsphantomen wieder, brauchen uns also bei diesen nicht einmal materialisierten schwerlich darüber zu wundern. Die Beobachtung wechselnder Größe des ausgetretenen 'feineren Leibes' findet in der oft behaupteten Tatsache wechselnden Umfangs materialisierter Gestalten ein Seitenstück, und wiederholt sich überdies in andern verwandten Erfahrungen. Die Wahrnehmung eines von der Stirn der Sterbenden ausgehenden 'Bandes' fällt um so mehr ins Gewicht, als Dr. Renz uns versichert, der Gatte habe 'nie etwas über okkulte Dinge gelesen'. Daß dieser allein etwas sah, erklärt sich ungezwungen dadurch, daß er allein sich in einem abnormen Zustand besonderer Wahrnehmungsfähigkeit befand, herbeigeführt vielleicht eben durch jene Vorgänge auf einer abnormen 'Ebene'; weshalb denn auch deren Abschluß ihn sogleich in normales Wachsein zurückfallen ließ. Eine rein halluzinatorische Deutung wird schließlich auch durch das oben angeführte Zeugnis des Arztes unwahrscheinlich gemacht. Durch solche Feststellungen erledigt sich überhaupt ein gut Teil der üblichen Kritik solcher Sterbebettgesichte, die sich darauf beruft, daß 'die Umstände eines Sterbens nicht dazu angetan seien, besonnenes Urteil und kühle Beobachtungen übernormaler Tatsachen zu fördern,' weil sie einen 'Zustand gefühlsbetonter Leichtgläubigkeit schaffen, der die Unterscheidung von Wirklichem und Scheinbarem aufhebt.'[1] Wir haben überdies gesehen, daß manche Sterbebett-Beobachtungen dieser Art von völlig 'Unbeteiligten' unter psychologisch vorzüglichen Bedingungen und zu ihrer eigenen größten Überraschung gemacht werden. Jener Einwand ist eben von jener Art, die dem entschlossenen Zweifler oder Animisten häufig unterläuft: er geht nicht von genauer Kenntnis der Berichte aus, sondern von einer fertig mitgebrachten Ansicht darüber, wie sie zustande gekommen sein 'müßten'.

Ein anderer Einwurf, den Barnard — gleichfalls nur flüchtig — andeutet,[2] könnte eher zu denken geben, sofern man die Tatsachen objektiver Phantomatik als wahr unterstellt. Warum sollte das tatsächlich Beobachtete nicht einfach ein 'materialisiertes ektoplastisches Gebilde sein, das die Gestalt des Sterbenden annimmt'? In der Tat, warum sollte es nicht? Aber ist dies wahrscheinlich, und wäre eine solche An-

---

1) Barnard 224. 2) a. a. O.; vgl. 200, und Sudre bei Bozzano, A prop. 91.

nahme 'wissenschaftlich' begründet? Wir müßten voraussetzen, daß viele Personen sich in ihrer Todesstunde, und nur in ihr, als Materialisationsmedien entpuppen! Darüber hinaus aber pflegen Tatsachen in der Natur untereinander in einem Zusammenhang zu stehen, der uns unter Umständen zwingt, die eine durch die andere zu deuten. Steht erst die Tatsache der bewußten Exkursion fest und haben wir Gründe, den Vorgang des Sterbens eben als solche aufzufassen, so gewinnt auch die Beobachtung eines in der Todesstunde vom Leibe sich absondernden phantomhaften Gebildes ein völlig neues Aussehen. Denn persönliches Bewußtsein ist überall in unsrer Erfahrung mit irgendeinem 'Träger' verknüpft, und anderseits wissen wir von sehr zahlreichen Phantomen, die durch ihr ganzes Verhalten ein solches persönliches Bewußtsein verraten. Dies alles legt offenbar den Schluß nahe, daß die Absonderung eines bewußten Ich — auch im Sterben — und die gleichzeitig wahrnehmbare Absonderung eines Phantoms die 'Innen- und Außenseite' des gleichen Vorgangs darstellen. Ich gestehe, daß es u. a. eben Zusammenhänge dieser Art sind, was mich hindert, die uralte Lehre von 'feineren Leiblichkeiten' des Menschen übereilt beiseite zu schieben.

3. Der Austritt des Ich in objektiver Selbstbezeugung

Indessen ist hiermit das Netzwerk zusammenhängender Tatsachen noch nicht abgeschlossen; vielmehr setzt sich nach allen Richtungen Masche an Masche an, um unser Denken zu fangen und an dem Ufer einer bestimmten Gesamtauffassung zu landen. Ich will die wichtigsten dieser Erweiterungen unsres 'Kernstücks' noch kurz besprechen; in den meisten wird man Glieder unsrer ursprünglichen Reihenbildung wiedererkennen.

Unter den Sicherungen der objektiven Natur des hinausverlegten Ich-Trägers dürfte die Photographie mit der Zeit an Wichtigkeit gewinnen; vor allem natürlich bei experimentell herbeigeführten Hinausversetzungen. Hier haben französische Forscher die ersten Schritte getan, deren Sicherheit sehr verschieden beurteilt werden mag, deren grundsätzliche Wichtigkeit aber kaum zu bezweifeln ist.

Rochas, dessen Exteriorisationen vermittels magnetischer Striche wir schon kennen, hat z. B. den Ort des solcher Art ausgeschiedenen Phantoms, der von der Somnambulen selbst schon bezeichnet worden war, nicht nur durch Abtasten der betr. Stelle, sondern auch durch entsprechende Einstellung einer Kamera festzustellen versucht. Eine viertelstündige Belichtung, während welcher die Somnambule ihren Doppelgänger 'bläulich leuchtend, kaum unterscheidbar am Leibe, aber mit Ausströmungen aus den

Füßen und sehr deutlich im Profil, ... umgeben von beweglichen Flammen' zu sehen vorgab, lieferte angeblich auf der entwickelten Platte 'ein Profil, aber unter der Nase und am rechten Auge zwei Flecken, deren mikroskopische Untersuchung davon überzeugte, daß keine Plattenfehler vorlagen.' Nach der Lage dieser Punkte will dann Rochas zwei entsprechend gelegene 'hypnogene' Punkte an der Somnambulen entdeckt haben, von denen er vorher nichts gewußt habe.[1] — Dürften wir dieser letzteren Feststellung trauen, so ergäbe sie nicht nur eine Bestätigung der gesamten Beobachtung an sich, sondern auch einen andeutungsreichen Ausblick in ein besonders dunkles Gebiet der Psychopathologie. Ich habe schon an anderem Ort auf allerhand merkwürdige Zusammenhänge der keimenden Metaphysiologie mit der Lehre von der 'großen' Hysterie verwiesen;[2] hier muß ich mir leider eine Abschweifung in diese Randgebiete versagen.

Auch Baraduc, ein andrer französischer Somnambulenforscher, hat eine Aufnahme erzielt, welche einige Fuß über dem Kopfe der schlafenden Mlle Suzanne de L. eine Art 'Ballon' zeigt, zu dem ein 'Faden' (!) sich hinaufzieht.[3]

Wir erinnern uns dabei natürlich an verwandte Angaben mancher bewußt Exkurrierenden, z. B. der Herren Bertrand und Laufmann und einer Kranken Charpignons,[4] an manche Beobachtung über Entstehung von Phantomen in Experimentalsitzungen und an verwandte Wahrnehmungen an Sterbebetten. Die Versuchung liegt nahe, diese scheinbar ungestaltet kugelförmigen Gebilde als Vorstufen, oder Umhüllungen, oder Ausstrahlungen deutlicher phantomhaft gestalteter Körper aufzufassen. Übrigens will Baraduc auch über dem Körper einer Sterbenden eine daraus entweichende 'weiße Wolke' photographiert haben.[5] Doch muß natürlich auf diesem Gebiete möglicher Forschung eine Entscheidung ganz der Zukunft anheimgestellt bleiben.

Eine andre Gruppe von Objektivitätserweisungen durch den Exkurrierenden selbst — und zwar wieder während des Lebens und auch zur Zeit des Sterbens — soll etwas zahlreicher, wenn auch in knappster Form, belegt werden, und wieder unter Verzicht auf ausführliche Beglaubigung, da es sich hier doch nur um ergänzende Argumente handelt. Ich denke an die wohlbekannten und massenhaft gemeldeten Fälle, in denen jemand, dessen Exkursion auf Grund bewußten Erlebens oder aus allgemeinen Gründen anzunehmen ist, am fernen Orte objektive Wirkungen ausübt, in Form von bloßen Geräuschen, Schritten und Klopflauten, oder von Bewegung und Zerstörung von Gegenständen. Es handelt sich hier um Vorgänge, auf deren Beglaubigung an sich ich leider verzichten muß: ich habe sie z. T. in dem Abschnitt über objek-

[1] bei du Prel, Magie I 71 f. [2] Mattiesen 792 f. [3] S. Versuchsbeschreibung und Bild: Baraduc 272 ff. [4] o. Fälle Nr. 10 f. 44. 53. [5] Bei Barnard 213.

tive Phantome geliefert, dessen Abdruck aus Rücksichten des Umfangs verschoben werden mußte. Man setze also die Möglichkeit der nachstehend erwähnten Phänomene (unter Vorbehalt) voraus und lege allen Nachdruck auf den Sinn, der ihrem Auftreten innerhalb unsres gegenwärtigen Zusammenhanges zukommt.

Recht zahlreich sind die Fälle, in denen ein Exkurrierender seinen 'Besuch' in der Ferne bewußt damit einleitet, daß er an eine bestimmte Türe 'klopft', welches Klopfen auch entsprechend gehört wird.[1] Die übliche Deutung beruft sich auf Halluzinationen des 'Besuchten', die, zur 'Abrundung' des Erlebnisses, der eigentlichen, rein telepathisch erzeugten Erscheinung soz. vorgelagert würden. Eine solche theoretische Vorsicht wird uns allmählich immer fragwürdiger werden. In der Tat wäre ein wirkliches 'Klopfen an der Tür' eine geringfügige Leistung, verglichen mit anderen, die uns im Zusammenhang mit erschließbarer oder verbürgter Exkursion berichtet werden, also in Verbindung mit einem Sterben oder mit der bewußten Hinausversetzung eines Lebenden. Beginnen wir diesmal mit Fällen der ersteren Art.

Mme J. de Vasconcellos, eine Dame von hoher Bildung, hatte am 15. Jan. 1915 ihren 41 Jahre alten, seit langem kranken Bruder verloren, einen Mann von hohen Gaben des Geistes und Charakters, der soz. von Natur an ein Überleben geglaubt hatte. 'Zwei Tage nach seinem Tode, während der Nacht und zur Stunde seines Hinscheidens (10 Min. vor 3 Uhr morgens),[2] wurde ich durch einen starken Lärm zur Seite meines Bettes geweckt. Das Zimmer war elektrisch erleuchtet, und der Lärm kam von der Waschtruhe her, die 1 m von meinem Bette entfernt stand. Einer von den Griffen der Truhe vollführte mit Heftigkeit deutliche und sehr kräftige Schläge! Ich hatte nicht den Mut, gleich nach der Seite hinzusehen, von der die Schläge herkamen. Nach kurzer Pause begannen sie von neuem. Ich wandte den Kopf, nicht ohne Erregung; die Schläge hörten auf, aber ich hatte nicht mehr den Mut hinzublicken und legte mich wieder auf den Rücken. Die Schläge begannen noch mehrmals von neuem, und alsbald durchdrang ein mächtiger Strom, dessen seltsames Geräusch ich nie vergessen werde, mein ganzes Bett bis zum äußersten Ende des Zimmers.[3] Ich hatte den Eindruck, daß dieser starke Strom, den ich nicht erklären kann, denn er hatte nicht die Art eines Luftzuges, mein Bett zerbrechen werde, und das unablässige Krachen war so stark, daß es einen belgischen Herrn und seine Frau erweckte, die das Zimmer nebenan bewohnten und die ich ausrufen hörte: 'Was ist denn los?' Dieser starke Strom durchdrang noch ein zweites Mal mein Bett in der Richtung der Truhe, und wieder tat einer der Griffe mit Gewalt mehrere sehr deutliche Schläge, wie von einer unsichtbaren Hand gefaßt. Ich konnte nicht

---

[1] Gurney II 595 f. 599; Harrison 146.   [2] vgl. Bd. I S. 71 ff..   [3] traversa tout mon lit jusqu'à l'extremité de la chambre. Vgl. dazu General Parmentiers Fall: Flammarion, L'Inconnu 67 ff.

wieder einschlafen. Am Morgen sagte mir meine Zofe, ehe ich ihr von diesem Vorgang gesprochen, daß gegen 3 Uhr jemand versucht habe, ihre Tür zu öffnen; sie hatte Licht gemacht und gefragt, wer da sei, aber keinerlei Antwort erhalten.'[1]

Die Wahrnehmung der Zofe, falls man sie nicht auf wohlfeile, um nicht zu sagen gemeine Art entwerten will (wogegen aber eigentlich das Ausbleiben jeder Antwort spricht), scheint gegen eine mediale Betätigung der Perzipientin selbst zu sprechen; ein Gesichtspunkt, den ich gleich ausführlicher erörtern will. Man darf auch nicht übersehn, daß sowohl das 'Fingern' an der Tür, als auch der Strom eines 'Fluidums' durchaus typische Bestandteile ausgesprochen örtlicher, also nicht an bestimmte Personen gebundener Spuke sind. Der Tatbestand der 'Kollektivität' in räumlicher Trennung spricht nachdrücklich für Erzeugung der Phänomene durch einen von beiden Beobachterinnen unabhängigen Dritten.

Wir besitzen ferner mehr oder minder glaubhafte Berichte über Sterbende, die sich anscheinend bei ihren entfernten Nächsten melden, indem sie eine Glockenschnur ziehen und läuten;[2] oder ein vom Agenten dem Beobachter geschenktes, ganz sicher auf einem Tische liegendes Buch zur Erde werfen;[3] oder einzelne normal unberührte Tasten eines Klaviers anschlagen;[4] oder Haustüren sehr geräuschvoll und mehrmals nacheinander öffnen.[5] Besonders häufig auch geschehen solche 'Todesanmeldungen' bekanntlich durch das Herabfallen von sicher aufgehängten Bildern, das Stehenbleiben gut aufgezogener Uhren, das unerklärliche Zerspringen von Gläsern, Ringen u. dgl.[6] Der gedankenlose Einwurf, der sich auf irgendwelche normale Ursachen solcher Ereignisse versteift, sie also rein 'zufällig' mit dem ungefähr gleichzeitigen Todesfall zusammentreffen läßt, erledigt sich oft genug durch irgendwelche Besonderheiten des Vorgangs.

In einem von Prof. Alexander mitgeteilten Fall hatte die in dem Bilde Dargestellte, die Mutter des Herrn Carlos Jansen, ihrem Lieblingsgroßsohn versprochen, im Fall ihres Todes — sie lebte in Brasilien — sich durch Herabwerfen ihres Bildnisses 'anzumelden' (das Bild lehnte auf einem Möbelstück an die Wand).[7] — In einem andern von Prof. Alexander berichteten Falle von Bilderstürzen spricht gegen Zufall die Verdoppelung des Vorgangs, seine Verknüpfung mit anderen, hier nicht zu behandelnden spukhaften Vor-

1) Flammarion III 195 f. Der Bericht ist vom 9. 11. 1920. Vgl. ferner a. a. O. 142; Hill, New Evid. 121 f.; JSPR XI 320 f.; XII 196 f.; XXIV 94 ff.   2) Flammarion II 280 ff. (vier Zeugen; der Glockenzug befindet sich im Hause); L'Inconnu 168 f.   3) LO 1919 23 (Bozzano, Phén. 142 f.).   4) Bericht des Kunstmalers Ed. Paris: Flammarion, L'Inconnu 108 f. (drei Perzipienten; 1½ Jahre später berichtet).   5) Bericht (2. Hand und sehr spät) v. Caroline Baeschly a. a. O. 112 f.   6) z. B. PS XII 385 ff.; XXV 289 ff., Beilage S. V f.; PrAm 429; o. S. 97 ff.; Bd. I 66 ff. 120.   7) Bozzano, Phén. 123 f. Vgl. Pr XIX 243.

gängen, und das Aufhören letzterer nach Erfüllung eines Wunsches des Verstorbenen. (Die Bilderstürze erfolgten erst über 30 Stunden nach dem Tode.) Dr. Albert Brandão starb am 9. Mai 1887 in São Paulo, Brasilien. Sein Schwiegersohn, Sr. G. Netto, ein in Brasilien bekannter Schriftsteller, hörte davon am Tage darauf. Um 9,30 abends am 10., während dieser im Oberstock seines Hauses sich aufhielt, stürzte ein 'großes und schweres Bildnis des Dr. Brandão von der Wand herab, um 11 ein anderes Ölbild in einem anderen Zimmer, das noch ein drittes, darunter hängendes, mitriß. 'Die Schnur, die das Bild getragen hatte, war unverletzt, der Nagel an seinem Platz.' Dr. Brandão hatte den lebhaften Wunsch geäußert, daß Sr. Netto sich zweier seiner Töchter annehme; als dieser sich dazu entschloß, hörten die sonstigen Vorgänge auf.[1]

Unter Fällen stehengebliebener Uhren wiederum finden wir einen Bericht des Mr. G.-W. Fry, der, als er die Uhr aufziehen wollte und bemerkte, daß sie garnicht abgelaufen war, ein 'seltsames Licht das Zifferblatt überfluten' sah, wobei 'die Worte: Ich bin tot,[2] ich bin tot' in der Stimme seines Bruders Gideon aus ihr hervortönten. 'Die Worte wurden deutlich ausgesprochen. Ich war so stark beeindruckt, daß Bruder Gid in diesem Augenblick gestorben und dies seine letzten Worte seien, daß ich rasch den Brief verschloß [den ich eben an ihn geschrieben hatte], ihn beiseite legte und nicht der Post übergab.' Die Uhr war um 9,45 abends stehen geblieben, der Bruder um die gleiche Zeit gestorben. Der Sterbende hatte den fernen Bruder um sich gewähnt und seine letzten Worte waren die von diesem gehörten: 'I'm gone, I'm gone' gewesen.[3]

Auf Herrn v. Hirschheydt-Riga bezieht sich ein in seiner Art einziger Bericht, der ein ähnliches Indiz in besonders merkwürdiger Form darbietet. v. H. hatte während des Krieges mit dem Obersten H. die bekannte Verabredung betr. Todesankündigung des zuerst Sterbenden getroffen. In der Stunde des 'unerwarteten' Todes des letzteren wurden anhaltend 'klingende Töne' in einem metallenen Aschenbecher hörbar, der auf v. Hirschheydts Schreibtisch 'gerade vor dem Bilde des Obersten H.' stand. Es war, 'als ob mit einem harten Gegenstande an den Rand des Aschenbechers geschlagen' würde.[4]

Auch unter den Fällen zerspringender Ringe finden wir solche mit besonderen Hinweisen auf einen Zusammenhang zwischen Tod und Phänomen. In einem, den Mr. Glardon der Ges. f. ps. F. berichtete, war der plötzlich unterm Handschuh einer Dame bei ruhigem Sitzen (in Nervi) schmerzhaft zerspringende Ring das Geschenk eines gleichzeitig in Amerika verstorbenen Herrn, der ihr überdies gesagt hatte, daß er sie benachrichtigen werde — nach einem Bericht sogar: durch diesen Ring —, falls ihm etwas zustieße.[5] — Miss A. Johnson erwägt die Möglichkeit, daß die Trägerin des Ringes, telepathisch benachrichtigt, mit einem 'unwillkürlichen Muskelkrampf in den Fingern' reagiert habe. Es ist jedoch nicht wahrscheinlich, daß ein Krampf, der einen Ring zersprengt, als solcher unbemerkt bleibt, und nach beiden Be-

---

1) Lt 1898 443.   2) gone.   3) Pr XIV 240 f.   4) 2. Hand, aus P. v. Rechenberg-Linten, 'Lebenserinnerungen' bei Usthal 53.   5) Pr XIV 243 f.

Der Austritt des Ich in objektiver Selbstbezeugung

richten hat die Trägerin nur einen plötzlichen Stich in den 'unbeweglich auf den Knieen ruhenden Händen' gespürt. Überdies steht der Fall in natürlicher Nachbarschaft zu anderen, in denen ein Todesfall sich verknüpft mit dem Zerspringen von Tischplatten, Spiegeln, Gläsern, Ketten u. dgl.[1]

Damit sind wir indessen schon zu einem neuen Gesichtspunkt übergegangen. Wie gewisse psychologische Indizien für einen Zusammenhang des fraglichen Vorgangs mit einem gleichzeitigen Todesfall sprechen, so erweisen andere Besonderheiten die übernormale Art der Leistung an sich. Das äußerste Zugeständnis des Zweiflers scheint hier in der Annahme zu bestehen, daß in der Spannung des Todes gewisse 'vibratorische' Erschütterungen vom Sterbenden ausgehn, die in der Behausung des Perzipienten die abnormen Vorgänge zuwege bringen. Daß eine solche Wirkung unter Umständen auf Entfernungen wie von Amerika nach Europa ausgeübt werden müßte, könnte sie m. E. nicht widerlegen, solange wir über den mechanischen Hergang und die Natur der beteiligten 'Wellen' doch so gut wie gar nichts wissen.[2] Dagegen scheitert die Harmlosigkeit solcher Deutung sofort an der verwickelten Sonderbarkeit der beobachteten Vorgänge. Bei Herabfallen von Bildern fällt z. B. auf, daß weder die haltenden Nägel gelockert sind, noch die tragenden Schnüre am Punkte der Berührung mit dem Nagel durchgewetzt, sondern an irgendeiner andern 'zerrissen' oder 'wie durchschnitten', wenn nicht gar — überhaupt unversehrt(!);[3] oder daß das Bild sich nur von der Wand abhebt und dann 'mit lautem Schalle' an sie zurückklappt;[4] oder daß das bereits gefallene Bild noch eine Strecke weit über den Fußboden hingleitet,[5] oder 'herabschwebt',[6] oder gar 'durch das Zimmer fliegt'.[7] — Aber noch Krasseres wird berichtet.

Ein 'preußischer General' erzählt uns, daß er, als Rittmeister in Potsdam, morgens 11 Uhr an einem strahlend sonnigen Tage, in heiterer Stimmung vor seinem Spiegel sich zur Parade herrichtend, plötzlich gesehen habe, wie 'sein schwerer Reitermantel', der auf einem neben dem Spiegel stehenden Stuhle lag — 'nicht über die Lehne geworfen, sondern auf dem Kissen ruhend' —, 'sich ganz langsam bis zur Manneshöhe emporhob, so eine Sekunde stehen blieb und dann ebenso langsam wieder auf den Stuhl zurücksank.' Die Sache wurde sofort der Mutter des Offiziers erzählt, welche darüber 'ungläubig lächelte'; aber am Tage darauf lief die Nachricht ein, daß ein Bruder des Perzipienten morgens um 11 in Magdeburg im Duell erschossen sei.[8] — Hier ist das Phänomen so 'handmäßiger' Natur, daß der Gedanke an ein anwesendes, wennschon unsichtbares Phantom sich nahelegt.

---

1) Daumer, Reich 94; Sph XII 11; ZP 1927 166 ff.; Splittgerber II 141; Illig 41. Vgl. Bd. I. S. 200.   2) Dies gegen Bozzano, Phén. 175 f.   3) Bozzano, Phén. 121. 128. 130; Flammarion II 349; III 216 f.   4) PS XII 385 ff. (1. Hand); vgl. VIII 372 f.   5) Bozzano, a. a. O. 134.   6) Daumer I 238 f.   7) Bericht 1. Hand von Will. Brown, M. A., Dr. med. (Oxford), Dr. sc. (London), Mitgl. d. kgl. Ärztegesellsch.   8) Daumer, Reich 102 (durch Vermittlung 'einer sehr geachteten Dame').

Was sollen verhältnismäßig ungestaltete Schwingungen, und wenn sie noch so stark am Wirkungsorte eintreffen, in solchen Fällen ausrichten? Wo und wie an Bilderschnüren, Uhrpendeln, Spiegelscheiben u. dgl. m. angreifen? Wie z. B. sollen sie ein Uhrpendel — nicht anhalten, sondern — aus dem Gehäuse herauswerfen?[1]

Aber selbst wenn wir von allen feiner 'gestalteten' Meldephänomenen absehen wollten: woher auch dann noch die unerklärliche 'Selektivität' jener wunderbaren 'Vibrationen'? Nach welchem Gesetz entdecken sie im Raum gerade die Uhr, die Bildschnur, den Ring, die dem offenbaren 'Adressaten' der Leistung gehören, deren Beeinflussung also unter allen Uhren, Schnüren und Ringen der Welt allein Sinn hat? Warum sprengt die gleiche Schwingung auf ihrem Wege nicht Tausende von Schnüren und Ringen, die zufällig auf sie 'abgestimmt' sind, und läßt Zehntausende von Uhren anhalten? — Der 'hanebüchenste' Fall einer 'handmäßigen' Leistung, von dem ich weiß, enthält zugleich einen besonders eigenartigen Hinweis auf ihr wahres Subjekt, nämlich die Übereinstimmung der Leistung mit den gewohntesten und insofern 'persönlichsten' Beschäftigungen der eben Verstorbenen. Die außerordentliche Natur des Vorgangs mag allerdings den Zweifel erregen, ob der Rang der Zeugen der Beweislast solcher Behauptungen gewachsen sei. Ich möchte freilich umgekehrt sagen, daß bei der äußerst handgreiflichen Natur des Vorgangs seine falsche Beobachtung unglaubhaft ist, so daß uns tatsächlich, wenn wir ihn leugnen wollen, kein andrer Ausweg bliebe, als entweder die blöde Berufung auf Halluzination, oder die Behauptung lügnerischer Erfindung; angesichts der Schilderung des einen Zeugen als 'biederer Werkmeister' wohl eine aussichtslose Ausflucht.

In diesem Fall also vernahmen dieser, Herr K. in Lichterfelde, und seine Schwester unmittelbar nach dem tief erregenden Hinscheiden ihrer Mutter, einer Wäscherin, vom Waschfaß in der Küche her ein Geräusch, welches die Schwester veranlaßte, hinzugehn und den Bruder zu rufen; worauf beide sahen, wie sich 'an der Wäsche alle die Manipulationen vollzogen, die geschehen, wenn die Wäsche gewaschen und ausgewrungen wird; nur war die Person, die hantierte, für uns unsichtbar. Wir sahen nur die Wäsche sich von selbst heben, schwingen und ausgewrungen in das nebenstehende Gefäß fallen. Und dies alles mit einer Hast und einem Eifer, daß wir uns verwundert ansahen. Meine Schwester eilte zur Nachbarin. Auch sie wurde Zeugin des Vorgangs. Nach etwa 4—5 Minuten nahm die Kraft und Schnelligkeit der Bewegung ab, bis gänzliche Ruhe eintrat. Nichts ähnliches hat sich später ereignet.'[2]

1) Bericht eines 'aufgeklärten Chemikers' durch Dr. A. Cobenzl (auch Chemiker) im 'Türmer', woraus bei Usthal 49.   2) Ber. von A. Schumann in UW 400 f. Vgl. BP I 124; II 11; Daumer II 99.

Der Austritt des Ich in objektiver Selbstbezeugung

Erwägen wir ohne Vorurteil sowohl die Formgestaltung des Phänomens, als auch seine 'örtliche Selektivität', so fühlen wir uns zur Annahme gedrängt, daß seine Bewirkung irgendwie von der räumlichen Nähe der Verstorbenen abhing, die dann zum Zwecke der Leistung deren Schauplatz 'aufgesucht' haben, also 'exkurriert' sein müßte.

Indessen bietet sich noch ein Ausweg aus solcher Folgerung an. Wie schon die obigen Berichte erkennen lassen, ist in vielen der fraglichen Fälle von einer 'Erscheinung' des Sterbenden oder von sonstigen unmittelbaren Hinweisen auf seine Anwesenheit nicht die Rede. Was hindert uns also, die Rolle des Sterbenden auf eine bloße 'telepathische Benachrichtigung' von seinem Zustand zu beschränken, alles an den Leistungen aber, was die 'Anwesenheit' eines Bewirkenden zu fordern scheint, einem fraglos Anwesenden zuzuschreiben, nämlich — dem Perzipienten?

Es finden sich tatsächlich Umstände, die sich ebenso gut, wenn nicht besser, in eine solche animistische Deutung zu schicken scheinen. Ich denke an Fälle, in denen die Leistung eintritt entweder in dem Augenblick, da die Perzipienten die Nachricht von dem Todesfall erhalten, also vermutlich eine seelische Erschütterung erleben, die am Ende in einer unterbewußt ausgelösten abnormen Wirkung abreagiert werden könnte;[1] oder in dem Augenblick, da die Lebenden das Andenken des Verstorbenen wieder wachrufen, wovon Ähnliches gelten möchte.[2] Zwar könnte auch der Spiritist solchen Zusammenhängen manche 'hübsche' Deutung abgewinnen; aber sein Gegner dürfte sich darauf berufen, daß hier ein natürlicher 'Anstoß' auf seiten des Lebenden wirklich gegeben sei, während ein solcher für den Verstorbenen erst zurechtgelegt werden müßte: etwa indem wir ihn der Todesnachricht beobachtend 'folgen', oder durch das Gedenken der Hinterbliebenen 'aufgerufen' werden ließen.

Immerhin glaube ich, daß auch mit dieser Ausflucht das letzte Wort nicht gesprochen ist. Man wird zunächst zugeben müssen, daß eine 'paraphysikalische' Leistung im Falle eines Entkörperten an sich wahrscheinlicher ist, als im Falle eines beliebigen Lebenden: denn jener befindet sich doch in einem allem Übernormalen wesensverwandten Zustande; für den Lebenden aber wäre fast ausnahmelos die Voraussetzung zu machen, daß er anläßlich eines so gewöhnlichen Vorgangs, wie einer telepathischen Benachrichtigung, zum ersten und meist einzigen Mal in seinem Leben die Fähigkeiten eines 'telekinetischen Mediums' entwickle, also Fähigkeiten von äußerster Seltenheit, die sich doch eigentlich da, wo sie vorhanden sind, auch sonst noch offenbaren

---

1) Vgl. hierzu d. Fall Bozzano, Phén. 128.   2) Vgl. das. 130.

müßten. Es ist doch klar, daß nach der animistischen Theorie die Erzeugung des Phänomens durch den Beobachter selbst keinen andern Zweck verfolgen könnte, als ihn gewissermaßen auf die 'unterbewußt empfangene' Todesnachricht hinzustoßen, oder dieser Ausdruck zu geben. Dann aber wäre es im höchsten Grade sonderbar, daß der Lebende einen Weg von solcher abnormen Gewaltsamkeit wählte, den einfachsten aber unbeschritten ließe, nämlich den Aufstieg einer unterschwelligen Vorstellung in sein waches Bewußtsein. Warum sollte der Perzipient die 'Linie des größten Widerstandes' wählen, nur um sich auf etwas aufmerksam zu machen, was er eigentlich doch schon weiß? — Im Falle des Abgeschiednen dagegen läge die Sache ganz anders: er befände sich dem Perzipienten als einem unabhängigen Wesen gegenüber, und es hinge von völlig undurchschaubaren Bedingungen ab, ob es ihm gelingt, sein Gegenüber telepathisch zu beeindrucken, oder ihm zu 'erscheinen', oder ihm ein 'physikalisches Phänomen' vorzuführen. Es ist zwar richtig, daß von einigen der beschriebenen Leistungen durchaus nicht, und von andern nicht ohne weiteres einzusehen ist, wie denn ein unsichtbar anwesendes Phantom sie zuwegebringe. Aber bei den meisten liegt eine solche Sonderdeutung sogar sehr nahe (wovon man sich leicht durch einen Blick in die Berichte überzeugen kann), und die einstweilen unerklärlichen teilen diese Eigenschaft durchaus mit Vorgängen der Experimentalsitzung, bei denen doch auch die unmittelbare Nähe eines Mediums erfordert wird; ist aber hier die Leistung nicht den Sitzern (also den 'Perzipienten') zuzuschreiben, so bleibt für die Rolle des Verursachers auch undurchschaubarer Leistungen bei Todesfällen nur der Sterbende übrig.

Hierzu kommt aber ein weiteres. Ich sagte, daß 'in vielen der fraglichen Fälle von einer Erscheinung des Sterbenden oder von sonstigen unmittelbaren Hinweisen auf seine Anwesenheit nicht die Rede' sei. In vielen; doch muß ich jetzt hinzufügen: keineswegs in allen.

Mitunter hat der Perzipient während eines krassen Meldephänomens das 'Gefühl, daß jemand ungesehen anwesend sei', und fühlt sich etwa noch berührt (wie in einer guten Materialisationssitzung!);[1] oder er glaubt z. B. an einem ins Schaukeln geratenden Ofenschirm den Formeindruck der Hand zu sehen, die ihn bewegt;[2] oder er vernimmt angeblich 'schleichende Schritte' auf die Uhr zu, die gleich darauf angehalten wird.[3] In einem Falle, den eine hochgebildete Dame im Herbst 1915 M. C. de Vesme, dem Herausgeber der 'Annales des sciences psychiques', mitteilte, hörte deren langjährige Zofe, während der Abwesenheit ihrer Herrin, des Nachts jemand in ihrem Zimmer (und außerdem die Glocke läuten), während drei Tage später in dem Augen-

---

1) z. B. PS 1902 414.   2) Das. 413 (angeblich genau um die Zeit des Todesfalls).   3) ÜW X 331.

blick, da die Dame die Nachricht erhielt, daß ihr Sohn gefallen sei, ein großes Bild zu Boden stürzte, dessen Schnur 4 cm von der sehr abgenutzten Nagelstelle entfernt 'zerrissen' war. Die Wahrnehmungen der Zofe folgten anscheinend kurz auf die zum Tode führende Verwundung.[1]

Es fehlt aber auch nicht ganz an Fällen, in denen die Leistung sich mit der vollausgebildeten Erscheinung des gleichzeitig Sterbenden verbindet.

Ich erinnere an einige früher mitgeteilte Berichte, wie den des Dr. Isnard oder den der Mrs. Dora Blackwell;[2] außerdem aber an einen früher viel angeführten Fall, für dessen 'unzweifelhafte' Glaubwürdigkeit sich der sonst so ungläubige Wieland eingesetzt hat. — Die Erscheinende war eine 'edle, fromme und allgemein geehrte Dame, die dem Zustande des Schlafwandelns unterworfen war.' Selbst Protestantin, 'stand sie mit dem an Geist und Gemüt vorzüglichen Beichtvater eines benachbarten Benediktinerklosters, dessen Lehensmann ihr Gemahl war, sowie auch letzterer selbst, in so vertrauten Verhältnissen, daß man den Pater als Familienglied betrachtete.' Dieser wurde nach Bellinzona versetzt, um daselbst Mathematik und Physik zu lehren. 'Nach Jahr und Tag' erkrankte die Dame anscheinend ungefährlich, sie sagte aber ihren Tod voraus und starb zur angesagten Zeit. Gegen Mitternacht dieses Tages äußerte sie lächelnd zu ihrer Tochter: 'Nun ist es Zeit, daß ich gehe und von dem Pater Abschied nehme', worauf sie zu 'entschlummern' schien. Gleich darauf starb sie. — 'Zu derselben Stunde, wie sich nachher ergeben hat, saß der Pater zu Bellinzona ... mit der Ausrechnung einer mathematischen Aufgabe beschäftigt ... Von der Erkrankung seiner Freundin wußte er nichts, dachte auch nicht an sie ... Da hört er einen starken Knall, als wäre der Resonanzboden [einer an der Wand hängenden, von ihm sehr geliebten] Pandore gesprungen. Er fährt auf, sieht sich um und erblickt mit einem Erstaunen, das ihn starr macht, eine weiße, der erwähnten Dame vollkommen gleichende Gestalt, die ihn freundlich-ernst anblickt und dann sofort verschwunden ist.' Eine Untersuchung ergab, daß der Resonanzboden tatsächlich gesprungen war. 'Wenn ein solches Zusammentreffen Zufall ist', so schließt Wieland seine Wiedergabe des Falles, 'so möchte ich wissen, was man absichtliche Ursache und Wirkung nennen kann.'[3]

Hier fällt noch besonders die Tatsache ins Gewicht, daß das Subjekt einer mit dem 'physikalischen Phänomen' zusammenfallenden Erscheinung sich anscheinend selbst an den Ort zu versetzen wünscht, wo es dann auch gesehen wird. Es hätte den Vorgang noch wirksamer abgerundet, wenn dies Subjekt vor dem Tode noch einmal zu sich gekommen wäre und berichtet hätte: 'Jetzt bin ich bei dem Pater gewesen und habe Abschied genommen', oder gar: 'jetzt habe ich ihm

---

[1] ASP 1916 122. Vgl. auch den nicht voll-paraphysikal. Fall: Flammarion II 120 f.
[2] o. Bd. I 120 u. 157 ff.   [3] Wielands Werke (Leipzig 1805) XXXVI 239. Vgl. RB 1925 240; PS XXI 51 ff. (beide Fälle schwach bezeugt).

ein Zeichen gegeben'.¹ Bedenken wir aber, wie häufig die Fälle sind, in denen ein selbstbezeugtes Bewußtsein der Fernexkursion auf seiten des Sterbenden sich wenigstens mit seiner gleichzeitigen **Fernerscheinung** verbindet, so möchten wir es fast als Sache des Zufalls bezeichnen, ob solche Fernerscheinung sich noch mit einer paraphysikalischen Leistung verknüpfe, oder nicht. Überdies kennen wir ja schon Berichte, nach denen ein kürzlich Gestorbener sich genau mit der Leistung kundgibt, die er zu Lebzeiten für diesen Fall in **Aussicht genommen hatte**,² — als wenn Wielands 'allgemein geehrte Dame' vor ihrem 'Entschlummern' gesagt hätte: 'Jetzt will ich zum Pater gehn und **seine Pandore sprengen**.' —

Aber auch das ist noch nicht alles. Wir haben uns im Bisherigen ausdrücklich auf objektive '**Anmeldungen Sterbender**' beschränkt und dabei gelegentlich bedauern müssen, daß uns das eigne Zeugnis des Subjekts über sein vermutliches Exkursionserlebnis entging. Ein solches Eigenzeugnis wäre aber zu beschaffen, falls ähnliche Leistungen je von exkurrierenden **Lebenden** bewirkt würden. Diesen Tatbestand, den wir im Rahmen unsres Gedankengangs durchaus **erwarten** müssen anzutreffen, versprach ich an zweiter Stelle zu belegen; er würde uns überdies ein neues Beispiel dafür liefern, inwiefern die animistische Form eines Vorgangs sowohl zur Erhärtung als auch zur Deutung seiner spiritistischen Formen beitragen kann. — Die reiche Erfahrung Muldoons liefert uns Beispiele dieser Art; und obwohl es enttäuschen muß, daß sie uns nur als Erinnerungen des Subjektes selbst berichtet werden, so nimmt ihnen doch der eben betonte natürliche Zusammenhang der Tatsachen immerhin einen Teil ihrer Beweislast ab. Den an sich eindrucksvollsten dieser Fälle wage ich trotzdem nur mit Vorbehalt anzuführen, und unter Hinweis auf das ausgezeichnete Leumundszeugnis, das ein so kritischer Forscher wie Carrington unsrem Helden ausstellt.

In der Nacht des 26. Feb. 1928, zwischen 11.30 und 12 Uhr, hatte Muldoon, von starken Schmerzen befallen, mehrfach vergeblich nach seiner im Oberstock mit dem jüngeren Bruder zusammen schlafenden Mutter gerufen und war schließlich, sich aus dem Bette schleppend, in Ohnmacht gefallen und dann außerhalb des Leibes zu sich gekommen. Er bewegte sich nun die Treppe hinauf. 'Ich ging durch die Wand des Zimmers meiner Mutter und sah sie nebst meinem kleinen Bruder fest schlafend auf dem Bette liegen. Dieser Eindruck war sehr klar, aber in diesem Augenblick trat eine Lücke in meinem Bewußtsein ein (beiläufig bemerkt, nichts ungewöhnliches in solchen Fällen). Als ich wieder bewußt wurde, stand ich nahe dem Fußende des Bettes ... und sah beide, Mutter und Bruder, in Verwirrung,

---

1) Vgl. immerhin den bei Piper 141 zit. Fall aus Flammarion.   2) Bd. I S. 64 ff. Bozzano verzeichnet fünf Fälle dieser Art.

erstere auf dem Fußboden neben dem Bette stehend, den andern fast außerhalb des Bettes; sie sprachen erregt davon, daß die Matratze aufgehoben und sie aus dem Bette gerollt worden seien, während sie schliefen! Alles dies war sehr deutlich. Ich war so klar bewußt, wie ich nur je im Fleische gewesen. Augenblicklich verschwand ich aus dem Zimmer; ich wurde zu meinem Körper hinab- und in einer spiraligen Bewegung in ihn hineingezogen, wobei ich eine heftige Erschütterung erfuhr. Ich rief sofort von neuem nach meiner Mutter, und sie kam die Treppe herabgelaufen, — aber so erregt, daß sie gar nicht darauf achtete, daß ich außerhalb des Bettes auf dem Fußboden lag, und begann mir zu erzählen, daß 'Geister' die Matratze aufgehoben und sie aus dem Bette gerollt hätten! Sie sagte, die Geister hätten sie nicht einmal, sondern mehrmals aufgehoben, und gestand, sehr in Schrecken gewesen zu sein.'[1] (Dies erinnert an die recht zahlreichen Berichte, nach denen gesehene Phantome Lebender oder Sterbender wenigstens die Bettdecke des Perzipienten herabgezogen oder auch die Bettvorhänge geöffnet haben sollen, — was natürlich meist für Halbschlaf-Halluzination des letzteren erklärt wird.[2])

Mäßig beglaubigte Fälle verwandter Art ließen sich in ziemlicher Zahl anführen und würden in der Häufung kaum verfehlen, einen an sich zu erwartenden Tatbestand leidlich zu erhärten.[3]

Die oben als Exkurrierende-mit-Selbstschau erwähnte Alma Haemmerlé z. B. machte eines Abends den **Versuch**, einer Kusine (bei deren Mutter sie auf dem Lande zu Gaste war) ohne vorherige Benachrichtigung zu erscheinen. 'Ihr Zimmer lag im Erdgeschoß, und ich wollte durch das auf den Hof blickende Fenster 'eintreten'. Ich versuchte zunächst, den Fensterladen zu öffnen, was mir nicht gelang; daher entschloß ich mich, durch eine einfache Willenshandlung einzutreten. Der Lärm, den ich beim Versuch, den Laden zu öffnen, gemacht hatte, weckte meine Kusine, die aus dem Bette sprang, um zu sehn, was los sei. Sie sah mich vor sich... Am andern Tage drückte sie mir ihr Erstaunen darüber aus, daß sie die Fähigkeit des Astralkörpers, Gegenstände zu bewegen, habe feststellen können.'[4]

Ein noch älterer Fall sei gleichfalls mit allem Vorbehalt angeführt. — Die 'Autosomnambule' Susette B., die behauptete, ihren Geist willkürlich, wohin sie wolle, versetzen zu können, 'trat bei Dr. Ruffli in Seengen, Kanton Aargau, dem sie einen Besuch angekündigt hatte, im Nachtgewand [vielleicht nur als 'weiße', leuchtende Erscheinung?] ins Schlafzimmer und blies der Frau R. das Licht aus. R. und seine Frau, beide wach, sahen sie auf das deutlichste und schrieben sogleich an Susettes Eltern nach Z.; sie war zu der Stunde im tiefen magnetischen Schlafe, wie eine Leiche dagelegen. Auch ihrer Mutter blies sie einmal spukend das Licht aus und rauschte dann an

---

1) Muldoon 200 f. (Fragwürdiger das. S. XXXVIII.)   2) Gurney I 318 f. 416. 566 f.; II 487; Harrison 49 f.; Pr III 111; PS XXII 568.   3) APS IV 117; Aksakow 587. 611; Delanne I 221; Cornillier 144 f.; Usthal 46; Nielsen 108.   4) Bei Delanne I 233.

ihr vorüber, wie Papier', — das hundertfach beschriebene 'Rascheln' der Spuke.[1]

Hier wäre auch der Ort — falls der verfügbare Raum es zuließe —, auf gewisse Fälle stark ausgebildeter sog. 'Poltergeist'-, also gehäufter paraphysikalischer Leistungen einzugehen, mit denen sich Anzeichen ihrer Bewirkung durch das Phantom eines entfernten Lebenden verbinden.

Ich erinnere Belesene an den merkwürdigen Prozeß, der sich i. J. 1851 mit den Vorgängen im Hause des M. Tinel, Curé von Cideville in Nordfrankreich, beschäftigte, der von dem Hirten Thorel wegen übler Nachrede verklagt worden war. Das Verhör der z. T. hochgebildeten Zeugen brachte u. a. zutage, daß Thorel gelegentlich während der — größenteils 'handmäßigen' — Vorgänge im Hause des Curé 'gesehen' worden war, daß er sich zauberischer Kräfte rühmte und wahrscheinlich von einem persönlichen Feinde des Curé, namens Gosselin, zu ihrer Ausübung in diesem Falle angestiftet worden war. Doch kann ich, wie gesagt, auf die durchaus erforschenswerten Tatsachen hier nicht näher eingehn. Thorel wurde abgewiesen.[2] —

Soviel über die Beglaubigung von Exkursionen Lebender und Sterbender durch äußerlich beobachtbare objektive Wirkungen. Erinnern wir uns nun aber der früheren Formel, daß der Gestorbene sich im Zustande dauernder Exkursion befinde, so erhebt sich ganz natürlich die Frage, ob — nein, die Erwartung, daß auch der längst Verstorbene seinen Exkursionszustand auf ähnliche Weise objektiv betätigen werde. Nun, diese Erwartung bestätigt sich im vollsten Maße; denn alles, was wir über objektive Wirkungen in Verbindung mit Spukphantomen oder identifizierbaren Materialisationen wissen, stellt ja genau den Tatbestand dar, nach welchem hier gefragt wird. Um so mehr muß ich bedauern, daß ich diese letzte und ergiebigste Bestätigung größtenteils erst später (in dem oft erwähnten Abschnitt über objektive Phantome) werde nachliefern können. Jedenfalls darf man behaupten, daß im großen und ganzen jeder Bestandteil der objektiven Phantomatik — Art und Stufen der Bildung, sowie alle Formen der 'Leistung' — sich in genauen Entsprechungen an Lebenden, an Sterbenden und an längst Gestorbenen belegen läßt.

Ja dieser Parallelismus erstreckt sich, wie ich abschließend zeigen möchte, bis in sonderbarste Einzelheiten, und neben dem erwiesenen

---

1) M IV 195 (auch Daumer I 167 f.). 2) Der längste und früheste gedruckte Bericht bei Mirville. Eine Abschrift der Akten im Besitz der S. P. R. — S. A. Lang in Pr XVIII 454—463; Owen, Footfalls 196 f. Vgl. den berühmten Fall des Drummer of Tedworth bei Glanvil 270 ff. (auch Görres III 370 ff.) und den von Dr. Grasset berichteten: Pr XVIII 464—80.

natürlichen Zusammenhang von Beobachtungen verschiedener Herkunft sind auch diese 'sonderbaren Einzelheiten' an sich geeignet, unsre 'realistische' Auffassung der Exkursion von neuem zu bestärken; nicht etwa weil wir den Sinn und die Bedeutung solcher Einzelheiten für den Austritt eines (quasi-objektiven) Ich-Trägers schon wirklich begriffen, sondern weil ihre so häufige und unabhängige Beobachtung ganz unverständlich bliebe, falls Exkursion ein ausschließlich 'subjektives' Erlebnis wäre.

4. Besondere Merkmale des Ich-Austritts

Die erste und merkwürdigste dieser Einzelheiten ist die Wahrnehmung eines den Exkursionsträger mit dem fleischlichen Leibe verbindenden Bandes oder Fadens, einer Art 'Nabelschnur', deren 'Zug' den Hinausversetzten schließlich zur 'Rückkehr' zwingt. Diese Beobachtung findet sich nicht in allen Berichten erwähnt; doch folgt gewiß gerade hier aus dem Nicht-Beobachten oder Nicht-Beachten noch lange nicht das Nicht-Vorhandensein. Man wird sich dieser Einzelheit aus vielen der obigen Berichte erinnern.

Das Subjekt in P.-E. Cornilliers Falle spricht von einem aus leuchtenden Punkten bestehenden Bande zwischen Körper und hinausversetztem Ich; M. Bertrand, der während einer Bergbesteigung im Zustande des 'Schneeschlafs' exkurriert, findet den 'Fesselballon', der sein Ich birgt, an seinen Leib gebunden durch 'eine Art dehnbaren Fadens', den er zu seinem Bedauern nicht durchschneiden kann, an dem er aber schließlich wieder 'abwärts gezogen' wird. Die von M. Lecomte hypnotisierte Mireille erblickt den 'Astralleib' der gleichfalls eingeschläferten Mme Z. und eine leichte bandartige Verbindung zwischen ihm und dem Erdenleibe. Ludlow, der hochbegabte Narkotiker, fühlt gleichfalls 'im Augenblick der hingerissensten Seligkeit' 'die Bande — cords —, welche die beiden geheimnisvollen Teile unsrer Zweiheit zusammenbinden, bis aufs äußerste gespannt.' Ein andrer Hinausversetzter fühlt beim Abschluß seiner Erfahrung 'einen leichten Zug und sieht einen schattenhaften Faden, ... der sich abwärts von mir ... in eine Öffnung hinein erstreckte ...' Einer wieder behauptet, von seinem 'formlosen Körper' sei 'ein leuchtender Draht' ausgegangen, 'von dem ich wußte, daß er mich mit meinem fleischlichen Leibe verband', und auch hier schloß die Erfahrung mit dem üblichen 'Zug' an diesem Faden.[1]

Muldoon hat, entsprechend der Häufigkeit seiner Exkursionen, auch diese 'Schnur' besonders häufig und so genau beobachtet, daß er leidlich ausführliche Angaben machen kann. — Solange dies 'astrale Band' oder 'Kabel' erhalten bleibt (behauptet er), kann der Hinausversetzte in seinen Leib zurückkehren; ist es durchschnitten, so tritt der Tod ein. Die Dehnbarkeit des

---

[1] o. S. 315. 317. 331. 350 f. 358. 360 f.; Lucifer XIV (1894) 266; Yram 71. 75.

Fadens geht über alle Begriffe und läßt sich nicht mit der irgendeines stofflichen Bandes vergleichen. Je geringer der Abstand zwischen den beiden Körpern, desto dicker das astrale Kabel, desto stärker auch der 'magnetische Zug', den es ausübt. Bei großer Nähe hat das Band den ungefähren Durchmesser einer großen Münze, und nur die umgebende 'Aura' läßt es etwa 6 Zoll dick erscheinen. Bei einem gewissen (nicht genannten) Abstand erreicht es seinen geringsten Durchmesser, den eines gewöhnlichen Zwirnsfadens, der sich dann auch bei 'Vergrößerung des Abstands nicht weiter verringert. Solange dieser Abstand nicht über die Erreichung jenes Mindestmaßes hinaus gewachsen ist, soll sich der Herzpuls und jeder Atemzug des Astralleibs wahrnehmbar durch das Band hindurch bis in den fleischlichen Leib hinein fortpflanzen. Wird das Band sehr gestreckt, so nimmt, wie gesagt, sein Durchmesser ab; aber auch sein Widerstand vermindert sich.[1]

Alle solche Angaben schiebt natürlich nicht nur der 'Wissenschafter', sondern auch der 'konservativ' eingestellte Metapsychologe meist ohne weiteres beiseite. Mich selbst verhindert daran, wie gesagt, die seltsame Wiederkehr verwandter Beobachtungen auf verschiedenen, aber wesentlich verknüpften Gebieten der Phantomatik. Wir begegnen solchen bei der durch hypnotisch-'magnetische' Verfahren bewirkten Bildung (oder Hinausversetzung!) eines *double*; beim Vorgang der experimentellen Materialisation; bei der Beobachtung einer metaphysiologischen Seite von Kundgebungen durch ein Medium, und bei derjenigen des Sterbens.

In ersterer Hinsicht fanden sowohl Rochas als auch Durville die Versuchsperson mit ihrem Phantom verbunden mittelst einer 'fluidischen Schnur' von rundem oder auch bandartigem Durchschnitt, welche stellenweise Schwellungen aufwies, gewöhnlich, aber nicht immer, am Nabel des Subjektes ansetzte und etwa an der entsprechenden Stelle des Phantomes mündete. Auch dieses Band war gewissermaßen dehnbar und konnte, wenn gereckt, einen deutlich empfundenen Zug aufs Subjekt ausüben, und durch diese Verbindung sollte — wie bei unsern Exkurrierenden — ein Austausch in beiden Richtungen sowohl von Stoffen, als auch von Lebensvorgängen stattfinden. — Auch bei Materialisationen werden uns ähnliche Eigenschaften, Ansatzstellen und Leistungen des 'Bandes' wiederholt beschrieben; nur darf hier, der Eigenständigkeit des Phantoms entsprechend, eine Zertrennung des Fadens vorgenommen werden, die dann gelegentlich sogar jene Selbständigkeit noch stärker zutage treten läßt.[2] An Sterbebetten dagegen wird, in natürlich-gegensätzlicher Entsprechung, die Beobachtung gemacht, daß erst die Zertrennung des Fadens den Tod als Vorgang vollendet.[3]

1) Muldoon 27. 29—33. Vgl. 183 ff.   2) Die Belege hierfür werden wiederum nachgeliefert.
3) Davis 163 ff. — Eine Hellseherin, Mrs. Nenner, behauptete, daß bei Phantomen Lebender stets 'eine schwach leuchtende Schnur von Licht von der Erscheinung ausgehe', nie aber bei Phantomen Verstorbener: PsSc V 283. — Die Nachweise für die übrigen Angaben dieses Absatzes wird der später zu veröff. Abschnitt über objektive Phantome bringen.

Besondere Merkmale des Ich-Austritts

Aber fast die eigenartigste Bedeutung gewinnen, vom inzwischen erreichten Standpunkt aus, die früher mitgeteilten Beobachtungen dieses rätselhaften 'Fadens' im Rahmen der Ausnutzung von Medien zum Zwecke von Kundgebungen Abgeschiedener. Die Verfahren solcher Kundgebung gipfelten, wie erinnerlich, in der Besitzergreifung des Mediums durch den Geist, der vollen *possessio,* und es mußte unentschieden bleiben, ob nicht schon die mittelbare Kundgebung durch den 'Spielleiter' eine *possessio* des Mediums seitens des letzteren voraussetzt. Eine solche Besitzergreifung aber erfordert doch im Grunde eine Verdrängung des Mediums aus seinem normalen 'Besitz' des eignen Leibes, also eine Exkursion desselben, und der Leser entsinnt sich, daß bei jener Besprechung der Metaphysiologie der Transvorgänge die Möglichkeit von Hinausversetzung zum erstenmal erwähnt werden mußte.[1] Es empfiehlt sich, hier, wo die neu erworbenen Einsichten uns darauf zurückführen, die Tatsache der Exkursion des Mediums im Tieftrans der *possessio* etwas genauer zu belegen; wobei ich darauf aufmerksam mache, daß wir damit ganz unvermutet ein neuartiges Argument für die Pluralistik des Transdramas gewinnen.

Zunächst steht fest, daß während des ganzen Kundgebungsvorgangs, wie er dem Sitzer sich darstellt, das Medium — falls ihm am Schluß überhaupt Erinnerungen verbleiben — etwas erlebt hat, was von den Kundgebungen selbst völlig abliegt.

Das Medium mag glauben, 'geträumt' zu haben, und Mrs. Piper behauptet oft, eine so 'herrliche Zeit' inzwischen verbracht zu haben, daß sie am liebsten gar nicht 'zurückgekommen' wäre; man sorge so gut für sie 'auf der andern Seite'.[2] — Gelegentlich verlautet auch etwas mehr von diesen Erlebnissen. Am Schluß der Sitzung vom 25. Juni 1895 z. B. gelang es Prof. Newbold, u. a. folgende Äußerungen aufzufangen: 'Meine Seele — geht hinaus — sinkt in Schlaf — mein Geist — meine Gedanken — schlafen ein — ich gehe hinaus — und sehe die ganze Welt — ich sehe die Bäume — ich sehe Blumen — die Vögel — das Vieh — die Tiere... sie leben... meine Seele unternimmt einen Flug — mein Körper wird von jenem alten Manne benutzt [offenbar Phinuit] — sehen Sie doch den alten Mann — o lassen Sie mich gehn — die Schnur, welche die Seele mit dem Körper verbindet — ... ein Lichtfaden — o, ich habe zwei verschiedene Gehirne — eins sieht wie brennender Schwefel aus, und das andre wie Fleisch — o ich habe einen so schrecklichen Traum gehabt... ich war tot, mein Körper war tot, und dann, als ich gestorben war, sah ich einen alten buckligen Mann ihn aufheben... er hob meinen Oberkörper auf und schloß sich selber darin ein... Ich ging zu einer Menge andrer Leute... ich sah sehr viel und wir gingen überall hin... ich sah Tiere... sie waren durchsichtig... sie waren

---

1) o. S. 261 ff. (241).   2) Pr XXII 382; XXIII 232; XXIV 109; XXVIII 255. 609.

einmal Tiere gewesen — es waren die schattenhaften Formen von Tieren, die einmal gelebt hatten...'¹

Wir sehen also: während durch Mrs. Pipers Hand das Drama der Kundgebungen geraucht ist, glaubt sie die Hinausversetzung ihrer Seele aus dem Leibe und dessen Ergreifung durch einen Andern erlebt zu haben, selbst aber in einer Landschaft mit schattenhaften Lebewesen umhergegangen zu sein, unter denen ihr übrigens (wie Mrs. Sidgwick feststellt) **niemals Gestalten noch Lebender begegnen!**

Auch von Mrs. Thompson hören wir verwandtes. Einmal behauptet sie, sie habe ihre alte Schule in Wenlock besucht und Mrs. Cartwright gesehn (wie wir wissen, eine ihrer Hauptkontrollen), und dieser 'Besuch' ist wieder durchaus unabhängig vom Inhalt der Transäußerungen. Ein andermal erzählt sie beim Erwachen dem Dr. van Eeden, sie sei 'in der jüdischen Sphäre' gewesen: 'nur Juden dort. Sagen Sie's unbedingt Mr. Myers.' Sie sei schon einmal dort gewesen, habe aber vergessen, es zu erwähnen, und eine Dame in jener Sphäre habe ihr gesagt: 'Sie haben vergessen zu berichten, was ich bei Ihrem letzten Besuch hier sagte: daß Sie sehr gut zu meinen Verwandten gewesen seien.' Diese Äußerung fand Myers durchaus verständlich: ein jüdischer Freund von ihm hatte kurz zuvor eine erfolgreiche Sitzung gehabt.' Auch in diesem Falle hatten die vorausgegangenen Transäußerungen nicht das geringste mit Juden zu tun gehabt.²

Also ein 'Extra-Traum' neben allen andern 'Traumleistungen' der Kundgebung? Seltsam jedenfalls wäre dies gespaltene Doppeltraumleben. Bei Mrs. Thompson aber fällt noch weiter auf, daß ihre 'Nelly' behauptet hatte, das Medium sei mit 'Mrs. Cartwright' und einer andern Kontrolle 'in ihre Heimat gegangen, d. h. die Sphäre, die diesen Kontrollgeistern als Wohnung dient.' Ein 'Widerspruch zwischen Transtraum und Transerinnerungen' (wie Piddington meint) ist hier unbestreitbar; aber er scheint mir die spiritistische Natürlichkeit des Vorgangs zu erhöhen; denn wenn 'Nelly' anwesend ist, Mrs. Thompsons Ich aber sich fortbegibt: warum sollte dann Nelly wissen, **wohin die Reise gegangen?**

Der neue Umstand, der uns hier entgegentritt: daß auch die Kontrolle behauptet, den 'Abgang' des Mediums beobachtet zu haben, ist ebenfalls leidlich gewöhnlich.

'Wenn ich hierherkomme', sagt Phinuit einmal, 'wird das Medium soz. ein Geist.³ Des Mediums ätherischer Körper zieht durch ... verschiedene Teile der Geisterwelt; es wandert umher wie ein Geist...' Es kehre mit neuer 'Kraft' geladen zurück, als Ersatz für die inzwischen von Phinuit aufgebrauchte,⁴ und bei dieser Rückkehr könne er es zuweilen sehn.⁵ — Der

---
1) XXVIII 222; vgl. 227. 229.   2) XVIII 173. 168 f.; vgl. 181 und XVII 77; Thomas, Life 272 f.   3) the medium passes into the spirit, as it were.   4) vgl. o. S. 261.
5) XXVIII 337 f.; vgl. 208. 271 ff.; XXIII 149; Findlay 146 und Fedas Aussagen bei Thomas, Life 268 ff. 272 f.

merkwürdigste Beleg für diese Behauptung, der sich erdenken ließe, ist in folgendem Vorgang enthalten. Dr. Hodgson hatte Phinuit einen Brief zum 'Psychometrisieren' eingehändigt, der ihn — ahnungslos! — zu einer völlig richtigen Beschreibung der Absenderin, nämlich — Mrs. Pipers selbst (!), veranlaßte. Nun sind aber bekanntlich Psychometer meist imstande anzugeben, ob der Besitzer des 'Gegenstandes' am Leben, oder schon 'im Geiste' sei.[1] Als nun Hodgson fragte, ob die Schreiberin jenes Briefes im Leibe oder im Geiste sei, antwortete Phinuit sofort: 'Im Leibe', fügte aber verwirrt hinzu: 'Aber nein, das ist seltsam. Da ist sie ja im Geiste und spricht zu einer alten Dame;' und am Schluß der Sitzung beschrieb er das Medium wieder als 'zurückkehrend', wie es 'den Sitzer zu berühren suche' usw.[2] — Phinuit wird also anscheinend durch den Brief nicht bloß mit einem Bilde der Verfasserin beschenkt, sondern auch zu dieser hingeführt (wie ich das oben als Möglichkeit neben einer 'unpersönlichen' Theorie der Psychometrie hervorhob), und bei dieser psychometrisch ausgelösten 'Begegnung' sieht er die lebende Mrs. Piper — als 'Geist' — außerhalb ihres Leibes. Da sie ja aber immerhin noch lebt, so ist auch sein erstes Urteil — 'im Leibe' — durchaus verständlich und berechtigt. Müßten wir aber auch Phinuit als bloße Teilpersönlichkeit des Mediums fassen: so kennen wir ja die Möglichkeit, daß eine Spaltpersönlichkeit die andre aus dem Leibe verdrängt — ich verweise auf den Fall John Black![3] —; wir hätten dann also hier einen neuen Hinweis darauf, daß 'Teil-Iche' echten Geistern wesensverwandt sind.

Aber nicht nur die Kontrollen, also schließlich unsichtbare Wesen, beobachten den 'Fortgang' des 'Mediums selbst', sondern in Glücksfällen anscheinend auch dritte Lebende.

Wenigstens finden wir in einer Lebensbeschreibung des ehedem berühmten Mediums Cora Richmond die Behauptung, daß ihre häufigen bewußten Exkursionen während der Besessenheit-durch-einen-Fremdgeist sie gelegentlich auch sichtbar an fernen Orten hätten auftreten lassen. Einmal geschah dies in Dunkirk im Staate New York (das Medium lebte im Staate Wisconsin) in einem Zirkel, dessen Teilnehmer sie sämtlich sah, während sie selbst nur von einer anwesenden Hellseherin wahrgenommen und so genau beschrieben wurde, daß die Anwesenden sie nach der Beschreibung erkannten. Man hielt sie deswegen für gestorben (!), und Mrs. Richmond, die diesen Gedanken (in der Exkursion) erfaßte, veranlaßte nach der 'Heimkehr' ihren Vater, nach Dunkirk zu schreiben, daß sie bei guter Gesundheit sei, mit welchem Brief sich indessen schon eine Anfrage der Freunde nach ihrem Befinden gekreuzt haben soll.[4]

Ganz ähnliches wird von Mrs. J. H. Conant behauptet. Einmal habe sich der durch sie redende Kommunikator geweigert, sich zu entfernen, 'weil des Mediums Geist noch abwesend sei'. Tatsächlich war dieses gleichzeitig einem Bekannten, Mr. Wright, in seinem Hause erschienen, hatte auf dessen er-

---

1) VI 487 f.; XI 131. 2) VIII 23 f. 3) o. S. 244. 4) Barrett, H. D. 728 f. (PsSc V 278).

schreckte Frage: ob sie gestorben sei, 'den Kopf geschüttelt' und war dann verschwunden. Die Haartracht des Phantoms war angeblich eine ganz ungewöhnliche gewesen, die Mrs. Conant aber an jenem Tage wirklich von einer Bekannten sich hatte versuchsweise aufstecken lassen.[1]

Solche Vorgänge mögen noch so mäßig 'beglaubigt' sein: man wird mir zugeben, daß sie seltsam genug in das gesamte Gewebe der Tatsachen 'hineinpassen'.

Die Frage liegt nun nahe, ob auch das 'Kernstück' des ganzen Tatbestands der Exkursion vom Medium-in-Trans erlebt werde, also das Erblicken des eigenen Leibes und seiner nächsten Umgebung. Bei Mrs. Piper ließen sich Spuren hiervon aufweisen;[2] aber die deutlichsten Zeugnisse dieser Art finde ich bei dem neuerdings bekannt gewordenen Medium Ingeborg Dahl, verehel. Köber.

Diese tat einmal beim Erwachen im Trans folgende Äußerung: 'Weißt du, Liebling, was ich träumte? Ich sah mich selbst irgendwo sitzen mit meinen Händen vor meinen Augen, und dann ging ich in mich selbst ein. Es war widerwärtig. Ich sah mich selbst. Ein Band wurde gezogen, und ich kam herunter, ich sah mich als eine Schlafende sitzen... Aber wer war ich, ich oder die, die ich sitzen sah? Ich fand es garnicht angenehm und ich möchte es nicht noch einmal sehen... Wie konnte ich mich selbst dort sitzen sehen? Bin ich zwei? Seid ihr auch zwei?' — Sehr ähnlich lauten die Äußerungen bei einer andern Gelegenheit: 'Ich sah etwas Seltsames. Ich sah mich selber schlafend sitzen. Jemand folgte mir. Und dann sagte ich: Sieh doch, da sitze ich. Und dann ging ich in mich selber ein. Es war nicht ein Spiegel[bild], denn ich stand, ich selbst, und sah mich sitzen. Ich sagte es zu Onkel Lorenzo [einem Verstorbenen, den Ingeborg im Transzustand 'trifft'], und er sagte, ... ich sei zwei. Es war gräßlich. Ich ging zu mir hinüber — und ich ging in mich selbst ein... Ich kann vor jedem Gerichtshof beschwören [dies sagt eine Richterstochter!], daß es so vor sich ging, und da ich den Wunsch hatte, mich zu erinnern, so nahm ich es mir vor.'[3]

Hier wird nun auch — wie schon oben einmal — das 'Band' erwähnt, welches anscheinend wieder die Hinausversetzte 'zurückzieht', und da will ich denn anschließend auf das schon früher über ein 'Band', eine 'Schnur', einen 'Lichtfaden' in Mrs. Pipers Transleistungen Gesagte verweisen und nochmals eine offenäugige Erwägung solcher Angaben im Gesamtzusammenhang der Tatsachen befürworten, ohne Überbetonung geringer Widersprüche im einzelnen, die aus den fragwürdigen Bedingungen der Beobachtung leicht zu verstehen sind. In diesem Gesamtzusammenhang aber kann es unser Zutrauen nur stärken, wenn wir Mrs. Piper auch außerhalb ihrer beruflichen Transzustände eine spon-

---

1) Conant 112 (Holms 133).   2) Vgl. XXVIII 223 über ihr Erblicken Hodgsons und seines double durch ihre 'andern Augen'.   3) Dahl 125. 128 f.; vgl. 140 und Pr XXIX 215 f.

tane Schlaf-Exkursion beschreiben hören, deren Merkmale überraschend mit denen der bestverbürgten Ich-Austritte übereinstimmen, einschließlich wiederum des 'Bandes'.

'Als ich zuerst emporgehoben wurde', schreibt sie selbst darüber, 'glaubte ich einem Lichtstreifen zu folgen... Es schien ein Band oder eine Schnur zu sein, aber nichts greifbares... Als die Leute [die ich in meinem 'Traume' sah] sich mir näherten, schien jemand an dem Bande zu ziehn; — ich könnte allerdings nicht sagen, daß es ein Band war; es sah wie ein Licht aus und fühlte sich wie ein Band an. Jemand zog immerzu daran, und ich wurde hinabgezogen und aus der aufrechten Stellung in eine liegende gebracht [dies stimmt merkwürdig mit Muldoons Angaben überein], und dann wachte ich auf und hatte das Gefühl, daß ich nicht im Schlaf, sondern wach gewesen wäre [das typische 'Wirklichkeitsgefühl' aller Exkurrierenden] und diese Erfahrung während des Wachens gemacht hätte, — und doch war mein Körper so schwer, daß ich mich nicht bewegen konnte... Ich mußte nach Atem ringen. Ich fühlte mich bedrückt darüber, daß ich zurückgekehrt war...'[1] —

Soviel über den 'ätherischen Faden' als erste jener 'sonderbaren Einzelheiten' des Exkursionserlebnisses. Eine andre solche, die auch dereinst von einer 'realistischen' Auffassung zu erforschen sein wird, scheint mir die eigentümliche Erschütterung (nebst nachfolgender 'Zerschlagenheit') zu sein, die gelegentlich als Begleiterscheinung der 'Rückkehr', also der 'Wiedereinschaltung' des Exkursionsträgers in das leibliche Leben beschrieben wird. Wir finden sie in mehreren Fällen unsrer ersten Beispielsammlung erwähnt.

Das Subjekt in Cornilliers Falle empfindet 'gleichsam eine heftige Entladung dem Rückenmark entlang', ehe es die Augen öffnet. Frl. Swoboda fühlt sich 'wie von einem Schlag aufs Ruhebett geworfen' — 'einem elektrischen Schlag vom Scheitel bis zu den Zehen', sagt eine andre — und öffnet nur 'schwer und mühsam die Augen'. Mme Garcia erfährt eine 'heftige Erschütterung', als sie nach ausgedehnter Exkursion wieder in ihrem Zimmer ist, aber noch ihre 'beiden Körper deutlich unterscheidet' (vielleicht ist dies ein kleiner Irrtum der Erinnerung?); und andre Exkurrierende finden für ihre 'Rückkehr' den bezeichnenden Vergleich: es sei gewesen, wie wenn 'der verstauchte Fuß in das Gelenk wieder einfiele', oder man habe zu warten, 'bis alles in Ordnung, gleichsam wieder fest ineinandergefügt ist.'[2]

Muldoon widmet einen kleinen Abschnitt seines Buches den von ihm sogenannten Reperkussionsgeräuschen, die beim Zurückschnellen des Astralleibes 'nahe dem Ohr oder im Innern des Kopfes' vernommen werden. 'Ein sehr gewöhnliches ist *'pop'*, als wenn ein Spielballon nahe dem Ohr zerplatzte. Ein andres ist ein lautes *'siss'*, und zuweilen ein Ton im Innern

---

1) XXVIII 380.   2) ZP 1932 449. Vgl. auch die von Prof. Beth beschriebenen 'Rucke'; den 'shock' der fernversetzten Mrs. Crans (PrAm I 446; auch Myers II 374 f.), einen Fall von nachfolgendem 'Kopfschmerz': RB 1925 215; Kerner, Seh. 172 ('elektrische Erschütterung'); Gurney I 555 Anm.

des Gehirns, der dieses erzittern läßt. Ein weiteres ist ein knisternder Ton, ähnlich dem von elektrischen Funken beim Überspringen zwischen den Polen einer Batterie. Dieser Ton ... scheint im Kopfe zu sein, nahe der Rückwand des Schädels ...' Zuweilen wieder sei es, als 'erzitterte' das Gehirn wie ein geschlagenes Trommelfell...'[1] — Ein andrer Exkurrierender dagegen, Mr. Oliver Fox (eigentlich Mr. Hugh G. Callaway), hört 'eine Art scharfes Ticken', 'ein kleines *click*', kurz ehe er sich aus dem Leibe 'ausgeschlossen' findet.[2]

Jedem Belesenen fällt hierbei natürlich der berühmte *snap* — das Schnappen — ein, das Mrs. Piper als regelmäßiges Anzeichen ihrer Rückkehr in den Leib nach Abschluß des Trans beschrieb. 'Ein Schnappen in meinem Kopf', 'hörten Sie meinen Kopf schnappen?' — ähnliche Worte sprach sie häufig in ihrer ja überhaupt so aufschlußreichen Phase-des-Erwachens aus, worauf sie sich anscheinend 'besser fühlt', als kurz zuvor.[3] — Einmal, nachdem das Zusichkommen beängstigend lange gedauert und der normale Atem sich nicht hatte einstellen wollen, äußerte sie gegen Ende der Zwischenphase: 'Ich hatte solch schlechten Schnapp. O, da ist noch einer,' und beide erschienen ihr schmerzhaft, ganz gegen ihre Gewohnheit. 'Ach, Alta', sagte Mrs. Piper zu ihrer Tochter (die um sie bemüht war), sobald sie diese erkannte, 'ich glaubte, ich sei tot. Ich hatte solch schrecklichen Fall.' Und diesem Vorgang folgte ein starkes, 24 Stunden anhaltendes Kopfweh![4]

Man kann dies alles natürlich als durchaus zweideutig bezeichnen, und Mrs. Sidgwick führt noch andre Begleitempfindungen des Zwischenzustands an, die — wie z. B. das 'Prickeln' — auf Umschaltungen der Blutzufuhr deuten könnten. Ja einmal sagte das Medium sogar: 'Ich habe das Gefühl, als wäre da irgendeine Teilung in meinem Hirn.'[5] Aber könnten nicht am Ende beiderlei Deutungen zusammen bestehn? Die beherrschende Tatsache des Ich-Austritts ist nun schon soweit gesichert, daß alle rein physiologischen Kennzeichen abnormer Bewußtseinszustände von ihr aus eine neue Beleuchtung empfangen.

Die Erörterung solcher andeutungsreichen Einzelheiten ließe sich fortsetzen. Es könnte z. B. auf den subjektiven Eindruck des 'Sich-ausdehnens des Leibes' zu Beginn der Exkursion verwiesen werden, was vielleicht die Ablösung des Ich-Trägers vom Leibe andeutet: eins unsrer Subjekte, das sich 'imstande fühlt, den Körper bewußt zu verlassen,' sagt ja ausdrücklich, daß eben dieser Vorgang 'einem plötzlichen Sichausstrecken der Länge nach vergleichbar sei,' und Hr. Laufmann gebrauchte die Worte: 'ich hatte das Bewußtsein von etwas gleich einem Watteball, der sich loslöste und ausbreitete, in der Größe eines

---

1) Muldoon 137 f. 2) Das. S. XXXI; vgl. XXXIII und Dr. Alrutz' Ref. in Pr XXXIV 170. 3) S. z. B. XXII 151; XXIII 186 f.; XXVIII 549. 4) XXVIII 516 f. Dies doppelte 'Schnappen' war in späteren Jahren die Regel: XXVIII 23. Vgl. auch Prof. Schäfer in RB 1926 56 f. 5) XXVIII 23 f.

Mannes, wenigstens 3′ größer als ich.'¹ Es könnte ferner verwiesen werden auf das hiermit leicht durchschaubar verwandte Bewußtsein einer 'leuchtenden Dampfwolke' u. dgl. als Vorstufe oder Umhüllung eines gestalteten 'fluidischen Leibes',² u. a. m. Doch erscheinen mir sichre theoretische Schritte auf diesem schwankenden Boden noch gar nicht möglich; sie müssen späteren Zeiten vorbehalten werden, die über reichere Beobachtung und vorbereitende Einsichten verfügen.

Nur folgendes sei, zur Sicherung des Vorgebrachten, noch mit wenigen Worten ausgesprochen. Die Erfahrungen der Exkursion und der Wahrnehmung entfernter Dinge von einem außerkörperlichen Blickpunkt aus scheinen in unmerklichen Abstufungen überzugehn in Erfahrungen des Fernschauens 'im Leibe' und bei mehr oder minder erhaltenem Bewußtsein der normalen Umgebung; dabei wird aber auch das Ferne von einem soz. natürlichen Blickpunkt aus geschaut. Und etwa in der Mitte dieser Reihe würden dann jene Leistungen des 'hellsehenden Reisens' liegen,³ bei denen das Subjekt sich gleichfalls — und zwar auf bestimmten Wegen — durch den Raum fortzugeben glaubt, 'unterwegs' allerlei beobachtet und 'am Ziel' etwa Zimmer durchwandert und Treppen steigt; dies alles aber — meist wohl in einem hypnotischen Zustand — gleichzeitig mündlich zu beschreiben vermag.⁴ Dabei fällt auf, daß auch nach anscheinend mehr 'subjektivem' Fernsehn ('vom Leibe aus') die Symptome der Rückkehr in den normalen Zustand zuweilen an die der 'Heimkehr in den Leib' erinnern; wenigstens werden sie nicht nur als Erschöpfung, Denkunfähigkeit, Gefühl der Ausgeleertheit und Kopfweh beschrieben, sondern gelegentlich geradezu als 'heftige Erschütterung.'⁵

Wir brauchen nun, meine ich, in der Tatsache dieser Reihe von Übergängen bis zu einem scheinbar ganz andersartigen Endpunkt keinen Widerspruch zu finden gegen eine 'realistische' Auffassung der Exkursion im engeren Sinne. Man könnte etwa sagen, daß eine 'rein erkenntnismäßige' übernormale Erfassung des Fernen — das Subjekt gewissermaßen 'nach sich ziehe' und zu einer sich steigernden 'Bilokation' veranlasse, deren äußerste Entwicklung zusammenfiele mit der äußersten (zu Lebzeiten möglichen) Entseelung des Leibes und der 'Anwesenheit' des Subjekts am Orte der Fernschau. Aber die Rätsel solcher Bilokation dürften sich restlos lösen nur einem metaphysischen Verständnis des Raumes und des Ineinander von Raum und Bewußtsein, von Objektivität und Subjektivität. Gehen wir dieser Untersuchung aus

---
1) o. S. 309. 324.   2) o. S. 305.   3) travelling clairvoyance der engl. Forschung.
4) Wie auch die Subjekte mancher objektiver Leistungen am Exkursionsort! — Vgl. zu diesen Fragen Mattiesen 392 ff. 670 ff.   5) commotion violente: Flournoy 368.

dem Wege, so bleibt uns nur die Feststellung übrig, daß die Grenzfälle der fraglichen Reihe jedenfalls wesentliche Unterschiede zeigen: das wahre Halluzinieren eines 'fernen' Tatbestandes ist etwas deutlich anderes, als das Erlebnis der wahrnehmenden Anwesenheit am Orte dieses Tatbestandes, die sich — wie wir jetzt wissen — erweisen kann nicht nur durch 'Erscheinen' des Subjekts am fernen Ort, sondern auch durch objektives Wirken daselbst. Es ist wohl klar, daß wir mit dieser Reihenbildung das Kernproblem aller Metaphysik in Händen halten. Die entscheidende weltanschauliche Bedeutung der metapsychischen Tatsachen wird uns hier greifbar. Die Herren Philosophen und philosophischen Physiker haben demnach das Wort.

5. Der Austritt des Ich als spiritistisches Argument

Ich habe mich, wie vorher angekündigt, bei allen Tatsachen, die das 'Kernstück' des Exkursionserlebnisses umlagern und ergänzen, mit einer sehr viel flüchtigeren Darstellung und dürftigeren Beglaubigung begnügt. Es ist der natürliche innere Zusammenhang aller dieser Tatsachen — untereinander und mit dem Kernerlebnis —, was ihre Glaublichkeit im einzelnen erhöht und sie an der Deutung des Ganzen mitwirken läßt. Dieses Deutungsergebnis können wir nunmehr in folgenden Worten zusammenfassen: Die bewußte Persönlichkeit des Menschen, mit allen Merkmalen seelischen Lebens begabt, kann ihren fleischlichen Leib unter Umständen schon zu dessen Lebzeiten vorübergehend 'verlassen', in einem Träger oder 'Vehikel', dem zwar alle Rätsel des 'Phantoms' anhaften, irgendwelche 'Objektivität' aber nicht abzusprechen ist; und alle Merkmale eines solchen Austritts des Ich wiederholen sich in der Stunde des Sterbens.

Die hieraus unmittelbar sich ergebende Schlußfolgerung liegt auf der Hand: wie der zu Lebzeiten seinen Leib Verlassende bewußt persönlich weiterlebt, so lebt auch der ihn im Sterben Verlassende bewußt persönlich weiter. Anders gefaßt: ein Ich mit allen Eigenschaften seelischen Lebens kann außerhalb des Leibes bestehen; folglich kann es auch bestehen, wenn der Leib als solcher zu bestehen aufgehört hat. Der Exkursionszustand stellt jedenfalls die wahrscheinlichste Form dar, unter der wir uns den Beginn persönlichen Fortlebens vorzustellen vermögen. Weist er uns aber den Anfang des Überlebens als beobachtete Tatsache auf, so können wir seine Fortsetzung ruhig sich selbst überlassen. *Ce n'est que le premier pas qui coûte.* Kann ich nur eine Minute lang erweislich 'außerhalb' meines Leibes und unabhängig von ihm als selbstbewußte Person bestehen, so ist für diesen Bestand ein baldiges Ende zunächst gar nicht abzusehen.

Dieses Schlußverfahren nun könnte, soweit ich sehen kann, nur unter einer Voraussetzung bestritten oder doch bemängelt werden: nämlich wenn man annähme, daß die Möglichkeit der Exkursion überhaupt abhänge von der Erhaltung wenigstens eines Mindestmaßes an Lebensvorgängen des fleischlichen Leibes (wie es ja selbst in Fällen scheinbar schon eingetretenen Todes vorausgesetzt werden mag). Der lebende Leib müßte also als unerläßlicher 'Nährboden' oder 'Ankergrund' gefordert werden für ein seelisches Erleben außerhalb seiner Grenzen, wie er nach landläufiger Ansicht unerläßlich ist für das Zustandekommen ichbewußten Lebens innerhalb seiner Grenzen. Jene Voraussetzung des Gegners nun gewinnt ein sehr verschiedenes Aussehen, je nachdem, ob wir das außerleibliche Erleben als einen rein seelischen Ablauf ansetzen, oder als einen zugleich seelischen und 'metaphysiologischen', also an einen dinglichen Träger gebundenen. Der erste dieser beiden Ansätze muß dem orthodoxen Physiologen (also unserm eigentlichen Gegner!) ohne weiteres sinnlos erscheinen, sodaß er ihn nicht gegen uns ausspielen kann. Den bewußten, ich-haften Erlebnisablauf denkt er sich ja an gewisse nervöse Vorgänge gebunden; Wahrnehmen, Überlegen, Wollen usw. 'entstehen' für ihn im Gehirn, und es ist diese Gebundenheit ans Gehirn, was die Lokalisierung auch des 'Ich' im Kopfe und seine vertraute Einordnung in den Wahrnehmungsraum bedingt. Es muß also diesem Gegner undenkbar erscheinen, daß der hirnerzeugte Ablauf des bewußten Ich-Lebens unter Umständen auch außerhalb des Leibes draußen im Raume stattfinde. — Freilich, viele Psychologen vertreten heute einen Standpunkt, der solche 'Erzeugung' seelischen Lebens durch das Gehirn verneint, diesem Leben vielmehr metaphysische Selbständigkeit zugesteht. Aber mit diesem Standpunkt hätten wieder wir keinen Streit; er könnte die Tatsache der Exkursion als Bestätigung willkommen heißen und müßte die Forderung fortbestehender Hirntätigkeit als Voraussetzung seelischen Erlebens außerhalb des Leibes zurückweisen.

Lassen wir also diese Fassung des Einwands beiseite und erwägen jene andere, welche die Exkursion an irgendeinen metaphysiologischen Träger gebunden sein läßt. Unsre Frage nimmt dann folgende Gestalt an: Ist es denkbar oder wahrscheinlich, daß ein Bewußtseinführender 'Leib-der-Exkursion' zwar während erhaltenen normal-physiologischen Lebens imstande sei, den sichtbaren Leib zu verlassen, mit dem Absterben desselben aber diese Fähigkeit verliere, weil er gleichzeitig mit jenem zugrunde geht? Rein metaphysiologisch betrachtet, läßt diese Frage sich mit Bestimmtheit weder bejahen noch verneinen, weil unser Wissen von den Lebensbedingungen nicht-physiologischer

Leiblichkeiten an sich noch viel zu gering ist. Und müßten wir es hierbei bewenden lassen, so wäre die Frage nach der spiritistischen Beweiskraft des Exkursionserlebnisses etwa so zu beantworten: Die Hinausversetzung eines bewußten Phantoms während des Lebens beweist nicht unbedingt ein entsprechendes Überdauern des Todes; doch macht sie dieses sehr wahrscheinlich, indem sie ein Hauptbedenken gegen dasselbe beseitigt: das Bedenken, welches sich darauf beruft, daß ichbewußtes Leben bisher überhaupt nur innerhalb eines physiologischen Leibes beobachtet worden sei. Die Exkursion beweist jedenfalls, daß solches ich-bewußtes Leben außerhalb des Leibes überhaupt möglich sei, und damit ist fraglos die Möglichkeit bewiesen, daß es auch nach dem leiblichen Tode erhalten bleibe. Im Zusammenhang der zahlreichen sonstigen Argumente für das Überleben fiele auch dies sehr stark in die Wagschale.

Indessen würde der Einwand, daß ein Exkursionsleib nur während des Lebens seines physiologischen Partners lebensfähig sei, sogleich in sich zusammenfallen, wenn auch nur in einem Falle durch Beobachtung-von-außen das Dasein eines objektiven Phantoms erwiesen wäre, das von keinem lebenden Leibe abhinge. Bei der Entscheidung, ob es solche gebe, müßten natürlich zunächst alle jene Materialisationsphantome ausscheiden, die augenscheinlich an die Anwesenheit eines Mediums gebunden sind, solange auch nur die Möglichkeit besteht, daß die Bedingungen ihres Auftretens ausschließlich in Lebensvorgängen des Mediums wurzeln. Eine solche Verwurzelung ist aber so gut wie ausgeschlossen bei gewissen Spukphantomen; ein einziger Fall von unbestreitbarer Objektivität eines identifizierbaren Spuks würde demnach das gegnerische Bedenken tatsächlich beseitigen und die Möglichkeit erweisen, daß eine abnorme Leiblichkeit, die einem bestimmten Verstorbenen 'zugehört', nach dem Absterben des 'entsprechenden' normalen Leibes fortbestehe. Dagegen würde es nicht erforderlich sein, daß eine solche Leiblichkeit zugleich Anzeichen bewußten Innenlebens darböte. Jenes 'Bedenken' entstand ja nur auf Grund der angenommenen Unmöglichkeit, daß eine abnorme Leiblichkeit nach dem Tode ihres fleischlichen Partners überhaupt noch fortbestehe; wogegen ihre Beseelung durch ein persönliches Bewußtsein eben durch das Erlebnis der Exkursion gewährleistet werden soll, also die Beobachtung, daß man sich bewußt und in einer 'Leiblichkeit' fühlen könne außerhalb des normalen Leibes. Wäre zugleich mit dem objektiven identifizierbaren Spukphantom auch der Nachweis seines ich-bewußten Innenlebens gegeben, so wäre ja der spiritistische Beweis ohnehin geliefert und die Heranziehung des Exkursionserlebnisses gar nicht mehr erforderlich.

Der Austritt des Ich als spiritistisches Argument

Die Frage nun, ob identifizierbare objektive Spukphantome vorkommen, ist schon in einem früheren Kapitel dieses Buches bejaht, wenn auch noch nicht belegt und beglaubigt worden. Der hier erstrebte krönende Beweis der spiritistischen These vollendet sich somit im Rückgriff auf andere Teile unseres Gesamtgedankengangs. Ein solches Ineinandergreifen verschiedenartiger Beweisketten aber muß uns als Selbstverständlichkeit erscheinen in einer Untersuchung, die auf Wissenschaftlichkeit Anspruch erhebt, insofern alle Teile einer echten, auf Tatsachen gegründeten Wissenschaft in unauflöslichem innerem Zusammenhang stehen und folglich auch logisch aufeinander angewiesen sind. — Damit ist auch der m. E. einzige denkbare Einwand gegen unser Schlußverfahren beseitigt, — ein Einwand übrigens, der auch abgesehen von seiner Widerlegbarkeit einer windigen Ausflucht weit ähnlicher sieht, als einem ehrlichen Zweifel. Es besteht demnach zu Recht, daß der Tatsachenzusammenhang der Exkursion das Überleben der Persönlichkeit mit allen Eigenschaften seelischen Lebens endgültig beweist. —

Wie es aber jedem, der einem Beweise zustimmt, nur willkommen sein kann, wenn man ihm Tatsachen aufweist, die er unter Voraussetzung des Bewiesenen zu finden erwarten müßte, — so will auch ich hier schließlich noch einen Tatbestand anführen, der vom Standpunkt unsrer letzten Argumente aus besonders natürlich, ja selbstverständlich erscheinen darf. — Bedeutet nämlich der Austritt aus dem Leibe zugleich den Eintritt in die 'Geisterwelt' oder doch eine Annäherung an sie und soz. das Betreten ihrer Vorhöfe,[1] so liegt die Erwartung nahe, daß wenigstens ab und zu in jenem Zwischenzustand oder 'Niemandsland' der Exkurrierende mit Bewohnern des wirklichen Jenseits zusammentreffen werde, die sich zeitweilig seinem Zustand angenähert haben, wie umgekehrt er ja ihnen kraft seiner Hinausversetzung vorübergehend mehr wesensverwandt geworden ist.

Dieser Tatbestand — dessen Wesen und Wichtigkeit bisher noch niemand erkannt zu haben scheint — ist uns sogar in früheren Abschnitten schon flüchtig begegnet.

Ich erinnere z. B. daran, daß der sich wie ein Geist durch ein fernes Medium kundtuende lebende Gordon Davis (der sich begreiflicherweise selbst für 'tot' hielt!) von seinem verstorbenen Bruder Frank herangebracht sein sollte. Auch das von M. Cornillier veröffentlichte Exkursionserlebnis des Elektrotechnikers Semjonow (mit Erblicken des eigenen Leibes) zeigte eine Begegnung mit seinem verstorbenen Großvater und 'einem Unbekannten'. Ersterer hielt offenbar selbst den Enkel für gestorben oder doch in unmittel-

---

1) Vgl. das Übergehn von irdischem Schauen des Exkurrierenden zu erdfremdem: o. S. 351 ff.

barer Todesgefahr. Semjonow kam nach vorübergehendem Bewußtseinsverlust auf seinem Bette sitzend und 'ganz zerschlagen' zu sich, erblickte die beiden Gestalten auch jetzt noch und hörte sie darüber sprechen, daß nun 'die Gefahr wohl vorüber sei'![1] Auch Mlle Grégoire erblickte während einer 'hellsehenden Reise' nach einem fernen Ort nicht nur dort anwesende Lebende, sondern auch Verstorbene 'wie mit den Augen', hörte ihre Worte oder 'verstand wenigstens ihren Sinn', während sie sich selbst in einem Spiegel (!) als 'hellgraue Dampfsäule' wahrzunehmen glaubte.[2] — Endlich hat ja auch die Exkursion des Mediums während des Transdramas uns mehrfach den Tatbestand des Zusammentreffens mit Jenseitigen vorgeführt.

Einige weitere Beispiele mögen ihn zu noch größerer Deutlichkeit und Glaublichkeit erheben. — Der folgende Fall ist älterer Herkunft und — nach Art der Zeit — nur schlecht verbürgt.

'Ein deutscher Missionar reist zur Herstellung seiner Gesundheit nach Deutschland, stirbt aber daselbst. Da zeigte er sich seinem Nachfolger Winter in Indien. Er geht durch dessen Schlafzimmer, in dessen Studierzimmer und schlägt hier das Rechnungsbuch des örtlichen Missionsfonds gerade da auf [wir mögen annehmen, daß das Buch aufgeschlagen gelegen und das Phantom nur durch eine Geste angedeutet habe, was es wolle], wo er, der Verstorbene, die Bilanz gezogen, so andeutend, daß eine in Madras hinterlegte Summe wiedererhoben werden könne, worüber er, vom Tode überrascht, nicht mehr hatte schreiben können. [Ein typisches Spukmotiv, wie wir aus Früherem wissen.] Winter erklärt, daß er im Moment der Erscheinung magnetisch halbwach und dann außer dem Leibe war, so daß er dem Geiste in das Studierzimmer folgte und mit ihm in das Buch sah, wobei es um sie licht war. Gleich darauf war die Erscheinung verschwunden; sofort befand sich auch Winter wieder in seinem Körper [aus dem ihn der anwesende Abgeschiedene soz. hervorgelockt haben mochte] und in wachem Zustande mit voller Erinnerung des Vorgegangenen.'[3]

In Mrs. Crowes Sammlung finden wir einen wesensähnlichen Fall (anscheinend von ihr selbst gesammelt), dessen Subjekt 'die Mutter einer sehr angesehenen jetzt in Edinburgh lebenden Person' ist. Jene war bereits für tot gehalten und ihre Bestattung vorbereitet worden, als sie wieder Lebenszeichen von sich gab und, zu sich gekommen, berichtete: 'sie sei am Himmelstor gewesen [sagen wir: sie habe sich in die Geisterwelt entrückt gefühlt], wo sie einige 'eingehen' sah, während ihr gesagt wurde, sie sei noch nicht bereit.[4] Unter denen, die an ihr vorübergegangen und zugelassen worden wären, hätte sie auch Mr. Soundso, den Bäcker, gesehen, und das Bemerkenswerte war, daß während der Zeit, die sie im Trans verbrachte, dieser Mann tatsächlich gestorben war.'[5]

---

1) o. S. 329.   2) RM 1927 431. Vgl. ferner Passavant 255 f.; RB 1925 363 f., Yram 57 und Mrs. Leonards Exkursionserlebnis o. S. 327.   3) M V 91; auch Daumer I 166.
4) Das häufig beobachtete Motiv der 'Zurückweisung' noch nicht zum Sterben 'Bestimmter' aus dem Jenseits. Vgl. Mattiesen 289. 293. 784.   5) Crowe 135 f. Vgl. Illigs Fall in ZP 1932 63 und den des Th. Say: JSPR XIII 87 f.

Der Austritt des Ich als spiritistisches Argument 389

Ich möchte hierbei auch an die gelegentlich berichteten Träume 'ganz besonderer Art' und von 'höchster Wirklichkeit' erinnern, in denen man innerhalb einer eigenartig schönen Landschaft mit Verstorbenen zusammentrifft und sich mit ihnen unterhält.[1]

Wir sind indessen nicht auf solch verstreute und mangelhaft verbürgte ältere Belege angewiesen, an denen der strenge Kritiker nur mäßiges Gefallen finden dürfte, sondern besitzen ein Zeugnis, das der Prüfung durch die anspruchsvollste Körperschaft unsres Faches standgehalten hat. Miss Minnie Wilson[2] wurde bald nach ihrem Erlebnis in einer Sitzung der Londoner Ges. f. ps. F. einem Kreuzverhör unterworfen, und ihren Aussagen darf das höchste Vertrauen geschenkt werden, das die Erinnerung an abnorme Erfahrungen im besten Falle beanspruchen kann.

Die Tatsachen sind kurz folgende: Am Mittwoch, d. 29. Mai 1907 erschoß sich in London ein angesehener Offizier, Kapitän Oldham, infolge der Ablehnung eines von ihm gemachten Heiratsantrags. Sein Patenkind, die 17-jährige Miss Wilson, mit der er in sehr herzlichen Beziehungen gestanden hatte, genoß zur Zeit, obgleich selbst nicht katholisch, ihre Erziehung in einem belgischen Konvent. Ihre Mutter, eine gute Freundin des Selbstmörders, meldete der Tochter erst eine Woche nach dessen Ableben den 'plötzlichen Tod des Onkel Oldham' und den Tag seines Begräbnisses, aber nichts weiter.

Am Sonnabend, dem 1. Juni war Miss Wilson in der Kirche ihres Konvents damit beschäftigt, einer Konventualin, der Mère Columba, beim Säubern zu helfen. 'Ich stand auf einer Leiter, um ein Bildwerk abzustäuben, als ich zu meiner ziemlichen Überraschung ein Mädchen, das vor einiger Zeit [die Schule] verlassen hatte, in der Kleidung einer Nonne auf mich zukommen und mir winken sah, daß ich ihr folgen solle: es verursachte mir einen ziemlichen Schock, mich selbst auf der Leiter zu sehen, während ich doch der Nonne folgte. Durch eine [Seiten]tür [der Kirche] erreichte ich die [nicht öffentliche] Kapelle [der Nonnen], auf einem Wege, den ich nie zuvor betreten hatte. Während ich in einer der Kirchenbänke kniete, war ich sehr erstaunt, Onkel Oldham auf mich zukommen zu sehen, da Mutter mir nicht mitgeteilt hatte, daß er die Absicht habe, nach Belgien zu kommen. Mir schien, daß etwas nicht in Ordnung sei, weil er einen so schmerzlichen Ausdruck hatte; er nahm meine Hand in die seine und sagte, er habe etwas sehr Unrechtes getan, und es würde ihm sehr helfen, wenn ich für ihn betete; dann sagte er mir, daß er von der Frau, die er liebte, abgewiesen worden sei und sich in der Verzweiflung erschossen habe... Als ich mich [plötzlich] wieder auf der Leiter fand, muß ich etwas bleich ausgesehn haben; Mère Columba veranlaßte mich daher, mich auf eine Weile hinzulegen... Einige Tage danach hörte ich von Mutter, daß Onkel Oldham wirklich 'plötzlich ge-

---

1) Vgl. Vogl 9 f.; Thomas, Life 278; Gurney II 413 f.   2) Pseudonym, wie alle Namen in der Veröffentlichung des Falles.

storben' sei. Es erschütterte mich, da ich nicht wußte, wem ich glauben sollte...'

Diese Aussage ist am 15. März 1908 verfaßt. Vom 4. Sept. 1907 stammt ein ausführliches Zeugnis zweiter Hand seitens der Mutter, welcher Miss Wilson bei ihrer Ankunft in England (6. Aug.) auf den Kopf zugesagt hatte, was sie wußte, und dann den Vorfall ausführlich erzählt hatte. Wir erfahren daraus, daß die zuerst gesehene Schulfreundin zu jener Zeit tatsächlich den Schleier genommen hatte, wovon Miss Wilson aber nichts wußte; daß der Weg zur Kapelle sie durch das Refektorium der Nonnen führte, welches niemand außer diesen betreten durfte, das sie aber zutreffend zu beschreiben imstande war (einschließlich eines Bildes an der Wand, von dessen einer Gestalt mehrere 'rote Bänder' herabhingen); daß, als sie in der Kapelle niederkniete, sie jemand 'nahe fühlte' und, aufblickend, Onkel Oldham gewahrte; daß nach den 'Reden' des Kapitäns dieselbe Nonne sie wieder hinausführte und sie sich in benommenem Zustande[1] auf der Leiter fand, jedoch imstande war, herabzusteigen.

Aus Miss Wilsons Verhör vor der Ges. f. ps. F. am 30. März 1908 kann schließlich noch erwähnt werden: daß sie weder die Dame kannte, welche Kapitän Oldhams Hand zurückwies, noch von seiner Liebe überhaupt gewußt hatte; daß der Nonne, welche sie führte, das Innere des Refektoriums bekannt war, daß diese aber **den Verstorbenen nicht kannte**; daß die 'roten Bänder' auf dem Bilde im Refektorium in triefendem Blut auf einem Heiligenbilde bestanden, — wie Miss Wilson feststellen konnte, als sie am Ende des Semesters gelegentlich einer Preisverteilung das Refektorium zum erstenmal betrat; daß Kapitän Oldham in der Kapelle ihre Hand zu berühren schien, sowie daß sie nichts von dem 'Rückwege' aus der Kapelle bemerkt und sich nicht nochmals auf der Leiter stehend gesehen habe. — Die Möglichkeit, daß Miss Wilson durch Zeitungen von Kapitän Oldhams Tode erfahren, muß als ausgeschlossen gelten; Zeitungen drangen in den Konvent überhaupt nicht; Briefe an die Schülerinnen wurden geöffnet, ehe sie abgeliefert wurden.[2] —

Ähnlich verlief ein von der amerikanischen Schwestergesellschaft veröffentlichter Fall, den ich nur ganz kurz zusammenfasse: Eine Mrs. N. J. Crans glaubte nach dem Zubettegehen 'den Körper zu verlassen' und 'hinzugleiten'[3] und fühlte sich in ein ihr fremdes Zimmer versetzt, wo sie ihren Schwiegersohn Charles schlafend erblickte, und dessen Einrichtung sie sich genau betrachtete und merkte, einschließlich eines am Rückenstück zerbrochenen Stuhles zu Häupten des Bettes. Darauf sah sie ihre verstorbene Tochter ins Zimmer treten, sich über Charles, ihren Gatten, beugen, ihn küssen und wieder hinausgehn, obgleich Charles, der sie erkannte, sie zurückzuhalten suchte. Ihre Mitteilung des 'Traumes' an den Schwiegersohn kreuzte sich mit einem Brief desselben, der ihr inhaltlich einen entsprechenden 'Traum' berichtete. Auch ihre Beschreibung des Zimmers erwies sich als völlig genau. Die beiden Träumer lebten 6 Tagereisen voneinander entfernt.[4]

---

1) dazed.   2) JSPR XIII 228 ff. (Ges. durch Prof. Barrett.)   3) drifting sensation.
4) PrAm I 446 (auch Myers II 374 f.).

Eine animistische 'Konstruktion' solcher Vorgänge ist natürlich in logischer Strenge nicht auszuschließen. Also etwa: Mrs. Wilson unterrichtete telepathisch ihre Tochter von der wahren Natur des Todesfalles; die junge Nonne, welche Refektorium und Kapelle aus eigener Anschauung kannte, übertrug dies Wissen (gleichfalls telepathisch) auf Miss Wilson, und aus alledem zimmerte diese ihren visionären 'Traum' zurecht. — Es sollte mich freilich wundern, wenn solche sinnreiche Sinnlosigkeiten auf dieser Stufe unsrer Untersuchung noch Eindruck auf meine Leser machen könnten. Warum z. B. erwies die junge Nonne ihre telepathische Gefälligkeit gerade in dem Augenblick, da Mrs. Wilsons telepathische Mitteilung — vermutlich längst erfolgt — in der Tochter Bewußtsein zur Vision erblühte? Diese junge Nonne befand sich z. Zt. irgendwo in der Fremde — niemand wußte wo! —, und von Kapitän Oldham hatte sie nie das Geringste gewußt. Wieso also trat sie so gelegen in Tätigkeit und mischte ihre eigene Erscheinung in ein Erlebnis, das sie gar nichts anging? Nun, ich bin überzeugt, daß ihre 'Erkennung' durch Miss Wilson überhaupt ein Irrtum war und daß es sich in Wahrheit um irgendeine verstorbene Nonne handelte, die soz. die Begegnung mit dem Selbstmörder 'vermittelte'. Miss Wilson befand sich — daran lassen die Einzelheiten ihres Berichts nicht zweifeln — in echter Exkursion; in dieser war sie daher imstande, mit zwei Abgeschiedenen 'zusammenzutreffen', von denen der eine ihr eine Schuld gestehen und sie um ihre Gebete bitten wollte, — zwei typische Spukmotive, wie wir wissen. Der Fall Wilson-Oldham verbürgt damit für jeden, dem Forschung auch Zusammenschau bedeutet und nicht das Zerstückeln der Wirklichkeit zugunsten vorgefaßter Begriffe, — den Tatbestand, den wir am Abschluß unsrer Untersuchungen noch zu finden hofften; er bildet — gleich dem Fall des John Black — einen jener kostbaren Glücksfunde, aus denen zuweilen mehr Erkenntnis zu gewinnen ist, als aus hundert Alltäglichkeiten der Beobachtung; er liefert, recht verstanden, die schönste Bestätigung, die unsre Auffassung der Exkursion sich wünschen konnte: er zeigt uns den 'vorläufigen, vorübergehenden Geist' der Lebenden und den 'endgültigen Geist' des Abgeschiedenen imstande, an der Schwelle ihrer beiden Welten im gleichen Zustande zusammenzutreffen, und beweist uns damit, daß das Sterben selbst nicht mehr als eine Zustandswandlung des Lebens ist.

Dies Endergebnis der bündigsten aller spiritistischen Beweisführungen gewinnt nun aber schließlich auch rückwirkende Kraft für alle vorausgegangenen Argumente. Der animistische Gegner mochte sich dort darauf herausreden, es fehle ihnen allen, oder doch einigen, die zwingende Kraft; sie täten zwar die Einfachheit und Natürlichkeit spiritistischer Deutungen dar und begründeten damit einen außerordentlichen Grad von Wahrscheinlichkeit, ohne aber einen Beweis zu liefern, der kein Entrinnen offen ließe. Er wird indessen zugeben müssen, daß ein geringer Zuwachs an Gewicht genügen würde, die sinkende Wagschale der Überzeugung völlig zum Niederschlagen zu bringen. Dieser Zuwachs ist jetzt in reichlichem Maße beschafft. Für den, der die Gesamtheit unsrer Argumente überblickt, muß es feststehn, daß jene Künsteleien sich **nicht länger verlohnen**, mit denen man sich der Beweiskraft mancher früheren Argumente zu entziehen hoffte. Auch kommt es schließlich nicht darauf an, den letzten zu den früheren Beweisen und diese untereinander zu 'addieren'; vielmehr entdecken wir, daß alle einzelnen Gruppen sich **innerlich ineinandergreifend ergänzen**. Die meisten der früher dargestellten Argumente liefen ja darauf hinaus, den erscheinenden oder sich kundgebenden Abgeschiedenen als eigentlichen **Aktivitätskern** der beobachteten Vorgänge herauszuschälen. Jetzt, in den Tatsachen der Exkursion, haben wir den Entkörperten soz. **von innen her als aktive Persönlichkeit unmittelbar anschauen** können, und zwar als Persönlichkeit von normalen Ausmaßen im Fühlen, Wollen, Erinnern, Überlegen, genau entsprechend den beobachteten Eigenschaften des Kommunikators in so vielen Kundgebungen spiritoiden Gepräges. Wir haben überdies den **Wunsch des vom Leibe Gelösten, zu erscheinen und sich den Lebenden kundzugeben, als sein bewußtes Erlebnis** feststellen können. In vielen Fällen gelang ihm die Verwirklichung dieser Wünsche nicht: er glaubte, man müsse ihn sehen, aber man sah ihn nicht; er meinte, man müsse ihn hören, aber man hörte ihn nicht. In andern Fällen dagegen **wurde er gesehen und gehört**, sein objektives Wirken beobachtet. Der hinausversetzte Lebende tut mithin alles, was in tausend Fällen mit umstrittener Deutung ein Verstorbener **zu tun scheint und zu tun behauptet**. Auf jeder Linie des Wollens also gehen die Leistungen Lebender ohne Bruch in die entsprechenden Leistungen Abgeschiedener über; und selbst die Bekundung eines Subjektes **durch ein zweites**, fortschreitend bis zu dessen anscheinender Besitzergreifung, beobachteten wir ja im Falle der Lebenden so gut, als in dem der Verstorbenen. Damit rundet sich das ganze Gewebe der Tatsachen zur Einheit und schließt sich der Kreis der Beweisführung. Daß der Verstorbene sich willkürlich zeigt und äußert, erscheint nicht länger als bestreitbare Folgerung aus Indizien, sondern als unmittelbare Formulierung von Tatsachen der Selbstbeobachtung. Damit kommt der Streit der Deutungen zur Ruhe; die Auslegung versinkt in der Feststellung.

6. Anhang: Ein eigenes Erlebnis und eine letzte Abwehr

Die Aufgabe dieses Buches ist hiermit erfüllt. Ehe ich aber die Feder aus der Hand lege, will ich noch zweierlei tun. Zunächst möchte ich unsern Bestand an Tatsachen um einen verwickelten Fall aus eigner Erfahrung vermehren; und zweitens ein letztes Argument des Gegners beseitigen, das selbst nach Anerkennung aller vorgebrachten Beweise sich gegen ihren vollen Ertrag richtet und somit ans Ende ihrer Erörterung gehört.

Jener Fall hätte freilich, in seine Teile zerlegt, an verschiedenen Stellen meines Gedankenganges sich einflechten lassen. Daß ich ihn hier anhangsweise als Ganzes mitteile, hat wesentlich persönliche Gründe. Die wissenschaftlich-unpersönliche Arbeit an diesem Buche stand vor ihrem Abschluß, als dies Erlebnis über mich hereinbrach und mir Gelegenheit gab, die Wahrheit, auf deren Begründung ich die beste Arbeit meines Lebens verwendet habe, gleichsam am eignen Leibe zu erproben. Indem sich mir aber das Mitzuteilende als Einheit erschütternden Erlebens darbot, durfte mir seine logisch-darstellerische Zerstückelung wohl widerstreben. Anderseits findet es gerade hier die passendste Stelle, weil es einen Bestandteil enthält, der mit der zuletzt besprochenen Form der Exkursionserfahrung zusammenzufallen scheint: jener Form, die uns das Beisammen des Hinausversetzten mit einem Abgeschiedenen zeigt.

Am 15. Oktober 1933 verstarb meine Frau, noch in den besten Jahren stehend, an den Folgen einer sog. 'spontanen subarachnoidalen Blutung', hervorgerufen durch Aneurysmabruch an einer Basalarterie des Gehirns. Unsre 23jährige Ehe — ich muß dies zum Verständnis des Folgenden sagen — war eine äußerst glückliche gewesen. Eine bestimmte 'Abmachung', daß der von uns zuerst Sterbende sich dem Andern, falls möglich, kundtun solle, hat zwischen uns nicht bestanden. Immerhin haben wir von der Erwünschtheit solcher Kundgebungen gelegentlich gesprochen.

Vorausschicken muß ich ferner einige Worte über die Perzipientin der zu beschreibenden Erscheinungen. — Im Herbst 1925 trat ich mit Hrn. Hinrich Ohlhaver in Hamburg, dem bekannten Verfasser von 'Die Toten leben', und seinem Sohne Erwin zuerst in brieflichen, und dann auch in persönlichen Verkehr. Hr. Erwin Ohlhaver suchte mich zweimal in Rostock auf, das zweite Mal, im Frühling 1929, in Begleitung seiner Braut und jetzigen Frau, Anna Ohlhaver. Die junge Dame, ein Mensch von großer Anmut, Reinheit und Innigkeit des Wesens, gewann sogleich meiner Frau und meine Zuneigung; doch wurden Briefe zwischen ihr und uns im Laufe der folgenden Jahre nur äußerst selten gewechselt; zuletzt sogar über 2 Jahre lang gar nicht, ohne daß die geringste Störung unsrer persönlichen Beziehungen erfolgt wäre. — Im Juli 1933 schrieb ich einen Brief allgemeinen Inhalts an Hrn. Ohlhaver sen., der aber mehrere Monate liegen blieb, da ich mir der veränderten Anschrift des Empfängers nicht sicher war. Mehr als 5 Wochen nach dem Tode meiner Frau, am 21. November, fügte ich diesem Brief eine entsprechende Nachschrift bei und übergab ihn, unter Benutzung der früheren Adresse, eingeschrieben der Post, es dieser überlassend, den Empfänger ausfindig zu machen. Darauf erhielt ich zwei am 25. Nov. geschriebene Briefe der Frau Anna Ohlhaver und ihres Schwiegervaters, denen ich, alles nicht wesentliche beiseite lassend, die folgenden Mitteilungen entnehme.

Nach Worten der Teilnahme schreibt Hr. Ohlhaver: 'Über zwei kleine Vorkommnisse muß ich Ihnen in diesem Zusammenhang berichten. Vor etwa 4 Wochen sagte Anna, Erwins Frau, zu mir: 'Eben (am hellen Tage und mitten bei der häuslichen Arbeit) habe ich Frau Dr. Mattiesen gesehen. Sie sagte mir etwas von B l u t u n g und hat mir aufgetragen, viele herzliche G r ü ß e zu bestellen.' Eine Woche später waren Anna und ich in Hamburg in einer Konditorei und tranken eine Tasse Kaffee, da sagte Anna zu mir: 'Das ist doch komisch, eben habe ich wieder Frau Dr. Mattiesen gesehen, und wieder bat sie mich, viele, viele Grüße zu bestellen.' Beide Gesichte dauerten jedesmal nur wenige Sekunden, wir waren nicht geneigt, ihnen irgendwelche Bedeutung beizumessen, und am allerwenigsten haben wir die V e r m u t u n g g e h a b t, I h r e G a t t i n k ö n n e n a c h d e m J e n s e i t s ü b e r g e s i e d e l t s e i n. Wir betrachteten die Vorkommnisse als Erinnerungsbilder, umso mehr, als wir uns oft mit Ihnen beschäftigten... Bei Ihrer Trauerbotschaft überraschte mich der Ausdruck 'Gehirnhautblutung', und sofort erinnerte ich mich, daß, als Anna zum ersten Mal Ihre Gattin gesehen haben wollte, sie hinzufügte, Ihre Gattin habe ihr etwas von Blutung gesagt. Heute bin ich überzeugt, beide Vorkommnisse hatten einen wahren Hintergrund: Ihre Gattin wollte uns ihren Heimgang und die Ursache des Abscheidens, die Gehirnhautblutung, mitteilen, in der Hauptsache aber wollte sie uns beauftragen, Ihnen viele herzliche Grüße von ihr zu übermitteln, da sie eine direkte Bestellung bei Ihnen nicht ausführen konnte.'

Die Perzipientin selbst spricht sich über ihre beiden Schauungen u. a. in folgenden Worten aus:[1]

'[Bei dem ersten Gesicht] wunderte ich mich über die Innigkeit, mit der mir Ihre liebe Frau G r ü ß e sagte, und doch fühlte ich auch irgendwelche Not. Deutlich höre ich noch das Wort 'Blutung', aber ich d e u t e t e e s f a l s c h, weil mir Ihre liebe Frau bei unsrem damaligen Besuch bei Ihnen erzählte,

---

[1] Ich lasse eingestreute Anreden fort, kürze leicht, stelle wegen der Kürzungen einiges um und sperre einzelne Worte.

Anhang: Ein eigenes Erlebnis und eine letzte Abwehr 395

daß sie etwas angestrengt sei, weil sie unwohl wäre... Auch die Grüße, die sie mir auftrug, verstand ich nicht, weil ich ja nicht ahnte, daß Ihre Frau in die jenseitige Welt eingegangen war... Nun kann ich mir auch dieses Drängen zum Schreiben erklären, das mich im Augenblick ganz ausfüllte. — Auffallend war es kurz darauf in einem Kaffee, wo ich mich mit unsrem Vater angeregt über geschäftliche Dinge unterhielt: ich mußte mich seitwärts wenden, sah wieder ganz deutlich Ihre Frau und fühlte ein ganz außerordentliches Drängen, an Sie zu schreiben... Nun erkenne ich deutlich, daß Ihre liebe Frau in großer Sorge um Sie war und durch mich die Möglichkeit hatte, sich bemerkbar zu machen, um Ihnen innige Grüße zu übermitteln. Wenn ich mich jetzt zurückversetze, so fühle ich noch deutlich dieses förmliche Aufdrängen: Schreiben, schreiben!... Aber nie kam mir bei diesen Gesichten der Gedanke, daß sie in die jenseitige Welt hinübergegangen sei.'

In einem weiteren Briefe vom 30. November fügte Frau Ohlhaver, auf Fragen meinerseits antwortend, noch folgendes über diese beiden Schauungen hinzu:

'Beim ersten Mal gewann ich den Eindruck, daß Ihre liebe Frau ganz bekümmert, geradezu unglücklich war. Hilflos unglücklich ist wohl die treffendste Bezeichnung für den Ausdruck des Gesichts, wie ich es sah.' (Frau O. fügte bei, daß sie, um mich zu schonen, sich zunächst nicht so stark ausgedrückt habe.) 'Schließlich aber wandelte sich der Ausdruck in Wärme und Güte. Nun, ich weiß: wie es damals um Sie stand, konnte es garnicht anders sein, als daß der Ausdruck eines tiefen Kummers in ihrem Gesicht vorherrschte. [Was die Äußerungen des Phantoms betrifft, so] ist es mir, als hätte ich besonders das Wort 'Blutung' und 'viele, viele Grüße' mit dem inneren Ohr vernommen. Daß ich deutliche, sprachlich geformte Sätze gehört hätte, möchte ich eigentlich nicht sagen. Ich stehe bei diesen Erlebnissen, deren ich schon öfter ähnlich zutreffende hatte, unter dem Eindruck, daß mir von den Jenseitigen bestimmte Eindrücke eingegeben werden, die dann in mir so weit eine gedanken-sprachliche Formung annehmen, daß ich mich gleichsam in einer Zwiesprache mit den Jenseitigen befindlich fühle. — Im Kaffee fühlte ich ganz plötzlich einen Zwang (woher er kam, kann ich nicht sagen), den Kopf zu wenden, und sah dann wieder das Gesicht Ihrer lieben Frau, aber keine Gestalt. Diesmal war der Ausdruck nicht mehr so verzweifelt, aber so ungeduldig, als wollte sie mir einhämmern, daß ich schreiben solle; ich hörte wieder 'Grüße', und dann war das Gesicht wieder weg. Ich sagte zu Papa: 'Was man sich manchmal doch zurechtfantasiert: eben habe ich wieder Frau Dr. Mattiesen gesehen. Wir sollen schreiben.' Aber auch Papa legte der Sache keine tiefere Bedeutung bei, sondern sagte nur: Ja, wir müssen notwendig schreiben, aber erst möchte ich in unsern Angelegenheiten klarer sehen, und so weit sind wir noch nicht'... Leider ist die mediale Gabe bei mir sehr schwach, und es ist mir nicht möglich, mich willkürlich mit Jenseitigen in Verbindung zu setzen; sondern ein solches Erleben ist immer ganz spontan und meistens ganz kurz, aber während dieser kurzen Zeitspanne spielen sich manchmal Erlebnisse ab, die normalerweise Stunden diesseitigen Geschehens beanspruchen würden.' —

Zum Verständnis dieser Vorgänge mögen die folgenden Überlegungen dienen. — Der Tod meiner Frau ist ausschließlich im 'Rostocker Anzeiger' am Abend des 16. Oktober öffentlich, und im Laufe der nächsten Tage und Wochen einer Anzahl von Verwandten, Freunden und Bekannten brieflich durch mich bekanntgegeben worden. Von diesen, soweit sie vor dem ersten Gesicht benachrichtigt wurden, ist niemand mit der Familie Ohlhaver bekannt. Daß Frau O. aus keiner dieser denkbaren Quellen ein normales Wissen von dem Todesfall geschöpft, unterstelle ich darum als gewiß, wiewohl dem Gegner die Vermutung unbenommen bleibt, daß sie in irgend einem Café oder irgend einer Gosse eine Anzeigenseite des Rostocker Blattes mit dem bekannten 'Netzhautrande' 'unbewußt' wahrgenommen habe. Wem die blöde Willkür solcher Annahme gegen den logischen Geschmack geht, der wird nunmehr natürlich telepathische Benachrichtigung des Mediums durch einen der normal Wissenden annehmen. Und zwar würde dann wohl ich vor allem der Ehre teilhaftig werden, als meines Wissens der einzige, der mit Frau Ohlhaver bekannt war, also erhöhte Aussichten auf 'Rapport' hatte; überdies als der weitaus am schwersten Getroffene, mithin am stärksten 'affektgeladene' telepathische 'Geber'. Verwunderlich könnte auch dann noch erscheinen, daß ich diese 'Mitteilung' nicht auf dem Gipfel der Affektladung ausgeübt hätte: in den ersten Tagen nach dem Schicksalsschlage, sondern erst zwei Wochen später. Aber auch da bietet ja der gefällige Begriff der 'Latenz' einen Ausweg. Frau Ohlhaver mag 'sofort' unterrichtet worden sein; aber ihr 'Unterbewußtsein' wartete eine günstige passive Einstellung des 'Oberbewußtseins' ab, ehe es sein Wissen in Bildern 'emporschickte'. Diese passive Einstellung fand es verwirklicht im ersten Falle während häuslicher Arbeit, im zweiten während einer angeregten geschäftlichen Unterredung in einem großstädtischen Kaffeehause. Hr. Ohlhaver ist ein Mann, der in großen Summen zu rechnen gewohnt ist. Doch würde man den Geist einer jungen Frau von heute unterschätzen, wenn man bezweifeln wollte, daß geschäftliches Verhandeln mit solchem Mann ihr nicht genügende Geistesmuße übrig ließe, um die rechte Bühne für das Emporspringen unterbewußt gespeister Visionen herzustellen.

Wollte man aber trotzdem die Augenblicke, in denen es dem 'Unterbewußtsein' der Frau Ohlhaver beliebte, sein Wissen sinnlich zu entfalten, für die denkbar ungeeignetsten und unwahrscheinlichsten erklären, so stände dem Animisten eine weitere und unvergleich-

Anhang: Ein eigenes Erlebnis und eine letzte Abwehr

lich feinere Deutung zur Verfügung. Frau Ohlhaver ist die Schwiegertochter des volkstümlichsten deutschen Vertreters des Spiritismus; kein Zweifel also (auch wenn sie dessen nicht geständig wäre), daß nicht nur sie selbst diesem Wahne huldigt, sondern vor allem auch ihr 'Unterbewußtsein' davon vollgesogen ist. Auf Grund dieser Einstellung hätte es sich den Plan zum Ausbau eines 'Beweisfalles' von unerhörter Verfeinerung erdacht. Zunächst hätte es, wie gesagt, sein Wissen zwei Wochen lang für sich behalten, um schon damit einer 'telepathischen Deutung' entgegenzuarbeiten; denn nach dieser wäre — als das Wahrscheinlichste — zu erwarten gewesen, daß die telepathische 'Sendung' gleich nach dem Todesfall erfolgte und der Frau Ohlhaver in ihrer ersten seelischen Ruhelage bewußt wurde. Diese offenbare Gefahr durchschauend, beschloß ihr 'Unterbewußtsein', die Bekanntgabe an das Oberbewußtsein nicht nur zu verschieben, sondern auch zu 'tarnen', und der Grad von Vollendung, den es dabei erzielte, muß Bewunderung erregen. Die Tarnung nämlich entschied sich für eine dramatische Umwegigkeit von verblüffend spiritistischer Formung. O_u — so wollen wir das Unterbewußtsein der Frau Ohlhaver bezeichnen — ließ die Verstorbene 'erscheinen' und 'reden', oder doch gewisse Wortvorstellungen übertragen. Als 'Erscheinung' zeigte sie eine 'bekümmerte', 'unglückliche' Miene, von irgendwelcher 'Not' bedrückt: das Natürlichste von der Welt, wenn es sich um eine Autophanie, eine selbstgewollte und selbsterzeugte Erscheinung der Verstorbenen handelte, denn diese hatte, im Bewußtsein meines Grams und ihrer Unfähigkeit, mir unmittelbar etwas Tröstendes zu sagen, die stärksten Gründe, 'unglücklich' und 'notgedrückt' zu erscheinen; zudem haben uns ja zahlreiche Beobachtungen gelehrt, daß auch Lebende imstande sind, Mienenspiel, Gebärde und Reden ihrer Autophanien im Sinn ihres Interesses am Erscheinen, also im Sinn eines bestimmten Mitteilungsdranges, dramatisch-episch zu gestalten, und dasselbe müssen wir natürlich auch den Autophanien Verstorbener zugestehn, falls diese Lebende sind. O_u hätte also keine spiritistisch-'natürlichere' Ausbildung der Vision bewirken können, als indem es ihr jene Züge verlieh.

Weiter aber mußte O_u offenbar daran liegen, ein Verständnis dieser Schauung seitens O_o (der 'oberbewußten' Frau O.) zunächst zu verhindern, die Deutung der Vision vielmehr mir selbst für später vorzubehalten. In der Tat mußte durch diese List der spiritistische Schein des ganzen Vorgangs bedeutend gesteigert werden. Bei einer telepathischen Benachrichtigung der Dame wäre in erster Linie etwa ein Auftreten des abstrakten Wissens 'Frau M. ist tot', und erst in zweiter Linie der Eintritt einer Vision, als 'Ausgestaltung' jenes Wissens, zu erwarten gewesen. Trat also von vornherein eine dramatisch durchgebildete Vision ein, so mußte sie eigentlich ihre Deutung ohne weiteres mit sich führen. Dies aber sagte sich auch O_u, ein in allen Feinheiten animistischer Deutungskunst erfahrenes Wesen. Es wählte daher den einzigen Ausweg: eine durch sinnvolle Mimik und Rede gekennzeichnete Vision zwar eintreten zu lassen, die ihr zugehörige Deutung aber zurückzubehalten und damit die Unverständlichkeit jener Kennzeichnung zu sichern. Ja mehr: es ließ das Phantom zwar 'reden', aber offenbar in schwer verständlichem Murmeln, sodaß nur zwei Äußerungen deutlicher aufgefaßt wurden: 1) das Wort 'Blutung', das vorzüglich geeignet war, einen nachträglichen Erweis persönlichen Wissens auf seiten des Phantoms zu ermöglichen, und dabei doch dunkel, ja zweideutig genug, um ein sofortiges Verstehn des Geschauten zu verhindern. Ebenso sinnreich war die zweite deutlich 'durchgelassene' Äußerung gewählt: 'Grüße, innige Grüße senden.' Unter spiritistischen Voraussetzungen, die ja O_u zu fördern wünschte, müßte gerade dies als überwältigend natürlicher Ausdruck der seelischen Lage der Verstorbenen erscheinen: diese hat endlich einen Menschen entdeckt, dem sie sich sichtbar und hörbar machen kann, durch den also für sie eine Botschaft an den geliebtesten Hinterbliebenen ins Bereich der Möglichkeit tritt; mit einem 'ganz außerordentlichen, ungeduldigen Drängen', das die Perzipientin 'ganz ausfüllt', bestürmt sie diese: 'Schreiben, Grüße senden.' Wenn etwas die ganze Verschlagenheit von O_u offenbaren könnte, so ist es die kluge Berechnung, mit der es ein Verständnis selbst dieser Worte durch O_o verhinderte. Denn wie nahe mußte ein solches liegen! Wie sehr hätten Frau Ohlhavers 'bewußte' spiritistische Überzeugungen ihr den Gedanken geradezu auf die Zunge legen müssen: das kann nur eine Verstorbene sein, die ihren Mann nicht anders zu erreichen imstande ist. Ja man müßte hier über die 'bewußte' Frau Ohlhaver, die einen klaren Verstand hat, eigentlich verwundert den Kopf schütteln, wenn man nicht eine zweckvolle Hemmung seitens ihres 'Unterbewußtseins' annähme, nach Art der sogen. 'negativen Halluzinationen': sie sollte die der Sachlage entsprechend natürlichste 'spiritistische Dramatik' erleben, und dennoch um die auf der flachen Hand liegende Deutung herumgeführt werden, wie die blinde Henne um den fetten Regenwurm. — Aber was mehr ist: auch ihr Schwiegervater, ein Mann des gesunden Menschenverstands und natürlichen Scharfsinns, wenn es je einen gab, dazu ein gewiegter Spiritist, durfte nicht sehen, was seine Überzeugungen ihm eigentlich unter die Augen halten mußten, — sollte der 'Fall' nicht verdorben werden. Man kommt hier schwerlich um die Annahme herum, das Unterbewußt-

Anhang: Ein eigenes Erlebnis und eine letzte Abwehr 399

sein der Schwiegertochter habe auf das Ohlhaver-seniorsche Unterbewußtsein eine 'telepathische Hemmung' ausgeübt! Man braucht sich auch nicht darüber zu wundern, daß solche Undurchlässigkeit der Scheidewand zwischen O und U so leicht zu erzielen sei. Gerade dem Animisten gilt sie — zugunsten seiner Theorien — als selbstverständliche Tatsache. Allerdings ist diese Undurchlässigkeit auch wieder von erstaunlicher Wandelbarkeit. Sie schwankt zwischen der Dichtigkeit einer Panzerplatte und der Löchrigkeit eines Kohlensiebes. Und zwar treten diese Gegensätze ohne weiteres auch **gleichzeitig** auf: die Scheidewand zwischen O_u und O_o z. B. läßt die visionären Inhalte durch, ihre Deutung dagegen nicht. Und eigentlich das Erstaunlichste ist: daß dieses Schwanken letzten Endes durchgehends den Zwecken der animistischen Deutungskunst dient. Man muß nur mit dem Unterbewußtsein auf vertrautem Fuße stehn — und es kann einem schlechterdings **nichts** abschlagen...

Die notwendigen Voraussetzungen des Animisten in diesem Falle formulieren, heißt sie ad absurdum führen. —

Ein möglicher, ja wahrscheinlicher Einwurf erheischt schließlich allerdings Erwähnung, ehe wir jene ersten Gesichte verlassen: '**wußte**' denn meine Frau von der Art ihrer Erkrankung, sodaß ihre Erinnerung sie befähigt hätte, von einer 'Blutung' als Ursache ihres Todes zu sprechen? Die Antwort lautet selbstverständlich: nein. Man teilt einer Leidenden, nur selten zu vollem Bewußtsein Erwachenden nicht mit, daß eine Ader in ihrem Kopfe gerissen sei. Der aber müßte seltsam unwissend sein, der darin einen Beweis erblickte, daß die fragliche Äußerung nicht von der **Erscheinenden** habe herstammen können. Ich sehe dabei gerne ab von der Möglichkeit, daß meine Frau, nach ihrem Tode um ihre Nächsten anwesend, aus deren Gesprächen über die Art ihrer letzten Krankheit jenes Wissen geschöpft habe. Das wäre zwar in Übereinstimmung mit zahlreichen Beobachtungen über das Verfolgen irdischer Ereignisse, Taten und Reden durch Abgeschiedene. Doch könnte mir der Gegner erwidern — falls er sich auf den vorliegenden Fall beschränkte —, daß ich zu seiner Deutung nicht voraussetzen dürfe, was ich durch ihn zu beweisen suche. Ich will mich daher nur auf die allgemein bekannte und auch von Animisten sehr häufig ins Feld geführte Tatsache berufen, daß unser 'Unterbewußtsein' eine Kenntnis der inneren Körpervorgänge besitzt, die weit über die des wachen Ich hinausgeht. Was wir der hellseherischen und 'psychometrischen Ferndiagnose' nach vielen verbürgten Versuchen zutrauen müssen, das müßten wir *a fortiori* der übernormalen Selbstdurchschauung erst recht zutrauen, auch wenn es nicht durch besondre

Beobachtungen erwiesen wäre. Sorgfältige Feststellungen der alten Somnambulenforscher und moderner Hypnologen, wie etwa der Doktoren Sollier und Comar, lassen darüber keinen Zweifel bestehn.[1] Es ist also gut animistische Annahme, daß meine Frau (die zum Überfluß zeitlebens Hellsichtigkeit bewiesen hatte) schon vor ihrem Ende eine unterbewußte Erkenntnis ihres Leidens besaß, und es versteht sich von selbst, daß ihr überlebender Teil auf das Wissen ihres Unterbewußtseins noch höheren Anspruch hatte, als auf ihr sonstiges normales.

*

Nachdem Frau Ohlhaver durch mich vom Tode meiner Frau erfahren und damit zugleich das nachträgliche Verständnis ihrer beiden Visionen erlangt hatte, erschien ihr die Verstorbene noch mindestens viermal. Es braucht nicht gesagt zu werden, daß die Bedeutsamkeit dieser Gesichte nicht die gleiche sein kann, wie die der vor Empfang der Todesnachricht erlebten. Ich will sie aber doch in Kürze mitteilen, da sie durchaus nicht des Lehrreichen entbehren und jenes ungefähre Seitenstück zum Falle Oldham-Wilson sich eben unter ihnen befindet.

Die erste dieser Schauungen erfolgte, einem Brief der Frau Ohlhaver zufolge, anscheinend in der zweiten Nacht nach Absendung ihrer ersten Mitteilung an mich.

'Gegen $1/_2 1$ Uhr nachts', als sie ihr Abendgebet sprach und dabei auch meine Frau und mich 'miteinschloß', — 'sah ich (schreibt sie) Ihre liebe Frau wunderschön, geradezu strahlend. So schön und glücklich war der Ausdruck, wie ich persönlich ihn nie bei ihr gesehen habe. Ich fragte sie, ob sie sich wohl freue, daß ich ihre Grüße übermittelt habe. Da nickte sie strahlend. Ich fragte sie nun, natürlich nur gedanklich, ob wir nun zu Ihnen gehen wollten; sie solle von mir die Kraft nehmen und versuchen, sich Ihnen bemerklich zu machen. [Darauf] sah ich Sie im Bette liegen und Ihre Gattin zu Ihnen gehen ... Bis hierher könnte ich es mir alles als Wunschbild meinerseits erklären. [Dies ist nicht das einzige Mal, daß Frau O. eine kritische Einstellung ihren Erfahrungen gegenüber zum Ausdruck bringt.] ... Nun aber kommt der Punkt, der mich stutzig machte und mich geradezu enttäuschte: daß nämlich Ihre Frau gar nichts unternahm, sich Ihnen sichtbar oder fühlbar zu machen, sondern sich in unendlicher Liebe über Sie beugte und alle Kräfte in den zwei Worten zu vereinigen schien: 'Ruhe und Schlaf.' Sie legte dabei die Hand auf Ihre Stirn, das Gesicht nahm einen ernsten Ausdruck an, und sie verharrte eine Weile in dieser Stellung. Ich selbst sah mich schemenhaft seitwärts stehen, und mein ganzer Wille war darauf gerichtet, Kraft herzugeben. [Aber das Verhalten Ihrer Frau] war ganz gegen meine persönliche Einstellung, und wenn mir nur meine Fantasie [dies Erlebnis] eingegeben hätte, so hätte Ihre Frau bestimmt ver-

---

[1] Sollier. Vgl. Mattiesen 403 ff. u. o. S. 323.

Anhang: Ein eigenes Erlebnis und eine letzte Abwehr

sucht, sich Ihnen bemerkbar zu machen, denn darauf waren alle meine Gedanken gerichtet.'

Hier hätten wir also, wie mir scheint, das eben besprochene Beisammensein einer hellsehend **exkurrierenden** Person mit dem Phantom einer Verstorbenen in einer realen Umgebung.

Das Erlebnis der Frau Ohlhaver ist somit an sich und seiner Art nach durchaus **glaubhaft**, und mir liegt hier lediglich an der Aufweisung gewisser Bestandteile darin, die jedenfalls nicht aus ihrem normalen Wissen abzuleiten sind. Frau O. konnte nicht ahnen, daß das, was sie schwer 'enttäuschte', **vom Standpunkt der Erscheinenden aus im höchsten Grade natürlich und bezeichnend war**. Mein Schlaf ist nämlich ein wunder Punkt meiner 'Konstitution'. Es hat Zeiten gegeben, da jede Nacht beinahe ein kleines 'Problem' für sich darstellte und der Schlummer, einmal unterbrochen, sich nur nach längerem Warten wieder herstellte. Für meine Frau war er daher häufig ein Gegenstand der Sorge und fast **übertriebener Schonung**. Mich zu wecken und wachzuhalten — in diesem Fall also durch eine 'Erscheinung' und die damit verbundene tiefe Erregung — wäre ihr im allerhöchsten Grade 'gegen den Strich gegangen'. Es ist müßig, darüber zu streiten, ob unter diesen besondren Umständen ein Abweichen von ihrem Grundsatz nicht doch 'natürlich' gewesen wäre. Jedenfalls tat sie als Phantom, was sie als Lebende in entsprechender Lage unfehlbar getan hätte: sie suchte meinen Schlaf nicht nur zu schonen, sondern nach Kräften zu vertiefen. Tatsache ist, daß ich in jener Nacht zum **erstenmal** seit ihrem Hinscheiden einen für mich ganz ungewöhnlich langen, 9 stündigen und wunderbar erfrischenden, tiefen Schlaf genoß. Ob dies eine Folge der durch die Verstorbene ausgeübten 'Suggestion' (wenn nicht gar 'Magnetisierung'!)[1] war, oder aber eine Folge der inneren 'Entspannung' durch die am Abend zuvor erhaltene Nachricht von ihren ersten Erscheinungen und 'Grüßen', vermag ich nicht zu entscheiden; es kommt aber darauf auch weniger an, als auf das außerordentlich 'persönlich-wahre' Verhalten der Erscheinung, im völligen **Gegensatz zu den Erwartungen der Perzipientin**; was gewiß gegen alle Regeln auch einer 'Unterbewußtseins'-Psychologie verstoßen würde, falls Frau Ohlhaver selbst die Vision erzeugt hätte. Man müßte sich denn wiederum auf die grauverhangene See animistischer Hilfsannahmen einschiffen wollen...

*

[1] Auch diese Möglichkeit ließe sich ausgiebig belegen. (Vgl. z. B. den Fall U. Cabral: Pr X 383 f. u. Gurney II 88.)

Die nächste Erscheinung fand am 4. Dezember statt, und Frau Ohlhaver teilte mir darüber am nächsten Tage und in einem weiteren Briefe folgendes mit.

'Ungefähr um $^{1}/_{2}$12 Uhr — ich war ganz allein in meiner Wohnung — ging ich zu Bett. Ich hatte die Nachtlampe ausgedreht, als ich plötzlich wieder Ihre Frau sah, und zwar mit einem Hunde. Sie freute sich anscheinend ganz königlich, daß sie sich mir mit dem Tiere zeigen konnte. Es war mir, als sollten Sie sich nun auch darüber freuen und als sollte dies für Sie eine Überraschung sein; als wollte sie Sie fragen: Kennst du ihn nicht? So strahlend glücklich und stolz war sie und so voll Erwartung, ob Sie das Tier nun auch kennen würden. Der Hund schien sehr an Ihrer Frau zu hängen. Es war, als ob Ihre Frau zu ihm gesagt hätte: Komm, wir wollen jemand eine ganz große Freude machen. So überglücklich strahlend standen beide da und warteten nun die Wirkung ab. Auch von dem Tier hatte ich den Eindruck, als ob es verstanden hätte und sich mächtig freute. Merkwürdig war auch, daß ich gar nicht unter dem Eindruck stand, daß das Gesicht mir gälte. Kann das nun richtig sein? Haben Sie einen Hund gehabt, der sich jetzt in treuer Anhänglichkeit Ihrer Frau zugesellt haben könnte? Sie können sich vorstellen, daß es für mich etwas komisches hat, Ihnen Dinge zu schreiben, von denen ich nicht weiß, ob sie die geringste Beweiskraft in sich tragen.'

Auch hier braucht uns die Frage nach dem 'ontologischen Status' des Gesichtes gar nicht zu beschäftigen. Ob Tiere überleben, ob sie sich im Jenseits wieder zu ihren Herren gesellen, das darf hier ruhig dahingestellt bleiben. Wir wissen, daß Tiere gleich Menschen 'spuken', und daß in Materialisationssitzungen auch 'identifizierbare' Phantome von Tieren auftreten, die ihre anwesenden Herren mit allen Anzeichen tierischer Freude begrüßen.[1] Frau Ohlhaver macht auch Angaben, die an ein solches Hundephantom immerhin denken lassen könnten.

Nachdem nämlich das 'Bild' verschwunden war, hörte sie 'deutlich wahrnehmbar ein Atmen, als wenn ein Hund an meinem Bette stünde und mich begrüßte... Ich erschrak und brannte das Licht an, um mich zu überzeugen, daß ich tatsächlich wach sei. Dazu mußte ich mich umdrehn, und nun hörte ich deutlich das Atmen auf der andren Seite. Nun drehte ich mich wiederum, da hörte ich das Atmen wieder auf dieser Seite. Es war wirklich etwas unheimlich, und doch war innerlich eine wundervolle Ruhe in mir... Ich hätte vielleicht nicht gewagt, Ihnen dies zu schreiben, wenn ich nicht tatsächlich mit vollen Sinnen deutlich das Atmen des Tieres wahrgenommen hätte, — in allem ganz charakteristisch das eines Hundes.'

Man mag hiernach das Wesen dieser Erscheinung an sich beurteilen, wie man will: ausschlaggebend soll hier nur die Frage nach dem 'Mitteilungswert' ihres besonderen Bestandstücks sein. Meine Frau 'zeigte

---

1) Bozzano, Animaux 140; Lt 1921 490; Leonard 137; Duncan 105 f. 131.

Anhang: Ein eigenes Erlebnis und eine letzte Abwehr

sich', und sie 'zeigte' einen Hund; wie ja Kommunikatoren dem wachen ebenso gut, wie dem in Trans liegenden Medium nicht nur sich selbst, sondern auch 'Attribute', Dinge, selbst Landschaften 'zeigen',[1] in dem offenbaren Wunsch, etwas mitzuteilen und sich selbst dadurch zu identifizieren. Hatte nun auch hier dies besondere Zeigen einen solchen Sinn, und was konnte gegebenenfalls die Perzipientin darüber wissen?

Was zunächst den Wahrheitsgehalt der Erscheinung anlangt: Allgemeine Tierliebe war bei meiner Frau in einem ganz und gar ungewöhnlichen Grade entwickelt. Vor allem aber war sie das, was Unverständige eine 'Hundenärrin' nennen würden, die selbst fast jeden fremden Hund auf der Straße soz. ansprach, von kleinen Hunden aber kaum 'fortzubringen' war. Zeitlebens hatte sie Hunde besessen, und wir im Verlauf unsrer Ehe deren drei. Unter diesen überragte einer, ein schwarzbrauner Terrier unechter Rasse, durch außerordentlichste Begabung alle andern, die wir je gekannt; auch hatte dieses Tier mit hingebender Liebe und Treue an uns beiden gehangen. — Um zunächst festzustellen, ob die Erscheinung diesen Hund 'dargestellt' haben könne, richtete ich an Frau Ohlhaver, ohne ein Wort über den Wert ihrer Erfahrung, die Frage, wie denn der Hund der Erscheinung ausgesehen habe. Die Schilderung, die ihre Antwort lieferte, paßte leidlich auf jenen überbegabten 'Pidder', wenigstens so weit, als dies zu erwarten war unter Berücksichtigung der Tatsache, daß (wie Frau O. schrieb) 'das Gesicht nur wenige Sekunden Dauer hatte und ich gar nicht die Einzelheiten studierte und festhielt, auch keine Nötigung in dieser Richtung empfand, sondern nur unter dem Eindruck der Gesamterscheinung stand.' Ja Frau O. bedauerte in einem späteren Brief geradezu, daß sie 'den Hund nicht deutlicher gesehn' hätte, sondern nur 'dunkel und schattenhaft'.[2] Es muß ja auch als das Natürliche in solchem Falle erscheinen, daß hauptsächlich der gesehene Mensch die Aufmerksamkeit auf sich zieht. Als Wiedergabe eines nebensächlichen Eindrucks aber paßte, wie gesagt, die Schilderung des Hundes nicht übel auf unser Lieblingstier, ohne es jedoch, wörtlich genommen, ausreichend zu 'identifizieren'. Immerhin durfte man seine Erscheinung für beabsichtigt halten.

Was konnte nun anderseits Frau O. von alledem wissen, was vor allem davon, daß jedenfalls ein Hund für meine Frau ein äußerst bezeichnendes 'Attribut' im Rahmen einer sinnvoll bezweckten Erscheinung war?

---

1) Vgl. Bd. I S. 410.   2) Das sonst noch über den Hund Ausgesagte wäre demnach eben 'Eindruck', 'Gewußtes' gewesen, und nicht 'Gesehenes'.

'Von einem Hunde weiß ich nichts', hatte Frau O. schon in der ersten Mitteilung über dieses Gesicht (am 5. Dezember) geschrieben. Indessen: die Möglichkeit 'vergessener Erinnerungen' war hier durchaus zu erwägen. Hunde bildeten natürlich einen besonders beliebten Gesprächsstoff meiner Frau, und es war an sich wahrscheinlich, daß sie diesen auch während des persönlichen Beisammenseins mit Frau O. und ihrem Gatten im Jahre 1929 berührt hatte. Zur Frage, ob dies tatsächlich der Fall gewesen, kann ich nur anführen, was mir Frau O. am 14. Dezember auf eine entsprechende Anfrage erwiderte:

'Weder mein Mann noch ich erinnern uns, daß bei unserm Zusammensein von einem Hunde die Rede war. Bestimmt würde ich es niemals vergessen haben, denn Tiergeschichten beglücken mich immer sehr, und ich ziehe sie dem spannendsten Roman vor. Ihre Frau hätte also in mir eine entzückte Hörerin gefunden. Ich würde auch bestimmt solche Erzählungen seit damals noch in allen Einzelheiten erinnern und würde Ihnen in fester Überzeugung geschrieben haben: 'Ich habe Ihre liebe Frau mit Ihrem alten Freunde, dem klugen Hunde, gesehn.' Ich hätte also nicht erst zaghaft angefragt.'

Diese Erklärungen erscheinen mir ausreichend, mindestens eine 'kryptomnestische' Deutung auszuschließen. Andre animistische Deuteleien liegen wieder so nahe, daß es mir widerstrebt, sie breitzutreten.

*

Wenige Tage vor Weihnachten 1933 hat Frau Ohlhaver dann noch zweimal kurz hintereinander meine Frau gesehn; doch ruht eine etwaige Bedeutsamkeit dieser Gesichte so sehr auf rein subjektiven Bezügen, daß sie Unbeteiligten nur schwer glaubhaft zu machen ist; weshalb ich sie bloß ganz kurz behandeln will. — Frau O. war durch mich darüber unterrichtet, daß ihre Mitteilungen, was ja selbstverständlich ist, eine sehr beruhigende und entlastende Wirkung auf mich ausgeübt hatten, und durfte wohl, nach meinem zuletzt erhaltenen Briefe, annehmen, daß diese Wirkung noch anhielt. In der Tat aber hatten sie mich auch 'verwöhnt', sodaß, als ähnliche eine Zeitlang ausblieben, und zumal beim Herannahen der Festtage, das frühere verzweifelte Gefühl der Trennung mich von neuem überkam.

Am 23. Dezember schrieb mir Frau O. einen Brief, worin sie, gleichsam verwundert, mir berichtete, sie habe am Sonntag vorher, und zwar mitten in der 'netten Stimmung' einer kleinen Adventsfeier mit ihrem Gatten, meine Frau wiederum gesehn, 'aber nicht so strahlend glücklich, wie die beiden vorigen Male, sondern gleichsam wieder bei mir Hilfe suchend. Und ich empfand ihren Kummer ungefähr in die Worte gefaßt: 'Sag doch bitte meinem Mann, daß ich furchtbar unglücklich bin, wenn er nicht froh ist.' Sofort setzte in mir die Kritik ein, und ich sagte mir, es sei doch wieder

Anhang: Ein eigenes Erlebnis und eine letzte Abwehr 405

kein Beweis darin enthalten, und ich wollte Ihnen dieses kleine Erlebnis gar nicht mitteilen. Da erfaßte mich plötzlich ein so überwältigender Schmerz, eine so unaussprechliche Qual, daß ich mich mit aller Macht zusammennehmen mußte, um nicht bitterlich zu weinen.' Als sie sich daraufhin, nach kurzer Überlegung, dennoch zu einem Brief entschlossen hatte, sah sie meine Frau 'wieder, aber entzückend schön und glücklich und dankbar, und anscheinend froh darüber, daß ich meine Bedenken zurückgestellt hatte. Vermöchte ich nur in Worte zu fassen, was sie mir alles an Liebe und Innigkeit auftrug... Sie glauben gar nicht, wie beglückend die Nähe Ihrer lieben Frau war... Strahlt doch ihr ganzes Wesen aus in Liebe, Liebe, Liebe...' — 'Zweimal sah ich seitdem — nur blitzartig — den Kopf Ihrer Frau, mir zulächelnd und glücklich in dem Gedanken, daß ich Ihnen Grüße von ihr bringe.'

Es ist klar, sage ich, daß diese letzten Gesichte für eine 'kritische' Beurteilung nicht das gleiche Gewicht haben können, wie alle vorherigen; nicht bloß weil sie sich bestenfalls auf Zustände des Hinterbliebenen beziehen, die — an sich nicht unwahrscheinlich — auch in ihrem zeitlichen Wechsel nur schwer zu bestimmen sind; sondern auch weil entsprechende Mutmaßungen und Befürchtungen auf seiten des Mediums nach allem Vorausgegangenen wohl imstande gewesen wären, solche Gesichte rein subjektiv entstehen zu lassen: als 'Ausdruck' jener Befürchtungen und eines sich anschließenden Spiels von Bedenken und Entschlüssen. Sie hätten zwar, unter der Voraussetzung einer wirklichen Beteiligung der Verstorbenen, wiederum die größte Natürlichkeit und Lebenswahrheit — meine Frau war äußerst gefühlsstark und liebevoll —, könnten aber zum Beweise solcher Beteiligung schwerlich etwas beitragen.

*

Seit diesen beiden Erscheinungen sind rund drei Jahre verstrichen, ohne daß weitere erfolgt wären. Und wenn es noch eines Beweises dafür bedurft hätte, daß die beschriebenen in keiner Weise von der Schauenden ausgegangen waren, so wäre er mit dieser negativen Tatsache endgültig erbracht. Frau Ohlhaver wußte — zum Überfluß durch mich selbst —, welche tiefe, wenn auch schmerzliche Freude sie mir mit ihren Erlebnissen bereitet hatte, und als ein grundgütiges Wesen hatte sie jede Veranlassung, mir diese Freude auch weiterhin zu bereiten, soweit dies von ihr abhing. Sie hatte auch offenbar, nach animistischer Auffassung, nunmehr die Möglichkeit, diesem Drange unbegrenzt nachzukommen: sie war in gründlichen 'Rapport' mit mir gelangt; sie hatte den Trick gefunden, mir identifizierende Inhalte 'abzuzapfen'; sie konnte daher die visionäre 'Personation' unbehindert weiter ausspinnen und damit nicht nur mich erfreuen, sondern auch die eignen medialen Gaben in ein vorteilhaftes Licht rücken. Sie konnte auch dem 'unterbewußten' Streben aller Medien fröhnen: den geliebten Wahn des Spiritismus durch weitere Leistungen der so erfolgreich eingeleiteten Art bei andern zu fördern.

Statt dessen — schlechterdings nichts. Wie sehr Frau Ohlhaver selbst darunter litt, offenbarte mir ein am 9. März geschriebener Brief; nachdem ich selbst, um jede Art der 'Suggestion' zu vermeiden, die ganze Zeit über völlig geschwiegen hatte.

'Es bedrückt mich schon lange, daß ich Ihnen noch nicht wieder geschrieben habe. So gern hätte ich Ihnen eine neue Freude bereitet, und recht traurig hat es mich gemacht, daß ich nichts mehr sehe. Aber es ist niemand mehr, der hinter mir steht und mich unablässig drängt zum Schreiben. Alles ist verschwunden. Nichts sehe oder empfinde ich mehr, so oft und innig ich darum gebeten habe. Wenn ich wenigstens den Einfluß Ihrer lieben Frau fühlen würde, den ich doch immer so bezwingend spürte, wie ich noch nie den eines Menschen empfunden habe... Immer habe ich noch gewartet und mich mit Ihrer Frau beschäftigt; aber nichts half. Wie sehr werden Sie wohl gewartet haben.'

Ja ein weiterer Brief vom 18. März ließ erkennen, daß nicht nur die 'Erwartungssuggestion', sondern auch der 'psychometrische Versuch' außerstande war, die doch voraussetzungsgemäß schon völlig ausgebildete Personation von neuem in Gang zu bringen. 'Anfänglich war ich in freudiger Erwartung (schrieb Frau O.), was ich nun wohl neues erleben würde; aber ein Tag nach dem andern verging, ohne daß ich auch nur das geringste verspürte oder sah. Ich holte mir nun die Bilder und Briefe Ihrer lieben Frau, um so möglicherweise eine innigere Verbindung herzustellen; aber alles war vergeblich, alles wie mit einem Male abgeschnitten... Und welch einen gewaltigen Einfluß fühlte ich [damals stets] von Ihrer Frau ausgehen! Ich hätte irgendwo sein oder eine dringende Arbeit vorhaben können, ich hätte alles liegen lassen müssen: ich konnte nur an das denken, was Ihre Frau mir zeigte und eingab, und fühlte den drängenden Einfluß erst weichen, wenn ich Ihnen geschrieben hatte... Wie sehr Ihr Wohlergehen Ihrer lieben Frau am Herzen liegt, das habe ich tief und deutlich empfunden; und oft, wenn ich meine Briefe an Sie durchlas, war ich betrübt, daß ich es nicht vermocht hatte, diese beglückende Innigkeit und Liebe Ihnen so zu schildern, wie ich sie empfunden hatte.'

Hier scheint mir noch einmal sehr glücklich der Kern der Sache ausgesprochen zu sein, in den man sich ganz sachlich einfühlen muß, will man zu einer wahrheitsgetreuen Auffassung der Vorgänge gelangen, und nicht zu einer von vorgefaßten Dogmen verkrüppelten. Nicht um ein einfaches 'Sehen mit übernormal erangelten wahren Teilinhalten' handelt es sich von Anbeginn. In diesem Falle hätte das Medium — das zwingt uns jede Analogie zu glauben — beliebig lange mit seinen Vi-

Anhang: Ein eigenes Erlebnis und eine letzte Abwehr 407

sionen fortfahren können; wie ja auch der gute 'Psychometer' in jedem Augenblick bereit ist, die 'Gegenstände' einer und derselben Person noch weiter zu 'lesen'. Vielmehr steht hier dem Medium eine gefühls- und willensmäßig scharf sich abhebende Fremdpersönlichkeit gegenüber, die auch so handelt, wie sie zu Lebzeiten gehandelt hätte (im Falle der 'Exkursion'), und daneben Wissensinhalte überträgt, soweit sie es zu ihrer Identifizierung für nötig hält (im Falle 'Hund'). Im übrigen aber ist gerade dies nur Nebensache: das beherrschende Anliegen der Erscheinenden ist vielmehr, den Tod überdauernde Liebe zu beweisen und Trost zu spenden. Wer das nicht aus den obigen Darlegungen herausliest, dem fehlt es am gesunden Tatsachengefühl des Wissenschafters.

Ein weiteres mögliches Motiv der Erscheinungen dürfte freilich viel eher für mich Überzeugungskraft haben, als für den Außenstehenden, der sich auf die eigentlichen 'Urkunden' des Falles beschränkt findet. Ich will es gleichwohl andeuten. Meine Frau hatte in der Frage des Überlebens bis zuletzt eine seltsam schwankende Haltung eingenommen: manchmal von eigenen Erlebnissen wie eine überzeugte Spiritistin redend, dann aber wieder sehr gründlich zweifelnd. Es läßt sich denken, daß dieser Gegensatz der Meinungen zwischen uns nicht selten Stoff zu langen Gesprächen geliefert hatte, und ich halte es daher für eine wahrscheinliche und natürliche Annahme, daß meine Frau durch ihre Erscheinungen auch zu bekunden wünschte: 'Ich weiß es nun; du hattest Recht.'

Es mag mir die Frage entgegengehalten werden: wie denn der Spiritist das plötzliche Abbrechen der Kundgebungen erklären wolle. Nun, jeder ehrlich Denkende kann sich selber sagen, wie viele Möglichkeiten uns dafür gegeben sind. Ich bin indessen nicht verpflichtet, auf irgendeine davon mich festzulegen. Das Reich der Abgeschiedenen birgt doch gewiß für uns mehr Rätsel, als das des Unterbewußtseins, in welchem jedenfalls gerade der Animist sogar besser Bescheid weiß, als das Unterbewußtsein selbst. Alle seine Theorien beruhen auf diesem Wissen, und es geht nicht an, dort, wo es paßt, dies Wissen aufs verwegenste auszunützen, und wo es nicht mehr paßt, das bequeme 'Rätsel' eintreten zu lassen. Die ganze animistische Theorie der Kundgebungen Verstorbener beruht von A bis Z auf den drei — an sich und in ihren echten Grenzen unbestreitbaren — Tatsachen der Fremd- oder Erwartungssuggestion, der übernormalen Wissenserlangung aller Arten, und der Personation. Von diesen stellt die letztere für jedes Unterbewußtsein ein wahres 'Kinderspiel' dar, denn das Maskentragen soll ja fast zum Wesen des Traum-Ich gehören. Als im Besitze übernormaler Fähigkeiten hätte sich Frau Ohlhaver reichlich erwiesen; und die 'Suggestion', sie weiterhin anzuwenden, hatte sich während unsres Briefwechsels natürlich eher verstärkt, als vermindert. Allen Folgerungen aus diesen klaren Begriffen des Animisten widerspricht das Abbrechen der Gesichte aufs peinlichste, und eine Deutung der plötzlich eintretenden Unfähigkeit mag er zwar 'postulieren', aber ohne auch nur die geringste Aussicht auf ihre Begründung eröffnen zu können: denn das Unterbewußtsein ist das wesentlich Fessellose und Unbeschränkte. — Wir hätten also eine durch nichts zu begründende Unbegreiflichkeit gegen eine sehr natürliche und bestimmte — die des Jenseits mit seinen unabsehbaren Möglichkeiten — abzuwägen, und es kann nicht zweifelhaft sein, für welche von beiden wir uns entscheiden müssen; zumal dann der negative Abschluß der Vorgänge sich in völligem Einklang mit den positiven Hinweisen alles Vorausgegangenen befindet.

Gewiß mag der Animist, mit einem letzten *tour de force* seiner Deutungskünste, gerade das Abbrechen der Gesichte, das ein so starkes spiritistisches Argument in sich birgt, für den krönenden Trick des Ohlhaverschen 'Unterbewußtseins' erklären. Frau O. deutet zwar mit keinem Worte an, daß sie den logischen Wert dieser Tatsache auch nur geahnt habe: sie beklagt sie bloß. Aber was ihrem Oberbewußtsein gänzlich fernliegt, mag ja ihres Unterbewußtseins besondere Stärke ausmachen. Dieses hat auch nichts von der Herzensgüte seines Partners: es überläßt den trauernden Gatten mit seiner Sehnsucht nach neuen 'Botschaften' ruhig sich selbst, wenn es ihm nur ein neues überspitztes Argument in dem großen Täuschungsfeldzug nahelegen kann, zu welchem alle Unterbewußtseine der Welt sich verschworen haben: dem 'Beweise' des Überlebens, an das sie ja selber nicht wirklich glauben können.

Fragt man nun aber, was ich auf diese letzte Ausflucht des Gegners zu erwidern hätte, so sage ich so deutlich als möglich: nichts. Ich würde ihn vielmehr dazu beglückwünschen. Ich habe nie bezweifelt, daß man alles beweisen und alles widerlegen kann, was einem beliebt, sofern man nur die nötigen Voraussetzungen macht. Ich könnte aber auch nie in Versuchung kommen, dieses Spiel mit Begriffen nach vorgeschriebener Marschlinie mit ehrlicher Wahrheitssuche zu verwechseln. Ich lege denn auch diesen letzten aller unsrer 'Fälle' nur in die Hände derer, die keine Lieblingstheorie oder akademisch geeichte Weltanschauung zu verteidigen haben, sondern unbefangen bereit sind, einen Blick in die Tiefe und Fülle wirklichen Lebens zu tun.

Anhang: Ein eigenes Erlebnis und eine letzte Abwehr 409

Nach Preisgabe dieses persönlichen Erlebnisses[1] wende ich mich nun der Erledigung jenes letzten Einwandes zu, von dem ich sagte, daß er die echte Form der spiritistischen These selbst nach der Anerkennung ihrer Beweise noch zu verkümmern suche. Auch diese Erledigung nämlich zieht ihre Kraft aus einer Betrachtung des Tatsachenkomplexes der Exkursion.

Jener letzte Einwand sucht ausdrücklich die übliche Alternative von Animismus und Spiritismus zu durchbrechen und zu überholen. Man könnte ihn als die Hypothese des 'zeitweiligen Geistes' bezeichnen und damit zugestehn, daß er 'der spiritistischen Ansicht näher steht und nur gewisse Abstriche an ihr macht.' Prof. Oesterreich hat ihn in folgenden Worten formuliert.

'Die spiritistische Hypothese behauptet mehr, als der zu erklärende Tatbestand fordert, [nämlich] daß der angebliche Geist nicht nur zur Zeit seiner medialen Manifestationen, sondern auch in der ganzen Zwischenzeit seit seinem Tode fortgelebt hat. Es könnte aber jemand sehr wohl annehmen, daß in den mediumistischen Phänomenen zwar der Geist eines Verstorbenen wirksam ist, ohne damit jedoch im geringsten zu behaupten, daß er in der ganzen seit seinem Tode verstrichenen Zeit als selbständiges Ich fortgelebt hat. Es könnte nämlich auch sein, daß die Seele nach dem Tode zunächst nicht als selbständiges Ich weiter existiert, wohl aber zeitweilig wieder zu selbständiger vorübergehender Existenz gelangen kann. Es hätten dann die Philosophen recht, welche ein ursprüngliches Hervorgehen der Seelen aus Gott und ein Wiedereingehen derselben in ihn lehren, nur mit der Einschränkung, daß zeitweise die Seelen sich wieder aus Gott zu lösen vermögen. Es wären einzelne mediale Phänomene als wirkliche Manifestationen verstorbener Seelen anzusehen, wobei diese jedoch nicht eine dauernde selbständige Weiterexistenz hätten, sondern nur vorübergehend wieder zum Dasein erwacht wären. Der Vorgang ließe sich gewissen Ichspaltungen, etwa bei Miss Beauchamp, vergleichen, in denen ebenfalls Iche zeitweise auftraten und dann augenscheinlich wieder mit dem Hauptich verschmolzen.'[2]

Es ist gut, daß die logische Gewissenhaftigkeit in Abstraktionen auferzogener Gelehrter auch diese Möglichkeit ans Licht gezogen hat und damit dem naiven Menschenverstande zu Bewußtsein führt, wie leicht er sich an Problemen vorüberdrückt, bloß weil es ihm gefühlsmäßig absurd erscheinen würde, sie auch nur aufzuwerfen. In der Geschichte der Philosophie hat ja gerade die Aufstellung von Denkmöglichkeiten, auf die der schlichte Laie nie verfallen wäre, die mächtigsten Folgen nach

---

1) Die Verpflichtung dazu hat mir erst durch Dritte klargemacht werden müssen.
2) Oesterreich, Bed. 35 f. Vgl. Mackenzie 287. 300; James in Pr XXIII 118 und Dr. Broads 'temporary mindkins': Pr XXXVIII 30.

sich gezogen. Daß die Sonne auch morgen wieder aufgehn wird, ist bekanntlich seit Hume ein Glaube, dem nur die Gewöhnung zur Grundlage dient, während der Philosoph, selbst nach der zentnerweisen Erzeugung erkenntnistheoretischer Schriften, ihn nur als ein Wagnis des Denkens betrachten kann. Das gleiche gilt bezüglich der angeblichen Tatsache, daß außer dem jeweils Denkenden noch weitere Wesen existieren, oder daß die Dinge fortbestehen, nachdem sie der unmittelbaren Wahrnehmung entglitten sind. Man kann es auch nur als eine Lücke des psychologischen Denkens bezeichnen, daß es die gleiche Fragwürdigkeit nicht für die Subjekte anerkennt, mit deren Erlebnissen es sich befaßt und deren Fortbestand — und folglich auch die kausale Geschlossenheit jener Erlebnisse — es offenbar nur leichtfertigerweise voraussetzt. Neben solcher wissenschaftlichen Übereilung möchte es fast entschuldbar erscheinen, wenn der gemeine Mann von einem verreisten Freunde annimmt, daß er auch in der Ferne sein Leben fortführe und nicht etwa bei der 'Rückkehr' von neuem ins Leben trete; oder wenn der Spiritist, dessen Denkfähigkeit ohnehin in erhöhtem Grade verdächtig ist, mit der gleichen fragwürdigen Hast aus dem personhaften Auftreten eines 'Geistes' in zwei Sitzungen schließt, daß dieser auch in der Zwischenzeit personhaft fortgelebt habe. Der Wiederkehrende in beiden Fällen behauptet zwar seine innere Kontinuität mit seinem früheren Auftreten; er erinnert sich des damals Gesprochenen oder Getanen und erweist sich auch charakterlich als der Gleiche. Aber das schließt natürlich nicht aus, daß wenigstens im Falle des Geistes solche Identität der Erinnerungen und des Wesens nur die Folge eines jeweils gleichartigen 'Hervorgehens aus Gott' ist. Der Spiritist darf sich also keineswegs darauf berufen, daß er doch im Grunde nichts andres tue, als was jedermann unablässig im praktischen Leben tut: nämlich die Kontinuität von Wesen annehmen, die zu verschiedenen Zeiten mit allen Anzeichen seelischer Kontinuität beobachtet werden; vielmehr sollte umgekehrt sein Irrtum in uns die Erkenntnis wecken, daß auch der banale Glaube an die Kontinuität unsrer Mitbürger während ihres Ausscheidens aus der unmittelbaren Beobachtung eine theoretische Übereilung darstellt und seine Berechtigung erst zu erweisen hat. Denn das Schlußverfahren dieses Glaubens gleicht in allen Punkten dem des Spiritisten, der ja den Typ des übereilten Denkens in reinster Form vertritt. — Man könnte einwerfen, daß doch der individuelle 'Geist' schon durch einmaliges Auftreten beweise, daß die Bedingungen personhaften Daseins in seinem Fall erfüllbar und erfüllt sind, und daß nicht abzusehen sei, weshalb sie ihm eine Stunde darauf wieder entzogen werden sollten. Es ist nicht abzusehen. Aber sind damit Möglichkeiten widerlegt? Es geziemt dem echten Wissenschaftler, das Mögliche nie über dem scheinbar Wirklichen zu vergessen.[1] —

In der Buridanischen Schwebehaltung, in die uns diese Überlegungen versetzen, dürfte nun wieder ein geringes Mehrgewicht auf einer der Seiten — soz. eine bloße Handvoll Heu — genügen, um die letzten Rechte streng wissenschaftlicher Skeptik zu beseitigen und einen Zustand leidlicher Gewißheit zu schaffen. Diese 'Handvoll Heu' nun scheinen mir die Tatsachen der Exkursion zu liefern. Denn hier befindet sich der noch Lebende, aber zuweilen für tot Gehaltene, in einem Zustand, in welchem er das erste Stadium der Daseinsart des Verstorbenen vorwegnimmt, worin er aber meist, als 'zeitweiliger Geist', von außerhalb nicht beobachtet wird, während er doch in einen Zustand zurückkehrt, worin er über das Erlebte berichten kann. Er sagt uns, daß er in der Zeit zwischen zwei 'Auftritten' als 'Inkarnierter' — die wir doch wohl den Auftritten des Geistes vermittelst der 'Inkarnation' durch ein Medium vergleichen dürfen — als entleibte und trotzdem ichhaft bewußte Persönlichkeit fortbestanden habe. Und da wir nach obigem allen Grund haben, den Zustand des vorübergehend und den des 'dauernd' Hinausversetzten (zum mindesten in seinem Beginn) zu identifizieren, so folgt, daß die Kontinuität, die im ersteren Falle unmittelbar erlebt wird, auch im zweiten Falle nicht bezweifelt zu werden braucht. Wir dürfen also getrost den Zweifel an der Kontinuität des dauernd entleibten, wenn auch nur zeitweilig beobachtbaren 'Geistes' denen überlassen, die auch des dauernden Daseins der Dinge und ihrer Mitmenschen nicht völlig sicher zu sein — behaupten. Der Solipsismus läßt sich bekanntlich nicht widerlegen. Doch ist die Menschheit im allgemeinen nicht schlecht gefahren, indem sie diese Unwiderleglichkeit auf sich beruhen ließ.

Schlußwort

Die Beweise für das persönliche Überleben sind so überwältigend, daß die Frage sich aufdrängt, warum sie so geringen Einfluß auf das Denken unsrer Gebildeten haben. Unwissenheit erklärt gewiß den größten Teil davon; denn der Gebildete hing bisher in seinem Denken über Welt und Leben hauptsächlich von der akademischen Wissenschaft ab, und diese hat viel dazu getan, daß die Erörterung unsres Problems unter Ausschluß der 'breiteren Öffentlichkeit' vor sich gehe. Aber auch unter

---

1) Im gleichen Sinne ist es auch unwiderleglich (wie Prof. Pigou scharfsinnig betont: XXIII 287), daß der Spiritist niemals das Fortleben aller Menschen beweisen kann, sondern nur das derjenigen, deren Fortleben er eben — beweisen kann. Natürlich: **wesentliche Eigenschaften** halten wir für gattungszugehörig; aber — **können wir beweisen, daß alle Menschen schlafen oder sterben?**

denen, die sich ernstlich mit unsern Tatsachen befassen, ist die animistische Stellungnahme eigentlich weiter verbreitet, als der Schwäche ihrer Begründung entspricht. Und wenn auch hier die Kenntnis der spiritistischen Beweismittel vielfach nur eine ganz ungenügende ist, so bleibt doch ein Rest von Widerstand, der durch das rein logische Abwägen des Für und Wider unmittelbarer Argumente noch nicht erklärt wird.

In der Tat sind, wie mir scheint, bei diesem Widerstande noch andere Bedenken im Spiel, die nicht in der 'unmittelbaren Argumentation' zutage treten; z. T. rein 'menschliche', also 'alogische', z. T. solche, über die durchaus ernstlich zu verhandeln wäre. Die langjährige Verlästerung des 'Spiritismus', die selbst seinen Namen mit einem Dunstkreis von Verachtung umgeben hat; die Erinnerung an allen Schwindel, der seine Geschichte entstellt, sowie die gefühlsmäßige Abneigung sehr vieler Menschen gegen ein Fortleben überhaupt, — dies sind Hemmungen in der Anerkennung unsrer Wahrheit, gegen die mit 'Gründen' schwer anzugehen ist. Man weist auch etwa auf die angebliche 'Trivialität' von 'Geisteraussagen' hin und fragt entrüstet, ob ein durch sie gekennzeichnetes Fortleben wirklich wünschenswert sei. — Darüber hinaus beruft sich ein verantwortungsbewußteres Denken auf die allgemein bekannte 'Abhängigkeit' alles irdischen Seelenlebens von einem 'Zentralnervensystem', woraus man, mit ahnungsloser Übereilung, den Schluß zieht, daß solches Leben ohne physiologische Grundlagen überhaupt nicht denkbar sei. Vor allem aber sind es m. E. gewisse Folgerungen aus der versuchsweisen Zugestehung körperlosen Fortlebens, die den meisten zu Undenkbarkeiten anzuwachsen scheinen und daher — rückwirkend — das Zugeständnis wieder aufheben. Man kann es immer wieder erfahren, daß der mit Beweisen in die Enge Getriebene sich nicht etwa denkerisch gegen solche Beweise wendet, sondern mit Fragen antwortet, die mit dem nackten Zugeständnis des Fortlebens tatsächlich noch nicht beantwortet sind. Wie denn z. B. soll ein 'ewiges Fortleben' echter Personen überhaupt denkbar sein? Verwandeln sie sich schon während der wenigen Erdenjahre oft bis zur Unkenntlichkeit, so müßte eine 'Ewigkeit', falls sie sich 'fortentwickeln', sie doch so weit verändern, daß sie nicht mehr 'dieselben' wären; während ein unverändertes Fortbestehen jedem Begriff von Leben widerspräche. Oder — damit zusammenhängend — entsteht doch die Frage: ob die Verstorbenen noch weiter altern, oder auf welcher Altersstufe sie etwa verharren? Und müßten die ständigen Übertritte von Millionen und Abermillionen ins Jenseits nicht dieses schließlich nachgerade übervölkern? Leben etwa die Tiere auch fort? Oder nur die 'höheren'? Und falls nur diese, warum nicht alle? Hauptsächlich aber: wie läßt sich denn überhaupt ein Leben außerhalb unsrer Welt der Wirklichkeit denken? Bedürften nicht auch die 'Geister' einer Umwelt, in der allein ihr Leben Sinn und Inhalt gewinnen könnte? Wie wäre jene Umwelt gestaltet, was wäre dieser Inhalt, wie mäße sich jenseitiges Leben zeitlich?

Es ist die angebliche Unbeantwortbarkeit dieser und ähnlicher Fragen, was der Anerkennung spiritistischer Beweise mehr Abbruch tut, als die vermeintliche Stichhaltigkeit von Gegenargumenten. Und wer wollte leugnen, daß es Fragen von wirklichem, von außerordentlichem Gewicht sind. Gleichwohl halte ich sie nicht im entferntesten für unüberwindbare Hindernisse auf unsrem Wege. Wäre es auch vermessen, ihre überzeugende und eindeutige Beantwortbarkeit schon heute zu behaupten, so läßt sich m. E. doch zeigen, daß mögliche Antworten im Bereich von Begriffen liegen, die der heutige Stand metapsychischer Forschung uns unmittelbar an die Hand gibt. Ich habe diese Antworten nach bestem Können durchdacht und schriftlich niedergelegt; doch verhindern mich leider die Grenzen, die ich dem Umfang dieses Buches vorgeschrieben finde, sie jetzt alsbald dem ungeduldigen Frager vorzulegen. Es soll geschehen, wenn ich die beiden andern zurückgestellten Abschnitte veröffentliche.

Ich muß es also dabei bewenden lassen, zunächst die grobe Tatsache an sich bewiesen zu haben, daß persönliches Seelenleben unabhängig vom Leibe und auch nach seinem Untergange statthat. Und ich möchte schließlich nur dies noch dem Leser zu Bewußtsein führen, der mir geduldig bis hierher gefolgt ist: wieviel neue Fragen — und Antworten aus jener Tatsache unmittelbar entspringen, auch abseits von den eben aufgezählten der spiritistischen Theoretik selber. Für den Psychologen, ja für den Physiologen und Psychopathologen, für den Ethiker und Theologen, für den Religionswissenschaftler und Volkskundler ergibt sich aus der nackten Anerkennung der spiritistischen These ohne weiteres eine Menge neuer Denkaufgaben nicht nur, sondern auch unvermuteter Deutungsmöglichkeiten von Tatsachen, die sein naturalistischer oder dogmatischer Standpunkt bereits verarbeitet wähnte. Ein Tor ist aufgerissen, ein Damm durchbrochen, und noch völlig unabsehbar dehnt sich eine Welt kaum erst zu ahnender neuer Einsichten. Die alte Wahrheit wird uns wieder einmal fühlbar, daß der Weg der Erkenntnis unendlich und jedes erreichte Ziel blos der Anfang, vielmehr der Knotenpunkt neuer Straßen ist.

Nur auf einem solchen Knotenpunkt erst einmal festen Fuß zu fassen, konnte das Ziel meiner Arbeit sein. Ich verhehle mir natürlich nicht, daß selbst für diese begrenzte Aufgabe hier noch bei weitem nicht alles getan ist. Vieles ist mir sicherlich entgangen, vieles muß ich von der weiteren Mühe Gleichgesinnter erhoffen. Aber etwas ist doch geleistet, und zwar allein auf Grund der Überzeugung, daß nur die Zusammenfassung aller Beweismittel und das ins Einzelne und Letzte dringende Zusehn und Überlegen uns sichere Entscheidungen verspricht. Ich will zufrieden sein, wenn ich die Erörterung unsres Problems aus dem Bereich umschränkter, vor allem aber abstrakter Meinungsbildung auf den Boden soz. mikroskopischer Zergliederung der Tatsachen herabgezwungen habe. Nur auf diesem Boden denn auch will ich mich dem Gegner stellen. Die Zeit der halben Treffer aus Ferngeschützen ist vorüber: wir befinden uns jetzt im Handgemenge um eine neue Stellung; und nur wer jeden Griff und Stich parieren kann, hat Rechte an diesem Kampf, dessen Preis die äußerste Hingabe lohnt.

Erklärung der Titelabkürzungen

1. Zeitschriften

- AOP = L'Année occulte et psychologique.
- AP = L'Année psychologique.
- APS = The Annals of Psychical Science.
- ASP = Annales des sciences psychiques.
- ATM = Archiv für den thierischen Magnetismus.
- BBSPR = Bulletins of the Boston Society for Psychic Research.
- Bd = Borderland.
- BHW = Blätter für höhere Wahrheit.
- BJPR = The British Journal of Psychical Research.
- BP = Blätter aus Prevorst.
- HN = Human Nature.
- IPG = International Psychic Gazette.
- JAmSPR = Journal of the American Society for Psychical Research.
- JM = Journal du magnétisme.
- JSPR = Journal of the Society for Psychical Research.
- LO = Luce e Ombra.
- Lt = Light.
- Lu = Lucifer.
- M = Magikon.
- MImpF = Mitteilungen des Instituts für metapsychische Forschung.
- NZPA = Nasses Zeitschrift für psychische Ärzte.
- Ok = Der Okkultismus.
- OR = The occult Review.
- PR = Psychic Research. Journal of the American Society for Psychical Research.
- Pr = Proceedings of the Society for Psychical Research.[1]
- PrAm = Proceedings of the American Society for Psychical Research.
- PS = Psychische Studien.
- PsSc = Quarterly Transactions of the British College of Psychic Science.
- RB = Revalo Bund.
- RM = Revue Métapsychique.
- RPh = Revue Philosophique.
- RPJ = Religio-philosophical Journal.
- RS = Revue Spirite.
- RSMS = Revue scientifique et morale du spiritisme.
- RSP = Rivista di Studi psichici.

[1] Bandzahlen ohne nähere Angabe beziehen sich stets auf die Proc. S. P. R.

Sp = The Spiritualist.
Sph = Sphinx.
SpM = The Spiritual Magazine.
TP = Tijdschrift voor Parapsychologie.
TR = Theosophical Review.
TW = The two worlds.
ÜW = Die übersinnliche Welt.
ZmpF = Zeitschrift für metapsychische Forschung.
ZP = Zeitschrift für Parapsychologie.
ZpF = Zeitschrift für psychische Forschung.

2. Einzelwerke

Aksakow = A. N. Aksakow, Animismus und Spiritismus. Versuch einer kritischen Prüfung der mediumistischen Phänomene. (I, II durchpaginiert) 5. Aufl. Leipzig 1919.

Allison = Lydia W. Allison, Leonard and Soule experiments in psychical research... Supplementary material by Dr. W. F. Prince. Boston 1929.

Appleyard = W. Appleyard, Au revoir, not Good-bye. Remarkable experiences of a City magistrate and ex-Lord Mayor. London o. J.

Baerwald, Okk. = R. Baerwald, Okkultismus und Spiritismus und ihre weltanschaulichen Folgerungen. Berlin 1926.

—, Phän. = —, Die intellektuellen Phänomene. Bd. 2 von: Der Okkultismus in Urkunden, hrsg. v. M. Dessoir. Berlin 1925.

Baraduc = H. Baraduc, Les vibrations de la vitalité. Paris 1904.

Barnard = G. C. Barnard, The Supernormal. A critical introduction to psychic science. London 1933.

Barrett, Threshold = Sir William F. Barrett, F. R. S., On the threshold of the Unseen. London 1920.

—, Vis. = —, Death-bed visions. London 1926.

Barrett, H. D. = H. D. Barrett, The Life work of Mrs. Cora L. V. Richmond. 1895.

Barwell = W. H. Barwell, The spirit return of Mr. Hacking. London 1926.

Bates = E. Katharine Bates, Seen and Unseen. Pop. ed. London 1908.

Bavink = B. Bavink, Ergebnisse und Probleme der Naturwissenschaften. 5. Aufl. Leipzig 1933.

Baxter = Rich. Baxter, The certainty of the world of spirits. London 1691.

Beck = F. W. Beck, Jenseits von Vergangenheit und Zukunft. Pfullingen 1921.

Bennett = Edw. T. Bennett, Automatic speaking and writing: a study. London o. J.

Ber. Dial. Ges. = Bericht über den Spiritualismus von Seiten des Comité's der Dialektischen Gesellschaft zu London. Übers. v. G. C. Wittig, m. Anm. v. A. Aksakow. Leipzig 1875.

Binet = A. Binet, Alterations of personality. (Engl. Üb.) London 1896.

Binns = Dr. Edw. Binns, The anatomy of sleep. London 1845.

Blacher = Prof. Dr. C. Blacher, Das Okkulte von der Naturwissenschaft aus betrachtet. Pfullingen o. J.

Böhm = Dr. Jos. Böhm, Seelisches Erfühlen. 'Telepathie' und 'räumliches Hellsehen'. Pfullingen 1921.

Boismont = A. Brierre de Boismont, M. D., On hallucinations: a history and

explanation of apparitions, visions, dreams, extasy, magnetism, and somnambulism. (Eng. Üb.) London 1859.
Born = M. Born, Die Relativitätstheorie Einsteins und ihre physikalischen Grundlagen. 3. Aufl. Berlin 1922.
Bozzano, Anim. = Ernesto Bozzano, Les manifestations métapsychiques et les animaux. Paris 1926.
—, A prop. = —, A propos de l'Introduction à la métapsychique humaine. Réfutation du livre de René Sudre. Paris 1926.
—, Casi = —, Dei casi d'identificazione spiritica. Genova 1909.
—, Hant. = —, Les phénomènes de hantise. Paris 1920.
—, Phén. = —, Phénomènes psychiques au moment de la mort. Paris 1923.
—, Xen. = —, Polyglot mediumship (Xenoglossy). London 1932.
Bradley, Stars = H. D. Bradley, Towards the stars. London 1924.
—, Wisd. = —, The Wisdom of the Gods. London 1925.
Brittain = Annie Brittain, 'Twixt Earth and Heaven. London 1935.
Brittan = S. B. Brittan, A discussion of the facts and philosophy of ancient and modern Spiritualism. New York 1853.
Britten = Mrs. E. H. Britten, Nineteenth century miracles.
Brofferio = Prof. A. Brofferio, Für den Spiritismus. (Deutsche Üb.) Leipzig 1894.
Buchner = E. Buchner, Von den übersinnlichen Dingen. Ein Führer durch das Reich der okkulten Forschung. Leipzig 1924.

Cahagnet = L. Alph. Cahagnet, Magnétisme. Arcanes de la vie future dévoilés. 3 vols. Paris 1848 ff.
—, Lumière = —, La lumière des morts. Paris.
Calmet = Dom Calmet, Dissertations sur les apparitions des anges, des démons et des esprits et sur les revenants. 1746.
— (deutsch) = Des Hochwürdigen Herrn Augustini Calmet... Gelehrte Verhandlung der Materi von Erscheinungen der Geistern... 2 Bde. Augsburg 1752.
Capron = E. W. Capron, Modern Spiritualism, its facts and fanaticisms. 1855.
Charpignon = Dr. J. Charpignon, Physiologie, Médecine et Métaphysique du Magnétisme. Paris 1848.
Clairon = Mémoirs de Mademoiselle Clairon, Actrice du Théâtre Français, écrits par elle-même, 2. éd. Paris 1822. (Nach Angabe des Herausg. gedr. n. d. Original-Ms. ohne Änderung eines einzigen Wortes.)
Clarke = Edw. H. Clarke, M. D., Visions: a study of false sight. 5. ed. Boston 1885.
Clarke, Rel. = J. F. Clarke, Ten great religions. 1883.
Coates = J. Coates, F. A. S., Photographing the Invisible. New and revis. ed. London o. J.
Coleman = B. Coleman, Spiritualism in America. London 1861.
Conant = Biography of Mrs. J. H. Conant. Boston 1873.
Cornillier = P.-E. Cornillier, La survivance de l'âme et son évolution après la mort. Comptes rendus d'expériences. 3. éd. Paris 1927.
Crowe = Cath. Crowe, The night side of nature: or, Ghosts and Ghost seers. New ed. London o. J.

Dahl = Ludwig Dahl, We are here. Psychic experiences. London 1931.
Dallas = H. A. Dallas, Leaves from a psychic note-book. London 1927.

Daumer I, II = G. Fr. Daumer, Das Geisterreich in Glauben, Vorstellung, Sage und Wirklichkeit. 2 Bde. Dresden 1867.
—, **Reich** = —, Das Reich des Wundersamen und Geheimnisvollen. Tatsache und Theorie. Regensburg 1872.
—, **Hauser** = —, Mitteilungen über Kaspar Hauser.
Davies = Mary Davies, My psychic recollections. London 1912.
Davis = A. J. Davis, The great Harmonia. Boston & New York 1851.
Deinhard = L. Deinhard, Das Mysterium des Menschen. Berlin 1910.
Delanne I, II = G. Delanne, Les apparitions matérialisées des vivants et des morts. Paris 1909. 1911.
—, **L'âme** = —, L'âme est immortelle. Paris 1923.
—, **Méd.** = —, Recherches sur la médiumnité. Paris 1913.
Dendy = W. C. Dendy (Chefarzt des Kgl. Kinderspitals in London), The philosophy of mystery. London 1841.
Denton = Prof. W. Denton, Psychometry, the soul of things. Researches and discoveries. New York 1863—73.
—, **Psych.** = —, Nature's secrets, or Psychometric Researches. London 1863. (Engl. Ausg. des vor.)
d'Espérance = E. d'Espérance, Shadow Land or Light from the other side. London 1897.
Dessoir = M. Dessoir, Vom Jenseits der Seele. Die Geheimwissenschaften in kritischer Beleuchtung. 6. Aufl. Stuttgart 1931.
Doyle, Revel. = Arthur Conan Doyle, The new revelation. London 1918.
Driesch, Grundprobleme = Prof. H. Driesch, Grundprobleme der Psychologie. Leipzig 1926.
—, **Par.** = —, Parapsychologie. Die Wissenschaft von den 'okkulten' Erscheinungen. Methodik und Theorie. München 1932.
Duncan = Rev. V. G. Duncan, Proof. London 1933.
Dupouy = Dr. E. Dupouy, Sciences occultes et physiologie psychique. Nouv. éd. Paris o. J.
du Prel, Entd. = Dr. Frhr. du Prel, Die Entdeckung der Seele durch die Geheimwissenschaften. 2 Bde. Leipzig 1894. (2. u. 3. Aufl. 1922.)
—, **Magie** = —, Die Magie als Naturwissenschaft. 2 Bde. Jena 1899.
—, **Mon. Seel.** = —, Die monistische Seelenlehre. Ein Beitrag zur Lösung des Menschenrätsels. Leipzig 1888.
—, **Ph. d. M.** = —, Die Philosophie der Mystik. Leipzig 1885.
—, **Räts.** = —, Das Rätsel des Menschen. Einleitung in das Studium der Geheimwissenschaften. Leipzig (Reclam, o. J.).
—, **Spir.** = —, Der Spiritismus. Leipzig (Reclam, o. J.).
—, **Stud.** = —, Studien aus dem Gebiete der Geheimwissenschaften. 2 Bde. 2. Aufl. Leipzig 1905.
—, **Tod** = —, Der Tod, das Jenseits, das Leben im Jenseits. 3. Aufl. Leipzig 1922.
Durville = H. Durville, Der Fluidalkörper des lebenden Menschen. Übers. v. Fr. Feerhow. Leipzig 1929.

Eckartshausen = Hofrat von Eckartshausen, Sammlung der merkwürdigsten Visionen, Erscheinungen, Geister- und Gespenstergeschichten. München 1792. 1793.
—, **Magie** = —, Aufschlüsse zur Magie aus geprüften Erfahrungen über ... verdeckte Geheimnisse der Natur. München 1788.

Erklärung der Titelabkürzungen

Edmonds = J. W. Edmonds, Letters and Tracts. Reprint. London o. J.
—, Spir. = — and Dexter, American Spiritualism. 1855. (Auch London 1860.)
Espérance s. d'Espérance.

Falcomer = Prof. M. T. Falcomer, Was ich gesehen habe... Übs. v. Feilgenhauer. Leipzig 1901.
Fechner, Büchlein = G. Th. Fechner, Das Büchlein vom Leben nach dem Tode. Leipzig (Insel-Verl.) o. J.
—, Nachtansicht = —, Die Tagesansicht gegenüber der Nachtansicht. 3. Aufl. Leipzig 1919.
—, Zend. = —, Zend-Avesta oder über die Dinge des Himmels und des Jenseits. 2. Aufl. Leipzig 1901.
Ferguson = Supramundane facts in the life of the Rev. J. B. Ferguson, A. M., LL. D., edited by T. L. Nichols. London 1865.
Findlay = J. Arthur Findlay, On the edge of the Etheric. (Vorwort v. Sir W. Barrett.) London 1931.
Fischer = Prof. O. Fischer, Experimente mit R. Schermann. Ein Beitrag zu den Problemen der Graphologie, Telepathie und des Hellsehens. Berlin u. Wien 1924.
Flammarion I—III = Camille Flammarion, La mort et son mystère. 3 vols. Paris 1920 ff.
—, l'Inconnu = —, L'Inconnu et les problèmes psychiques. Paris 1900.
Flournoy = Prof. Th. Flournoy, Des Indes à la planète Mars. 3. éd. Paris, Genève 1900.
—, Esprits = —, Esprits et médiums. Mélanges de métapsychique et de psychologie. Genf u. Paris 1911.
Funk = I. K. Funk, The widow's mite and other psychic phenomena. New York and London 1904.
—, Riddle = —, The psychic riddle. New York 1907.

Geley = Dr. G. Geley, L'ectoplasmie et la clairvoyance. Paris 1924.
—, Essai = —, Essai de revue générale et d'interprétation synthétique du spiritisme. 3. éd. Paris 1925.
Gibier, Psych. = P. Gibier, M. D., Psychism. Analysis of things existing. (Engl. Üb.) New York o. J.
Glanvil = J. Glanvil, Sadducismus triumphatus: or a full and plain evidence concerning witches and apparitions. 4. ed. London 1726.
Görres = Jos. v. Görres, Die christliche Mystik. Neue Aufl. in 5 Bdn. Regensburg o. J.
Grabinski = B. Grabinski, Neuere Mystik. 2. Aufl. Hildesheim o. J.
—, Tot. = —, Moderne Totenbeschwörung. Die große Lüge des Spiritismus. Hildesheim 1927. (Katholisch.)
Güldenstubbe = Baron L. v. Güldenstubbe, Positive Pneumatologie. Die Realität der Geisterwelt sowie das Phänomen der direkten Schrift der Geister. 2. Aufl. Bern o. J.
Gumppenberg = H. v. Gumppenberg, Philosophie und Okkultismus. München 1921.
Gurney = E. Gurney, F. W. H. Myers u. F. Podmore, Phantasms of the Living. 2 vols. London 1886.
—, deutsche Übers. = —, Gespenster lebender Personen und andere telepathische Erscheinungen. Leipzig o. J.

Haddock = J. W. Haddock, M. D., Somnolism and Psycheism: or the science of the soul and the phenomena of nervation... 2. ed. London 1851.
Hare = Prof. Rob. Hare, Experimental investigation of the spirit manifestations. New York 1855.
— (deutsch) = —, Experimentelle Untersuchungen über Geister-Manifestationen. Leipzig 1871.
Hartmann, Geist. = E. v. Hartmann, Die Geisterhypothese des Spiritismus und seine Phantome. Neue Ausgabe. Leipzig o. J.
—, Spir. = —, Der Spiritismus. Leipzig 1885.
Hegy = Dr. R. Hegy, A witness through the centuries. London 1934.
Hellenbach, Geburt = L. Bar. Hellenbach, Geburt und Tod als Wechsel der Anschauungsform, oder die Doppelnatur des Menschen. 3. Aufl. Leipzig 1925.
Hennig = Dr. R. Hennig, Der moderne Spuk- und Geisterglaube. Eine Kritik und Erklärung der spiritistischen Phänomene. 2 Bde. Hamburg 1906.
Hennings = J. Chr. Hennings, Von Geistern und Geistersehern. Leipzig 1780.
Henslow = Prof. G. Henslow, The proofs of the truths of spiritualism. 2. ed. London 1919.
Hill, Invest. = J. Arthur Hill, Psychical investigations. Some personally-observed proofs of survival. New York 1917.
—, New Evid. = —, New evidences in psychical research. A record of investigations ... London 1911.
Holms = A. Campbell Holms, The facts of psychic science and philosophy collated and discussed. New York 1927.
Home, Inc. = D. D. Home, Incidents in my life. London 1863.
Horst = G. C. Horst, Deuteroskopie oder Erscheinungen und Probleme aus dem Gebiete der Pneumatologie. 2 Bde. Frankfurt a. M. 1830.
Hudson = Th. J. Hudson, Das Gesetz der psychischen Erscheinungen. Deutsche Übers. Leipzig o. J.
Hyslop, Contact = Prof. J. Hyslop, Contact with the other world.
—, Life = —, Life after death. Problems of the future life and its nature. New York 1918.
—, Probl. = —, Probleme der Seelenforschung (= Enigmas of psychical research). Stuttgart 1909.
—, Psych. Res. = —, Psychical research and the resurrection. Boston 1908.
—, Science = —, Science and a future life. Boston 1905.

Illig = Joh. Illig, Ewiges Schweigen —? 2. Aufl. Stuttgart/Berlin/Leipzig o. J.

Janet = Dr. Pierre Janet, L'automatisme psychologique. 4. éd. Paris 1903.
Jarvis = Jarvis, Accredited Ghost Stories. London 1821 (?).
Joire = Dr. P. Joire, Les phénomènes psychiques et supernormaux. Paris 1909.
Jung = Dr. J. H. Jung[-Stilling], Theorie der Geister-Kunde ... Nürnberg 1808.

Kanne = J. A. Kanne, Leben und aus dem Leben merkwürdiger und erweckter Christen der prot. Kirche. 2. Aufl. 2 Bde. Leipzig 1842.
Kardec = Allan Kardec, Le livre des Médiums. 66e mille. Paris 1924.
Keene = Sally Keene, Evidence of things not seen. (Bull. VIII der Boston S. P. R.) Boston 1928.
Kemmerich = Dr. M. Kemmerich, Gespenster und Spuk. Ludwigshafen 1921.

Kerner, Seh. = Just. Kerner, Die Seherin von Prevorst. Leipzig (Reclam) o. J.
Kluge = C. A. F. Kluge, Versuch einer Darstellung des animalischen Magnetismus... Berlin 1815.

Lambert = Rud. Lambert, Geheimnisvolle Tatsachen. Gemeinverständliche Darstellung der Ergebnisse des experimentellen Okkultismus und Spiritismus. Stuttgart 1921.
Lambert, Helen C. = Helen C. Lambert, u. a., Evidential Incidents. (Bulletin IX der Boston S. P. R.) Boston 1928.
Larsen = Caroline D. Larsen, My travels in the spirit world.
Lee = Rev. F. G. Lee, The other world, or, Glimpses of the Supernatural. 2 vols. London 1875.
Lehmann = Dr. Alfr. Lehmann, Aberglaube und Zauberei von den ältesten Zeiten an bis in die Gegenwart. Stuttgart 1898.
Leonard = Mrs. G. Osborne Leonard, My life in two worlds. London 1931.
Leuret = F. Leuret, Fragments psychologiques sur la folie. Paris 1834.
Linton = Ch. Linton, The healing of the nations. New York 1858.
Lodge = Sir Oliver Lodge, Raymond revised. London 1922.
—, Survival = —, The survival of man. A study in unrecognised human faculty. 10. ed. London 1926.
Lombroso = Cesare Lombroso, Hypnotische und spiritistische Forschungen. (Deutsche Übs.) Stuttgart 1909.
Ludlow = Fitzhugh Ludlow, The hasheesh eater. (New. ed.) New York 1903.

Mackenzie = William Mackenzie, Metapsichica moderna. Fenomeni medianici e problemi del subsciente. Roma 1923.
Mansford = Wallis Mansford, Bridging two worlds. Vol. I. London 1934.
Marryat = Florence Marryat, Die Geisterwelt. (D. Übers.) Leipzig 1895.
Mattiesen = E. Mattiesen, Der jenseitige Mensch. Eine Einführung in die Metapsychologie der mystischen Erfahrung. Berlin u. Leipzig 1925.
Maxwell = Dr. Jos. Maxwell, Metapsychical phenomena; methods and observations. (Sehr erweiterte engl. Ausg. von Les phén. métaps.) London 1905.
Miller = J. H. D. Miller, From the other side. Talks of a dead son with his father. London 1926.
Mirville = Js.-E. de Mirville, Pneumatologie. Des esprits et de leur manifestations fluidiques... Paris 1854.
Moore = Vice-Admiral Usborne Moore, The Voices.
Morgan = Mrs. de Morgan, From matter to spirit. The result of ten years' experience in spirit manifestations. London 1863.
Moser = Dr. Fanny Moser, Der Okkultismus. Täuschungen und Tatsachen. 2 Bde. München 1935.
Moses = Rev. Will. Stainton Moses, Spirit Identity. London 1879.
Muldoon = S. J. Muldoon and H. Carrington, The projection of the astral body. London 1929.
Müller = Rud. Müller, Das hypnotische Hellsehexperiment... 2 Bde. Leipzig 1898.
Myers = Fred. W. H. Myers, Human personality and its survival of bodily death. 2 vols. London 1903.

Nielsen = Enno Nielsen, Das Große Geheimnis. Die merkwürdigsten der

guten Glaubens erzählten Fälle a. d. weiten Gebiet des Übersinnlichen. Ebenhausen b. München 1923.
Nielsson = Prof. Har. Nielsson, Eigene Erlebnisse auf dem okkulten Gebiet. Deutsche Übers. mit Vorwort v. Prof. D. R. Hoffmann. Leipzig o. J.

Occultistin = Wie ich mein Selbst fand. Äußere und innere Erlebnisse einer Occultistin. Berlin 1901.
Oesterreich, Okk. = Prof. K. Th. Oesterreich, Der Okkultismus im modernen Weltbild. 2. Aufl. Dresden 1921.
—, Bed. = —, Die philosophische Bedeutung der mediumistischen Phänomene. Stuttgart 1924.
Ohlhaver = Hinrich Ohlhaver, Die Toten leben! Eigene Erlebnisse. 3 Bde. (Bd. I, 360.—390. Taus.) Hamburg 1921.
Osty = Dr. Eug. Osty, La connaissance super-normale. Etude expérimentale. 2. éd. Paris 1925.
Owen, Deb. L. = R. D. Owen, The debatable land between this world and the next. London 1871.
—, Footfalls = —, Footfalls on the boundary of another world. 5. Engl. ed. London 1860.

Pagenstecher = Dr. med. G. Pagenstecher, Die Geheimnisse der Psychometrie, oder Hellsehen in die Vergangenheit. Leipzig 1928.
—, Auß. Wahrn. = —, Außersinnliche Wahrnehmung. Experimentelle Studie über den sog. Trancezustand. Halle 1924.
Passaro = Prof. Dr. E. Passaro u. Fr. Zingaropoli, Unumstößliche Beweise für den Spiritismus, das außerkörperliche Wirken von Geistern. (Deutsche Übs.) Leipzig 1906.
Passavant = Dr. J. C. Passavant, Untersuchungen über den Lebensmagnetismus und das Hellsehen. Frankfurt a. M. 1821.
Perty I, II = Prof. M. Perty, Die mystischen Erscheinungen der menschlichen Natur. 2. Aufl. 2 Bde. Leipzig u. Heidelberg 1872.
—, Blicke = —, Blicke in das verborgene Leben des Menschengeistes. Leipzig u. Heidelberg 1869.
—, Real. = —, Die Realität magischer Kräfte und Wirkungen des Menschen... Leipzig u. Heidelberg.
—, Spir. = —, Der jetzige Spiritualismus. Ebd. 1877.
Pick = L. Pick, Die vierte Dimension als Grundlage des transzendentalen Idealismus. Leipzig 1920.
Pike = Rich. Pike, Life's borderland and beyond. London o. J.
Piper = Dr. Otto Piper, Der Spuk. 250 Geschehnisse aller Arten a. d. Welt des Übersinnlichen. 2. Aufl. München 1922.
Podmore, App. = F. Podmore, Apparitions and thought-transference... London 1894.
—, Nat. = —, The naturalisation of the supernatural. New York and London 1908.
—, Spir. I, II = —, Modern Spiritualism, a history and a criticism. 2 vols. London 1902.
—, Stud. = —, Studies in psychical research. London 1897.
Prel, du s. du Prel.
Prince = Dr. M. Prince, The dissociation of a personality. A biographical study in abnormal psychology. New York 1906.

Prince, Worth = Dr. W. F. Prince, The case of Patience Worth: A critical study of certain unusual phenomena. Boston 1927.

Reuter = Fl. v. Reuter, Psychical experiences of a Musician. London 1928.
Richet = Prof. Ch. Richet, Grundriß der Parapsychologie und Parapsychophysik. (Deutsche Übers.) Stuttgart 1923.
Rochas, Leben = Col. A. Rochas, Die aufeinanderfolgenden Leben. Dokumente zum Studium dieser Frage. (Deutsche Übers.) Leipzig o. J.
—, Sens. = —, L'extériorisation de la sensibilité. 5. éd. Paris 1902.

Sage = M. Sage, Die Mediumschaft der Frau Piper... Deutsche Übers. m. Vorrede v. Dr. Frhrn. v. Schrenck-Notzing. Leipzig 1921.
Sagendorph = Jane H. Sagendorph, A Vision and its Sequel. (Bulletin IV der Boston S. P. R.) Boston 1926.
Sargent = E. Sargent, The proof palpable of immortality; being an account of materialization phenomena. Boston 1876.
—, Planchette = —, Planchette; or, The despair of Science. Being a full account of modern Spiritualism. Boston 1869.
Savage = M. J. Savage, Can telepathy explain? Results of psychical research. New York and London 1903.
—, Death = —, Does man live after death?
Schmidt = Dr. K. H. Schmidt, Die okkulten Phänomene im Lichte der Wissenschaft. Grundzüge einer Magiologie. Berlin u. Leipzig 1923.
Scholz = W. v. Scholz, Der Zufall. Eine Vorform des Schicksals. Die Anziehungskraft des Bezüglichen. Stuttgart 1924.
Seybert = Preliminary Report of the Commission appointed by the University of Pennsylvania to investigate Modern Spiritualism, in accordance with the Bequest of the late Henry Seybert. Philadelphia 1887.
Sims = The return of George R. Sims, by a friend of his in collaboration with R. H. Saunders. London o. J.
Sollier = Dr. P. Sollier, Les phénomènes d'autoscopie. Paris 1903.
Splittgerber, Leben = F. Splittgerber, Aus dem inneren Leben. Erfahrungsbeweise... 1884.
—, Schlaf = —, Schlaf und Tod. 2. Aufl. 2 Bde.
Staudenmaier = Prof. Dr. L. Staudenmaier, Die Magie als experimentelle Naturwissenschaft. Leipzig 1912.
Stead = W. T. Stead, Real Ghost Stories (einschl. More Ghost Stories). London 1897.
—, Death = —, After Death. A personal narrative. New ed. of 'Letters from Julia'. London 1905.
Sudre = R. Sudre, Introduction à la métapsychique humaine. Paris 1926.
Sulzer = G. Sulzer (Kassationsgerichtspräsident a. D.), Truggeister und andere irreführende... Einflüsse aus d. Jenseits. Pfullingen 1924.
Sünner = Dr. P. Sünner, Die psychometrische Begabung der Frau Lotte Plaat, nebst Beiträgen zur Frage der Psychometrie. Leipzig 1929.
Swaffer = H. Swaffer, Northcliffe's Return. London o. J.

Tanner = Amy E. Tanner, Ph. D., Studies in Spiritualism. New York and London 1910.
Thomas, Life = Rev. Ch. D. Thomas, Life beyond death, with evidence. London 1928.
—, New Evid. = —, Some new evidence for human survival. New York o. J.

Thomas, J. F., Stud. = John F. Thomas, Case studies bearing upon survival. (Boston S. P. R.) Boston 1929.
Tischner, Einf. = Dr. R. Tischner, Einführung in den Okkultismus und Spiritismus. Wiesbaden 1921.
—, **Gesch.** = —, Geschichte der okkultistischen (metapsychischen) Forschung ... II. Teil: Von der Mitte des 19. Jhdts. bis zur Gegenwart. Pfullingen 1924.
—, **Tel.** = —, Über Telepathie und Hellsehen. Wiesbaden 1921.
Travers Smith = Hester Travers Smith, Voices from the Void. Six years' experience in automatic communications. London 1919.
—, **Wilde** = —, Psychic messages from Oscar Wilde. London o. J.
Tweedale = Ch. L. Tweedale, Man's survival after death, or, The other side of life ... 3. ed. London 1925.

Underwood = Sara A. Underwood, Automatic or spirit writing, with other psychic experiences. Chicago 1896.
Usthal = Rätselhafte Erlebnisse und Begebnisse. Tatsachenberichte a. d. Gebiet des Übernormalen. Zusammengest. v. A. Usthal. Berlin 1929.

Vogl = Dr. C. Vogl, Unsterblichkeit. Vom geheimen Leben der Seele und der Überwindung des Todes. Dachau 1917.

Walker = Nea Walker, The Bridge, a case for survival. London 1927.
Wedel = Rich. Wedel, Beiträge zur Grenzwissenschaft. 1899.
Welby = H. Welby, Predictions realized in modern times. London 1862.
Werner = Dr. H. Werner, Die Schutzgeister ... nebst ... einer vergleichenden Übersicht aller ... Erscheinungen des [Lebensmagnetismus]. Stuttgart u. Tübingen 1839.
Wesermann = H. M. Wesermann, Der Magnetismus und die allgemeine Weltsprache. Crefeld u. Köln 1822.
Wolfe = Dr. N. B. Wolfe, Startling facts in modern spiritualism. Cincinnati 1874.
Wyld = Dr. G. Wyld, Christo-Theosophy, or Spiritual dynamics. 2. ed. London 1895.

Yram = Practical astral projection (from the French of Le Medecin de l'Ame) by Yram (offenbar Pseud. für Mary ...). London o. J.

Namenverzeichnis

(Anonyme sind mit zwei Ausnahmen nicht aufgeführt, in Fußnoten Erwähnte [= A.] nur ausnahmsweise, von den an einer Beobachtung Beteiligten nur die wichtigsten: das Medium, der Hauptperzipient oder -sitzer, der Kommunikator, in anonymen Fällen auch wohl der Berichterstatter. Namen von Medien sind mit einem * bezeichnet, die von Kommunikatoren [wie im Text] zwischen Anführungszeichen gesetzt. Seitenzahlen ohne vorausgehende römische Ziffer beziehen sich auf den 1. Band.)

Abercromby 228 ff. II 289
'Ackley, Dr.' II 347
Adams 165 216
Adrienne 126
Aksakow 257 269 306 309 341 f. 405 446 II 73 232
*Alesi, d' II 83
Alexander, Miss II 308
—, Mrs. 151
—, Prof. 73 180 II 365
'Allison, Dr.' s. Allison, Mrs.
—, Mrs. 326 340 344 ff. 348 359 376 379 393 395 404 418 f. II 5 19 f. 55 193 f.
Almignana, d' 16
'Ames, Miss' II 292
Andrews 134
Annenkoff II 320 f.
Archdale II 307
Armour II 80 ff.
Armstrong II 15 f.
Atkinson 97
*Austin 366 392
'A. V. B.' 50 289 326 f. 334 413 II 5 11 ff. 191 A. 195 216 ff. 260 f.

Bacchus, Mrs. 102
Baerwald 5 55 A. 105 345 349 f. 352 387 II 14 A. 37 A. 160 171 A. 218
Balfour, G. W. II 152 ff. 159
*Baltimore II 151
Bancroft II 87

*Banning II 99 f.
Baraduc II 363
Bard 103 109
*Barkel II 53
'Barker' 304 f.
Barker, Dr. II 89
Barnard 6 f. 55 A. II 108 163 A. 361
Barrett, Prof. 364 434 II 347
Barter 27
Bates 293 350 II 95 f. 283
Bathe 424 ff.
Bayfield 327 A. II 163 A.
Bayley, Dr. 332 ff.
Beadon 306 350 f. II 29 A.
Bellamy 64
Bennett 84 A.
Bergmann, Dr. 39
*Berly, de II 219 A.
'Bertie' 127
Bertrand II 331 363
Besterman II 108 A.
Beth, Prof. II 304 f. 381 A.
Binns 179
Birchall 24
'Bischof v. St. Brieux' 130 f.
Bishop-Bird 62
'Black' II 244 379
Blackwell 157 ff. II 370
Bleuler 32 A.
Blodgett 361 f.
Böhm, Dr. 39 340
Böhme, Jak. 216 A.

'Bonnamy' 56 f.
*Bonnard 424 426
Boru II 351
*Botham 292
Botti 302
'Bouchez' 126
Bouin 65 f.
Bourgeois 134 145
Bozzano 2 ff. 41 81 86 f. 94 f. 107 ff. 125 215 263 A. 267 276 f. 307 438 447 f. II 74 82 A. 256 A. 299 347 367 A.
Bradley 262 f. 403 II 46 101 228 f.
Brandão II 366
'Brandt' II 236
*Brenchley 295
Briggs 251
*Brittain 359 378 II 61 88
Broquet 226 f.
Brown, D. 26
—, Tommy 83
'Brownlow' 445
'Burmeister' 302 f.
Burton, Capt. l. 451
'Burton, Sir Rich.' II 284 f.

Cabral 73 f.
Cahagnet 16 II 305
Caltagirone 66 f.
Campbell 140
Carington 397 399 A.
Carpenter II 358
Carrington 352 ff. II 310 A.
'Cartwright' II 6 24 f. 199 201 204
Castex-Degrange 61
'Cauchy' II 293
Cavagnaro 126
'Cavalcante' 203
Cavalli 396
'Chaffin' 429 ff.
Charpignon, Dr. II 305 309 363
*Chenoweth s. Soule
'Children' 186 ff.
Clairon 190 ff.
'Clarke, Sarah' 196 f.
Claughton 453 ff.
*Clegg II 58
Clerke 19 22 f.
'Coates, Lea' 169 ff. 217
Colt 149 f.
*Conant II 379 f.

'Conley' 435 f.
*Cooper II 228 ff. 241 247
Coppinger 91
Cornillier II 314 380
Cosgrave 89 f.
*Crandon, Mrs. II 66 106 f.
Crans II 381 390
Crawley II 74
Crosby 95 f.
Crowe 134 150 207 II 388
*Czernigiewicz II 67 f.

Dahl 231 347 369 f. II 29 101 f.
*Dahl, Ing. 231 347 II 29 380
Dallas II 306
Darget 424
Daumer 91
'Davis, Gordon' II 228 ff. 239 f. 242 f.
Dawson-Smith 438 f.
Delanne 30
Delvert 126
'Deolinda' 73 f.
'Desfontaines' 450
d'Espérance 309 ff. II 333 f.
Dessoir 444 A. II 171
'Dickens' II 68 A.
'Dickinson' 153
Dietrich, Dr. 263 374
Dignowitz 166 f.
'Doctor' II 282
Dodson 203 f.
*Domanska II 67 f.
'Dörien' 177 f.
Dorr II 185 f.
Dowden s. Travers Smith
Doyle, A. C. II 292
Dreher, Dr. 383 f.
Driesch, Prof. 37 386 399 II 229 A.
Driesen 195
Drießen 157
Dryden 82
'Duchène' II 293
Duncan 303 II 88
du Potet II 237
du Prel 2 39 41 213 f. 218 II 299 A. 346 A.
Durville II 349 f. 352 376
Dusart 226 f.
'Duvanel' 405 f.

Edmonds 257 ff. II 238
*—, Laura 258 ff.

Namenverzeichnis

'Edslev' II 235
Eeden, van, Dr. II 51A. 277A. 350 378
Elgee 149
'Eliot, G.' II 95f.
*Elliott II 54 77ff.
Ellis, Rev. 82
'—, Col.' 299
Evangelides 259f.
Evans 263f.

'Feda' 50 288ff. 305 327 334 340 393f. 397f. 411ff. II 4f. 7 11ff. 18ff. 27 43ff. 55f. 58 75f. 176 188 191 193ff. 197 211f. 216ff. 249f. 265 267 277 281 288ff. s. auch Leonard, Mrs.
'Ferguson' II 247A.
*Ferguson, Mrs. 427
'Field, Kate' II 79f.
*Finch 252ff. II 332
Findlay 285f.
'Finney' 301
Fischer, Prof. 236 373
Flammarion 61 93 126 282 448
*Fleurière 408f.
Flournoy, Prof. 106A. 232f. II 243A.
Flürscheim II 57
Foertsch 137 144 146
*Forbes II 64f. 151 158f. 167 179 184f. 199
*Ford 302
*Forthuny 373f.
*Fox 161ff. 224f.
Fox, Ol. II 382
Frank, Dr. 137
Freieisen 122
Freud, Prof. 215
Fréville, de 103
*Frizk II 82ff.
Fry II 366
Funk, Dr. II 302f. 337

Galateri, Graf 64f.
Garcia II 326 381
*Garrett 15 376 419
'Gaspar' 140 155f.
Gentes 244
Gibier, Dr. II 328
'Giordani-Brunelli' 422
Glardon II 366
Goethe 190
Goffe 151

Goodrich-Freer 325f. 360
*Gordon II 71
Goreham II 301
Gourlay II 71f.
Green 149
Grégoire II 388
'Griffith' II 254f. 279
Grimm II 66
Güldenstubbe, v. 234A.
Gumppenberg, v. II 302
Gunning, Prof. 311
Gurney 12 52ff. 59 64 104 128 II 38f.
'—' II 192 195f. 274 u. ö.
Guthrie 24
—, I. 48

Habdank, Dr. II 67
'Hacking' 296 II 293
Haemmerlé II 309 373
Hall, Prof. II 247
Hall, S.C. 155 294
—, Mrs. M. 295
'Hambo' II 73
Happerfield 205f.
*Hardwicke II 66 107f.
Hare, Prof. II 71
'Harford' 205f.
'Hart' II 27 259 267
Hartmann, Dr. II 311
—, v. 225A. 245 249f.
*Hauffe 439ff.
Hayen II 332
'H.B.' 46f. 118
Heintze 142
Heyd 439ff.
Hill 14 28 198 283f. 359f. 378f. 394 402 416f. II 281 283 307 354f.
Hinkovič 240f.
Hinton II 307
Hirschheydt, v. II 366
Hodgson, Dr. 50 98f. 229 251 312 355 377 393 396 435 453 II 7ff. 18f. 28 39 79 86 175 192 194A. 200 209 215 242 248A. 252 257ff. 379
'Hodgson, Dr.' 322f. 332f. 415 II 114 133—187 passim 213f. 247 273 291
Hodson 281f.
*Holland, Mrs. 281 322f. II 109—144 passim, 153 158 164 168 171 173 180ff. 195f. 254 264f. 290f.

*Hollis II 347
*Home 294 II 299
Homers 89
Hooke 182
'Hördahl-Danielsen' 369 f.
Hoseason 361
Hosmer 136
Houdini 301 f.
Howard 313 f. 325
Husbands 128
Huschberg, v. 91 f.
Hydesville 140 161 ff.
Hymans II 312 f. 318
'Hyslop, Charles' II 2
Hyslop, Prof. 81 85 152 245 f. 292 315 ff. 333 344 f. 353 355 377 394 399 II 2 75 80 193 ff. 249 A. 256 274 f.
'—, —' 342 393 f. II 5 266
'—, Rob.' 315 ff. 333 f. 344 II 192 ff. 203 276 282

Illig 67 70 75 140 f. 144 146 181 f. 214 ff.
'Imperator' (-Gruppe) II 198 248
Ind 182
*Indridason II 90 235
*Ingeborg s. Dahl, I.
Irving, Rev. 182 II 18 61 f. 270 282 A.
'—, Mrs.' s. Irving, Rev.
Isnard, Dr. 120 II 371

Jacks, Prof. 32 A. II 40 A.
Jahn, Prof. 14 f. 39
James, Prof. 106 A. 323 f. 332 360 377 381 f. II 39 213 f. 269 273
Jansen II 365
Jarvis 136
Jencken 224 f.
Johnson, Miss A. 234 II 27 106 114 f. 126 128 130 A. 161 162 f. A. 175 f. 182 188 A. 222 363
*—, Mrs. R. II 58
'Joubert, Mme' 437 f.
'Julia X' 87
'Junot, Bennie' II 25 f. 202 283

'Kalua' 251 f.
Karadja, Fürstin 287 II 84 f.
Kasnacich, Prof. II 306 A.
Kelrevich, Sir G. 95
Kelway-Bamber II 3

Kemmerich, Dr. 71
Kerner, Dr. 439 ff.
*King, Mrs. II 30 137 264
Kinnaman 165
Knight 71
Kraemer 134 145
Krasnicki, Dr. v. II 311
Kröner, Dr. 246 ff.
Kronfeld, Dr. 33
Kuchynka, Dr. II 303 321

Lagarrue 134 145
Lagenest, de 56
Lambert 383 II 162 A. 171 269 f.
Lamont 28 A.
'Lancy, S.' II 97 f.
Landa II 312
Lane 293 f.
Lang, Dr. A. 315 A. 453
Larsen, C. J. II 313
'—, Frau' II 84 f. 288
Laufmann II 324 363 382
Learned 258
'Leather' 283 f. II 289
Lecomte II 350
Lehmann, Prof. 351
*Leonard, Mrs. O. 50 288 f. 299 f. 305 f. 361 363 380 404 418 438 II 3 f. 46 ff. 51 ff. 61 77 f. 86 98 f. 101 211 216 ff. 249 f. 326 f. 338
*Lesage 242 ff.
Lewin 21 23
Lewis 174
Lewis, Jim' 423
Liébeault, Dr. 415
Lightfoot 138
Linné 42 f. 117
Lodge, Prof. 48 256 289 314 f. 362 f. 366 379 394 418 426 II 8 58 105 171 f. 183 f. 187 f. 212 229 A. 256 f. 291
'—, Raymond' 289 f. 346 394 419 A II 12 14 58 f. 188 220 f. 288
'—, Uncle Jerry' 314 f.
Lombroso, Prof. 165 II 102
*Long II 71
'Longford, Phil' II 81 f. 293
'Loti, P.' 272 f.
Ludlow II 315 f. 375
*Lyttelton, The Hon. s. *King, Mrs.

*Mac, Misses II 113 ff. 135 142 171

Macdonald, Ob. 47
Mackenzie, Will. 337 A.
'Mackenzie' 164 A.
'Macleane, Dr.' 136 146
Macleod 395 f. II 348
*Maginot 16
Magnussen 250
'Maloy' 179
Mamtschitsch 209 ff.
'Mannors' 98 f. 251
*Mansfield 261 II 242 f.
*Mansveld 246 ff.
'Manton' II 292
'Marble' 49 A.
Marcinowski, Dr. II 307 f.
*Margery s. Crandon, Mrs.
Massaro, Prof. II 102 f.
Massey 19
Mattiesen, Eleonore 53 f. II 393 ff.
Maxwell, Dr. 46 118 II 129 ff. 146 ff.
McDougall, Prof. II 249 A.
McFarland II 71
Messer, Prof. 341
*Meurice 46 f. 118
—, Abbé II 305
Milburn II 162
'Millani, A.' 307 f.
'Miller, H.' II 293 f.
'Minger, M.' II 75
Minkowski 6
Mireille Il 350
Mitchell, Dr. 369
M'Kay 179
*Moecke 236 f. 374
Moir 35
Monk II 355
Monnosi 422
Montagu-Crackanthorpe 36
*Moore 303 II 88 254
'—' 81
Morris 114 194
Morton 115 f. 125 129
*Moses, Rev. W. St. 228 ff. 237 304 365 II 248 287 289 299 332
—, —' 293 f. 350 II 198 246
'Mountain-Jim' 62
Moutin 437
Muldoon II 308 310 317 f. 330 f. 337 350 f. 372 f. 375 f. 381 f.
Myers, F. W. H. 24 26 35 104 111 127 144 166 206 228 f. 252 382 406 433 453 II 175 f. 239 271 A. 297 299 355 378 381
'—, —' 71 A 330 415 II 21 f. 25 27 63 ff. 69 f. 114—125 passim, 132 bis 188 pass., 196 f. 217 A. 225 252 A. 253 f. 256 259 264 267 f. 279 f. 290 f.

*Napier 28 198 II 354 f.
'Nelly' s. *Thompson
Nenner II 376 A.
Nery 180 449
Neugarten, Dr. 39
Neumann, Ther. 265 f.
Newbold, Prof. II 6 f. 201 255 270 A. 377
Newnham II 353
*Nielsen Il 101 f.
Nielsson, Prof. '277' II 90 235
'Noel' 330
'Nolan' II 347
'Northcliffe, Lord' 332 415 418 f. II 46 279 288
Notari 94
*Nugent Il 294
*Nußlein 244 f.

'Ochorowicz, Dr.' II 67 f.
O'Donnell 132 144
Oeder 177 f.
Oesterreich, Prof. 352 f. 384 387 II 160 172 f. 409
Ogle 86
Ohlhaver, Anna II 393 ff.
—, H. Il 394 ff.
'Oldham' II 389 ff.
'O'Neill' 57 f.
Orr 281 f. 350
Osty, Dr. 244 371 f. 408 II 320 339 ff.
Owen 34 123 186 191 196 428 II 329

Pagenstecher, Dr. 34 37 40
Paige 99
Paine 258
*Palladino II 102 f.
'Palladja' 209 ff.
Paracelsus 216 A.
Parker 427
'Parry' 137
Pearce 26
Pearson 91

'Pelham' 312 ff. 361 f. 393 f. 396 II 8 ff.
  192 f. 198 200 209 246 251 255 266
  273 276 282
Pelusi 94
'Percival' II 6
Perovsky 195 A.
Perreti 447
'Peter, R.' Il 75 f. 289
*Peters, Vout 379 394 419 II 188
Peyroutet 371 f.
Pfeil, Graf 71
'Phinuit, Dr.' 50 98 251 314 f. 358 f.
  360 f. 379 397 419 II 8 ff. 22 94 198
  200 209 247 f. 263 281 ff. 377 ff.
Piddington 234 252 333 II 17 f. 21 ff.
  130 f. 144 f. 151 156 158 161 164
  168 A. 170 177 180 184 201 207 221 ff.
  266 271 277 378
Pigou, Prof. II 152 411 A.
*Piper, Mrs. 50 98 f. 293 f. 312 ff. 323 f.
  331 337 347 352 f. 365 ff. 377 ff.
  394 f. 410 ff. 426 452 II 7 ff. 21 f.
  25 f. 28 33 ff. 39 ff. 79 f. 86 f. 110—148
  passim, 168 185 ff. 198 ff. 207 ff. 214 f.
  242 246 ff. 252 256 259 261 276 283
  291 348 377 ff. 382 s. auch 'Phinuit',
  'Imperator', 'Rector', 'Doctor',
  'Pelham' u. a. m.
*Plaat 33 38 f.
Podmore 3 5 19 23 A. 24 31 36 105
  133 163 f. 168 A. 183 ff. 194 225 A.
  230 249 258 A. 260 f.
Pommer II 353
Poncet 135 146
'Ponomarew' 195
Poole 140 f.
Pope 324 332 II 214
Pratt 81
Prince, Dr. 318 ff. 342 355 402 404
  Il 194 267
'—, Mrs.' 318 ff. II 56 206 287 f.
'— sen.' 320 f. 343
Prinzhorn, Dr. 244
'Purday' 240

Quartier II 319 f.
Quentin II 304 338

Radclyffe-Hall 289 326 334 II 15 ff.
  216 ff.
Ramel II 306

*Rawson 411 II 69 f.
'Rector' II 9 19 25 f. 28 192 200 202
  248 f. 257 263
'Recd' 138 147
Reeves 176
*Reimann 236 f. 372 f.
'Renouard' 252 ff.
Renz, Dr. Il 359 ff.
*Reuter, v. (u. Frau v. R.) 272 ff. II
  50 f. 290
'Revol' 282 f. 350 II 293
'Rich' 426 f.
Richardson, Dr. II 108
Richet, Prof. 4 32 79 252 ff. II 105
*Richmond II 379
'Ripoll' 263 II 290
Rochas II 349 f. 352 362 f. 376
Rogers 95 f.
'Rosa' 136 147
Rose 121 f.
'Rowbotham' 304
*Ruggles 261
'Russell' 176

Sage 337 339 f. 399 II 248 250
Sagée Il 349 f.
Sally Beauchamp II 11
Salter, Mrs. s. Verrall, Miss
Saltmarsh 101
'Saunders' 285 f.
Savage, M. J. 86 368 444
—, Rev. W. H. 452
Schäfer, Prof. 241 II 238
Schapira 273 f.
Schermann 236 f.
Schiller, Prof. 269 A. II 243 A. 287
Scholz, v. II 230 A.
Schröder, Prof. 245
Schubert, H. II 235
'Schura N. N.' 446 f.
*Scongall 257 f.
'Scott, Geoff.' II 6
*Seal II 80 f.
Seiling, Prof. II 57
Semjonow II 328 f.
Serbow 120
Shepard 240
Sidgwick, Prof. 204 365 II 165
'—, —' 223 f. 333 II 68 ff. 113 115 158
  166 192 221 ff.
—, Mrs. 175 232 A. 234 304 312 A. II

Namenverzeichnis

10 f. 40 f. 130 f. 160 176 188 210 f. 248 f. 250 f. 262 268 A. 378 382
'Sidney' 284 II 289
*Silbert 341
Sirchia 66 f.
Skilton II 333
*Sloan 285 f.
Smedley 83
*Smith, Hél. 232 f.
—, G. A. 24
—, Mrs. J. P. 135
'—' 433 f.
Snell II 357
Soal 231 328 ff. II 228 ff. 247
Sollier, Dr. II 339 ff.
Solowjow II 232 f.
*Soule 292 f. 318 ff. 342 376 392 411 f. 414 418 II 55 f. 191 194 206 290
Speakman, Dr. II 97
Speer, Dr. 365
Stankewitsch 120
St. Croix 199 f.
Stead 57
'Stinson, Walter' II 66 f.
*Stockinger II 75
*Stramm 405 f.
'Stromberg' 309 ff.
Stuart 432
Sudre 382
Sünner, Dr. 37 236
Suringar, Dr. J. V. II 235
Swaffer 332 415 II 46
Swoboda II 233 f. 237 239 315 352 381
Symonds 136 146

Talbot, Mrs. 349
'Talbot Forbes' 299 f.
Tallmadge 249
'Tausch' 292 f.
Tench 84
Thaw, Dr. 367
Thomas, Ch. D. 287 ff. 343 f. 358 397 ff. 402 413 416 418 f. II 7 46 ff. 75 f. 176 250 260 265 268
'—, sen.' u. '—, Etta' s. Thomas, Ch. D. u. II 12 A. 258 f. 279
—, J. F. 15 290 347 366 376 392 f. 412 418 ff. II 47 53 ff.
Thompson, F. L. 245 f.
*—, Mrs. 233 f. 333 390 ff. 409 II 6 17 f.

22 24 f. 63 f. 68 ff. 176 197 201 204 221 ff. 259 271 276 f. 279 378
Thorel II 374
Tischner, Dr. 5 31 A. 32 A. 230 386 II 160 f. 256 A.
*Titus 369
*Tonica 240 f.
'Torrington' 417
Traubel 89 f.
Travers Smith 231 f. 290 f. 326 328 f. 344 395 434 II 203 A. 234 291 f.
Troubridge, Lady 289 326 334 II 216 ff.
Turner 257 f.
Tweedale 17 f. 169 ff. II 90 f. 356
Tyong, Gräfin 264
*Tyrrell 410 445

*Underwood 433 f.
Urysz, Dr. 238 f.

*Valiantine 261 ff. II 107 f.
Varick 114 f.
Varley 152 II 93 312 316
Vasconcellos, de II 364 f.
Vatas-Simpson 113
'Vely, Marg.' 330
Venzano, Dr. 227 447 f.
*Verrall, Miss II 108—148 passim, 153 155 211
—, Mrs. 20 f. 253 391 f. II 25 27 30 ff. 63 ff. 109—158 u. 163—187 passim 191 f. 199 204 ff. 265 280
Vesme, de II 370
'Vetellini' II 250 A.
'Virgini' 64 f.
Vitalis 81 f.
Vogl, Dr. II 332
Volpi II 307
*Vuagniaux 369

Wales, Hub. II 291 A.
Walker II 43 77 f.
Ward, Capt. 149
Warner 396
Wason 224 f.
*Watson 38 A. 71 360
*Wehler II 57
Wereide II 360 A.
Wesermann 29 154
Wesley 115
'West, Rob.' 452 f.

'Westoby, F.' II 287
*White 99
'White, Gwyther' II 43ff. 51f. 98f.
White, Mrs. II 47 52f. 77f. 86f.
Whiting 79f.
'Whitman, Walt' 89f.
Whymant, Dr. 261 277
Wieland II 371
Wiesler 446f.
'Wild, H.' II 256
'Wilde, O.' 231f. 290f. 327f. II 260 274
Wilkins 121
*Wilkinson 14 283 378f. 410f. 416 II 281 289
—, Mr. R. II 88
*Willett 125—143 passim 155 157f. 170 274

Wilmot 148f.
Wilson, Dr. 81
—, Miss M. II 389ff.
—, Mrs. M. 95 97
Wiltse, Dr. II 323 347
Winter II 388
Winterstein, Dr. v. 216
Wolfe, Dr. 261
Wood, Dr. 445
'Worth, Patience' 330
*Wriedt II 348
'Wünscher' 166f. 217
Wyckoff, de 263
Wyld, Dr. II 307

Yearsley 112
*York 368
Young 257f.

Sachverzeichnis

Ablenkung der Erscheinung (*deflected cases*) 62 ff. 69
Abschiednehmende Erscheinungen 134 f.
'Abzapfen' von Vorstellungen 13 17 f. 23 44 267 ff. 359 ff. 387 II 280 295
'Akasha-Chronik' 40 266
Aktivität der Darbietung v. Erscheinungs- od. Kundgebungsinhalten 45 ff. 147 f. 407 ff. 419 421 ff. II 59 76 295 395
Aktivitätszentrum 192 356 ff. 407 ff. II 239 278 287 ff. 392
Alleinwisserschaft d. Abgeschiedenen 298 ff.
Allwissenheit, potentielle, der Medien 44 69 354 375 384 f. II 8
Anblicken seitens d. Phantoms s. Mienenspiel
'Angeln', 'Ausstopfen' u. dgl. der Medien 335 II 269 f.
Animismus als spirit. Beweis 1 ff. s. auch Parallelismus...
Anteilnahme am Sterben Hinterbliebener 78 ff. II 358 ff.
Anwesenheit, rechtzeitige, des Kommunikators II 277 ff.
Anwesenheitsgefühl 20 48 114 132 181 194 II 86 370
Assoziationsversuche mit Kommunikatoren 397 ff.
'Astrale Bildergalerie' 40
'Astralleib' II 349 ff.
Aufrufung des Kommunikators II 278 ff.
Aura s. Licht
Aussöhnungsbedürfnis 193 ff. 452 ff.
Aussprache, identif., bei *possessio* II 219 ff.
Austritt des Ich s. Exkursion

Autophanie 12 25 30 49 52 108 145 161 ff. II 397
—, experimentelle 120 ff.
Autoskopie II 339 ff.
Autosuggestive Selbsttötung als Deutung der Verwirklichung von Sterbebettgesichten 83

Band, metaphysiolog. II 262 f. 275 315 317 331 350 f. 358 360 f. 363 375 ff. s. auch Zug...
Beichtbedürfnis 196 f. 215
Besessenheit, Besitzergreifung des Mediums 227 248 II 212 f. 216 ff. 244 f. 273 ff. 295 299 377
Betrug 335
Beweggründe s. Motivierung
Beweislast der spiritist. These 385 ff.
Bilder, fallende, als Todesankündigung II 365 ff.
Bilderzeigen des Kommunikators 409 ff.
Bilokation s. Exkursion, Hellsehen
Bücherteste 364 II 176
Buchstabenzeigen 410

cross-correspondences s. Kreuzkorrespondenzen

Datierte Erscheinungen 71 ff. 109 191 f.
Diagnose, hellsicht. 366 f. 371 II 277 A.
Dichten, unterbewußtes 242 A.
'Direkte' Schrift 234 A.
— Stimme 155 270 A. II 202 228 ff. 235 249 254 294
Doppelleistungen, gleichzeitige, von Medien II 242 f.
Doppellokalisierung der Empfindung II 324 350 f.

double (Doppelgänger) II 349 362 f. 376

Echolalie II 33
Eindruck, lebenswahrer, der Personation 331 ff. 401 ff.
'Einflüsse' beim Psychometrisieren 377 ff. II 281 ff.
Einfühlung 340 373 f. 384 s. auch Gedankenlesen, 'Abzapfen'
Einmischung fremder Kommunikatoren II 266 f.
— des Sitzers II 268
Einwände gegen spirit. Deutung v. Kundgebungen II 227 ff.
—, allgemeine, gegen d. spir. These II 412 f.
Ekstase II 299
Emanationen (Theorie d. Psychometrie) 37 f.
Entsprechungen von Aussage u. Aussage II 50 ff. 249 f.
— v. Aussendung u. Aussage II 70 ff.
— v. Aussage u. Beeinflussung II 79 ff.
— v. Aussage u. Erscheinung 98 f. 401 II 85 ff.
— v. Aussage u. objekt. Phänom. II 96 ff.
—, experimentelle s. Kreuzkorrespondenzen
—, Theoretisches üb. II 59 ff.
erdfremdes Schauen in Exkursion II 298 300
Erschöpfung des Kommunikators II 202 f.
— Exkursion auslösend II 297 305 f.
Erschütterung beim Abschluß d. Exkursion II 326 381 ff.
Erstmaliges Kontrollieren II 213 ff.
Erwartung des Sitzers als 'Aufrufung' II 278 f.
Erwartungshalluzination 68 177 181 189 II 88 ff.
Exkurrierende mit Verstorbenen beisammen II 229 241 327 329 387 ff. 400 f.
Exkursion II 233 f. 241 275 297 ff. 351 ff.
—, animist. Theorien der II 335 ff.
— des Mediums während d. Trans II 377 ff.

Exkursion, experimentelle II 309 f. 342
—, spiritist. Deutung der II 346 ff. 383 ff.
Experimentelle Autophanie 120 ff.
— Exkursion II 309 f. 342
— Heterophanie 29
Exteriorisierung s. *double*, Schichten (*couches*)

Faden s. Band
'Ferne' des Kommunikators II 276 f. 278
Fernsehen s. Hellsehen
Finden, hellsichtiges 367 ff.
Flüstern, unbewußtes 351
Fremdsprachen s. Xenoglossie
'Führer' bei Hysterischen u. Somnambulen 156 339
— bei Medien 338 340 409 ff. II 23 247 ff. s. auch d. einzelnen Namen
Gebärden v. Erscheinungen s. Mienenspiel
Gebete, Bitte um 198 II 284
Gedankenlesen als Deutung v. Kundgebungen 356 ff.
Gegenstand, psychometrischer 34 ff. 44 II 280 ff. 294 f. s. auch Psychometrie
Geheimnisse, persönliche, in Kundgebungen 325 f.
Gehirn des Mediums hemmend bei Kundgebungen II 260 f.
Genie 245 ff.
Greifen des Phantoms unmöglich 125

Halluzinieren als Deutung von Erscheinungen 11 81 94 und in Einzelfällen passim
— als Deutung d. Exkursion II 337 f.
Handschriftenerzeugung, identif. 228 ff. II 238 294
Hauptkontrolle s. Führer bei Medien
Heilungstendenz im Spuk 215
Hellsehen 2 ff. 12 25 32 ff. 236 f. 245 256 f. 264 ff. II 300 311
— als Deutung v. Exkursionen II 343 ff.
— als Deutung v. Kundgebungen 363 ff.
—, 'reisendes' 366 II 344 383
Hemmungen des Kommunikators II 258 ff.

Sachverzeichnis

Heranbringen des Erscheinenden durch e. Dritten 137
— des Kommunikators durch Dritten 229 296 II 75 f. 289 f.
— des Sitzers II 288
Heterophanie 26 ff. 154 205
Hinausversetzung s. Exkursion, *double*, Schichten (*couches*)
Hinterlassenschaft beunruhigend 165 181 ff. 424 ff. II 286 f.
Hypnotische Personationen 228
— Schichten II 38 f. 42 208 ff.
Hypnotisierbarkeit von Medien II 39
Hysterie 215 II 363

Identifizierung von Kommunikatoren durch Kundgebungsinhalte 279 ff. 1 177 ff.
— v. Materialisationen 221
—, Wille zur 418 f.
Ideoplastische Bildungen 98 220 ff. II 361 f.
Imprägnierung des psychometr. Gegenstandes 37 42 107 f.
'Index' bei telepath. übertrag. Vorstellungen 355 400 f.
Innenschau (Körper-) II 323 399 f.

Kälte bei Phantomen 122 182 184
Klopftöne, Schläge usw. 75 f. 155 157 162 II 97 ff. 107 363 ff.
Kollektive Wahrnehmung v. Erscheinungen usw. 63 ff. 85 88 ff. 115 ff. 120 126 161 ff. 195 201 f. 208 211 219 II 355 f. 364 f.
Kollektivpsyche 337; (als Deutung v. Kreuzkorrespond.) II 162 f. 172
Komplementarität v. Kreuzkorrespondenzen II 104 106 109 112 126 f. 152 ff. 172 176
Kontrolle s. Führer bei Medien
Kontrollieren als realer Vorgang II 212 ff.
Kosmisches Bewußtsein s. Über-Ich
'Kraft', mediale s. Licht, metaphysiol.
Kreuzkorrespondenzen II 104 ff. s. auch Komplementarität
—, Beispiele v. II 108 ff.
—, Leugnung v. II 128 ff.
—, Regie der II 131 ff.
—, Theorie der, animist. II 156 ff.

Kreuzkorrespondenzen, Theorie der, spiritist. II 174 ff.
Kritik, gegenseitige, bei Transpersönlichkeiten II 8 ff.
Kryptaesthesie s. Hellsehen
Kryptomnesie 239 264 349 ff. II 404
Künstlerische Leistungen, mediale 242 ff.

Lärm, spukhafter 76 112 ff. 139 f. 162 165 181 183 f. 187 191 194 200 423
Latenz von Beeindruckungen 54 ff. 60 f. 68 f. 88 102 II 396 f.
Läuten von Glocken 194
Lebender, Verhalten der Erscheinungen 119 ff. 148 ff. 219
—, mediale Kundgebungen 228 ff.
Leibes, Wahrnehmung des eigenen ll 298 301 ff.
Licht, metaphysiologisches II 261 ff. 275 282 291 f. 305 f. 309 355 f.
—, spukhaftes 22 48 72 85 93 112 142 f. 214 II 87 366
Lichtbild, Identifizierung von Erscheinungen nach 14 185

Malmedien 242 ff.
Materialisationen 220 ff. II 101 ff. 262 361 f. 376 386
Mehrheitsspiel des Transdramas II 1 ff. 189 272 f. 295 377
—, Theorie d. II 37 ff. s. auch Schwierigkeiten..., technische Differenz.
Meinungsverschiedenheiten unter Transpersönlichkeiten II 11 ff. 62 A.
Metaorganismus des Exkurrierenden II 298 300 303 305 317 335
— des Mediums im Kundgebungstrans II 261 ff. 275 377 ff.
— des Sterbenden II 349 ff. 375 ff. 385 ff.
Mienenspiel u. Gebärden von Erscheinungen 125 ff. 149 f. 174 178 184 II 395 400 402 404 f.
Mischtheorien des Transdramas II 270 ff. 294 ff.
Mißverständnisse unter Transpersönlichkeiten 344 ff. II 17 ff. 190
Monoideïsmus 213 ff.
Morse-Alphabet als Kundgebungsmittel 241 A.
Motivierung von Erscheinungen 73

124 134f. 147 160ff. s. auch Anteilnahme..., Datierung..., Sterbebett-Erscheinungen, Verabredung..., zeitliche Lagerung
— von Kundgebungen 417 ff. II 293 f.
multipersonale Erscheinungen 28

'Nähe' des Kommunikators II 276 f. 295
Namen-Kundgebung schwierig II 209 ff.
Narkose als Auslösung von Exkursion II 236 f. 297 307 311 f. 316 338
Natürlichkeit, spiritist., von Äußerungen 58 f. 135 f. 146 f. s. auch Selektivität...
Netzhautrand-Sehen 349 ff.
Nicht-Verstehen unter Transpersönlichkeiten II 12 ff. 18 f. 44 f.
Nichtwissen des voraussetzungsgemäß zu Wissenden seitens des Kommunikators II 253 ff.

Objektivität von Phantomen 202 219 ff. II 386 f.
örtlicher Sinn von Erscheinungen 101 ff.
Ortsgemäßes Verhalten von Erscheinungen 124 ff. 148 f.

Parallelismus spiritist. und animistischer Vorgänge 8 44 52 119 ff. 148 ff. 219 389 II 228 ff. 251 ff. 372 ff. 392 s. auch Exkursion, spirit. Deutung d.; Mischtheorie d. Transdramas
paraphysikalische Phänomene 66 ff. 69 f. 72 75 114 120 162 181 194 206 220 II 97 ff. 298 300 363 ff.
Personation im Medium 336 ff. 388 II 252 ff. 271 ff. 295 405 f. 408
—, suggerierte II 246 f. 252
—, Wille zur 357 383 II 271 f.
Persönlichkeitsdarstellung, vollendete 325 ff. 339 f. 401 ff. s. auch Selektivität
Phase des Erwachens (nach Trans) II 33 ff. 132 207 211 382
Photographie s. Lichtbild
— von Phantomen 309 II 362 f.
'physikalische Phänomene' s. paraphys. Ph.

Planchetteschreiben Hellsehn erfordernd 363 f.
Pluralistik des Transdramas s. Mehrheitsspiel
'Poltergeist' II 374
possessio s. Besessenheit
Psychoanalyse 215 f.
Psychometrie 7 32 f. 106 ff. 189 236 340 363 371 ff. 389 II 270 379 406
—, Theorie der 36 ff. 389
psychometrischer Gegenstand als 'Aufrufung' wirkend II 280 ff.

Querentsprechungen s. Entsprechungen; Kreuzkorrespondenzen

Rachebedürfnis 191 ff. 447 f.
Rapport zwischen Kommunikator u. Sitzer II 279 f. 282
Reagieren, sinnvolles, spukhafter Vorgänge 76 139 f.
—, —, von Erscheinungen 125 ff.
— von Transpersönlichkeiten auf Einzelheiten des Transdramas II 5 ff.
Rechtzeitigkeit der Anwesenheit des Kommunikators II 277 ff.
Reden von Phantomen 28 47 57 f. 62 129 130 ff. 151 ff. 170 ff. 175 179 187 194 f. 217
Relativitätstheorie 5 ff.
Rückschau 7 353
Rücksendung aus d. Jenseits II 315 f.

Schattenwerfende Phantome 202
Schichten (*couches*), hinausversetzte II 261 349 f.
—, seelische 119 216 ff. II 242 ff. s. auch Spaltungen, seel.
Schlaf als Auslösung v. Exkursion II 297 303 ff. 315
— jüngst Verstorbener II 283
Schnappen s. Erschütterung...
Schnur s. Band
Schock als Auslösung v. Exkursion II 308 f.
Schöpfen s. Gedankenlesen
Schreiben Schreibunkundiger 224 ff.
Schreien, Stöhnen, Seufzen, spukhaftes 47 58 72 114 f. 130 181 191 194

Sachverzeichnis

Schreien des Kommunikators 414
Schritte, spukhafte 47 72 76f. 113f. 116ff. 121f. 132 158 181 183 187 194f. 209 II 363 370
Schwierigkeiten im Transdrama II 190ff. 204ff.
'Seelenwirte' 383 400
Selbstmörder als Kommunik. verwirrt II 258
Selektivität des Kundgebungsinhalts 164 389ff. II 4f.
—, fehlerhafte 399ff.
—, lebendige 401ff.
Sich-selbst-sehen II 339ff.
Sitzerlose Sitzungen 347
Sorge um Hinterbliebene 199ff. s. auch Anteilnahme...
Spaltungen, seelische (auch als Deutungsbegriff) 51f. 336 339 383 II 8ff. 37f. 40ff. 197 244 251 272 274 379
—, —, bei Kommunikatoren II 259f.
Spielleiter s. Führer bei Medien
Spuke 27 46f. 57f. 75ff. 110ff. 161ff. 181f. 193ff.
—, psychologische Deutung der 213ff.
—, psychometrische Deutung der 106ff. II 283
—, telepathist. Deutung der 105f.
Spuren, wissengebende 39 42 380ff. II 280f.
Sterbebetterscheinungen 78ff. II 91f. 355ff.
Sterben Hemmungen setzend II 257
— von außen beobachtet II 355ff. 376
— von Verstorbenen geschildert II 347f.
Sterbestunde, Erinnerungen an 403f.
Stil der Kundgebung 326ff. s. auch Persönlichkeitsdarstellung
Stimme, direkte s. dir. St.
Stimme, mit der Kundgebung gleichsinnige, gehört II 46f.
Stimmklang, veränderter, bei Besessenheit d. Mediums II 219 294
Strahlungen, metaphysiol. II 261
—, 'psychische' 37
Subjektiver Anteil von Transäußerungen II 245ff.
Sympathie s. Rapport

Taubstummenalphabet bei Kundgebung benutzt 241
technische Sonderung von Transpersönlichkeiten II 190ff. 240
Telekinese 226f. 239f. s. auch paraphysikal. Phän.
Telepathie (besond. als Deutungsmittel) 3 5 13ff. 22f. 24f. 39 87 94 105 139 II 270 278 u. in d. Deutung von Einzelfällen passim
— als hauptsächliche Deutung von Kundgebungen 343ff. II 252
—, 'gegenseitige' II 352
—, universelle 352ff. 385 II 243
—, vibratorische 386f.
Teleplasma II 357
Tiere als Erscheinungen 170 172f. 222 II 402f.
— als Perzipienten 77 115 211ff. 219
Todesankündigungen 302ff. 421
— Unbekannter 306ff.
— durch paraphysik. Phänomene II 363ff.
Transdrama (allg.) 49 409ff.
'Träume' des Mediums während des Transdramas II 377f.
—, 'wirkliche' II 389
Traumerscheinungen 180 429ff. 449
Traumhaftigkeit des Spuks 214ff.

Über-Ich, -Geist, -Bewußtsein 8 13 40ff. 267f. 356 381ff. 407ff. II 295 409f.

Uhren stehenbleibend als Todesanmeldung II 365ff.
Unbekanntheit des Erscheinungsinhalts 11ff. 53 61 71 85 95
— des in d. Exkursion Erfahrenen II 316ff.
— des Kommunikators 280ff. 306ff. II 293f.
— des Kundgebungsinhalts 286ff.
Unterbewußtsein 51 58 72 84 II 189 397f. u. sonst noch passim in der Analyse von Einzelfällen
—, Pluralität des 51 248f.
Unterredung von Phantom u. Perzipient, mimische s. Mienenspiel...
—, sprachliche 140ff. 152f. 162 171 450

'Verabredung d. Erscheinung 57 59 ff.
—, spezielle 64 ff.
Vererbung v. Fremdsprachen 267 A.
Verfolgen irdischen Geschehens durch Abgeschiedene II 284 f.
Vergeßlichkeit von Kommunikatoren II 254 ff.
Verhören der Kontrolle II 21 f.
Verkehr zwischen Phantom u. Perzipient 124 ff.
'Verknüpfungen', Verbindungen (Theorie der Wissenserlangung) 379 ff. II 284 295
Verpflichtungen, unerfüllte, beunruhigend 173 176 ff.
Verschmelzung von Ichen s. Kollektivpsyche
Vertretungssitzungen 347
Verwirrtheit Abgeschiedener II 257 ff.
vierdimensionale Welt 40 f. 400
Vorschau 6 f. 42 f. 79 f. 82 ff.
Vorstellungsleben des Mediums störend II 264 ff.

Wachsein des Exkurrierenden, Fernsehenden, Fernwirkenden II 231 242 ff. 383 f.
waking stage s. Phase d. Erwachens
Warnung durch Verstorbene 201 f.
'Weltlinien' 7 40 f. 400
Wiederholung von Aussagen (Nachdruck) 412 f.

Witterung s. Spuren
Wünsche, unerfüllte, beunruhigend 165 f. 169 ff. 174 f.
— Exkursion auslösend II 310

Xenoglossie 247 250 ff. II 66 f. 236 248
—, Theorie d. 264 ff.
Xenographie s. Handschriftenerzeugung

'Zeigen' von Einzelheiten 46 ff. II 403 s. auch Aktivität...
Zeit als 4. Dimension 5 ff. 41
Zeitirrtümer von Kommunikatoren 361 f.
Zeitliche Lagerung von Erscheinungen 52 ff.
Zeitmaß, technisches, der Kundgebung II 191
'Zeitweiliger Geist' II 409 ff.
Zensus der Halluzinationen (S. P. R.) 26 29 31 59 f. 61 74 143
'Zweite' Persönlichkeiten II 8 f. s. auch Spaltungen, seelische
Zwischenspiele u. Zwiegespräche, pluralistisch-natürliche, im Transdrama II 23 ff. 64
Zug am 'Bande' des Exkurrierenden II 302 315 318 334 373 375 f. 380 f.
Zusammentreffen Exkurrierender u. Verstorbener II 229 241 327 329 387 ff. 400 f.

Handwörterbuch des deutschen Aberglaubens

Herausgegeben von Hanns Bächtold-Stäubli
unter Mitwirkung von Eduard Hoffmann-Krayer

Photomechanischer Nachdruck (im Format der Originalausgabe 16,5 x 24 cm) der 1927–1942 erschienenen Ausgabe mit einem Vorwort von Christoph Daxelmüller

Groß-Oktav. Ca. 8760 Seiten. 1986.
10 Bände Paperback in Kassette
DM 358,–

Knapp 9.000 Seiten in zehn Bänden, allein dem Thema 'Aberglauben' im weitesten Sinne gewidmet, Ergebnis einer zwanzigjährigen Sammel- und Editionstätigkeit eines vom Thema besessenen Schweizer Volkskundlers, haben zu ihrer Zeit die wissenschaftliche Erforschung des Aberglaubens auf eine neue Grundlage gestellt.
In unseren Tagen wird das Werk auch von den nicht-professionellen Bücherlesern wiederentdeckt, die daran glauben, daß die verblüffendsten Dinge zwischen Himmel und Erde möglich sind, oder die ihre Freude haben an den skurrilen Seiten der menschlichen Existenz.
Die überraschend stark angestiegene Nachfrage nach dem z.Zt. DM 1.725,– teuren Werk hat den Verlag zur Herausgabe der preiswerten Paperback-Ausgabe veranlaßt.

Walter de Gruyter · Berlin · New York